ROSA MAYREDER

ZUR KRITIK DER WEIBLICHKEIT

Essays. *Herausgegeben und mit einem Nachwort versehen von Eva Geber*

mandelbaum *verlag*

INHALT

Kritik der Weiblichkeit

1905

Vorwort

Ich habe mich in diesem Buche nach meiner Weise mit den Problemen der Frauenbewegung beschäftigt. Wenn ich auch in einigen Punkten nicht mit ihr übereinstimme, so halte ich doch die Frauenbewegung für eine jener Erscheinungen, durch welche sich die Gegenwart vor allen vorhergehenden Epochen menschlicher Geschichte vorteilhaft unterscheidet – noch mehr: sie scheint mir eine der höchsten Auszeichnungen einer Zeit zu sein, die im übrigen durch ihre Verarmung an Idealen, an hochgestimmten Gefühlen, an gläubigem Enthusiasmus den Charakter des Niedergangs trägt.

Vieles in meinen Ausführungen mag schon oft ausgesprochen worden sein – die ersten Aufzeichnungen sind fünfzehn Jahre alt, und der Anstoß dazu reicht in meine frühesten Jugenderlebnisse zurück – aber den Kenner der einschlägigen Literatur werden die neuen Gesichtspunkte, die hier aufgerollt sind, für die bekannten entschädigen, die er mit in den Kauf nehmen muß; und die Nichtkenner, die ja gegenüber den Ideen der Frauenbewegung immer noch die erdrückende Mehrzahl sind, müssen zufrieden sein, wenn sie ein möglichst umfassendes Bild davon gegeben finden. Auch die Wiederholungen, welche die lose Form der Aneinanderreihung mit sich brachte – zum Teil sind diese Essays schon in Zeitschriften veröffentlicht worden –, dürfen denjenigen nicht verdrießen, der weiß, daß gewisse Dinge nicht oft genug wiederholt werden können, weil das Selbstverständliche nicht das Herrschende, das Bewiesene nicht das Anerkannte ist.

Die Bestrebungen der Frauenbewegung lassen sich auf drei verschiedene Ursachen zurückführen, und sie zielen nach drei verschiedenen Richtungen, die meines Erachtens nicht miteinander verwechselt werden dürfen, wenn sie auch auf das Innigste zusammenhängen und erst in ihrer Gesamtheit das Wesen der Frauenbewegung ausmachen. Diese dreifache Wurzel ist die ökonomische, die soziale und die ethisch-psychologische.

Während der letzten Jahre, in denen die Bewegung aus dem theoretischen Stadium in das realpolitische überzugehen begann, haben die ökonomischen und sozialen Probleme den Vordergrund behauptet; das ethisch-psychologische ist daneben mehr zurückgetreten. Ich meinesteils habe das ökonomische gar nicht, das soziale nur vorübergehend behandelt. Wenn ich auch keineswegs verkenne, daß ohne die ungeheure wirtschaftliche Umwälzung, die durch die Maschine hervorgerufen wurde, die ideellen Forderungen der Frauenbewegung schwerlich eine Verwirklichung erfahren könnten, so lege ich doch ein besonderes Gewicht darauf, daß es nicht die materielle, sondern die ideelle Seite der Frage war, die historisch ihren Ausgang gebildet hat; und wie hoch man auch praktisch den Einfluß ökonomischer Momente bewerten muß, die ideellen Postulate der Frauenbewegung sind doch ihr wichtigster Bestandteil. Denn alle wirtschaftlichen Errungenschaften würden sehr wenig an dem innerlichen Verhältnis der Geschlechter ändern, und der selbständige Erwerb wäre nur eine neue Form der Abhängigkeit für die Frau, wenn nicht ganz andere Entwicklungseinflüsse zu ihren Gunsten wirksam werden.

Nicht von der »Großmut und Gerechtigkeit der Männer«, wie der alte Hippel* meinte, kann das weibliche Geschlecht die Anerkennung der Gleichberechtigung erwarten. Obwohl ich persönlich unbedingt glaube, daß diese Eigenschaften die Auszeichnung der edlen Männlichkeit bilden, so bin ich doch der Meinung, daß die Welt durch elementare Vorgänge und nicht durch Großmut und Gerechtigkeit bewegt wird. Wie für die ökonomischen Lebensbedingungen gilt das auch für die ethisch-psychologischen Beziehungen der Geschlechter zueinander.

Ich hebe das ausdrücklich hervor, um mich im vorhinein gegen den Vorwurf zu verwahren, als wollte ich für das weibliche Geschlecht gegen das männliche Partei ergreifen. Der Frage, ob einem von beiden Geschlechtern der Vorzug gebühre, bin ich aus dem Wege gegangen. Um da ohne Voreingenommenheit Richter zu sein, dürfte man keinem von beiden angehören. Wenn ich ganz privatim und unverbindlich meinen subjektiven Geschmack bekennen sollte, so würde ich wohl dem männlichen Geschlechte den Vorzug geben – aber das scheint eben eine weibliche Voreingenommenheit zu sein, die mit dem Geschlechte zusammenhängt.

Von der Majorität der Männer wie der Frauen gilt leider, was Kant* von der Menschheit im allgemeinen sagte: »fragt man, ob die Menschheit als eine gute oder schlimme Rasse anzusehen sei, so muß ich gestehen, daß damit nicht viel zu prahlen sei.« Gewiß! Mit dem gewöhnlichen Weibe ist so wenig zu prahlen wie mit dem gewöhnlichen Manne; und man sollte endlich aufhören, dem einen oder dem anderen Geschlecht als Ganzes eine

Zensur auszustellen. Diese Methode der Generalbewertung ist eine der plebejischen geistigen Gewohnheiten der Gegenwart; denn durch sie wird gerade das ausgezeichnete Individuum, der Mensch, der den Durchschnitt überragt, mit der großen Menge zusammengeworfen.

Der Durchschnittsmensch – gleichviel, ob sein Leben sich im Salon oder in der Fabrik abspielt – ist keine interessante Erscheinung; und durch die typischen Geschlechtsmerkmale wird seine Psyche nicht im geringsten anziehender. Erst dort, wo er von dem gewöhnlichen Typus seines Geschlechtes abweicht, wo er etwas Individuelles für sich hat, wo er aus dem Geleise des Herkömmlichen heraustritt, vermag er Interesse einzuflößen. Damit erhält sein Leiden und sein Glück persönliche Schicksalstiefe: es ist nicht mehr gattungsmäßig, also nicht mehr vulgär.

Man könnte den Vorwurf gegen dieses Buch erheben, daß es zu sehr auf den Ausnahmefall der Weiblichkeit und Männlichkeit hinziele; weil hie und da ein atypisches Individuum vorkommt, sei man noch nicht berechtigt, die Geschlechtsdifferenzierung der ganzen Breite nach anzuzweifeln.

Aber was wissen wir von der psychosexuellen Beschaffenheit der Menschen, die wir kennen? Wie schwer ist es überhaupt, die menschliche Psyche in ihrer Nacktheit zu überraschen! Wie ungern läßt sie sich berühren, wie gewandt maskiert sie sich hinter konventionellen Ausflüchten, sobald sie merkt, daß sie beobachtet wird! Und wie plump, wie ungeschlacht sind die Ausdrucksmittel, mit denen wir diesem zarten, flüchtigen, vielgestaltigen Wesen beikommen wollen!

Wird denn ein Mensch, der in seinem Empfinden von dem gewöhnlichen abweicht, verstanden? Teilt er sich denn jenen mit, von welchen er sich unterscheidet? Kann er sich denn beim besten Willen mitteilen? Nur die Oberfläche und das Konventionelle tritt im Verkehr der Menschen untereinander hervor; das Innerliche und Eigenartige enthüllt sich nur dem Gleichgestimmten. Darin liegt mit ein Grund, warum das Atypische so oft unsichtbar bleibt, und das Durchschnittliche den Anschein einer viel größeren Ausbreitung erhält, als es in Wirklichkeit besitzt.

Ohne die Aussagen derjenigen, die in ihren Werken ihr Selbst der Welt geschenkt haben, was wüßten wir von der menschlichen Natur? Solche Aussagen sind das Material, das ich im zweiten Teile dieses Buches auf seine symptomatische Bedeutung hin betrachte. Deshalb hat dieses Buch mehr einen Erkenntniswert als einen propagatorischen. Gegner zu überzeugen, erwarte ich nicht, denn das würde heißen, Andersgeartete zu bekehren. Und ich glaube nicht an eine Verständigung durch intellektuelle Mittel unter Personen von ursprünglicher Wesensverschiedenheit. Auch wenn sie intellektuell einander gleichstehen, werden sie sich gegenseitig durch verstandesmäßige Argumente nicht nähern können, da alle Überzeugungen – zum mindesten die echten – nur Äußerungen der Wesenheit sind. Im Grunde genommen reden wir nicht, um zu überzeugen, sondern um das zu sagen, was die Natur uns aufgetragen hat. Wer in den Künsten des Denkens bewandert ist, weiß, daß sich alles behaupten und beweisen, und alles bezweifeln und widerlegen läßt. Der Kampf der Meinungen, mit welchen Methoden, wie gründlich und sachlich er auch geführt wird, bleibt ein müßiges Spiel, sobald er nicht den Ausdruck für Grundtriebe bedeutet, die in der Individualität des denkenden Subjektes lebendig sind.

Möge dieses Buch jenen, die zu mir gehören, weil sie ähnlich empfinden wie ich, in die Hände gelangen und ihnen die Freude bereiten, die uns erfüllt, wenn wir unser Inneres im Spiegel der Erkenntnis erblicken.

Rosa Mayreder
Wien, am letzten Dezember 1904

Grundzüge

Das Problem der Geschlechtspsychologie, in deren Vordergrund die Weiblichkeit steht, bewegt sich der Hauptsache nach um die Frage: Ist das Weib als Persönlichkeit durch das Geschlecht an eine bestimmt umschriebene Geistigkeit gebunden, oder liegt in der weiblichen Psyche die gleiche Möglichkeit einer unbeschränkten Differenzierung nach Individualität wie in der männlichen?

Bei der theoretischen Untersuchung, wie weit der Geschlechtsunterschied in die Psyche des einzelnen Individuums hinübergreife, ist zunächst nicht viel mehr zu holen als die Erkenntnis, daß unter dem weiblichen wie unter dem männlichen Geschlecht eine große Variabilität besteht, daß also ein weiter Spielraum für die Individualität innerhalb der gegebenen physiologischen Grenzen von Mann und Weib übrig bleibt.

Resultate von entscheidender Bedeutung darf man um so weniger erwarten, als diese Untersuchungen sich auf einem Erkenntnisgebiete bewegen, auf dem die grundlegenden Begriffe noch unaufgeklärt und zweifelhaft sind. Die Psychologie ist in dem Kampfe zwischen spiritualistischen und materialistischen Anschauungen, zwischen der dualistischen und monistischen Weltbetrachtung, der das moderne Geistesleben charakterisiert, am schlimmsten weggekommen. Wo man keinerlei Gewißheit über das besitzt, was man überhaupt unter Seele, Geist, Vernunft, Gemüt, oder auch nur Bewußtsein schlechtweg, zu verstehen hat, wo über die Beziehung der seelischen Phänomene zum Körper die divergierendsten Ansichten herrschen – wie sollten dort irgendwelche zuverlässige Anhaltspunkte über die geschlechtliche Differenzierung der menschlichen Psyche gewonnen werden?

Am meisten hat aber die generalisierende Methode, deren man sich hier zu bedienen pflegt, Verwirrung gestiftet. Es heißt immer »das Weib« oder »der Mann«; und man operiert mit diesen Begriffen so, als ob man ein allgemeines »metaphysisches Realwesen«, das in jedem Mann und in jedem Weibe zur Erscheinung kommt, damit bestimmt hätte.

Und doch sind alle Generalurteile über Mann und Weib unverkennbar nach Erfahrungen gefällt, die sich nur auf eine kleinere oder größere Gruppe von Individuen beziehen, nach Erfahrungen, die vielfach durch den Zufall beschränkt, durch die subjektive Natur des Beobachters gefärbt, durch vorgefaßte Meinungen verdunkelt werden. Die Widersprüche, die solchergestalt über »das Weib« in die Welt gesetzt worden sind – »der Mann« ist aus verschiedenen Gründen viel mehr von Pauschalbestimmungen verschont geblieben –, wirken besonders deshalb so drastisch, weil alle diese Aussagen durch die generalisierende Formulierung Anspruch auf objektive Gültigkeit erheben. Wer in die Literatur über »das Weib« eingeht, empfängt aus diesen Widersprüchen den barocken Eindruck, daß die eine Hälfte der Menschheit, zum Gegenstand der Erkenntnis gemacht, etwas Unbekanntes, Dunkles, Rätselhaftes ist, daß Wesen, die in der vollen Realität des Lebens gegenwärtig sind, die kraft ihrer natürlichen Aufgaben den gleichen Platz wie der männliche Teil einnehmen, als Fabeltiere behandelt werden, über die man sich Ammenmärchen und Legenden erzählt.

Ja, so schwankend, so unbestimmt ist in Wahrheit der Begriff der Weiblichkeit, daß über die fundamentalsten Eigenschaften, die er bezeichnen soll, durchaus keine Übereinstimmung herrscht.

Eine kleine Blütenlese von Aussprüchen wird das am besten illustrieren. Jeder davon kann als Repräsentant einer Anschauung gelten, für die sich unschwer viele Belege beibringen ließen.

Da ist vor allem jene Anschauung, nach welcher Fügsamkeit und Unterordnungsbedürfnis zu den charakteristischsten Merkmalen der Weiblichkeit gehören, was Lombroso aus den »Ergebenheitsgefühlen« des Weibes gegenüber dem Manne erklärt, Ergebenheitsgefühle, »wie sie sich zwischen einem höher und einem tiefer stehenden Wesen immer entwickeln«. George Egerton aber, die behauptet, daß in den Augen des Weibes der Mann »ein komisches, großes Kind« sei, nennt »die alte, unersättliche Herrschsucht das Lebenselement des Weibes«.

Nach einer sehr verbreiteten Auffassung ist die Sanftmut eine so allgemeine Begleiterscheinung der Weiblichkeit, daß Virchow Sanftmut geradezu als »eine Dependenz des Eierstockes« bezeichnet; Havelock Ellis aber sagt: »Zornmütigkeit ist eine Form der Affizierbarkeit, die von jeher und wohl mit Recht, dem Weibe zugeschrieben wird.«

Nach einer nicht minder allgemeinen Annahme ist »das Weib« zur Stabilität geneigt und allen Neuerungen abhold. Möbius behauptet: »Die Weiber sind streng konservativ und hassen das Neue«; wie Lombroso: »Auch die Geschichte des öffentlichen Rechtes zeigt die eigentümliche konservative Tendenz des Weibes in ihrem Einfluß auf die soziale Ordnung«; Hippel aber hat gesagt: »Auf dem weiblichen Geschlecht ruht der Geist der Revolution«; und Heine: »Im Geiste der Frauen bleibt immer lebendig und in lebendiger Bewegung das Element der Freiheit.«

Bachofen findet: »Das Weib trägt das Gesetz in sich; es spricht aus ihm mit der Notwendigkeit und Sicherheit des natürlichen Instinkts«; ebenso Hartpole Lecky: »Nach meinem Dafürhalten sind die Frauen sowohl in der aus freiem inneren Antrieb, als in der aus Pflichtgefühl oder Überzeugung hervorgehenden Tugend überlegen«; Eduard von Hartmann aber sagt: »Das weibliche Geschlecht ist das unrechtliche und ungerechte Geschlecht«, Schopenhauer hält Ungerechtigkeit für den Grundzug des weiblichen Charakters, und Lombroso hat »auch das normale Weib als halbkriminaloides Wesen« kennengelernt.

Einer sehr allgemeinen Ansicht leiht Julius Duboc mit den Worten Ausdruck: »Es ist ein Zug, der durch die Jahrhunderte geht, daß von dem Weibe nichts Unziemliches ausgehen darf. Das Ziemliche, das ist aber vor allem das Maßvolle.« Die Brüder Goncourt aber schreiben: »Die hauptsächlichste Stärke der Frau ist ein Übermaß in allem.«

Kingsley apostrophiert das Weib als den »einzig wahren Missionär der Zivilisation, der Brüderlichkeit, der zarten vergebenden Liebe«, sein Landsmann Pope aber meinte: »Every woman is in his heart a rake.«

Havelock Ellis ist der Ansicht, daß unter gewöhnlichen Umständen das Weib an Leistungsfähigkeit dem Manne gleich sei: »aber es kann nicht unter Hochdruck arbeiten«; von Horn aber sagt: »Geht es ans Erfüllen von schweren Anforderungen, so übertrifft das weibliche Geschlecht oft das männliche bei weitem, so entwickelt es eine Zähigkeit und Ausdauer, die den Mann beschämt.«

Lotze sagt: »Das Weib haßt die Analyse und ist daher nicht imstande, Wahres vom Falschen zu unterscheiden«; Laffitte hingegen: »Das Weib bevorzugt die Analyse der Dinge, der Mann die Beziehungen zwischen den Dingen«, und Lombroso: »In der Synthese und Abstraktion zeigt sich die Intelligenz des Weibes mangelhaft; ihre Stärke liegt in der feinen Analyse, in der scharfen Auffassung der Einzelheiten.« Für solche aber, »welche sich etwas zurechtzulegen wissen«, hat Nietzsche im Gegensatz zu einer sonst fast ungeteilten Anschauung behauptet: »Die Weiber haben den Verstand, die Männer das Gemüt und die Leidenschaft.«

Selbst über die spezifischen Eigentümlichkeiten des Weibes in der Liebe, einem Gebiete, das doch am innigsten mit der Geschlechtsnatur verbunden ist, gehen die Meinungen weit auseinander. So bezeichnen die einen die Treue als einen Grundzug des weiblichen Wesens, da schon durch die Aufgaben der Mutterschaft sein Instinkt in der Liebe auf Dauer gerichtet ist – Krafft-Ebing: »Jedenfalls ist die seelische Richtung des Weibes eine monogame, während der Mann zur Polygamie hinneigt«; oder Schopenhauer: »Die Liebe des Mannes sinkt merklich von dem Augenblick an, wo sie Befriedigung erhalten hat: er sehnt sich nach Abwechslung. Die Liebe des Weibes hingegen steigt eben von jenem Augenblick an. Er sieht sich stets nach anderen Weibern um, sie hingegen hängt fest dem einen an.« Im Gegensatz dazu sagt Lombroso: »Sicher ist jedenfalls, daß sie (die Weiber) wenn ein anderes Verhältnis ihnen mehr praktische Vorteile verspricht, den ersten Geliebten erbarmungslos, oft in der grausamsten Weise im Stich lassen«; und Laura Marholm bestätigt: »Das Weib will spielen, Abwechslung haben, veränderlich sein, der Mann gedeiht in der Einförmigkeit, das Weib verzweifelt darin« – übrigens eine Paraphrase zu jenem alten »La donna è mobile«, das die bekannteste Formel für alle die zahllosen Klagen über die Flatterhaftigkeit und Unbeständigkeit des weiblichen Geschlechtes ist.

Entgegen der allgemeinen Annahme, daß das Charakteristische der weiblichen Liebe in der völligen Hingebung bestehe (»der Mann liebt unter Selbstbehauptung, das Weib unter Selbsthingebung«), bemerkt M. de Lambert: »Die Frauen treiben mit der Liebe ihr Spiel – sie geben sich dazu her, aber sie geben sich ihr nicht hin.« Friedrich Nietzsche hat den Unterschied in der innerlichen Stellung der Geschlechter, wenn sie lieben, so formuliert: »Die Frauen sind es, welche bei der Vorstellung erbleichen, ihr Geliebter möchte ihrer nicht wert sein; die Männer sind es, welche bei der Vorstellung erbleichen, sie möchten ihrer Geliebten nicht wert sein« – wie ja auch Goethe an Frau von Stein geschrieben hat: »Ich möchte im dreifachen Feuer geläutert werden, um Ihrer Liebe wert zu sein« –, Mantegazza jedoch, der eine Reihe psychologischer Geschlechtseigentümlichkeiten einander gegenüberstellt, läßt genau umgekehrt den Mann sich fragen: »Ist sie meiner würdig? Kann sie mir genügen?« und das Weib: »Bin ich seiner würdig? Kann ich ihm genügen?«

Es wäre leicht, diese Beispiele ins Unendliche zu vermehren. Dazu kommen jene, welche den psychischen Unterschied der Geschlechter an sich negieren; z. B. Broca: »Mann und Weib würden, wenn sie ganz ihren inneren Impulsen überlassen blieben, zu einer großen Ähnlichkeit gelangen, wie das im Zustande der Wildheit der Fall ist«; oder Montaigne: »Meine Meinung ist, daß Männer und Frauen das nämliche Gepräge tragen; abgesehen von Institutionen und Bräuchen, ist der Unterschied nicht groß.« Auch der Ausspruch Grillparzers gehört hierher: »Das edle Weib ist halb ein Mann, ja ganz«, oder derjenige Balzacs: »Les âmes n'ont pas de sexe«, sowie die Ansicht Swifts :»Ich kenne keine liebenswürdige Eigenschaft an einem Weibe, welche nicht ebenso liebenswürdig an einem Manne wäre. Sogar Bescheidenheit und Sanftmut will ich hiervon nicht ausnehmen; auch kenne ich kein Laster und keine Torheit, welche nicht gleich verabscheuungswürdig an beiden wäre.« Lombroso hingegen erblickt in jeder Annäherung des Weibes an den männlichen Typus – trotz der von ihm aufgestellten Behauptung, daß geniale Frauen sehr häufig männlichen Typus zeigen – eine atavistische Erscheinung: »wir suchen im Weibe vor allem das spezifisch Weibliche; wenn wir das Gegenteil finden, so schließen wir auf eine enorme Anomalie.«

Was also hat es mit einer Sache auf sich, über die jedermann sich andere Vorstellungen macht, die von den einen als etwas Nebensächliches und Untergeordnetes, von den andern als eines der wichtigsten normativen Kriterien betrachtet wird? Wäre man nach so vielen paradoxen Behauptungen und gegensätzlichen Meinungen nicht schließlich berechtigt, dahinter nichts als eine Ausgeburt subjektiver Geschmacksrichtungen oder konventioneller Vorurteile zu suchen?

Es ist ein Verdienst der Frauenbewegung, daß sie den Anstoß zu einer kritischen Beleuchtung dieses ganzen Gebietes gegeben hat. Noch in der ersten Hälfte des 19. Jahrhunderts konnte ein geistreicher und subtiler Denker wie Ludwig Feuerbach das Problem mit einer so gänzlich leeren Definition abtun: »Das Wesen des Mannes ist die Männlichkeit, das des Weibes die Weiblichkeit... Was ist die Tugend, die Tüchtigkeit des Menschen als Mannes? Die Männlichkeit. Des Menschen als Weibes? Die Weiblichkeit... Die Tüchtigkeit, die Gesundheit des Menschen besteht demnach nur darin, daß er als Weib so ist, wie er als Weib sein soll, als Mann so, wie er als Mann sein soll.«

Mit dergleichen gibt sich heute nur mehr die oberflächlichste Gedankenlosigkeit zufrieden. Dennoch kann man nicht behaupten, daß durch den Kampf der Meinungen vorläufig eine größere Klarheit und Bestimmtheit geschaffen worden wäre. Die Frauenbewegung steht, soweit sie ganz konsequent ist, dem Begriffe der Weiblichkeit gegenüber auf einem skeptischen, wenn nicht völlig negativen Standpunkt; sie bezweifelt oder bekämpft den normativen Wert dieses Begriffes und setzt an seine Stelle die unbeschränkte Freiheit der individuellen Entwicklung; sie legt alles Gewicht auf die gemeinsamen Gebiete zwischen Mann und Weib und fordert in jedem Falle eine von den Geschlechtsnormen unabhängige Berücksichtigung der Eigenart.

Vielleicht ist das der einzige gerechte Standpunkt dem einzelnen Individuum gegenüber, das als ein Naturwesen von unabänderlicher Beschaffenheit in die Welt tritt, vielleicht der einzige, der ohne Phrasen und willkürliche Voraussetzungen bestehen kann. Übrigens, wenn Heine recht hat, daß es das Element der Freiheit ist, das den weiblichen Geist auszeichnet, würde die Frauenbewegung damit sogar den Charakter des »echt Weiblichen« bestätigen.

Dennoch wird auf diese Weise das Problem der Geschlechtspsychologie nicht gelöst. Es wird nur umgangen. Wer sich von den Normen der Weiblichkeit unabhängig macht, hat sie nicht zugleich aufgehoben. Wenn auch mit sehr wandelbaren Grenzen, wenn auch als ganz veränderliche Gebilde – sie sind doch ein wesentlicher Bestandteil im geistigen Leben der Menschheit, sie sind das Produkt einer langen Entwicklungsreihe, einer nicht zu unterschätzenden Kulturarbeit.

Das heißt allerdings nicht, zugleich ihre konventionelle Geltung bestätigen. Die Gefahr aber, wieder konventionellen Normierungen Raum zu bieten, liegt in der, neuestens in der Frauenbewegung sich ankündigenden Tendenz, eine fundamentale Verschiedenheit der Geschlechter anzuerkennen, indem man die Mutterschaft zum entscheidenden Faktor erhebt, um von hier aus die Stellung der Frau in der Kultur der Zukunft zu begrenzen. Die Mutterschaft mag als Hindernis der äußeren Gleichstellung mit dem Manne schwer ins Gewicht fallen; als innerlicher Zustand ist sie so wenig ein allgemeingültiges Kriterium der Weiblichkeit, wie irgend eine andere generelle Bestimmung.

Versucht man, einen konkreten Gehalt für das zu finden, was man unter Weiblichkeit verstehen will, so gibt es dafür dreierlei Möglichkeiten. Man kann das Häufige, das Durchschnittliche, das Gewöhnliche als Norm aufstellen; oder man kann ein Idealbild konstruieren, indem man physische Vorgänge als Gleichnis und Analogon für psychische benutzt, und Aktivität und Passivität, Produktivität und Rezeptivität in gegensätzlichen Typen einander gegenüberstellt; oder man kann aus der physiologischen Beschaffenheit zurückschließen auf psychische Eigenschaften, die notwendigerweise damit verknüpft sein müssen.

Durch jede dieser drei Methoden wird ein fiktiver Typus geschaffen, vermittelst dessen man die Geschlechter in eine Majorität sogenannter normaler und in eine Minorität sogenannter abnormer Individuen teilt. Aber schon aus den angeführten widersprechenden Aussagen läßt sich, soweit es sich um die Weiblichkeit handelt, ersehen, daß die Resultate der drei Methoden keineswegs übereinstimmen, so daß Erscheinungen, die nach der einen unter die »abnormen«, also mit der wahren Weiblichkeit unvereinbaren gezählt werden, nach der andern noch in das Gebiet der Normalität fallen und umgekehrt.

Ganz unzulänglich erscheint die Durchschnittsmethode. Abgesehen von den philiströsen Beschränkungen und den subjektiven Vorurteilen, denen sie den Maßstab liefert: es handelt sich bei dem Problem der Geschlechtspsychologie nicht so sehr darum, die bekanntesten und landläufigsten Merkmale aufzuzeigen, aus denen sich generelle Bestimmungen herleiten lassen, sondern vielmehr, ein Naturprinzip bloßzulegen, das widerspruchslos als ein Gemeinsames in dem Wesen aller Weiber – sofern sie körperlich intakte Geschlechtswesen darstellen – zu allen Zeiten und bei allen Völkern nachzuweisen wäre, ein Prinzip, das dort am deutlichsten erkennbar sein müßte, wo die Willkür des menschlichen Bewußtseins noch nicht die Unmittelbarkeit der natürlichen Vorgänge gestört hat – an den weiblichen Geschöpfen des Tierreiches.

Noch weniger kann uns bei der Beurteilung des einzelnen Individuums mit dem Maßstabe gedient sein, den das Idealbild liefert. Vor allem muß man zweierlei auseinander halten: die Frage nach dem, was »das Weib« sein soll, und die Frage nach dem, was »das Weib« vermöge seiner Naturanlage ist. Das Idealbild könnte höchstens den Kanon abgeben, nach welchem der Geschlechtswert des Einzelnen unter sozialen oder ethischen Gesichtspunkten zu bemessen wäre; dabei bliebe die Frage dennoch offen, wie weit die Differenzierung nach den Endpolen der Geschlechtlichkeit ein wünschenswertes Ziel sei. Für eine voraussetzungslose, von willkürlichen Annahmen möglichst freie Untersuchung über das, was das Weib wirklich ist, wird nur die dritte Methode in Betracht kommen.

II

Nach den grundlegenden Voraussetzungen der modernen Naturwissenschaft ist jede Bewußtseinsäußerung an körperliche Vorgänge gebunden. Es scheint also, daß von hier aus eine wesentliche geistige Verschiedenheit der Geschlechter unbedingt zu bejahen wäre. Wenn schon der Geschlechtsunterschied in der Physis des Menschen ein so durchgreifender ist, daß selbst noch die Haare eine Verschiedenheit nach dem Geschlecht erkennen lassen, daß »ein Mann Mann ist bis in seinen Daumen, und ein Weib Weib bis in ihre kleine Zehe« (Ellis), steht es da nicht im vorhinein außer Zweifel, daß der weibliche Körper der Träger einer anderen Seele sein muß als der männliche?

Eine alte physiologische Anschauung hat den Satz aufgestellt: Totus homo semen est; die moderne Physiologie bestätigte ihn. »Das Weib ist eben nur Weib durch seine Generationsdrüse; alle Eigentümlichkeiten seines Körpers und Geistes oder seiner Ernährung und Nerventätigkeit: die süße Zartheit und Rundung der Glieder bei der eigentümlichen Ausbildung des Beckens, die Entwicklung der Brüste bei dem Stehenbleiben der Stimmorgane, jener schöne Schmuck der Kopfhaare bei dem kaum merklichen weichen Flaum der übrigen Haut, und dann wiederum diese Tiefe des Gefühls, diese Wahrheit der unmittelbaren Anschauung, diese Sanftmut, Hingebung, Treue – kurz alles, was wir an dem wahren Weibe Weibliches bewundern und verehren, ist nur eine Dependenz des Eierstockes.« (Virchow, das Weib und die Zelle.)

An diesem Ausspruch des großen Pathologen fällt vor allem der unvermittelte Sprung von der Aufzählung der sogenannten sekundären Geschlechtscharaktere zu psychischen Eigenschaften auf, deren Zusammenhang mit der geschlechtlichen Differenzierung so wenig erwiesen ist, daß von anderen Beobachtern ganz entgegengesetzte als die typisch weiblichen angeführt werden. Ja das »echte Weib« nach Virchowscher Beschreibung stimmt nicht einmal im Punkte der sekundären Geschlechtscharaktere – unter denen man bekanntlich physische Eigentümlichkeiten versteht, die das Geschlecht zu begleiten pflegen, wie der Kamm des Hahnes, das Geweih des Hirsches, der Bart des Mannes u. dgl. – mit ethnographischen Tatsachen, noch selbst mit dem wechselnden Geschmack der zivilisierten Völker überein. So haben die Männer der zivilisierten Rassen im allgemeinen ein breiteres, also weiblicheres Becken als die Frauen wilder Stämme, während die Männer dieser Stämme den »schönen Schmuck der Kopfhaare« mit den zivilisierten Frauen teilen; die Neigung zur Bartbildung auf der Oberlippe ist als Rassenmerkmal der portugiesischen, spanischen und ungarischen Frauen bekannt; und was die Rundung der Glieder, wie die Entwicklung der Brüste betrifft, so weicht das neueste Modeideal der weiblichen Gestalt, das als »beseeltes Skelett« bezeichnet worden ist, beträchtlich von dem Virchowschen ab. Ob dieses Modeideal eine »Verirrung« ist, kommt dabei gar nicht in Betracht, sondern lediglich die Tatsache, daß die Beschaffenheit vieler Frauen diesem Ideal entspricht. Schon allein die Wandelbarkeit des Geschmackes, durch die immer eine bestimmte Abart zur herrschenden erhoben wird, sollte zur Vorsicht gegenüber dem Begriff des »echten Weibes« mahnen.

Über die physiologischen Eigentümlichkeiten, die das Weib im allgemeinen konstitutionell vom Manne unterscheiden, sind in neuerer Zeit ausgedehnte Untersuchungen angestellt worden. Als die bekanntesten Werke dieser Art können »Das Weib als Verbrecherin und Prostituierte« von Lombroso und Ferrero, und »Mann und Weib« von Havelock Ellis genannt werden. Besonders das Werk des Engländers, das durch seine planmäßige Anordnung und kritische Methode vor der vielfach angefochtenen Arbeit der italienischen Autoren den Vorzug verdient, enthält eine eingehende und gewissenhafte Zusammenstellung aller exakten wissenschaftlichen Ergebnisse in dieser Richtung. Alles, was meßbar und wägbar am menschlichen Organismus ist, wird hier mit Sorgfalt auf seine psychosexuelle Bedeutsamkeit hin betrachtet. Dennoch muß der Autor am Schlusse seiner Ausführungen bekennen: »Die fundamentalen und wesentlichen Merkmale von

Mann und Weib, wie sie vor allem Einfluß äußerer Umstände bestehen, haben wir nicht mit Sicherheit bestimmen können... Die Einsicht, daß Mann und Weib unter wechselnden Bedingungen innerhalb weiter Grenzen unbestimmbar veränderungsfähig sind, erlaubt uns nicht, starre Dogmen über die besondere Sphäre des einen oder des anderen Geschlechtes aufzustellen... Ferner sind so viele Tatsachen unter wechselnden Lebensbedingungen wandelbar, daß wir ohne vorausgehende Experimente über das Verhalten des männlichen und weiblichen Organismus unter verschiedenen Bedingungen nichts Bestimmtes aussagen können.«

Da es sich bei diesen Untersuchungen nur um die Feststellung von Tatsachen handelt, wie sie vermittelst der naturwissenschaftlichen Beobachtungsmethoden und statistischer Berechnungen zu gewinnen sind, ist es einleuchtend, daß man auf diesem Wege bei den Symptomen stehen bleibt, ohne zu ihren eigentlichen Ursachen vordringen zu können. Tiefer greift die biogenetische Forschung in das Wesen der Geschlechtsdifferenzierung hinab.

Die physiologischen Funktionen der Ernährung und Fortpflanzung lassen schon in den primitivsten Organismen zweierlei Tendenzen der Lebenstätigkeit erkennen – die eine nach innen, nach Ansammlung gerichtet, die andere nach außen, nach Absonderung. Aus diesen ursprünglichen Tendenzen erklären sich die Besonderheiten der männlichen wie der weiblichen Keimzellen; und das Übergewicht einer dieser Tendenzen entscheidet die Differenzierung des Embryo zu einer verschwenderischen oder zu einer sparsamen Konstitution, zur männlichen oder weiblichen Polarisation. Die männliche Polarisation ergibt, wie sich an den Eigenschaften der Keimzelle erkennen läßt, Beweglichkeit, Energie, Initiative, die Neigung, ins Weite zu streben, und die Fähigkeit, sich unter den ungünstigsten Bedingungen zu behaupten – die weibliche bedingt Stabilität und passives Aufsichberuhen, die Neigung, zu beharren und sich gegen äußere Einflüsse abzuschließen (Siehe Feuillet, die Psychologie der Geschlechter und ihre biologische Grundlage.) Verfolgt man die Konsequenzen weiter, so stellt sich das cholerisch-sanguinische Temperament als das männliche, das phlegmatisch-lymphatische als das weibliche dar; im männlichen Geschlecht verkörpert sich das progressive oder zentrifugale Element, das die Art erneuert und umbildet, im weiblichen Geschlecht das konservative oder zentripetale, das die Art unverändert bewahrt und erhält.

Damit scheint eine feste Grundlage für das gewonnen, was man mit Sicherheit als psychische Geschlechtscharaktere nachweisen und bei allen geschlechtlich differenzierten Individuen voraussetzen kann. Allein in Wirklichkeit wird auch damit nur eine Art Schema geschaffen, ein Typus, von welchem sich die einzelnen Individuen mehr oder minder entfernen. Die oberflächlichste Beobachtung lehrt ja, daß diese allgemeinen Bestimmungen selbst bei solchen Personen nicht zutreffen, die sich im ganzen durchaus nicht von dem Gewöhnlichen unterscheiden, sie lehrt, daß die individuelle Differenzierung in vielen Fällen die generelle aufhebt. Es lassen sich unschwer Individuen verschiedenen Geschlechtes ausfindig machen, deren psychische Geschlechtscharaktere ganz vertauscht sind, obwohl sie körperlich normale Repräsentanten ihres Geschlechtes sind. Hier aber liegt erst das eigentliche Problem: Wenn die Keimzelle das einzige und ausschlaggebende Bildungsprinzip des Organismus darstellt, wie sind solche Abweichungen möglich? Und wenn die physische Geschlechtsdifferenzierung nicht mit Notwendigkeit den psychischen Charakter des Individuums bestimmt, welche Faktoren sind es, die solche Abweichungen bewirken?

Doch abgesehen vorerst von den atypischen Individuen – diese allgemeinen Schlüsse aus biologischen Tatsachen lassen eine Reihe von Phänomenen innerhalb der natürlichen Entwicklungsreihen unaufgeklärt. Es gibt viele Tiergattungen, und darunter sehr hochstehende, deren Korporisation außerhalb der Geschlechtssphäre von der Natur der Keimzellen ganz unabhängig zu sein scheint. Hengst und Stute, Hund und Hündin beispielsweise, bei denen von sekundären Geschlechtscharakteren kaum die Rede sein kann, unterscheiden sich auch in ihren intellektuellen Eigenschaften nicht kraft des Geschlechtes. Daher werden Rennpferde und Jagdhunde ohne Ansehung ihres Geschlechtes verwendet. Bei ihnen ist die Beweglichkeit, Energie, Initiative, die angeblich nur aus der Beschaffenheit der männlichen Keimzelle entspringt, auf beide Geschlechter gleich verteilt. Ja das Beispiel der Bienen beweist, daß sogar eine Umkehrung des Geschlechtscharakters als Regel stattfinden kann. Im Bienenstaate steht das soziale Leben der Geschlechter in einem völligen Gegensatz zu dem sexuellen Charakter, den die Keimzelle ihrem Träger verleihen soll. Durch die Neigung zu einem trägen und eingezogenen Leben unterscheidet sich die männliche Drohne von der tätigen, rührigen, abenteuerlichen Lebensweise der weiblichen Arbeiterbiene.

Die Erklärung dafür könnte allerdings in der Natur der Keimzellen selbst gefunden werden. Nach neueren Untersuchungen über die denselben innewohnende Fähigkeit der Geschlechtsdifferenzierung ist es sehr wahrscheinlich, daß die weibliche Keimzelle ihrer eigenen Beschaffenheit nach männliche Polarisation hat, das heißt, die Erzeugung eines männlichen Organismus entscheidet, die männliche Keimzelle hingegen weibliche Polarisation, das heißt, die Erzeugung eines weiblichen Organismus entscheidet. Die Beobachtung der sehr eigentümlichen Fortpflanzungsverhältnisse bei den Bienen zeigt, daß aus den unbefruchteten Eiern ausschließlich Drohnen, also Männchen, hervorgehen; daß aber die weiblichen Bienen – die durch Ernährungseinflüsse zu Arbeiterinnen oder zu Königinnen entwickelt werden – nur unter Mitwirkung des männlichen Zeugungsstoffes entstehen können. (Siehe Janke, die willkürliche Hervorbringung des Geschlechtes.)

Wenn nun der weibliche Organismus männliche Keime, der männliche Organismus weibliche hervorbringt, warum sollte sich diese Fähigkeit nicht auch in dem Charakter der Psyche ausdrücken, deren Träger er ist? Übrigens hat Lourbet (Das Problem der Geschlechter) darauf hingewiesen, daß man ebensowohl aus den Eigenschaften der männlichen Keimzelle die charakteristischen Merkmale der weiblichen Psyche hätte ableiten können; »denn das Weib ist lebhafter und beweglicher in seiner Sinnesart als der Mann, unbeständig, nervös, und unfähig aller Dinge, die Ausdauer und Beharrlichkeit voraussetzen«. So könnte man auch aus der Tendenz der männlichen Keimzelle zur vollständigen Aufgebung des eigenen Wesens und Verschmelzung mit einem größeren, in sich abgeschlossenen, auf sich beruhenden Organismus, wie das Ovulum, die Neigung zur Hingebung und Selbstaufopferung nachweisen, die man doch als besonderes Kennzeichen der weiblichen Psyche zu betrachten gewohnt ist.

Nein, auch von hier aus läßt sich keine zuverlässige Grundlage für die psychologische Formel der Weiblichkeit gewinnen. Auch hier findet man, wenn man genauer hinsieht, nicht viel mehr als willkürliche Vorausset-zungen, in die alles Beliebige hineingedeutet wird – und zwar in erster Linie der Typus, den der Zeichendeuter aus Erfahrung kannte, oder der ihm durch die herrschenden Anschauungen überliefert war.

Während man Männlichkeit und Weiblichkeit in ihrer gegenwärtigen Gestalt aus ursprünglichen und primitiven organischen Bedingungen zu erklären strebt, übersieht man, daß sie in vielen wesentlichen Stücken bloße Kulturprodukte sind, also nichts Feststehendes und Abgeschlossenes, noch auch etwas allgemein Zutreffendes. Bei den meisten wilden Völkern ist das Bild der Arbeitsteilung zwischen Mann und Weib ein durchaus anderes als bei den Kulturvölkern. Fast überall sind die Frauen die ersten Lastträger, die ersten Ackerbauer, die ersten Baumeister, die ersten Töpfer, wie überhaupt die industrielle Seite des primitiven Lebens samt einem großen Teile der dazu gehörigen ersten Erfindungen ein Werk des weiblichen Geschlechtes ist. (Siehe Ellis, Mann und Weib.) Vermutlich würde auch die physiologische Beobachtung dieser primitiven Frauen vielfach zu anderen Ergebnissen führen als diejenige der Kulturfrauen.

Will man sich aber auf die psychosexuellen Erscheinungen innerhalb des europäischen Kulturkreises beschränken, so wird man vor allem eine Tatsache berücksichtigen müssen, deren Bedeutung nach vielen Richtungen sehr hoch anzuschlagen ist – die höhere Stufe der individuellen Differenzierung.

Es ist eine Eigentümlichkeit, die zur Auszeichnung des Menschen gehört, daß die Geschlechtsanpassung bei ihm nicht wie bei den Tieren eine generelle ist, sondern individuell sehr verschieden. Ein Löwe, ein Pferd, ein Hase sind im Grade ihrer Männlichkeit und Weiblichkeit durch ihre Gattung und nicht als Individuen bestimmt. An sich betrachtet ist eine Löwin ein viel männlicheres Tier als etwa ein Rehbock – da man ja, ganz allgemein genommen, aggressive Impulse als Begleiterscheinung der männlichen Differenzierung anspricht. Aber schon bei den höchststehenden Säugetieren lassen sich die Spuren einer beginnenden individuellen Differenzierung bemerken; und innerhalb der menschlichen Gattung sind es nur die ganz primitiven Völker, bei denen die Geschlechter sich in ziemlich homogene Gruppen scheiden.

Mit steigender Kultur, unter günstigen Lebensbedingungen und in freieren sozialen Zuständen beginnt der Einzelne sich nach Eigenart zu entfalten – vielleicht, weil der Zwang der Sozietät in gesicherten Verhältnissen nachläßt, und der Druck, den sie auf ihre Mitglieder ausübt, nicht mehr eine Notwendigkeit der Selbsterhaltung bedeutet, also nicht mehr als »heilig« betrachtet wird; vielleicht, weil die Anpassung an die Bedingungen der sexuellen Auswahl, die den primitiven Mann zum Raub oder Kauf des Weibes nötigen und das Weib zum willenlosen Gegenstand des Raubes oder Kaufes machen, sich mit den Bedingungen selbst ändert. Der Reichtum und die Entwicklungsfreiheit äußerer Lebensformen geht parallel mit dem Reichtum und der Entwicklung der inneren. Die Natur selbst, nach der evolutionistischen Auffassung ein ewiges Fortschreiten von primitiven und einfachen Formen zu immer komplizierteren und vollendeteren, von der Einheitlichkeit zur Mannigfaltigkeit, äußert sich innerhalb der menschlichen Gattung als ein Fortschreiten vom Typischen zum Individuellen.

Eigenschaften, von denen jede für sich betrachtet sowohl dem einen wie dem anderen Geschlechte angehören kann, machen als Komplex in ihrer besonderen Kombination die Eigenart der Persönlichkeit aus. Die außerordentliche Mannigfaltigkeit dieser Kombinationen allein ist ein Einwand gegen das Bestreben, die Persönlichkeit als eine bloße Spiegelung der Sexualität zu deuten, Mann und Weib nach ihrem geistigen Charakter einfach als Paraphrasen ihres Geschlechtsapparates aufzufassen. Sollte es wirklich möglich sein, die Bewußtseinsleistung eines so komplizierten Organismus, wie des menschlichen, aus so einfachen Ursachen, wie die Beschaffenheit der Keimzellen oder die Vorgänge der Ernährung und des Stoffwechsels zu erklären?

III

Jede Methode kann nur Prozentsätze ermitteln; sie scheidet die Geschlechter in Majoritäten und Minoritäten. Fast ausnahmslos wird dabei alles Gewicht auf den Majoritätscharakter gelegt. Und doch sind die Minoritäten für so viele Wandlungen in der Kulturgesellschaft ausschlaggebend, sind keineswegs nebensächlich oder überflüssig in der sittlichen und sozialen Ordnung!

Aber das mag dahingestellt bleiben. Setzen wir uns erst mit der Tatsache auseinander, daß der psychische Charakter einzelner Individuen – gleichviel, wie selten oder wie häufig diese Individuen sind – nicht mit ihrem sexuellen Typus übereinstimmt.

Lombroso hat zur Erklärung der atypischen Weiblichkeit das Gesetz der gekreuzten Vererbung herangezogen. »Solche Frauen sind vielleicht das Produkt eines eigentümlichen Vererbungsmechanismus; sie scheinen Geschlechtsorgane und sekundäre geschlechtliche Merkmale von der Mutter, das Gehirn vom Vater übernommen zu haben; paradoxe Mischungen dieser Art bedingen ja auch gelegentlich den Typus des weibischen Mannes.« Er ist im übrigen der Ansicht, daß innerhalb des weiblichen Geschlechtes als dem weniger variablen nur das Gebiet der vollkommenen Normalität oder das der äußersten Anomalie vertreten erscheint, und daß die zahlreichen Übergangsformen fehlen, welche diese beiden Pole verbinden. Das ist eine der vielen willkürlichen und unbewiesenen Behauptungen, die den Standpunkt Lombrosos als einen ganz subjektiven kennzeichnen. Die gekreuzte Vererbung, aus der solche »paradoxe Mischungen« hervorgehen, gehört zu den fundamentalen Gesetzen, die nach der Darwinschen Auffassung den Charakter der Arten bestimmen. Man weiß, daß das Gesetz, das die Übertragung der sekundären Geschlechtscharaktere ebenso wie die der Geschlechtsorgane regelt, indem es in gerader Linie vom männlichen Organismus auf dessen männliche Nachkommen und vom weiblichen auf dessen weibliche Nachkommen wirkt, durch das Gesetz der gemischten oder amphigonen Vererbung beschränkt und teilweise aufgehoben wird. »Dieses Gesetz sagt aus, daß ein jedes organische Individuum, welches auf geschlechtlichem Wege erzeugt wird, von beiden Eltern Eigentümlichkeiten annimmt.« (Haeckel, Natürliche Schöpfungsgeschichte.)

Es ist eine bekannte Beobachtung, daß Töchter häufiger dem Vater ähnlich sehen, Söhne häufiger der Mutter. Nach Wahrscheinlichkeitsberechnung dürften Väter eher erwarten, ihre Eigenart in ihren Töchtern wiederzufinden als in ihren Söhnen. Auf diese Tatsache – die eine Bestätigung jener Fähigkeit der Keimzelle zur Hervorbringung des ihr entgegengesetzten Geschlechtes enthält – hat Janke ein Vererbungsschema gegründet, nach welchem auf dem Umweg über die Töchter erst die männlichen Enkel die wahren Erben und Ebenbilder eines Vaters sind, während eine Frau erst wieder in den Töchtern ihrer Söhne auflebt. Der echte Mannesstamm einer Familie würde sich somit nicht in gerader Linie von Vater zu Sohn fortzweigen, wie es gegenwärtig angenommen ist, sondern in gekreuzter Linie von Vater zu Tochter, von Tochter zu Enkel.

Auch Schopenhauer hat aus seiner Welterklärung, wonach der Wille das primäre Prinzip, der Intellekt das sekundäre ist, eine Art gekreuzter Vererbung abgeleitet, da er das männliche Geschlecht als das primäre zum Vererbungsträger des Charakters, das weibliche als das sekundäre zum Vererbungsträger der intellektuellen Begabung macht. In seiner Republik, hebt er hervor, müßten daher zur Erzeugung einer möglichst tüchtigen Nachkommenschaft die charaktervollsten Männer und die intelligentesten Frauen verbunden werden. Nebenbei gesagt, ist diese Schopenhauersche Vererbungstheorie ein Beispiel dafür, wie wenig eine vorgefaßte Meinung durch Ergebnisse der Beobachtung zu erschüttern ist; denn die Fälle, wo Charakter und Intellekt sich durchaus nicht in der angegebenen Weise auf die Kinder vererben, sind so zahlreich und so augenfällig, daß sie auch Schopenhauer nicht übersehen hätte können, wenn er eben nicht seine Theorie gehabt hätte.

Schon aus der Tatsache der gekreuzten Vererbung erhellt es, daß das einzelne Individuum männliche und weibliche Eigenschaften in sich vereinigt, und daß es selbst auf den niedrigeren Stufen der Entwicklung nicht unbedingt als »homologes Sexualwesen« gelten kann. Man könnte wohl von hier aus die Auffassung begründen, daß jedes Individuum eine Mischung darstellt, da die absolute Männlichkeit und Weiblichkeit in der Realität nirgends vorkommt. Mit der Annahme einer graduellen Geschlechtlichkeit wäre eine Erklärung für die individuellen Abweichungen vom allgemeinen Geschlechtstypus gegeben.

Allein so viel Bestechendes die Theorie der Geschlechtsgrade auch hat, sie bietet doch keinen festen Anhaltspunkt dafür, was denn eigentlich außerhalb der primären Geschlechtssphäre, also im übertragenen Sinne, unter dem Männlichen und Weiblichen verstanden werden soll. Da auf dem physiologisch-biologischen Wege kein solcher Anhaltspunkt zu gewinnen ist, muß man sich entweder an Ergebnisse der Durchschnitts-methode halten, die nur Oberflächen-Beobachtungen summiert, oder an das Idealbild –

wobei man das begeht, was die Philosophen eine petitio principii nennen. Denn es ist nur eine willkürliche Voraussetzung, alle positiven Eigenschaften männlich und alle negativen weiblich zu nennen, da sie doch erfahrungsgemäß bei beiden Geschlechtern auftreten.

Es war Schopenhauer, der auf die verschiedenen Grade in dem sexuellen Charakter der Einzelnen hingewiesen und diese Gradualität der Geschlechtsdifferenzierung zur Erklärung der Liebesphänomene benutzt hat. Er sagt in seiner Metaphysik der Liebe: »Alle Geschlechtlichkeit ist Einseitigkeit. Diese Einseitigkeit ist in einem Individuo entschiedener ausgesprochen und in höherem Grade vorhanden als im anderen: Daher kann sie in jedem Individuo besser durch eines als das andere ergänzt und neutralisiert werden ... Die Physiologen wissen, daß Mannheit und Weiblichkeit unzählige Grade zulassen, durch welche jene bis zum widerlichen Gynander und Hypospadiäus sinkt, diese bis zur anmutigen Androgyne steigt; von beiden Seiten aus kann der vollkommene Hermaphroditismus erreicht werden, auf welchem Individuen stehen, welche, die gerade Mitte zwischen beiden Geschlechtern haltend, keinem beizuzählen, folglich zur Fortpflanzung untauglich sind.«

Schopenhauer begnügte sich, die Geschlechtsgrade als ein physiologisches Phänomen zu beschreiben; er beachtete nicht, daß die physiologische Geschlechtsbeschaffenheit keinen Maßstab für die psychische des Individuums bildet, weil Individuen, die körperlich sehr ausgeprägte Geschlechtstypen darstellen, in ihrer Psyche oft ganz atypisch sind und mit ihrer Physis durchaus nicht übereinstimmen.

Viel tiefer hat Otto Weininger in seinem Buche »Geschlecht und Charakter« das Problem der Geschlechtsgrade zu fassen versucht. Er geht von der Annahme aus, daß jede Zelle des Organismus geschlechtlich charakterisiert ist oder eine bestimmte sexuelle Betonung hat. Allerdings sieht er sich genötigt, zu bekennen: »Worin die Männlichkeit (Maskulität) oder Weiblichkeit (Muliebrität) einer Zelle eigentlich bestehen mag, darüber ist eine Aussage auf dem Wege der Wahrscheinlichkeit heute noch nicht möglich.« Die originäre geschlechtliche Charakteristik jeder Zelle führt er auf eine Modifikation jenes hypothetischen Idioplasmas zurück, welches jedem Gewebe den spezifischen Artcharakter verleihen soll. Dieses Idioplasma scheidet er in ein »Arrhenoplasma« als Träger des männlichen, und in ein »Thelyplasma« als Träger des weiblichen Prinzips. In jedem realen Individuum sind diese beiden Plasmen immer in größeren oder geringeren Prozentsätzen vereinigt: »ein Individuum A oder ein Individuum B darf man darum nicht mehr schlechthin als Mann oder Weib bezeichnen, sondern ein jedes ist nach den Bruchteilen zu beschreiben, die es von beiden hat«.

Dadurch wird die, für die sexuelle Charakteristik vermeintlich ausschlaggebende Bedeutung der äußeren Geschlechtsteile begrenzt, »nach welcher allein die Geschlechtsbestimmung des Menschen bei der Geburt vollzogen und damit in gewisser Hinsicht über sein Lebensschicksal (wie sich zeigen wird, nicht selten unrichtig) entschieden wird«.

Zur Ergänzung der durch den verschiedenen Gehalt an Arrheno- und Thelyplasma bedingten ursprünglichen Geschlechtscharakteristik nimmt Weininger eine – auch von anderen schon vorausgesetzte – innere Sekretion der Keimdrüsen an, durch welche die Geschlechtlichkeit des Individuums erst vervollständigt wird, so daß die sexuelle Differenzierung auch als chemisches Phänomen zu erklären wäre.

Die Bedeutung der Weiningerschen Hypothese liegt vornehmlich in dem Bemühen, eine biologische Formel für die unendliche Mannigfaltigkeit der individuellen Entwicklung zu schaffen und die Fehlschlüsse, die sich aus der Anwendung genereller Typen ergeben, zu vermeiden. Freilich wird das Männliche und das Weibliche durch die Bezeichnungen Arrheno- und Thelyplasma nicht in seinem Wesen bestimmt; denn da beides bei jedem Geschlechte – nur dem Prozentsatz nach verschieden – auftritt, kann man darin nicht das konstitutive Prinzip der Geschlechtsdifferenzierung erblicken. Weininger nimmt eine hypothetische Scheidung des Protoplasmas vor und hilft sich auf diese Weise ähnlich über das Problem hinweg wie die Physiologen, wenn sie das Phänomen des Bewußtseins erklären, indem sie es gleichfalls schon dem Protoplasma zuschreiben. Damit aber wird in beiden Fällen das Problem nicht gelöst, sondern nur um einen Schritt weiter hinausgeschoben.

Sobald Weininger die biologisch-psychologische Betrachtungsweise aufgibt, die er im ersten Teile seines Werkes verfolgt, und sich der psychologisch-philosophischen bedient, durch die erst eine Nutzanwendung seiner Gradualitätstheorie gegeben werden sollte, sieht er sich genötigt, mit dem generellen Typus zu operieren, da aus seiner Hypothese eben kein Kriterium zu gewinnen war. Ja er annulliert im zweiten Teile die Voraussetzungen des ersten gänzlich, um auf dem Wege der logisch-deduktiven Methode wieder ausnahmslos gültige Kriterien für Mann und Weib einzuführen. Die Anerkennung der Geschlechtsgrade – unter denen im Sinne Weiningers nicht gradweise Annäherungen an den physischen Hermaphroditismus, sondern die Abstufungen der Wesensbeschaffenheit außerhalb der primären Geschlechtssphäre zu verstehen sind – schließt aber ausnahmslos gültige Kriterien aus, weil sie in der Auffassung wurzelt, daß der primäre Geschlechtsunterschied sich nicht auf den Gesamtkomplex von Eigenschaften erstreckt, die eine individualisierte Persönlichkeit in sich vereinigt. Da Weininger überdies bei der Konstruktion seines generellen Typus – den er »platonische Idee« nennt – für die Weiblichkeit den »trivialsten Erfahrungsbestand« benutzt und »das Alltäglichste und Oberflächlichste« zum Anhaltspunkt nimmt, während er als Männlichkeit einfach die höchsten geistigen und sittlichen Phänomene zusammenfaßt und auf diese Weise den Geschlechtsunterschied als äußersten Wesensgegensatz systemisiert, muß er zu ganz anderen Ergebnissen kommen, als sie aus dem konsequenten Ausbau seiner Gradualitätstheorie zu gewinnen gewesen wären. Geht er doch so weit, zu behaupten, daß »auch der tiefststehende Mann noch unendlich hoch über dem höchststehenden Weibe steht«, weil nur der Mann eine Monade sei, nur er eine Seele habe, das Weib hingegen seelenlos ist, »kein Ich und keine Individualität, keine Persönlichkeit und keine Freiheit, keinen Charakter und keinen Willen hat«. Ja er sagt sogar: »die Frauen« – wohlgemerkt: die Frauen und nicht bloß die schematische Abstraktion das Weib – »haben keine Existenz und keine Essenz, sie sind nicht, sie sind nichts«.

Unter den Voraussetzungen der ursprünglichen biologisch-psychologischen Beobachtung wäre zum mindesten die Frage nicht zu vermeiden gewesen, bei welchem Grade der Männlichkeit die Seele denn anfange, da doch, wenn nur der Mann eine Seele besitzt, das männliche Idioplasma – das Arrhenoplasma – als physisches Korrelat der Seele gelten müßte, das gradweise auch der Konstitution des weiblichen Individuums beigemischt ist. Indem Weininger selbst dem männlichsten Weibe – also dem Weibe mit einem Höchstgehalt an Arrhenoplasma – die Seele abspricht, sie dem weiblichsten Manne aber zuspricht, bindet er die Seele an das primärste Geschlechtsabzeichen und erhebt wider Willen den Phallus zum Träger der Seele. Auf dem Umweg über eine scheinbar sehr fruchtbare biologische Theorie, mit dem Aufwand einer ungeheuren Gedankenarbeit mündet die Weiningersche Gradualitätslehre zuletzt doch wieder in der alten, groben, psychologisch undifferenzierten Anschauung, die Mann und Weib kraft der Bestimmung nach primären Geschlechtsabzeichen in zwei völlig getrennte Gegensätze scheidet.

In dieser prinzipiellen Unzulänglichkeit und Verfehlung des Grundproblems zeigt das Weiningersche Werk, daß die Aufgabe der Geschlechtspsychologie unlösbar bleibt, solange man den Geschlechtsgegensatz als einen wesenhaften, die ganze Konstitution und also auch die psychische Persönlichkeit durchdringenden Unterschied, als eine essentielle Trennung auffaßt.

IV

Welche biologische Notwendigkeit bestünde denn auch für eine essentielle Trennung der Geschlechter? Auf der primitivsten Stufe des Lebens sind sie eine Einheit; es gibt an den Protoplasmaklümpchen, welche die erste Manifestation des organischen Lebens darstellen, keinerlei Anzeichen einer elementaren Scheidung, und noch die ersten Formen des animalischen Lebens sind geschlechtlich ungeschieden. Läge der Anstoß zur Scheidung schon im Urstoffe selbst, so könnte es keine ungeschlechtlichen Lebewesen geben.

Erst durch bestimmte Entwicklungsbedingungen, in einer Kette der mannigfaltigsten, schwankendsten Formen, vollzieht sich die Trennung der Geschlechter. Wilhelm Bölsche gibt in seinem »Liebesleben in der Natur« ein anschauliches Bild dieses entwicklungsgeschichtlichen Prozesses, dessen bestimmende Ursachen in der Vererbung zu suchen sind, welche bei der Fortpflanzung die wichtigste Rolle spielt. Soweit die Geschlechtstrennung diesen Interessen der Fortpflanzung zu dienen hat, soweit bestimmt sie die Organisation des Individuums. Aber das Individuum hat – und je höher es steht, desto mehr – ein Eigenleben, das von den Zwecken der Fortpflanzung nicht berührt wird. Die Wissenschaft ist nicht imstande, an der großen Mehrzahl der Organe, die diesem Eigenleben dienen, eine geschlechtliche Differenzierung nachzuweisen. Eine so weitgehende Differenzierung, die den Naturzweck erheblich überschritte, würde der Ökonomie der Natur durchaus widersprechen. Daher können die Unterschiede, die das Geschlecht mit sich bringt, nur relative, keine absoluten sein und in die Konstitution nicht tief genug eingreifen, um die Einheit des Gattungscharakters aufzuheben. Denn wenn es auch primitive Organismen gibt, die sich nach dem Geschlechte so weit voneinander entfernen, daß Männchen und Weibchen wie Angehörige verschiedener Spezies erscheinen, so ist das doch nur eine der zahllosen Möglichkeiten, denen die Geschlechtsdifferenzierung durch die Bedingungen der Anpassung an äußere Verhältnisse begegnete – eine jener Möglichkeiten, die im entgegengesetzten Falle auch die völlige Geschlechtsgleichheit der an der Fortpflanzung beteiligten Individuen, wie beispielsweise bei den Schnecken, bewirken konnte.

Über den Naturzweck der Geschlechtsdifferenzierung und seine biologische Bedeutung sagt Weismann: »Ebenso sekundärer Natur wie die Differenzierung der Zellen zu männlichen und weiblichen Fortpflanzungszellen ist die der Personen zu weiblichen und männlichen; und alle die zahlreichen Unterschiede der Form und Funktion, welche das Geschlecht bei den höheren Tieren charakterisieren sind nichts als Anpassungen, um die

Vermischung der Vererbungstendenzen zweier Individuen herbeizuführen.«

In jenen Eigentümlichkeiten also, die in unmittelbarem Zusammenhange mit den Aufgaben der Fortpflanzung stehen, werden sich die Individuen nach ihrem Geschlechte am stärksten unterscheiden. Diese Eigentümlichkeiten kann man als teleologische Geschlechtsdifferenzierung bezeichnen. Wenn man die psychische Disposition, wie sie sich bei der menschlichen Gattung als Begleiterscheinung der Sexualität beobachten läßt, daraufhin ansieht, so wäre die teleologische Differenzierung beim Manne in allen Eigenschaften zu suchen, welche die sexuelle Eroberung begünstigen, in dem aggressiven Temperamente, das den Mann zu einem kriegerischen, unternehmenden, gewalttätigen Leben stimmt, und die bei dem Weibe, als einem willensschwachen, duldsam geduldigen, an Impulsen armen Wesen, die Passivität begünstigen, welche zum Empfangen, Tragen und Aufziehen der Nachkommenschaft am tauglichsten macht. Nichts anderes als die teleologische Schwäche des Weibes und die teleologische Stärke des Mannes kann man füglich meinen, wenn man von dem spezifisch Weiblichen und dem spezifisch Männlichen spricht: es ist die Zweckmäßigkeit der psychischen Konstitution für die Leistung des Individuums als Gattungswesen.

Diese lediglich der geschlechtlichen Bestimmung des Individuums dienenden Eigenschaften fallen in das Gebiet der primitiven Geschlechtsnatur. Durch das aber, was man, seit es eine geistig sittliche Entwicklung in der Menschheit gibt, unter der »höheren Natur« des Menschen versteht, oder auch nur durch die individuellen Abweichungen vom teleologischen Geschlechtstypus überschreitet die psychische Konstitution mehr oder weniger dieses Gebiet. Das Verhältnis der individuellen Differenzierung zur generellen und ihre Unabhängigkeit von der primitiven Geschlechtsnatur weist darauf hin, daß keineswegs eine durchgehende Übereinstimmung aller Organe in der Richtung der geschlechtlichen Polarität besteht.

Jeder höhere animalische Organismus ist ein zusammengesetzter und in gewissem Sinne uneinheitlicher Mechanismus. Je höher er auf der Stufenleiter der Entwicklung steht, desto komplizierter wird seine formale und funktionelle Gliederung. Vielleicht liegt in den physiologischen Bedingungen, unter denen seine Entstehung sich vollzieht, eine Erklärung dafür, warum das Geschlecht nicht jenen entscheidenden Einfluß über die Gesamtheit des Organismus hat, der ihm so häufig zugeschrieben wird. Ein Abriß seiner ontogenetischen Geschichte – in ungefähren Zügen – wird das deutlich machen.

Mit dem zunehmenden Wachstum der befruchteten Eizelle bilden sich drei Keimblätter hervor, welche schon in der ersten Anlage eine Entstehung der künftigen Organe aus gesonderten Zellengruppen wahrnehmen lassen. So entstehen aus dem äußeren Keimblatt (Ektoderm) das Zentralnervensystem, Rückenmark und Gehirn, sowie der Hauptsache nach die Nerven, die Sinnesorgane und die Oberhaut mit ihren Drüsen; aus dem inneren Keimblatt (Entoderm) gehen die Hauptorgane der vegetativen Drüsentätigkeit hervor, Lunge, Leber, Pankreas, Nieren usw., soweit es sich um die Zellenmassen handelt, die den speziellen vegetativen Prozessen dienen; das mittlere Keimblatt (Mesoderm) aber liefert vor allem die Bewegungs-, Stütz- und Gerüsteinrichtungen, welche die aus den beiden andern Keimblättern entstehenden Organe zu ihrem Ausbau bedürfen, ferner die Organe des Blutkreislaufes und die Bewegungsapparate, Muskeln, Knochen, Knorpeln, Sehnen. Zugleich ist das Mesoderm dasjenige Keimblatt, aus dem die Sexualorgane gebildet werden. (Siehe Ranke, Der Mensch.)

Diese Keimblätter repräsentieren drei verschiedene, relativ selbständige Zellengruppen; und der menschliche Organismus, der aus ihrem Zusammenschluß hervorgeht, bleibt bis zur zehnten Woche seiner embryonalen Existenz ein hermaphroditisches Wesen, das sich erst geschlechtlich differenziert, das heißt, zu einem fortpflanzungsfähigen auswächst, nachdem die wichtigsten Organe für sein eigenes persönliches Leben schon geformt sind. Daß das bedeutendste darunter, das Gehirn mit dem Rückenmarkstrang, jene eigentümliche Autonomie besitzt, vermöge welcher das ganze Zentralnervensystem »ein bis zu einem gewissen Grade für sich bestehender, abgesonderter Organismus in unserem Organismus« genannt werden kann (Ranke), ist vielleicht dem Umstande zuzuschreiben, daß es aus einem anderen Keimblatt als die Generationsorgane hervorgeht und seine erste Ausbildung zu einer Zeit erhält, als diese überhaupt noch nicht bestehen.

Über die Ursachen, welche das Geschlecht des Embryo bestimmen, herrscht trotz zahlreicher Hypothesen – zu Anfang des vorigen Jahrhunderts zählte man ihrer gegen dreihundert, und die moderne Wissenschaft hat sie noch beträchtlich vermehrt! – völlige Ungewißheit; der Annahme, daß das Geschlecht schon bei der Zeugung bestimmt wird, steht die Annahme gegenüber, daß es sich erst, und hauptsächlich durch Ernährungseinflüsse, im Laufe der embryonalen Entwicklung entscheidet. Da beide Annahmen von ihren Vertretern durch Erfahrungen und Beobachtungen beglaubigt werden, ohne doch irgend eine Zuverlässigkeit in der willkürlichen Beeinflussung der Geschlechtsbestimmung zu bieten, so ist es nicht ganz auszuschließen, daß jeweils der eine oder der andere Fall eintritt – daß entweder eine der beiden Keimzellen selbst durch die ihr innewohnende Tendenz das

Geschlecht bestimmt, oder daß sich beide bei ihrer Verschmelzung vollkommen neutralisieren, in welchem Fall das Geschlecht entweder unentschieden bleibt, wie bei den hermaphroditischen Individuen, oder durch anderweitige Einflüsse, denen der neue Organismus bei seiner Entwicklung begegnet, im nachhinein entschieden wird. Namentlich im letzteren Falle werden die Organe, die aus den Zellengruppen des Ekto- und Entoderm hervorgehen, ihre Unabhängigkeit von der erst später eintretenden Geschlechtsdifferenzierung behaupten.

Man hat lange im Gehirn den bestimmenden Faktor für die geistigen Geschlechtsunterschiede gesucht und die Merkmale dafür in verschiedenen Anzeichen zu finden geglaubt. Aber heute kann kein Zweifel mehr darüber bestehen, daß die menschlichen Gehirne bloß individuelle und keine geschlechtlichen Unterschiede aufweisen. Nach allen vergeblichen Versuchen, aus dem Gewicht oder der Konfiguration des Gehirnes das Geschlecht zu erkennen, hat die moderne Anatomie darauf verzichtet, von hier aus Belege zu dem Problem der Geschlechtspsychologie beizusteuern.

Nur der Sprachgebrauch, der nach Durchschnittswerten und Oberflächen-Generalisationen gebildet ist, kann dazu verleiten, etwa bei einer Frau, deren Intelligenz die gewöhnliche überragt, von einem »männlichen Gehirn« zu sprechen. Physiologisch ist dieser Ausdruck so nichtssagend, wie jene bekannte Formel, die Ulrichs zur Erklärung für das Phänomen der konträren Sexualempfindung geprägt hat: Anima muliebris in corpore virili inclusa – im Grunde nur eine Umschreibung der Tatsache, daß eben mit einem äußerlich völlig männlichen Organismus die sexuellen Empfindungen des weiblichen Geschlechtes verbunden sein können. Diese merkwürdige Abnormität, die in ihren Ursachen unaufgeklärt ist, beweist aber, daß nicht allein das Gehirn in seinem Gesamtkomplex, sondern sogar das zerebrale Zentrum, das den Geschlechtstrieb als Bewußtseinsleistung hervorbringt, in seiner Entwicklung von den Geschlechtsdrüsen unabhängig ist. Krafft-Ebing, der sich im übrigen in Dingen der Geschlechtspsychologie gänzlich auf den konventionellen Standpunkt stellt, sagt mit Hinblick darauf: »Eine interessante Frage geht dahin, ob die peripheren Einflüsse der Keimdrüsen oder zentrale, zerebrale Bedingungen für die psychosexuale Entwicklung entscheidend sind«, und hebt hervor, daß die lokalen Vorgänge in den Geschlechtsorganen »nur mitwirkende, nicht die ausschließlichen Faktoren in dem Werdeprozeß einer psychosexualen Persönlichkeit sind«. Zum Beweise dafür kann auch dienen, daß die Kastration beim Menschen keineswegs immer jene durchgreifende Wandlung des Geschlechtscharakters bewirkt, die man gewöhnlich vorauszusetzen pflegt. (Siehe Möbius, Die Kastration.)

Wenn die Entstehung des Gehirnes aus einem besonderen Keimblatt für die individuelle Differenzierung nicht ohne Bedeutung ist, so erscheint die Rolle, die das Mesoderm als das an der Ausbildung des Geschlechtes unmittelbar beteiligte Keimblatt in dem Bildungsprozeß des Organismus spielt, für die sexuelle Typisierung des Individuums ausschlaggebend. Denn indem es jenen Organen, deren funktionellen Teil die beiden anderen Keimblätter besorgen, Form, Halt, Bewegung und den Zusammenhang mit dem übrigen Körper liefert, wird es zum »Hauptmotor bei der Ausbildung der Gesamtkörperform«. Aus diesem Verhältnis des germinativen Blattes zu den Organen, deren Form es beeinflußt, ohne an ihrem spezifischen Charakter Anteil zu haben, erklärt sich die Verschiedenheit in der körperlichen Erscheinung der Geschlechter; das wesentliche des allgemeinen Geschlechtsunterschiedes, der ja nicht ein essentieller, sondern nur ein sekundärer ist, drückt sich darin am bezeichnendsten aus.

Nach dieser physischen Analogie läßt sich vielleicht am ehesten ein Anhaltspunkt für das gewinnen, was man als Männlichkeit und Weiblichkeit im übertragenen Sinn ansprechen kann, ohne daß man durch ungerechtfertigte Durchschnittsbestimmungen die Tatsachen der individuellen Differenzierung zu vergewaltigen brauchte. So wie die körperliche Erscheinung der beiden Geschlechter, von denen doch jedes die gemeinsamen Merkmale der Gattung trägt, eine formal verschiedene ist, so besteht auch der psychische Geschlechtsunterschied, auf seine ausgedehnteste Gültigkeit hin geprüft, in einer formalen Qualität.

V

Wir haben gesehen, daß es nicht möglich ist, in der geschlechtlichen Differenzierung ein Naturprinzip nachzuweisen, welches mit Notwendigkeit eine bestimmt umschriebene Wesensbeschaffenheit bedingt, daß die physiologischen und biologischen Methoden allenfalls zur Gruppierung der Individuen nach Majoritäten und Minoritäten führen, aber daß auch sie nicht imstande sind, einen einwandfreien Typus aufzustellen. Und wir haben im Sinne einer unbeschränkten Freiheit der Individualität die Momente verfolgt, die den Schluß gestatten, daß die geschlechtliche Differenzierung keine Schranke für die individuelle bildet.

Damit soll durchaus nicht gesagt sein, daß die Geschlechter nicht in vielen, vielleicht in den meisten Fällen durch seelische und intellektuelle Eigentümlichkeiten gekennzeichnet wären. Nur, daß diese psychischen Geschlechtscharaktere nicht notwendig mit dem Geschlecht verbunden sind, nur, daß sie bei einer gewissen Anzahl von Individuen, und oft gerade bei sehr vorzüglichen, sehr hochstehenden Repräsentanten ihres Geschlechtes, fehlen oder selbst in ihr Gegenteil umgewandelt erscheinen. Das bedeutet nichts anderes als: Die geschlechtliche Differenzierung erstreckt sich bei der Mehrzahl der Individuen auf ein größeres Gebiet der Psyche. Je primitiver ein Individuum ist, desto mehr werden die teleologischen Eigenschaften des Geschlechtes in seiner seelischen Ökonomie überwiegen, weil die Fortpflanzung im primitiven Leben einen größeren Raum einnimmt. Auf den höheren Stufen der individuellen Differenzierung und in demselben Maße, als das Eigenleben an Gehalt zunimmt, tritt die Herrschaft der Geschlechtsteleologie zurück, da sie als ein Anpassungsphänomen mit den geänderten Lebensbedingungen selbst sich ändert. Freilich gibt es auch geistig sehr hochstehende Individuen, bei denen die engere Geschlechtssphäre undifferenziert geblieben ist.

Daß in der sozialen Bewertung der Geschlechter die sogenannten Geschlechtstugenden den ersten Platz einnehmen, darf nicht dazu verführen, sie als so allgemein verbreitet und als so wertvoll anzuschlagen, wie jene wollen, die in dem atypischen Individuum schon eine »enorme Anomalie« erblicken. Den Hintergründen dieser sozialen Bewertung nachzugehen, ist eine Sache für sich; daß sie so häufig ohne weitere Kritik zur Basis dessen gemacht wird, was als das »Normale« in Dingen der Geschlechtspsychologie anzusprechen ist, zeigt nur, daß auch das wissenschaftliche Denken nicht immer vor philiströser Beschränktheit schützt.

Betrachten wir die Einseitigkeit der sozialen Bewertung an dem nächstliegenden Beispiel, an dem Verhältnis der Geschlechter zur Nachkommenschaft. Hier wird die teleologische Geschlechtsdifferenzierung des Weibes mit allen Suggestivmitteln, religiösen wie sozialen und familialen, bestärkt; die Mütterlichkeit nimmt unter den sozial approbierten Eigenschaften der spezifischen Weiblichkeit den ersten Rang ein, und die bloße Abschwächung der ihr zugrunde liegenden Instinkte gilt als Entartungssymptom, während die Väterlichkeit in der männlichen Psyche weder durch die Erziehung noch durch die allgemeinen Anschauungen irgend eine Förderung erfährt, und die gänzliche Abwesenheit der ihr dienenden Instinkte das Individuum in keiner Weise herabsetzt. Sie gehört eben beim Manne nicht in das Gebiet der primitiven Geschlechtsnatur; sie steht zu den teleologischen Instinkten der Männlichkeit in einem gewissen Gegensatz, weil sie den Mann dem Weibe gleichmacht, indem sie ihn bindet. Denn es gibt nichts – außer der engeren physischen Verbindung, welche das Kind in der ersten Periode seines Daseins mit der Mutter verknüpft –, wodurch sich ihrem Gefühlswert nach die Väterlichkeit von der Mütterlichkeit unterschiede. Väterlichkeit ist gar nichts anderes als die männliche Form der Mütterlichkeit.

Und sie hat, gerade weil sie ein Hinausschreiten des Mannes über die Grenze seiner teleologischen Natur ist, in der Geschichte der Menschheit eine ungeheure Bedeutung. War es nicht die Vaterschaft, die der ganzen Epoche der Zivilisation ihren Stempel aufgedrückt hat? War es nicht die Vaterschaft, durch die das weibliche Geschlecht um seine soziale Freiheit, der Mann hingegen zur Herrschaft über Leib und Seele des Weibes gekommen ist? In einem der geistreichsten und bedeutendsten Bücher aus dem Ideenkreise der Frauenbewegung – Women and Economics von Charlotte Perkins-Stetson – wird es geradezu als Bedingung für die Entwicklung der Menschheit aus primitiven Zuständen zu höheren Entwicklungsstufen angeführt, »daß die freie Betätigung der mütterlichen Kräfte bei der Frau eingeschränkt und dafür ähnliche Kräfte im Mann geweckt und ausgebildet wurden... Die Hörigkeit der Frau hat mütterliche Empfindungen und Kräfte auch im Mann ausgelöst und in einem hohen Grad entwickelt«.

Ähnlich verhält es sich mit allen anderen Eigenschaften, die außerhalb der teleologischen Sphäre liegen. Die Beschaffenheit der Individualität muß in jedem einzelnen Falle von dem konventionellen Bilde losgelöst werden, das für die gangbare Menschenkenntnis den Geschlechtstypus repräsentiert. Selbst in der Erotik, wo die allgemeinen Bestimmungen der Aktivität und Passivität als die charakterisierenden für Mann und Weib die meiste Berechtigung zu haben scheinen, wird eine sorgfältigere Analyse die individuellen Unterschiede eben so groß finden als auf den übrigen psychischen Gebieten. Wer sich nicht durch die formalen Eigentümlichkeiten im Auftreten der Geschlechter täuschen läßt, weiß, was es mit der Annahme auf sich hat, daß der Mann immer der werbende Teil ist; und man braucht nicht lange zu beobachten, um zu bemerken, wie wenig Anziehung in Wahrheit die völlig passive Weiblichkeit ausübt.

Was man gewöhnlich in den normativen Begriff der Weiblichkeit zusammenfaßt, die teleologische Geschlechtsnatur, kann unter dem Gesichtspunkte einer höheren Lebensauffassung keine Direktive für die Individualität abgeben. Der Wert dieses normativen Begriffes, in seinem Verhältnis zum einzelnen betrachtet, liegt nicht in seinem inhaltlichen Teile; nicht als Bestimmung und Ergänzung innerlicher Zustände, nicht als sittlicher Gradmesser, wie es ein sehr verbreiteter und doch sehr gröblicher Irrtum will, bildet er ein schätzenswertes Produkt der Kulturarbeit. Als formgebendes Prinzip hingegen gefaßt, erhält die Geschlechtlichkeit, wenn schon nicht eine ausnahmslose, so doch eine möglichst ausgedehnte Geltung, ohne in Widerspruch mit der Forderung der individuellen Freiheit zu geraten, die keine Beschränkung nach Durchschnittsbestimmungen verträgt.

Suchen wir uns darüber Rechenschaft zu geben, was wir zuletzt, nachdem wir die Einflüsse der Lebensweise und der Beschäftigung, der Sitte und des Herkommens von der Persönlichkeit abgestreift und unser Urteil von konventionellen Voreingenommenheiten, und insbesondere von unserer subjektiven Geschmacksrichtung losgelöst haben, immer noch als weiblich oder unweiblich, als männlich oder unmännlich betrachten können, so werden wir auf dem Grunde unseres Bewußtseins eine begrifflich schwer zu umschreibende Empfindung finden. Auf konkrete Beispiele gelenkt, zeigt sie aber ziemlich deutlich, daß sie nicht gegen bestimmte Eigenschaften gerichtet ist. Wir halten die großen, heroischen Frauen der Geschichte, deren Handlungen alle Tatkraft, alle Entschlossenheit und Tapferkeit einer ausgezeichnet männlichen Gemütsart beweisen, eine Porcia, eine Arria, eine Charlotte Corday, nicht für unweibliche Erscheinungen, ebensowenig die liebevolle Hingebung, Milde und Aufopferungsfähigkeit, durch die viele Heilige der christlichen Legende eine ausgezeichnet weibliche Gemütsart beweisen, für »unmännlich« – woraus allein schon hervorgeht, daß auf sehr hohe Stufen der persönlichen Vollkommenheit die gewöhnlichen psychosexuellen Kategorien gar nicht mehr anwendbar sind. Diese Unterscheidungen bewegen sich mehr in den Niederungen des gewöhnlichen Lebens und an den Außenseiten der Persönlichkeit. Zum mindesten treffen sie eine ganze Reihe von Eigenschaften nicht, die eine Auszeichnung der Persönlichkeit jenseits des Geschlechtes bedeuten, wie beispielsweise Seelenstärke, sittliche Besonnenheit, Willenskraft, Standhaftigkeit, Mut, Zuverlässigkeit u.v.a.m. Und in dem sittlichen Ideal, welches durch das Christentum der Welt gegeben wurde, waren auch Keuschheit, Demut, Friedfertigkeit, ja selbst das Unterordnungsbedürfnis unter die Leitung eines höheren Willens, als Vorzüge ohne Ansehung des Geschlechtes hingestellt.

Daß eine weibliche Persönlichkeit anders auf uns wirkt als eine männliche, liegt nicht so sehr in dem, was sie ist, sondern wie sie ist, in einer Art und Weise des Seins. Daher kommt es, daß eine Frau in ihrem Auftreten den Eindruck der vollendetsten Weiblichkeit erwecken kann, wenn sie auch in ihren Eigenschaften völlig von dem Durchschnittstypus ihres Geschlechtes abweicht. Aber unter allen Umständen widerwärtig wirkt eine Frau mit dem Betragen der gewöhnlichen Männlichkeit, oder ein Mann mit weibischen Gewohnheiten und Allüren. In diesem Sinne ist auch das Goethesche Wort gemeint: »Man soll nicht zu sehr aus dem Kostüme der Welt und Zeit, worin man lebt, schreiten, und ein Weib soll ihre Weiblichkeit nicht ausziehen wollen.« Hier wird von der Weiblichkeit wie von einem Gewand der Seele gesprochen; und als ein Kulturprodukt, das über alle individuellen Unterschiede hinaus normativen Wert behalten soll, ist sie nichts anderes als ein ästhetisches Prinzip. Wenn sie sich dadurch auch nur auf Schein und Oberfläche erstreckt, so kommt ihr hier doch keine geringere Bedeutung zu, als diesem Prinzip überall sonst.

Was den Kulturmenschen vom barbarischen Menschen unterscheidet, ist nicht in letzter Linie seine Form; es hieße eines der wertvollsten Kulturgüter verkennen, wenn man die Lebensform, die durch die Tradition erhalten und fortgepflanzt wird, als etwas Nebensächliches behandelte. Gerade die Kulturfrauen, in deren Leben das ästhetische Prinzip einen so hohen Rang einnimmt und die ihm so wesentliche Vorzüge verdanken, haben alle Ursache, die formale Weiblichkeit als Normativ zu schätzen. Von den ethischen Normativen der Weiblichkeit, durch welche der Individualität kraft der primitiven Geschlechtsteleologie Grenzen gesteckt werden, sich zu emanzipieren, ist ein Recht – ihre formale Qualität zu bewahren, eine Kulturaufgabe der freien Persönlichkeit.

Schon allein die Widersprüche, die das Gebiet der Geschlechtspsychologie zu einem Labyrinth unlösbarer Meinungsverschiedenheiten machen, bezeugen, daß Männlichkeit und Weiblichkeit, als eine Art und Weise des Seins, mit den verschiedensten Eigenschaften vereinbar sind. Die Vorstellungen, die sich jedes Individuum von der Beschaffenheit des anderen Geschlechtes macht, haben wohl nicht eine bloße Form, sondern unzweifelhaft das Wesen bestimmter Eigenschaften zum Inhalt. Aber das bildet keinen Einwand. Denn diese Vorstellungen sind rein subjektiver Natur; sie entspringen zum größten Teile aus der persönlichen Eigenart, die in dem Wesen des anderen Geschlechtes das Andersgeartete und Ergänzende, das Komplementäre fordert und intuitiv voraussetzt. Als objektiver Maßstab für die psychischen Geschlechtseigentümlichkeiten können sie nicht dienen, weil sie so verschieden und gegensätzlich sind, wie es eben in der Natur alles Individuellen liegt.

Diese Auffassung der Weiblichkeit nicht als einer Wesensart, sondern als einer Wesensform wird daher auch nur eine Gruppe von Menschen befriedigen, die von vornherein, d. h. vermöge ihrer individuellen Beschaffenheit, den geistigen Geschlechtsunterschied als etwas unwesentliches betrachten; sie wird aber jenen nicht genügen, die durch ihre Beschaffenheit – deutlicher gesagt, durch ihren erotischen Geschmack – dazu gezwungen sind, in den Individuen des anderen Geschlechtes ein toto genere verschiedenes Wesen zu suchen.

Zum Schlusse aber, nachdem wir der Freiheit der Individualität eine unbegrenzte Perspektive eröffnet und dem Begriff der Weiblichkeit dennoch eine normative Geltung gesichert haben, hindert uns nichts, nochmals ausdrücklich einzuräumen, daß die Mehrzahl der Frauen weder in den Eigenschaften des Charakters, noch in denen des Intellekts dem Manne gleich ist. Ja, diese Tatsache ist nicht zu leugnen; und sie wiegt schwer, sehr schwer für das Leben auch derjenigen Frauen, die nicht zur Mehrzahl gehören.

Mutterschaft und Kultur

Es wird immer ein großer Mißbrauch sein, dem einzelnen Individuum gegenüber die Durchschnittsmethode anzuwenden, um seiner Entwicklung Richtungslinien vorzuzeichnen, oder a priori die Grenzen seines Wesens zu bestimmen. Sobald man aber einräumt, daß der Mehrzahlstypus des weiblichen Geschlechtes sich wesentlich von dem des männlichen unterscheidet, muß man sich zunächst auch mit den Konsequenzen dieser Erscheinung auseinandersetzen. Dabei lassen sich Generalisationen nach dem Durchschnittlichen nicht vermeiden; doch sei vorausgeschickt, daß jede Generalisation mit Vorbehalt zu nehmen ist, weil ihr Geltungsgebiet sich nur in die Breite und nicht in die Tiefe erstreckt. Je genereller die Fassung einer Behauptung ist, desto genereller muß auch ihre Anwendung sein. Beispielsweise: man kann wohl sagen, das Weib ist der kindergebärende Teil der Menschheit; aber schon wenn man formuliert: der Beruf des Weibes ist, Mutter zu werden, überschreitet man die Grenze, die der Generalisation gesetzt ist, indem man einen Begriff einführt, den Beruf, von dem sich individualistische Bestandteile nicht trennen lassen.

Mit diesem Vorbehalt also räumen wir ein, daß der weibliche Mehrzahlstypus an Intellekt wie an Willenskraft dem männlichen nicht gleich ist.

Über die Ursachen dieser Erscheinung weichen die Meinungen erheblich voneinander ab. Während die einen das Milieu, die Erziehung, alle Einflüsse einer Jahrtausende langen Unterdrückung zur Erklärung heranziehen, suchen sie die andern in der ursprünglichen Anlage und Bestimmung des Weibes, in seiner Gebundenheit durch die Mutterschaft. Die Gebundenheit des Weibes ist eine naturgewollte, so argumentieren diese, weil die Natur dem Weibe in der Mutterschaft eine schwere und verantwortungsvolle Bürde zugeteilt hat; jene aber machen nicht die Natur, sondern den Mann dafür verantwortlich, daß diese Bürde ein Hemmschuh in der geistigen Entwicklung des weiblichen Geschlechtes geworden ist. Denn der Einfluß des Milieus und der Erziehung, der ganze Begriff der »Unterdrückung« bezeichne nur eine sekundäre Erscheinung, deren eigentliche Ursache in der sexuellen Eigenart des Mannes zu suchen ist, in seinem Bedürfnis nach Herrschaft über das Weib.

Man braucht sich weder für den einen oder den andern Standpunkt zu entscheiden – obwohl sie gegnerische und als jene der Feministen und Antifeministen bekannt sind – denn unverkennbar haben beide Ursachen dazu beigetragen, den Mehrzahlstypus des weiblichen Geschlechtes zu bestimmen.

Wer gerecht über das Weib und seine Stellung im geistigen Leben der Kulturmenschheit urteilen will, darf die Bestimmung zur Mutterschaft bei der Bewertung weiblicher Leistungen nicht unberücksichtigt lassen. Von »Gleichheit« der Geschlechter im allgemeinen kann nur die Rede sein, sofern es sich um das Recht der Selbstbestimmung nach Individualität handelt; und der absolute Maßstab ist nur anzuwenden, wenn etwa zwischen Bewerbern verschiedenen Geschlechtes in einer Sache entschieden werden soll. Daß aber die gleiche Leistung einer Frau subjektiv viel höher einzuschätzen ist, weil sie viel größere Hindernisse von innen und von außen zu überwinden hat, kann nur der Parteigeist, der für oder wider verblendet ist, verkennen. Und vollends die weibliche Intellektualität historisch an der männlichen zu messen, den Mann einfach als Vergleichstypus für sie zu benützen, das ist eine der größten Ungerechtigkeiten, die eine vermeintlich objektive Wertmessung sich zuschulden kommen lassen kann.

Schon in der Art der Geschlechtsbeziehungen selbst, welche die Vorbedingung der Mutterschaft sind, liegt für das Weib etwas Bindendes, eine Disposition zu Unfreiheit und Unterordnung. Die Natur hat reichlich dafür gesorgt, daß das Individuum sich nicht seinen Pflichten gegen die Gattung entziehen kann. Diese Pflichten sind beim Manne durch einen aggressiven Trieb gesichert; beim Weibe, wo der Geschlechtstrieb keine aggressive Tendenz hat, überdies durch eine eigentümliche Willensschwäche und Suggestibilität, die es dem Einfluß des männlichen Willens unterwirft. Die Suggestibilität ist ein wesentlicher Faktor bei der sexuellen Eroberung, dessen sich die Natur bedient, um das Weib leichter in die Gewalt des Mannes zu geben, als es bei der gleichen Willensstärke auf beiden Seiten möglich wäre. Denn – immer im allgemeinen und von Mehrzahlserscheinungen gesprochen – der Mann gerät durch die Stärke seines Triebes nicht in die Gewalt des Weibes, sondern er bemächtigt sich des Weibes; ja seine psychische Disposition ist selbst der vorübergehenden Abhängigkeit, in die er durch die sexuelle Gemeinschaft notwendigerweise versetzt wird, so feindlich, daß sie ihm nur durch Eigentums- und Herrschaftsvorstellungen erträglich wird, während dieselbe Gemeinschaft bei dem Weibe von Ergebenheits- und Abhängigkeitsgefühlen begleitet ist.

Man würde nicht im Interesse des weiblichen Geschlechtes handeln, wenn man, von einer in einzelnen Fällen verwirklichten und als Entwicklungsmöglichkeit gewiß nicht selten vorhandenen Ebenbürtigkeit und Gleichheit der intellektuellen Begabung ausgehend, diese Umstände übersehen wollte. Denn wie dem Manne die teleologische Stärke, die ihm als Geschlechtswesen verliehen ist, auch als Kulturwesen zum Vorteil gereicht, so wird dem weiblichen Geschlecht seine teleologische Schwäche in dem Grade verhängnisvoll, als sich das menschliche Leben von seiner ursprünglichen und primitiven Verfassung entfernt.

Allerdings gehen auch sehr hohe Phänomene des menschlichen Seelenlebens aus den teleologischen Geschlechtseigenschaften hervor. Die mütterlichen Instinkte des weiblichen und die kriegerischen des männlichen Geschlechtes sind der Nährboden, auf dem unter Umständen die bewunderungswürdigste Erhebung des Individuums gedeiht – nur sind sie an sich nicht der Gradmesser für den Wert, nicht die Grenze für die Entfaltung des Individuums.

Die teleologische Auslegung der psychischen Geschlechtsdifferenzierung bietet allein die Möglichkeit, für das spezifisch Weibliche und namentlich für seine Beschränkung im Vergleiche zum spezifisch Männlichen einen objektiven und gerechten Maßstab zu gewinnen. Denn das Weib ist als Individuum durch seine Gattungspflichten schlecht weggekommen. Gerade für das Weib ist daher die zunehmende Differenzierung durch Übertreibung der teleologischen Eigenschaften durchaus kein wünschenswertes Ziel.

Zwar könnte es scheinen, als ob die homologe Entwicklung der Persönlichkeit nach den Tendenzen der primitiven Geschlechtsnatur einen Vorteil bedeuten müßte, da ja das Individuum, das für seinen natürlichen Beruf am zweckmäßigsten organisiert ist, auch das tauglichste sein wird. Aber so einfach läßt sich das Problem nicht entscheiden. Mit ebensoviel Geist als Scharfsinn hat Charlotte Perkins in ihrem Buche »Women and Economics« dargelegt, daß durch das Zusammenwirken erotischer und ökonomischer Momente im Laufe der Kulturentwicklung die teleologische Geschlechtsdifferenzierung übermäßig gesteigert wurde, daß die Menschheit im Vergleich zur Tierheit »oversexed«, übergeschlechtlich ist, das heißt, daß die den Gattungsaufgaben dienenden Eigenschaften sich über ihr natürliches Geltungsgebiet hinaus ausgedehnt haben.

Aber nicht allein aus der Übertreibung des spezifischen Geschlechtscharakters – aus diesem selbst erwachsen unter den Bedingungen des Kulturlebens für das weibliche Geschlecht schwere Folgen. Unter diesen Bedingungen bringt schon die ehrenvolle und hochgeschätzte Seite der spezifischen weiblichen Natur erhebliche Nachteile mit sich; betrachtet man ihre andere Seite, so enthüllen sich die schlimmsten Übelstände. Denn die gleichen teleologischen Eigenschaften, die in der einen Richtung das Weib für die Aufgaben der Fortpflanzung geeignet machen: die Willensschwäche, die sich äußeren Einflüssen widerstandslos unterwirft, die intellektuelle Inferiorität, die über die Beschäftigung mit dem sinnlich Unmittelbaren nicht hinausreicht, das überwiegen des vegetativen Lebens in der geistig-körperlichen Konstitution – kurz alles, was man unter den Begriff der weiblichen Passivität subsummiert – sie sind es auch, die nach einer anderen Richtung das Weib jenem Zustand anheimgeben, in dem es lediglich Geschlechtswerkzeug bleibt, um als solches den niedrigsten männlichen Instinkten zu dienen. Mit anderen Worten: die Lichtseiten der teleologischen Geschlechtsnatur disponieren das Weib zur Mutterschaft, die Schattenseiten derselben Natur zur Prostitution.

Der Instinkt der ausschließlichen Hingebung an einen einzigen, der so oft den »Grundinstinkten« der Weiblichkeit beigezählt wird, ist erst ein Kulturprodukt, das Werk einer höheren Differenzierung des Weibes, und gehört nicht in das Gebiet seiner primitiven Geschlechtsnatur. Denn die Ausschließlichkeit der Hingebung setzt unter Umständen eine Kraft des sittlichen Willens, eine persönliche Macht über die Verführung äußerer und innerer Zustände voraus, die das weibliche Individuum weit über die Passivität und Schwäche seines teleologischen Grundwesens erhebt. Ohne den Besitz von Eigenschaften, die positiver, also »männlicher« sind, als es sich mit den lediglich aus der psychosexuellen Disposition der primitiven Weiblichkeit entspringenden verträgt, ist geschlechtliche Integrität als freie sittliche Leistung nicht denkbar.

Daß in der abendländischen Kulturgesellschaft die Eignung der primitiven Weiblichkeit zur Promiscuität des geschlechtlichen Verkehres als diffamierend gilt und die tiefste Deklassierung des Individuums zur Folge hat, zeigt nur, daß das Weib als bloßes Naturwesen unter den sittlichen Voraussetzungen dieser Gesellschaft – gleichviel, in welchem Maße Heuchelei und Verlogenheit dabei mitwirken – nicht mehr mit Ehren bestehen kann. Unter den Voraussetzungen des primitiven Lebens erfährt diese Seite der Weiblichkeit eine andere Beurteilung; und es ist ja bekannt, daß viele außereuropäische Völker, darunter selbst solche, die wie die Japaner auf einer hohen Stufe der Kultur stehen, sich in dieser Hinsicht wesentlich von den europäischen unterscheiden. Aber auch in den vorchristlichen Zeiten der europäischen Kulturvölker finden sich Sitten, wie jene der gastfreundlichen Prostitution, die auf eine von dem modernen sittlichen Empfinden stark abweichende Auffassung hinweisen. Der verborgene Zusammenhang, der in der Natur des Weibes zwischen seiner am höchsten bewerteten Eigenschaft – der Eignung zur Mutterschaft – und seiner entehrendsten besteht, hat also nur für die abendländische Auffassung der Weiblichkeit etwas Monströses; er zeigt sich deutlicher, wo die Empfindungen ursprünglicher geblieben sind, und tritt unverhüllt auf jener Stufe der Gesittung hervor, wo die Mutterschaft von der Promiscuität des geschlechtlichen Verkehres noch ungetrennt ist, und die primitive Weiblichkeit in Gestalt des Matriarchates die Herrschaft führt.

Die zunehmende Kultur aber scheidet die Tendenzen der primitiven Weiblichkeit in immer schärfere Gegensätze, ohne doch die Wirkungen aufzuheben, welche durch die teleologische Beschaffenheit der weiblichen Natur unter ungünstigen Verhältnissen herbeigeführt werden. Wenn nicht der Schutz äußerer Umstände es verhütet, müssen unter den ökonomischen Bedingungen der modernen Gesellschaftsordnung jene weiblichen Individuen, welche die teleologische Schwäche ihres Geschlechtes noch im atavistischen Grad an sich haben, einer Lebensform verfallen, wo sie der gesetzlosen Willkür der männlichen Sexualität preisgegeben sind. Gesetzt auch, die Primitivität des Empfindens, die das ungeschützte Individuum zur Prostitution führt, wäre als ein Degenerations-Symptom aufzufassen, wie Lombroso will – sie bildet auf jeden Fall eine furchtbare Bedrohung für jenen Teil des weiblichen Geschlechtes, bei welchem sich zur inneren Schwäche der Wesenheit die ökonomische Schwäche der äußeren Lebenslage gesellt.

In der sozialen Erscheinung der Prostitution tritt die teleologische Ungebundenheit der Männlichkeit in ihrem Verhältnis zur teleologischen Schwäche der Weiblichkeit mit der ganzen grausamen Unerbittlichkeit hervor, die in der elementaren Natur als ein Kampf des Stärkeren gegen den Schwächeren wütet; und die herrschende Moral, die den Mann freigibt, um alle Schuld dem Weibe aufzubürden, enthüllt sich an dieser Erscheinung als eine bloße Sanktion dieses Kampfes. Als Naturwesen ist allerdings der Mann für die Beschaffenheit seiner Geschlechtsnatur, in der das Unwiderstehliche und Unhemmbare des Triebes eine teleologische Vorkehrung darstellt, nicht verantwortlich zu machen – wohl aber dann, wenn gerade dem männlichen Geschlecht seine Fähigkeit zur Entwicklung höherer geistig-sittlicher Zustände einen Vorzug vor dem weiblichen verleihen soll.

Eine Gesellschaft, die das Weib um einer spezifisch weiblichen Schwäche willen so tief verstößt, dürfte die Ausbildung des spezifischen Geschlechtscharakters nicht uneingeschränkt als Entwicklungsprinzip für das Weib propagieren. Nicht nur die »edle Weiblichkeit«, nicht nur die geschützten Frauen dürfte man dabei vor Augen haben, sondern das weibliche Geschlecht als Ganzes mit eben den Eigentümlichkeiten, die seiner primitiven Natur und seiner sozialen Stellung anhaften, in der seine teleologische Schwäche sehr zu seinen Ungunsten zum Ausdruck kommt. Es ist ein verhängnisvoller Irrtum der Frauen aus den bevorzugten Ständen, daß sie glauben, von der Schmach der Preisgegebenen gänzlich frei zu sein. In

Wahrheit bleibt weder ihre soziale Stellung noch ihr persönliches Einzelschicksal unberührt davon; und die Nachtseiten der teleologischen Weiblichkeit rächen sich auch an denen, die vermeintlich nur dem Kultus ihrer Lichtseiten geweiht sind.

»Das Weib« ist ein Januskopf: das eine Gesicht entstellt von der tiefsten Erniedrigung, mit welcher das Kulturleben ein menschliches Wesen besudeln kann, das andere Gesicht verklärt von der höchsten Würde, mit welcher die menschliche Gattung die Erfüllung ihrer schwersten Aufgabe belohnt.

Aber betrachten wir auch dieses Gesicht näher. Das Weib als Mutter genießt die überschwenglichste Verehrung; vor dieser ehrfurchtgebietenden und rührenden Gestalt neigen sich alle Mächte des Lebens, um ihr die Krone zu reichen. Wenigstens schallt diese Weise in tausendfachen Variationen aus allen Ecken und Enden jener Welt, die über der realen in den Wolken sentimentaler Gefühle und schöner Gedanken schwebt. In der realen Welt ist das Weib als Mutter etwas weniger gut daran. Nicht etwa bloß die uneheliche Mutterschaft – und man braucht nur dieses traurige, entwürdigte Bild heraufzubeschwören, um die ganze hohle Phrasenhaftigkeit der üblichen Mutterschaftsverherrlichung zu enthüllen – die Mutterschaft an sich, auch die mit allen sozialen Ehren ausgezeichnete, wird teuer erkauft. Der Preis, der dafür bezahlt wird, ist die geistige Freiheit und Ebenbürtigkeit; und je weiter das Leben zu höheren Formen fortschreitet, desto weiter muß auch das weibliche Geschlecht um der Mutterschaft willen hinter dem männlichen zurückbleiben.

Denn die teleologischen Eigenschaften, die das Weib zur Mutterschaft geeignet machen, bilden zugleich ein Hindernis der geistigen Entwicklung – darüber kann man sich nicht mit dem Einwand hinwegsetzen, daß die Erziehung der Kinder, die ja auch ein integrierender Bestandteil der Mutterschaft sei, hohe Anforderungen an den psychischen und intellektuellen Rang des mütterlichen Weibes stelle. Die modernen Veranstaltungen der Erziehung, die einer differenzierten Kulturgesellschaft angehören, haben mit den Einrichtungen der Natur zugunsten der Gattungszwecke nichts zu tun.

In welchem Verhältnis das Wesen der primitiven Weiblichkeit zu den Gattungszwecken steht, hat unter anderen auch Möbius in jener bekannten Abhandlung ausgeführt, in der die teleologische Geschlechtsnatur mit dem Namen »physiologischer Schwachsinn des Weibes« bezeichnet wird. Es ist wohl nur dieser aggressiven Bezeichnung zuzuschreiben, daß ein so oberflächliches Elaborat so viel Aufsehen machen konnte, und nur der philiströsen Gehässigkeit seiner Haltung, daß es so viel Erbitterung hervorgerufen hat. Wer übrigens einen Beweis haben will, wie weit im einzelnen Fall das weibliche Denken das männliche an Qualität überragen kann, der sei auf Oda Olbergs* Arbeit »Das Weib und der Intellektualismus« verwiesen, die, durch die Möbiussche Broschüre angeregt, die einschlägigen Probleme mit umfassender Weite des Blicks und überlegener Objektivität behandelt.

Möbius geht von der Anschauung aus, daß »das ganze Wesen des Weibes teleologisch am leichtesten begriffen« wird. So erklärt er teleologisch aus der sexuellen Stellung gegenüber dem Manne den Hang zur Verstellung oder zur Lüge, der so vielfach der Frau vorgeworfen wird: die Lüge ist ihre »natürliche und unentbehrliche Waffe, auf die sie gar nicht verzichten kann«; und um den Mutterberuf erfüllen zu können, muß das Weib »kindähnlich, heiter, geduldig und schlichten Geistes« sein. »Kraft und Drang ins Weite, Phantasie und Verlangen nach Erkenntnis würden das Weib nur unruhig machen und in ihrem Mutterberufe hindern, also gab sie die Natur nur in kleinen Dosen.«

Dagegen wäre nichts einzuwenden; diese Auffassung enthält eine Rechtfertigung der weiblichen Inferiorität aus dem Naturprozeß selbst. Daß Möbius diesem Naturprozeß als subjektive Mannespersönlichkeit gegenübersteht, die in der Sache Partei ist, beeinträchtigt seine Arbeit, mehr aber noch der Mangel eines höheren Gesichtspunktes, von dem aus er die Aufgaben der Zivilisation bewerten könnte. Er faßt das Weib nur als Naturwesen und nur unter der Perspektive des Mutterberufes auf. In einer hochentwickelten Kultur können aber weder Mann noch Weib als bloße Naturwesen betrachtet werden, ohne daß die ganze Kultur als ein Nonsens, als ein Entartungsprozeß erscheinen muß. Daher ist der Standpunkt, den Möbius einnimmt, ein ganz unklarer und widerspruchsvoller; er wirft einerseits den Weibern vor, daß sie alles Neue hassen und vielfach wie ein Bleigewicht an dem strebenden Manne hängen: »Wie die Tiere seit undenklichen Zeiten immer dasselbe tun, so würde auch das menschliche Geschlecht, wenn es nur Weiber gäbe, in seinem Urzustande geblieben sein. Aller Fortschritt geht vom Manne aus« … anderseits aber hat er für diesen Fortschritt – denn was könnte »Fortschritt« bedeuten, wenn nicht wachsende Zivilisation? – keinen andern Vergleichswert als diesen Urzustand, den er für den einzig gesunden und normalen halten muß, da er es nicht allein als eine unvermeidliche Funktion der Zivilisation bezeichnet, daß sie Entartungserscheinungen wie die männischen Weiber und die weiblichen Männer hervorbringt, sondern die Anklage wider sie erhebt, daß sie die Quellen des Lebens abgräbt und das von ihr betroffene Volk zum Absterben bringt, sobald es nicht durch Barbarenblut wieder aufgefrischt werden kann. Das heißt also: der vom Manne ausgehende Fortschritt ist verderblich, und die auszeichnendste Eigenschaft des Mannes, die ihm den geistigen Vorrang vor dem Weibe sichert, ein Unglück für die Menschheit.

Was hat es also mit den Begriffen Urzustand, Entartung, Fortschritt, Kultur für eine Bewandtnis? Welche Stellung will man der Zivilisation im Leben der Menschheit einräumen, und welche dem einzelnen Individuum bei den Aufgaben der Zivilisation?

Die Natur – worunter in diesem Fall der Komplex der primitiven Lebensfunktionen im Gegensatz zu den höheren, aus der menschlichen Intellektualität entspringenden Antrieben zu verstehen ist – hatte mit dem Weibe nichts anderes vor, als es zur Mutterschaft geeignet zu machen, selbst um den Preis, daß es an allen anderen Fähigkeiten gegen den Mann zurückstehen mußte. Sie wälzte eine ungeheure Bürde auf das Weib, indem sie das ganze Werk der Fortpflanzung von dem Augenblick der Zeugung an in den weiblichen Organismus verlegte und ihn während der längsten Phase seines individuellen Lebens unter diesen Zweck beugte. Auf diese Weise ist sie bei der Verteilung der Gattungspflichten an beide Geschlechter völlig ungerecht verfahren.

Ja so ungerecht ist diese Verteilung, daß schon in Urzeiten der moralische Sinn des Mannes zu ihrer Erklärung eine ursprüngliche Verschuldung als notwendig empfand, und die Leiden, die dem Weibe auferlegt sind, nicht anders denn als Strafe zu deuten vermochte. Deshalb macht die alttestamentarische Genesis das Weib zur Verführerin des Mannes und legt Gott die strafenden Worte in den Mund: »Ich will dir viele Schmerzen schaffen, wenn du schwanger wirst; du sollst mit Schmerzen Kinder gebären, und dein Wille soll deinem Manne unterworfen sein«. Und so dauernd hat sich diese Anschauung behauptet, daß noch um die Mitte des neunzehnten Jahrhunderts, als in England die ersten Versuche der Narkose bei schweren Geburten gemacht wurden, die englische Geistlichkeit dagegen als gegen eine Aufhebung und Milderung der gottgewollten Strafe protestierte!

Der moralistische Wahn, der für das Elend des menschlichen Daseins eine angeborene Sünde voraussetzt, ist dem Weibe teurer als dem Manne zu stehen gekommen; er hat zum Schaden die Schuld gefügt und das natürliche Los des Weibes, anstatt es zu mildern, nur verschärft.

Wenn schon die Natur das Weib schwer belastet hat – durch die Zivilisation wird diese Bürde ins Unerträgliche gesteigert. Die Disposition zu Leiden aller Art, die Herabminderung der physischen Widerstandskraft, die körperliche Verweichlichung, welche die Zivilisation mit sich bringt, rächt sich am weiblichen Organismus härter als am männlichen, weil die ungestörte Abwicklung des Generationsprozesses volle Gesundheit zur Bedingung hat. Jede Beeinträchtigung der physischen Leistungsfähigkeit setzt auch den weiblichen Organismus als Generationswerkzeug herab; und je verfeinerter die Lebensführung, desto schwieriger werden die Aufgaben der Mutterschaft.

Wie schlimm aber auch die schädlichen Einflüsse der Zivilisation in physischer Hinsicht sein mögen, noch verhängnisvoller für das Weib als Persönlichkeit sind die geistigen Werte, die im Gefolge der Zivilisation auftreten. Die Kultur macht aus dem Menschen ein Doppelwesen, dessen intellektuelle Aufgaben den Vorrang über die natürlichen gewinnen; sie differenziert die Individuen noch nach einem anderen Prinzip als nach dem der Gattung, welches das Weib zur Mutter, den Mann zum Erzeuger und allenfalls auch zum Ernährer und Verteidiger der Familie bestimmt. Indem sie den Aufgaben der Gattung die Aufgaben der Persönlichkeit gegenüberstellt, entzweit sie das Individuum mit sich selbst und scheidet in seinem Bewußtsein zwei Interessensphären, die, vielfach einander entgegengesetzt, Quelle tiefgreifender Konflikte werden. Je mehr das individuelle Leben im Werte steigt, je mehr es durch Leistungen und Genüsse der Persönlichkeit ausgefüllt ist, desto mehr sinkt das Interesse an den Aufgaben der Gattung, denen das Weib in so viel höherem Grade untertan ist als der Mann – und damit zugleich sinkt der Wert, den das Weib als solches in der Kulturgesellschaft besitzt.

Die Zivilisation, die fast ausschließlich ein Werk des Mannes ist, zeigt in diesen Wirkungen, daß sie im Grunde genommen nur für den Mann berechnet ist. In primitiven Zuständen bildet die Mutterschaft für das Weib nach keiner Richtung ein Hindernis. Ob man nun eine gynäkokratische Verfassung der »Urgesellschaft« als erwiesen ansehen will oder nicht – die einfache Arbeitsteilung zwischen den Geschlechtern verbürgt dem weiblichen denselben Rang und Wert wie dem männlichen, was ja auch bei den Verwandten des Menschen, den höheren Säugetieren, der Fall ist. Erst unter den Bedingungen der Zivilisation wird das Weib vermöge der Mutterschaft zu einem untergeordneten und abhängigen Wesen, zu einem Menschen zweiter Ordnung. Die größere Bewegungsfreiheit, die der Mann von Natur aus genießt, macht sich gegenüber der geschlechtlichen Gebundenheit des Weibes geltend und sichert ihm die Herrschaft in der Zivilisation.

Daraus aber ist keineswegs ein Einwand gegen die Zivilisation an sich abzuleiten. So wenig wie der an den Kulturvölkern zu beobachtende Verfall den Einflüssen der Kultur zuzuschreiben ist, vielmehr dem Gesetze des Lebens selbst, das sich an allen Erscheinungen als Blühen, Reifen und Vergehen manifestiert, so wenig liegt es im Wesen der Kultur selbst, daß sie den Individuen weiblichen Geschlechtes bleibend die ungünstigeren Chancen der Entfaltung bieten muß. Die Einseitigkeiten und Unvollkommenheiten aller Kultureinrichtungen spiegeln nur die Mängel der menschlichen Intellektualität wider, die als ein Werdendes und sich Entwickelndes unvermögend ist, vollendet angepaßte Daseinsformen zu schaffen. Es liegt in der teleologischen Natur der Geschlechter, die dem Mann einen so großen Vorsprung vor dem Weibe sichert, daß er es ist, der zuerst als der kulturschaffende Teil auftritt; erst auf einer hohen Stufe der Kulturentwicklung, wenn sich die Konsequenzen bestimmter Kultureinflüsse an der Männlichkeit vollzogen haben, stellt sich für das weibliche Geschlecht die Möglichkeit ein, an der Kulturarbeit außerhalb der Familiensphäre mitzuwirken und die Einseitigkeit der Männerkultur aufzuheben.

Aber selbst unter der Beschränkung, welche diese Männerkultur dem weiblichen Geschlecht auferlegt, war dessen Aufgabe niemals so enge begrenzt, als es die modernen Antifeministen fordern, die das Weib ausschließlich auf die Pflichten der Mutterschaft verweisen. Sie übersehen, daß die Begrenzung der weiblichen Tätigkeit innerhalb des Familienkreises weder auf die primitivste noch auf die höchste Lebensform des Weibes zutrifft. Bei den sogenannten Naturvölkern kommt den Frauen eine Menge von Aufgaben zu, die sich nach unseren Anschauungen mit der Mutterschaft schlecht vertragen; sie verrichten gerade die schwersten Arbeiten, diejenigen, für welche der unzivilisierten Männlichkeit Geduld und Disziplin fehlen, und die Mutterschaft ist eine Sache, die nebenher geht. In den obersten Schichten der abendländischen Gesellschaft aber hat das weibliche Geschlecht die Pflichten der schönen Geselligkeit, der Standesrepräsentation zu erfüllen – und das Leben, welches die Dame führt, ist keineswegs das der Mutterschaft günstigste, ja in mancher Hinsicht ihr geradezu abträglich. Die Damen der Gesellschaft sind es wahrlich nicht, die den größeren Teil ihrer Zeit und Lebensinteressen ihren Kindern widmen. Es gehört zu den Erfordernissen eines vornehmen Haushaltes, die Erziehung bezahlten Hilfskräften zu überlassen; und den höchstgestellten Frauen der europäischen Kulturgesellschaft ist es nicht einmal gestattet, ihre Kinder selbst zu säugen.

Sogar die Annahme, daß in der Mutterschaft die höchste Aufgabe des Weibes bestehe, wird durch die Kulturgeschichte widerlegt. Zu allen Zeiten hat die sittliche Anschauung unter Umständen dem Verzicht auf die Mutterschaft ein besonderes Gewicht beigelegt; und die hohe Bewertung der Jungfräulichkeit im Dienste religiöser Vorstellungen zeigt deutlich, daß die menschliche Gesellschaft einzelnen Frauen noch einen anderen Beruf zuerkannte, als den sogenannten natürlichen. Schon in der antiken Kultur war die Vermittlung zwischen der profanen Welt und der göttlichen, das Priestertum, soweit weibliche Personen daran teilnahmen, vielfach an die

Bewahrung der Jungfräulichkeit geknüpft; selbst in Rom, wo die Mutterschaft gewiß in Ansehen stand, genossen doch die Vestalinnen, also Frauen, denen um einer höheren Mission willen die Mutterschaft versagt war, die höchsten bürgerlichen Ehren. Gewissen Formen des griechischen und römischen Tempeldienstes scheint sogar die Anschauung zugrunde zu liegen, daß die Ökonomie der menschlichen Gesellschaft nicht allen Frauen die Mutterschaft gestatten könne, weshalb auch jene, die sich ohne den Willen zur Mutterschaft in den Dienst des Geschlechtes stellen – sonst überall als die verachtetsten, als die entartetsten behandelt – durch religiöse Vorstellungen zu rehabilitieren sind.

Ja in der christlichen Welt, die doch Mutterschaft und Jungfräulichkeit in ein Mysterium verschmolzen hatte, und zu deren Direktiven das Paulinische* Wort gehörte, daß das Weib »selig werden wird durch Kinderzeugen« triumphierte die Jungfräulichkeit, die nun einmal in der Realität mit der Mutterschaft nicht zu vereinigen war. Eine große Anzahl ausgezeichneter Frauen des christlichen Geisteslebens hat der Mutterschaft die Jungfräulichkeit vorgezogen. Denn die religiöse Anschauung des Mittelalters betrachtete den ehelosen Stand als den der hohen Geistigkeit allein angemessenen; und die religiös gestimmten Frauen suchten wie die religiös gestimmten Männer die Vorbereitung für das ewige Leben, das, jenseits von Mann und Weib, beiden Geschlechtern den gleichen Zustand rein geistiger Seligkeit verhieß, in der klösterlichen Weltflucht – unbeschadet der Vorschrift, die ihnen das Kinderzeugen als Weg der Seligwerdung wies.

Um dieses versprochenen Himmelreiches willen entzieht sich auch heute noch eine nicht geringe Menge von Frauen in Klöstern der Mutterschaft, ohne daß sie deshalb in der sozialen Bewertung als minderwertige oder gar entartete Exemplare der Weiblichkeit gelten.

Es besteht also gar kein Grund, warum jene Frauen, die um geistiger Interessen willen auf die Mutterschaft verzichten, ein Vorwurf treffen sollte. Nur eine Zeit wie die Gegenwart, die keine geistigen Direktiven, keine allgemeinsamen Ideale mehr besitzt, kann den Entgang der Mutterschaft als einen Einwand gegen die geistigen Bestrebungen einzelner Frauen betrachten.

Überdies besteht die Notwendigkeit einer unbedingten Verzichtleistung durchaus nicht. Mutterschaft und geistige Arbeit schließen einander keineswegs völlig aus; sie bilden nur erschwerende Lebensbedingungen für das Individuum. Bedarf es erst eines Nachweises, daß die Mutterschaft an sich, das Tragen, Gebären und Aufziehen der Kinder, körperlich und seelisch sehr starke Ansprüche an das Individuum stellt, und daß diese Ansprüche im gleichen Verhältnis mit der Anzahl der Kinder wachsen?

Wie sehr aber in den Problemen der Weiblichkeit auch das Selbstverständliche Frage geworden ist, zeigen Bücher wie das von Adele Gerhard* und Helene Simon*, in welchem auf dem Wege einer umständlichen Enquete nachgeforscht wird, ob und wie weit »Mutterschaft und geistige Arbeit« einander hindern.

Allerdings: wenn es wahr wäre, daß jede Frau – was seit Rousseau* eine Schule von Soziologen nicht müde wird zu behaupten – die Aufgabe habe, beständig schwanger zu sein, weil der »Genius der Gattung« diese Leistung fordert (Szombart*), dann gäbe es keine Möglichkeit, Mutterschaft und geistige Arbeit zu vereinigen; denn die äußerste Ausnützung der weiblichen Fruchtbarkeit verträgt sich mit keiner Betätigung auf anderen Gebieten.

Aber in so schwierigen und komplizierten Verhältnissen, wie sie dem Bevölkerungsproblem zugrunde liegen, läßt sich mit Entscheidungen, die nur für die einfachsten und primitivsten Formen der menschlichen Gesellschaft zutreffen, nicht das Auslangen finden. Daß die willkürliche Beschränkung der Kinderzahl ein Recht des Individuums ist, kann prinzipiell nicht geleugnet werden, wenn es auch immerhin fraglich sein mag, ob die Malthusianische* Behauptung zu rechtfertigen ist, daß sie sogar eine soziale Pflicht des Individuums ist. Als sittliches Problem kommt sie nur soweit in Betracht, als zwischen den Mitteln der Beschränkung, zwischen Enthaltung oder Vorbeugung, ein sittlicher Unterschied besteht.

Die Natur selbst, die mit elementaren Mitteln die Vermehrung fördert, sorgt auch mit elementaren Mitteln für die notwendige Einschränkung; und innerhalb der menschlichen Kultur verraten bestimmte Zustände, daß hier ebensowenig wie im Bereich der primitiven Natur die virtuelle Vermehrungsfähigkeit ungehemmt walten kann. Unter diesen Zuständen ist – wenn man den Krieg als einen abnormen Fall ausschließt – die starke Kindersterblichkeit in den unteren Volksklassen hervorzuheben, oder das unfreiwillige Cölibat der unverheirateten Frauen – ihre Anzahl beträgt in Deutschland ungefähr zwei Millionen –; mehr als alle anderen Faktoren aber wirkt in einer pseudomonogamen Gesellschaftsordnung wie die der modernen Kulturvölker die Prostitution dahin, die natürliche Vermehrung zu beschränken.

Es kann den Moralisten überlassen bleiben, zu entscheiden, welche Art der Beschränkung die verwerflichste ist; aber warum sollte die Kompensation des Bevölkerungszuwachses, den so viele andere Einflüsse hemmen, von den Ehefrauen allein gefordert werden?

Wenn anders die Geschichte der menschlichen Gesellschaft etwas zu lehren vermag, ist die willkürliche Beschränkung der Kinderzahl eine

Erscheinung, die mit Notwendigkeit um sich zu greifen beginnt, sobald die Bevölkerungsdichtigkeit bei sehr gesteigerten Kulturmitteln eine bestimmte Höhe erreicht hat – ob nun die präventive Beschränkung wie bei den Kulturvölkern des Okzidents herrscht oder die barbarischere Methode der Kindesaussetzung und -tötung wie im Orient.

Von den Rigoristen, die gegenüber den verheirateten Frauen die Rechte der Gattung auf unbeschränkte Ausnützung der weiblichen Fruchtbarkeit vertreten, wird zuweilen auch gegen die Tendenzen der Frauenbewegung der Vorwurf erhoben, daß sie an der wachsenden Abneigung der Kulturfrauen gegen eine unbeschränkte Kinderzahl Schuld trage. Wer im Ernste glaubt, daß der geringe Einfluß, den diese Tendenzen bisher besessen haben, so ausgedehnte Wirkungen üben konnte, sei auf Frankreich verwiesen, wo der Stillstand des Bevölkerungszuwachses längst ein öffentlich gekannter Umstand war, ehe die ersten Spuren einer französischen Frauenbewegung zutage traten. Überhaupt: welche Kurzsichtigkeit, den weiblichen Teil allein für die Ursachen dieses Stillstandes verantwortlich zu machen! Da hatten die geistigen Urheber des Code Napoléon doch einen tieferen Blick dafür, als sie der Vermehrung, wenn auch auf außerehelichem Wege, durch die, der teleologischen Schwäche des weiblichen Geschlechtes gegenüber so unbarmherzige Maßregel Vorschub leisteten: la recherche de la paternité est interdite.

Die Frauenbewegung und die Abneigung gegen die unbeschränkte Kinderzahl sind zeitlich parallele Erscheinungen, aber sie stehen zueinander nicht in dem Verhältnis von Ursache und Wirkung. Vielleicht, daß beide einen Zusammenhang in den Untergründen des Gesellschaftsstadiums haben, in dem sie auftreten. Primitive Gesellschaften, die vorwiegend kriegerisch sind und einen unmäßigen Verbrauch an Menschenleben aufweisen, müssen an die Ausnützung der weiblichen Fruchtbarkeit die äußersten Ansprüche stellen; hochkultivierte und daher friedliebendere Gesellschaften gewähren ihren Mitgliedern ein längeres Durchschnittsalter, die Erneuerung der Generationen braucht nicht so rasch vor sich zu gehen, und das einzelne Individuum, dessen Heranbildung unendlich mühsamer, langwieriger und kostspieliger ist als in primitiven Zuständen, repräsentiert einen höheren Wert. Es ist also eine notwendige Konsequenz der Kultur, daß die unbeschränkte Ausübung der Mutterschaft im sozialen Bewußtsein nicht mehr von derselben unvergleichlichen Wichtigkeit umgeben erscheint; und ebenso unvermeidlich ist es, daß die Anzahl der Frauen, die sich ihr hingeben können, in demselben Verhältnis abnehmen muß, in dem die äußeren und inneren Lebensbedingungen für das Individuum komplizierter werden.

Eine Frau, die ihr Leben erfüllen soll, kann es entweder an eine zahlreiche Familie wenden, oder an einen Beruf. Wenn sie keines von beiden auf sich nehmen will oder kann, sinkt der Wert ihres Lebens im Vergleich zu der Leistung, welche das weibliche Leben früherer Kulturepochen bedeutete – denn zehn oder zwölf Kinder geboren und aufgezogen, und nebstbei einen Haushalt unter primitiven Produktionsverhältnissen geführt zu haben, das ist eine Leistung, die von wenig anderen überboten wird! – noch mehr aber sinkt dieser Wert im Vergleich zur Arbeitsleistung des männlichen.

Das ist das Los der bürgerlichen Frauen in der Gegenwart. Die wenigsten Berufe sind ihnen zugänglich; und die Ausübung jeder Tätigkeit außerhalb des Familienkreises ist ihnen aufs Äußerste erschwert, sobald sie mit dem »natürlichen« Beruf des Weibes verbunden werden soll. Wer diese Frauen immer nur auf die uneingeschränkte Mutterschaft zu verweisen und ihnen die weibliche Lebenserfüllung früherer Zeiten als Muster vorzuhalten sucht, kennt die tieferen Ursachen einer Veränderung nicht, die mit dem Kulturstadium der Gegenwart untrennbar zusammenhängt. Wenn sich aber in der Gegenwart die Neigung ankündigt, den Frauen, die öffentliche Stellungen einnehmen, von Staats wegen das Heiraten unmöglich zu machen, oder gar die Ehe direkt zu verbieten, so wird dabei nur mit der einen Hand genommen, was man mit der anderen fordert, um den Faktoren, welche im Sinne der Bevölkerungsbeschränkung wirken, ganz offiziell noch einen mehr hinzuzufügen.

Man hat den Tendenzen der Frauenbewegung gegenüber auch mit dem Vorwurf der Entartung nicht gespart, weil sie angeblich das Weib seinem natürlichen Beruf entfremde und mit einem geistigen Ehrgeiz erfülle, der den Aufgaben der Mutterschaft abträglich ist. Dabei hat man immer übersehen, daß gerade die Frauenbewegung die Palliative gegen die Gefahr der Degeneration durch Müßiggang schafft, welche zum mindesten den Frauen der wohlhabenden Bevölkerungsschichten aus einer Gesellschaftsverfassung droht, in der ihr ursprünglicher Wirkungskreis sich auflöst, ohne daß ihnen ein Äquivalent sozialer Betätigung geboten würde.

Die numerische Überlegenheit einer Rasse wird durch andere, breitere Bevölkerungsklassen garantiert als durch jene, welche die Träger der geistigen Kultur sind; daher kann auch der bekannte Gegensatz, der in der Regel zwischen der physischen und der geistigen Produktivität herrscht, keinen Grund bilden, die Frauen dieser Klasse von dem Anteil an Intellektualität auszuschließen, der die Auszeichnung der Männer ihrer Klasse bildet. Daß aber durch die Beschäftigung mit geistiger Arbeit den Frauen die Geneigtheit ganz und gar abhanden kommen könnte, sich der Mutterschaft zu unterziehen, ist doch wohl eine unsinnige Befürchtung. In der Mutterschaft liegt vielmehr eine Garantie dafür, daß der Intellektualismus die Frauen nicht in jenes Mißverhältnis zu den natürlichen und primitiven Dingen des Lebens stürzen wird, wie es bei den Männern der Geistigkeit geschieht. Die Natur hat die mütterlichen Instinkte mit so starken Banden versichert, daß sie für die individuelle Willkür nicht leichthin zerreißbar sind – noch mehr: sie hat die Mutterschaft mit einer so hohen Seligkeit aufgewogen, daß sie für jedes nicht ganz verödete weibliche Herz eine unwiderstehliche Anziehung besitzt.

Wenn trotzdem einzelne Frauen um eines geistigen Lebenszieles willen auf die Mutterschaft verzichten, so hat man alle Ursache, darin eine heroische Gesinnung der Weiblichkeit zu erblicken. In dem Behaupten der Persönlichkeit gegenüber dem Traditionellen zugunsten eines eben in der Persönlichkeit beschlossenen höheren Willens – der im tragischen Fall auch den Tod nicht scheut – liegt ein durchaus heroisches Element; und nur der platteste Nützlichkeitssinn kann in der sozialen Schätzung des weiblichen Individuums die Äquivalente unberücksichtigt lassen, die es eventuell der Gesellschaft für den Entgang an Nachkommenschaft bietet.

Vor allem mit dem Begriff der Entartung müßte eine objektive Beurteilung der modernen Frauenprobleme vorsichtiger umgehen, da doch Entartung und Entwicklung eng verschwisterte, im vorhinein schwer zu unterscheidende Phänomene sind. Die Rückbildung zu einem imaginären Naturzustand, die zugleich die ganze ungeheure Arbeit der männlichen Zivilisation zu einer Verirrung stempeln würde, wie jede Art von Umkehr oder Zurückschraubung muß aussichtslos erscheinen. Als einzige Möglichkeit, den Übelständen einer hochgesteigerten Kultur zu entrinnen, kann nur die Kultur selbst gelten: durch eine weitere Steigerung die Unvollkommenheiten der jeweiligen Stufe zu überwinden, ist die Aufgabe aller sozialen Bemühung. Dahin gehören auch jene Veränderungen, die für das Weib die Bedingungen bereiten sollen, unter welchen es den Aufgaben eines erhöhten geistigen Lebens nachkommen kann, ohne seinen Aufgaben als Naturwesen ganz zu entsagen, die Bedingungen, unter welchen es an jener höchsten Errungenschaft aller Kultur, der freien Selbstbestimmung des Individuums, teil zu haben vermag.

Es wäre eine unbillige, die natürlichen Grenzen der durchschnittlichen Männlichkeit übersteigende Zumutung, diese Veränderungen von der Arbeit und der Erkenntnis des Mannes zu erwarten. Die Aufgabe, in einer künftigen Gesellschaftsordnung dem weiblichen Geschlechte eine andere Stellung zu erobern, muß von den Frauen selbst gelöst werden. Das ist die große soziale Mission jeder Frau, die sich durch Neigung und Tätigkeit über das traditionelle Lebensgebiet ihres Geschlechtes erhebt. In den hergebrachten Gesellschaftsformen ist eine Vereinigung von Mutterschaft und geistiger Arbeit nur unter großen Nachteilen möglich. Hier sind neue Einrichtungen zu schaffen – und diese Arbeit kann allein von solchen Frauen geleistet werden, die sich nach ihrer Wesensbeschaffenheit der Führung des männlichen Intellekts nicht unterwerfen müssen. Denn der Mangel der herrschenden Kultur in Ansehung der Stellung, die sie dem weiblichen Geschlechte gewährt, besteht eben darin, daß sie Männerwerk ist, vom Manne für die Zwecke des Mannes geschaffen, und so unangemessen dem Weibe als selbständigem Individuum, wie dies bei der Vorherrschaft einseitiger Interessen nicht anders sein kann.

Das gattungsmäßig Männliche wie das gattungsmäßig Weibliche hat in der Familie und in der Gesellschaft alles hervorgebracht, was es seinem allgemeinen Charakter nach vermochte. Es ist ein Mißverständnis, von der spezifischen Natur des Weibes, die man als eine bis zur höchsten Intuition des Gemeinwohles erweiterte Mütterlichkeit auffaßt, eine neue Emanation in der Gesellschaft der Zukunft zu erwarten. Die Mütterlichkeit, die aus der spezifisch weiblichen Natur entspringt, kann sich ihrem Wesen nach nicht auf die Interessen der Allgemeinheit richten; denn ihre stärkste Kraft liegt in der Konzentration auf die eigene Nachkommenschaft, und gerade die Verblendung, mit der jede Frau ihre eigenen Kinder allen anderen vorzieht und überordnet, ist teleologisch unerläßlich.

Der soziale Sinn – das, was in der christlichen Terminologie die Nächstenliebe hieß – setzt eine höhere Differenzierung des Individuums voraus, als sie bloß mit den Instinkten der Mutterschaft gegeben ist; sonst würde er sich nicht zuerst als eine Eigenschaft des männlichen Geschlechtes manifestiert haben. Änderungen in der sozialen Ordnung können nur von Frauen bewirkt werden, die über das teleologische Maß ihres Geschlechtes hinausragen, die von dem Typischen abweichen und kraft ihrer Unabhängigkeit zu anderen Lebensformen gelangen. Sie sind, wenn man will, die »Unweiblichen« – vielleicht weniger brauchbar für die Zwecke des Mannes und der primitiven Geschlechtsbestimmung, und doch unentbehrliche Elemente des fortschreitenden Kulturprozesses.

Anhang über die Erziehung

Man ist gegenwärtig geneigt, die Erziehung als eine spezielle Leistung der Mutter anzusehen; der Anteil des Vaters tritt daneben stark in den Hintergrund – so stark, daß es fast den Anschein hat, als wollten die Frauen kraft ihrer physischen und ethischen Leistungen nach dieser Richtung die Nachkommenschaft wieder ganz in matriarchalische Gewalt bekommen. Es könnte also wohl sein, daß die Erziehung, die eine viel dauerndere, intensivere, umfassendere Beanspruchung der weiblichen Persönlichkeit bedeutet als die physischen Aufgaben der Mutterschaft, die Frauen unbedingt für den größten Teil ihres Lebens an die Familie binden und die Ausübung eines anderen Berufes neben den Mutterpflichten ausschließen müsse. Die Erfahrung des täglichen Lebens lehrt zwar, daß es Frauen gibt, die neben einer Schar von Kindern noch Zeit und Interesse für anderweitige Betätigungen ihrer Persönlichkeit übrig behalten, und solche, denen ein einziges Kind so viel zu schaffen macht, daß sie für die übrige Welt verloren sind – woraus hervorgeht, daß auch hier die individuelle Anlage das entscheidende Moment ist. Dennoch macht sich die Neigung geltend, die Aufgaben der Erziehung so hoch einzuschätzen, daß sie den sozialen Wert aller anderen menschlichen Leistungen überragt.

Den äußersten Ausdruck für diese Vorstellungen findet man bei Ellen Key*: »Es bedarf ungeheurer Kräfte, um einem einzigen Kinde gerecht zu werden. Das bedeutet durchaus nicht, dem Kinde jede seiner Stunden zu geben. Aber es bedeutet, daß unsere Seele von dem Kinde erfüllt sei, so wie der Mann der Wissenschaft von seinen Forschungen, der Künstler von seinem Werke erfüllt ist«; – denn das ist die erhabene Aufgabe: »das neue Geschlecht zu erziehen, das einmal die Gesellschaft bilden wird, in der der vollendete Mensch – der ›Übermensch‹ – von einer noch fernen Morgenröte bestrahlt werden wird«. (Das Jahrhundert des Kindes.)

Hier treffen zwei moderne Anschauungen aufeinander, die völlig entgegengesetzt und unvereinbar sind: die Vorstellungen über den entscheidenden Einfluß der Erziehung im Leben des Einzelnen, und die Vorstellungen von einem neuen, höheren Geschlecht, vom »Übermenschen«.

Nietzsche, der Vater des modernen Übermenschen, hat – vielleicht nicht ohne Absicht – die genaueren Umrisse dieser Gestalt ziemlich dunkel gelassen; da er aber irgendwo sagt, am Ziel aller Entwicklung stehe »das souveräne Individuum, das nur sich selbst gleiche«, kann man zunächst darunter nichts anderes verstehen als den Menschen, der die Impulse seines Handelns aus sich selbst schöpft und, unabhängig von den Einflüssen seiner Umgebung, sich zur selbstherrlichen Persönlichkeit entfaltet – den Menschen, der sein eigenes Werk ist.

Gegenüber Individualitäten mit solchen Anlagen hat die Erziehung sehr wenig zu sagen. Damit ein Mensch ganz er selbst werde, muß er vor allem die Einflüsse seiner Umgebung und seiner Erziehung überwinden. Der besten wie der schlechtesten – außer man will unter einer guten Erziehung nur die Beibringung guter Manieren, einer automatisierten Beherrschung der äußeren Formen verstehen.

Und was sollte denn die Erziehung viel anderes vermögen? Schon die ganz allgemein gefaßte Formel, daß die Erziehung die guten Anlagen entwickeln, die schlechten unterdrücken soll, ist eine unzulängliche. Denn bei der Ungewißheit, was in einer seelischen Konstitution als gut oder böse anzusprechen ist, da doch jedes Individuum die Fehler seiner Vorzüge besitzt – von generellen moralischen Bewertungen ganz abgesehen – geschieht es nur zu leicht, daß die pädagogische Auswahl zwischen Gut und Böse die Spreu nicht immer vom Weizen unterscheidet. Überdies setzt alle Erziehung, die mehr sein will, als eine Erziehung zu äußeren Formen, bei dem Erzieher eine umfassende Intuition der zu erziehenden Individualität voraus; und eine solche Intuition kann nur in einer überlegenen Persönlichkeit entstehen. Die Eltern, die eine solche Intuition von ihren Kindern gewinnen sollen, dürften keine sie geistig überragende Nachkommenschaft haben. Keine »neuen Menschen« dürften es sein; denn wie in aller Welt sollen gewöhnliche Menschen ungewöhnliche erziehen? Aller Wahrscheinlichkeit nach werden gewöhnliche Eltern freilich gewöhnliche Kinder haben. Wenn Durchschnittsmenschen zusammenheiraten, so ist vorauszusehen, daß die Kinder aus dieser Ehe auch wieder Durchschnittsmenschen sein werden, trotz aller Erziehungsbefleißigung. Sollte es aber der Zufall wollen, daß der wundersame, unberechenbare Fremdling, das Genie, darunter auftritt, so wird es für seine Erzeuger das beste sein, sie lassen ihn seine eigenen Wege gehen, ohne ihn durch ihre pädagogischen Künste zu bedrängen.

Erziehung im aktiven Sinne ist der Ausdruck für eine Art des Seins; man erzieht mit dem, was man ist, nicht mit dem, was man weiß. Alle pädagogischen Kenntnisse und Absichten werden aus einer ungeeigneten Persönlichkeit keinen guten Erzieher machen. Die Forderung, daß wir uns vorher selber erziehen müssen, um erziehen zu können, hilft diesem Übelstande nicht ab. Denn sie setzt eine bestimmte Fähigkeit voraus, die nicht jeder hat – eben die Fähigkeit, sich selber zu erziehen. Und wenn es möglich ist, sich selber zu erziehen, dann können die Eltern diese Aufgabe um so eher den Kindern überlassen. Hat ein Mensch, der sich selber zu erziehen vermochte, nicht entschieden vor dem etwas voraus, der diese Arbeit an sich durch andere verrichten ließ?

Am meisten werden der Erziehung, der guten wie der schlechten, die Durchschnittsmenschen zugänglich sein, und unter diesen besonders die schwachen und unselbständigen Individuen, die den suggestiven Einflüssen der herrschenden Normen leicht erliegen. Der Nutzen der Erziehung, ihr Sinn und Zweck kann also niemals die Heranbildung eines »neuen« Geschlechtes, oder gar des »Übermenschen« sein, sondern höchstens der Schutz und die Führung der minder Widerstandsfähigen, der minder Selbständigen.

Aber auch diesen gegenüber ist die Parallele, in welche die Erziehung eines Kindes mit der Schaffung eines Werkes gesetzt wird, nicht aufrecht zu erhalten. Namentlich die Frauen lieben es, sich mit dieser Parallele über den Verzicht auf geistige Leistungen hinwegzutrösten, den ihnen die Mutterschaft auferlegt. Man weiß ja: die Frauen sollen nichts selber sein und leisten, sie sollen vielmehr ihre Söhne zu dem »heranbilden«, was ihnen selbst zu werden versagt ist.

Unter allen verlogenen Direktiven, an denen die bürgerliche Ethik reich ist, gibt es kaum eine schlimmere als diese. Denn sie verführt geradewegs zu jenem Mißbrauch, der als zielbewußte Pädagogik berüchtigt ist, und sie bereitet jenen naiven Seelen unter den Frauen, die auf sie ihre Lebensziele bauen, die bittersten Enttäuschungen. Trotz aller Erziehungskünste – wer kann daran zweifeln? – bleibt ein Mensch das, als was er geboren wurde; ein kleines Ich wird auch durch die inbrünstigste mütterliche Hingebung nicht in ein großes, ein Durchschnittskopf nicht in ein Genie verwandelt. Die Frau, die sich die Ausübung eines Talentes in der Erwartung versagt, es bei ihren Söhnen »heranbilden« zu können, wird in neunundneunzig von hundert Fällen um ihren Lebensinhalt geprellt sein. Lebet doch euer eigenes Leben, liebe Mütter, und erspart dafür euren Kindern die Belastung mit all den Hoffnungen und Wünschen, die sie als eine Verpflichtung, es im Leben euch statt sich selber recht zu machen, mit sich schleppen müssen!

Nicht in der Regel, sondern viel eher im Ausnahmsfalle gleichen die Kinder soweit den Eltern, daß ein völliges Verständnis zwischen ihnen herrschen kann. Jede Generation entwickelt sich in einem gewissen Gegensatz zur früheren; die Elterngeneration verbraucht die geistigen Güter, deren Träger sie war, die Kindergeneration muß sich neue schaffen – darin besteht ihre geistige Lebensfunktion, und wenn sie sich darauf beschränken sollte, die überlieferten Ideale einer guten Erziehung lebenslänglich zu behalten, so würde sie sich ihres besten Rechtes begeben.

Auch biologisch ist das Kind gewöhnlich nicht das Ebenbild und die Fortsetzung der Eltern. So wenig wie die kulturgeschichtliche Entwicklung vollzieht sich die biologische in einer geraden Linie. Mutter und Vater sind bloße Durchgangsglieder – das Kind kommt aus einer viel größeren Ferne her; es ist mindestens im gleichen Maße das Kind unbekannter Ahnen als das der beiden Individuen, die sich zu seiner Erzeugung zusammengefunden haben.

Die Vorstellung der Eltern, daß sie selbst in ihren Kindern wieder aufleben werden, gehört zu den Illusionen, durch welche die Natur dem Individual-Bewußtsein die Ansprüche der Gattung annehmbar macht. Wenn schon das Triebleben von solchen trügerischen Vorspiegelungen begleitet ist, sollte doch das Gebiet der Vernunfterkenntnis davon frei bleiben. Mit der Vorstellung, daß das Kind das »Werk« der Eltern und im besonderen der erziehenden Mutter sei, wird eine solche irreführende Illusion auch dort erweckt. Wer die Mutterschaft als Äquivalent der geistigen Produktivität betrachtet, verkennt, daß ein Werk der Ausdruck, die Leistung einer Persönlichkeit ist, das Kind aber nicht. Es gibt allerdings eine beiden Fällen gemeinsame Vorstellung, mit denen das Individuum gleichsam die großen persönlichen Mühen und Opfer, die es um des Werkes willen auf sich nimmt, vor sich selber erklärt. Das ist die Vorstellung, in der Nachwelt fortzuleben, sein eigenes Dasein über eine unverhältnismäßig verlängerte Zeit auszudehnen. Darüber hinaus wird der Vergleich aber nur durch eine mißbräuchliche Interpretation der Erziehungstätigkeit möglich.

Das Verhältnis der Eltern zu ihren Kindern ist im tiefsten Grunde irrational, weil es auf dem Triebleben beruht. Soll es durch Vernunftgründe gerechtfertigt und erklärt werden, so kann es nur aus dem Naturbegriff geschehen, das heißt, aus der Stellung, die der Mensch als Naturwesen einnimmt; der Persönlichkeitsbegriff mit samt dem ganzen Komplex von Empfindungen und Strebungen, die zu ihm gehören, läßt sich dafür nicht gebrauchen. Soweit eine Frau Persönlichkeit ist, wird sie über die Mutterschaft hinaus Ansprüche selbständiger Betätigung an das Leben stellen – und der Konflikt, in den sie dadurch mit ihren Aufgaben als Naturwesen gerät, wird nicht aus der Welt geschafft, indem man eine willkürliche Verwechslung der Gebiete vornimmt und der Persönlichkeit überträgt, was doch der Gattung angehört.

Diese Verwechslung wird einem Manne schwerlich passieren, obwohl der primitive Mann, dessen Lebensarbeit in der Erhaltung einer zahlreichen Nachkommenschaft besteht, gewiß stärker unter die Ansprüche der

Gattung gebeugt wird als etwa eine reiche Frau, die zwei oder drei Kinder zu erziehen hat. Gesetzt aber, diese Verwechslung sei eine intellektuelle Lizenz zugunsten einer möglichst gesteigerten Ausbildung der Mutterschaftsgefühle – es gibt für die Freiheit der Kinder und ihre persönliche Entwicklung nichts schlechteres, als die Neigung der Mütter, ihre Kinder als ihr Werk zu betrachten und in die Erziehung ihre ganze Lebensaufgabe zu setzen. Namentlich im modernen Großstadtleben, in welchem der Haushalt an die Frau so geringfügige Ansprüche stellt, werden die Übertreibungen der Mutterschaft häufig geradezu eine Gefahr für die heranwachsenden Kinder – um so mehr, als es in den kleinen Familien nicht zugeht wie früher in den großen, wo schon die Anzahl der Kinder eine Verteilung der mütterlichen Kraft auf so viele Individuen bedingte, daß das einzelne nicht zu sehr durch Erziehungsmaßregeln gestört und belastet werden konnte. Das unablässige Behüten, Betreuen, Fürsorgen, wie es die Mütter treiben, deren einzige Beschäftigung in der Erziehung besteht, und die von dem Ehrgeiz beseelt sind, in ihrem Kinde ein vollendetes »Werk« der Nachwelt zu hinterlassen, schafft nur unbrauchbare Menschen, denen erst die Strenge des Lebens außerhalb der häuslich-mütterlichen Sphäre nachhelfen muß, wenn sie die Folgen der genossenen Erziehung abstreifen sollen.

Und dann muß man doch einmal fragen: welcher erwachsene Mensch fühlt sich gerne als das Werk seiner Erziehung? Diese Vorstellung kann für niemanden etwas Beglückendes haben. Sie ist auch keineswegs geeignet, die kindliche Dankbarkeit zu fördern; sie erzeugt im Gegenteil nur allzuleicht in den Kindern die Neigung, für alles, was das Leben ihnen vorenthielt, sogar für ihre persönlichen Mängel, den Eltern eine Verantwortung aufzubürden. Dankbarkeit gegenüber den Eltern kann sich im Grunde nur unter der Voraussetzung erhalten, daß jeder sein eigenes Werk ist, und daß er den Eltern eine Entschädigung für die ihnen verursachte Müh und Plage schuldet. Denn eigentlich waren sie nur das Mittel, dessen er sich zur Erlangung seiner Existenz bediente – ein Gedanke, den Schopenhauer philosophisch-phantastisch in seiner »Metaphysik der Liebe« ausgeführt hat. Aber ohne alle metaphysischen Hintergründe, rein aus dem Wesen der Gattung, sind die Eltern als Durchgangsglieder aufzufassen, gleichsam als der Boden, auf dem der neue Mensch als ein Werk der Natur wächst. Wäre man wirklich in irgend einem Sinne das Werk seiner Eltern, dann hätte man auf alle Fälle so vielen Grund zur Unzufriedenheit über die Stümperei, die dabei unterlaufen ist, daß das Gefühl der Dankbarkeit gar nicht aufkommen könnte.

Anderseits würde kein besonnener und gewissenhafter Mensch unter dieser Voraussetzung die ungeheure Verantwortung auf sich nehmen, ein neues Wesen in die Welt zu setzen und aufzuziehen. Das Gefühl der Verantwortlichkeit gegenüber der eigenen Nachkommenschaft als eine persönliche Pflicht zu bestärken, mag vielleicht bei kranken, mit hereditären oder erworbenen Defekten belasteten Individuen den Nutzen haben, daß sie auf Nachkommenschaft ganz verzichten. Dennoch erscheint bei der Ausbreitung erblich übertragbarer Schädlichkeiten und Mängel, bei der Unsicherheit über die, der Heredität entgegenwirkenden regenerativen Kräfte, in denen die Vitalität einer Rasse besteht, dieser Weg sehr fragwürdig. Statt das Bewußtsein des Kulturmenschen mit einer so tiefen Depression zu beladen, müßte alles soziale Bemühen darauf ausgehen, die Übelstände selbst, welchen die Einzelnen erliegen, zu beseitigen und die Einflüsse zu bekämpfen, die in Gestalt sozialer Verhältnisse die Degeneration fördern.

Und hier mündet auch das Problem der Erziehung. Weit mehr als die umfassendsten Vorkehrungen einer individualisierenden Erziehung wirken die äußeren Lebensverhältnisse bestimmend auf den heranwachsenden Menschen. Aber dieser Einsicht, die sehr unbequem ist, verschließen sich gerade die Mütter am hartnäckigsten. Sonst müßte doch jede Frau, die es ernst nimmt mit dem Schicksal ihrer Kinder, über die Ohnmacht verzweifeln, mit der sie beispielsweise ihren fünfzehn-sechzehnjährigen Söhnen gegenübersteht, sobald ihnen die Welt in der scheußlichen Gestalt, welche die sexuellen Dinge unter der ausschließlichen Männerherrschaft angenommen haben, entgegentritt. An diesem Beispiel mögen die Frauen, die auf dem Nurmutter-Standpunkt verharren, einsehen lernen, daß sie diesen Standpunkt noch lange nicht zu verlassen brauchen, um die Verpflichtung zu fühlen, an der sozialen Arbeit teilzunehmen.

Sieht man aber die Gleichgültigkeit und den Stumpfsinn, mit welchem Frauen, die ihr ganzes Leben der Erziehung widmen, an den Zuständen vorübergehen, in die ihre männlichen Kinder, kaum erwachsen, hineingestoßen werden, dann fragt man sich wohl, ob der ganze Erziehungschauvinismus nicht bloß dazu dient, dem Frauenleben mehr Wert und Inhalt vorzuspiegeln als ihm auf der gegenwärtigen Stufe der Zivilisation in Wahrheit zukommt.

Allerdings könnte es scheinen, als bewege man sich in einem Zirkel, wenn man die Einflüsse der Erziehung hintansetzt, um alles Gewicht auf die sozialen Lebensumstände zu legen. Neue Einrichtungen können nur durch Menschen geschaffen werden, denen die alten unerträglich sind, weil sie andere Bedürfnisse und Gesinnungen haben. Ist es daher nicht notwendig, daß ihnen von Kindesbeinen an diese Bedürfnisse und Gesinnungen eingepflanzt werden? Aber wer irgend etwas Neues einpflanzen soll, muß selbst schon ein neuer Mensch sein. Und damit steht man wieder am Ausgangspunkt: neue Menschen werden geboren, nicht erzogen, sie sind ein Werk der Natur, nicht ihrer Eltern.

Jede Zeit hat ihren besonderen Aberglauben. Die Vorstellungen über die Macht und den Einfluß der Erziehung sind recht eigentlich der Aberglaube einer Zeit, deren Erkenntnis von dem Sinn der Welt in dem Begriffe der Entwicklung gipfelt. Ein ewiges Werden ohne ein erfülltes Sein, eine Zukunft, die sich beständig in eine nichtige Gegenwart verwandelt, kann aber das menschliche Bedürfnis nach einem Sinn und Zweck des Lebens nicht wirklich befriedigen. Wenn das Leben sich als ein unendlicher Wechsel der Generationen abspielt, bei dem der Einzelne nur Durchgangsglied ohne eigenen Inhalt ist, wird auch die Aussicht auf eine unbegrenzte Entwicklung gegenstandslos. Das Sein kann nicht weniger bedeuten als das Werden. Für das männliche Leben gilt dieser Grundsatz – sollte er für das weibliche nicht zu Recht bestehen? Seine Persönlichkeit ganz in die Mütterlichkeit, ganz in die Erziehung zu setzen, wie man es auch jenen Frauen vorschreiben möchte, die noch eines anderen Einsatzes fähig sind, heißt das Gewisse dem Möglichen opfern, das Sein dem Werden. Mit einer solchen Ausdehnung der mütterlichen Liebe aber bringt man – nach dem Worte der Malwida von Meysenbug* – »das Opfer seiner selbst, das heißt das, welches man nicht bringen darf«.

Die Tyrannei der Norm

Gewiß: es gibt viele Frauen, die das weibliche Durchschnittsmaß an Intellekt und Charakter weit überragen, viele Frauen, die zu anderen Lebensaufgaben als den hergebrachten ihres Geschlechtes taugen. Viele – aber gibt es genug?

Es könnte ja sein, daß das Weib mit entwickelter Persönlichkeit eine zu seltene Erscheinung ist, um in der Ökonomie der Gesellschaft Geltung zu finden. Es könnte sein, daß es bloß eine Ausnahme bleiben wird, ein vorübergehender Einzelfall, der keinen Einfluß auf die Einrichtungen der sozialen Gemeinschaft besitzt. Zu allen Zeiten hat es Frauen gegeben, die der Mehrzahl der Männer an Intelligenz und an Tatkraft gleich oder sogar überlegen waren; und doch haben sie die soziale Stellung des weiblichen Geschlechtes weder in der Gesetzgebung noch in den herrschenden Anschauungen zu verändern vermocht. Sie sind Ausnahmen gewesen und als Ausnahmen behandelt worden. Ausnahmen – das heißt, sie waren nicht Glieder einer Entwicklungsreihe, sie hatten keine Nachfolge, sie bezeichneten nicht den Anfang eines Weges, der, durch sie zuerst gebahnt, von kommenden Generationen weiter verfolgt und ausgebaut wurde.

Das unterscheidet die selbständigen weiblichen Individualitäten früherer Epochen wesentlich von den Trägerinnen der modernen Frauenbewegung. Diese begnügen sich nicht damit, zu sein, was sie sind, und für sich allein die Stellung zu genießen, die sich eine kraftvolle Persönlichkeit unter allen Umständen erobert; sie wollen die sozialen Konsequenzen ihrer Wesensbeschaffenheit ziehen und streben nach einer Umwandlung der herrschenden Normen zugunsten all derer, die anders geartet sind, als diese Normen voraussetzen.

Darin liegt die große Bedeutung der Frauenbewegung, ihr Charakter als soziale Reformation. Aber dadurch wird sie auch – zum mindesten, was ihre dauernden Erfolge betrifft – von der Nachfolge abhängig, die sie sich zu schaffen vermag. Alles, was soziale Form, also Sitte, Brauch, Tradition werden soll, hat zur Voraussetzung eine Mehrheit; und die den Sitten zugrunde liegenden oder aus ihnen abstrahierten Anschauungen, die herrschenden Normen, sind der Ausdruck für den Durchschnittstypus, den die Menschen einer Epoche zeigen. Durch sie wird der einzelne mit seinen individuellen Bedürfnissen und Forderungen majorisiert; so weit er von ihnen abweicht, so weit muß er sich wider sie durchsetzen, oder, wenn seine persönliche Kraft nicht ausreicht, sich ihnen widerwillig unterordnen.

Dieser Kampf, der beständig von den abweichenden Einzelnen wider die herrschenden Normen geführt wird, um ihre Tyrannei zu brechen, greift tief in die Konstitution der Gesellschaft hinab, und der Prozeß, der sich dabei abspielt, ist nichts anderes als der organische Entwicklungsprozeß der Kultur selbst.

Man kann die in der menschlichen Gesellschaft vereinigten Individuen nach ihrem intellektuellen Charakter – wenn auch nur schematisch und ohne Berücksichtigung der Zwischenstufen – in zwei entgegengesetzte Gruppen scheiden. Sie entsprechen auf intellektuellem Gebiet den Tendenzen der Erhaltung und der Erneuerung, die nach der Darwinschen Auffassung bei der Entwicklung der Arten entscheiden; der große Psychiater Maudsley hat sie mit den kosmischen Grundgesetzen verglichen, indem er sagte:

»Die Gedankenwelt der Menschheit wird ebensogut von antagonistischen Kräften beherrscht, wie die den Planeten angewiesene Bahn: eine zentrifugale oder revolutionäre Kraft gibt den expansiven Impuls zu neuen Ideen, eine zentripetale oder konservative Kraft macht sich in der einschränkenden Gewohnheit geltend; und die Resultante aus diesen Gegensätzen bestimmt die Richtung, in welcher die geistige Entwicklung fortschreitet.«

Das Element der Beharrung im geistigen Leben wird durch die Mehrzahl repräsentiert, durch jene, welche die überlieferten Anschauungen für unveränderlich, die alten Wahrheiten für heilig und ewig halten, für göttliche Gebote oder für den Ausdruck eines über ihnen stehenden Sittengesetzes, dem sich jeder unterordnen muß.

Das Element der Bewegung aber, das Element der Erneuerung und Entwicklung, wird durch Einzelne repräsentiert, durch Individualitäten. Die Individualität ist die Quelle, aus welcher alle neuen Erkenntnisse, alle neuen Bedürfnisse, alle neuen Daseinsmöglichkeiten entspringen. In ihr offenbart sich die Natur selbst am unmittelbarsten und deutlichsten, weil die Ursprünglichkeit ihres Wesens nicht durch äußerliche Regulative, wie die der Sitte, des Herkommens, des Pflichtbegriffes, verwischt und verhüllt wird. Und diese Ursprünglichkeit als lebendige Kraft der Überlieferung entgegenzusetzen, durch die revolutionäre Gewalt einer abweichenden Eigenart erstarrte Lebensformen zu zersprengen und umzubilden, das ist ihre Mission in der sozialen Gemeinschaft.

Die Menschen der zentrifugalen oder progressiven Geistigkeit bewerten das Leben anders als die Menschen der konservativen. Ihnen gewährt die Vorstellung, daß sie einen neuen Weg eingeschlagen, daß sie ihren Fuß in das Unbekannte gesetzt, daß sie Gefahren und Wagnisse zu bestehen haben, dieselbe sittliche Befriedigung, wie den konservativen Individuen die Vorstellung, daß sie korrekt gehandelt und die Pflicht, die ihnen vorgeschrieben ist, erfüllt haben. Sie wollen nicht einem äußeren Gesetz, nicht einer überlieferten Regel gehorchen, sondern dem innern Gesetz ihres eigenen Wesens.

Je nach der Bedeutung ihrer Persönlichkeit bewegt sich das Schicksal dieser »Neuerer«, welchem Gebiet geistiger Tätigkeit sie auch angehören, von der bloßen Verkennung und Verspottung, über Mißachtung, Verfolgung, Elend, Wahnsinn bis zum Opfertod. Sie sind die Märtyrer der menschlichen Gattung. Ihnen verdankt sie jeden Schritt, den sie von den Zuständen der Tierheit aufwärts zu veredelter und verfeinerter Kultur gemacht hat. Und sobald ein Volk keine solchen abweichenden Individuen mehr hervorbringt, verfällt es dem Stillstand, der Erstarrung; seine schöpferische Kraft ist abgestorben.

Dennoch vollzieht sich auf allen Stufen der Kultur mit der Notwendigkeit eines Naturgesetzes der Kampf zwischen der progressiven und der konservativen Geistigkeit. Solange das abweichende Individuum ein einzelner ist, bleibt es geächtet; erst wenn es um sich eine Nachfolge versammelt, eine genügende Anzahl von Anhängern und Bekennern, weicht die herrschende Norm vor ihm zurück und gewährt ihm Raum.

In der intellektuellen Bewegung des 19. Jahrhunderts hat dieser Gegensatz zwischen progressiver und konservativer Geistigkeit unter dem Namen »freier Geist« und »Philister« seinen bekanntesten Ausdruck gefunden. Aus der studentischen Ausdrucksweise herübergenommen, in der er die bürgerlich beschränkte Lebensweise gegenüber der flotten Ungebundenheit bedeutet, ist der Name Philister zuerst von großen Persönlichkeiten zur Bezeichnung der ihren Bestrebungen feindlichen Menge benützt worden. Richard Wagner verstand unter Philister den Menschen ohne künstlerischen Sinn, Schopenhauer den Menschen ohne geistige Bedürfnisse schlechtweg. Er erklärte diesen Mangel als eine Folge »des streng und knapp normalen Maßes seiner intellektuellen Kräfte«. Lombroso nennt die Abneigung gegen das Neue, den Misoneismus, geradezu »ein Merkmal des normalen, ehrlichen Menschen«. Sonach müßte sich ein Individuum in demselben Grade, als es progressiv ist, von dem Normalen entfernen, da das Durchschnittsmaß der menschlichen Intelligenz nicht die Bewegungsfreiheit gestattet, die zur Erhebung über die herrschende Norm und zur Erfassung neuer Gedanken erforderlich ist.

Gegenüber der Frauenbewegung hat das autoritäre Philistertum eine besonders große Rolle gespielt. Und nicht bloß in der Praxis des bürgerlichen Lebens. Nirgends macht sich die unkritische Normenphilisterei so breit wie in der Literatur über »das Weib«. Die meisten Darstellungen gehen eher dahin, für das Weib generelle Bestimmungen aufzustellen und Normen der psychischen Geschlechtsdifferenzierung abzugrenzen, als der Individualität den angemessenen Platz einzuräumen. Nicht eine Formel für die unendliche Mannigfaltigkeit der individuellen Entwicklung ist das Ziel, sondern ein allgemeingültiges Kriterium, das die Lebensbedingungen des Individuums nach dem Geschlecht bestimmen und seine Stellung in der menschlichen Gesellschaft festlegen soll. Man sieht: das Bedürfnis nach der gesetzgeberischen Norm überwiegt bei jenen, die auf der Linie der konservativen Geistigkeit stehen, das Bedürfnis nach objektiver Erkenntnis; und selbst den freien Geistern unter den Männern geschieht es nur zu häufig, daß sie keine subtile Scheidung zwischen ihrem persönlichen Empfinden und ihrem kritischen Denken herstellen. Viele hervorragende Männer, die ihrer geistigen Richtung nach durchaus der freien Geistigkeit angehören, sind gegenüber dem weiblichen Geschlecht Philister. Die Gründe dafür liegen in der Wesensbeschaffenheit einer gewissen Art Männlichkeit; es ist ihre Erotik, die sie zum Mißbrauch der normativen Gewalt verleitet.

Das progressive Individuum weiblichen Geschlechtes muß also die Tyrannei der Norm zwiefach erdulden: es hat wider sich die Norm, die sich die herrischen Männernaturen vom Weibe geschaffen haben, und es hat wider sich die Norm, die als Resultante der weiblichen Durchschnittsbeschaffenheit regiert. Nicht nach seinen eigenen Eigenschaften wird es in seiner sozialen Stellung taxiert, sondern nach den Eigenschaften der Dutzendmenschen seines Geschlechtes, nicht nach dem, was es selbst ist, sondern nach dem, was am häufigsten vorkommt, was für die Oberflächen-Beobachtung am ehesten in die Augen springt, was als das Typische gilt. Wenn gegenwärtig die Auflehnung gegen diese Majorisierung, der im allgemeinen der einzelne Mann ebenso ausgesetzt ist wie die einzelne Frau, hauptsächlich unter dem weiblichen Geschlecht hervortritt, so ist das nicht zuletzt darauf zurückzuführen, daß der normative Typus den Mann so weit zu allen Freiheiten und Vorteilen seiner Klasse berechtigt, wie Staat und Gesellschaft in ihrer gegenwärtigen Form sie überhaupt gewähren. Dieser Typus kann einem geräumigen Panzer verglichen werden, der nach dem größten Maße zugeschnitten ist, vielleicht für den Schwächeren unbequem, doch für den Starken kein Hindernis seines Wachstums. Der normative Typus des Weibes hingegen gestattet der Entfaltung des Individuellen viel geringeren Spielraum: er ist privativ in seinen Wirkungen, ein beengendes Mieder, das von der Individualität zersprengt werden muß, wenn sie nicht ersticken will.

Es ist schon erwähnt worden, daß eine sehr verbreitete Auffassung im Manne den Träger der bewegenden, zentrifugalen Geistigkeit erblickt, im Weibe die Verkörperung der beharrenden, zentripetalen, gemäß der naturwissenschaftlichen Anschauung, nach welcher bei dem männlichen Geschlecht die individualisierende, arterneuernde Tendenz, bei dem weiblichen die arterhaltende Tendenz überwiegt. Es ist eine der allgemeinsten normativen Vorstellungen, daß »das Weib« die Hüterin der Sitte, die Verteidigerin des Bestehenden und mit unlösbaren Banden an die Tradition gebunden ist.

Wenn das dem Durchschnittstypus gegenüber zutreffen sollte, so ist dagegen einzuwenden, daß die progressive Geistigkeit auch bei den Männern eine Eigenschaft der Wenigen und nicht der Mehrzahl ist. Alle revolutionären Epochen aber weisen die Namen von Frauen auf, wiewohl das weibliche Geschlecht von der Beteiligung an den öffentlichen Dingen immer durch sittliche Normen ausgeschlossen war.

Das klassische Beispiel dafür, daß der Impuls der Bewegung auch von dem weiblichen Geschlecht ausgehen kann, haben jene Frauen gegeben, welche die Ideen der modernen Frauenbewegung in die Welt brachten. Fast ein Jahrhundert lang mußten sie es sich gefallen lassen, als »Entartete« zu gelten. Sie waren nach den allgemeinen Anschauungen Mißratene, sie gehörten nicht zur bona species der Weiblichkeit. Für sie gab es keinen Platz in den Normen, nach denen die sozialen Aufgaben des weiblichen Geschlechtes geregelt waren. Es ist noch nicht sehr lange her, seit man diese, über die Durchschnittsnorm der Weiblichkeit hinausragenden Individuen unterschiedslos mit der Bezeichnung »Mannweiber« abzufertigen pflegte; denn man konnte sie nur als unregelmäßige, hybride Erscheinungen betrachten, die störend in das Bestehende und Bewährte eingriffen, und die neuen Geleise, die sie zu bahnen suchten, nur als Irrwege, auf denen das Weib seiner »natürlichen Bestimmung« entfremdet, aus seinen natürlichen Grenzen herausgelockt wurde. Auch jetzt sind die Stimmen noch keineswegs völlig verstummt, die vor der gesamten Frauenbewegung als vor einem Symptom der Entartung warnen.

Vom Standpunkte der konservativen Geistigkeit aus ist diese Auffassung ganz berechtigt; für die progressiven Intelligenzen bedeutet sie allerdings keinen Vorwurf, sondern eine Auszeichnung. Wie man eine Erscheinung des sozialen Lebens bewerten will, hängt eben in erster Linie davon ab, zu welcher Art Mensch man gehört.

Vom Standpunkte der freien Geistigkeit aus ist es ein philiströses Bemühen, allgemeine Normen des psychischen Geschlechtsunterschiedes aufzustellen, an sie zu glauben als an eine Richtschnur, die der Einzelne zu befolgen hätte, oder nach denen sein persönlicher Wert zu bemessen wäre. Für den freien Geist wird ihre objektive Gültigkeit in dem Augenblick hinfällig, als hochstehende Individuen auftreten, die ihnen nicht entsprechen; für ihn gibt es lediglich Geschmacksurteile, nach denen jeder das seiner Eigenart adäquate Individuum des anderen Geschlechtes auswählt. Er sieht nichts Auszeichnendes darin, wenn eine Individualität die typischen Eigenschaften des Geschlechtes besitzt, so wenig wie er es für eine Auszeichnung hält, die Merkmale eines Standes oder einer Berufskategorie an sich zu haben. Daß sie frei ist vom Typischen wie vom Konventionellen, das ist die Auszeichnung der Individualität; sollte ihre Freiheit gerade im Punkte der Geschlechtskonvention eine Grenze haben? Ein Gesetz, das aus einem Mehrzahlsphänomen abgeleitet ist, besitzt keine Gültigkeit gegenüber der Individualität; es kann durchaus nicht den Maßstab bilden, nach welchem eine geistig hervorragende Erscheinung als »normale« oder »abnorme« zu klassifizieren wäre. Will man das abweichende Individuum beurteilen, so darf man sich nicht auf den Boden der jeweilig herrschenden Norm stellen; man muß es unter der Perspektive des evolutionistischen Gattungsbegriffes betrachten, von dem das arterneuernde Prinzip ebensowenig zu trennen ist als das arterhaltende. Im Lichte der naturwissenschaftlichen Weltanschauung, die das Geschaffene in ein Gewordenes und Werdendes verwandelt und gezeigt hat, daß die scheinbare Unveränderlichkeit der Arten in Wahrheit eine unbegrenzte Bewegung sei, erscheint jede Individualität als eine neue Daseinsmöglichkeit, eine Erweiterung der Gattung. Denn der verschwenderische Formenreichtum der Natur, der in den niedrigeren Regionen des Lebens unzählige Varianten und Spielarten hervorbringt, gipfelt in den höchsten menschlichen Rassen als individuelle Differenzierung.

Auch die Geschichte der menschlichen Gesellschaft ist als ein Fortschreiten vom Zwang allgemeiner Gesetze zur individuellen Freiheit aufzufassen. In primitiven sozialen Verbänden wird das Individuum am meisten dem Interesse der Gesamtheit untergeordnet; je höher die soziale Organisation steht, desto reicher ist sie an Formen, desto mehr individuelle Freiheiten gewährt sie.

Allein auch die vollendetste soziale Freiheit wird das Gleichgewicht jener antagonistischen Grundkräfte zur Voraussetzung haben müssen. Das Individuum unterdrücken zugunsten der Gesellschaft, ist eine archaistische Richtung – die Gesellschaft der Willkür des unbeschränkten Individuums preisgeben, eine dekadente. Die konservative Tendenz der Mehrzahl bildet ein notwendiges und unentbehrliches Gegengewicht zu den Tendenzen der progressiven Geistigkeit, ohne welches das soziale Leben der Menschheit ebensowenig bestehen bleiben könnte, wie das Weltall ohne die Wirkung der Schwerkraft gegenüber der Flugkraft. Dauer und Stabilität wird den Zuständen der menschlichen Gesellschaft nur durch die Mitwirkung der zentripetalen Geistigkeit verliehen. In Zeiten, in denen die zentrifugalen Tendenzen das Übergewicht gewinnen, in den Zeiten der Umwandlung, des Überganges, der »Umwertung«, haben die allgemeinen Zustände etwas Haltloses, Unsicheres; alle gültigen Werte werden Problem, das Leben erschöpft sich in ephemeren Gebilden, die aufgehen und verschwinden, ohne eine dauernde Spur zu hinterlassen. Die Tradition ist ein Werk der konservativen Mehrheit; für jede Kultur aber bedeutet die Tradition die einzig zuverlässige Grundlage, das organische Prinzip, durch das sie erst ein einheitliches Gebilde wird und Kontinuität erhält.

Es ist ein sehr gewöhnlicher Fehler der freien Geister, daß sie bei der Propaganda der Freiheit die Beschaffenheit der Durchschnittsmenschen nicht berücksichtigen, daß sie in dem Philister bloß die Engherzigkeit brandmarken, ohne seiner sozialen Aufgabe gerecht zu werden.

Die verächtliche Note, die in dem Namen Philister mitklingt, verrät, daß er von dem Felde der Polemik stammt. Aber sollte auf dem Felde der Betrachtung der freie Geist nicht aufhören können, Partei zu sein? Mit einem weniger gehässigen Wort bezeichnet, darf der Philister der Normengläubige heißen.

Entspringt doch aus dem Verhältnis zu den Normengläubigen die soziale Funktion der progressiven Geistigkeit. Die Freiheit im negativen Sinn, das Freisein von Geboten und äußeren Regulativen, ist nur ein Teil von ihr; als positive Kraft ist sie schöpferisch, sie bringt aus sich Ideen hervor, deren weitere Bestimmung es ist, von anderen übernommen zu werden, für andere die Richtung anzugeben. Sie schafft neue »Ideale« – das heißt im Sinne einer von Metaphysik freien Interpretation Richtungslinien, in denen sich die Entwicklung der menschlichen Gattung fortbewegt.

Wenn der negative Teil der Freiheit das Individuum aus der sozialen Gemeinschaft loslöst, so wird es durch den positiven Teil desto inniger mit ihr verbunden. Soweit die progressive Geistigkeit sittlich schöpferisch ist, so weit ist sie, ähnlich wie die künstlerische Genialität, auf ein Publikum verwiesen. Der Gedanke, eine neue Lebensform zu schaffen, ein neues Gesetz zu verkünden, hat immer zur heroischen Stimmung der ganz Großen unter den Menschen der progressiven Geistigkeit gehört. Mit diesem Gedanken wurzeln sie in der Gattung, in dem Mysterium, das sich hinter dem Wesen der Entwicklung verbirgt. Damit bestätigen sie, daß sie der erste Ausdruck für etwas sind, das in den kommenden Generationen allgemein werden wird, die Vorläufer für andere, eine Ankündigung der Natur, daß die Gattung noch lebendig, noch in der Bildung begriffen ist. Alle die Vorstellungen, die im Bewußtsein der Gesellschaft als sittliche Normen auftreten, der ganze Gehalt an moralischen und intellektuellen Werten, die im Leben der Mehrzahl bestimmenden Einfluß haben, sie sind einmal von einzelnen zuerst gedacht und empfunden worden. Bis zu einem gewissen Grade bildet sich die Mehrzahl nach den Idealen der Einzelnen. Ohne diese Wirkung besitzen diese Ideale keinen Zusammenhang mit der Entwicklung, sie sind eine vergängliche Laune, die mit ihrem Träger abstirbt und verschwindet.

Allerdings geht davon nur das in den allgemeinen Besitz über, was den Bedürfnissen und Fähigkeiten der Mehrheit entspricht; und der Prozeß, durch den sie, in Normen verwandelt, Gemeingut werden, spielt sich unter der Schwelle des sozialen Bewußtseins ab. Es ist eine notwendige Beschränktheit der konservativen Geistigkeit, daß sie die Genesis der Normen nicht erkennt und sie als etwas Feststehendes, nicht als etwas Gewordenes und Veränderliches betrachtet. In dieser Voraussetzung liegt die bindende Gewalt der Normen; das Bedürfnis der Normengläubigen, sich an sie zu halten als an ein unfehlbares Gesetz, wird nur durch die Vorstellung befriedigt, daß er einem höheren, nicht von Einzelnen herstammenden Willen gehorcht. Er verehrt in der Norm den Ausdruck des sozialen Willens, der Gesellschaft, der sich zu widersetzen für ihn die Vernichtung wäre, weil er für sich allein nicht bestehen könnte.

Wenn der Begriff der Entwicklung, auf die menschliche Gesellschaft angewendet, einen Sinn haben soll, so ist eine fortschreitende Hebung des Durchschnittstypus seine notwendige Voraussetzung. Undenkbar aber ist es, daß sich im Laufe der Entwicklung ein Fortschreiten der großen Mehrzahl von der Stufe der Normengläubigkeit zur Stufe der freien Geistigkeit vollziehen könnte. Zur freien Persönlichkeit muß man geboren sein wie zu einem anderen Talente, das geistige Produktivität voraussetzt. Denn auch jene freien Persönlichkeiten, deren geistige Bedeutung nicht über die private Sphäre hinausreicht, sind insofern produktiv, als sie die Intuitionen, die ihrem Handeln und Urteilen zugrunde liegen, aus sich selbst hervorbringen. Was daher niemals aus dem Leben der progressiven Geistigkeit in den Besitz der Normengläubigen übergehen, niemals »Norm« werden kann, das sind die Grundinstinkte und die ganze Gesinnung, die damit zusammenhängt. Es ist ein Vorrecht der Starken, das Leben nach eigenen Impulsen zu gestalten, allein es kann keine Maxime für die Schwachen, also für die Mehrzahl bilden.

Auf das Verhältnis zwischen der progressiven und der konservativen Geistigkeit spielt Nietzsche an, wenn er sagt: »Es würde eines tieferen Geistes vollkommen unwürdig sein, in der Mittelmäßigkeit an sich schon einen Einwand zu sehen. Sie ist selbst die erste Notwendigkeit dafür, daß es Ausnahmen geben darf: eine hohe Kultur ist durch sie bedingt.« Und er berührt die gesetzgeberische Mission des freien Geistes mit dem Worte Zarathustras: »Werdet hart, meine Freunde; denn ihr sollt eure Hand auf Jahrtausende legen« – während sein Geistesverwandter Max Stirner den Kampf gegen alle normativen Bestrebungen bis zu ihrer völligen logischen Vernichtung getrieben hat. Max Stirners Werk ist zwar eine große Tat des abstrakten Denkens, die absoluteste Äußerung der zentrifugalen Geistigkeit, aber unfruchtbar für die realen Zustände der menschlichen Gemeinschaft.

So lange die Frauenbewegung noch völlig revolutionär war, hatte sie alle Berechtigung, in dem Normengläubigen nur den Philister schlechtweg zu erblicken. Sie konnte diese ganze Art Mensch ablehnen und sich als ihr Gegensatz empfinden, wenigstens auf dem Gebiete der weiblichen Probleme. Nun ist aber der Augenblick schon gekommen, da sie aus dem revolutionären Stadium in das organisatorische übergehen, das heißt, sich in ein normatives Verhältnis zu ihren Anhängern setzen muß. Ihre Forderungen beginnen sich zu realisieren, sind zum Teil schon Rechtszustand geworden, und die wirtschaftlichen Verhältnisse bereiten die äußeren Bedingungen ihrer Verwirklichung rasch vor.

Damit verändern sich ihre Aufgaben und Perspektiven. Was früher der enthusiastische Traum weniger Einzelner war, hervorgegangen aus den Impulsen starker und ungewöhnlicher Frauen, das Bekenntnis einer über das Durchschnittliche weit hinausführenden Wesensart, soll nun Gemeingut vieler werden, es soll die neue Norm bilden, nach welcher das Leben dieser Mehrheit einzurichten wäre. Denn darunter gibt es natürlicherweise mehr Normengläubige als freie Geister, Menschen, die sich nicht dazu erheben können, ihre Eigenart in Freiheit auszuleben, unbekümmert um die Meinung und das Verhalten der Gesellschaft, der sie angehören; sie wollen diese Freiheit unter der Form eines neuen Gesetzes begreifen, als eine neue höhere Sittlichkeit, zu der sich jeder Fortgeschrittene bekennen muß.

Werden die Anschauungen der Frauenbewegung diesen Anspruch erfüllen? Oder waren sie vielleicht in ihren wesentlichen Stücken nur auf den Ausnahmefall der Weiblichkeit zugeschnitten? Müßte nicht, wenn sie sich verwirklichen sollten, eine Veränderung im Durchschnittstypus der Weiblichkeit eintreten?

Aber warum sollte eine solche Veränderung nicht auch in diesem Fall soweit möglich sein, als sie bisher bei allen sozialen Umwälzungen die notwendige Voraussetzung und Folge war? So weit als sie schon im Begriff der Entwicklung selbst enthalten ist?

Die Forderungen, welche die Frauenbewegung an die soziale Gemeinschaft stellt, beruhen auf der Annahme, daß ein großer Teil des weiblichen Geschlechtes einer Erhebung aus der Abhängigkeit und zu selbständiger Lebensführung fähig sei, sobald der Druck der äußeren Verhältnisse zugleich mit dem Druck der herrschenden Normen aufhört.

Es ist charakteristisch für die Zeiten des Überganges, daß mit einem Schlage die Anzahl der divergierenden Individuen wächst – vielleicht, weil der Druck der herrschenden Normen abgenommen hat, vielleicht, weil die suggestive Wirkung der neuen Ideen sich zu verbreiten beginnt. Alle, die zu schwach waren, sich aufzulehnen oder sich durchzusetzen, alle, die nicht die geistige Kraft besaßen, sich eine abweichende Eigenart einzugestehen, kommen aus ihrer Verborgenheit hervor und sammeln sich als Anhänger um jene, die durch ihr Auftreten mit dem Nachdruck eines mächtigen Willens und eines starken Bewußtseins weithin sichtbar das verkünden, was sich in dem Wesen der Schwächeren nur mit verwischten und undeutlichen Zügen ausspricht. Deshalb pflegt mit dem Wechsel der Lebensideale auch ein neuer Typus Mensch in den Vordergrund zu treten. Ja beinahe jede Generation hat eine andere geistigsittliche Physiognomie und unterscheidet sich mehr oder weniger von der vorhergehenden – das beweist die bekannte, stets wiederkehrende Klage der alten Leute über die Beschaffenheit der Jugend. Auch ist im jugendlichen Alter bei vielen Menschen, die später in die konservative Geistigkeit zurücksinken, das progressive Element vorherrschend.

Auf eine Umbildung des Durchschnittstypus kann zudem durch eine veränderte Erziehung hingewirkt werden – das ist durch alle Einflüsse, denen ein Individuum während seiner Entwicklungsjahre mittelst planmäßiger Veranstaltungen ausgesetzt wird; und durch ein verändertes Milieu – das ist durch alle Einflüsse, die in Gestalt äußerer Lebensverhältnisse einen bestimmenden Druck ausüben. Die wirtschaftlichen Umwälzungen, die für die soziale Stellung des weiblichen Geschlechtes so entscheidend sind, tragen wesentlich dazu bei, den Durchschnittstypus zu verändern, indem sie eine ganze Reihe von Eigenschaften unnütz oder sogar nachteilig machen, die früher für das Weib förderlich und unentbehrlich waren und daher mit allen Suggestivmitteln herangezüchtet werden mußten. Aus den neuen Aufgaben wachsen neue Fähigkeiten. Hat doch der Engländer Bury als das stärkste Argument zugunsten des Frauenwahlrechtes die Möglichkeit betrachtet, daß sich eine neue weibliche Eigenart entwickeln werde. »Eine solche Möglichkeit bot sich nicht mehr seit fast zweitausend Jahren.«

Allerdings – wenn kraft einer neuen Konvention »das Weib« künftig unabhängig, selbständig, willensstark, energisch und ähnliches sein »soll«, dann würde wieder die Tyrannei einer Norm herbeigeführt, mit aller Selbstverblendung und Heuchelei im Gefolge, die gewöhnlich unter der Herrschaft äußerlicher Vorschriften auftritt.

Aber die Forderungen der Frauenbewegung schließen eine solche Majorisierung nicht in sich, gesetzt selbst, die Hebung des Durchschnittes wäre eine zu optimistische Voraussetzung. Ihr Charakter als Freiheitsbestrebung, die Idee der freien Selbstbestimmung nach Individualität, die ihr Ausgangspunkt, ihre Grundlage und ihre Auszeichnung ist, werden sie immer zu einer Sache der Minorität machen. In der Frauenbewegung kämpft der weibliche Minoritätstypus um seine soziale Normierung; und sollte eine hochentwickelte Kulturgesellschaft, die mit allen Mitteln gesteigerter Erkenntnis ausgerüstet ist, nicht auch einer Minorität den ihr gebührenden Platz gewähren können?

Von der Männlichkeit

Man wird die Wandlung, die sich in der Stellung des weiblichen Geschlechtes vollzieht, nicht in ihren tiefsten Ursachen begreifen, solange man die Wandlung in den Lebensbedingungen des männlichen Geschlechtes unbeachtet läßt. Die beiden Geschlechter stehen in einer zu engen Verbindung, sind voneinander zu abhängig, als daß Zustände, die das eine treffen, das andere nicht berühren sollten. Vielleicht ist eine der wichtigsten Entstehungsbedingungen der Frauenbewegung in Veränderungen innerhalb des männlichen Geschlechtes zu suchen. »Die Geschlechtslaster der Frauen sind nun die der Männer geworden«, hat schon um die Mitte des 19. Jahrhunderts ein tieferblickender Mann geschrieben; »unsere Bildung ist eine vorwiegend lyrische, weibliche, die den Mann zum zarten Genossen des Weibes, nicht das Weib zur starken männlichen Gesellin des Mannes erzieht. Das Männische, wo es nicht zu ersticken war, muß als unberechtigt und ausgeschlossen zu barer Roheit entarten; und da die Männer Frauen geworden sind, was sollen die Frauen, durch diese geschlechtliche Völkerwanderung aus ihrer natürlichen Sphäre verdrängt, tun? Bleibt denjenigen Frauen, die keine Kinder werden wollen oder können, etwas anderes, als das Feld zu erobern, das die Männer verließen, um das Gebiet einzunehmen, welches ehedem das ihre war?« (Otto Ludwig, Shakespearestudien.)

Und Goethe ist von einer ähnlichen Auffassung ausgegangen, als er sagte: »Es ist keine Frage, daß bei allen gebildeten Nationen die Frauen im ganzen das Übergewicht gewinnen müssen. Denn bei einem wechselseitigen Einfluß muß der Mann weiblicher werden, und dann verliert er; denn sein Vorzug besteht nicht in gemäßigter, sondern in gebändigter Kraft. Nimmt dagegen das Weib von dem Manne etwas an, so gewinnt es; denn wenn es seine übrigen Vorzüge durch Energie erheben kann, so entsteht ein Wesen, das sich nicht vollkommener denken läßt.«

Die Bedeutsamkeit dieser Aussprüche liegt nicht so sehr in dem Urteil zugunsten der Frauen, als vielmehr in der Bestätigung, daß etwas an der Männlichkeit nicht in Ordnung ist. Im allgemeinen kommt das den Männern nicht zum Bewußtsein. Es widerstrebt dem naiven Geschlechtsdünkel des gewöhnlichen Mannes, einzuräumen, daß zwischen ihm und dem Manne anderer Epochen im Grade der Männlichkeit ein Abstand sein sollte. Was ihm von Kindesbeinen an als Maßstab seines männlichen Wertes suggeriert wird, daran hält er sich, ohne zu fragen, ob es sich mit den Bedingungen und Einflüssen verträgt, denen er sein ganzes Leben lang ausgesetzt ist.

Wie ein altes Götterbild, das noch öffentlich verehrt und mit den vorgeschriebenen Opfern bedient wird, obgleich es längst aufgehört hat, seine Wunder zu verrichten, regiert der Begriff der Männlichkeit in der modernen Kulturgesellschaft. Der Vorstellungsinhalt, der sich damit verbindet, ist erfüllt von Überbleibseln vergangener Zeiten, von Rückständen alter Verhältnisse. Ja man kann wohl behaupten, daß das Mißverhältnis zwischen den modernen Lebensbedingungen und den herrschenden Normen bei dem männlichen Geschlecht noch größer ist als bei dem weiblichen. Durch seine soziale Natur steht aber der einzelne Mann ebenso wie das Weib in einem Abhängigkeitsverhältnis; sofern er zum Durchschnitt gehört, ist er der Tyrannei der Norm ebenso unterworfen, empfindet die Bestimmungen der Sitte und Moral ebenso als Herren über sich. Nur die Bestimmungen selbst sind andere.

Betrachtet man den Begriff der Männlichkeit, wie er sich in allgemeinen Umrissen im gewöhnlichen Leben oder in jenen Schriften darstellt, die einer normativen Grundlage bedürfen, in pädagogischen, populär-medizinischen, didaktisch-moralischen, so findet man den primitiven teleologischen Geschlechtstypus, der sich von Generation zu Generation forterbt, ohne an den Zuständen der Wirklichkeit geprüft zu werden. Da ist Männlichkeit gleich Aktivität, Weiblichkeit gleich Passivität. Alles Männliche verhält sich der Außenwelt gegenüber aggressiv, alles Weibliche defensiv; der Mann hat expansive Impulse und starken Willen, er ist unternehmend, eroberungslustig, kriegerisch und verträgt keinen Zwang; das weibliche Geschlecht aber, durch seine Willensschwäche untergeordnet und unterordnungsbedürftig, ist zaghaft, friedfertig, geduldig u. dgl. m.

Wiewohl dieser Geschlechtstypus nicht einmal für alle sogenannten Naturvölker unbedingt zutrifft, läßt sich doch sagen, daß er sich desto deutlicher und reiner ausprägt, je tiefer die Lebensweise steht. Allein nur bei Völkern, deren Leben sich noch auf der Stufe unter der Kultur abspielt, ist die Arbeitsteilung dieser Sonderung der Geschlechter angemessen; die Aufgaben und Beschäftigungen des Mannes entsprechen da vollkommen den Tendenzen des primitiven Geschlechtscharakters. Man könnte sie nicht bündiger zusammenfassen, als es in dem Ausspruche jenes australischen Kurnai geschieht, den Ellis in seinem Buche über Mann und Weib zitiert: »Der Mann jagt, fischt, kämpft und sitzt herum; alles übrige ist Sache der Weiber.« Alles übrige – nämlich die Arbeit im eigentlichen Sinn, der Ackerbau, die Gewerbstätigkeit.

Die männlichsten Beschäftigungen sind die des Wilden, der männlichste Mann ist der Wilde, wie er ja auch der freieste ist, der unbeschränkteste. Erst wenn sich eine Modifikation in den Grundinstinkten seiner Geschlechtsnatur vollzogen hat, wird der Mann zur Kultur fähig; und schon mit den ersten Anfängen der Kultur, indem er einen Teil des weiblichen Arbeitsfeldes übernimmt, verzichtet er auf den vollen Gehalt seiner Männlichkeit. Er wird seßhaft, gebunden, abhängig. Kultur und Bildung nähern den Mann dem Weibe, verweiblichen ihn; sie sind antiviril. Und je mehr die Kultur wächst und sich verfeinert, desto stärker werden ihre antivirilen Einflüsse. »Wilde und barbarische Völker sind gewöhnlich vorwiegend kriegerisch, d. h. männlich in ihrem Charakter, während die moderne Zivilisation ihrem Wesen nach industriell, d. h. weiblich ist; denn die Gewerbe gehören eigentlich und ursprünglich dem Weibe und haben die Tendenz, den Mann dem Weibe gleich zu machen.« (Ellis, Mann und Weib.)

Das Kulturleben hat an der Männlichkeit langsam aber unaufhörlich eine Veränderung vollzogen, in der die femininen Einwirkungen immer mehr das Übergewicht erlangen, und die kriegerischen, also im engeren Sinne männlichen Tendenzen immer mehr zurücktreten.

Man muß in dieser Veränderung einen historischen Prozeß erkennen, der mit Notwendigkeit den Weg der Kultur begleitet – einen Niedergang, wenn man die primitive und ursprüngliche Art der Männlichkeit als die stärkste betrachtet, als diejenige, in welcher die Kraft der menschlichen Gattung ihren absoluten Ausdruck findet. Es ist leicht aus der Geschichte zu beweisen, wie oft die kriegerische Männlichkeit barbarischer und halbbarbarischer Völker den Sieg über Kulturvölker davongetragen hat, deren kriegerische Instinkte erloschen waren. Das scheint ein Einwand gegen die Differenzierung zu sein, welche die Kultur an der Männlichkeit bewirkt. Und so käme man zu dem paradoxen Schluß, daß durch die Zivilisation – die ja fast ausschließlich ein Werk der männlichen Intelligenz ist – der Mann selbst an der Zerstörung seiner Männlichkeit arbeitet.

Aber man würde den Inhalt dieses Begriffes zu einseitig begrenzen, wenn man nur seine primitive Seite berücksichtigen wollte. Schon in den Anfängen der Kultur macht sich eine andere Seite der männlichen Natur geltend und scheidet die einzelnen Individuen in verschiedene Gruppen. Es zeigt sich, daß innerhalb des männlichen Geschlechtes selbst zwei entgegengesetzte Grundtriebe herrschen. Der primitiven Männlichkeit, die in dem Ausleben des physischen Vermögens besteht, tritt eine differenzierte Männlichkeit gegenüber, die auf die Entfaltung und Steigerung des intellektuellen Vermögens gerichtet ist – der Macht aus körperlicher Überlegenheit die Macht aus geistiger Überlegenheit.

Dieser Gegensatz unter den Männern ist in seinen sozialen Wirkungen nicht weniger wichtig und belangreich, als der vermeintlich so tiefgehende Gegensatz zwischen dem männlichen und weiblichen Geschlecht. Er äußert sich als ein beständiger Kampf der beiden Grundtriebe um die Vorherrschaft in der menschlichen Gesellschaft. Die Lebensideale, die sie in die Welt stellen, bewegen sich in entgegengesetzter Richtung, schließen sich in ihren Endkonsequenzen gegenseitig aus. Dennoch bestehen sie während der ganzen Kulturentwicklung nebeneinander fort, nehmen die verschiedensten Gestalten an, verwandeln sich, vermischen sich und erzeugen die seltsamsten Widersprüche.

Die ältesten Repräsentanten dieser Lebensideale sind der Krieger und der Priester. In ihnen tritt der Gegensatz der männlichen Grundtriebe am stärksten hervor. Auch der Kampf um die Vorherrschaft läßt sich an der Stellung erkennen, die sie in der Organisation der frühesten Gesellschaftsordnungen einnehmen. Während bei barbarischen Völkern der Krieger auf der obersten Stufe der sozialen Bewertung steht, erscheint schon bei sehr alten Kulturvölkern der Priester im Range dem Krieger übergeordnet. Unter der Form des Priestertums hat die differenzierte Männlichkeit zuerst den Sieg über die primitive davongetragen. Allerdings wird das Ideal eines Standes oder einer Kaste nicht durch jeden Einzelnen verwirklicht; gerade im Priestertum hat der Zwiespalt zwischen der äußeren Lebensstellung und der inneren Anlage des Individuums oft zu den schlimmsten Entartungserscheinungen geführt.

Für die abendländische Kulturgesellschaft bedeutet die christliche Epoche in der Theorie die Oberherrschaft des priesterlichen Lebensideales. In der Praxis hat aber die kriegerische Männlichkeit sich niemals – und auch nicht zur Zeit, als der christliche Gedanke als solcher die stärkste suggestive Gewalt besaß – von der Lebensführung abwendig machen lassen, die ihr entsprach. Das ganze Mittelalter hindurch tritt der Gegensatz dieser heterogenen Lebensideale deutlich hervor; und wenn die Männer des frühen Mittelalters Schreiben und Lesen als eine Beschäftigung für Geistliche und Weiber ablehnten, so hatten sie vom Gesichtspunkt der kriegerischen Männlichkeit alle Ursache dazu. Sie witterten hier mit Recht die Fallstricke, in denen die elementaren Impulse der Männlichkeit unvermerkt gefangen und gebrochen werden, die Verführung zu einer Lebensweise, die den Unterschied zwischen dem Manne und dem Weibe aufhebt.

Die Verwandtschaft zwischen dem geistigen Lebensideal und dem weiblichen hat immer in den Augen der kriegerischen Männlichkeit etwas

Herabsetzendes gehabt. Für sie sind die Friedfertigen und Beschaulichen keine ganzen Männer. Jene hingegen, die aus dem tiefsten Bedürfnis ihrer Wesensart, von Kampf und Gewalttätigkeit verschont zu bleiben, ein Himmelreich schufen, wo das Leben in der Form der sublimiertesten Geistigkeit als ein ewiges entzücktes Schauen gedacht war, betrachteten die Kriegerischen mit dergleichen Geringschätzung als die schlechtere Gattung, die nicht für die Nähe des Göttlichen taugte. Die christliche Vorschrift hat die Konsequenz der Vergeistigung so weit getrieben, daß sie, streng genommen, jede Betätigung der primitiven Männlichkeit ausschließt. Daher ist die Gestalt des frommen Kriegers, der mit der Anwartschaft auf das Himmelreich dem Berufsmord nachgeht, eine christliche Absurdität; sie zeigt nur, wie sich Instinkte, die in den Untergründen des Bewußtseins wirken, mit theoretischen Anschauungen paaren, die von außen in das Seelenleben hineingetragen werden.

Etwas von dieser Absurdität haftet auch an den modernen Anschauungen über die Männlichkeit. Die Gegenwart wird ganz und gar durch die differenzierte Männlichkeit charakterisiert. Ihre Auszeichnung vor anderen Epochen liegt in der Entwicklung des Denkens und in der Tendenz, die Mittel der Bildung möglichst allgemein zu machen. Sie hat einen technisch-intellektuellen und einen ästhetisch-kontemplativen Charakter; außerhalb dieser Gebiete ist das Leben in vollem Verfall begriffen – am stärksten auf jenen, welche die Domäne der primitiven oder kriegerischen Männlichkeit sind.

Der Kampf mit den elementaren Gewalten der Natur, in dem die primitive Männlichkeit sich zu sittlicher Größe erhob, wird durch die technische Beherrschung der Naturkräfte beinahe ganz auf das intellektuelle Gebiet verlegt, wo er nicht eine Sache des Mutes und der Körperkraft, sondern des Scharfsinnes und der Erfindungsgabe ist. Auch die Arbeit des Mannes wird durch die Maschine ersetzt. Der Maschinenarbeiter ist bloß der Vollstrecker eines Handgriffes, der meistens durch Weiber oder Kinder ebensogut verrichtet werden kann. Es liegt ganz in der Natur der Sache, daß auf dem Gebiet der Maschinenarbeit die Männer von den Frauen verdrängt werden.

Nicht weniger verliert die ethische Seite der physischen Überlegenheit, durch die der Mann sich zum Herrn und Beschützer von Weib und Kind machte, unter den Voraussetzungen des modernen Rechtsstaates ihre Bedeutung. Die »starke Faust«, die in anderen sozialen Zuständen für den einzelnen Mann unentbehrlich und das rechtmäßige Fundament seiner Herrschaft war, ist vollkommen überflüssig geworden.

Aber wenn auch das moderne Leben den Wirkungskreis der primitiven Männlichkeit mit jedem Tage mehr einschränkt, wenn auch die Kultur selbst als der fortschreitende Sieg der differenzierten Männlichkeit zu betrachten ist – die barbarische Bewertung besteht doch in den Sitten und Normen noch immer fort. Noch immer genießt das Militär den Platz als erster Stand; noch immer steht der Krieg hoch in Ehren, und alles, was damit zusammenhängt, ist von einem Nimbus überragender Wichtigkeit und Auszeichnung umgeben.

II

Als Friedrich Nietzsche versuchte, den kommenden Generationen ein kanonisches Buch neuer Lebensbewertung zu geben, ließ er Zarathustra sagen: »Der Mann soll zum Kriege erzogen werden und das Weib zur Erholung des Kriegers.« Er wollte die primitiven männlichen Instinkte rehabilitieren; in dem alten Gegensatz zwischen Krieger und Priester hat er für den Krieger Partei ergriffen und dem Priester die Schuld an der Vergiftung des Lebens zugeschrieben.

Aber gesetzt auch, jene Formel Zarathustras wäre der Beschaffenheit der großen Mehrzahl angemessen, eine Anweisung für die Groben, Gewöhnlichen, Ungeistigen, der Versumpfung zu entgehen, oder sogar für die Differenzierten ein Weg, sich vor den Übelständen der Feminisation zu retten – besteht denn irgend eine Möglichkeit, innerhalb des modernen Lebens die primitive Männlichkeit wieder aufzuzüchten und ihren Niedergang hintanzuhalten?

Man kann in dem Verlaufe dieses Niederganges drei Phasen unterscheiden. Die erste reicht in die Periode zurück, als der Ackerbau und die Gewerbe aus den Händen der Frau an den Mann übergehen; damit wird der Boden geschaffen, auf welchem der Gegensatz in den Grundtrieben der Männlichkeit heranwächst, indem die unkriegerischen Individuen, die vorher unnütz und verachtet waren, eine soziale Funktion erhalten und positive Werte schaffen. Die zweite Phase läßt sich für die europäische Kulturgesellschaft von der Zeit an rechnen, als das Schießpulver sowohl dem Kriege als der Jagd, diesen beiden bezeichnendsten Äußerungen der primitiven Männlichkeit, einen völlig veränderten Charakter verlieh; die dritte Phase, und zugleich diejenige, in welcher der Ruin der primitiven Männlichkeit offen zutage tritt, wird durch die Herrschaft der Maschine herbeigeführt und beginnt ungefähr in der Zeit, als der zivile Mann den Degen ablegte – ein äußeres Zeichen dafür, daß er das wichtigste Vorrecht der kriegerischen Männlichkeit, das Recht der Selbstverteidigung, endgültig an den Staat verloren hatte.

Es ist für die asiatischen Männer ein ehrendes Zeugnis, daß sie innerhalb ihres originären Kulturkreises die Erfindung des Pulvers hauptsächlich ästhetischen Zwecken dienstbar machten und seine tödlichen Eigenschaften in Feuerwerkskünsten spielerisch zu verpuffen liebten. Waren die europäischen Männer um soviel kriegerischer, um soviel todesmutiger, als sie die furchtbarste Mordwaffe daraus schufen? Oder waren sie nur von allen guten Instinkten der primitiven Männlichkeit schon zu sehr verlassen?

Ein wahrhaft kriegerischer Mannessinn hätte diese Waffe nie angenommen. Das kriegerische Element der männlichen Natur hat seinen Ursprung in der neuromuskulären Beschaffenheit; im allgemeinen ist das männliche Geschlecht tapfer und aggressiv auf Grund seiner Muskelstärke, wie das weibliche furchtsam und passiv auf Grund seiner Muskelschwäche. Aus dem Bewußtsein der physischen Kraft und dem Bedürfnis, sie zu äußern, stammen alle jene Erscheinungen gesteigerter Vitalität, die den Mann antreiben, sich im Kampf auszuleben. Für den primitiven Mann ist der Krieg der Zustand, in dem er sich selbst am intensivsten genießt – weshalb in der Anschauung der meisten barbarischen Völker der Krieg als die dem Mann entsprechendste Lebensweise, als die normale gilt.

Aber dieser Krieg besteht eben in einer Auslösung aggressiver Impulse, und die Waffen, mit denen er geführt wird, sind dem Zustand angemessen, dem sie dienen. Sie ermöglichen eine individuelle Tapferkeit, die über den Vorrang der Tüchtigkeit entscheidet; und sie gestatten dem Kämpfenden eine Verteidigung durch persönliche Geschicklichkeit oder auch durch äußere Hilfsmittel, wie die Bewehrung durch den Schild und die Umpanzerung der wichtigsten Körperteile. Das Schwert, der Degen, die Lanze, der Speer, selbst auch Bogen und Armbrust sind ehrliche, mannhafte Waffen.

Nicht so die Feuerwaffe. Die Feuerwaffe ist feig; sie macht den Angriff zu einem meuchlerischen Überfall aus dem Hinterhalt, die Verteidigung zu einer fatalistisch-passiven Ergebung in das Unvermeidliche. Der Mut, der den mit Schild und Schwert bewaffneten Mann zum Kampfe antrieb, war eine natürliche Äußerung der Mannhaftigkeit; der Mut, den der moderne Mann zeigen will, wenn er seine bloße Brust der Pistole eines Gegners bietet, ist gar kein Mut im eigentlichen Sinne mehr – er ist ein krankhaftes Verfallsprodukt aus christlich asketischer Selbstüberwindung und atavistisch männlicher Prahlerei. Nicht umsonst läßt ein spanischer Dichter – Pedro de Alarcón in seinem Manuel Venegas –, als er den Inbegriff der stolzen, hochgesinnten, selbstherrlichen Männlichkeit darzustellen unternimmt, selbst im Kampfe gegen Bären seinen Helden die Schußwaffe verschmähen, weil sie ihm zu feige und heimtückisch erscheint.

Welches Unheil aber hat diese feige und heimtückische Waffe in die Welt gebracht, seit das Raffinement der modernen Technik sie zu einer grauenhaften Vollendung entwickelte! Die ungeheuerliche Entartung des Krieges, die durch die technische Vervollkommnung der Feuerwaffen in Verbindung mit der allgemeinen Wehrpflicht herbeigeführt worden ist, steht in der Weltgeschichte beispiellos da. Der Söldnerkrieg, der eine Ableitung für alle unbändigen, abenteuerlustigen, den friedlichen Beschäftigungen abgeneigten Individuen bildete, war immerhin, welche Plagen er auch mit sich brachte, nicht mehr als ein Exzeß der elementaren Männlichkeit, der eben wie ein Elementarereignis ertragen werden mußte. Aber der molochistische Wahnwitz, der die moderne Kriegführung beherrscht, hat mit den Instinkten der Männlichkeit nichts mehr gemein. Kann denn gegenüber diesen rasenden Mordmaschinen, diesen Sprenggeschossen, durch welche die menschlichen Leiber haufenweise niedergemetzelt werden, wehrlos und wahllos wie Gräser durch die Sense des Schnitters – kann da noch von Tapferkeit des einzelnen die Rede sein? Diese greuelvollen Waffen würdigen den Mann zu einem bloßen Fleischklumpen herab, der sich ohne Widerstand zerfetzen lassen muß, um Ordre zu parieren. »Vom Heldentum hat sich uns nichts als Blutvergießen und Schlächterei vererbt – ohne allen Heroismus, dagegen alles mit Disziplin.« (Richard Wagner.) Es ist nicht mehr die höchste physische Steigerung der männlichen Aktivität, die sich im Kriege betätigt, es ist die äußerste Passivität, die Erduldung eines übermächtigen Zwanges – das heißt, der moderne Krieg hat den Typus der Männlichkeit verloren und einen weiblichen, also widernatürlichen, Charakter angenommen.

Man lese nur einmal eine der wenigen wahrhaften, von der Suggestion des militärischen Ehrbegriffes nicht umnebelten Schilderungen, wie es bei der in Schlachtreihe aufgestellten Mannschaft aussieht, und man wird begreifen, daß hier keine Spur von den ursprünglichen Empfindungen mehr vorhanden sein kann, die den primitiven Krieg zu einer Schule der Mannhaftigkeit machten. Emile Zola hat im »Debâcle« eine solche Darstellung gegeben; sie wird mit überzeugender Unmittelbarkeit durch die Worte eines preußischen Soldaten bestätigt, der an der Schlacht von Spichern am 6. August 1870 teilnahm: »Herzzerreißendes Weh, Verzweiflung, Angst, Entsetzen, verbissene Scheu, alles dies konnte man in den Blicken dieser dem Tod Geweihten lesen, nur keine glühende Begeisterung mehr, keine fanatische Lust zu morden oder sich morden zu lassen. Wie die Küchlein, wenn der Raubvogel eines der ihrigen geholt, sich zitternd und ängstlich aneinanderschmiegen, so drängten wir uns instinktiv zusammen, um einer hinter dem andern Schutz zu suchen. Bleich wie der Tod, schwer atmend, mit klopfendem Herzen und zitternden Gliedern harrten wir mit Bangen der Dinge, die da kommen würden. Fürwahr, der Selbsterhaltungstrieb ist oft stärker als alle guten Vorsätze – und nur eines Anstoßes hätte es in diesem Moment gebraucht, um die Bande der Disziplin zu lösen. Da, diesen kritischen Augenblick gewahrend, der sich in einer gewissen Unruhe im Bataillon bemerkbar machte, sehe ich unsern Kommandeur die Bataillonskolonne heruntersprengen, und die Herren Offiziere bitte die Revolver ziehen höre ich seine befehlende, Gewehrsalven und Kanonendonner übertönende, scharfe Stimme erschallen« (»Mehr Licht in unsere Welt« von Gustav Müller.)

So zwischen zwei Feuern, vor sich die Gewehrläufe des Feindes, hinter sich die Revolver der Vorgesetzten, wird der moderne »Krieger« in die Schlacht getrieben. Bei den ganz Rohen, durch Bildung nicht Verfeinerten, erzeugt der Anblick des Blutes allenfalls eine blinde Berserkerwut, in der sie besinnungslos ihre Munition verschießen. Ganz furchtbar aber ist die Situation für jene, die, durch alle Einflüsse des modernen Geisteslebens den Instinkten der primitiven Männlichkeit entfremdet, an eine geschützte Lebensweise gewöhnt, zu intellektuellen Berufen erzogen, trotz alledem für den Kriegsfall die gleichen Aufgaben erfüllen sollen, wie der Berufssoldat. Die allgemeine Wehrpflicht ist ein Turm Babel an Instinktverwirrung. Was hat ein Künstler, ein Gelehrter, ein Beamter, ein Lehrer mit den Eigenschaften zu tun, die zum Kriege tauglich machen? In jeder Kultur war bisher der Krieg die Sache einer bestimmten Klasse, und die zu den Beschäftigungen des Friedens Erzogenen blieben davon verschont, wenn sie sich nicht freiwillig anwerben ließen. Aber die allgemeine Wehrpflicht, wie sie auf dem europäischen Festland besteht, ist die schlimmste Sklaverei, mit der je der freie Mann beladen wurde. Durch sie werden die Männer insgesamt zu Leibeigenen des Staates; sie müssen sich in regelmäßig wiederholten Abständen ihrer bürgerlichen Freiheit begeben, um sich der Disziplin und den Vorurteilen einer Klasse zu unterwerfen, an deren Vorrechten sie für gewöhnlich nicht teilnehmen. Da sie aber gezwungen sind, den Begriff der militärischen Ehre, der ganz auf den Instinkten der primitiven Männlichkeit basiert, in ihr bürgerliches Leben herüberzunehmen, erleiden sie einen wesentlichen Nachteil gegenüber den Berufssoldaten. Besäße die zivile Männerschaft noch mehr von den primitiven Impulsen des Geschlechtes, so wäre das Verbot des Waffentragens, dem sie trotz ihrer militärischen Dienstpflicht unterworfen ist, etwas Entehrendes für sie, und die Vorstellung, unbewaffnet dem Umgang mit bewaffneten Geschlechtsgenossen ausgesetzt zu sein, müßte ihr unerträglich sein.

Wenn aber das Militär in der modernen Gesellschaft alle Ehren genießt, die nach der primitiven Auffassung dem Krieger als der vollendetsten Verkörperung der Männlichkeit zukommen, so kann man das nur als Atavismus bezeichnen. Denn der Krieg ist so selten geworden, daß ihn im eigenen Lande kaum jede Generation wehrfähigen Alters erlebt; und die Beschäftigungen des Militärs in Friedenszeiten rechtfertigen diese Bevorzugung nach keiner Richtung.

Nicht weniger als bei dem modernen Kriege zeigt sich der Niedergang in den Instinkten der primitiven Männlichkeit bei der modernen Jagd. Zum mindesten die Treibjagd hat unter dem Gesichtspunkte der Gefahr, deren Überwindung neben dem Gewinn der Beute für den Mann früherer Zeiten den Wert der Jagd ausmachte, etwas Verkehrtes und Lächerliches; wenn es dabei noch Gefahr und Strapazen gibt, so fallen sie ganz in die Beschäftigung des Treibers und nicht des Jägers. Für den intakten Mannesinstinkt müßte es eher etwas Abstoßendes, ja Verächtliches haben, so aus sicherer Ferne wehrlos-unschädliche Geschöpfe, die da in Massen vorübergetrieben werden, niederzupfeffern; das Vergnügen an der eigenen Treffsicherheit könnte einen in diesem Punkte noch nicht abgestumpften Mann über das Unmännliche dieses Verfahrens nicht hinwegtäuschen. Aber ganz als ob es sich noch um Bären oder Wölfe, um die mannhaft-unerschrockene Bekämpfung wilder und gemeingefährlicher Bestien handelte, gilt die Jagd als eine ausgezeichnet männliche Beschäftigung und wird immerzu das »edle Weidwerk« genannt.

Nicht viel besser in Ansehung der männlichen Qualität ist es um alle Arten von Sport bestellt, die durch heftige Leibesbewegungen und physische Anstrengungen als Remeduren der primitiven Männlichkeit gelten können. Als Remeduren wohl, sofern sie Abhärtung, Anspannung der Muskel- wie der Willenskraft bedingen – als Taten nicht. Der Sport ist stets nur ein Spiel; deshalb werden selbst die äußersten Leistungen auf seinem Gebiete – wenn sie auch in mancher anderen Hinsicht hoch anzuschlagen sind – nie einen heroischen Charakter haben, wie ihn die Tapferkeit gegenüber ernsten Gefahren verleiht. Was dabei herauskommt, ist im besten Fall eine Männlichkeit der Bravourstücke.

Als eine völlige Karikatur, in ihrer widersinnigsten und lächerlichsten Gestalt, erscheint die primitive Männlichkeit bei dem studentischen Kommentwesen. Denn hier tritt sie nur mehr als ein atavistischer Auswuchs im Leben solcher Individuen auf, die durch ihre Berufswahl Repräsentanten der differenzierten Männlichkeit werden sollen. Das Mißverständnis, das hier obwaltet, könnte als eine Jugendeselei hingehen, wenn es sich bloß in den Paukereien äußerte, die der »unbändigen Mannesnatur« durch kleine unschädliche Aderlässe Luft machen; da es aber gleichzeitig einen unwürdigen Zwang zum Alkoholmißbrauch mit sich bringt, der oft die depravierendsten Folgen hat, stellt das ganze Kommentwesen in seiner heutigen Gestalt eines der schlimmsten Verfallssymptome der Männlichkeit dar.

Niedergang, unaufhaltsamer Niedergang! Verträgt sich denn die Lebensweise, welche die Männer der geistigen Berufe führen, überhaupt noch mit irgend einem der Instinkte, durch die sich die primitive Männlichkeit auszeichnet? Das Bureau, das Kontor, die Kanzlei, das Atelier – lauter Särge der Männlichkeit. Ihre monumentale Grabstätte aber ist die Großstadt selbst. Hier sind die Gefahren des Lebens – das Element und die hohe Schule der Männlichkeit – ganz aus dem Wege geräumt; hingegen wirken alle Einflüsse des Großstadtlebens dahin, jenes Gebrechen zu fördern, das sich am wenigsten mit dem Charakter der Männlichkeit verträgt, die Nervenschwäche.

An dieser Wirkung läßt sich erkennen, wie labil im Grunde der angeblich ein für allemal feststehende Geschlechtscharakter ist. Man pflegt das männliche Nervensystem für widerstandsfähiger zu halten als das weibliche und einen wichtigen Geschlechtsgegensatz darin zu erblicken, daß das weibliche größere Irritabilität zeigt, das heißt, die Neigung, auf Reize von außen rascher und ungehemmter zu reagieren. Was man als »männlichen Sinn« im allgemeinen bezeichnet, obgleich es sich keineswegs ausschließlich beim Manne findet, das Aufsichselbstberuhen, die Ruhe und Fassung gegenüber äußeren Eindrücken, ist hauptsächlich auf die Widerstandsfähigkeit des nervösen Apparates zurückzuführen. Die Schwächung und Überreizung des Nervensystems aber, die das moderne Großstadtleben erzeugt, steigert die Irritabilität auch beim Manne und verändert auf diese Weise das Bild des Geschlechtscharakters, das als das traditionelle der Männlichkeit gilt.

Deshalb ist der vehementeste Angriff auf sie die typische Großstadtkrankheit, die Neurasthenie. Man braucht nur die psychischen Erscheinungen, die zum Krankheitsbild der Neurasthenie gehören, daraufhin anzusehen, die Niedergeschlagenheit und Unsicherheit, das Angstgefühl, die Launenhaftigkeit, Willenlosigkeit und Entschlußunfähigkeit – lauter Symptome, die aus der reizbaren Schwäche entspringen – und man wird erkennen, daß der Neurastheniker einen nach der konventionellen Auffassung völlig weiblichen, ja weibischen Typus annimmt.

Für die Männer der geistigen Berufe bedeuten die Schädlichkeiten des Großstadtlebens keine so wesentliche Beeinträchtigung; die Bedingungen, unter denen sie ihren Beruf ausüben, vertragen sich auch mit den leichteren Graden der Neurasthenie. Denn diese Bedingungen selbst setzen vielfach eine wesentliche Herabminderung der aggressiven Impulse voraus, und der volle Gehalt männlicher Impetuosität wäre eher ein Hindernis dabei.

Ein Niedergang der differenzierten Männlichkeit wird also durch das Großstadtleben an sich nicht verursacht; nur mit den Idealen der primitiven Männlichkeit läßt es sich durchaus nicht vereinigen. Diese Ideale anerkennen, heißt den ganzen Entwicklungsgang der Kultur verneinen. In ihnen ist nichts Zukunftsmächtiges. Der Heroismus im Kampf gegen physische Gefahren, der die schönste Blüte der primitiven Männlichkeit ist, hat seine Wirkungssphäre zum größten Teil verloren; die Aufgaben, die ihm noch zufallen können, treten zurück, andere Ziele beherrschen das Leben und heben jene empor, die geschaffen sind, sie zu erfüllen.

Die Schattenseiten der primitiven Männlichkeit aber haben zu allen Zeiten ihre Vorzüge schwer verdunkelt. Sie ist es, die aus dem Menschen das bösartigste Raubtier unter allen Geschöpfen der Erde macht; sie ist es, die das Leben in einen Kriegsschauplatz verwandelt; sie ist es, die den Mord heiligt und das Blutvergießen zur Lust erhebt. Erst wenn die Konsequenzen ihres Niederganges sich im sozialen Bewußtsein vollzogen haben, wird ein neuer Tag für die Menschheit anbrechen.

III

Und so wäre denn die Möglichkeit für eine unendlich höhere Wirksamkeit der differenzierten Männlichkeit gegeben, als sie irgendeine frühere Kulturperiode bot. Die Umstände, die den Verfall der primitiven Männlichkeit bedingen, müßten den differenzierten Mann an die Spitze der Kultur stellen, auf jenen Rang, der ihm als ihrem Schöpfer zukommt.

Betrachtet man aber die differenzierte Männlichkeit, oder konkreter ausgedrückt, die Männer der geistigen Berufe im Spiegel der herrschenden Anschauungen und Zustände, so erfährt man eine große Enttäuschung. Fast zu allen Zeiten und in allen Kulturländern ist die Bestimmung des Mannes für ein Leben in der Region der Geistigkeit durch die soziale Tradition höher eingeschätzt worden als in der europäischen Kultur der Gegenwart. Sie steht in dieser Hinsicht, wiewohl sich vielleicht das menschliche Leben noch niemals weiter von seinen primitiven Formen entfernt hat, hinter den Kulturen des Altertums und des Orients beträchtlich zurück. Ob es nun wie in China der Literat ist, der in der Anschauung der Allgemeinheit den ersten Rang einnimmt, oder wie in Indien der Asket, oder wie im alten Ägypten der Priester – es ist die geistige, die differenzierte Art Mann, diejenige, deren Lebensinhalt die höchste Steigerung des geistigen Vermögens bildet, welcher die Krone des Lebens gehört. Selbst das Mittelalter erkannte den Geistlichen als den höheren Menschen an, wie selten der einzelne die

Vorstellungen tatsächlich verwirklichen mochte, denen er seine Bevorzugung verdankte.

Vergeblich suchen wir in der sozialen Tradition der modernen europäischen Kultur nach dieser Bewertung. Es ist nicht mehr das priesterliche Lebensideal, in dessen Bereich die Männlichkeit ihre kulturschöpferische Macht entfaltet. Denn die Kluft, die zwischen dem modernen Denken und der überlieferten Religion gähnt, hat den Priester als Repräsentanten der Geistigkeit herabgesetzt. Seine Existenz ruht auf einer überlebten Weltinterpretation, die ihn von der Teilnahme an dem lebendigen Prozeß der geistigen Entwicklung ausschließt; und der Nimbus, der ihn als den Vermittler zwischen dem Reich Gottes und dem gemeinen Erdendasein umgab, ist zugleich mit dem Reich Gottes verblichen. Dennoch besitzt er immer noch eine ausgesprochene Überlegenheit in der Machtstellung gegenüber jenen, deren geistige Arbeit die alte Weltinterpretation überwunden hat: denn diese Machtstellung gründet sich auf die bewußte, sittlich-praktische Anerkennung eines höheren Menschentums, dessen Träger der Priester ist, auf den in seinem Lebensideale konsequent durchgebildeten Gegensatz zur primitiven Männlichkeit – was freilich nicht hindert, daß in einer mit Verfallsprodukten angefüllten Zeit, wie die Gegenwart, äußere Machtrücksichten eine paradoxe Interessengemeinschaft zwischen dem Militär und dem Klerus herstellen.

Den Männern der profanen Geistigkeit aber fehlt das Bewußtsein dieses Gegensatzes; daher sind sie unvermögend, aus ihren Lebenszielen heraus eine neue, mit normativer Gewalt ausgerüstete Rangordnung der Männlichkeit zu schaffen. So groß das männliche Denken in der Gestalt ist, die es als moderne Wissenschaft besitzt, so gering ist der sittlich-praktische Einfluß, den es unter den Mächten der Gegenwart hat. Der moderne Mann leidet an seiner Intellektualität wie an einer Krankheit. Entweder artet sie zur geistigen Ausschweifung aus, wie bei dem Typus des Gelehrten, der durch eine ins Extrem gesteigerte Einseitigkeit der geistigen Anspannung jedes Verhältnis zur Totalität des Lebens verliert, oder sie macht ihn, wie es bei dem gebildeten Mann des Durchschnitts so häufig geschieht, zu einer unvollkommenen und disharmonischen Erscheinung. Dieser Halb- und Halbe, der nirgends etwas Ganzes und Selbstgewisses vorstellt, nicht in der Region der Geistigkeit und nicht in der Region der primitiven Männlichkeit, der immer zwischen zwei Welten hängt, durch Neigung oder Nötigung bald hierhin, bald dorthin geschwenkt, er wird durch seine Zucht zur Verfeinerung, zur höheren Bildung, zur Überordnung des Denkens in einen unheilbaren Zwiespalt mit sich selbst gesetzt.

Ist es nicht auffallend, daß die Männer, durch ihre intellektuelle Entwicklung auf allen Gebieten zur Kritik geneigt, dem Begriffe der Männlichkeit gegenüber am längsten unkritisch bleiben? Sie nehmen die Übelstände, die sich für sie aus der Inkongruenz zwischen den herrschenden Normen und den tatsächlichen Verhältnissen ergeben, lieber stillschweigend hin, ehe sie sich dem Verdachte der Unmännlichkeit aussetzen. Männlich zu sein, männlich so sehr als möglich, unbedingt, ungemischt männlich, das gilt ihnen als Auszeichnung; sie sind unempfindlich für das Brutale oder Niedrige oder Verkehrte einer Handlung, wenn sie mit dem traditionellen Kanon der Männlichkeit übereinstimmt. Diese Furcht, unmännlich zu erscheinen, einen Mangel an den Tugenden des primitiven Geschlechtsideales zu zeigen, erhält alle atavistisch ungereimten Vorurteile, alle sinnlos unangemessenen Einrichtungen, an denen das Leben des modernen Mannes so reich ist.

Wie schwankend und unbestimmt sind aber die Vorstellungen, die diesem Ehrgeiz der Männlichkeit zugrunde liegen! Man braucht nur die Bewertung: je männlicher desto überlegener, einmal dort zu prüfen, wo sie sich nicht mit dem weiblichen Geschlechte mißt – am nationalen Eigendünkel beispielsweise. Es ist bekannt, daß die romanischen Nationen sich gegenüber den germanischen als die männlicheren fühlen; Mantegazza sagt den »blonden Deutschen« sogar eine mehr weibliche Art zu lieben nach. Die Deutschen hingegen erkennen diese mehr weibliche Art den slavischen Männern zu – eine nationale Überhebung, der Bismarck in seiner Anrede an die steirische Deputation im April 1895 Ausdruck gab, indem er sagte: »Ich glaube, wir Germanen sind durch Gott von Hause aus stärker, ich will sagen, männlicher ausgestattet; Gott hat den Dualismus in allen Erscheinungen der Schöpfung zwischen männlich und weiblich dargestellt, und so auch in den europäischen Konstellationen. Ich will keinen Slaven damit kränken, aber sie haben viele der weiblichen Vorzüge, sie haben die Grazie, die Klugheit, die Schlauheit, die Geschicklichkeit« – und deshalb riet er den Deutschen in Österreich, gegenüber den Slaven mit dem tiefinnerlichen Gefühl zu verfahren, daß sie die Überlegenen sind und das leitende Element bleiben werden, »wie es der Mann in der Ehe sein soll«.

Wer aber die slavische Literatur kennt, der weiß, welches minder schmeichelhafte Bild die Slaven von dem deutschen Mann haben; in ihren Augen ist seine nationale Eigenart nicht überlegene Männlichkeit, sondern kalte Berechnung, Habgier, Dünkelhaftigkeit, Empfindungsroheit. Und in der Tat – gemessen an den Äußerungen einer verfeinerten Menschlichkeit, einer über den Geschlechtsdünkel mit seinen Vorurteilen hinausgereiften Gemütskultur, wie sie etwa in Gontscharows »Absturz«, in Dostojewskis »Idiot«, in Tschernyschewskis »Erzählungen von neuen Menschen« erscheint, hätten die Deutschen wenig Ursache, sich als die Überlegenen zu fühlen!

Sucht man nach einem positiven Inhalt für die Vorstellungen, die sich, im Gegensatze zur primitiven Männlichkeit, mit der differenzierten verbinden lassen, so könnte man allenfalls mit einer Übertragung aus dem Physischen und Materiellen ins Geistige das Auslangen finden. Vor allem der Krieg als der auszeichnendste Beruf des Mannes scheint eine solche Deutung im übertragenen Sinne zuzulassen. Der Kampf mit materiellen Waffen verwandelt sich in einen Kampf mit ideellen; der Kriegsschauplatz wird aus dem realen Leben in das Gebiet des Gedankens verlegt. Das männliche Element bleibt das streitbare auch in der geistigen Welt.

Allein das gilt nur mit großen Einschränkungen. Zu allen Zeiten haben sich an den Kämpfen um ideale Güter die Frauen, soweit es die jeweilige soziale Tradition gestattete, hervorgetan; und die Geschichte der religiösen Bewegungen nicht minder wie der revolutionären ist reich an Frauengestalten. Umgekehrt ist für gewisse Typen der Geistigkeit, für den Künstler wie für den Forscher, ein Leben abseits von allen Kämpfen das förderlichste; und nur ein banausisches Zeitalter, in dem jeder, der etwas bedeuten will, Partei ergreifen muß, kann den Respekt vor der kontemplativen Gemütsstimmung, aus der die edelsten Blüten der Geistigkeit hervorgehen, so weit vergessen, daß es auch dem Künstler und dem Gelehrten eine Kampfrolle zumutet.

Wie es aber mit der Politik, die am ehesten als ein Krieg im übertragenen Sinn angesprochen werden kann, in Ansehung der Männlichkeit bestellt ist, beleuchtet der Ausspruch Burdachs, daß die Frauen sich aller Wahrscheinlichkeit nach besser für die Politik eignen würden als die Männer – ein Ausspruch, den Havelock Ellis mit der Bemerkung kommentiert, daß das Spiel der Politik bei jenen, die es ausüben, spezifisch weibliche Eigenschaften zu entwickeln scheint. Damit wird den Frauen durchaus kein Kompliment gemacht – namentlich angesichts des modernen Repräsentativsystems, dessen Wahlmethode ganz darauf hinzielt, die Schwätzer und Maulhelden ans Ruder zu setzen und die Komödianten auszuzeichnen, die am besten den Masseninstinkten zu schmeicheln verstehen.

Ebensowenig wie der Krieg in Gestalt der Politik, ist der Krieg, der mit der Feder geführt wird, geeignet, spezifisch männliche Eigenschaften nach Analogie des primitiven Geschlechtsideales zu entwickeln. Das moderne Zeitungswesen, in dem der Angreifer gewöhnlich durch die Anonymität unsichtbar gemacht wird und ein bezahlter Strohmann für eventuelle Konflikte mit dem Gesetz aufzukommen hat, bildet nicht gerade eine

Schule der Mannhaftigkeit und des persönlichen Mutes – außer, man wollte etwa die Leistungen der Kriegskorrespondenten und ähnliche mit Strapazen verbundene Aufgaben nach dieser Hinsicht anrechnen.

Näher vielleicht wird man dem Wesen der differenzierten Männlichkeit kommen, wenn man sie als die Kraft bezeichnet, das Leben nach dem eigenen Willen zu gestalten, als die Kraft, Herr über sich selbst zu sein und die Verantwortung für das eigene Handeln zu tragen. Zu führen, das ist männlich, sich führen zu lassen, weiblich. Nach der intellektuellen Seite läge das spezifisch Männliche in der größeren Helligkeit des Bewußtseins, vermöge welcher die Motive des eigenen Handelns klar erkannt und das Erkennen zum Leiter des Handelns gemacht wird.

In Wirklichkeit treffen freilich diese Kriterien nur als relative, nur bis zu einem gewissen Grade zu, sofern man ganz im allgemeinen die Mehrzahl der Männer der Mehrzahl der Frauen gegenüberstellt. An sich, ohne den weiblichen Vergleichstypus, würden sie auch die Mehrzahl der Männer von der Männlichkeit ausschließen. Das Verhältnis der Starken zu den Schwachen ist unter den Männern wie unter den Frauen das der Wenigen zu den Vielen. Soweit die Kultur reicht, ist das Herrentum – das innerliche wie das äußere – auch unter den Männern das Vorrecht einzelner; die große Mehrzahl, auch der Männer, lebt in der Unfreiheit und mit dem Bedürfnisse der Abhängigkeit.

In der sozialen Gemeinschaft sind weitaus die meisten Männer nichts weniger als freie Herren ihres Tuns und Lassens. Der Staat, dieses schauerliche, abstrakte Gespenst, das sie mit eiserner Faust von der Wiege bis zur Bahre umklammert, erhält seine Realität eben durch das männliche Abhängigkeitsbedürfnis. Ja die Form, die der Staat im Leben der modernen Völker als konstitutionelle Monarchie angenommen hat, schafft das oberste Prinzip der ideellen Männlichkeit, die Initiative und den Willen zur freien Verantwortung, einfach aus der Welt. Prinzipiell hat in einer Verfassung, in welcher der Monarch für jede öffentliche Handlung den Ministern, die Minister dem Parlamente, die Parlamentsmitglieder den Wählern verantwortlich sind, jede Selbständigkeit aufgehört; was sich kundgibt ist – zum mindesten angeblich – nie der eigene persönliche Wille, das eigene persönliche Urteil, sondern immer ein anderer Wille, eine übergeordnete Macht. Die Persönlichkeit muß sich hinter dem nebulosen und phrasenhaften Begriff eines »Willens der Gesamtheit« verstecken, um öffentlich wirksam zu werden.

Selbst die geistigen Schöpfungen, die der männliche Geist aus sich hervorgebracht und als objektive Gebilde in die Welt versetzt hat, sind vielfach Symptome dafür, daß es mit dem Willen zum Herrentum und zur freien Verantwortung bei ihm schlecht bestellt ist. Welch ein Bedürfnis der

Anlehnung, der Unterordnung, der Unselbständigkeit spricht nicht aus dem Glauben an einen transzendenten Gott, der als zorniger oder gnädiger Gebieter, als strenger oder barmherziger Vater die menschlichen Angelegenheiten ordnet! Der Mann, der vermeintliche Herr der Welt, hat sich diesem Gotte so in die Gewalt gegeben, wie nach seiner Meinung das Weib sich in die Gewalt des Mannes gibt.

Und wenn es nicht der Gottesgedanke war, dem er sich unterwarf, so schuf er sich irgend einen anderen Begriff, den er als Herrn über sich setzte. Denn auch die Philosophie, diese reinste Ausstrahlung der männlichen Intellektualität, hat das Herrentum und die freie Verantwortung der Männlichkeit nicht immer auf das beste gewahrt. Durch den kategorischen Imperativ, den Kant lehrte, wurde der ideelle Mann unter die Zuchtrute einer dürren Abstraktion gestellt, um endlich, kraft der unumschränkten Herrschaft der Kausalität, wie Schopenhauer sie verstand, zu einem völlig nichtigen Hampelmann herabzusinken, den der Weltwille am Gängelbande des Wahnes zappeln läßt, je nachdem er es für seine Zwecke braucht. Friedrich Nietzsche selbst, der entschiedenste Anwalt des männlichen Herrentumes, hat den Gemütszustand des Übermenschen auf das Gefühl der Unverantwortlichkeit bauen wollen, das die Einsicht in die unbedingte Notwendigkeit alles Geschehens begleitet.

Ganz im allgemeinen hätte also der Mann keinen Anlaß, sich im Punkte der Unfreiheit und des Abhängigkeitsbedürfnisses als ein vom Weibe grundverschiedenes Wesen zu betrachten. Immerhin könnte man einwenden, daß zwischen der Unterwerfung unter eine höhere ideelle Macht und der Unterwerfung unter eine endliche Person, wie auch der willensgewaltigste Mann es ist, ein wesentlicher Unterschied bestehe. Dann bliebe aber noch immer die große Schar der subalternen Männerschaft, deren freiwillige und unfreiwillige Abhängigkeit von sehr endlichen Personen nicht zu bezweifeln ist.

Der Mann als Herr und Gebieter ist eine Vorstellung, die ihren Ursprung vornehmlich in sexuellen Gründen hat. Dem Weibe gegenüber pflegt sich auch in dem abhängigsten Durchschnittsmann ein Herrschafts- und Überlegenheitsbedürfnis zu regen. Da die Stärke physisch wie intellektuell eine relative Größe ist, fällt es keinem Manne schwer, unter den Frauen das schwächere Wesen zu finden, an dem er seine Überlegenheit messen kann. Deshalb erscheint im Bewußtsein der großen Mehrzahl das weibliche Geschlecht als das inferiore, dessen Lebensweise und Arbeitsleistung von der des Mannes qualitativ weit geschieden ist obwohl schwerlich jemand sagen könnte, was denn an der Tätigkeit eines Lehrers, eines Arztes, eines Beamten, eines Advokaten, unter modernen Lebensbedingungen so spezifisch männlich sei. Der große Unterschied zwischen Mann und Weib, und damit zugleich das soziale Herrentum des Mannes über das Weib, liegt in der Sphäre der primitiven Männlichkeit und hat innerhalb der differenzierten keine andere Berechtigung, als sie das sexuelle Verhältnis im engsten Sinne mit sich bringt.

Wenn sich also die Männer im allgemeinen einzuräumen scheuen, daß ihre Lebensweise innerhalb der modernen Kultur sich von derjenigen der Frauen nicht mehr durch das Wesentliche, sondern nur durch Äußerlichkeiten unterscheidet, wenn sie ihre Berufe so hartnäckig vor dem Eindringen der Frauen verteidigen, so ist, was sich, eingestanden oder uneingestanden, dagegen sträubt, nicht zuletzt jenes Bedürfnis nach Abstand, das aus dem Bewußtsein der sexuellen Gewalt entspringt.

Mit seinen sexuellen Instinkten lebt der Mehrzahlsmann noch in einer anderen Welt, auf einer anderen Kulturstufe. Die geistige Kultur legt dem Manne Zumutungen auf, die seiner teleologischen Geschlechtsnatur widerstreiten. Zur Teleologie seiner primitiven Geschlechtsbestimmung gehört die Unbändigkeit des Triebes, der über alle Hemmungen hinweg sich in der Psyche des Individuums behauptet und die Persönlichkeit seinem Zwecke dienstbar macht. Die höhere Auffassung der Männlichkeit hingegen setzt ein ganz anderes Verhältnis von Triebleben und Persönlichkeit voraus, als es in den Untergründen der männlichen Psyche unbeschadet aller geistigen Differenzierung herrscht.

Und hier verbirgt sich vielleicht die tiefste Ursache, warum die differenzierte Männlichkeit nicht vermag, das Leben nach den Konsequenzen ihrer Wesenheit neu zu gestalten, hier die unterirdische Quelle des Zwiespaltes, den die Wenigsten überwinden, weil er ihnen nicht klar zum Bewußtsein kommt.

Es ist eine Erscheinung, die zu denken gibt, daß das männliche Geschlecht in demselben Grade, als es sich von seinen primitiven Zuständen entfernt, das natürliche und rechtschaffene Verhältnis zu seiner eigenen Sexualität verliert. Gibt es etwas Verkehrteres, ja Unsinnigeres als die Stellung, welche die modernen Kulturvölker den geschlechtlichen Dingen gegenüber einnehmen? Die heillose Verlogenheit und Heuchelei, die da herrscht, deutet auf einen folgenschweren Mangel in der Anpassung der Individuen an die sozialen Lebensbedingungen. Daß die Unbefangenheit und Unschuld des sexuellen Lebens in dem Maße verloren gehen konnte, wie es während des verhältnismäßig kurzen Zeitraumes von der Antike bis auf die Gegenwart geschehen ist, läßt sich nur aus einem abnormen Zustand der männlichen Psyche erklären – vorausgesetzt, daß sie es ist, welche bisher in der menschlichen Gesellschaft die führende und organisatorische Kraft bildete.

Wenn die männliche Geisteskultur, zu scholastisch-abstrakten Auswüchsen neigend und durch einseitige Spezialisierung aus dem Ebenmaß gebracht, die Gefahr in sich schließt, das Verhältnis des Einzelnen zur Totalität des Lebens zu stören, so wirkt die männliche Gemütskultur noch mehr als Gleichgewichtsstörung, indem sie das Individuum in ein Geistwesen, das zu einem gesteigerten Intellektualismus hinaufgezüchtet wird, und in ein Tierwesen spaltet, das mit seiner Sexualität auf der niedrigsten Stufe des Trieblebens zurückgehalten wird. Als unlösbare Dissonanz besteht in der männlichen Psyche die alte Feindschaft zwischen Geist und Geschlecht fort, der Krieg zwischen Gattung und Persönlichkeit, der die europäische Kulturmenschheit in ein so erstaunlich verschrobenes und unaufrichtiges Verhältnis zu den geschlechtlichen Dingen gesetzt hat.

Es gibt zwei Wege, auf denen die Freiheit der Persönlichkeit vor der Vergewaltigung des Geschlechtstriebes zu retten ist: die Askese, die »Ertötung des Fleisches«, zugleich eine Verneinung der Forderung, welche die Gattung an das Individuum stellt – wobei Abstinenz nur als ein anderer Ausdruck für Askese gelten kann – oder die Versöhnung jener beiden feindlichen Interessensphären, die Bejahung der Gattung im Geiste der Persönlichkeit, welche die Liebe bewirkt, indem sie die geschlechtlichen Beziehungen mit Persönlichkeitsgehalt erfüllt.

Weder der eine noch der andere dieser beiden Wege ist es, auf dem die Entwicklung des Jünglings zum Manne sich vollzieht. Für eine asketische Ordnung seines sexuellen Lebens vor der Ehe fehlen außerhalb der grundlegenden religiösen Vorstellungen irgendwelche sittliche Werte von suggestiver Gewalt, die allein den Mut der Selbstüberwindung so hoch entfachen können; eine Gesellschaftsordnung aber, die in der Ehe das einzige legitime Geschlechtsverhältnis anerkennt und die Erfüllung der Liebe an wirtschaftliche Bedingungen knüpft, gewährt das Anrecht auf Liebe nicht in jenem Alter, in dem es die Natur am gebieterischsten fordert. Somit verurteilt diese Gesellschaftsordnung den Mann in seiner blühendsten Lebensperiode, sich an die tiefststehenden und niedrigsten Wesen des weiblichen Geschlechtes zu halten, an jene, die durch die geschlechtliche Preisgebung ihren Lebensunterhalt erwerben. Daß ein solcher Erwerb nach der sozialen Bewertung als entehrend gilt, ist insofern berechtigt, als er ja einen atavistischen Rückfall des Weibes in die rohesten Zustände des Empfindens zur Voraussetzung hat; daß aber die soziale Verdammung dabei nur das Weib trifft und nicht den Mann, der gleicherweise an diesem atavistischen Rückfall beteiligt ist, gehört zu den Widersinnigkeiten, die nur aus der Vorherrschaft der primitiven Männlichkeit und der ihren Instinkten entsprechenden Anschauungen erklärbar sind.

Für den primitiven Mann liegt in der Promiskuität des geschlechtlichen Verkehres nichts Herabsetzendes. Einen so breiten Raum die Sexualität in seinem Leben einnimmt, so lose ist sie innerlich mit seiner Persönlichkeit verknüpft. Das Mißverhältnis zwischen seiner unentwickelten Erotik und der Gewalt eines ursprünglich polygamen Triebes ist so groß, daß keine Notwendigkeit, ja nicht einmal die Möglichkeit für ihn besteht, jedes Geschlechtsabenteuer mit einem persönlichen Empfindungsgehalt auszustatten, und seine grobschlächtige seelische Konstitution erleidet keine Erschütterung durch eine Art der Befriedigung, die, erst auf einer höheren Stufe des Empfindens zu einem Zwiespalt zwischen den elementaren Forderungen des Geschlechtes und den Tendenzen einer verfeinerten Persönlichkeitskultur führt.

Bei denjenigen aber, an welchen sich diese Verfeinerung auch in der sexuellen Sphäre vollzogen hat, ist die Wirkung; der seelenlosen Promiskuität eine ganz andere; denn bei ihnen entsteht ein verhängnisvoller Gegensatz zwischen den äußeren Lebensbedingungen, in die sie hineingebannt sind, und den inneren Bedingungen des Empfindens.

Nicht umsonst haben, soweit die Kultur zurückreicht, die Repräsentanten der differenzierten Männlichkeit, die Priester, immer die Nötigung gefühlt, sich in ein besonderes Verhältnis zur Sexualität zu setzen. Was für seltsame Formen die religiösen Vorstellungen darüber auch annehmen mochten, »Reinheit« in dieser Hinsicht, oder mit anderen Worten: die Unterordnung unter eine strengere Lebensregel als die des gemeinen Mannes, bildet das erste Gebot für den Mann der Geistigkeit. Die hohe Bewertung der Keuschheit, die sich als religiöses Gebot auf die metaphysische Bestimmung des Menschen gründen will, scheint darauf zu deuten, daß sie eine Umsetzung materieller Kräfte in geistige bewirkt. Wenn die höhere Männlichkeit in der Entfaltung und Steigerung des geistigen Vermögens besteht, in der Macht aus geistiger Überlegenheit, so muß sie sich von dem gewöhnlichen, grobmateriellen Mannestum zu allererst hier unterscheiden; denn hier, in der Überwindung eines die Persönlichkeit unterjochenden Triebes, liegt der Ursprung und das Mittel aller Vergeistigung. Die gefährlichste Beeinträchtigung der Macht über sich selbst in der männlichen Psyche ist aber der Geschlechtstrieb. Indem er das Individuum verleitet, unter das Niveau seiner Persönlichkeit herabzusteigen, nimmt er die Gestalt eines unwiderstehlichen Zwanges an, und hebt das Bewußtsein der inneren Freiheit auf, das aus dem Widerstehenkönnen, aus der Überordnung der höheren Willensantriebe über die niedrigeren entspringt.

In einer sozialen Ordnung, die dem Manne nur die Wahl läßt zwischen einer unabsehbaren und daher unmöglichen Enthaltung oder einer unwürdigen Befriedigung, solange seine ökonomische Lage ihm eine Eheschließung verwehrt, werden gerade die edelsten und feinfühligsten Individuen am schwersten getroffen. Das Geschlechtliche ist ein wunder Punkt in der Seele des verfeinerten Mannes – darüber darf man sich durch die herrschenden Allüren der Männlichkeit nicht hinwegtäuschen lassen. Diese Allüren sind Außenseite und Oberfläche; sie gehören zur Konvenienz im Auftreten der Männlichkeit. Aber daß auch die Männer der Geistigkeit von allem Geschlechtlichen als Problem peinlich berührt werden, daß sie, die unter sich so freigebig mit Zoten und faunischen Grimassen sind, nichts so sehr scheuen, wie eine ernsthafte Erörterung der sexuellen Fragen und lieber vor den gräuelvollen Zuständen nach dieser Richtung die Augen schließen – das deutet darauf, daß hier etwas faul ist an dem Empfindungsleben der Männlichkeit. Ziehen es denn nicht die meisten Väter vor, ihre jungen Söhne der Führung des Zufalls zu überlassen und sie den schlimmsten physischen und psychischen Gefahren preiszugeben, ehe sie den Entschluß fassen, an diesen Punkt zu rühren?

Es gibt keine Worte, um das Verhalten der bürgerlichen Gesellschaft gegenüber den heranwachsenden Knaben zu brandmarken. Die Erziehung der Mädchen in sexueller Hinsicht mag eine Unzulänglichkeit sein, eine Verkehrtheit, ein Unrecht selbst – die der Knaben ist ein Verbrechen. In einem Alter, in dem ihr Organismus unter den Erschütterungen der beginnenden Mannbarkeit bebt, werden sie wie geschlechtslose Maschinen behandelt, zur Langweile eines verknöcherten Schulstudiums, zur Überreizung einer sitzenden Lebensweise verurteilt, die ganz danach angetan ist, ungesunde Regungen zu nähren, um endlich ihre ersten männlichen Erfahrungen in den Armen eines käuflichen Weibes zu machen. Und so stumpfen sie sich schon im eindrucksfähigsten Alter gegen die schmachvolle Entwürdigung ab, die in diesem Wegwerfen des eigenen Leibes liegt, und so werden sie taub gegen das Veto der Natur, die mit Donnerworten gegen die Promiskuität redet und sie mit ihrem furchtbarsten Fluch verfolgt – mit Krankheiten, denen das Individuum und seine Nachkommenschaft in unabsehbarem Siechtum erliegt.

Man kann es dahin gestellt sein lassen, ob in der Tat »die männliche Natur ohne Verirrungen nicht zur Vollendung gelangen« kann, wie es ein älterer Moralist schmeichelhaft formuliert; ebenso kann es unentschieden bleiben, ob die »gleiche Moral für beide Geschlechter«, die das Leitwort einer sittlichen Bewegung bildet, wirklich ein gerechtes Postulat darstellt. Nicht moralische Gesichtspunkte allein lassen die Bedingungen, unter welchen sich das sexuelle Leben fast aller Männer entwickelt, verwerflich erscheinen. Oft genug, und mit Recht, hat man eingewendet, daß die Ehe in manchen Fällen moralisch kaum höher steht als die käufliche Liebe. Aber ein psychologisches Moment fällt dabei schwer ins Gewicht. Das Bewußtsein der inneren Freiheit und zugleich das Selbstgefühl der Persönlichkeit wird eine zuverlässige Grundlage nur in jenen Menschen haben, die aus den Anfechtungen des Geschlechtes als Sieger im Sinne einer höheren Willensentscheidung hervorgegangen sind. Damit eine solche Willensentscheidung möglich werde, müssen die Lebensbedingungen dem Einzelnen zu Hilfe kommen. Wenn sie aber, wie im modernen Leben, nur danach angetan sind, ihn mit den Ansprüchen seiner Sexualität den unwürdigsten Zuständen auszuliefern, dann wird eine Depression unvermeidlich eintreten, sobald einmal Persönlichkeit und Triebleben entzweit sind. Wie sollte das Lichtscheue, Heimliche, Unlautere, das dem bezahlten Geschlechtsverkehr anhaftet, auf die freie Mannhaftigkeit des Empfindens ohne Einfluß bleiben? Unter diesem Einfluß wird der Mann durch seine Sexualität entweder frivol, oder verlogen, oder unselig. Ein Flecken liegt auf ihm, der um so zerstörender wirkt, je feiner seine Persönlichkeit organisiert ist.

Diese Anschauung könnte als eine einseitig weibliche erscheinen. Es fehlt zwar auch nicht an Männern, die ähnlich urteilen; aber die Rigoristen sind ihren eigenen Geschlechtsgenossen immer der Unmännlichkeit und Muckerei verdächtig. So sei dafür ein Gewährsmann zitiert, dem gewiß niemand moralistische Strenge der Lebensauffassung nachsagen kann. Guy de Maupassant läßt – in der Erzählung »der Riegel« – einen alten Junggesellen über den bezahlten Geschlechtsverkehr sagen: »Man behält innerlich eine Empfindung moralischen und physischen Ekels zurück, wie wenn man zufällig mit pechbeschmutzten Dingen in Berührung gelangte und man kein Wasser bei der Hand hat, um sich zu waschen. Man mag noch so fest reiben, der Flecken bleibt zurück.«

Um sich diesen Flecken nicht eingestehen zu müssen, flüchtet sich auch der Mann der Geistigkeit mit seiner Geschlechtsmoral in die Sphäre der primitiven Männlichkeit, obgleich er im übrigen nichts mehr mit ihr gemein hat. Aber da er in diesem Punkte vor ihr kapituliert, gibt er auf der ganzen Linie das Feld verloren. Er, der Repräsentant der höchsten menschlichen Entwicklungsstufe, der prädestinierte Führer der Welt, unterliegt seinem eigenen Geschlechte – nicht Herr, sondern Opfer einer sozialen Ordnung, in der die primitive Männlichkeit triumphiert, das gemeine Elementare, das zu sublimieren und dienstbar zu machen das Ziel einer ungeheuren Arbeit ist, die Leistung der Jahrtausende, die der Mensch an die Kultur gewendet hat.

Aber noch mehr! Der Bevorzugte der Natur, dem sie die Pflichten der Gattung um soviel leichter als dem Weib machte, um auf ihn alle Möglichkeiten der geistigen Entfaltung zu häufen, er verliert durch seine Halbheit und Inkonsequenz auch den Vorrang vor dem weiblichen Geschlecht. Wie überlegen die differenzierte Männlichkeit – der Mehrheit nach – ist, soweit es sich um intellektuelle Vorzüge handelt, in ihrer sittlichen Kultur kann sie sich mit dem edlen Frauentume nicht messen.

Gleichviel, ob in der weiblichen Natur selbst die Sexualität ein anderes Verhältnis einnimmt als in der männlichen, oder ob die geschlechtliche Differenzierung nur unter dem Druck entstanden ist, den die Forderungen des Mannes auf das Weib ausübten – die strenge Zucht zur geschlechtlichen Reinheit, zur Ausschließlichkeit der Hingebung an eine auserwählte Person hat unter den Frauen eine Verfeinerung und Veredlung des sexuellen Gewissens bewirkt; und der Heroismus der Selbstüberwindung, den die Frauen einsetzen, um die geschlechtliche Integrität der Persönlichkeit zu behaupten, ist ein Vorzug, der sich mit Notwendigkeit geltend machen muß, sobald die konventionellen Einschränkungen ihrer sozialen Stellung fallen, ein Vorzug, der ihnen gegenüber der differenzierten Männlichkeit ein Übergewicht verleiht.

Nach einer hergebrachten Anschauung soll diese sittliche Überlegenheit der Frauen das Äquivalent für die geistige Überlegenheit des Mannes bilden, wodurch das Gleichgewicht zwischen den Geschlechtern hergestellt sei. Das aber ist nur eine Ausflucht, die Bemäntelung eines Notstandes, über den der Mann nicht Herr werden kann.

Vielleicht wird in dem Punkte, wo die einseitige Männerkultur versagt, das Eintreten der Frau als soziale Mitarbeiterin eine Wendung schaffen. Daß der Wille dazu unter den Frauen, die sich ihrer sozialen Aufgaben bewußt sind, besteht, haben sie bewiesen; ob sie die Macht dazu gewinnen können, muß die Zukunft lehren. Der Mann der Geistigkeit aber wird erst dann wieder eine harmonische und machtvolle Erscheinung werden, bis die Konsequenzen der Verfeinerung sich auch an seiner sexuellen Persönlichkeit vollziehen. Freilich müßte er, um als Phönix einer neuen Menschlichkeit wiedergeboren zu werden, vorher in sich alle Vorurteile und alle Schwächen verbrennen, die der primitiven Männlichkeit angehören, um nur das von ihr zu behalten, was von seinem Manneswesen unzertrennlich ist.

Das Weib als Dame

Wo man auch die Probleme, die mit dem Weibe in Zusammenhang stehen, anfassen mag: immer wird man auf etwas unlösbar Widerspruchsvolles stoßen. Nirgends liegen die äußersten Gegensätze so unmittelbar nebeneinander wie hier. Durch die ganze Geschichte menschlicher Entwicklung erscheint das Weib in einem seltsamen Zwielicht: bald als ein übermenschliches, bald als ein untermenschliches Wesen, halb göttlich oder halb teuflisch, als Prophetin und Sibylle mit wundertätigen Eigenschaften ausgestattet oder als Hexe und Zauberin von dämonischen Kräften besessen. Diese Mischung von Aberglauben und Vorurteilen macht sich im günstigen und im ungünstigen Sinn geltend und bewirkt auch in der sozialen Stellung des weiblichen Geschlechtes eine widerspruchsvolle Ungleichheit. Unterdrückung bis zur Sklaverei und Verherrlichung bis zur Anbetung. Wenn man den Psychologen Glauben schenken darf, läge schon tief in der seelischen Konstitution des Weibes das Bedürfnis nach Unterordnung. Tatsächlich wird das Weib durch Gesetz und Sitte fast bei allen Völkern und zu allen Zeiten in die Gewalt des Mannes gegeben. Auch im modernen Staat ist das Weib als Tochter, als Gattin, als Mutter zu einer weitgehenden Abhängigkeit verurteilt, und die Frau als selbständige Erwerberin, als Beamtin, als Lehrerin, als Arbeiterin bekommt es empfindlich zu fühlen, daß das weibliche Geschlecht als das minderwertige und zur Dienstbarkeit bestimmte gilt. Und doch ist es zu einer Lebensform gelangt, in der es das Vorrecht unumschränkter Herrschaft genießt! Das Weib als Dame – sagt man zu viel, wenn man behauptet, daß unter dieser Form ein Teil des weiblichen Geschlechtes die glänzendste und genußreichste Oberhoheit besitzt? Ist die Dame nicht die wahre Herrin und Königin der bestehenden Gesellschaftsordnung? Gehören nicht ihr die wertvollsten Begünstigungen und Annehmlichkeiten, die diese Ordnung zu geben hat?

Zwei Dinge sind die Voraussetzung für diese Existenz: Vermögen und Schönheit. Allerdings berechtigt auch die Abkunft aus einer sogenannten guten Familie dazu; aber die geborene Dame, die nicht von Hause aus versorgt ist, muß gewöhnlich vom Thron herabsteigen, um zu arbeiten, wenn sie nicht in der Schönheit das Mittel besitzt, einen reichen Gatten und mit ihm eine angemessene Lebensstellung zu gewinnen. So kann man wohl Schönheit als die erste Lebensbedingung der Dame bezeichnen. Und zwar die durch kunstvolle Pflege gehobene Schönheit noch mehr als die bloß natürliche. Die Künste der Toilette, in denen der weibliche Geschmack eine so hohe Meisterschaft erreicht hat, gehören zu den wichtigsten Lebensaufgaben der Dame. Nicht ohne Ironie hat Balzac ihr Leben so geschildert: »Sie liebt es, ihre Haare zu glätten, zu parfümieren, ihre rosigen Nägel zu bürsten, in Mandelform zu schneiden, ihre zarten Gliedmaßen häufig zu baden ... Ihre Finger scheuen sich, andere als weiche, zarte, duftende Dinge zu berühren ... Ißt sie? Das ist ein Geheimnis. Teilt sie die Bedürfnisse der übrigen Arten? Das ist ein Problem ... Lieben ist ihre Religion ... Liebe zu ernten, ist das Ziel all ihres Strebens, Verlangen zu wecken, das ihrer Gebärden. Sie sinnt Tag und Nacht auf neuen Schmuck, nur auf die Mittel, zu glänzen, und verbraucht ihr Leben, um ihre Roben zu mustern, um Fichus zu zerreißen ... Sie fürchtet die Ehe, weil sie ihr die Taille verdirbt; aber sie tritt in die Ehe, weil sie ihr Glück verheißt.«

Der Mann aller Klassen ist während der europäischen Kulturentwicklung zum Typus des Nützlichen geworden, das Weib als Dame zum Typus des Schönen. Das ist um so bemerkenswerter, als darin eine Umkehrung der natürlichen Ordnung liegt; denn bei allen höheren Tieren und auch noch bei allen wilden oder halbwilden Völkern ist der Schmuck, die glänzende Ausstattung der Erscheinung, also die Betonung des ästhetischen Prinzips, das auszeichnende Vorrecht des männlichen Geschlechtes. Auch die Griechen haben unter dem Ideal der höchsten menschlichen Vollendung, dem Kalokagathos, einen Mann verstanden. Alle Vorzüge, die später Eigentum der Dame werden, die raffinierte Pflege des Körpers, die vollendete Anmut in Sprache und Gebärden, das harmonische Gleichgewicht körperlicher und geistiger Ausbildung, der sichere Takt in der Beherrschung der Umgangsformen, das wohlabgewogene Maß, die sittliche Besonnenheit – als schöne Männlichkeit hat sie die griechische Kultur gefeiert. Die Krone der Schöpfung zur Zeit der Hellenen war der Mann; in der Kultur der modernen Völker ist sie, wenigstens im gesellschaftlichen Leben, die Dame.

Man könnte wohl die Stellung des Weibes als Dame aus einer Entfaltung und Geltendmachung spezifisch weiblicher Genialität zu erklären versuchen. Zwar gilt es heutzutage für ausgemacht, daß das Genie nur beim männlichen Geschlecht auftritt. Dabei übersieht man aber, daß die weibliche Genialität sich gewöhnlich auf andere Gebiete erstreckt als die männliche. Eine solche spezifisch weibliche Genialität – wenn auch durchaus nicht eine ausschließlich weibliche – ist die Genialität des geselligen Verkehrs, die Gabe, die eigene Persönlichkeit durch die Umgangsformen zum Ausdruck zu bringen.

Als die Sitten in Mitteleuropa sich milderten und Raum für verfeinerte Bedürfnisse gewährten, hat das weibliche Geschlecht bestimmend auf die herrschenden Verhältnisse einzuwirken begonnen. Denn nun lagen die Dinge innerhalb des weiblichen Geschlechtes ganz anders als im Altertum und rechtfertigten einigermaßen die Auffassung, durch die das Weib zum höheren Wesen aufstieg. Die vornehmen Frauen des Mittelalters besaßen den Vorzug geistiger Bildung vor den Männern ihres Standes. Sie waren es, die in den Fragen der »Moralität«, nämlich der schönen Sitte und des tadellosen Benehmens, das entscheidende Urteil hatten; sie verstanden sich auf das richtige Maßhalten in allen Dingen, das im Mittelalter die Ehren der höchsten Tugend genoß, vielleicht dem Gesetze gemäß, nach dem die Männer jedes Zeitalters am meisten gerade das an den Frauen schätzen, was ihnen selbst abgeht. Auch waren sie kundig des Lesens und Schreibens, jener Künste, die nach mittelalterlichen Anschauungen sich mit den Beschäftigungen und Aufgaben des Mannes nicht vertrugen und dem weiblichen und geistlichen Sinn entsprachen. Gerade die Verwandtschaft zwischen der durch die Religion verherrlichten Sinnesart und den Tendenzen der weiblichen Natur mußte dazu beitragen, in einer christlich-religiösen Epoche die Wertschätzung der Frauen zu steigern. In ihnen hatte das Kompromiß zwischen Christentum und natürlichem Leben, das in den Maximen der katholischen Kirche zum Ausdruck gelangt, seine ersten vollkommenen Repräsentanten gefunden. Nicht die Männer, die Frauen waren die Träger der kirchlichen Kultur in der weltlichen Lebensführung.

Allein wie hoch man auch die kulturelle Bedeutung der mittelalterlichen Frau anschlagen mag: es scheint, daß dem Manne ein eben so großer Teil an jener außerordentlichen Wandlung zuerkannt werden muß. Ganz deutlich verrät die Dame ihre Herkunft aus der erotischen Phantasie des Mannes. Seinem Wesen nach besteht das ritterliche Empfinden gegenüber dem Weibe in einer Differenzierung der Männlichkeit selbst, das heißt, in einer Abänderung der das erotische Triebleben begleitenden Vorstellungen. Denn im letzten Grunde ist doch auch für die soziale Stellung des weiblichen Geschlechtes das sexuelle Moment bestimmend. Ein Blick auf die historische Entwicklung der erotischen Beziehungen wird das am besten verdeutlichen.

Es ist bekannt genug, daß die Liebe bei den Völkern der alten Kultur hauptsächlich auf Individuen des gleichen Geschlechtes gerichtet war. Über die griechischen Frauen herrschte der männliche Geschlechtstrieb in seiner härtesten und despotischsten Form und bestimmte aus seinen Bedürfnissen heraus die Bedingungen ihres Lebens. Die Hellenen und auch die Römer der älteren Zeit stehen in ihrem psychosexuellen Charakter den orientalischen und barbarischen Völkerschaften ganz nah; ihre erotischen Beziehungen vollziehen sich unter den Vorstellungen unbedingter Herrschaft des Mannes über Körper und Seele des Weibes. Das Weib als bloßes Geschlechtswesen, als Besitzgegenstand, eingeschlossen in die vier Wände des Hauses, aber nicht einmal dessen Verwalterin, Gebärerin der Kinder, aber nicht einmal deren Erzieherin – das ist die Form, welche die griechische Erotik dem legitimen Leben zwischen Mann und Weib gab. Und jene weiblichen Wesen, denen die männlichen Ansprüche mehr Freiheit der Entwicklung gestatteten, waren von den bürgerlichen Ehren ausgeschlossen und standen um eine Stufe tiefer im Range der Weiblichkeit.

Man kann den Typus dieses Verhältnisses als den primitiven oder herrischen bezeichnen. Primitiv und indifferenziert wie der Trieb, dessen Ausdruck er ist, hat dieser Typus zum ganzen Inhalt den Zweck der Gattung, die Fortpflanzung. Von einem Versuch, die Interessen der Gattung mit denen der Persönlichkeit auf einer höheren Stufe des Empfindens zu vereinen, von vertiefteren, individualisierten Beziehungen und geistiger Gemeinschaft findet man dabei kaum eine Spur. Die Gegensätzlichkeit zwischen Gattung und Persönlichkeit ist noch nicht Problem geworden; aus dem einfachen Grunde, weil die Persönlichkeit noch Embryo ist oder weil selbst in den hervorragendsten Individuen die sexuelle Sphäre noch nicht individuell differenziert, noch nicht mit Persönlichkeitsgehalt erfüllt ist. Auch nach dieser Richtung erscheint Plato* als der Vorläufer und Verkündiger eines neuen Zeitalters, er, dieses »schönste Gewächs des Altertumes«, dessen Persönlichkeit und Anschauungen schon die Symptome der welthistorischen Krankheit aufweisen, die als Entzweiung von Geist und Natur, von Körper und Seele das geistige Leben des nächsten Jahrtausends bestimmen sollte. Denn vielleicht war die letzte Ursache dieser Krankheit, in den dunklen Untergründen des menschlichen Bewußtseins verborgen, nichts anderes als der Konflikt zwischen Gattung und Persönlichkeit.

Bei diesem Konflikt, den noch Kant in seiner Metaphysik der Sitten dahin formuliert, daß sich im Geschlechtsakt der Mensch selbst zur Sache macht, »welches dem Recht der Menschheit an seiner eigenen Person widerstreitet«, kam das Weib zunächst schlecht weg. Es besaß zwar in der frühchristlichen Welt, sofern es nicht als Geschlechtswesen sondern als »Schwester« betrachtet wurde, die gleiche Verpflichtung zur Überwindung des Geschlechtes und die gleichen Anrechte auf ein ungeschlechtliches Himmelreich wie der Mann, aber es war gleichzeitig für den Mann ein Gegenstand der Versuchung, dasjenige Wesen, das in Gestalt der Eva »die Übertretung eingeführt« und die verhängnisvolle Frucht Adam angeboten hatte. Die weniger subtilen Geister verwechselten damals wie heute das

Objekt der Begierde mit der Begierde, was besonders grell durch die fanatische Formel des heiligen Hieronymus ausgedrückt wird, die das Weib »die Pforte der Hölle« nennt. Diese Männer des innerlichen Zwiespaltes konnten den schmerzlichen Konflikt, der ihre Seelen zerriß, nur lösen, wenn sie das Weib zugleich mit der ganzen Welt der Zeugung von sich abtaten. Trotz aller Teilnahme der Frauen am christlichen Propheten- und Märtyrertum, trotz all ihren wohlerworbenen und im Evangelium verbürgten Rechten auf Gleichstellung, wird daher weder die erotische noch die juridische Stellung des Weibes in den ersten christlichen Jahrhunderten wesentlich geändert.

Aber in der Entwicklung der jungen Rassen behauptet das Irdische sein Recht und findet einen ästhetischen Ausdruck in der Gemütsstimmung derer, die durch ihre Anlagen und Neigungen wurzelecht mit dem Erdendasein verwachsen sind: in den Künstlern, den Dichtern und der Elite der Weltmenschen, die mit Künstlern und Dichtern gemeinsam dem menschlichen Dasein eine neue, edle Form zu geben streben. Das Leben in hohen und ekstatischen Illusionen, dieses auszeichnende Merkmal der mittelalterlichen Geistesrichtung, ergreift in Gestalt des Frauendienstes das sexuelle Gebiet und bringt ein neues Phänomen in der männlichen Psyche hervor. Diese Differenzierung der Männlichkeit, die mit der ritterlichen Erotik zum ersten Male in die Welt tritt, ist eine der größten Errungenschaften des Mittelalters; denn sie ist es, die einen neuen Typus des Verhältnisses zwischen Mann und Weib erschafft.

Die Abhängigkeit vom Weibe, in die der Mann durch seine geschlechtliche Natur gebracht wird – jene Abhängigkeit, von der die Männer der antiken Kultur sich dadurch zu befreien suchten, daß sie sich zu unumschränkten Herren des Weibes machten, die Männer der asketischen Christlichkeit aber dadurch, daß sie auf das Weib überhaupt verzichteten –, verwandelt sich nun in eine freiwillige, ehren- und freudvolle. Aus dem Stolz vornehmer Naturen, die ihre eigene Wesensart als Bürgschaft und Rechtfertigung empfinden, geht die Verherrlichung und Verklärung des Weibes hervor, die dem ritterlichen Geschlechtsverhältnis zugrunde liegt. War der Mann abhängig vom Weibe, so konnte das Weib nichts anderes sein als die hohe Herrin, der zu dienen ein Vorrecht und eine Gunst bildet. Die Ritterlichkeit des Mannes gegenüber dem Weibe ist mit den edelsten Eigenschaften der menschlichen Natur verschwistert: mit dem Stolz, der nur dort dienen will, wo er verehrt, der Großmut, die jede Unterstützung in eine Huldigung verwandelt, der Selbstverleugnung, die an den eigenen Vorzügen erst Freude empfindet, wenn sie zugunsten anderer tätig werden. Alle Hoheit, aller Überschwang, alles Raffinement einer neuen Kultur strömt jetzt in der erotischen Sphäre zusammen und verkörpert sich leibhaftig in dem Bilde der Dame. Ja, sogar ein Hauch religiöser Inbrunst, ausgehend von der Verehrung der Himmelskönigin, »der höchsten Dame, der reizenden Heiligen Jungfrau, die der eigentliche Gott des Mittelalters war« (Taine*), fehlt in diesem Kultus des Weibes nicht. Die Liebe erhebt die neue Generation in Zustände schwärmerischer Trunkenheit. Dante*, der sagte: »Ich lausche, wenn in mir die Liebe spricht; was sie mir eingibt, schreib' ich nieder«, macht aus der Geliebten die Führerin in die höchsten Sphären der Geistigkeit, indem er ihre Gestalt in den mystischen Königsmantel der Allegorie hüllt und an ihren Namen die letzten Geheimnisse des Himmelreiches knüpft.

Die ritterliche Vorstellung vom Weibe ist zur Grundlage des höheren europäischen Gesellschaftslebens geworden, dessen Mittelpunkt die Dame bildet. Auch nachdem die Blütezeit des höfischen Lebensideales und zugleich die glänzende Mode des Frauendienstes längst vorüber war, verlor die Dame nicht mehr ganz das Prestige des höheren Wesens. Doch was zuerst der Ausdruck einer enthusiastischen Überzeugung war, nimmt allmählich die Gestalt einer bloßen Konvention an. Die Ritterlichkeit sinkt zur Galanterie herab.

Während der geschmeidige, rastlose, wandlungsfähige Genius des männlichen Geschlechtes mit fortschreitender Zivilisation sich aller Mittel geistiger Kultur bemächtigt, bleibt die Dame in dem Reich der Galanterie zurück und löst sich aus dem lebendigen Prozeß der Entwicklung los. Zwar bietet sich auch in der späteren Verflachung für ihre Herrschaft noch Spielraum genug; und die Kulturgeschichte des siebzehnten und achtzehnten Jahrhunderts, insbesondere die Frankreichs, wird in wesentlichen Zügen durch den Einfluß der Dame bestimmt. Aber das Künstliche und Hohle, das sich hinter dem äußerlichen Glanz dieser Epoche verbirgt und erst in jenem ungeheuren Zusammenbruch am Ende des achtzehnten Jahrhunderts ganz zutage tritt, ist zum nicht geringen Teil auf das Künstliche und Hohle in der Existenz der tonangebenden Frauen zurückzuführen. Die Galanterie, eine frivole und heuchlerische Manier, gesteht der Dame den Schein der Überlegenheit zu, um sie in Wahrheit auf den Platz zwischen Kindern und Unmündigen hinabzudrücken, der dem Weibe nach den Vorstellungen der herrischen Männlichkeit zukommt. Der Mann, doppelt überlegen durch seine physische wie geistige Ausrüstung, benutzt die Galanterie als Mittel, um sich die Machtansprüche der Dame vom Leibe zu halten. In demselben Maß, wie der Abstand zwischen der männlichen und der weiblichen Bildung zunimmt, verengert sich die Sphäre, die der Dame eingeräumt ist. Alle großen und ernsten Probleme des Lebens sind daraus verbannt; der Salon, in dem die Dame herrscht, ist nicht viel mehr als ein modernisiertes Gynaeceum, bewohnt von eleganten Puppen, deren oberste Aufgabe ist, sich zu schmücken, um zu gefallen.

Es ist ein teurer Preis, mit dem die Dame ihre Herrschaft bezahlt. In dem Bestreben, diese Herrschaft zu erhalten, muß sie sich hinter eine reaktionäre Tradition verschanzen. Als Repräsentantin des Schicklichen ist sie in einem bedenklichen Gegensatz zum Natürlichen geraten, das in der Region der Dame zum Unanständigen wird. Ganz feindlich aber steht sie allen Neuerungen gegenüber, die einebewahrung moderne Weltanschauung in das Leben des weiblichen Geschlechtes einzuführen versucht.

In dem Begriff der Dame selbst liegt etwas, das sich mit dem Begriff der freien Persönlichkeit nicht verträgt. Das Weib als Dame, scheinbar auf den höchsten Gipfel der schönen Menschlichkeit erhoben, führt als Individualität ein Leben innerhalb eng gezogener Schranken. Nicht auf freie Entfaltung des Individuellen, sondern auf die Ausbildung und Bewahrung einer Konvention sind die Bedingungen der Damenschaft gestellt. Der Mann des ritterlichen Zeitalters verehrte in der Dame seines Herzens weniger eine bestimmte, ausgeprägte Individualität als vielmehr einen Komplex von Tugenden und Vorzügen nach konventionellen Begriffen. Daher vollzog sich der Verkehr zwischen der Dame und ihrem Ritter in ziemlicher Ferne und ließ im Grunde eine intimere Lebensgemeinschaft gar nicht zu. Dieses Element des innerlichen Fremdseins ist untrennbar mit dem Wesen der Dame verknüpft; es bildet eine Scheidewand zwischen den Geschlechtern, die nicht beseitigt werden kann, ohne daß zugleich ein Stück von dem Wesen der Dame fällt.

Mit den Ideen der großen französischen Revolution, als die Rechte der Persönlichkeit auch unter den Frauen reklamiert werden, treten aber die Vorstellungen der Gleichheit und der Gemeinsamkeit zwischen Mann und Weib in den Vordergrund. Die Erkenntnis, um welchen Preis die Erziehung zur Dame erkauft wird, entwertet die Vorrechte, die damit verbunden sind, und der Trieb nach freier Selbstbestimmung bewirkt in einzelnen weiblichen Individuen eine auf völlig geänderten Voraussetzungen beruhende Annäherung an das männliche Geschlecht. Sie lehnen sich gegen die unwürdige und unfreie Stellung auf, die das Gesetz dem weiblichen Geschlecht anweist; aber sie verschmähen zugleich die Huldigungen des gesellschaftlichen Verkehrs, die aus einer phantastischen Auffassung der Weiblichkeit hervorgehen.

Unter diesem Gesichtspunkt betrachtet, verdient die moderne Frauenbewegung eine andere Würdigung, als man ihr vielfach zuteil werden läßt. Denn in diesen Vorstellungen der Gemeinsamkeit trägt sie den wertvollsten Bestandteil einer neuen Ordnung zwischen Mann und Weib mit sich;

indem sie etwas, das sich vielleicht als Unterströmung schon lange in den Beziehungen der Geschlechter vorbereitet hat, zum System erhebt und eine Lehre daraus macht, bringt sie es erst zum allgemeinen Bewußtsein und verleiht ihm die suggestive Kraft, durch die es vorbildlich weiterwirken kann.

Schon Mary Wollstonecraft* beleuchtet in ihrer »Verteidigung der Rechte der Frau« (1792) – einem Buche, das alle Richtungslinien der späteren Frauenbewegung enthält – die Mängel, die aus der Erziehung zur Dame entspringen, und kommt zu dem Schluß, »daß es gut wäre, wenn die Frauen nur angenehme, vernünftige Kameraden wären, ausgenommen ihrem Geliebten gegenüber«. Diese »Ausnahme« bedeutet jedoch eine bloß subjektive Einschränkung. Zugleich mit der beginnenden Umwandlung in der sozialen Stellung des weiblichen Geschlechtes vollzieht sich eine Umwandlung des erotischen Verkehrs. Als eine geistig-körperliche Gemeinschaft auf der Basis individueller Anziehung und Ergänzung ist der kameradschaftliche Typus des Geschlechtsverhältnisses zu einem neuen Ideal der Liebe geworden.

Die Voraussetzung dafür ist allerdings eine Veränderung auch in der Natur des Mannes. Nur die männlichen Individualitäten, aus deren psychosexueller Beschaffenheit das Bedürfnis entspringt, sich in der Liebe an ein ebenbürtiges Wesen zu wenden, werden die Vorstellung der Gemeinsamkeit an die Stelle setzen, die in dem primitiven Verhältnis die Vorstellung der Herrschaft, in dem ritterlichen die Vorstellung der freiwilligen Unterordnung einnimmt. Man kann in diesem kameradschaftlichen Typus eine Übertragung der antiken Liebesvorstellungen, wie sie den sinnlich-übersinnlichen Freundschaftsbündnissen zwischen Jüngling und Mann zugrunde lagen, auf das Verhältnis von Weib und Mann erkennen. Was in Platons Symposion als höchste Liebe zwischen einem jüngeren und einem älteren Freunde geschildert wird, ist für das moderne Empfinden nichts anderes als die Darstellung der edelsten heterosexuellen Beziehungen.

Mit dem Ideal der Gemeinsamkeit hat die Frauenbewegung eins der Vermächtnisse aufgegriffen, welche die Renaissance kommenden Jahrhunderten hinterließ. Die Anerkennung der freien Persönlichkeit, die Gleichberechtigung der Geschlechter zum Zwecke einer ungehemmten und bedingungslosen Entfaltung individueller Eigenschaften sind in jenem allzu kurzen Aufleuchten höchster Kultur vorübergehend schon Besitz der menschlichen Gesellschaft gewesen.

So läßt sich in dem »Vollmenschen«, der in dem Ideenkreis der Frauen-bewegung auftaucht, eine zwar abgeschwächte, aber in der Hauptsache zutreffende Fassung dessen erkennen, was die Renaissance als Bildungskanon aufgestellt hat. Und der Umstand, daß es die Frauenbewegung nicht auf dem Wege historischer Entwicklung übernommen, sondern aus sich selbst neu geschaffen hat, kann nur dazu beitragen, seinen kulturellen Wert zu beglaubigen.

Die Kluft zwischen den Geschlechtern, aus der im Verlauf der europäischen Zivilisation so verschiedenartige Gebilde aufgestiegen sind, glänzende Blüten der Gefühlsromantik, wie der Minnedienst, und schauerlich groteske Ausgeburten feindseligen Wahnes, wie der Hexenprozeß: in dem kameradschaftlichen Verhältnis erscheint sie zum erstenmal ganz überbrückt. Als freie Gefährten, ausgerüstet mit den gleichen Hilfsmitteln der Kultur, zu gegenseitigem Verständnis gereift und bereit, die Höhen und Tiefen des Lebens gemeinsam zu durchschreiten: so treten Mann und Weib in ein neues Zeitalter ein, das seine Signatur von ihrem Bunde erhalten soll.

Allerdings gibt es unter den modernen Frauen auch solche, die das Heil des Weibes in der Lossagung vom Manne erblicken; eine asketische, männerfeindliche Richtung voll anmaßender Überschätzung der Weiblichkeit, voll kurzsichtiger Verkennung dessen, was das Weib der hohen und verfeinerten Männlichkeit verdankt. Sollte man in dieser Abkehr von allem Männlichen nicht ein Analogon zur Abkehr der frühchristlichen Männer erblicken dürfen, wiederum einen noch ungelösten Konflikt zwischen Gattung und Persönlichkeit, dessen Schauplatz diesmal die weibliche Psyche ist? Diese Frauen stehen noch auf dem Boden der Damenschaft, obwohl sie ihren Meinungen und Forderungen nach nicht mehr die Existenz der Dame führen. Sie unterziehen das Verhältnis von Mann und Weib einer Kritik, bei der sie die Auffassung des Weibes als des höheren Wesens zur Grundlage machen, ohne zu bemerken, welchen naiven Diebstahl an der Großmut der Männlichkeit sie dabei begehen. In ihnen verrät sich etwas von der wahren Gesinnung der Dame gegenüber dem Mann, von den Heimlichkeiten ihres erotischen Empfindens, das die Damen der alten Schule mit dem unverbrüchlichen Schweigen der großen Lebensklugheit verhüllten.

Für diese Frauen haben die Vorstellungen eines kameradschaftlichen Verhältnisses zum Manne keinerlei Reiz. Aber auch für einen Teil der Männer – und wahrscheinlich für die große Mehrzahl – wird das, was sie unter Kameradschaft verstehen, weitab liegen von den Vorstellungen, die sie sich über den Umgang mit Weibern machen. Im Grunde ist immer noch der primitive herrische Typus im Verhältnis von Mann und Weib der dominierende. Selbst in der Blütezeit des ritterlichen Verhältnisses haben bekanntlich nur die obersten Klassen, diejenigen, die durch eine bevorzugte Lebensstellung die Träger der geistigen Verfeinerung oder wenigstens der eleganten Mode waren, daran Teil genommen; und auch innerhalb dieser Klassen erstreckte sich die Verehrung des Weibes keineswegs auf das Eheleben. Nicht die Gattin, die Lebensgefährtin, genoß die Ehren des Dienstes, nur die Geliebte, die ferne und unzugängliche Frau eines anderen.

Was sich in diesen drei Typen, dem herrischen, dem ritterlichen und dem kameradschaftlichen, vor allem ausdrückt, ist die psychosexuelle Individualität, die besondere, angeborene Disposition im Verhalten des einzelnen Mannes gegenüber dem Weibe. Wenn auch in verschiedenen Epochen der menschlichen Kultur der eine oder der andere Typus mehr hervortritt und den allgemeinen Zuständen nach dieser Richtung seinen Charakter verleiht, bestehen sie doch gleichzeitig nebeneinander fort. Die vornehmen griechischen Hetären, die »Gesellschafterinnen« des Mannes, haben als die ersten dem erotischen Verkehr ein Gebiet geistiger Gemeinsamkeit erobert, indem sie an der Bildung und den Interessen der Männer teilnahmen. In diesen illegitimen Beziehungen milderte und verfeinerte sich zuerst der männliche Herreninstinkt, bis er in der Sphäre der schönen Geselligkeit die Herrschaft des Weibes unter der Form der Dame legalisierte.

Und nun hat es den Anschein, als ob die Tage dieser Herrschaft gezählt seien. Der Begriff der Dame beginnt hinfällig zu werden. Etwas Antiquiertes, eine Art Donquichotterie fängt an, sich an ihn zu heften. Noch ganz unbestimmt und unmerklich, nur erst wahrnehmbar in gewissen Beleuchtungen und Reflexen.

Die wirtschaftlichen und sozialen Umwälzungen, die die Funktion des »hauswaltenden« Weibes täglich mehr zu einem Anachronismus machen, gehen auch an der Existenz der Dame nicht spurlos vorüber. So weit eine Frau ihren Unterhalt selbst verdienen, also mit dem Manne in Konkurrenz treten muß, hört sie auf, unter den Bedingungen zu leben, die ihr nur innerhalb des Gesellschaftslebens garantiert sind. Auf dem Gebiete des Erwerbslebens endet die Galanterie als Umgangsform. Ein härteres Gesetz, eine strengere Verantwortlichkeit regieren hier und fordern unerbittlich andere Vorzüge, als sie aus der Bestimmung zur Dame hervorgehen können.

Aber auch in jene Kreise, die scheinbar ganz unberührt von modernen Ideen sind, dringen die Einflüsse einer in voller Wandlung begriffenen Kultur – in jene Kreise, in denen die Dame noch unbestritten regiert und zu deren konservativen Stützen sie gehört. Nicht als neue Erkenntnisse freilich, nicht als bewußte Forderungen einer freien, individuellen Lebensführung treten sie auf, sondern ganz unverfänglich, unter verschiedenen Masken: als neue Vergnügungen und Spielereien für das aus Vergnügungen und Spielereien zusammengesetzte Daseinsprogramm der Dame. Zu diesen verlarvten, revolutionären Elementen gehört vor allem jeder Sport, der anstrengende Leibesübungen in sich begreift, rasche und heftige, nicht auf Grazie, sondern auf Treffsicherheit gestellte Bewegungen oder selbst nur seelische Abhärtung, die sich der Gefahr kleinerer Entstellungen und Verletzungen unbedenklich aussetzt. Dergleichen verstößt gegen den orthodoxen Begriff der Dame, der ein des Schutzes bedürftiges, in seiner Zartheit und Schwäche verehrungswürdiges Wesen zur Voraussetzung hat. Was die Dame zum »höheren Wesen« stempelt, ist ihr Gegensatz zum Tun und Treiben der Männlichkeit; deshalb ist alles Kameradschaftliche im Verkehr der Geschlechter an sich schon unvereinbar mit dem Wesen der Damenschaft. Aber gerade auf dem Gebiet des Sportes ist das Kameradschaft-liche im Verkehr der Geschlechter nicht auszuschließen. Dort hat es auch seine ausgedehntesten und überraschendsten Siege gewonnen. Man kann, das berühmte Wort Buckles* über die ethische Mission der Lokomotive variierend, wohl behaupten: Das Bicycle hat zur Emanzipation der Frauen aus den höheren Gesellschaftsschichten mehr beigetragen als alle Bestrebungen der Frauenbewegung zusammengenommen.

Ja, der Begriff der Dame beginnt hinfällig zu werden. Und die Folgen dieses Auflösungsprozesses einer historischen Form müssen sich natürlich bald zeigen. Es dürfte der Dame kaum gelingen, sich über die unbequemen Bedingungen ihrer Vorrechte hinwegzusetzen und doch zugleich im ungeschmälerten Genuß der Vorrechte selber zu bleiben.

Und etwas wie eine Gefahr, die drohende Möglichkeit empfindlicher Verluste für das weibliche Geschlecht, scheint am Horizont aufzutauchen. Es wäre immerhin denkbar, daß alle die Güter, die sich das moderne Weib von der Freiheit der Selbstbestimmung verspricht, die Vorteile nicht aufwiegen, die das weibliche Geschlecht unter der Lebensform der Dame besessen hat. Es wäre immerhin möglich, daß die Nötigung zur Konkurrenz bei dem männlichen Teil die Veredelung des Instinktes, die sich als Ritterlichkeit manifestiert, und bei dem weiblichen Teil die Zucht zur Schönheit, zur Harmonie, zur körperlichen und seelischen Hoheit, aus der die Dame hervorgegangen ist, wieder zerstörte.

Hier liegt ein Kulturproblem: die Frauen müssen die alte Form überwinden, ohne deren kulturelle Errungenschaften preiszugeben, einen neuen Stil der Weiblichkeit bilden, eine Form des Seins, die sich in organischem Wachstum aus der bestehenden entwickelt, um Raum zu gewähren für das, was die Dame nicht war und nicht sein konnte: die freie Persönlichkeit.

Frauentypen

I

Die Aussagen der Männer über die Weiblichkeit leiden an dem Nachteil, daß sie nur eine Kenntnis aus zweiter Hand zur Grundlage haben und keine Unterstützung durch die Selbstbeobachtung erfahren. Frauen von überlegener Urteilskraft können aus ihrer eigenen Psyche Tatsachenmaterial schöpfen, sie können sich selbst als Vergleich, als Beweis, als Bürgschaft benützen. Dieses subjektive Verfahren verleiht ihren Aussagen besonderes Gewicht. Wie »das Weib« sich im Bewußtsein solcher Frauen spiegelt, ist als Beitrag zur Psychologie des Weibes auf alle Fälle maßgebend. Freilich nur theoretisch genommen. Einen praktischen Wert, etwa als Richtschnur und Erziehungskanon, haben diese Aussagen schon deshalb nicht, weil die Vertreterinnen der spezifischen Weiblichkeit unter sich nicht einig sind, was man eigentlich darunter zu verstehen hat.

Versucht man die Anschauungen zweier hervorragender und feiner Beobachterinnen, wie Lou Andreas-Salomé* und Laura Marholm in diesem Punkte zu vergleichen, so wird man auf völlig entgegengesetzte Eigenheiten als Grundwesen des Weibes stoßen, obwohl beide bei ihrer Auffassung der weiblichen Psyche von physiologischen Voraussetzungen, also von scheinbar zuverlässigen und untrüglichen Grundlagen ausgehen.

Während Laura Marholm, einer sehr verbreiteten Auffassung folgend, das Weib als ein Wesen darstellt, das in sich kein Zentrum, keinen eigenen Inhalt hat, das nicht für sich bestehen kann, faßt Lou Andreas-Salomé das Weib als das auf sich beruhende und in sich vollendete Wesen auf, in dessen ursprünglichem Sein schon Selbstgenügsamkeit und Selbstherrlichkeit enthalten sind, und das im Vergleich zum männlichen Wesen »wie ein Stück uralter, im ältesten Sinn vornehmster Aristokratie auf eigenem Schloß und Heimatsbesitz« erscheint. Das Marholmsche Weib hat seinen Schwerpunkt nicht in sich, es ist mit seiner ganzen geistigen Existenz auf den Mann angewiesen: »Des Weibes Inhalt ist der Mann«. Noch mehr: es empfängt außer seinem Inhalt auch seine Form von ihm: »Das, was das Weib über sich geschrieben liest, ist Richtschnur für das Weib, zu werden, wie der Mann es sich denkt. Es ist des Weibes Natur, sich in eine Form zu prägen und nach einer Form zu verlangen, in die es sich prägen kann«.

Das Saloméсhe Weib, Repräsentantin einer gleichfalls sehr verbreiteten Auffassung, will hingegen »mit allen möglichen geistigen Entwicklungsbestrebungen im Grunde nur sich selbst zu breiterer, reicherer Seinsentfaltung bringen«; es besitzt »jene Sattheit der schöpferischen Wiederholung von sich selbst, des Zusammenhaltens aller Kräfte innerhalb der eigenen Produktion, wie es für alles Weibliche charakteristisch ist«; es bildet eine Welt für sich, gemäß der Eigenart der weiblichen Eizelle, die »einen Kreis um sich geschlossen hält, über den sie nicht hinausgreift. Aber eben deshalb liegt auch im Weiblichen schon so elementar und primitiv angedeutet die intaktere Harmonie, die sichere Rundung, die in sich ruhende vorläufige Vollendung und Lückenlosigkeit«.

Durch die Abhängigkeit und Unselbständigkeit, die mit dem Empfangen von außen zusammenhängt, wird das Marholmsche Weib charakterisiert; es kann daher auch »mit der Konvenienz nicht brechen, denn diese ist seine einzige Stütze«. Und die Konvenienz ist nicht bloß außer ihm, sie ist auch in ihm. Sie ist zugleich »seine intimste weibliche Scham, sie ist die Richtschnur seines Empfindens«. Das Saloméсhe Weib aber »hat eine viel tiefer verborgene Verachtung vor dem traditionell Geltenden als der Mann ... Nicht das weiblichste Weib ist es, das am meisten des Hauses, der Sitte, des festgezogenen Kreises bedarf, um sich als Weib zu fühlen, vielmehr ist es sein schöpferisches Vermögen, all dieses aus sich selbst aufzurichten. So paradox es klingt, so kann man doch sagen: das Haus, die Sitte, die Schranke müssen viel mehr für den Mann da sein«. Bloß der Umstand, daß über dem Weibe so viele äußerliche Nötigungen regieren, erzeugt den Anschein des Gegenteils. Und ausdrücklich verwahrt sich Lou Andreas-Salomé gegen das verbreitete Mißverständnis, die beiden Geschlechter als bloße Hälften aufzufassen, wie »es in der populären Redewendung vom Weiblichen als dem passiv empfangenden Gefäß und dem männlichen als dem aktiv schöpferischen Inhalt« geschieht.

»Der Mensch als Weib« im Saloméschen Lichte ist eine Zusammenstellung aller Eigenschaften, die sich aus den physiologischen Bedingungen der weiblichen Korporisation ableiten lassen, eine modernisierte Auslegung dessen, was von alters her als spezifisch weiblich gegolten hat. Daher auch die Saloméсhe Anschauung, daß jene alten Bezeichnungen für das Wesen des Weibes, »als da sind: Häuslichkeit, am-Herde-walten, Religion, Selbstbescheidung, Unterordnung, Reinheit, Sittigkeit u. a. m.«, keineswegs Zufallsbezeichnungen sind, sondern, wenn auch grob und kompakt gefaßt, Symbole und Illustrationen für die wahre Wesensveranlagung des Weibes. Nach Lou Andreas-Salomé gestattet diese Wesensveranlagung keine völlige Individualisierung; das Weib hat immer vom Gattungsmäßigen viel mehr an sich als der Mann. »Denn das ist das Eigentümliche, daß das Weib dem Weibe gleicher ist, als der Mann dem Manne. In irgend einer geheimnisvollen und höchsten Bedeutung wird es wahr, was die schamlose Brutalität der Sinnlichkeit vom wahllos aufgegriffenen Weibe ausspricht, daß Weib oder Weib dasselbe gelte.« Das Weib ist das minder individualisierte Wesen, weil es »noch unmittelbar Anteil hat an dem Alleben selbst und wie dessen persönlich gewordenes Sprachrohr wirken kann«. Daher kommt es, daß es in seiner selbsteigenen Welt als dauernden Seelenzustand das besitzt, was das friedlose, sich ins Grenzenlose verlierende und spezialisierende Manneswesen nur in seinen höchsten Augenblicken erreicht.

Die Salomésche Art der Darstellung, die das Konventionelle verklärt, um aus ihm die Anhaltspunkte für »ein Bild im Umriß« der allgemein gültigen Weiblichkeit zu gewinnen, schließt so völlig die Zeichnung des Individuellen aus, daß es hier sogar aus dem Wesen des Weibes heraus grundsätzlich abgelehnt wird. Sie ist zugleich die Voraussetzung, unter der die generalisierende Methode sich rechtfertigt.

In der Marholmschen Darstellung hingegen führt sich die generalisierende Methode selbst ad absurdum, gerade weil »das Weib« der Laura Marholm ein individuelleres Gepräge trägt, weil es ein reales Wesen und nicht ein aus dem Gattungsmäßigen konstruiertes Schemen ist. Was für Widersprüche vereinigt dieses Weib in sich, aus was für wunderlich uneinheitlichen Bestandteilen ist es zusammengesetzt! Vorerst das »Zentrale« des Weibes, »die heiße Quelle ... die des Weibes ein und alles, sein Mittelpunkt, sein Genie und sein Inhalt ist – die durchseelte, verinnerlichte Geschlechtlichkeit«. Deshalb ist es auch nicht der Mann, »für den die Wahl die wichtigste Angelegenheit ist, sondern das Weib«. Und diese Wahl mit feinfühliger Unfehlbarkeit zu treffen, »nachtwandlerisch sicher den einen organisch-sympathischen Geliebten unter tausend gleichgültigen oder abstoßenden Menschen herauszufühlen«, wird als Ausdruck der intakten, hochkultivierten Weibnatur gerühmt.

Aber mit Staunen hören wir alsbald: »es kommt für das Weib in erster Linie nicht so sehr darauf an, wen es liebt, sondern daß es liebt.« Ja wir erfahren, daß der Mann, je braver, wärmer, besser er ist, desto pathetischer die große Liebe verlangt, bei der man vollen Ernst bezeugt – und das Weib »macht sich doch nur was aus der kleinen Liebe, bei der man spielt!«

Die merkwürdigste Bewandtnis scheint es aber mit der berühmten »Wildheit« des Weibes zu haben. Diese Wildheit ist es angeblich, durch die das Weib enger mit der Natur zusammenhängt als der Mann, und die daher um jeden Preis erhalten bleiben muß. »Das beste und schlechteste Weibmaterial ist nicht ziehbar und erziehbar, kultivierbar und zivilisierbar wie der Mann – das ist nur das weibliche Mittelgut – es ist Unregierlichkeit, Respektlosigkeit, Instinkt, nichts als weiblicher Instinkt.«

An anderer Stelle aber spricht Laura Marholm doch von der »unbegrenzbaren Akkommodationsfähigkeit« und »schrankenlosen Suggestibilität« des Weibes; sie sagt: »überall, wo das Weib eine Leitung findet, also ein Vertrauen empfindet, ist es folgsam. Nicht nur das gute, sondern auch das böse Weib«; und sie räumt den Männern ein: »Ihr könnt ja alles aus uns machen, Hetären und Amazonen, Vernunftmenschen und Heilige, Gelehrte und Blödsinnige, Frauen und Jungfrauen; denn wir fügen uns jedem Druck eurer Finger, und unsere Natur ist, uns nach euch zu wandeln.« Allerdings hebt sie diese Konzession in einem dritten Buch wieder auf, indem sie findet, »daß es das Weib ist, das das Gemütsleben des Mannes formt und mißformt, verzerrt oder entfaltet. Die Seele seiner Mutter oder die Seele seiner Schwester drücken auf die empfänglichen Seiten des Mannes ihren unverlöschlichen Stempel. Die Frage ist also doch schließlich in der Mehrzahl der Fälle nicht: wie ist der Mann? sondern: wie ist das Weib?« Und endlich behauptet sie: »Durch das Kind entscheidet sich das innerste Wesen im Weibe. Ihr verborgenster Fond kommt zum Vorschein ... sie wird etwas Bestimmtes, während sie vorher etwas Unbestimmtes war.«

Trotz aller umständlichen Bemühungen, für »das Weib« einen einheitlichen und allgemein gültigen Typus zu schaffen, vermag Laura Marholm doch nichts zu geben als ein Konglomerat einzelner Charaktere, die in den wesentlichsten Punkten kaum verwandt, geschweige denn identisch sind.

Freilich enthält schon die Marholmsche Grundvoraussetzung einen groben Lapsus. Laut dieser ist das Weib seelisch und körperlich »eine Kapsel über einer Leere, die erst der Mann kommen muß zu füllen«.

Nun kann aber das Weib, physiologisch betrachtet, durchaus nicht als eine Kapsel über einer Leere bezeichnet werden. Diese Kapsel hat einen höchst respektablen Inhalt; sie bringt einen Organismus hervor, der im Tierreich auf den ersten Stufen des Lebens so selbständig schöpferisch veranlagt ist, daß er aus eigener Machtvollkommenheit, ohne Zutun eines männlichen Elementes, das Leben weitergeben und vervielfältigen kann. Laura Marholm hat nur gleich das wichtigste am weiblichen Organismus übergangen, die Hervorbringung der Keimzelle, durch die das Weib morphologisch den gleichen Rang und Wert mit dem Manne erhält. Nebenbei bemerkt: der Marholmsche Mann, der zu seiner Frau sagt, daß er sie erst aus seiner Rippe geschaffen habe, begeht einen ähnlichen Irrtum. Denn auch nach der biblischen Genesis, der er seinen Vergleich entlehnt, hat nicht Adam das Weib aus seiner Rippe erschaffen, sondern – Gott. Mit so weitgehenden

Vollmachten stattet selbst die patriarchalische Vorstellung vom Weibe den Mann nicht aus!

Noch von einer anderen Seite sehen wir die spezifische Weiblichkeit bei Ellen Key. Sie sucht im Gegensatz zur Saloméschen Auffassung für die Frauen eine »unbegrenzte Freiheit der Individualität« trotz der durch ihre Physis bedingten Gebundenheit zu retten. Dieses Bemühen, den individuellen Unterschieden gerecht zu werden, durchkreuzt bei ihr beständig die generalisierenden Schlüsse, die sie für ihre Beweisführung doch nicht entbehren kann. Unter ihren Händen verwandelt sich die Weiblichkeit so unaufhörlich, daß man endlich nicht mehr weiß, warum denn von etwas so Unbestimmbarem oder von etwas so Nebensächlichem weiter die Rede sein soll.

Ellen Key bekennt zwar, daß ein einziger Ausnahmefall weiblicher Überlegenheit eine unabweisliche Stütze für die Forderung auf volle Freiheit der Selbstbestimmung für jede Frau bildet – aber der Zweck ihrer Ausführungen ist trotzdem, durch Nachweise über das, was das wahre Wesen des Weibes ist, diese Freiheit einzuschränken. Wenn die Gesellschaft, wie Ellen Key fordert, keiner Frau Hindernisse in den Weg legen darf, zu zeigen, was die Natur gerade mit ihr beabsichtigt hat, müßten dann nicht zu allererst die normativen Bestimmungen über das Weibliche und Unweibliche aufhören? Wozu soll es dann dienen, dem einzelnen Individuum vorzuhalten, wie die große Menge seiner Geschlechtsgenossen beschaffen ist, und ihm Richtungslinien anzuweisen, die aus Untersuchungen über das Durchschnittliche gewonnen sind?

Vielleicht ist es gegenüber den extremen Standpunkten in der Frauenbewegung angezeigt, durch solche Darstellungen des allgemeinen Geschlechtscharakters daran zu erinnern, daß nicht alle Frauen für eine andere Lebensführung als die überlieferte geeignet sind. Vielleicht – denn es wäre ja möglich, daß die Frauenbewegung durch übereilte Verallgemeinerungen hie und da urteilslose Personen auf einen falschen Weg locken, sie mit dem äußerlichen Ehrgeiz erfüllen könnte, etwas anzustreben, wozu sie doch nicht taugen. Diese Bestimmungen nach dem Durchschnittlichen tragen aber gleichzeitig dazu bei, die normative Gewalt zu verstärken, welche die staatliche und gesellschaftliche Tradition ohnedies über das einzelne Individuum ausübt – wie sehr auf Kosten der persönlichen Freiheit, das wissen eben nur diejenigen, die nicht in die herrschende Norm passen.

Nach dem Erfahrungssatze, daß auf geistigem Gebiete dieselben Verhältnisse herrschen müssen wie auf dem des Körpers, sucht Ellen Key die fundamentale Ungleichheit dort, wo der wichtigste funktionelle Unterschied im natürlichen Leben der Geschlechter liegt. Wie bei Laura Marholm durch die Wildheit, ist bei Ellen Key das Weib durch die Mütterlichkeit »enger mit der Natur verwandt«, mit dem Mystischen, das hinter der Wirklichkeit steht; und, »wenn die Kraft der Mütterlichkeit einst auf Erden in ihrer vollen Selbstherrlichkeit hervortritt, dann wird sie, in einer tieferen Bedeutung als bisher, der Welt die Erlösung gebären« – nämlich, wenn die Frauen erst gelernt haben werden, ihre Mütterlichkeit, die sie bisher nur in der Hingebung an private und persönliche Verhältnisse betätigten, auf die öffentliche und allgemeine Sphäre zu übertragen.

Diese Sphäre war freilich nach Ellen Keys eigener Angabe immer diejenige des Mannes; und es ist nicht einzusehen, wie die historische Entwicklung der spezifisch weiblichen Kraft aus sich heraus plötzlich eine andere Richtung nehmen und eine wesentlich andere Kulturform hervorbringen sollte.

Gestützt auf das Kriterium der Mütterlichkeit teilt Ellen Key die Frauen, vom geistigen Standpunkt aus gesehen, in zwei Rassen: in Frauen, die lieben, und in solche, die es nicht können. Dadurch vermeidet sie es, einer sehr häufigen und sehr charakteristischen Art der Weiblichkeit, der egoistisch-frigiden, die Zuständigkeit absprechen zu müssen, wie Laura Marholm, die das Kriterium der Weiblichkeit einfach in eine gesteigerte Erotik verlegt.

Unter den Frauen, die nicht lieben können, gibt es »entzückende Augenblicksmenschen oder reiche Künstlernaturen, oder große Sinneszauberinnen; zuweilen sind es klare, kalte Verstandesmenschen, zuweilen auch kleine, enge Alltagsseelen«.

Allein was sie auch seien, von ihnen hat die Menschheit keinen Zuwachs der weiblichen Lebenswerte zu erwarten. Das hat sie nur von den Frauen, die lieben können. »Für diese Frauen ist ihr Dasein als Gattin oder Mutter, Schwester oder Tochter, Freundin oder Helferin das Lebensentscheidende.« Auch unter ihnen gibt es große individuelle Ungleichheiten; für die einen ist »die erotische Liebe das Höchste; jene ergreift die Mutterliebe tiefer; andere fühlen am tiefsten die allgemein-menschliche Sympathie, die Mütterlichkeit in der weitesten Bedeutung des Wortes. Bei ihnen allen aber ist es die Stärke der persönlichen Hingebung, die das Rassezeichen ausmacht. Daran erkennen sie sich vom Nordpol bis zum Südpol.«

Es ist ein altbekanntes Merkmal der spezifischen Weiblichkeit, das hier zugrunde liegt: die persönliche Hingebung, die Aufopferungsfähigkeit, noch mehr, das Aufopferungsbedürfnis. In dem Seelenleben vieler Frauen spielt die Vorstellung der Aufopferung eine hohe Rolle; sie empfinden eine sittliche Genugtuung und innere Befriedigung über eine Handlung nur, wenn ihnen zugleich die Gelegenheit geboten war, ihr eigenes Ich und seine

Ansprüche zu überwinden. Sie wollen nicht unmittelbar ihre eigene Persönlichkeit ausleben, sondern einer anderen Persönlichkeit Raum gewähren. Kann sein, daß sich in dieser Eigentümlichkeit wirklich die »Natur des Weibes« am bezeichnendsten ausdrückt – vielleicht aber ist diese Eigentümlichkeit nur ein Kulturprodukt und dem Umstande zuzuschreiben, daß die Frauen, als sekundäres Geschlecht in einem dienstbaren und abhängigen Verhältnis zum männlichen stehend, immer nach ihrer Eignung zur Abhängigkeit bewertet wurden, oder auch, daß sie vermöge ihrer Suggestibilität viel stärker die Wirkung der herrschenden religiösen Gebote empfinden. Die Ideen der Aufopferung und Selbstüberwindung werden ja in der christlich-religiösen Welt am höchsten gestellt, sie repräsentieren ihre vornehmsten moralischen Werte. Ausgegangen allerdings sind sie von Männern als Vorschriften ohne Ansehung des Geschlechtes – eine Tatsache, die wie die ganze christliche Vorstellungswelt in ihrer symptomatischen Bedeutung von den Verfechtern der spezifischen Geschlechtspsychologie viel zu wenig beachtet wird. Und es ist zu fürchten, daß in der »allgemein-menschlichen Sympathie, der Mütterlichkeit in der weitesten Bedeutung«, die sozialen und religiösen Genies unter den Männern den Frauen längst den Rang abgelaufen haben.

Die persönliche Hingebung an sich ist nicht immer, wie Ellen Key will, eine zuverlässige Basis für eine Gemeinsamkeit jener Frauen, deren Rasseabzeichen sie bilden soll. Nicht immer bedeutet das Aufgehen in der Mutterschaft ein Symptom weiblicher »Selbstlosigkeit«. Viele Frauen der Mutterschaft gehören ihrer ganzen Wesensbeschaffenheit nach nicht dem altruistisch-sentimentalen Typus der Aufopferung Ellen Keys an, sondern eher dem egoistisch-frigiden. Die enge physische Verbindung zwischen Mutter und Kind läßt sie das Kind als einen Annex ihres eigenen Organismus empfinden, auf den sich ihre Liebe wie auf ihr eigenes Selbst erstreckt, weil es für sie noch kein von ihnen unterschiedenes Wesen ist.

Man kann mit demselben Recht behaupten, daß »das Weib« kein Zentrum in sich hat, als daß es das konzentrischste Wesen und viel mehr sein eigener Mittelpunkt ist als der Mann – es kommt nur darauf an, welche Art von Frauen man unter dem Sammelnamen »das Weib« versteht. Wer wüßte nicht, welchen Grad der Kultus der eigenen Person, die an Selbstvergötterung grenzende Selbstliebe bei vielen Frauen erreicht? In dem Typus, den Ellen Key durch das Kriterium des Nichtliebenkönnens bezeichnet, ist das Element der Hingebung, dieser vermeintlich so untrennbar mit der weiblichen Psyche verwachsenen Eigenschaft, nicht enthalten. Trotzdem – oder vielleicht gerade deshalb! – repräsentiert er die mächtigste und gefährlichste Erscheinungsform des Weibes, diejenige des großen, wilden, durch keinerlei soziale Instinkte eingeschränkten, mit aller sinnlichen Gewalt des Ursprünglichen ausgerüsteten Egoismus. Wenn man die spezifische Weiblichkeit nach der Macht bewerten will, die sie im Getriebe des Lebens besitzt, dann ist weder der erotisch-exzentrische Typus – da ja die innerliche Abhängigkeit vom Manne für das Weib nicht Macht bedeuten kann – noch der altruistisch-sentimentale – der nur eine gemäßigte, teilweise durch sozialreformatorische Ideen beeinflußte Variante der erotisch abhängigen Weiblichkeit ist – sondern der egoistisch-frigide Typus an die erste Stelle zu setzen.

Diese Frauen treten gewöhnlich nicht aus dem Rahmen des Konventionellen heraus; denn viele der wohlakkreditierten Merkmale des »echten Weibes« stimmen mit ihren Neigungen und Bedürfnissen ganz überein. Die züchtige Sittigkeit bildet für ihre erotische Unempfindlichkeit eine angemessene Form, wie die Religiosität für ihre Abneigung gegen das männlich-plebejische Denken; das Walten am häuslichen Herde gewährt ihrer satten Selbstgenügsamkeit, die gesellschaftliche Stellung der Dame ihrem inneren Überlegenheits- und Herrschaftsbedürfnis Befriedigung. Gerade die Lebensform des Weibes als Dame hat zur Voraussetzung und, soweit sie nicht ein Werk des männlichen Geschlechtes ist, auch zum Schöpfer den egoistisch-frigiden Typus. Daher ist die Keysche Behauptung kaum aufrecht zu erhalten, daß von den Frauen, die nicht lieben können, keine Bereicherung der weiblichen Lebenswerte herrührt.

Hebt man den schönen, blumigen Schleier auf, den die Kunst der Darstellung über das Saloméshe Weib breitet, dann wird man wohl Spuren dieser Art Weiblichkeit darunter wahrnehmen, ein und dasselbe Urbild, gesehen das eine Mal in warmer, idealistischer Beleuchtung, das andere Mal mit einem kälteren Auge. Diese Gestalt verleugnet ihre Verwandtschaft mit jener unzugänglichen, uneinnehmbaren Weiblichkeit nicht, die eine Welt für sich bildet – eine Welt, der gegenüber der Mann der ewig Ohnmächtige und ewig Fremde ist, der friedlos Schweifende ohne Heim und Eigenbesitz.

So lassen sich die einzelnen weiblichen Individualitäten nach verschiedenen Typen gruppieren, ohne daß man andere Hilfsquellen braucht als die miteinander unvereinbaren Behauptungen über »die wahre Natur des Weibes«, die von Frauen selber aufgestellt werden. Das Seltsame daran ist, daß ihre Urheberinnen nicht bemerken oder nicht bemerken wollen, welche Unterschiede in der Grundauffassung sie voneinander trennen. Daß Weib und Weib als das Gleiche gelten könne, wie Lou Andreas-Salomé sagt, erscheint im Munde einer ungewöhnlichen Frau einfach unbegreiflich.

Besteht doch eine so große Verschiedenheit unter den Frauen, daß das Verständnis, das aus der bloßen Geschlechtsgemeinschaft entspringt, in vielen Fällen völlig aufgehoben wird. Jener Freimaurerblick, von dem Laura Marholm spricht, der Blick, mit dem die Frauen angeblich untereinander die »Geheimschrift ihrer inneren Erlebnisse« lesen, er bewährt sich nur unter Mitgliedern desselben Grades, aber er versagt, wo es sich um größere Abstände handelt, um Unterschiede in dem, was ein Mensch als den Kern seiner Persönlichkeit, als das Mysterium seines besonderen Wesens empfindet.

Jeder Mensch von Eigenart weiß, daß es eine Art von Personen gibt, die zu ihm gehören, denen er sich verständlich machen kann, mit denen er etwas gemeinsam hat, und eine andere Art, die ungeheuere Mehrzahl, zu der er keinen Zugang besitzt, die seine Sprache nicht versteht, wie deutlich er auch rede, für die er in alle Ewigkeit ein verschlossenes Buch bleiben wird. Die Trennungslinie läuft keineswegs immer mit dem Geschlechte parallel. Namentlich geistig hervorragende Frauen finden ihre Wahlverwandten eher unter Männern. Und nicht allein intellektueller Momente wegen; sie haben in viel tieferen Dingen mehr Berührungspunkte mit ihnen als mit den Angehörigen ihres eigenen Geschlechts.

II

Jener innerste Kern, der die Menschen scheidet oder nähert, ist wahrscheinlich in der erotischen Eigenart zu suchen. Alle Abstände, die durch das Temperament, durch die intellektuelle Stufe, durch die Willensrichtung, kurz durch alle unbegrenzbaren Variationen in der Zusammensetzung der Persönlichkeit zwischen den einzelnen Individuen geschaffen werden, reichen weniger tief hinab. Ja, selbst der Unterschied des Geschlechtes nicht!

Bourget*, der in seiner »Physiologie der modernen Liebe« ein Buch der vorurteilslosesten Beobachtung geschrieben hat, nennt unter den Lügen, welche die Frauen den Männern auftischen, diejenige der sexuellen Erweckung durch die Liebe als die gewöhnlichste. Die Veranlassung zu dieser Lüge liegt wohl in gewissen Vorstellungen, die der Weiblichkeit eben diese Erweckung als sittliche Forderung vorschreiben. Beim Manne darf das geschlechtliche Moment unverblümt auftreten, als nackter Trieb, der sich für seine vorübergehende Befriedigung mit dem Gattungsmäßigen an einem Individuum des anderen Geschlechtes begnügt – im weiblichen Bewußtsein soll er nur unter der Gestalt der Liebe erscheinen, das heißt, erst durch eine bestimmte Person geweckt werden. Über die wahre Bewandtnis täuschen die Frauen gewöhnlich nicht bloß die Männer, sondern auch sich selbst. Die Macht sittlicher Vorurteile und die Vergewaltigung der Natur durch sie ist nach dieser Richtung so groß, daß kaum jemand, selbst unter den Ärzten, in dieser dunkelsten Tiefe der weiblichen Psyche wirklich Bescheid weiß. Und wenn Bourget von Frauen spricht, die in allem, was die Liebe angeht, die Natur des Mannes haben, von Frauen nämlich, bei denen das Geschlecht »ein untergeordnetes, gleichsam getrenntes Leben neben dem Kopfe, außerhalb des Herzens« führt, so berührt er damit eine Erscheinung, die weniger wegen ihrer Seltenheit, sondern bloß, weil sie von der bürgerlichen Norm abweicht, als »Ausnahme« gilt. Schon allein in diesem Punkte unterscheiden sich die einzelnen weiblichen Individuen so beträchtlich voneinander, daß von Wesensgleichheit kraft des Geschlechtes keine Rede mehr sein kann.

Aber man braucht nicht bis zu den Ausnahmen der weiblichen Natur zu gehen, und man wird auf Wesensgegensätze stoßen, die gerade dort entspringen, wo das Allgemeinweibliche scheinbar auf der zuverlässigen Grundlage des teleologischen Geschlechtscharakters ruht. Auch die heterogenen Frauentypen, die wir eben kennen gelernt haben, sind im letzten Grunde durch die erotische Eigenart unvereinbar voneinander geschieden.

Ein Zug ist es vor allem, durch den das persönliche Leben wie die historische Stellung des weiblichen Geschlechtes bestimmt wird – die Abhängigkeit. Sie entspricht ohne Zweifel einem inneren Bedürfnis, das aus der Wesensbeschaffenheit einer gewissen Art Frauen hervorgeht. Und sie hat ebenso unverkennbar ihren Ursprung in dem erotischen Gebiet.

Solche Frauen bedürfen eines Haltes, einer Führung, eines Gesetzes, das ihnen ein überlegener Wille vorschreibt. Der Mann ist ihr Inhalt, ihr Oberhaupt, ihr Eigentümer; und die Vorstellung der Unterwerfung unter seine körperliche und geistige Herrschaft löst bei ihnen die erotische Lustempfindung aus. Deshalb lieben sie die starke Faust, die befehlen und verbieten, drohen und bezwingen kann. Sie sind es auch, die in dem Manne ihres Herzens die Illusion bestätigen, daß sie sein Werk und Geschöpf sind; denn sie unterliegen der suggestiven Gewalt seiner Person so weit, daß sie sich ganz der Form anschmiegen, die seinem Geschmack entspricht. An ihnen stellt sich die teleologische Geschlechtsnatur des Weibes am unbedingtesten dar; ihre ganze Persönlichkeit ist von ihr durchdrungen und geht restlos in ihr auf.

Für den Mann bildet ihre Wesensart eine gewisse Bürgschaft, wenn nicht unbedingt des Glückes, so doch der Ungestörtheit. Darin ist auch der Grund zu suchen, warum gerade diese Varietät der weiblichen Natur so hoch geschätzt wird. Das Weib selbst hat von dieser Wesensart für sich wenig Gutes zu erwarten. Es liegt eher etwas Tragisches in ihr, eine Vorherbestimmung zu unberechenbaren Leiden, zu Angst und Qual ohne Ende. In sehr vielen Fällen ist das Los solcher Frauen nichts weniger als ein geborgenes Ausruhen in der sicheren Hut einer weisen und schützenden Macht. Vermöge der Anziehung, welche die Gegensätze aufeinander ausüben, fallen sie nur zu oft gewalttätigen, unbändigen, leidenschaftlichen Männern anheim, denen sie durch ihre Abhängigkeit auf Gnade und Ungnade ausgeliefert sind. Wer kennt nicht solche schwache, duldsame, sanftmütige, zärtliche Gattinnen, die vor ihrem Manne wie vor einem Elementarereignis zittern, wehrlos gegenüber seiner Eifersucht, seinem Mißtrauen, seiner schlechten Laune, seinem Jähzorn?

Am besten kommen dabei noch die Frauen mit sanguinischem Temperament weg, die leichtherzigen, oberflächlichen, zu Spielereien und Tändeleien, Listen und Finten geneigten, die Vogel- und Puppennaturen, die Meisterinnen der Hintertüren- und Alkoventaktik, die Klugen und Gewandten, die sich aufs Schmeicheln verstehen und die »schwache Stunde« zu benützen wissen. Sie alle sind ja gleichfalls zur Genüge als »das Weib« bekannt und beschrieben, wiewohl sie außer der Erotik der Unterordnung wenig oder nichts Gemeinsames haben. Viele von ihnen sind große Schweigerinnen, die nie Auskunft über die Heimlichkeiten und dunklen Verstecke ihres Seelenlebens geben – nicht einmal sich selbst; andere sind große Schwätzerinnen, die alles ausplaudern, ohne Scheu, sich und den Mann ihres Vertrauens bloßzustellen. Dann verrät sichs manchmal, daß die subjektive Illusion, die aus der erotischen Anlage entspringt, stärker ist als die Erkenntnis der wirklichen Verhältnisse. Der Mann ist nicht immer der strenge Herr und Gebieter, als den ihn seine Frau empfindet; allein sie liebt die starke Faust – und folglich muß er sie besitzen.

Diese Frauen fordern geradezu Unterdrückung, auch wenn sie darunter leiden müssen. So wie sie Eifersucht als einen Beweis der Liebe ansehen – und wohl deshalb, weil ihnen die Eifersucht des Mannes jene Furcht einflößt, die ihnen Widerstandsfähigkeit gegenüber der Versuchung gibt und als Ersatz für die mangelnde persönliche Willenskraft dient – so finden sie auch an stärkeren Gewaltausbrüchen noch Wohlgefallen, da sie als Ausdruck der wehrhaften Mannheit das Sicherheitsgefühl in ihnen bestärken. Wo die Sitten primitiv sind, wie in der bäuerlichen Bevölkerung, gelten sogar Schläge als ein Beweis echter Zuneigung des Mannes; sehr bekannt ist ja die Anekdote von jener weinenden Frau, die auf die Frage, warum sie so untröstlich sei, die Antwort gab, ihr Mann liebe sie nicht mehr, denn er habe sie schon seit einer Woche nicht geschlagen.

Etwas von dieser Empfindungsweise der primitiven Weiblichkeit hat Jacobsen* in der Gestalt der Marie Grubbe dargestellt, in der Frau, die aus den Höhen der Gesellschaft in deren tiefste Niederungen herabsteigt, um dem Manne ihres Herzens anzugehören. Als er, der ehemalige Knecht, sie eines Tages prügelt, ist sie selbst erstaunt über sich, daß kein Gefühl rasenden Hasses in ihr entsteht; und sie fährt fort, ihn über Alles zu lieben, weil er eben ein Mann ist, der vor nichts in der Welt zurückschreckt, um seinen Willen durchzusetzen.

Überdies wird der Typus der erotischen Unterordnung – der Marholmsche, wenn man aus den zahlreichen Widersprüchen desselben die einheitlichen Bestandteile aneinander gliedert – in unzähligen Gestalten der Literatur verkörpert und gefeiert, vielleicht in der bekanntesten und gesteigertsten als Käthchen von Heilbronn. Er kann als der durchschnittliche, als der landläufige betrachtet werden, als derjenige, der gewöhnlich gemeint ist, wenn gesagt wird: »das Weib«.

Und dennoch gibt es Anzeichen, daß er nicht der allgemeinste, nicht der »normale«, nicht das eigentliche Weib sei.

Ebenso häufig wie die Voraussetzung, daß das Empfindungsleben bei dem weiblichen Geschlecht durch die Persönlichkeit des Mannes bestimmt wird, ist die Auffassung, daß das Weib im Manne nicht so sehr die Persönlichkeit, als vielmehr den Vater ihres Kindes sucht. Viele sagen, der Trieb der Mutterschaft erfülle die Seele des Weibes so ganz, daß für den Mann selbst nur ein Platz an zweiter Stelle übrig bleibt. Zum Beispiel Krafft-Ebing: »Während der Mann zunächst das Weib und in zweiter Linie die Mutter seiner Kinder liebt, findet sich im Bewußtsein der Frau im Vordergrunde der Vater ihres Kindes und dann erst der Mann als Gatte.« Oder Lombroso: »Die Liebe des Weibes (zum Manne) ist im Grunde nichts als ein sekundärer Charakter der Mutterschaft.« Oder Arne Garborg*: »Das Weib liebt nicht wie wir. Ihre Neigung bedeutet, daß ihr Kind nun einmal einen Vater braucht; es ist nicht so übermäßig wichtig, ob es der oder jener ist.« Und noch andere mehr.

Soweit die Frauen der Mutterschaft zur altruistisch-sentimentalen Variante ihrer Gattung gehören, stehen sie in ihrer Erotik den Frauen der Unterordnung nahe; soweit sie aber der egoistisch-frigiden Art angehören, ist der Unterschied in dem Verhältnis gegenüber dem Manne sehr groß, und damit zugleich der Abstand, der sie von ihren Geschlechtsgenossinnen trennt. Wenn eine Frau in ihrer erotischen Hingebung an den Mann das Lebensentscheidende findet, wird sie vergeblich erwarten, in diesem Punkte von einer Frau, deren Lebensinteresse sich in der Mutterschaft konzentriert, verstanden zu werden. Der Grund, warum der Gegensatz, der hier herrscht, nicht auffälliger zur Erscheinung kommt, liegt nur in dem Mangel an reflektivem Erkenntnisvermögen unter den gewöhnlichen Frauen und in der Ähnlichkeit der Lebensbedingungen, durch die gemeinsame Interessensphären hergestellt werden.

Die Frauen der Mutterschaft mit egoistisch-frigider Grundnote fühlen sich nicht abhängig wie die Frauen der erotischen Unterordnung; sie haben eine viel geringere Assimilierungsfähigkeit und mehr Selbständigkeit gegenüber dem Manne, weil ihr Schwerpunkt nicht mit seiner Person zusammenfällt. Bisweilen geraten sie wohl durch den überlegenen Willen eines Mannes in schmerzliche oder leidenschaftliche Konflikte, viel öfter aber unterjochen sie vermittelst der Mutterschaft einen willens- und instinktschwächeren Mann. Zu ihren Kennzeichen gehört die Anschauung, daß die Kinder der Hauptsache nach Eigentum der Mutter sind, Fleisch von ihrem Fleisch, Blut von ihrem Blut, durch sie hervorgebracht in tausend Schmerzen und Opfern, und daß dem Manne nur der verschwindende Anteil an ihnen gebührt, den er bei ihrer Erzeugung hatte. Ihre Interessen und ihre Instinkte liegen weitab von denen des Mannes; sie haben meistens kein Bedürfnis nach einer wirklich intimen Lebensgemeinschaft mit ihm, und teilen auch trotz der Intimität der Ehe nur ganz äußerlich sein Leben.

Was diese Frauen als elementare Kraft dem Manne überlegen macht, ist die Verbindung von individuellem Egoismus mit dem Gattungstriebe; sie fühlen sich so unmittelbar eins mit ihrem Kinde, daß sie dadurch an dem »Alleben der Natur« mehr Anteil zu haben scheinen. Das Überwiegen des Instinktlebens in ihnen erweckt den Anschein, daß das Weib der Natur näher steht als der Mann, und übt gerade auf Männer, die an ihrer übermäßigen Verstandeskultur leiden, einen hohen erotischen Zauber aus.

Ihrem »sittlichen« Range nach dürfte diese Art Frauen nicht so hoch zu setzen sein wie in der männlichen Vorstellung. Sonst hätte die Voraussetzung keine Berechtigung, daß dem weiblichen Geschlecht ein wesentlicher Anteil bei jener Differenzierung des Trieblebens zukommt, die sich in der Liebe kundgibt. Denn daß sie ausschließlich auf eine bestimmte Person um ihrer selbst willen gerichtet ist, das erst zeichnet die Liebesbeziehung vor einer bloßen Verbindung zum Zwecke der Fortpflanzung aus.

Dem Manne könnte diese Wesensart des Weibes sogar eine gewisse Gefahr bringen, wenigstens soweit es sich um seine Vaterschafts-Vorrechte handelt. Es wäre nicht unmöglich, daß in dem Augenblick, als das weibliche Geschlecht soziale Gewalt erlangte, diese Art Frauen den Mann als Vater stark in den Hintergrund drängen würde. Zum Glück für den Mann ist das Aufgehen in der Mutterschaft meistens doch mit jener Passivität gepaart, die zum primitiven Geschlechtscharakter des Weibes gehört und selbständiges Handeln nach allgemeinen Gesichtspunkten ausschließt.

Erst der extreme Typus der egoistisch-frigiden Weiblichkeit überschreitet diesen primitiven Geschlechtscharakter. Wird nicht auch eine »unersättliche Herrschsucht« als das Lebenselement des Weibes bezeichnet? Ist nicht das Salomésche Weib das ganz auf sich beruhende, und also vom Manne unabhängige Wesen? Ist nicht für Mrs. Egerton jene Frau die vorbildliche, die durch keine Mannesliebe jemals innerlich ganz befriedigt wird? Die sich selbst für »die Menschenblume, die Krone der Schöpfung« und den Mann nur für das »zufällige Beiwerk« hält? Solchen Frauen erscheint der Mann im mildesten Fall als ein »komisches, großes Kind«, über das sie in stiller Überlegenheit lächeln, im schlimmeren aber als ein »Tier mit primitiven Instinkten« oder gar schlechtweg als »Mannbestie«. Und ihre Lehre lautet: »Halte deine Seele fest in der Hand und verpfände sie an keinen Mann«.

Bei diesem Typus tritt etwas auf, was man dem Herrschafts- und Überlegenheitsgefühl an die Seite stellen kann, das in der männlichen Psyche als Prärogative der Männlichkeit erscheint. In ihrer schroffsten Form ist diese Weiblichkeit nicht fern von Männerverachtung; das Verhältnis, das zwischen ihr und der ihr adäquaten Männlichkeit besteht, erinnert an jene Art der Liebe, von welcher Nietzsche sagt, daß sie »in ihren Mitteln der Krieg, in ihrem Grunde der Todhaß der Geschlechter ist«.

Dieser paradoxe Ausspruch beleuchtet zwar nicht das Wesen der Liebe, aber doch das Wesen der Geschlechtsbeziehungen, wie sie sich in den Untergründen des Bewußtseins abspielen. Für die Frauen hat der Genuß an der Ausübung persönlicher Macht nicht weniger Reiz als für den Mann; und das verbreitetste Geschlechtslaster der Weiblichkeit, die Gefallsucht, entspringt diesem Verlangen nach Macht. Die Natur hat dem Manne die physische Gewalt der Sexualität verliehen, aus der er sein Überlegenheitsbewußtsein schöpft. Aber die große Kunst der Weiblichkeit besteht darin, mit den Mitteln einer raffinierten sinnlichen Kultur diese elementare Gewalt zu entwaffnen und das primitive sexuelle Verhältnis zwischen Eroberer und Beute umzukehren. Jenes buhlerische Element, das ein so fragwürdiger Zug an der gewöhnlichen Weiblichkeit ist, erscheint als ein Produkt des latenten Kampfes, in dem das Weib seine sexuelle Macht derjenigen des Mannes entgegensetzt, um den Bezwinger zu bezwingen.

An der erotisch abhängigen Weiblichkeit ist das buhlerische Element eine relativ harmlose Eigenschaft, weil es nur den Ausdruck der Eitelkeit bildet, die sich an dem Gefallen genügen läßt, ohne herrschen zu wollen; aber gepaart mit einer egoistisch-frigiden Wesensart verleiht es dem Weibe, das überdies den erforderlichen sinnlichen Zauber besitzt, eine Macht, die jede andere menschliche Macht überragt.

Das Besondere und Bedeutsame an jenem Typus der weiblichen Prärogative hingegen ist, daß er die Überlegenheit des Weibes nicht auf die Geschlechtsmacht des buhlerischen Elementes gründen will, sondern auf die Unabhängigkeit vom Manne, die das Weib aus seiner sexuellen Kälte gewinnen kann, und die seiner geistigen Entfaltung Raum gewähren soll.

Keineswegs aber gehören zu dieser Art alle geistig überlegenen Erscheinungen des weiblichen Geschlechtes. Bei diesen tritt uns zuweilen ein ganz anderer Typus entgegen – das sind die Frauen, von denen Laura Marholm, allerdings mit einer Verwechslung von Ursache und Wirkung, sagt, sie seien »krank an einer inneren Spaltung, die erst mit der Frauenbewegung in die Welt gekommen ist«. Es ist zwar eine schwache Seite der Frauenbewegung, daß sie das Unterordnungsbedürfnis der weiblichen Psyche bloß aus Erziehungseinflüssen herleiten und seine erotische Basis nicht bemerken will – aber die Wurzeln des Konfliktes, unter dem jene Frauen leiden, reichen tiefer in die seelische Konstitution hinab als die Macht theoretischer Anschauungen. Die Entwicklung zur selbständigen Persönlichkeit, deren Ausdruck die modernen Frauenbestrebungen sind, bringt in manchen Fällen eine Dyskrasie des Wesens mit sich, eine schlechte Mischung zwischen den Tendenzen der weiblichen Sexualität, die nach Unterordnung, und den Tendenzen der Persönlichkeit, die nach Unabhängigkeit strebt. Solche Frauen suchen vermöge ihrer erotischen Eigenart gerade diejenigen Eigenschaften an dem Manne ihrer Wahl, die sie doch in ihrem außergeschlechtlichen Leben nicht ertragen können. Als Weib begehren sie nach dem, was sie als Persönlichkeit verabscheuen. Ihre Geschlechtsnatur fordert die herrische Überlegenheit des Mannes, weil nur durch Vorstellungen des Unterworfenseins, des Beherrschtseins ihre Erotik geweckt wird; aber ihr Wille zur Selbstbestimmung lehnt sich gegen die Unterwerfung auf, sobald deren Konsequenzen außerhalb der erotischen Sphäre fühlbar werden. Für sie gibt es keinen Weg zu einem harmonischen Verhältnis auf sexueller Grundlage. Sie sind zum Unglück verdammt wie alle Menschen des inneren Zwiespaltes.

Die Spuren dieser Dyskrasie, die noch so wenig beachtet worden ist, obwohl sie so oft das Verhängnis mißglückter Liebesbeziehungen bildet, lassen sich an dem Schicksal vieler hervorragender Frauen verfolgen, bei Mary Wollstonecraft, bei Marie Baschkirtschew* und vielleicht am deutlichsten bei Sonja Kowalewska*.

Man hat dieses Schicksal aus dem Mißverhältnis erklären wollen, das sich angeblich mit Notwendigkeit aus den geistigen Bestrebungen und der natürlichen Bestimmung des Weibes ergeben soll. Ist dabei aber nicht eine Verkennung der tieferen Ursachen unterlaufen? Das Glück der Liebe wird im wesentlichen, soweit es eben nicht von äußeren Umständen abhängt, durch ein innerliches Gleichgewicht bedingt, durch die Übereinstimmung der erotischen Eigenart mit den übrigen lebensentscheidenden Impulsen des

Individuums. Daß in der weiblichen Natur die Liebe notwendigerweise als ein Bedürfnis der Unterordnung auftreten muß, ist eine willkürliche Voraussetzung und trifft nur bei jener Art Frauen zu, die sich mit ihrer Erotik nicht über die primitive teleologische Geschlechtsnatur erhebt.

Denn es gibt – und gewiß nicht so selten – Frauen, denen die Liebe durchaus keine Aufgebung der persönlichen Freiheit bedeutet. Die Vorstellung der starken Faust wirkt auf sie ebenso abschreckend, als sie auf andere verlockend wirkt – aber nicht, weil sie keiner innigen persönlichen Hingebung fähig sind. Nicht der Grad, sondern die Art der Hingebung ist das Bezeichnende. Man pflegt den Unterschied zwischen der männlichen und der weiblichen Art zu lieben darin zu suchen, daß das Weib unter völliger Selbstaufgebung, der Mann unter Selbstbehauptung liebt. Diese Unterscheidung fällt hier in nichts zusammen. An die Stelle der Unterordnung tritt die Gemeinsamkeit auf Grundlage einer Wesensergänzung, in der das Gattungsmäßige von rein individuellen Momenten überwogen wird. Das subjektive Ideal, in dem sich die individuelle erotische Anlage jedes Menschen spiegelt, nimmt bei diesen Frauen die Gestalt der Freiheit an; die lustbetonte Vorstellung ist nicht mehr diejenige des Dienens auf der einen Seite und des Herrschens auf der andern, sondern die Vorstellung der Gleichheit. Von ihnen gilt das schöne Wort Richard Wagners, das die Liebe der starken Naturen als »freie Hingebung an den, der uns nicht zu zwingen vermag« feiert.

Solche Frauen werden, wenn ihnen die Ungunst des Zufalles nur herrische Männer in den Weg führt, leicht Männerhasserinnen. Die landläufigen Redensarten über den Mann als den Herrn des Weibes, über die Pflicht des Weibes zur Unterwerfung und zum Dienen, verwirren und verstören sie namentlich im frühen Jugendalter oft bis zu einem asketischen Widerwillen vor aller Männerliebe. Erst wenn ihre Persönlichkeit sich unabhängig von den herrschenden Normen ausbildet und sie erkennen, daß jeder freie Mensch sein Leben nach dem Gesetze seines inneren Wesens gestaltet, oder wenn eine glückliche Begegnung ihnen offenbart, daß die individuelle Differenzierung aus dem einzelnen Mann ein ganz anderes Wesen macht, als wozu die Durchschnittsmethode ihn stempelt, gewinnen sie die Harmonie zwischen sich und der Welt zurück.

Sie sind es, die sich am meisten von dem teleologischen Geschlechtscharakter der Weiblichkeit entfernen. Die oberflächliche Beobachtung pflegt sie mit dem Typus der Prärogative zu verwechseln, weil auch bei ihnen der atypische Teil ihrer Natur die Stellung bestimmt, die sie den herkömmlichen Einrichtungen gegenüber einnehmen müssen. Und da das Bestehende auf eine andere Sorte zugeschnitten und bemessen ist, geschieht es wohl, daß das revolutionäre und polemische Element mehr an ihnen hervortritt, als es in der inneren Notwendigkeit ihres Wesens gelegen wäre. Dieses polemische Element wirkt an der Erscheinung der »Emanzipierten« auf die Unbeteiligten so unangenehm; und die Feindseligkeit jener Art Mann, die allein den Typus der erotischen Unterordnung als »das Weib« gelten lassen will, hat sie unterschiedslos mit dem mißliebigen Namen »Mannweib« gebrandmarkt. Daß eine Verwandtschaft zwischen ihrer Wesensart und der männlichen besteht, ist allerdings nicht zu leugnen; um dieser Verwandtschaft willen, die aber unter einem nicht einseitig sexuellen Gesichtspunkt möglicherweise einen Vorzug bedeutet, kann man sie als den progressiven Typus der Weiblichkeit den anderen gegenüberstellen.

Ein Punkt verdient besonders hervorgehoben zu werden, in dem ihre Empfindungsweise auffällig von der gewöhnlichen weiblichen absticht: die Art und Weise, wie sie sich gegenüber den polygamen Sitten des männlichen Geschlechtes verhalten. Für die meisten Frauen steht die Anzahl der Eroberungen und Abenteuer, die ein Mann gehabt hat, im gleichen Verhältnis zu der Anziehung, die er auf sie ausübt; sie erblicken eher darin einen Vorzug. Die Vorstellung der Jungfräulichkeit an einem Mann hat keinen Zauber für sie. Wenn sie ihnen nicht geradezu abstoßend erscheint, so läßt sie sie doch gleichgültig. Sie betrachten die männliche Polygamie als etwas Selbstverständliches und Unabänderliches. Es ist aber kein ganz seltener Fall, daß junge Mädchen, sobald sie von dem Manne, den sie lieben, diese Dinge erfahren, in die tiefste Verzweiflung geraten, obwohl nach den herrschenden gesellschaftlichen Anschauungen daraus kein sittlicher Makel für den Mann erwächst. Sie kommen darüber, ihrer innersten Empfindung nach, kaum weniger schwer hinweg als im umgekehrten Fall die meisten Männer; nur eben die herrschenden Anschauungen bewirken es, daß der Konflikt in den schweigenden Tiefen der Seele verborgen bleibt, unter jenen scheuen und stummen Schmerzen, für die es kein Echo in der Außenwelt gibt.

Es wäre keine unmögliche Aufgabe, in den Geisteswerken einzelner hervorragender Frauen Andeutungen dafür zu finden. Sofern man die Werke eines Autors als Dokumente seiner Persönlichkeit betrachten und in den wechselnden Gestalten seiner Einbildung die Form erblicken kann, in der er sein Verhältnis zur Welt darstellt, gibt beispielsweise der Roman »Mauprat«, der eine Verherrlichung der männlichen Jungfräulichkeit enthält, ein nicht mißzuverstehendes Zeugnis, wohin die erotische Eigenart George Sands*, dieser ebenso zärtlichen als unabhängig gesinnten Frau, neigte.

Von symptomatischer Bedeutung ist es auch, daß diese Empfindungsweise in den Tendenzen der Frauenbewegung Ausdruck gefunden hat. Nur leider verquickt mit moralisierenden Verallgemeinerungen. Alles Moralisieren jedoch verdunkelt das eigentliche Phänomen; denn nicht um ein sittliches Urteil, sondern um eine subjektive Empfindung, die Äußerung einer bestimmten Wesensbeschaffenheit, handelt es sich im Grunde.

Die bekannteste Darstellung eines solchen Mädchens ist jene Svava in Björnsons* »Handschuh«, die mit ihrem Bräutigam bricht, als sie sein Vorleben erfährt. Aber auch hier ist das Gewicht nicht auf das psychologische Problem, sondern auf eine moralisierende Tendenz gelegt. Den äußersten Gegensatz zur Auffassung Svavas hat bezeichnenderweise Laura Marholm geliefert. In ihrer Erzählung »Was war es?« sagt der Liebhaber zur Heldin: »Die käufliche Liebe war mir immer widerlich. Ich habe noch nie ein Weib angerührt.« Da wendet sich das Mädchen entsetzt von ihm ab: »es war ihr, als ginge ein kalter Schauder durch die Natur, etwas wie eine fröstelnde Enttäuschung.«

Wollte man schließlich nach Analogie der primitiven und der differenzierten Männlichkeit die Typen der Weiblichkeit gruppieren, so müßte man das Kriterium gleichfalls in der individuellen erotischen Anlage und nicht in äußeren sozialen Unterschieden suchen. Ein durchgebildeter Gegensatz der Lebensaufgaben wie bei dem männlichen Geschlecht existiert bei dem weiblichen nicht; und die naheliegende Gegenüberstellung der Dirne und der ehrbaren Frau wäre schon deshalb unzulänglich, weil die Prostitution eine sozial nicht approbierte Lebensform und die angeborene Disposition dazu eher einen atavistischen Defekt des Individuums darstellt. Was man als primitive Weiblichkeit ansprechen kann, ist die Unfähigkeit, sich selbständig zu behaupten, die in dem weiblichen Unterordnungsbedürfnis ihren Ausdruck findet, der Mangel an Persönlichkeit, der das Weib als Geschlechtswesen einem fremden Willen anheimgibt, entweder, indem dieser Wille als elterliche oder verwandtschaftliche Autorität ihre Wahl bestimmt, oder als eheherrliche Gewalt über ihre Person gebietet. Das Weib aber, das aus eigener Machtvollkommenheit über sich als Geschlechtswesen verfügen will und dieses Recht der Persönlichkeit kraft innerer Notwendigkeit zum obersten Gesetze seines Lebens macht, das Weib, das arbeitet, um unabhängig zu sein, das eher ganz auf die Liebe als auf die freie Wahl verzichtet, wird als Typus der differenzierten Weiblichkeit gelten können, was für eine soziale Stellung es auch einnehmen mag. Denn das entscheidende Merkmal ist die Entwicklung des Persönlichkeitsbewußtseins, das die primitive teleologische Geschlechtsnatur aufhebt – am umfassendsten dann, wenn es auch die erotische Eigenart des Individuums durchdringt.

Übrigens sollte man sich hüten, die Qualität des Geschlechtswesens an sich als Wertmesser der Persönlichkeit zu benützen. In Dingen der Weiblichkeit werden Geschmacksfragen zu Prinzipienfragen gemacht. Es ist ganz müßig, darüber zu debattieren, welche Art der Weiblichkeit die echte und rechte sei. »Was soll man von einem Weibe denken, die nur vollkommen Weib sein wollte?« hat Max Stirner gesagt. »Das ist nicht jeder gegeben und manche würde sich damit ein unerreichbares Ziel setzen. Weiblich dagegen ist sie ohnehin, von Natur, die Weiblichkeit ist ihre Eigenschaft, und sie braucht der ‚echten' Weiblichkeit nicht.« Für das Leben jedes Individuums ist die erotische Anziehung, die es ausübt, und die Instinktsicherheit, mit der es seine Wahl trifft, das Ausschlaggebende. Dabei kommt das allgemein Weibliche nicht in Betracht. Regiert hier nicht ein ganz persönlicher und privater Maßstab? Nicht ein Gesetz, das sich in jedem Fall einzig und allein auf die individuelle Natur der beiden Beteiligten gründet? Hineingebannt in die Schranken einer bestimmten Individualität, können wir die geheimnisvolle Basis, auf der unser Fühlen und Wollen sich schicksalsmächtig erhebt, nicht wählen und nicht ändern. Und vergeblich wäre es, eine Übereinstimmung und Gemeinschaft dort herstellen zu wollen, wo das Trennende und Gegensätzliche in den Urgrund unseres Wesens hinabreicht. Weib und Weib ist nicht das gleiche, so wie Mann und Mann nicht das gleiche ist – ohne diese Fundamentalerkenntnis wird die Geschlechtspsychologie immer ein Labyrinth unlösbarer Widersprüche bleiben.

Familienliteratur

Niemals noch ist die herrschende Vorstellung vom Weibe, das »Ideal« des Weibes, so sehr versimpelt gewesen wie im 19. Jahrhundert. Um den vollen Umfang dieser Versimpelung zu begreifen, muß man das Bild der Weiblichkeit in jener Literatur suchen, die eigens für die Frauen geschrieben wird. Denn das ist die fragwürdige Auszeichnung unserer Zeit vor anderen Kulturepochen: es gibt eine Literatur eigens für Frauen.

In der antiken Kultur existierte das weibliche Geschlecht als literarisches Publikum bis zur römischen Verfallzeit überhaupt nicht; das Theater war den Frauen unzugänglich, und der geringe Grad ihrer Bildung, ihre Unkenntnis des Lesens, ihre auf das Haus beschränkte Lebensweise verschloß ihnen auch den Zugang zur geschriebenen oder rezitierten Dichtkunst. Dennoch überliefert die antike Literatur ein reich individualisiertes Bild des Weibes, besonders in den Gestalten weiblicher Gottheiten.

Im Mittelalter hingegen waren gerade die Frauen, neben den Geistlichen die Trägerinnen der hohen Bildung und über die Geistlichen hinaus die Trägerinnen der schönen Sitte und edlen Geselligkeit, fast ausschließlich das Publikum der weltlichen Dichtkunst; und alles, was auf diesem Gebiete hervorgebracht wurde, war für sie bestimmt, ohne daß sie einen hemmenden oder beschränkenden Einfluß auf Stoff und Darstellung ausübten. Auch aus dieser Literatur tritt uns das Weib in einer Fülle von Individualitäten entgegen, unter denen es nicht an solchen fehlt, die wie Kriemhilde oder Isolde oder die Frauen des französischen Karlsepos sich weit von dem entfernen, was man heute als »Musterbild edler Weiblichkeit« zu betrachten gewohnt ist.

Dieses Musterbild und die literarischen Vorkehrungen zu seinem Schutze sind erst eine Schöpfung der Gegenwart. Zwar beklagt sich schon Goethe bei Eckermann* über den Einfluß, den die Anwesenheit der jungen Mädchen im Theater auf die Bühne ausübe; aber seither ist dieser Einfluß ungemessen ins Breite gewachsen.

Denn nunmehr scheidet sich die Literatur in zwei getrennte Gebiete. Das eine ist das Gebiet des freien persönlichen Schaffens, wo die Individualität des Autors, seine eigene Welt- und Lebenskenntnis herrscht. Aber der weitaus überwiegende Teil dessen, was Jahr für Jahr geschrieben und gedruckt wird, gehört nicht dahin. Jene Verbreitung in Hunderttausenden von Exemplaren, die der literarischen Arbeit erst eine Wirkung ins Große ebenso wie einen nennenswerten, materiellen Ertrag gewährt – und das gilt leider ganz besonders von der deutschen Literatur – ist ein Privilegium des anderen Gebietes, der sogenannten Familienliteratur.

Der Name »Familienliteratur« bedeutet keinen Ehrentitel, wie jedermann weiß. Nicht die künstlerische Qualität des Werkes kommt hier in Betracht, kein künstlerischer Gesichtspunkt ist hier maßgebend. Nicht die Redlichkeit der Beobachtung, nicht die schöpferische Erfindung, nicht die neuen Probleme, die den Weg der literarischen Entwicklung bezeichnen. Gleichviel, ob es sich um Arbeiten belletristischen oder wissenschaftlichen Inhaltes handelt, ob es Romane oder Gedichte, Abhandlungen oder Anekdoten sind – was die Zensur des Familienblattes passieren will, muß nach einer bestimmten Schablone verfertigt sein, muß eine bestimmte Moral zur Grundlage haben, muß in einem bestimmten konventionellen Verhältnis zur Realität stehen. Vor allem natürlich ist es die belletristische Produktion, für welche dieses System verhängnisvoll wird; denn sie hat in erster Linie die geistige Verproviantierung des Familientisches zu besorgen. Die Welt, wie sie hier dargestellt werden muß, ist von einer chinesischen Mauer eingeschlossen, innerhalb welcher die Vorgänge sich nach feststehenden Regeln abspielen; sie ist eine Puppenbühne, auf der eine Anzahl stereotyper Figuren und Gedanken in ewig wiederholten Variationen die fable convenue aufführen, die für den Familientisch das menschliche Leben und Treiben repräsentiert.

Mit rückhaltsloser Offenheit hat Arthur Zapp* in einem höchst bezeichnenden Artikel »Schriftstellerleiden« – erschienen am 12. November 1898 in der »Zukunft« – den Terrorismus beleuchtet, der hier geübt wird. Er beschreibt den Leidensweg, den er vom selbständigen Schaffen nach eigenen Impulsen und eigener Beobachtung zum Fabrikanten von Familienblattromanen zurücklegte, und teilt schließlich die lehrreichsten Stellen aus einigen ihm zugegangenen Offertbriefen vielgelesener Familienblätter mit. In einem solchen Briefe heißt es: »Die in unserem Blatte zur Veröffentlichung gelangenden Beiträge dürfen weder eine politische noch eine religiöse Tendenz enthalten und müssen in erotischer Hinsicht so gehalten sein, daß sie auch vor jüngeren Mitgliedern im Familienkreise vorgelesen werden können. Auch darf weder eine Ehescheidung noch ein Selbstmord vorkommen. Die Handlung muß stetig an Spannung zunehmen und in jedem Kapitel muß irgend eine Wendung in der Fabel, ein neues Ereignis oder dergleichen eintreten. Der Ausgang muß ein glücklicher, einen angenehmen Eindruck hinterlassender sein.« In wunderbarer Übereinstimmung schreibt die Redaktion eines in weit über hunderttausend Exemplaren verbreiteten Blattes: »Unser Unternehmen ist für den Familienkreis bestimmt, so daß wir in erster Linie auf strenge Dezenz Gewicht legen müssen und auf absolutes Vermeiden alles politisch und konfessionell Anstößigen. Auch soll auf eine äußerlich ereignisreiche, immer in Spannung erhaltende Handlung und knappe Darstellung Bedacht genommen und ermüdende Schilderungen sowie Reflexionen vermieden werden. Unerläßlich ist auch ein befriedigender Schluß der Erzählung ...« Und sobald sich der Autor verleiten ließ, von dieser Schablone – dem »Familienblatt-Romanleisten«, wie er selbst sie nennt – im Geringsten abzuweichen, sobald er eine Milieuschilderung, eine psychologische Vertiefung der Charaktere oder gar einen satyrischen Ausfall auf Schwächen des modernen gesellschaftlichen Lebens versuchte, wurde die Arbeit unfehlbar zurückgewiesen.

Sehen wir uns den Frauentypus an, der in dieser Literatur waltet, so tritt uns eine eben so willkürlich zugestutzte, nach dem Rezept ausgestopfte Puppe entgegen. Das Weib, wie es sein soll, und das Weib, wie es nicht sein soll, sie tragen beide deutlich den Stempel ihrer Bestimmung und haben ihre Grenze in dieser Bestimmung.

Denn die Familienliteratur hat eine besondere Mission zu erfüllen, die sich mit der künstlerischen Darstellung der Wirklichkeit nicht vereinen läßt. Wer ist denn eigentlich unter jenen so maßgebenden »jüngeren Familienmitgliedern« zu verstehen? Der heranwachsende Sohn kaum. Nicht ihm gilt all die Zurückhaltung in konfessionellen, politischen, erotischen Dingen; nicht für ihn ist die romantische Handlung, der angenehme Ausgang, die ganze sentimentale Schönfärberei erfunden und zubereitet. Wozu auch? Da er doch an der Schule frühestens Gelegenheit hat, alle Unebenheiten der wirklichen Zustände in Theorie und Praxis kennen zu lernen. Man braucht bloß einen Band eines beliebigen Familienjournals zu durchblättern, um zu sehen, wer hier die Hauptrolle spielt. Niemals findet man den achtzehnjährigen Jüngling als Helden und Mittelpunkt; seine Leiden und Freuden existieren nicht für die Familienliteratur, und wenn er einmal auftritt, gibt er höchstens eine Art komischer Figur ab. Nein, hinter dem Familienpopanz, der da so despotisch regiert, steht niemand anderer als das junge Mädchen. Das junge Mädchen ist es, um dessen geistige Unberührtheit an dem Familientisch ewig gezittert wird; und für die achtzehnjährige Mädchenintelligenz muß alles zugeschnitten sein, was auf den Familientisch kommt. Für die achtzehnjährige – denn mit diesem Alter wird ja die intellektuelle Ausbildung bei den wohlerzogenen Mädchen der bürgerlichen Gesellschaft als abgeschlossen betrachtet.

Das nächste Jahrzehnt, das für den jungen Mann einen so ungeheuren Schritt zur Reife, zur Selbständigkeit des Denkens und Urteilens bedeutet, bleibt für das Mädchen, sofern es nicht während dieser Zeit heiratet, fast gänzlich unfruchtbar. Mit dem Augenblick, als das junge Mädchen in die Gesellschaft eingeführt wird, gilt es als erwachsen, als fertig; das Mädchen von achtundzwanzig Jahren hat vor dem Mädchen von achtzehn offiziell nicht das Geringste voraus. Im Gegenteil: das Streben der älteren Mädchen muß notwendigerweise darauf gerichtet sein, sich in ihrem ganzen Auftreten von dem körperlichen und geistigen Habitus des achtzehnten Jahres möglichst wenig zu entfernen.

Solange die Hauptaufgabe der weiblichen Erziehung darin besteht, das Mädchen in einem unfertigen Entwicklungszustand für den künftigen Gatten aufzubewahren, wird dieser Stillstand ein notwendiger Fehler des Prinzips sein – ein Fehler jedoch, der natürlich weit über das ledige Alter hinausreicht, und dessen Konsequenzen für das ganze Leben fühlbar sind. Mit der Ehe treten neue Pflichten, neue Beschäftigungen in das Leben des Weibes ein; die Muße, die den Mädchen des wohlhabenden Bürgertums so reichlich zugemessen ist, ebenso wie die Gelegenheit zu lernen, vermindert sich beträchtlich. So kommt es, daß die korrekten und gutgearteten unter den Durchschnittsfrauen zeitlebens ungefähr auf der geistigen Stufe ihrer Mädchenjahre stehen bleiben. Ihr Geschmack und ihr Gesichtskreis in literarischen Dingen verändert sich namentlich dann nur unerheblich, wenn die Stellung und Bildung des Mannes nicht dazu angetan ist, einen Einfluß im Sinne geistiger Entwicklung auf sie auszuüben.

Nun stellt aber gerade das weibliche Geschlecht die empfänglichsten, die eifrigsten, die zahlreichsten Leser. Das beweist die Prosperität aller Familienblätter, mit deren Verbreitung auch die besten freien Zeitschriften nicht annähernd in Konkurrenz treten können. Familienliteratur heißt mit einem anderen Worte Frauenlektüre. Als der große Däne Jacobsen seinen ersten Roman veröffentlichte, schrieb er an Edvard Brandes: »Es könnte ja sein, daß die Wächter des Volkes vorher schon das Buch in Bann erklärten und sagten, daß man es jungen Mädchen nicht in die Hand geben kann und dann ist es jetzt und in der nächsten Ewigkeit verloren.«

Den hauptsächlichen Inhalt der Familienliteratur bildet, wie sich das bei einem weiblichen Publikum von selbst versteht, das Verhältnis zwischen Mann und Weib. Aber nicht etwa die Ehe, dieses schwierige und komplizierte, konfliktreiche und für das Frauenleben so entscheidende Verhältnis, ist das Thema, nur das Lieben und Verloben. Immer wird ein liebendes Paar durch eine »spannende Verwicklung« über die mannigfachsten Hindernisse hinweg zum »glücklichen Ausgang« der Ehe geführt. Sobald die Sache so weit gediehen ist, entläßt der Autor sein Publikum mit der beruhigenden Gewißheit, daß der Hochzeitstag die Krone des Lebens und der fröhliche Schluß aller Kümmernisse und Enttäuschungen sei. Nur wenn er es besonders gründlich macht, läßt er zum Schluß noch einmal für einen Augenblick den Vorhang aufgehen und zeigt uns die junge Frau, in Wonne und Seligkeit schwimmend, mit einem sechs Wochen alten Sprößling auf dem Schoß.

»Es ist etwas ganz Erstaunliches und Ungeheures in der Erziehung der vornehmen Frauen«, sagt Nietzsche; »alle Welt ist darüber einverstanden, sie in eroticis so unwissend als möglich zu erziehen ...« Das Erstaunlichste in diesem System ist aber, daß gleichzeitig die weibliche Phantasie beständig mit erotischen Dingen beschäftigt wird; das Ungeheuerlichste, daß diese erotischen Dinge obendrein in einer falschen und verlogenen Gestalt eigens für die weibliche Phantasie präpariert und so die bittersten Enttäuschungen und Wunden gerade für die gläubigen und arglosen Gemüter vorbereitet werden. Bei der Wichtigkeit, welche das Heiraten im Leben der bürgerlichen Mädchen besitzt, sollte ihnen die Erziehung wenigstens diejenigen Kenntnisse, diejenigen Fähigkeiten vermitteln, die zu einer vernünftigen Selbstbestimmung geeignet machen. Die Sitte ist hier auf einem Punkte angekommen, wo sie geradezu absurd wird. Sie schreibt den Mädchen eine Unwissenheit und Weltunkenntnis vor, die vielleicht eine wichtige Bedingung war, als noch die Eltern die Wahl des Gatten trafen und das Verhältnis zwischen den Eheleuten weniger eine persönliche als eine bloß soziale Grundlage hatte. Indessen aber hat im Bewußtsein der Kulturmenschheit die persönliche Zuneigung und Liebeswahl zwischen den künftigen Ehegatten den Wert einer sittlichen Voraussetzung gewonnen, und zwar in dem Maße, daß sogar die Heiraten fürstlicher Personen, die ihre Wahl notorisch nach Gründen der Staatsraison treffen müssen, öffentlich als Neigungsheiraten hingestellt werden. Völlige Lebensunkenntnis einerseits und persönliche Entscheidung zum Zweck einer Verbindung für Lebenszeit andererseits schließen jedoch einander aus. Es ist keine Übertreibung, wenn man der Familienliteratur ein gut Teil der Schuld an den mißglückten Ehen zuschreibt, obwohl ja Ehescheidungen in ihrem Gesichtskreis gar nicht vorkommen dürfen. Aber eine Literatur, die ihrem Wesen nach heuchlerisch und verlogen ist, die zu ihrem obersten Gesetz eine lebensfeindliche und lebensunfähige Prüderie macht, muß die Phantasie derjenigen, für welche sie die einzig gestattete geistige Nahrung bildet, irreführen und verderben. In der andauernden Beschäftigung mit »spannenden« Romanen, das heißt mit solchen, in denen der natürliche Gang des Lebens nach einem willkürlichen Verfahren zugunsten äußerlicher Effekte verrenkt wird, liegt an sich schon ein korrumpierender Einfluß auf das Verständnis wirklicher Vorgänge und Begebenheiten; vollends die romanhafte Behandlung des Liebeslebens nach der Familienblattschablone trägt nur dazu bei, jene überschwenglichen Erwartungen von den erotischen Dingen, die eine gefährliche Schwäche der mädchenhaften Weltanschauung sind, ins Ungemessene zu steigern.

Und nicht bloß die Belletristik der Familienliteratur ist voll von solchen schädlichen Elementen. Man findet unter den approbierten Familienbüchern, unter denen, die »mit gutem Gewissen jedem jungen Mädchen in die Hand gegeben werden können«, sehr häufig solche, die ganz geeignet sind, verhängnisvolle Täuschungen hervorzurufen. Ein Beispiel für unzählige – und eines sogar, das sich von der Dutzendware des Genres vorteilhaft durch die Persönlichkeit des Autors wie durch Schwung und Tiefe der Empfindung auszeichnet – ist das Buch »Die Frau«; von J. Michelet* (übersetzt von Friedrich Spielhagen*). Michelet selbst sagt in der Vorrede, daß er nur die gerade Linie gezeichnet und Lücken gelassen habe, da er weder den Ehebruch noch die Prostitution darin behandle. Also ein Buch mit den Rücksichten, die der Familientisch fordert. Das Leben des Weibes wird hier mit all der schwärmerischen Übertriebenheit dargestellt, mit welcher es sich in der Phantasie leidenschaftlicher und zugleich vornehmer Männer spiegelt. Was steht da nicht alles! Da soll die moderne Erziehung der Knaben darauf hinauslaufen einen »Arbeiter«, diejenige der Mädchen hingegen, eine »Religion« zu schaffen. »Die Frau ist eine Religion ... Sie ist die Flamme der Liebe und die Flamme des Herdes ... Mit einem Worte: Sie ist der Altar.« Sie ist der Inbegriff alles Zarten, Heiligen und Vollkommenen, ist allen gemeinen Notwendigkeiten des Lebens entrückt. Jeden Morgen und jeden Abend soll sie beten: »Mein Gott, mache mich sehr schön.« Der Mann hingegen ist ein »herkulischer Arbeiter«, der seine Männlichkeit von früher Jugend in allen Stürmen des Lebens abhärten soll. Für ihn ist nichts zu rauh und nichts zu schwer; er muß Schwielen an Körper und Seele haben. Denn so wollen ihn die Frauen; sie wollen »ein gutes Kissen, auf das sie vertrauensvoll ihr Haupt legen können ... Um diesen Preis kostet es ihnen nichts zu sagen: er ist mein Herr – und ihr Lächeln meint: dessen Herrin ich sein werde«. Diese, wie man sieht, »echt weibliche« junge Dame vermag alles; sie erreicht spielend und ahnungslos die unerhörtesten Wirkungen. »Sie ist es, die mit sechzehn Jahren durch ein edles Wort den Mann über sich selbst hinaushebt, so daß er spricht: Ich will groß sein.« Und nichts geringeres fordert Michelet von dem Auserwählten seiner Heldin, als daß er sich »aus dem jungen Bürgerssohn, dem ganz gewöhnlichen Studenten, zu dem edlen, königlichen, heroischen Wesen« erhebe, von dem sie stets geträumt habe, und zwar nicht etwa für die Dauer des Brautstandes und der Flitterwochen, sondern für immer, »durch eine entschiedene und gänzliche Umwandlung«.

So sehen die Direktiven aus, die das wohlerzogene Mädchen von seinen geistigen Führern für das Leben empfängt. Wer könnte da noch über die törichte Illusion der Mädchenintelligenz lächeln, daß die Liebe jeden annehmbaren Heiratskandidaten in den erträumten Romanhelden und Märchenprinzen verwandeln müsse! Oder gibt es in der Tat außer siebzehnjährigen Mädchen jemanden, der im Ernste glaubt, daß der »ganz gewöhnliche Bürgerssohn« in der Ehe etwas anderes sein wird als ein ganz gewöhnlicher Bürgerssohn?

Aber warum diese Irreführung, diese absichtliche Verfälschung? Warum ist das junge Mädchen seiner »Unverdorbenheit« und seinem »poetischen Gemüt« solche heillose Mißverständnisse schuldig?

Wir werden nicht lange suchen müssen, wenn wir die Erklärung für diese scheinbar so wohlwollende, in Wahrheit so unverantwortliche Täuschung des jungen Mädchens finden wollen. Ein Typus soll gezüchtet werden; diesem Typus wird das einzelne Individuum unbedingt untergeordnet. Seine übrigen persönlichen Lebensinteressen dürfen nicht aufkommen, sie müssen sich einem höheren Zweck beugen. Das ist die Eignung für den Heiratsmarkt und die Tradition der schönen Weiblichkeit, die hier die besten Chancen gewährt. Zu den wirksamsten Suggestivmitteln, durch welche die traditionelle Weiblichkeit herangebildet wird, gehört aber die Familienliteratur.

Es geht allerdings die Sage, daß sehr viele unter den wohlgehüteten Mädchen sich nicht an die offiziellen Vorschriften halten, sondern heimlich ihrer Weltkenntnis durch verbotene Lektüre nachhelfen. Das mag sein, wie es will. Jedenfalls ist es für das einzelne Individuum nicht leicht, den eisernen Ring zu durchbrechen, den die Vorstellungen der Wohlerzogenheit um die weibliche Intellektualität schmieden, und niemand wird behaupten wollen, daß der erzieherische Einfluß einer solchen wahllos zusammengestoppelten Lektüre verbotener Bücher – selbst wenn sie zufällig keine schlechten wären – ein günstiger sein kann.

Und so wäre das junge Mädchen ein Hemmnis, ja eine Gefahr für das geistige Leben geworden, zum mindesten soweit die schöne Literatur in Betracht kommt. Aber wie? Sollte das junge Mädchen auch daran nicht eben so unschuldig sein wie an allen übrigen Zwangsmaßregeln der Wohlerzogenheit? Sind es nicht ganz andere Mächte, die das junge Mädchen so präpariert haben wollen, wie dies durch die Familienliteratur geschieht? Die den Typus des Weibes wünschen und voraussetzen, welcher auf diesem Wege gezüchtet wird?

Aber so unwichtig, so nichtssagend, wie es im Sinne dieser Mächte wäre, ist das weibliche Geschlecht als geistiger Faktor denn doch nicht. Wer den Kampf der Frauen um die männliche Bildung als eine bloße Liebhaberei Einzelner oder nur als interne Frage der Frauenbewegung betrachtet, übersieht den Zusammenhang, den jede Kulturbewegung mit dem ganzen Gebiete der Kultur besitzt. Er übersieht unter anderem die Bedeutung der Frauen als Konsumenten der literarischen Produktion. Die historische Entwicklung der Familienliteratur zeigt, daß in demselben Maße, als die Bildung des weiblichen Geschlechtes hinter der des männlichen zurückbleibt, jene Trennung in der Literatur platzgreift, die schließlich ein monströser Auswuchs im Geistesleben des neunzehnten Jahrhunderts geworden ist. Und dieses Symptom einer tiefen organischen Störung wird erst dann zurückgehen, wenn seine Ursachen behoben sind.

Der Kanon der schönen Weiblichkeit

Man wird erst wissen, was die Frauen sind, wenn ihnen nicht mehr vorgeschrieben wird, was sie sein sollen. Es ist nicht leicht, unter der konventionellen Außenseite, die wie ein glatter Überzug über die wohlerzogenen Frauen gebreitet ist, die wahren Konturen ihrer Individualität zu entdecken. Gewöhnt an eine beständige Kontrolle jeder Lebensäußerung, mit tausend unsichtbaren Fäden schlimmer als mit Ketten gebunden, durch die Herrschaft sittlicher Normen genötigt, sich über sich selbst zu täuschen, sich divergierende Empfindungen nicht einzugestehen, gehen sie stumm den Weg, den ein stärkerer Wille ihnen vorgezeichnet hat.

Die Anschauung über das, was das Weib sein »soll«, bildet die Direktive der weiblichen Erziehung, die ja ganz darauf gerichtet ist, den heranwachsenden Mädchen einen bestimmten Typus zu suggerieren. Allerdings vollzieht sich auch die Entwicklung der männlichen Jugend unter einem solchen Drucke; da aber die Frauen alle nur für eine Bestimmung, nur für einen Beruf erzogen werden, bleibt für die Individualität innerhalb des weiblichen Erziehungsvorbildes ein weit geringerer Spielraum übrig. Zudem sind die Frauen im allgemeinen geneigter, sich Autoritäten unterzuordnen – daß sie als das schwache Geschlecht gelten, verdanken sie ja in erster Linie ihrer Suggestibilität. Die Mittel der Dressur, durch welche die Menschen zu »nützlichen« Gliedern der Gesellschaft gemacht werden, wirken stärker auf sie.

Nach Laura Marholms Meinung ist das beste und schlechteste Weibmaterial nicht ziehbar und erziehbar, sondern nur das weibliche Mittelgut – nach einer anderen, ungleich verbreiteteren Auffassung gehört die Lenkbarkeit und Fügsamkeit gerade zu den Kriterien der vorzüglichsten Frauen, der »echten« oder »schönen« Weiblichkeit. Gleichviel jedoch, wie man sie bewerten will: Die Mehrzahl der Frauen steht unter der Herrschaft gewisser Vorstellungen über ihre Verpflichtung, einem Musterbild, einem Kanon der Weiblichkeit möglichst nahezukommen. Sie glauben desto mehr Weib zu werden, je ähnlicher sie dem Erziehungsideal sind, und fürchten, weniger Weib zu sein, wenn sie sich davon entfernen.

John Stuart Mill spricht von den »Übertreibungen der Selbstverleugnung, welche gegenwärtig das künstliche Ideal des Frauencharakters ist«; und prüft man die Glaubensartikel der Weiblichkeit, so wird man noch eine Anzahl rein negativer Eigenschaften finden, die hier zum Range sittlicher Vorschriften erhoben worden sind. Woher rühren diese Vorschriften? Muß man sie als Äußerungen der weiblichen Natur ansprechen? Oder stammen sie von außen, sind sie vielleicht durch einen anderen, mächtigeren Willen dem weiblichen Geschlechte vorgesetzt?

Diejenige Auffassung, welche bisher entscheidend für die soziale Stellung des weiblichen Geschlechtes war, erkennt dem Weibe nur eine sekundäre Bedeutung zu. Nach ihr ist das Weib nur ein Mittel zum Zweck – erstens zur Befriedigung des Mannes, zweitens zur Hervorbringung des Mannes, der das Endziel aller Veranstaltungen sowohl der Natur wie des Staates bildet. Ein Wert an sich, als selbständige Persönlichkeit, als eigenberechtigte Individualität, kann dem Weibe nicht zukommen; es hat nur Wert, soweit es sich als Mittel eignet, und der einzige Zustand, durch den die Existenz des Weibes sittlich und praktisch gerechtfertigt wird, ist die Ehe.

Philosophisch systemisiert und aus dem »Charakter der Vernunft« begründet erscheint diese Auffassung in Fichtes »Grundlage des Naturrechts nach Prinzipien der Wissenschaftslehre«. Dort heißt es: »Das zweite Geschlecht steht der Natureinrichtung nach um eine Stufe tiefer als das erste. Die Frau gehört nicht sich selbst an, sondern dem Manne. In dem Begriffe der Ehe liegt die unbegrenzteste Unterwerfung der Frau unter den Willen des Mannes. Ihre eigene Würde beruht darauf, daß sie ganz, so wie sie lebt und ist, ihres Mannes sei und sich ohne Vorbehalt an ihn und in ihm verloren gebe. Das geringste, was daraus folgt, ist, daß sie ihm ihr Vermögen und alle ihre Rechte abtrete und mit ihm ziehe. Nur mit ihm vereinigt, nur unter seinen Augen und in seinen Geschäften hat sie noch Leben und Tätigkeit. Sie hat aufgehört, das Leben eines Individuums zu führen.«

Besonders charakteristisch aber ist, daß Fichte als den obersten Naturtrieb des Weibes den Trieb bezeichnet, »Mittel für den Zweck eines anderen zu sein, weil sie ihr eigener Zweck nicht sein konnte, ohne ihren Endzweck, die Würde der Vernunft, aufzugeben«.

Diese ganze Methode der Deduktion ebenso wie die Rechtfertigung herrschender Sitten und Gesetze aus abstrakten Prinzipien der Vernunft fordert die Frage heraus: was ist es, das hier so gravitätisch als gesetzgeberische »Würde der Vernunft« auftritt? Wofür ist diese Auffassung symptomatisch? Ist es nicht bloß der Instinkt einer bestimmten Männernatur, der sich legitimieren will? Die meisten Männer sind Moralisten gegenüber dem Weibe. Sie begnügen sich nicht, ihre Ansprüche an die Weiblichkeit aus ihrem Geschmack und ihren Neigungen zu rechtfertigen und ihre Wesensart in einem individuellen Verhältnis zu einer ihnen adäquaten Frauennatur auszuleben: sie dulden keine Abweichungen von der Regel, die ihrer Wahl entspricht; sie bestrafen diese Abweichungen nicht bloß mit ihrem persönlichen Mißfallen, sie brandmarken sie als »Entartung« von dem allein gültigen Normalen. Aus den Wünschen und Bedürfnissen der Durchschnittsmänner ist die »echte« Weiblichkeit konstruiert; sie haben die Konvention geschaffen, nach welcher alles Weibliche sich bilden soll. Und die Vorstellungen, die jener Konvention zugrunde liegen, lassen sich unschwer als das Negativ erkennen, das den Forderungen einer bestimmten männlichen Wesensbeschaffenheit entspricht.

Jene ironische Definition Arne Garborgs: »Weiblichkeit ist der Inbegriff all der Eigenschaften und Eigenheiten, der Vorzüge und Fehler, welche das Weib für den Mann begehrenswert machen«, weist darauf hin, was es im Grunde für eine Bewandtnis mit dem Inbegriff der Weiblichkeit hat. Vor allem sind es zwei Forderungen, die dabei in Betracht kommen. Sie treten unter sehr verschiedenen Namen auf; aber auf ihren allgemeinsten Inhalt zurückgeführt, können sie als Schönheit und als Schwäche bezeichnet werden. Man wird unter den kanonischen Vorzügen der schönen Weiblichkeit kaum einen finden, der nicht unter diese beiden Kategorien zu reihen wäre.

Die unumwundenste der zahlreichen Formeln, welche die Schönheit zum Gesetz des Weibes erheben, hat Neufville gegeben: »Schönheit ist die Mission des Weibes; unter einer anderen Bedingung existiert es nicht.« Zahmere Fassungen reden davon, daß Anmut und Schönheit das Genie des Weibes sind, oder daß die Stelle, welche beim Manne die Ethik vertritt, beim Weibe durch die Ästhetik eingenommen wird. Aus dieser Auffassung, daß das weibliche Geschlecht vorzüglich das ästhetische sein soll, gehen alle jene Bestimmungen hervor, die das Weib verpflichten, »ein Spiegel des Geziemenden«; (Julius Duboc) zu sein, oder auch die Repräsentantin dessen, was »das holde Maß« genannt wird – Bestimmungen, die deutlich erkennen lassen, daß sie nicht aus der ursprünglichen Natur des Weibes abgeleitet sind. Denn die Eigentümlichkeit, auf psychische und physische Reize rascher zu reagieren, die man dem weiblichen Nervensystem zuzuschreiben pflegt, disponiert zu heftigeren Äußerungen der Affekte, also keineswegs zu jener Zurückhaltung, welche das »holde Maß« fordert.

Unter die Kategorie der Schwäche fallen alle jene Eigenschaften, welche den Anschein des Schutzbedürftigen, Unterwürfigen, Abhängigen erwecken können. Die Ehe, als der einzige Beruf, für den die weibliche Erziehung vorbereitet, ist hier das Bestimmende. Da nach der herrschenden Auffassung die Ehe ein völliges Aufgeben der Persönlichkeit für die Frau bedeutet, wird die lenksamste, nachgiebigste, unselbständigste aller Wahrscheinlichkeit nach auch die geeignetste dazu sein. Es ist eine Art Durchschnittsberechnung, auf der die Erziehungsschablone in dieser Hinsicht beruht. Nicht die edelste, nicht die vornehmste, nicht die differenzierteste Männlichkeit ist es, die hier den Maßstab liefert, es ist die gewöhnlichste, die häufigste, die bekannteste, diejenige, mit welcher man eben rechnen muß.

Und für diese Art der Sinnlichkeit wird ebenfalls wieder das Dutzendmäßige am besten passen, das Brauchbare, das Unbeschwerliche, das, was die wohlfeilsten Annehmlichkeiten gewährt. Nur ein schwaches Wesen kann sich leicht und von selbst unterordnen; Fügsamkeit, Nachgiebigkeit, Unselbständigkeit sind bloße Begleiterscheinungen der Willensschwäche. Die Frauen sind nicht allein schwach an Willen, sie »sollen« es sein. Durch den Mann erst erhält das Weib ihre Persönlichkeit – das ist eine Lieblingsvorstellung der Männlichkeit. Nietzsche leiht ihr mit dem Worte Ausdruck: »Der Mann macht sich das Bild des Weibes, und das Weib bildet sich nach diesem Bilde.« Und in seinem Buche über die Liebe sagt Michelet: »Du mußt deine Frau schaffen; es ist ihr eigener Wunsch. Wir Männer sind Arbeiter, Schöpfer, Baumeister – die wahren Söhne des Prometheus. Wir wollen nicht eine fertige Pandora, sondern eine, die wir selbst machen.«

Noch deutlicher als in der Fichteschen Formulierung verrät sich hier die subjektive erotische Phantasie als Ursprung dieser Voraussetzung. Die Vorstellung, ein Wesen mit bestimmten angeborenen Eigenschaften – und auch das willensschwächste Weib ist ein solches Wesen – nach eigener Willkür erst »schaffen« zu können, stammt nicht aus der Beobachtung wirklicher Vorgänge; sie gehört unter jene Illusionen, an denen die psychosexuellen Beziehungen der Menschen so reich sind.

Allein die weibliche Erziehung kommt dieser Illusion bereitwillig entgegen. Damit ein solches Schaffen den Anschein der Möglichkeit habe, ist es notwendig, daß die Mädchen unentwickelte, unwissende, ja unpersönliche Wesen bis zu der Epoche bleiben, als sie ihren »Schöpfer« finden. Die Methode der weiblichen Erziehung ist darauf gerichtet, einen selbständigen Entwicklungsprozeß hintanzuhalten; sie ist eine Methode der Unterdrückung, der Einschüchterung, der künstlichen Wachstumsverhinderung. Das wohlerzogene Mädchen wird so weit eingeschüchtert, daß es keinen eigenmächtigen Schritt zu tun vermag; sein Weg bis in den gebenedeiten Hafen der Ehe ist ein Spießrutenlaufen zwischen zahllosen Möglichkeiten, Anstoß zu erregen, etwas zu tun, »was sich nicht schickt«. Und die Furcht vor dem Unschicklichen besitzt nur deshalb eine so große Macht in der weiblichen Psyche, weil sie zum Hintergrunde die Vorstellung der schönen Weiblichkeit hat, des Musterbildes, von dem abzuweichen eben schon als Entartung gilt.

Wenn es in der Tat die erotischen Ansprüche einer bestimmten Art Männlichkeit sind, denen dieses Erziehungsideal entspricht, wenn der dominierende Geschmack einer Mehrzahl dasselbe geschaffen hat, warum sollte man Einwände dagegen erheben? Vielleicht kann das weibliche Geschlecht kraft seiner Willensschwäche, die vielfach ein Abhängigkeitsgefühl erzeugt, ein Bedürfnis, sich lenken zu lassen, wirklich nur als das sekundäre behandelt werden; vielleicht ist es unter keinem anderen Gesichtspunkt zu betrachten, als unter dem seiner Eignung für die Zwecke des männlichen. Und niemand wird leugnen, daß das Glück einer vollkommen harmonischen Vereinigung zwischen Mann und Weib zu den höchsten Gütern des menschlichen Lebens gehört, oder sogar, daß es schlechtweg das höchste ist. Sollte daher nicht alles, was die Frauen darauf vorbereitet, was sie dazu heranzüchtet, in ihrem eigensten Interesse geschehen? Sollten sie nicht um diesen Preis willig in alle Ewigkeit schwache und unselbständige Wesen bleiben wollen?

Aber handelt es sich denn hier um jene hohen Gaben der Liebe, die immer die Früchte einer vollendeten Gegenseitigkeit sind? Es gibt zahllose Möglichkeiten der erotischen Anziehung; und jede wirkliche Liebesverbindung zweier Menschen kommt auf Grund individueller Eigenschaften, nicht auf Grund konventioneller Vorstellungen zustande. Die individuellen Nuancen sind es, die über die erotische Anziehung entscheiden, jene unendlich verschiedenen Abtönungen der Persönlichkeit, welche machen, daß ein bestimmter Mann durch eine bestimmte weibliche Individualität und nicht durch einen allgemeinen Komplex und Ausbund von Weiblichkeit zur Liebe bewegt wird.

Man braucht auch nicht von den Rechten der freien Persönlichkeit auszugehen, wenn man die Methode der weiblichen Erziehung einer Kritik unterzieht; es kann dahingestellt bleiben, ob diese Rechte den Frauen von Rechts wegen zukommen. Denn die Rechte der Persönlichkeit werden nicht verliehen, sondern usurpiert: man wartet nicht, bis sie von außen kommen, man nimmt sie sich heraus kraft innerer Notwendigkeit, und es ist gar keine Gefahr, daß die Erziehung den starken, weiblichen Persönlichkeiten etwas anhaben könnte.

Nicht so glücklich daran sind die schwächeren Individualitäten, die sich nicht selbst behaupten, sich selbst nicht durchsetzen können. Auch sie aber müssen unter einem andern Gesichtspunkt betrachtet werden, als unter dem des sekundären Geschlechtes. Je mehr sie »nur Weib« sind, desto mehr Bedeutung hat für sie der sogenannte natürliche Beruf des Weibes; und man darf wohl fragen, wie weit das herrschende Erziehungsideal diejenigen, die es sich unterwirft, geeignet macht, diesen Beruf zu erfüllen.

Es ist klar, daß eine Erziehung, die das weibliche Geschlecht einfach zu seiner natürlichen Bestimmung tauglich machen wollte, es in erster Linie körperlich und geistig für die Aufgabe der Mutterschaft vorbereiten müßte. Durch die Mutterschaft hat die Natur dem weiblichen Organismus die wichtigste und verantwortungsvollste Rolle im Leben der Gattung zugeteilt, eine schwere Pflicht, die vor allem Abhärtung des Leibes und der Seele verlangt, Unerschrockenheit, innerliche Tapferkeit und eine mutige Verachtung körperlicher Leiden. Aber vergeblich werden wir nach diesen Eigenschaften im Kanon der schönen Weiblichkeit suchen. Die Treibhauskultur der Wohlerzogenheit, die aus dem Weibe ein Luxusgeschöpf macht, hypertrophiert gerade diejenigen Neigungen und Instinkte, die der Mutterschaft abhold sind; sie ist ein System der Verweichlichung und Verzärtelung an Leib und Seele. Wie wenig physische Tauglichkeit zur Mutterschaft die Frauen der wohlhabenden Klassen, die »geschützten« Frauen besitzen, beweist am deutlichsten der Umstand, daß so viele unter ihnen ihr erstes Kind nicht ohne operativen Eingriff zur Welt bringen können, daß ein Vorgang, der unter natürlichen Verhältnissen ein Leiden von wenigen Stunden mit sich bringt, für sie zu einem tagelangen Martyrium wird.

Noch schlechter aber sind sie seelisch für das ausgerüstet, was den Hauptinhalt ihres Lebens zu bilden bestimmt ist. Die Unwissenheit, das geistige Korrelat der physischen Jungfräulichkeit – alles Wissen, das selbständige Wünsche oder selbständige Urteile erwecken, oder auch nur schlechtweg »erwecken« könnte, muß ja für die Integrität der Wohlerzogenheit bedenklich erscheinen – die Unwissenheit über die natürlichen Vorgänge erzeugt ein dunkles Grauen, eine feige und ängstliche Empfindung, die ganz dazu angetan ist, das Instinktleben zu stören und zu depravieren. Um eines imaginären Vorzuges willen wird dem wohlerzogenen Mädchen jene innere Sicherheit geraubt, die aus der Einsicht in das Wesen des Natürlichen hervorgeht, jenes Sicheinsfühlen mit der Natur, das gerade für das weibliche Leben die Kraft einer religiösen Überzeugung verleihen müßte. Sie lernen die Natur nicht als die große Mutter lieben, deren Fürsorge sie auch in den schwersten Stunden schützend umschlossen hält, sie fürchten sie als ein finsteres Ungeheuer, das in fabelhafte Schrecken gehüllt auf ihrem Wege lauert.

Noch weniger aber kann ein Leben, dessen Hauptaufgabe in der Pflege der Schönheit besteht, eine der Mutterschaft günstige Gemütsstimmung erzeugen. Die Mutterschaft ist ja der vehementeste Angriff auf die Schönheit; sie bringt nicht bloß eine vorübergehende Entstellung, sondern häufig manche dauernde mit sich. Schon der Vergänglichkeit ihrer Schönheit wegen dürften die Frauen die Rolle des schönen Geschlechtes nicht annehmen; denn so verurteilen sie sich dazu, nur für einen kleinen Abschnitt ihres Lebens das volle Ausmaß ihres Wertes zu besitzen.

Nein, weder Schönheit noch Schwäche könnten den ersten Rang in der Bewertung der Weiblichkeit einnehmen, wenn es die Mutterschaft wäre, die den weiblichen Erziehungskanon bestimmte. Werfen wir einen Blick hinter die Sofitten der Wohlerzogenheit, so sehen wir als die Macht, welche die lieben Marionetten gängelt, den Willen des Mannes, im Weibe seine subjektiven Bedürfnisse verwirklicht zu finden. Es ist die »starke Faust«, die hier regiert. Und wenn die Frauen sich die Rechte der freien Persönlichkeit erobern wollen, oder auch, wenn sie bloß tauglicher für ihren sogenannten natürlichen Beruf erzogen werden sollen, als es die moderne Wohlerzogenheit ermöglicht, müssen sie den Kanon der schönen Weiblichkeit als das erkennen lernen, was er in Wahrheit ist – kein ethisches Ideal, sondern ein sexuelles, von nicht so vornehmer Abkunft, als es scheinen möchte.

Einiges über die starke Faust

Es ist eine auffällige Erscheinung, daß bisher die Frauen als gleichberechtigte Mitkämpferinnen in jeder Bewegung wirkten, die auf Erhebung und Befreiung der Unterdrückten ausging, solange sie im Zeichen des Kampfes stand, solange sie eben wirklich eine Sache der Unterdrückten war – daß aber die Frauen wieder vom Schauplatz verschwinden mußten, sobald sie zur Sache der herrschenden Partei wurde, sobald sie zur Macht gelangte.

Das welthistorische Beispiel dafür ist das Christentum. Trotz der Idee der Gleichstellung, die zu den Grundtendenzen des Christentums gehört, trotz aller Anteilnahme der Frauen am christlichen Märtyrer- und Prophetentume hat sich ihre Stellung in der christlich-germanischen Welt gegenüber der römisch-heidnischen, zum mindesten in der Gesetzgebung, nicht wesentlich verändert. Die Frauen waren in der neuen Ordnung der Dinge kaum besser daran als in der alten, obwohl sie während der Zeiten der Verfolgung ebenso mutig und aufopfernd wie die Männer die neue Lehre mit ihrem Blute besiegelt hatten. Das ist ein böser Präzedenzfall – und die Frauen haben alle Ursache, darüber nachzudenken, warum die Männer sie nur so lange als Gleichberechtigte anerkennen, als sie selbst Mitunterdrückte sind.

Man muß da vor allem fragen: welche Art Mann ist es, die mit dem Weibe nichts gemeinsam haben, es nicht im Rechte neben sich dulden will? Denn die Männer, die für eine Sache leiden, und die Männer, die eine Sache durchsetzen, sie zur Herrschaft bringen, sind wohl ganz verschiedener Art. Und diese Verschiedenheit bleibt nicht ohne Einfluß auf die Stellung, die sie dem Weibe gegenüber einnehmen. Die wenigsten sind fähig, eine Unterscheidung zwischen ihrem subjektiven Geschmack und den Anforderungen einer objektiven Gerechtigkeit zu machen. Die Eigenschaften, die sie für ihre Person am Weibe brauchen und begehren, stellen sie als Norm über das ganze Geschlecht.

Das gilt allerdings nur von den Männern einer bestimmten Eigenart – von den Männern der herrischen Erotik. Es ist ein Fehler, der in den Kreisen der Frauenbewegung nur zu oft begangen wird, daß man vom Manne schlechtweg redet, während doch die Frauen unmöglich übersehen können, was sie der Güte, der Großmut, der Gerechtigkeit einzelner Männer verdanken. Wenn diese einzelnen nicht die Macht besaßen, ihre persönliche Stellung gegenüber dem Weibe in der sozialen Ordnung zur Geltung zu bringen, so konnten sie eben gegen die Mehrzahl nicht aufkommen – ganz wie die einzelnen Frauen bisher, die das Durchschnittsmaß ihres Geschlechtes überragten.

Für die herrische Männlichkeit sind die erotischen Beziehungen mit der Vorstellung verknüpft, daß das Weib ein untergeordnetes und unterordnungsbedürftiges, für die Zwecke des Mannes geschaffenes und von ihm grundverschiedenes Wesen ist. Die erotische Erregung löst bei diesen Männern Herrschaftsgefühle aus; ihnen bedeutet das Verhältnis zum Weibe ein Besitzergreifen, einen Machtgenuß, und anders als unterworfen und abhängig können sie das Weib nicht denken. Nur soweit das Weib sich als Mittel eignet, kennen sie es; als Persönlichkeit mit eigenen Zwecken, so wie sie sich selbst vorstellen, existiert es für sie nicht.

Man kann daher behaupten: die Stellung des weiblichen Geschlechtes in der sozialen Ordnung wird durch die Erotik des herrischen Mannes geschaffen. Unzweideutig verraten die allgemeinen Bestimmungen und Vorstellungen, denen das weibliche Geschlecht untersteht, welche Art Mann es ist, die damit ihren Bedürfnissen und Forderungen praktischen Ausdruck verliehen hat. Denn nicht die Vernunft herrscht zwischen den Geschlechtern, sondern die elementare Natur.

Unabhängig von der geistigen und sittlichen Qualität tritt die herrische Erotik bei ganz niedrigen wie bei sehr hochstehenden Männern auf – vielleicht nur in ihren Formen ein wenig verschieden. Ihren absoluten Ausdruck hat sie innerhalb der europäischen Kultur schon verloren; auch der herrischste Europäer kann sich in Hinsicht seiner Empfindungen gegenüber dem Weibe mit dem Asiaten nicht messen. Die orientalische Behandlung des Weibes zeigt das Herrschaftsbedürfnis der männlichen Sexualität in seinem vollen Umfang; und scheußliche Sitten, wie etwa das Vernähen der Frauen bei den Völkerschaften am Roten Meere, enthüllen den ganzen grausamen Wahnwitz, zu dem es unter Umständen führt.

In Europa, in den gemäßigten Klimaten der Männlichkeit, ist der primitivste Typus der herrischen Erotik der Mann, der seine Frau prügelt. Das Überlegenheitsbedürfnis des herrischen Mannes, das auf höheren Stufen der Kultur in das geistige Gebiet übergeht, begnügt sich da noch mit handgreiflichen Beweisen; die »starke Faust« gilt da nicht bloß im übertragenen Sinn, und die primitive Weiblichkeit sträubt sich auch nicht dagegen, sie ganz buchstäblich im Nacken zu fühlen.

Diese Art Weiblichkeit ist es, in der – von einem nicht einseitig begrenzenden Frauenrechtsstandpunkt aus betrachtet – der herrische Mann seine

Rechtfertigung findet; denn ihre erotischen Instinkte, die nach Unterwerfung bis zur sklavischen Selbstentäußerung streben, korrespondieren den seinen, die auf unbedingte Herrschaft und Überlegenheit gerichtet sind. Sollte ein Mann, dessen erotische Neigungen das schwache, unselbständige, untergeordnete Weib suchen, seine geschlechtlichen Beziehungen nicht seiner individuellen Natur gemäß ausleben? Für das »echte Weib« wird er immer der »rechte Mann« sein. Ja wenn die großen Gewalthaber, die Männer der Tat und des unbeugsamen Willens, den Prinzipien der herrischen Erotik huldigen, so geschieht dem weiblichen Geschlechte damit nichts, was diese Männer nicht auch sonst ausübten. Die »starke Faust«, die sie dem Weibe zeigen, wenden sie allen Lebenserscheinungen gegenüber an; sie unterwerfen sich wie das Weib so auch die Welt, und sie benützen wie das Weib so auch die Männer schwächeren Grades als Mittel für ihre Zwecke. An ihnen ist die herrische Erotik am begreiflichsten, weil sie in die Logik ihres gesamten Wesens gehört. Sie entschädigen die von ihnen Abhängigen für die Unterdrückung, die sie verhängen, in der Regel durch den Schutz, den sie gewähren, und durch die Großmut, die sehr oft die Begleiterin der Stärke ist. Dem weiblichen Geschlechte gegenüber entbehrt ihr Betragen vielfach nicht der Ritterlichkeit – was sich an manchen Zügen aus dem Leben des größten Gewalthabers, den die neuere Zeit kennt, Napoleons, beobachten läßt.

Ohne einen Zusatz von Ritterlichkeit erscheint der Verkehr mit dem weiblichen Geschlecht den meisten herrischen Erotikern besseren Schlages nicht ganz erträglich; und bei ihnen verwandelt sich die »starke Faust« in die »schützende Hand«, ohne die nach ihrer Vorstellung das Weib in der rauhen Männerwelt nicht bestehen kann. Daher mögen sie auch das Brimborium der Galanterie nicht gerne missen. Denn es ist keine vornehme Art, einem Wesen, das man für geringer hält als sich selbst, seine Überlegenheit zu fühlen zu geben. In der Galanterie aber besitzen sie eine Umgangsform, in welcher der Schein der Unterordnung mit dem Gefühle der Überlegenheit ein Kompromiß bildet, ein Spiel, das in einer vorübergehenden Umkehrung des wahren Verhältnisses zwischen dem Schwachen und dem Starken besteht, und das schon, weil es nur ein Spiel ist, die männliche Prärogative nicht gefährdet.

Doch gilt dieses Spiel nur jenen Frauen gegenüber, denen sie sich nicht mit dem vollen Gewicht ihrer Natur nähern. Was die herrische Erotik bedeutet, wenn sie Ernst macht, bekommt in erster Linie die Ehefrau zu fühlen und, als Generalisation subjektiver Bedürfnisse zu objektiven sittlichen Forderungen, »das Weib« im allgemeinen.

Zunächst verlangt der herrische Mann von jenen Frauen, die er als sittlich vollwertig betrachten soll, eine strenge Zurückhaltung in den sexuellen Dingen; er wird sich eher mit einer völligen Frigidität befreunden, als daß er eine der seinigen ähnliche Sinnlichkeit am Weibe erträglich finden könnte. Er liebt die Vorstellung, daß das Weib den Wünschen des Mannes, auch wenn es liebt, nur wie ein Opfertier nachgibt (Lombroso); daß die geborenen tüchtigen Hausfrauen und Mütter nur ein geringes Verlangen nach dem Manne haben und mit der Gewährung des debitum coniugale selbst dem Manne, den sie lieben, ein Opfer bringen (Jentsch), daß das Weib sich den Geschlechtstrieb nicht eingestehen kann, ohne seine Würde zu verlieren (Fichte), und so weiter.

Was für den zartfühlenden, erotisch höher differenzierten Mann unerträglich ist, die Vorstellung einer bloß pflichtmäßigen oder gar widerstrebenden Hingebung des Weibes, das schmeichelt dem Geschlechtsbewußtsein des herrischen Mannes; er will mit der Hingebung nicht ein freiwilliges Geschenk, sondern lieber einen Tribut empfangen, den der Eroberer kraft seiner überlegenen Willensstärke erzwingt. Schon der Ausdruck für die geschlechtliche Hingebung des Weibes: »ihre Gunst gewähren«, zeigt an, daß er von einer anderen Art Mann erfunden worden ist; dem herrischen Erotiker kann ein Weib nur »zu Willen sein«.

Die Vorliebe für die sexuelle Kälte scheint in dem Gesetz des Gegensatzes begründet zu sein, das bei der erotischen Anziehung eine so große Rolle spielt. Dem herrischen Erotiker fehlt »die feine männliche Zärtlichkeit, die das liebende Weib vor sich selbst schützt und ihre Würde behütet« (Jacobsen); und die Wucht seiner Sexualität, die er gewöhnlich nicht mehr in der Gewalt hat, sobald sie einmal entfesselt ist, verweist ihn darauf, im Weib die Schranke zu suchen. Er wendet sich instinktiv dorthin, wo seine übermäßige Aggressivität durch eine entsprechende Negativität neutralisiert und so das Gleichgewicht, das er nicht in sich hat, von außen hergestellt wird.

Aus verwandten Motiven entspringt auch die unverhältnismäßig hohe Bewertung der Jungfräulichkeit. Die herrischen Erotiker, die sich selbst eine so weitgehende geschlechtliche Freizügigkeit zugestehen, sind es, die bei der Wahl einer Gattin am strengsten auf jungfräuliche Unberührtheit des Leibes und der Seele halten, die über den sogenannten Fehltritt des Weibes vor der Ehe, und wäre er auch eine Tat des reinsten Opfermutes gewesen, durchaus nicht hinwegkommen. Aus diesem Grunde ist der bürgerlichen Moral nichts wichtiger in der Erziehung der weiblichen Jugend als die Erhaltung der Unschuld – oder wenigstens der Unwissenheit, als eines wohlfeilen und täuschenden Surrogates der Unschuld.

Denn ein jungfräuliches Wesen berechtigt am ehesten zu der Voraussetzung, daß ihm geschlechtliche Regungen fremd sind; und darin erblickt der herrische Erotiker zugleich die Gewähr der Treue, die er nach seiner subjektiven Vorstellung von der Weiblichkeit sonst nirgends finden kann. Ein schwaches, unpersönliches und untergeordnetes Wesen hat keinen Halt in sich; es muß der Versuchung erliegen, besonders wenn sie in Gestalt eines männlichen Willens herantritt. Die Vorstellung der freiwilligen Treue als Erfüllung eines gegebenen Versprechens hat in dem Bilde des Weibes, wie der herrische Erotiker es denkt, keinen Raum; er vermag nur an jene Treue zu glauben, die sein eigenes Werk ist, die Frucht seiner Wachsamkeit, seiner Vorsicht, seines Mißtrauens. Deshalb hängt er über sein Verhältnis zum Weibe eine ewige Drohung: seine elementare Eifersucht, mit der er jeden fremden Mann in angemessener Entfernung von seinem Eigentume hält. Von ihm rühren die barbarischen Kautelen der Vaterschaft her – das sind alle jene Veranstaltungen, mittelst derer das Weib als ein unmündiges und unwissendes Geschöpf in die Gewalt des Mannes gegeben wird, damit er selbst über die Ausschließlichkeit des Besitzes wachen kann.

Für das Empfinden der herrischen Erotik wird das Weib immer die Leibeigene des Mannes sein. Über alle Kultur hinweg gibt es auch für dieses Empfinden keinen Zweifel, ob ein Mann das Recht hat, eine Frau, die ihn betrügt, zu töten; und der Zweikampf aus Eifersucht, diese primitivste Form der geschlechtlichen Verteidigung, die ja auch von den männlichen Tieren geübt wird, ist nur eine andere Ausdrucksform für das Eigentumsgefühl, auf welchem das Geschlechtsverhältnis der herrischen Erotik beruht.

Was zur Polemik gegen diese Art Männlichkeit nötigt, ist der Terrorismus, den sie übt, ein Terrorismus, der gerade die geistig hochstehenden Frauen am härtesten trifft. Denn sie leugnet jede andere Weiblichkeit als die ihr adäquate – ein Standpunkt, der seinen Ausdruck in der Anschauung findet, daß die Frauen samt und sonders sich kaum voneinander unterscheiden, daß sie einander so ziemlich gleich sind. »Eine Frau ist wie die andere; wer eine kennt, kennt mit wenigen Ausnahmen alle« (Nordau). Die Gleichartigkeit der Frauen bildet einen Fundamentalartikel des herrischen Geschlechtsbekenntnisses; und so allgemein ist diese Anschauung, daß es immer als Symptom einer besonderen Differenzierung beachtet zu werden verdient, wenn ein Mann sagt: »Was weiß denn ein Mann von den Frauen? Wieviele kann er denn wirklich kennen lernen?« Wer so spricht, gehört nicht zu den herrischen Erotikern, darauf ist tausend gegen eins zu wetten.

Es ist das Herrschaftsgefühl selbst, dem die Illusion der universellen Weiberkenntnis entstammt: wäre es denn nicht eine der empfindlichsten Beeinträchtigungen, die das Bedürfnis der Überlegenheit erfahren kann, wenn nur eine bestimmte Anzahl, nur ein Bruchteil des weiblichen Geschlechtes dem einzelnen Mann erkennbar wäre? Indem der herrische Erotiker alle kennt, beherrscht er, wenigstens mit seinem Erkennen, alle; die sich seiner Kenntnis entzöge, würde sie nicht auch seiner Überlegenheit entgehen?

Dazu kommt, daß weder seine sexuelle Phantasie ein mannigfaltiges und inhaltsvolles Bild der Weiblichkeit zu produzieren vermag, noch daß seine harte, ungeschmeidige Geschlechtsnatur einer innigen seelischen Annäherung und Verschmelzung fähig ist: so findet er überall das eine Weib, das er kennt. Nichts fällt ihm schwerer, als Ausnahmen von dem Typus, der für ihn »das Weib« bedeutet, zuzugestehen. Er wird jeder Erscheinung gegenüber, die nicht in diesen Rahmen paßt, eher geneigt sein, auf pathologische Anomalien zu schließen. Ein Weib mit dem Bedürfnisse nach Selbständigkeit, mit den Neigungen der freien Persönlichkeit, ist ihm gewöhnlich der Hysterie verdächtig oder des Komödiantentumes; und er wittert den suggestiven Einfluß eines Mannes hinter jeder weiblichen Betätigung auf geistigem Gebiet. Alle Leistungen und alle Argumente hervorragender Frauen können daran nichts ändern; sie werden höchstens den Widerwillen, den Groll oder den Spott des herrischen Erotikers erregen. So hat Nietzsche sich nicht gescheut, es als »Korruption der Instinkte« zu bezeichnen, wenn ein Weib sich etwa auf Frau von Staël oder Madame Roland oder George Sand berufen wollte; und er behauptete: »unter Männern sind die Genannten die drei komischen Weiber an sich – nichts mehr«, obzwar George Sand eine ungewöhnlich große Anziehungskraft auf viele vorzügliche Männer ausübte, und also für diese wohl nicht das »komische Weib an sich« sein konnte.

Nicht einmal die schicksalsvolle Vorherbestimmung zu gesteigerten Leiden, die mit der Erwählung zu einem Leben der produktiven Geistigkeit für Mann und Weib in gleichem, ja für das Weib aus vielfältigen Gründen in erhöhtem Maße verknüpft ist, wird solche Männer zu Mitgefühl oder Sympathie bewegen; auch die Verwandtschaft, die das gleiche Los und die gleichen inneren Erlebnisse zwischen ihnen und den Frauen der Geistigkeit bilden, stellt kein Band des Verständnisses her. Im Gegenteil! Gerade diese Verwandtschaft erbittert sie; denn das Weib als ein verwandtes oder gleichartiges Wesen ist ihnen unerträglich. Sie dulden keine Verwandtschaft oder Ähnlichkeit zwischen sich und dem Weibe; dergleichen geht für sie wider die Natur. Die Leiden und Konflikte, die sie an sich selbst als das Schicksal der Geistigkeit erleben, betrachten sie am Weibe als abschreckende Begleiterscheinungen einer Verirrung vom rechten und natürlichen Wege der Weiblichkeit, an denen sie gleichgültig oder entrüstet vorübergehen.

Eine andere Vorstellung des herrischen Erotikers, die unverkennbar auch nicht der Erfahrung entstammt, tritt in der Überzeugung hervor, daß er jedes weibliche Wesen zu erobern vermag, wenn er will. Man kann die subjektive Illusion der Unwiderstehlichkeit aus dem Munde von Männern hören, die in keiner Weise, weder durch persönliche Vorzüge, noch durch Glücksgüter, genügend ausgestattet sind, um eine so mächtige Anziehungskraft begreiflich erscheinen zu lassen. Es müßte nur in dieser Überzeugung selbst etwas Suggestives liegen. Der feinere Frauenkenner aber weiß – eine Beobachtung, die Paul Bourget in seiner Physiologie der modernen Liebe bestätigt – daß er immer nur auf eine gewisse Art von Frauen Eindruck machen und bei anderen nie reüssieren wird – was sich ja unter Menschen mit differenzierten sexuellen Empfindungen von selbst versteht.

Wie mit der Illusion der universellen Weiberkenntnis ergreift der naive Geschlechtsdünkel der Männlichkeit auch mit der Illusion der Unwiderstehlichkeit von dem ganzen weiblichen Geschlecht Besitz; sie ist sein Triumph und Gipfel und zeigt die Gewalt der Verblendung, die er erreicht, in ihrem vollen Umfang. Denn sie wird durch entgegengesetzte Erfahrungen nicht beeinflußt und findet sich oft bei Leuten, die durch die Anzahl ihrer Eroberungen über das Durchschnittliche nicht im mindesten hinausragen. Übrigens kann jeder Mann, der auf die Anzahl der Eroberungen Wert legt, unschwer eine erkleckliche Summe zusammenbringen, wenn er sich an Frauenzimmer hält, die intellektuell, sittlich und ökonomisch tiefer als er stehen. Bei anderen wird der herrische Erotiker sein Glück schon deshalb nicht versuchen, weil sie seinem Überlegenheitsbedürfnis nicht entgegenkommen, also nicht erogen auf ihn wirken.

Aber auch wo der naive Geschlechtsdünkel sich nicht bis zu diesen Illusionen versteigt, bleibt er für den herrischen Erotiker das Unüberwindliche. Charakteristisch dafür ist der Ausspruch jenes Mannes, der sagte: »Aus allen schlimmen Lagen meines Lebens bin ich durch die Energie und die Intelligenz von Frauen gerettet worden – und doch kann ich ihnen gegenüber ein Gefühl der Überlegenheit nicht los werden!« In der Tat wurzelt das Gefühl der Überlegenheit nicht in vernunftmäßig darzulegenden Motiven. Denn der Durchschnittsmann müßte sich sonst bei einiger Selbsterkenntnis mindestens den geistig hervorragenden Frauen untergeordnet fühlen – was aber gerade bei dem gewöhnlichen Mann keineswegs zutrifft. Und für den über das gewöhnliche Niveau erhobenen Mann könnte doch wohl dasjenige, was er mit den niedrigsten Individuen seines Geschlechtes gemein hat, nicht die Quelle eines besonderen Selbstbewußtseins bilden.

Das aber wäre der Fall, wenn man das Überlegenheitsgefühl aus der höheren sexuellen Qualifikation der Männlichkeit ableiten wollte. Auch würde dieser Voraussetzung jede biologische Grundlage fehlen. Das männliche Geschlecht, ganz allgemein als das Zeugende und Schaffende in der Natur gefaßt, steht biologisch nicht höher als das weibliche, dem an der Erhaltung und Fortpflanzung des Lebens mindestens der gleiche Anteil zukommt. Nur in dem organischen Mechanismus der Geschlechtsfunktion liegt die große Verschiedenheit – und in der damit zusammenhängenden emotionellen Energie auch der Ursprung dessen, was in der männlichen Psyche als sexuelles Überlegenheitsgefühl, als »Prärogative der Männlichkeit« auftritt.

Will man dieses Gefühl als Naturphänomen begreifen, so muß man es als eine teleologische Geschichtseigenschaft betrachten, als eine von jenen, die das Individuum zur Erfüllung der Gattungszwecke geeignet machen. Solchergestalt wäre der Geschlechtsdünkel im Grunde nur eine Veranstaltung der Natur, um den Mann im Interesse der sexuellen Eroberung mit der nötigen aggressiven Selbstgewißheit auszustatten. Und da auf ihm die herrische Erotik ruht, erhellt es, daß sie dem primitiven Leben entstammt, der Entwicklungsstufe, auf welcher das Individuum noch mehr Gattungswesen als Persönlichkeit ist. Auf den höheren Stufen der geistigen Kultur, wo die Beziehungen der Geschlechter zueinander die Gestalt der Liebe annehmen, treten ganz andere, sublimierte Vorgänge des Seelenlebens auf, die jene teleologischen Naturbehelfe aufheben – was freilich nicht ausschließt, daß auch bei sonst hochentwickelten Individuen die erotische Sphäre der Persönlichkeit undifferenziert und das Geschlechtsempfinden primitiv bleibt.

Solange die herrische Erotik als Ausdruck einer urwüchsigen Vitalität erscheint, verbunden mit einer ungestümen elementaren Willensgewalt, solange derjenige, an dem sie sich manifestiert, ein »ganzer Mann« ist, der in seinem Wesen die Äquivalente seiner machthaberischen Geschlechtsnatur besitzt, bleibt sie ein Elementarereignis, das man eben hinnehmen muß wie jedes andere Naturphänomen.

Aber wir wissen ja, was unter den Einflüssen einer hochgesteigerten Zivilisation aus der primitiven Männlichkeit wird. Diese Zerrüttung rächt sich am empfindlichsten gerade an dem herrischen Erotiker. In demselben Maße, als die Machtfülle seiner Persönlichkeit hinter den Ansprüchen seines sexuellen Temperamentes zurückbleibt, wird er zu einer disharmonischen Erscheinung. Die starke Faust, die er dem Weibe gegenüber hervorkehrt, besitzt er im gewöhnlichen Leben nicht mehr; hier ist der erotische Machthaber sehr oft nichts weniger als selbstherrlich und kraftvoll. Dann wird die Dyskrasie in seiner seelischen Konstitution, der Gegensatz zwischen seiner erotischen Natur und seinem übrigen Wesen, zum Verhängnis für ihn. Der Mann, der nicht auch dem Leben gegenüber die starke Faust besitzt, die allein zur Herrschaft fähig macht, kann sich zu dem Weibe, das er im Banne seiner Erotik hält, nicht in das rechte Verhältnis setzen; er muß es notwendigerweise bei allen Zusammenstößen mit den äußeren Umständen enttäuschen. Zwischen seinem erotischen Leben und seinem bürgerlichen besteht ein latenter Konflikt, an dem er heimlich vielleicht ebensosehr leidet wie die Frau, die von ihm abhängt.

Häufiger ist es wohl, daß der herrische Erotiker in einer angenehmen Selbstverblendung befangen bleibt, die ihn darüber hinwegtäuscht, daß sein Überlegenheits- und Herrenbewußtsein eben nur in der sexuellen Sphäre und sonst nirgends begründet ist. Für diese Männer bildet das Weib das geeignetste Publikum; so sehr sie sich über dasselbe erhaben fühlen, so wenig können sie seiner entraten. Ihr Verkehr mit dem weiblichen Geschlecht hat immer etwas von der vulgären Prahlerei, die sich am Schwächeren zu messen liebt. Wie zahm und fügsam sie auch sonst beschaffen sind, dem Weibe gegenüber lieben sie es, sich mit der großmäuligen Maske auszustaffieren, die in den Dramen der kriegerischen Männlichkeit getragen wurde, und mit den Schwertern zu rasseln, die ihre friedlichen Hände längst nicht mehr handhaben können.

Dieses renommistische Auftreten der Männlichkeit – das sich nicht bloß auf den Umgang mit Frauen beschränkt – hat für den unbeteiligten Beobachter eher einen komischen Anstrich. Und doch gehört ein gewisser Grad von Prahlerei zur erotischen Ausrüstung des Mannes, da die Natur selbst ihn darauf als auf ein Hilfsmittel der Werbung und Eroberung verweist, dessen sich auch der unschuldige Pfau bedient, wenn er vor dem Weibchen sein Rad entfaltet. Ohne Zweifel liegt in der Prahlerei viel suggestive Gewalt, namentlich jenen Frauen gegenüber, auf die ein Mann nur wirkt, wenn er seine Überlegenheit hervorkehrt.

Man kann die Prahlerei als das typisch männliche Geschlechtslaster bezeichnen – womit beileibe nicht gesagt sein soll, daß sie unter den Frauen nicht vorkomme. Sie spielt bei dem männlichen Geschlecht ungefähr die Rolle, wie bei dem weiblichen das buhlerische Element, die Koketterie; oder wenn man will, ist sie die männliche Form der Koketterie, weil ja auch diese nichts anderes als ein Hilfsmittel der sexuellen Anlockung bedeutet.

Dem feiner organisierten Menschen, dessen Auszeichnung die Strenge gegen sich selbst bildet, ist die Prahlerei, als eine Übertreibung oder mindestens Zurschaustellung der eigenen Vorzüge, etwas Widerwärtiges. Dennoch tritt auch in solchen Persönlichkeiten das prahlerische Element in Verbindung mit dem Geschlechtsdünkel hervor, soweit in ihrem Seelenleben die herrische Erotik regiert.

Es gibt in der deutschen Literatur einen klassischen Beleg dafür, wie angemessen das prahlerische Auftreten selbst den edelsten und vornehmsten Männern erscheint, wenn ein herrisch-erotischer Tropfen in ihrem Blute fließt. Dieses repräsentative Werk der männlichen Prahlerei ist Schillers Wallenstein. Nirgends drängt sich der Abstand zwischen den Worten der Männlichkeit und ihrem Handeln sichtbarer auf als in diesem Werk. Seine symptomatische Bedeutung aber liegt darin, daß das prahlerische Element durchaus unabsichtlich und nur als natürliche Äußerung der Mannhaftigkeit auftritt – vielleicht ein Überrest jener elementaren Empfindung des Autors, die sich in der »Männerwürde« noch so unverblümt brüstete. Alle Augenblicke heißt es: »Denkt nicht, daß ich ein Weib sei«; oder: »Seid ihr nicht wie die Weiber, die beständig zurück nur kommen auf ihr erstes Wort«; oder: »Übel stimmt der Weiber Klage zu dem Tun der Männer«; aber das Tun der Männer, von denen keiner »eine Tat und ihre Verantwortung« auf sich zu nehmen vermag (Otto Ludwig), rechtfertigt dieses prahlerische Überlegenheitsbewußtsein nicht im geringsten.

Daß das Stück in einer Epoche spielt, in der die kriegerische Ungebundenheit der primitiven Männlichkeit zum letztenmal vor ihrem Niedergang hoch aufloderte, macht die Schwäche der auftretenden Männer und ihr weibisches Wesen um so auffälliger. Was hier zur Erscheinung kommt, ist die dyskratische Männlichkeit eines zivilisierten Zeitalters, die sich nur mehr nach außen hin grimm und gewalttätig gebärdet – im letzten Grunde, um dem Bedürfnis nach dem erotischen Gegensatz genugzutun.

In der modernen Literatur gibt Strindbergs »Vater« ein anderes, noch viel lehrreicheres Beispiel der unbeabsichtigten Darstellung männlicher Prahlerei. Man kann dieses Stück geradezu die Tragödie der männlichen Prahlerei nennen, obgleich es nach der deutlich hervortretenden Absicht des Verfassers die Tragödie der Vaterschaft sein soll, die Darstellung des Martyriums, zu welchem die Natur selbst den Mann als Vater verurteilt hat. Dieser Rittmeister, der hier alle Leiden der Vaterschaft durchmacht, ist kein Mensch, der sich darauf versteht, Herr zu sein, und im Grunde auch weiß, daß ihm in diesem Punkte etwas abgeht. Nichtsdestoweniger trifft er beständig Anstalten, den Weibern seiner Umgebung den Herrn zu zeigen. »Es ist, als wenn ich in einem Tigerzwinger umherginge; und hielte ich ihnen nicht mein glühendes Eisen unter die Nase, würden sie mich im ersten besten Augenblick zerreißen.« Er bemerkt nicht, daß es nur sein glühendes Eisen ist, das alle diese gewöhnlichen Hauskatzen in Tigerinnen verwandelt. »Ich dulde keinen Eingriff in meine Rechte, weder von Weibern noch von Kindern« – bramarbasiert er; und er fordert seine Frau, die von sich sagt, daß sie niemals einen Mann habe ansehen können, ohne sich ihm überlegen zu fühlen, zum tödlichen Zweikampf durch die renommistische Antwort heraus: »Na, dann sollst du einmal einen zu sehen bekommen, der dir überlegen ist, so daß du es niemals wieder vergißt.« Und doch erliegt er bei dem ersten Widerstand in zorniger Ohnmacht; überwältigt durch den boshafterweise in seine Seele gestreuten Zweifel an der Legitimität seines Kindes, bricht er vor seiner Frau in Tränen aus und sagt ihr: »Ich begehre nur Mitleid wie ein Kranker, ich lege das Zeichen meiner Macht nieder und flehe um Gnade für mein Leben.« Er gesteht ihr selbst, daß er bei ihr Verachtung seiner Unmännlichkeit zu bemerken glaubte und sie als Weib dadurch gewinnen wollte, daß er sich ihr als Mann anbot. Damit aber hat er alles verdorben; denn seine Frau, geneigt, seine Schwäche zu entschuldigen, solange er bloß als ihr Freund an ihre mütterlichen Empfindungen appellierte, schämt sich seiner als Geliebten. »Die Mutter war deine Freundin, aber das Weib deine Feindin«.

Ganz nahe streift hier Strindberg das Problem der dyskratischen Naturen und den tragischen Konflikt, der sich aus dem inneren Widerstreit entgegengesetzter Instinkte in dem Individuum selbst entwickelt. Der Tiefblick des Künstlers aber wird durch die Subjektivität der Mannespersönlichkeit gleich wieder verdunkelt; er läßt das Problem fallen und fährt tendenziös fort: »Die Liebe zwischen den Geschlechtern ist ein Kampf«.

Auch die Auffassung der Liebe als eines Kampfes gehört zu den Kennzeichen der herrischen Erotiker. Daß die Liebe ihrem Wesen nach eine Aufhebung des Kampfes ist, der sonst überall in der Welt herrscht, und daß das Verhältnis zwischen den Geschlechtern eben noch nicht Liebe ist, solange es die Natur eines Kampfes behält, das bleibt dem herrischen Manne notwendigerweise verborgen. Für ihn handelt es sich dem Weibe gegenüber um Herrschen und Unterwerfen. Nur weil die herrische Erotik in ihrer absoluten Gestalt und ungemildert durch entgegenwirkende individuelle Eigenschaften selten vorkommt, ist das Verhältnis der Geschlechter meistens doch nicht eine »ewig feindselige Spannung«, wie Nietzsche meinte, und die orientalische Behandlung des weiblichen Geschlechtes auf jene Rassen beschränkt, bei denen sich noch keine Differenzierung des erotischen Empfindens vollzogen hat.

Unter Erotik schlechtweg – einem Worte, das eine vielfältige Auslegung zuläßt – wird hier die Fähigkeit verstanden, die geschlechtlichen Beziehungen mit persönlichem Gehalt zu erfüllen, zum Unterschiede von der Sexualität schlechtweg, die nicht mehr enthält als den blinden Trieb zum anderen Geschlecht.

Nicht mit jeder seelischen Konstitution ist eine wirkliche innerliche Annäherung an die Menschen des anderen Geschlechtes, eine Wesensverschmelzung, vereinbar. Das setzt eine besondere Entwicklung der psychosexuellen Sphäre voraus. Je edler und vollkommener diese Sphäre ist, desto edler und vollkommener werden die Beziehungen eines Menschen zum anderen Geschlechte sein, desto weiter reicht er mit seiner Erotik. Die höchste Entfaltung der Erotik stellt eine Art der Genialität dar.

Das erotische Genie steht auf der obersten Stufe der psychosexuellen Entwicklung, während der herrische Erotiker auf der untersten zurückgeblieben ist, dort, wo sie sich eben erst über den bloßen Geschlechtstrieb zu erheben und mit Vorstellungen zu erfüllen beginnt, die den primitivsten Instinkten noch ganz nahverwandt sind. Auf der Skala zwischen jenem obersten und diesem untersten Grade finden sich die verschiedenen Individualitäten; die große Mehrzahl ist auch in dieser Beziehung wie überall mittelmäßig. Daß hier nur von den Extremen die Rede ist, geschieht deshalb, weil nur an den Extremen die Eigenschaften scharf ausgeprägt sind, aus welchen gewisse Lebenserscheinungen erst erklärbar werden. Aus dem gleichen Grunde erscheint hier nur das erotische Genie männlichen Geschlechtes in Betrachtung gezogen, obwohl diese Art der Genialität ebenso bei dem weiblichen vorkommt, wenn auch in dem Maße seltener, als das Genie überhaupt unter den Frauen. Zudem gilt alles, was vom männlichen Genie der Erotik gesagt werden kann, umgekehrt auch vom weiblichen – wie denn in den höchsten Höhen der Menschlichkeit, ob es sich um die künstlerische, die moralische oder irgend eine andere Genialität handelt, die sexuellen Verschiedenheiten immer mehr verschwinden.

Hingegen zwischen den Empfindungen des genialen und denen des herrischen Erotikers besteht ein so großer Unterschied, daß kaum mehr gemeinsame Züge der Männlichkeit zwischen ihnen übrig bleiben. Wenn die verborgene Basis des aus der Sexualität entspringenden Mannesbewußtseins die Tatsache ist, daß der Mann auch gegen den Willen des Weibes seine sexuelle Gewalt durchzusetzen, das Weib aber den Mann nicht zu zwingen vermag, so geht vielleicht aus diesem elementaren Verhältnis der Geschlechter im letzten Grunde das Gefühl des Abstandes hervor, der Fremdheit, der Rangverschiedenheit, die den Mann zum Herrn des Weibes macht. In der Liebe jedoch entäußert sich der Mann freiwillig seiner elementaren Gewalt. Die gesteigerte Differenzierung des erotischen Empfindens bringt eine neue Fähigkeit mit sich, die das Bewußtsein der Überlegenheit auslöscht und das Bedürfnis nach dem Abstand in das Bedürfnis der Gemeinsamkeit, der Gegenseitigkeit verwandelt – die Fähigkeit der Hingebung. Damit begibt sich das Merkwürdige in der männlichen Psyche, das große Wunder, das eine völlige Umkehrung des primitiven Empfindens bewirkt, eine Wandlung der teleologischen Geschlechtsnatur.

Das erotische Genie umfaßt die Wesen des anderen Geschlechtes mit intuitivem Verständnis und vermag sich ihnen ganz zu assimilieren. Sie sind ihm das Urverwandte und Urvertraute; die Vorstellungen der Ergänzung, der Erfüllung, der Befreiung des eigenen Wesens oder selbst die einer mystischen Verschwisterung begleiten seine Liebesbeziehungen. Ihm bedeutet die Geschlechtlichkeit nicht eine Aufhebung oder Beschränkung der Persönlichkeit, sondern eine Steigerung und Bereicherung durch die Individuen, mit denen es auf diese Weise verknüpft wird.

Aber nicht etwa die Anzahl der Eroberungen ist es, die den genialen Erotiker ausmacht; sie hat mit seinen entscheidenden Eigentümlichkeiten so wenig zu tun, wie die strenge Ausschließlichkeit der Treue. Es gibt unter den erotischen Genies monogame Naturen, wie Novalis, die so völlig in einem geliebten Wesen aufgehen, daß sie ihre tiefste Ehre darin erblicken, selbst das Leben aufzugeben, wenn der Tod sie scheidet; oder polygame, wie Goethe, die imstande sind, gleichzeitig auch mehreren sich in Liebe zu ergeben. Nichts könnte das Empfinden des polygamen erotischen Genies gegenüber seinen gegenwärtigen und vergangenen Liebesbeziehungen besser charakterisieren, als jene Stelle in den Briefen an Frau von Stein, wo Goethe von seinem, nach vielen Jahren der Trennung erfolgten Besuche bei Friederike und Lilly erzählt: »Die schöne Empfindung, die mich begleitet, kann ich nicht sagen. So prosaisch ich nun mit diesen Menschen bin, so ist doch in dem Gefühl von durchgehendem reinen Wohlwollen, und wie ich diesen Weg her gleichsam einen Rosenkranz der treuesten, bewährtesten, unauslöschlichen Freundschaft abgebetet habe, eine recht ätherische Wollust.«

In dem Band, das den genialen Erotiker mit den erwählten Wesen des anderen Geschlechtes verbindet, ist eben nicht wie bei dem herrischen Erotiker ein Einschlag von Fremdsein oder Feindschaft enthalten, der in dem Augenblick sichtbar wird, als die Kette der sexuellen Anziehung zerreißt: dieses Band besteht aus dem einheitlichen Gefühl einer »unauslöschlichen Freundschaft«, die sich auch dann erhält, wenn die enthusiastische Phase vorüber ist.

Ja vielleicht ließe sich selbst die Behauptung rechtfertigen, daß das erotische Genie seine tiefsten und entscheidendsten geistigen Beziehungen in dem Verkehr mit Frauen und nicht in der Männerfreundschaft finde. Wenigstens hat Richard Wagner an Mathilde Wesendonck geschrieben, daß für ihn »die Sehnsucht, in einem Herzen, in einer bestimmten Individualität den bergenden erlösenden Hafen zu finden« der Natur der Welt nach nur durch ein liebendes Weib erfüllt werden könne, und daß ihm die edelsten Versuche seiner Beziehungen zu Männern »die deutlich erkannte

Unmöglichkeit, in der Freundschaft eines Mannes das Ersehnte zu finden«, gezeigt hätten.

In diesen Briefen offenbart sich das Wesen der erotischen Genialität in seiner höchsten Schönheit und seinem höchsten Adel. Eine grenzenlose Hingebung, ein Bedürfnis nach unbedingter Gemeinsamkeit redet hier mit einer Innigkeit, die um so wunderbarer ist, als sie aus einer Natur von äußerster Impetuosität und Willensgewalt, aus einem sehr »männlichen« Charakter stammt. Wagner kann sich nicht genug daran tun, der geliebten Frau zu versichern, daß er völlig von ihr abhängt, daß er ganz wie sie ist, ganz wie sie empfindet, ganz ihre Stimmung und ihr feinstes Weh teilt, ja daß selbst seine Kunst nur soweit seinem Herzen nahe steht, als sie die Begleiterin seiner tiefen Harmonie mit ihr ist: »Mein wahrer Ernst ist nicht dabei ... o glaube! glaube mir, daß nur du mein Ernst bist ... Alles hat nur Sinn und Bedeutung durch dich ... Mit dir kann ich alles, ohne dich nichts!«

Wie sehr unterscheidet sich diese Sprache von jener, welche die herrische Erotik anzuschlagen pflegt! Wer sie durch eine erstaunliche Übereinstimmung beglaubigt sehen will, wird sie in Goethes Briefen an Frau von Stein finden. Dasselbe freudige Bekenntnis der Abhängigkeit, dasselbe Gefühl der Ergänzung durch Gegenseitigkeit, dieselbe rückhaltslose Hingegebenheit an das Ich des geliebten Weibes: »Ja liebe Lotte, jetzt wird es mir erst deutlich, wie Du meine eigene Hälfte bist und bleibst. Ich bin kein einzelnes, kein selbständiges Wesen. Alle meine Schwächen habe ich an Dich angelehnt, meine weichen Seiten durch Dich beschützt, meine Lücken durch Dich ausgefüllt ... Ich sehe, wie wenig ich für mich bestehe und wie notwendig mir Dein Dasein bleibt, daß aus dem meinigen ein Ganzes werde ... Ich bitte Dich fußfällig, vollende Dein Werk, mache mich recht gut ... schaffe und bilde mich auch so, daß ich Deiner wert bleibe.«

Die Vorstellung, daß der Mann der schaffende und bildende ist, nach dessen Willen und Ideen sich das Weib formen, dem es sein ganzes geistiges Sein verdanken soll – eine Vorstellung, die sich beispielsweise in den Briefen Heinrich von Kleists an seine Braut so unumwunden vordrängt – wird hier durch die entgegengesetzte abgelöst; jede Spur von Geschlechtsstolz ist in Hingebung geschmolzen.

Bei dem erotischen Genie entfaltet die Anmutung, die es durch das Weib empfängt, die höchsten Seelenkräfte. Ihm erscheint das Weib als die Vermittlerin zwischen der sinnlichen Welt und der Gottheit – wie Sophie von Kühn bei Novalis; als die Führerin zur Vollendung – wie Beatrice bei Dante; als die Spenderin aller Erkenntnis und alles innerlichen Lebens – wie Vittoria Colonna bei Michelangelo, der schrieb:

»Von meinen Lippen kommt dein Geist geflossen,
Von deinem Willen ist mein Will' umschlossen,
Und mein Gefühl ist deiner Brust entsprossen.
Mein Wesen deucht mir gleich dem Mond gesponnen –
Empfing er nicht sein Licht vom Licht der Sonnen,
Sein Leuchten hätte nimmer noch begonnen.«

Und auch Goethe hat dem Einfluß der Charlotte von Stein in seinem Leben das Höchste zugeschrieben, indem er sie Shakespeare an die Seite stellte:

»Lida, Glück der nächsten Nähe,
William, Stern der schönsten Höhe,
Euch verdank ich, was ich bin.
Tag und Jahre sind verschwunden,
Und doch ruht auf jenen Stunden
Meines Wertes Vollgewinn.«

Die Fülle lieblicher und holdseliger Vorstellungen, mit denen die Phantasie der genialen Erotik das Geschlechtsverhältnis ausgestattet hat, gehört zu den edelsten Schätzen des menschlichen Geisteslebens; und die Literatur aller Völker gibt Zeugnis davon, wie völlig die erotische Genialität, wenn sie mit der künstlerischen gepaart ist, in die weibliche Psyche unterzutauchen, wie lebendig sie diese aus sich herauszustellen vermag. An der individualisierten und vertieften Charakteristik, die ein Dichter seinen Frauengestalten zu geben vermag, läßt sich wohl erkennen, wie weit seine künstlerische Genialität von der gleichen erotischen begleitet ist. Man kennt den Unterschied, der in dieser Hinsicht zwischen den Goetheschen und den Schillerschen Frauengestalten besteht; und wenn von den Schillerschen behauptet wird, daß ihnen das individuelle weibliche Leben fehlt, so deutet das auf einen Mangel in der Fähigkeit des Autors, das Weib in sich zu erleben – worin im letzten Grunde das Mysterium der erotischen Genialität besteht, die Erklärung dafür, warum dem erotischen Genie die Wesen des anderen Geschlechtes das Verwandteste und Vertrauteste sind. In diesem geheimnisvollen Liebeserleben der höchsten Erotik fällt die Scheidewand zwischen den Geschlechtern, und jene wundersame Stimmung, die von einem »Tausch der Seelen« träumt, stellt eine Gemeinschaft her, die über die Schranken des Körperlichen hinaus sich bis zur mystischen Vorstellung einer metaphysischen Wesenseinheit erhebt.

Was sich aber in der Gestalt des Don Juan verkörpert, ist nichts weniger als der Typus des erotischen Genies. Nur der Mann als sexueller Eroberer, der vollendete Virtuose der Sexualität, hat in dieser Gestalt seinen höchsten Ausdruck gefunden. Zugleich wird an dieser Gestalt das Wesen der typisch männlichen Sexualität als das eines nie zu befriedigenden Triebes sichtbar, der in einem unaufhörlichen Wechsel sucht, was er doch nie innerlich erreicht: das Weib. Auch in ihrer äußersten Steigerung vermag die bloße Sexualität keine Wesensverbindung zwischen Mann und Weib herzustellen; zur Seele des Weibes führt kein Weg durch die geschlechtliche Vereinigung für denjenigen, der diese Seele nicht vorher gefunden hat. Männer ohne Erotik verfallen daher leicht auf die Annahme, daß »das Weib« überhaupt keine Seele habe, weil ihnen, die doch öfter die höchste sexuelle Macht ausüben, ihr erotisches Unvermögen nicht zum Bewußtsein kommt.

So wenig wie in den Niederungen der Sinnlichkeit streift der herrische Erotiker die Nachteile seiner geschlechtlichen Eigenart auf dem Wege zum Gehirnmenschen ab. Je mehr er sich von dem primitiven und natürlichen Gemütszustand entfernt, in welchem die geschlechtlichen Dinge noch nicht Problem sind, wird möglicherweise sein Verhältnis zu ihnen, und damit zugleich sein Verhältnis zum Weibe, bitterer, peinlicher, böser; es erhält eine vergiftete Spitze, es brennt als eine Wunde in seiner Seele. Er ist entweder Cyniker oder – freilich unvergleichlich seltener – Asket; und schon allein die Mischung von cynischer Frechheit und asketischer Scheu, welche die Stellung der modernen Kulturmenschheit gegenüber allem Geschlechtlichen kennzeichnet, verrät, was für eine Empfindungsweise die Allgemeinheit beherrscht.

Der Konflikt zwischen Persönlichkeit und Geschlecht, den nur die Liebe ohne Verneinung zu lösen vermag, verschärft sich oft genug für den herrischen Erotiker in dem Maße als seine Geistigkeit wächst. Da er das Weib als ein fremdes und fernes, als inferiores, sogar als untermenschliches Geschöpf empfindet, erzeugt die Abhängigkeit, die das Geschlecht mit sich bringt, in ihm eine feindselige Reaktion wider das Weib. Nur wenn seine Sexualität über ihn Herr wird, vermag er sich dem Weibe zu nähern. Und sie gewinnt nur anfallsweise über ihn Macht; sie unterjocht ihn wie eine fremde Gewalt, die ihn einem im Grunde unwürdigen oder verhaßten Wesen ausliefert. Daß er dieser Gewalt unterliegt, demütigt ihn vor sich selbst und bewirkt, wenn er wieder zur Besinnung kommt, eine peinvolle Ernüchterung. So wird die Sexualität, die für den primitiven Mann die Quelle eines gesteigerten Selbstgefühles und Überlegenheitsbewußtseins ist, für ihn ein quälend zwiespältiger Zustand, der Ursprung einer Dissonanz, die er nicht bloß in seinem persönlichen Leben, sondern im ganzen Weltall vernimmt.

Es gibt Anhaltspunkte, die darauf hinweisen, daß ein Zusammenhang zwischen der asketisch-pessimistischen Weltanschauung und der, mit einer gesteigerten Geistigkeit verbundenen anerotischen Sexualität besteht. Der ungeheuerliche Gedanke einer allgemeinen untilgbaren Verschuldung der Menschheit, die Auffassung des Geschlechtsaktes als eines Sündenfalles und des ganzen Erdenlebens als einer fluchbeladenen Täuschung, scheinen in dem Zwiespalt ihren geheimen Grund zu haben, der das Seelenleben solcher Männer zerreißt. Die großen Verächter des kreatürlichen Lebens, die Erfinder einer jenseitigen, übersinnlichen Welt, waren fast alle zugleich Verächter und Gegner des Weibes. Für den an seiner Sexualität leidenden Mann muß die Welt, die aus der Zeugung entspringt, mit einem Fluche behaftet sein, und das Weib als das Objekt, das den unheilvollen Trieb ewig wach erhält, die nächste Ursache dieses Fluches. Es ist symptomatisch für diese Art des Empfindens, daß die männliche Phantasie das Weib als die Verführerin, als die Veranlasserin des Sündenfalls hingestellt hat, und daß sie die Erlösung von einem über das Geschlechtliche erhabenen Weibe, von einer »unbefleckten« Jungfrau ausgehen ließ.

Was sich in dem grundlegenden Mythos von Adam und Eva äußert: die Projektion eines Zustandes der männlichen Psyche in die Gestalt des Weibes, die Verführung der Geistigkeit durch die Sexualität, bei welcher der Mann dem Weibe die aktive Rolle zuerkennt, die er doch nach dem realen, nicht symbolischen Lauf der Dinge sich selber vorbehält – das ist ein Prozeß, der tiefe Spuren in der ganzen Geistesgeschichte zurückgelassen hat, ein Prozeß, dessen praktische Konsequenzen das weibliche Geschlecht als die intellektuell schwächere Hälfte schwer zu fühlen bekommen hat.

Der gesteigerte Intellektualismus des Mannes rächt sich am Weibe für die Leiden der Geschlechtlichkeit. Diese Verwechslung eines subjektiven Zustandes mit dem Objekt, das ihn veranlaßt, macht dem männlichen Intellekt keine Ehre. Aber sie ist noch nicht das Schlimmste.

Wenn schon unter normalen Verhältnissen die Vorstellungen der herrischen Erotik eine empfindliche Beeinträchtigung für alle jene Frauen sind, die ihnen nicht entsprechen, so werden sie für das ganze weibliche Geschlecht zu einer Geißel und Gefahr, sobald sie jene extreme Gestalt annehmen, in welcher sie ans Pathologisch-Wahnhafte grenzen.

Man kennt unter dem Namen Sadismus eine psychopathische Entartung des sexuellen Empfindens, die ihrem Wesen nach in einer Erregung und Befriedigung durch grausame Akte besteht. Ein Element der Grausamkeit schlummert ja stets auf dem Grunde der herrischen Erotik und tritt in dem Bedürfnis hervor, dem Weibe die Gewalt der starken Faust zu fühlen zu geben, im Weibe ein willenlos ergebenes, leidendes, zur Aufopferung bestimmtes Wesen zu besitzen. Wenn dieses Element sich ins Unmäßige steigert oder mit morbiden Instinkten verbindet, bereitet es den Boden für die sadistische Entartung.

Die Neigung zur Peinigung des Gegenstandes, der im Bewußtsein mit sexueller Betonung auftritt, kann aber auch eine Richtung ins Intellektuelle einschlagen. Dann bildet die Herabsetzung und Verunglimpfung des weiblichen Geschlechtes das Mittel der Befriedigung, so daß man wohl von einem intellektuellen Sadismus zu sprechen berechtigt ist. Vielleicht verbergen sich hinter der Schmähliteratur über das Weib vielfach bloß Rachegelüste von Männern, die im Umgang mit dem weiblichen Geschlechte irgendwie schlecht weggekommen sind; in anderen Fällen rühren diese literarischen Produkte ohne Zweifel aus einem krankhaften Triebe her, und sie sind als sadistische Akte auf geistigem Gebiete zu betrachten.

Ein historisches Dokument des intellektuellen Sadismus, das durch seine Wirkung die größte Bedeutung besitzt, ist der »Malleus maleficarum«, jenes furchtbare, von abergläubischem Ingrimm und fanatischem Haß wider das weibliche Geschlecht erfüllte Buch, aus dem der Hexenprozeß sich entwickelte. Man kann an diesem Werke nicht vorübergehen, wenn von den Extremen der aus einer krankhaften Sexualität entspringenden Feindschaft des Mannes wider das Weib die Rede ist; denn welches auch die äußeren Anlässe gewesen sein mögen, denen der Hexenhammer seine Entstehung verdankt, die subjektive Disposition der beiden Dominikanermönche, die ihn verfaßten, ist doch in erster Linie zur Erklärung heranzuziehen. Alles, was die geschlechtliche Phantasie seit Urzeiten an Wust und Wahn hervorgebracht, was die satanistische Lust an ungeheuerlichen sexuellen Freveln jemals erfunden hat, fassen die Autoren zusammen, um es dem Weibe zur Last zu legen. Die Geschichte des Hexenprozesses ist ein schreckenerregender Beleg für die Wirkung, die solche wahnhafte Vorstellungen unter Umständen ausüben: »Die Seuche des allgemeinen Glaubens an teuflische Zauberei und an Teufelsbuhlschaft, und der Furcht vor den Hexen, in welcher die abendländische Christenheit zwei Jahrhunderte lang erzitterte, ist großenteils durch den Hexenhammer selbst hervorgerufen, der die Millionen Schlachtopfer, die er zerschmetterte, sich selbst erst zubereitet hat. Seitdem dieser Kodex der Hexenverfolgung aufgestellt war, wirkten Kirche und Gerichtsstube zusammen, um die Theorie aufzubauen, wobei Philosophie und Medizin treulich halfen; und die Strafpraxis lieferte wiederum das Material, um die Theorie zu bestätigen.« (Soldans Geschichte der Hexenprozesse.)

Bedenkt man, daß den objektiven Erscheinungen, deren groteske Auslegung der Hexenwahn war, aller Wahrscheinlichkeit nach die Krankheit zugrunde lag, die heute unter dem Namen Hysterie bekannt ist, so wird der Hexenprozeß überdies zu einem unendlich beschämenden Monument für die Unzulänglichkeit der männlichen Intelligenz in allen Dingen, in denen die Sexualität und das Verhältnis zum Weibe mitspielt. Gesetzt selbst, daß sich unter den Opfern nicht bloß hysterische, Wahnsinnige und unschuldig Denunzierte, sondern auch eine Anzahl gemeiner, gleisnerischer und boshafter Weiber befanden – die Kriminalistik des Hexenprozesses überragt an Gemeinheit, Aberglauben und Bosheit die etwaigen Verbrechen der Bestraften so weit, daß die ausübenden Gerichtspersonen als tief unter den Delinquentinnen stehend erscheinen.

Nach der Angabe des Hexenhammers war es hauptsächlich »unersättliche Wollust, die zum Umgang mit Dämonen reizt«, durch die das weibliche Geschlecht der Teufelsbuhlschaft verfiel, wozu es überdies durch seine Minderwertigkeit im Glauben – nach der Etymologie des Hexenhammers war die Bezeichnung femina von fe und minor abzuleiten! – disponiert war. Die schamlose Ausschmückung der Teufelsbuhlschaft mit obszönen Details, deren Geständnis auf der Folter durch Suggestivfragen zu erpressen war, bildet einen wesentlichen Bestandteil des Hexenhammers und zeigt deutlich, daß hinter ihm nicht bloß kirchenpolitische Machtgelüste standen, sondern eine sexuelle Perversion, die mittelst imaginärer Greuel einem sadistischen Vernichtungstrieb wider das weibliche Geschlecht Genugtuung schaffte.

Wir sind im allgemeinen geneigt, zu glauben, was vergangen ist, sei auch überwunden. Die moderne Wissenschaft hat den alten Aberglauben aus ihrem Bereich hinweggefegt; aber die dunklen Tiefen der menschlichen Psyche sind nicht so leicht reinzufegen, und es könnte wohl sein, daß der alte feindliche Wahn über »das Weib« in milderen Formeln und moderner Maske noch immer sein Unwesen treibt. Philosophie und Medizin helfen auch heute noch treulich, um subjektiven Phantasiegebilden den Nimbus objektiver Wahrheiten zu verleihen. Stammt nicht von einem sogenannten Mann der Wissenschaft (Lombroso) der Ausspruch, daß »auch das normale Weib ein halbkriminaloides Wesen« ist? Wurde nicht erst kürzlich mit allem Aufwand philosophischer Gründlichkeit von Weininger »ein ganz umfassender Nachweis geführt, daß das Weib seelenlos ist, daß es kein Ich und keine Individualität, keine Persönlichkeit und keine Freiheit, keinen Charakter und keinen Willen hat«, und so die alte Frage, ob das Weib eine Seele habe, welche die christlichen Misogyne vor weit mehr als tausend Jahren auf dem Konzil von Maçon bejahen mußten, im zwanzigsten Jahrhundert verneint? Manisch-obszöne Vorstellungen, wie z. B.: »Unterschiedslos fühlt sich jede Frau … fortwährend und am ganzen Leibe, überall und immer, von was es auch sei, ausnahmslos koitiert« (Weininger) streifen ganz nahe an die Vorstellung des Hexenhammers von der »unersättlichen Wollust des Weibes«, und deuten auf einen bestimmten psychosexuellen Zustand als gemeinsame, durch die Jahrhunderte unveränderte Quelle.

Diese Quelle hat ihre Ebbe und Flut in der sozialen Geschichte; sie fällt in den Zeiten der Blüte, wenn die genialen Individuen zahlreich sind und die Kultur mit dem Reichtum ihres Empfindungslebens erfüllen; sie steigt in den Zeiten des Niederganges, wenn die niedrigen Tendenzen der menschlichen Natur ungehemmt die Herrschaft führen und Schädlichkeiten aller Art das Instinktleben gefährden. So hoch das Weib während der Renaissance und ihren vorbereitenden Epochen in der Schätzung des Mannes gestanden hat, so tief sinkt es zur Zeit des Dreißigjährigen Krieges, in welcher die Vorstellungen des Hexenhammers Gemeingut werden, Vorstellungen, die an der zeitgenössischen Gesellschaft dieses Buches wirkungslos vorübergegangen waren.

Kehren wir schließlich zum Ausgangspunkte dieser Betrachtung und zu ihrer Nutzanwendung zurück. Wir resümieren: ein Mann kann im Verkehr mit Männern so vorurteilslos, so gerecht, so objektiv sein als möglich – wenn die psychosexuelle Seite seiner Persönlichkeit hart, grobschlächtig und herrisch ist, wird er über »das Weib« weder vorurteilslos noch gerecht denken. Wie hoch er sich auch als Denker erhebe, hier findet er seine Grenze.

Ach, aber die Frauen haben keine Ursache, über diese Beschränktheit des männlichen Intellektes zu lächeln. Diese Beschränktheit kommt ihnen teuer zu stehen. Da sie nun einmal der Mehrzahl nach dem Manne nicht gleich sind, durch ihre geringere Willenskraft und schwächere Intelligenz von ihm abhängig, obendrein durch ihre erotischen Neigungen an die starke Faust gebunden, bildet die Subjektivität des Mannes in den sexuellen Dingen das tragische Verhängnis des ganzen weiblichen Geschlechtes.

Diejenigen Frauen jedoch, deren Wesensart positivere Elemente enthält, als sie mit den Ansprüchen der herrischen Erotik verträglich sind, werden eben unterscheiden müssen, von welchen Männern sie Anerkennung erwarten können und von welchen nicht. Nicht auf die überzeugende Kraft irgendwelcher Argumente dürfen sie bei ihren Bestrebungen hoffen; vielleicht aber, daß die Natur selbst ihnen zu Hilfe kommt. Da sich doch im Laufe der Kulturentwicklung die Sexualität zur Liebe sublimiert hat, warum sollte eine biologische Veränderung, welche die psychosexuelle Disposition der Geschlechter noch weiter zu beeinflussen vermöchte, als utopische Annahme erscheinen? Es ist nicht auszuschließen, daß sich unter den Lebensbedingungen einer steigenden Kultur jene Differenzierung der Männlichkeit immer häufiger vollziehe, die ihren höchsten Ausdruck in dem erotischen Genie findet. Diese Lebensbedingungen, welche die äußeren Unterschiede in der Tätigkeit der Geschlechter mehr und mehr verwischen, wirken im Sinne der Annäherung und sind ganz danach angetan, den herrischen Vorstellungen wenigstens auf sozialem Gebiete den Boden zu entziehen.

Auch die zunehmende Intellektualisierung könnte mit der Zeit bei einer größeren Anzahl von Männern bewirken, daß sie zwischen den Frauen ihres erotischen Geschmackes und jenen eine objektive Scheidung machen, die man gelten läßt, ohne sie mit den Augen des geschlechtlich Wählenden zu betrachten. Es gibt immerhin unter den herrischen Erotikern auch solche, deren theoretische Anschauungen über die soziale Stellung der Frauen freiere sind, als es sich mit der Praxis ihres Privatlebens verträgt. Kann ein Mann nicht öffentlich die bürgerliche Gleichstellung des weiblichen Geschlechtes vertreten und zugleich in dem häuslichen Verhältnis zu seiner eigenen Frau seine herrische Natur hervorkehren? Mit Unrecht würde man daraus den Vorwurf der Inkonsequenz ableiten; vielmehr ist darin das Symptom einer bemerkenswerten und seltenen Erhebung über die gewöhnliche Subjektivität zu erblicken, ein Unabhängigsein des Intellektes von den Banden der elementaren Wesenheit, das Achtung gebietet.

Der Anteil, den die Frauen an den modernen Kulturidealen, an der Befreiung des Individuums zum Zwecke seiner ungehemmten geistigen Entfaltung, an dem Kampf um die Rechte der freien Persönlichkeit haben, kann auf die Dauer an der Organisation der Gesellschaft nicht spurlos vorübergehen. Und so hätten die Anzeichen einer Reaktion dagegen, die sich in zunehmender Feindseligkeit zwischen den Geschlechtern kundgibt, in den gelegentlichen Ausbrüchen der herrischen Männer wider die »Entarteten« oder die »Gehirndamen«, ungefähr die gleiche symptomatische Bedeutung, wie die Steigerung des Nationalitäts- und Rassengegensatzes in einer Zeit, die durch ihre Einrichtungen die Unterschiede der Rassen und Nationen vorschnell aufzuheben droht. Beide Phänomene deuten darauf, daß eine Gegenwehr im Bewußtsein derjenigen stattfindet, deren Empfindungsleben den neuen Verhältnissen nicht angepaßt ist.

Zwar muß die Unveränderlichkeit des angeborenen Wesens als die Schranke gelten, über die niemand hinweg kann: aber bis zu einem gewissen Grade ist dennoch alles lehrbar und lernbar. Der suggestive Einfluß großer Vorbilder bedeutet ein Kulturelement von höchstem Wert. Und mit unvergänglich leuchtenden Worten verkündet das erotische Genie schon seit Jahrhunderten der Menschheit die frohe Botschaft, daß zwischen den Geschlechtern ein ganz anderes Verhältnis bestehen kann, als sich die Männer der starken Faust träumen lassen.

Das subjektive Geschlechtsidol

Warum widerfährt den einen von den Frauen so viel Schlechtes, den anderen so viel Gutes? Welche Schicksalstücke ist es, die für die meisten eine ganz einseitige Auswahl trifft? Welches geheime Gesetz regelt die Begegnungen, aus denen jeder Mann die Summe seiner Frauenkenntnis zieht?

Deutlicher als überall offenbaren sich hier die beiden, das menschliche Geistesleben in seinen Untergründen am stärksten bindenden Eigentümlichkeiten: die Abhängigkeit alles Denkens von der angeborenen Eigenart, und die Neigung, die Ergebnisse des eigenen Denkens für objektive Wahrheiten zu halten. Wenn die »Wahrheit«, die eine individuelle Intelligenz hervorbringt, immer durch eine bestimmte Wesensart bedingt ist, muß nicht der verborgene Zusammenhang zwischen dem sogenannten objektiven Denken und der geistig-körperlichen Konstitution dort am unmittelbarsten sein, wo es sich nicht um Prinzipien des reinen Erkennens handelt, sondern um eine konkrete Erscheinung, die den Mann persönlich so nahe angeht, wie »das Weib«?

Der geistige Prozeß, der sich abwickelt, wenn eine Verallgemeinerung zustande kommt, wenn einzelne Daten der Erfahrung, in ein gemeinsames zusammengefaßt, zu einer Schlußfolgerung benützt werden, ist von der Person des Erfahrenden nicht zu trennen; sonst könnten die gleichen Tatsachen von verschiedenen Beobachtern nicht ganz verschieden gedeutet werden.

Aber auch jene, die vermittelst apriorischer Aufstellungen über »die wahre Natur des Weibes« Auskunft geben, das »Wesen des Weibes« aus den »Prinzipien der reinen Vernunft« begründen oder gar von der »platonischen Idee des Weibes« ausgehen, müssen der Frage unterworfen werden, welches die ursprünglichen Bedingungen sind, kraft deren solche Ideen in einer individuellen Intelligenz auftauchen, der Frage, wie weit ihre Subjektivität schon bei der Entstehung jener allgemeinen Voraussetzungen mitgewirkt hat.

Es war der Einsiedler von Sils Maria, der Mann der »ausschweifenden Redlichkeit«, der darauf hinwies, daß in diesen Dingen jeder nur zu erkennen vermag, was bei ihm darüber schon ausgemacht, was in der Tiefe seiner Wesensbeschaffenheit beschlossen ist:

»Im Grunde von uns, ganz ›da unten‹ gibt es etwas Unbelehrbares, einen Granit von geistigem Fatum, von vorherbestimmter Entscheidung und Antwort ... Über Mann und Weib zum Beispiel kann ein Denker nicht umlernen, sondern nur auslernen – nur zu Ende entdecken, was darüber bei ihm ›feststeht‹. Man findet beizeiten gewisse Lösungen von Problemen, die gerade uns starken Glauben machen; vielleicht nennt man sie fürderhin seine ›Überzeugungen‹. Später sieht man in ihnen nur Fußstapfen zur Selbsterkenntnis, Wegweiser zum Probleme, das wir sind – richtiger, zur großen Dummheit, die wir sind, zu unserem geistigen Fatum, zum Unbelehrbaren ganz ›da unten‹.« (Jenseits von Gut und Böse.)

Er schickt diese Bemerkungen jenem einseitigen und ungerechten Urteile voraus, das er über die Vertreterinnen der modernen Frauenbewegung fällt, und unterstreicht solchergestalt ausdrücklich, daß es nur sein subjektiver Geschmack ist, der da redet. »Auf diese reichliche Artigkeit hin, wie ich sie eben gegen mich selbst begangen habe, wird es mir vielleicht eher schon gestattet sein, über ›das Weib an sich‹ einige Wahrheiten herauszusagen: gesetzt, daß man es von vornherein nunmehr weiß, wie sehr es eben nur – meine Wahrheiten sind.«

Doch lange vor Nietzsche hat Goethe zu Eckermann das denkwürdige Wort gesagt: »Die Frauen sind silberne Schalen, in die wir goldene Äpfel legen. Meine Idee von den Frauen ist nicht von den Erscheinungen der Wirklichkeit abstrahiert, sondern sie ist mir angeboren oder in mir entstanden, Gott weiß wie.«

Und bei Grillparzer findet sich der Ausspruch: »Was ist es auch, ein Weib? ... Ein Etwas, das nie etwas und nie nichts, je demnach ich mirs denke, ich, nur ich.« (Ein Bruderzwist in Habsburg.)

Behaupten wir also einmal: die Stellung, die der einzelne Mann in der Theorie wie in der Praxis dem Weibe gegenüber einnimmt, beruht nur zum geringsten Teile auf Erfahrungen – noch mehr: Die Erfahrungen, die jeder macht, sind schon im vorhinein durch eine ursprüngliche Anlage seiner individuellen Natur bestimmt. Äußere Erlebnisse können diese ursprüngliche Anlage nicht erheblicher verändern, als die Eigenart selbst durch äußere Einflüsse zu verändern ist. Ohne eine Wandlung in der Konstitution, wie sie allenfalls durch Alter oder Krankheit entsteht, wird schwerlich jemand über das andere Geschlecht von Grund aus umlernen, was immer Gutes oder Schlimmes ihm geschehe. Der bekehrte Weiberfeind ist zwar in der Romanliteratur eine häufige Erscheinung; in Wirklichkeit dürfte diese Bekehrung aber so selten sein wie jene fundamentale Wandlung religiöser Art, die selbst der christliche Glaube nur durch einen Akt der göttlichen Gnade bewirkt werden läßt. Denn jene Männer kann man nicht Weiberfeinde nennen, die nur deshalb gering von den Frauen denken, weil ihre subjektiven Vorstellungen vom Weib so hohe sind, daß die große Mehrzahl der Frauen ihnen nicht entspricht und sie lange vergeblich nach Verwirklichung ihrer Wunschgestalt suchen müssen.

Jede Individualität reagiert auf bestimmte Reize anders. Unter der Bezeichnung des subjektiven Geschmackes ist diese Tatsache ja eine der landläufigsten Beobachtungen. Bei den gewöhnlichen Menschen, deren Bewußtsein in Hinsicht auf ihre Sexualität sich nicht viel über die Dumpfheit des Instinktlebens erhebt, bleiben auch die durch den subjektiven Geschmack bestimmten Vorstellungen über das andere Geschlecht dumpf und unentwickelt. Sie übernehmen das konventionelle, das heißt, das durch die Mehrzahl geschaffene Urteil und behalten es häufig auch dann, wenn es sich nicht recht mit der Praxis ihres Lebens deckt, weil sie nicht aufgeweckt genug sind, um sich ihres persönlichen Empfindens reflexiv bewußt zu werden. Wo aber Phantasie und Leidenschaft oder ein gesteigertes Abstraktionsvermögen sich zur Individualität gesellen wie bei den geistig produktiven Menschen, füllt sich das Bewußtsein mit bestimmteren und deutlicheren Vorstellungen.

Der Komplex von Eigenschaften, der unsere besondere, von allen anderen verschiedene Person ausmacht und sich als Inhalt unserer Ichvorstellung im Bewußtsein spiegelt, erzeugt, gewissermaßen als Nebenprodukt, mehr oder minder scharf begrenzt ein ergänzendes Bild, das wir in die Außenwelt projizieren und in den Individuen des anderen Geschlechtes verwirklicht suchen. Das gilt gleicherweise vom männlichen wie vom weiblichen Geschlecht. Da das männliche Bewußtsein aber das mitteilsamere, das expansivere ist, und viel mehr von seinem Inhalt als gedankliche Schöpfungen nach außen richtet, läßt sich dieser Vorgang eher bei Männern beobachten, um so mehr, als seine Konsequenzen vermöge der Machtstellung des männlichen Geschlechtes für die Allgemeinheit größere Bedeutung haben.

Bei der subjektiven Vorstellung über »das Weib« bilden die Erfahrungstatsachen bloß das Baumaterial, der Bauplan ist durch die Individualität festgesetzt. Nach diesem Plane werden alle Erfahrungstatsachen interpretiert; alle Wahrnehmungen ordnen sich auf diese Weise gesetzmäßig zu einem Typus. Was seinen Typus bestätigt, ergreift jeder mit Aufmerksamkeit und bewahrt es mit willigem Gedächtnis: Eindrücke, die diesen Typus beschränken oder gar aufheben könnten, werden als störend, als hemmend, als unangenehm empfunden, werden vielfach gar nicht apperzipiert, und wenn, so schwinden sie rasch wieder aus der Erinnerung.

Nichts ist so bezeichnend wie die unfehlbare Sicherheit, welche die meisten Männer bei ihren Generalurteilen über »das Weib« leitet, Männer sogar, die allen anderen Erscheinungen der Erfahrungswelt gegenüber die vorsichtigste und gewissenhafteste Denkerzurückhaltung bewahren. Diese

Sicherheit zeigt, daß sie ohne weiteres das empirische Weib mit dem immanenten verwechseln. Das empirische Weib, das reale Einzelwesen weiblichen Geschlechtes, ist eine vielfältige und in seiner Vielfältigkeit ebenso inkommensurable Erscheinung wie der Mann; das immanente Weib hingegen, das Geschöpf der Einbildungskraft, ist jedem bekannt und vertraut wie sein eigenes Ich, weil es ja aus diesem Ich hervorgegangen und organisch mit ihm verwachsen ist.

Allen Generalurteilen eines Mannes über das Weib kommt in erster Linie eine Bedeutung als Symptom seiner eigenen psychosexuellen Anlage zu; sie haben mehr einen biographischen als einen normativen Wert. Was er vom Weibe hofft und fürchtet, wünscht und voraussetzt, seine Meinung über das, was das Weib sein »soll«, gestattet einen ziemlich untrüglichen Schluß auf seine eigene Wesensbeschaffenheit.

Es ist ein Bedürfnis nach Ergänzung, welches als oberstes Gesetz das psychische Verhältnis der Geschlechter beherrscht. Diesem Bedürfnis gemäß trägt das Idol, das die Phantasie jedes einzelnen von den Personen des anderen Geschlechtes schafft, jene Züge, die eine Ergänzung, in gewisser Hinsicht sogar eine Umkehrung seines eigenen Wesens bilden; es entsteht in der Psyche wie die komplementäre Farbe im Auge.

Richard Wagner, dessen theoretische Schriften so viele Beiträge zur Dichter- und Musikerpsychologie enthalten, gewährt einen bemerkenswerten Einblick in die Entstehung eines subjektiven Geschlechtsidoles in der »Mitteilung an meine Freunde«, wo er seine Dichtung zu Lohengrin als Symbolisierung eines innerlichen Erlebnisses schildert. Den tieferen Sinn dieser Dichtung bezeichnet er, indem er sein eigenes Empfinden in der Gestalt des Lohengrin verkörpert, als die Sehnsucht aus der einsamen Höhe der reinen Künstlerschaft nach der Tiefe des allgemeinsamen menschlichen Lebens. Und von dieser Höhe gewahrt sein verlangender Blick – das Weib. »In Elsa ersah ich von Anfang herein den von mir ersehnten Gegensatz Lohengrins – natürlich jedoch nicht den diesem Wesen fern abliegenden, absoluten Gegensatz, sondern vielmehr das andere Teil seines eigenen Wesens, den Gegensatz, der in seiner Natur überhaupt mit enthalten und nur die notwendig von ihm zu ersehnende Ergänzung seines männlichen besonderen Wesens ist. Elsa ist das Unbewußte, Unwillkürliche, in welchem das bewußte, willkürliche Wesen Lohengrins sich zu erlösen sehnt.«

Wie charakteristisch ist es für die Individualität Richard Wagners, dessen Gefahr als Künstler eben in der doktrinären Bewußtheit lag, daß er das »wahrhaft Weibliche«, dem er in Elsa »mit Sicherheit auf die Spur zu kommen« glaubte, im Unbewußten, Unwillkürlichen erblickt! Das Überwiegen der Verstandestätigkeit, die für den künstlerisch produktiven Menschen ein so störendes, belästigendes, hinderndes Element ist, erscheint ihm als das, wovon er »erlöst« werden möchte. Da aber eine so mächtige Einwirkung – wenn sie überhaupt denkbar sein soll – nur durch eine psychosexuelle Verschmelzung herbeigeführt werden kann, projiziert er das, was er sich ersehnt, in die Gestalt eines Weibes, »des Weibes«, des »wahrhaft Weiblichen«. Allerdings ist er ferne davon gewesen, die Verkörperung dieses wahrhaft Weiblichen ausschließlich in weiblichen Individuen zu suchen, oder gar, es als Norm zu betrachten, nach welcher in der Realität die »echten« von den »unechten« zu scheiden wären.

Darin ist sein Empfinden viel tiefer und reicher, oder wenn man will, gerechter gewesen, als das seines späteren Gegners Nietzsche. Daß sich aber auch hinter dem Idol Nietzsches ein Wesensgegensatz, das Bedürfnis nach »Erlösung« verbirgt, bestätigt er, dessen schicksalsvoll entscheidende Eigenschaft der Drang nach unbedingter Wahrhaftigkeit und Redlichkeit des Denkens war, durch die Vorstellung: »Nichts ist von Anbeginn dem Weibe fremder, widriger, feindlicher als Wahrheit – seine große Kunst ist die Lüge, seine höchste Angelegenheit ist der Schein und die Schönheit. Gestehen wir es, wir Männer: wir ehren und lieben gerade diese Kunst und diesen Instinkt am Weibe: wir, die wir es schwer haben und uns gerne zu unserer Erleichterung zu Wesen gesellen, unter deren Händen, Blicken, zarten Torheiten uns unser Ernst, unsere Schwere und Tiefe beinahe wie eine Torheit erscheint.«

Diese Verherrlichung der weiblichen Lügenhaftigkeit und Oberflächlichkeit gehört zu den seltsamsten Beispielen der Geschlechtsidolatrie. Man vergleiche damit den Grimm und Abscheu, mit dem die Männer des Mißtrauens und der Unehrlichkeit – insbesondere jene, die an ihrem eigenen mißtrauischen und unehrlichen Wesen leiden, die sich gerne darüber erheben möchten – von den gleichen weiblichen Eigenschaften reden, wie hoch sie die Einfalt und Gefühlstiefe am »echten« Weibe preisen. Nicht anders die Unmäßigen, die Zügellosen, die Lasterhaften unter den Männern, die das Weib als Idol des schönen Maßes, der Züchtigkeit, der Reinheit anzubeten pflegen.

Die Herrschaft, die das subjektive Phantasiebild im Seelenleben des Einzelnen ausübt, erreicht zuweilen die Gewalt einer fixen Idee; aber auch wo es nicht diesen wahnhaften Charakter annimmt, bleibt es eine der stärksten und unüberwindlichsten Illusionen. Steht es doch in inniger Beziehung zu der wichtigsten Angelegenheit, die das menschliche Triebleben außer der Selbsterhaltung kennt: zur geschlechtlichen Auswahl. In den Liebesbeziehungen gewinnt das subjektive Geschlechtsidol seine größte Bedeutung; da ist auch die Verblendung, die es bewirkt, am leichtesten zu beobachten.

Nichts anderes als diese Herrschaft des immanenten Weibes in der Liebe meint Maeterlinck*, wenn er sagt: »Vergebens werden wir rechts oder links, in den Höhen oder Niederungen wählen, vergebens werden wir, um aus dem Zauberkreis herauszukommen, den wir um alle unsere Lebensäußerungen gezogen fühlen, unseren Instinkt vergewaltigen und eine Wahl gegen die unseres Sternes zu treffen versuchen – wir werden doch immer die vom unsichtbaren Gestirn herabgestiegene Frau erküren. Und wenn wir gleich Don Juan eintausenddrei Frauen küssen, werden wir (zuletzt) einsehen, daß immer dieselbe Frau vor uns ist, die gute oder die böse, die zärtliche oder die grausame, die liebende oder die ungetreue.«

D'Annunzio* läßt in seinem Roman »Der Triumph des Todes« den Helden beim Anblick der Geliebten denken: »Sie ist, wie sie mir in jedem Augenblick erscheint, nichts als die Wirkung meiner fortwährenden inneren Schöpferkraft. Sie existiert nicht außer in mir selbst ...«

In seiner schwülstig-ekstatischen Manier spricht Prybiszewski* davon: »Bevor ich dich sah, warst du in mir ... lagst du so in unbefleckter Reinheit als ein Urbild keusch in meinem Gehirn, eine rein angeschaute Idee ... und in einem Nu hattest du die Fäden zwischen meinem schaffenden Gehirn und der schlummernd brütenden Tierseele des Geschlechtes gesponnen ... und du, Geschlechtstier, bist mit dir, dem Urbild meines Hirnes, zusammengeflossen und wurdest eine große Einheit.« (Vigilien)

Hier läßt sich zugleich ein unheilverkündender Ton vernehmen; denn es kann nichts Gutes bevorstehen, wenn ein »Geschlechtstier« und eine »rein angeschaute Idee« zusammenfließen.

Das subjektive Phantasiebild bestimmt das individuelle Verhältnis zwischen dem einzelnen Mann und dem Weibe seiner Wahl: zum Glücke der Beteiligten, wenn die reale Person des Weibes dem Idole entspricht – als Verhängnis, wenn sich das Idol mit der unrechten Person verknüpft. An den Irrtümern, die den mißglückten Liebesverhältnissen zugrunde liegen, hat die Herrschaft des subjektiven Phantasiebildes einen großen Anteil. Der Kampf zwischen dem immanenten und dem empirischen Weibe wird oft in seiner ganzen Gewalt aus den leidenschaftlichen Anklagen und Vorwürfen sichtbar, aus dem verzweiflungsvollen Schwanken zwischen Haß und Liebe, welches den Auflösungsprozeß solcher Verhältnisse begleitet.

Bis zum äußersten gesteigert, mit einer abstoßenden pathologischen Note, aber großer künstlerischer Aufrichtigkeit, erscheint dieser Kampf in Strindbergs »Beichte eines Toren«. Aus der Verworrenheit, Inkonsequenz und Launenhaftigkeit der Leidenschaft, die da bald mit Wutausbrüchen, bald in ohnmächtiger Ratlosigkeit an das Urteil des »aufgeklärten Lesers« appelliert, tritt bald das Idol, bald die reale Person des Weibes hervor, je nach den Umständen, in welchen der Autor lebt. Wenn er mit seiner Geliebten dauernd beisammen ist, verdrängt die reale Person das Idol und erfüllt ihn mit argwöhnischer Unruhe; wenn er sich von ihr entfernt, »steigt das Phantom des bleichen, jungen Weibes, das Spiegelbild der Jungfrau Mutter« vor ihm auf; »das Bild der zügellosen Komödiantin« ist aus seinem Gedächtnis weggewischt. Man kann erraten, daß diese Frau sich unter dem suggestiven Einfluß seines Idoles anders gibt als sie ist; sobald sie aus der Rolle fällt, wird sie für ihn ein Gegenstand des Abscheus und der Verachtung. Er vermag absolut nicht, sich irgend eine klare und zutreffende Vorstellung von ihrer wirklichen Beschaffenheit zu machen; schon allein der Gedanke, daß sie sexueller Regungen fähig sein könnte, bringt ihn außer Rand und Band: »sollte diese kalte und wollüstige Madonna zur Klasse der geborenen Dirnen gehören?« Es gibt keine Unwürdigkeit, die er ihr, während er mit ihr vereinigt ist, nicht nachsagte; er schäumt vor Bosheit und Tücke wider sie, vergleicht sie mit der Spinne, die ihren Mann auffrißt – und kaum ist er von ihr getrennt, wiederholt sich dasselbe Spiel: »Die Madonna meiner ersten Liebesträume taucht empor, und das geht so weit, daß ich bei einem Zusammentreffen mit einem alten Kollegen von der Journalistik gestehe, daß ich durch ein edles Weib demütiger und reiner geworden bin.«

Alle die unendlich verschiedenen Frauencharakteristiken, die als Aussagen über »das Weib« in der Literatur aller Zeiten niedergelegt sind, sie geben auch Zeugnis für die Mannigfaltigkeit der Idole, welche die männliche Phantasie hervorbringt. Man kann diese Idole nach dem Rangverhältnis gruppieren, das sich in ihnen ausspricht, jenem Rangverhältnis, in das sich der Mann als Person zu dem Weibe als Person setzt. Da das männliche Geschlecht gemäß der äußeren Ordnung der Dinge das erste und herrschende ist, wird gerade das geschlechtliche Rangverhältnis, wie es sich in der Vorstellung des einzelnen Mannes vollzieht, zu einem individuellen Kennzeichen von besonderem Gewicht. Gemäß der äußeren Ordnung der Dinge kann der Mann das Weib nur unter sich stellen. In dieser Ordnung herrscht das Idol der Leibeigenen. Trotzdem spielt in der Kulturgeschichte das Idol, das der Mann über sich stellt, das Idol des »höheren Wesens« oder der Gebieterin, eine nicht zu unterschätzende Rolle, ebenso wie das Idol, das der Mann neben sich stellt, die Gefährtin. In diesen drei Gestalten sind allerdings nur die allgemeinsten Umrisse des Verhältnisses gegeben, aber jenen drei Gruppen entsprechend, in welche sich die Männer nach ihrer Geschlechtsnatur scheiden, und die sich als die herrische, die ritterliche und die kameradschaftliche bezeichnen lassen.

Da der Rang und Wert der einzelnen männlichen und weiblichen Individuen ein völlig relativer ist, könnte jeder Mann, sofern er in der Tat objektiv wäre, unter den Frauen der Wirklichkeit nach Belieben solche finden, die über ihm, wie solche, die neben oder unter ihm stehen. Der gewöhnliche, unbedeutende Mann müßte also am ehesten dazu kommen, das Weib über sich zu stellen; während nur die Männer auf den höchsten Gipfeln der menschlichen Vollendung, wie sie von Frauen bisher nie erreicht worden ist, unbedingt das Weib unter sich erblicken dürften. Aber gerade das Gegenteil ist der Fall. Die niedrigsten und erbärmlichsten Wichte fühlen sich in der Regel dem Weibe überlegen und genießen ihr herrisches Selbstgefühl in brutalen oder boshaften Akten; indes viele der edelsten und vornehmsten Repräsentanten der Männlichkeit das Weib als Gebieterin oder als Gefährtin dachten, also ein Idol über die Wirklichkeit hinaus schufen.

So tief und reich die erotische Seite in einer Persönlichkeit entwickelt ist, so reich und individualisiert wird auch das Phantasiebild sein, das sie von dem anderen Geschlechte hervorzubringen vermag. Eine dürftige, spröde, einseitige Erotik kann weder ein inhaltsvolles noch ein harmonisches Bild des Weibes entwerfen; im besten Fall wird es mit ganz allgemeinen, ganz oberflächlichen Geschlechtsqualitäten ausgestattet sein, im schlimmsten gemein oder nichtig, ohne jede eigene Wesenheit, ein leeres Blatt, auf das erst der Mann seinen Willen schreibt.

Das Bild der Leibeigenen, das subjektive Geschlechtsidol des herrischen Erotikers, ist das älteste, das verbreitetste und vulgärste, es bestimmt auch die Stellung, die dem weiblichen Geschlecht, wenn schon nicht in der Gesellschaft, so doch vor dem Gesetze eingeräumt ist.

Wenn die Leibeigene ihr völliges Gegenteil in der Vorstellung der Gebieterin, dem Idol der ritterlichen Erotik, findet, so vollzieht sich dabei, wie merkwürdig immer diese Umkehrung sein mag, doch an dem Grade der Fremdheit im Verhältnis der Geschlechter keine wesentliche Änderung. Die Vorstellung der weiblichen Schwäche, die bei dem herrischen Mann dominiert, gibt auch für das ritterliche Idol den Ausschlag; nur ist sie hier mit der Vorstellung der sittlichen Überlegenheit des Weibes gepaart, und bewirkt, daß der Herr und Meister zum Diener und Beschützer wird, der sich in freiwilliger Unterordnung gefällt, soweit er sich als Beschützer fühlen kann.

Aber die Vorstellung eines weitgehenden, ja unüberbrückbaren Unterschiedes liegt tief im Wesen des ritterlichen Idoles; es wurzelt in dem Bedürfnis nach Abstand wie das herrische Idol, nur die Richtung, nach welcher es zielt, ist eine andere. Ohne die Bewahrung einer gewissen Entfernung zwischen seinem Träger und der Person, an die es sich heftet, kann es nicht bestehen – weshalb Nietzsche sagte: »Der Zauber und die mächtigste Wirkung der Frauen ist … eine Wirkung in die Ferne, eine actio in distans; dazu gehört aber, zuerst und vor allem – Distanz.«

Die ruhmvollsten Gestalten, die das ritterliche Idol je angenommen hat, Dantes Beatrice und Petrarcas* Laura, verleugnen diese Distanz nicht; wie denn als die eigentliche Domäne des ritterlichen Idoles, das Berührungen mit der Realität am schlechtesten verträgt, die Poesie erscheint: indes der herrische Erotiker, der, bar aller Romantik, seine Vorstellungen aus dem Lehm des täglichen Lebens knetet, sich das Weib ganz für den Hausgebrauch zurechtgemacht hat.

Vielleicht das einzige, das in sich selbst die Bedingungen eines wirklichen Verständnisses, eines wirklichen Naheseins zwischen Mann und Weib enthält, ist das Idol der Gefährtin, die subjektive Vorstellung, daß das Weib nicht über, noch unter dem Mann, sondern neben ihm steht, in einer menschlichen Gemeinschaft, deren sexuelle Differenzierung ebensowenig aus seiner intellektuellen wie aus seiner physischen Überlegenheit entspringt. Dieses Idol wird öfters, und namentlich von den Rigoristen unter den herrischen Erotikern, für eine schwächliche Erfindung des modernen weiblichen Denkens ausgegeben, oder auch für ein Verfallsprodukt, weil es erst seit den Tagen der großen Französischen Revolution existiert. In Wahrheit ist es aber von weit älterer Abkunft; einige der herrlichsten Geister des Altertumes, wie Plato und Plutarch*, haben es gekannt; und wenn man der Erzählung von Maria* und Martha* eine symptomatische Bedeutung beimessen darf, so hat auch Jesus* den Willen zur geistigen Gemeinsamkeit am Weibe dem Willen zum Dienen vorgezogen: »Maria hat das bessere Teil erwählt, das soll nicht von ihr genommen werden.«

Diese drei Typen treten in Wirklichkeit weder so streng gesondert, noch so deutlich ausgesprochen hervor; auch erschöpfen sie keineswegs die Mannigfaltigkeit der subjektiven Idole. Von anderen Kennzeichen ausgehend, hat Ria Claaßen* in einem der geistreichsten und – für jene angemerkt, die dem weiblichen Geiste die Originalität absprechen – eigenartigsten unter den Beiträgen zur Geschlechtspsychologie (das Frauenphantom des Mannes, Zürcher Diskussionen IV) drei andere Typen gezeichnet, die sich nach ihrer Meinung immer gleich bleiben und zu allen Zeiten wiederholen: das Phantom vom Weibe des Sündenfalls, das Phantom der Jungfrau-Mutter, und als »abscheulichstes Phantom, das je in Menschenhirnen umging«, das des nurgeschlechtlichen Weibes – »bequemstes Objekt für den Sultan Geschlechtstrieb«.

Die Rachsucht, die Schwärmerei und die platte Gemeinheit, die jeweils den Geschlechtstrieb des Mannes begleiten, sind in diesen drei

Gestalten glänzend wiedergegeben; nur die freundlichen, zärtlichen, kameradschaftlichen Vorstellungen, die doch aus dem Verkehr der Geschlechter nicht wegzuleugnen sind, gehen bei Ria Claaßen leer aus. Daher gipfelt ihre Auffassung des Geschlechtsverhältnisses in der düsteren Prognose: »Das Schopenhauer-Strindbergsche Phantom, das Phantom von dem Weibe des Sündenfalls überhaupt, ist wie das älteste, so auch das modernste, das Zukunftsphantom. Denn nicht größtmögliche Intimität der Geschlechter ist die Losung der nächsten Zeit, sondern größtmögliche Fremdheit, wenigstens in ihren höherentwickelten Exemplaren.«

Es ist wahr, die moderne Literatur bietet Anzeichen genug, die darauf schließen lassen, daß die Wahnvorstellungen über das Weib in den Köpfen der herrischen Erotiker nichts von der alten Schärfe des Gegensatzes eingebüßt haben. Sollte aber das Frauenphantom, wie es aus dem Kopfe John Stuart Mills oder Bebels* oder Björnsons oder Walt Whitmans*, hervorging, an sozialer Bedeutung dem Schopenhauer-Strindbergschen nicht gleichkommen? Und er, der vollendetste Repräsentant der erotischen Genialität, Goethe, sollte für kommende Geschlechter nicht mehr vorbildlich sein? Mißverständlicherweise – und vielleicht war es ein williges Mißverstehen, mit dessen Hilfe sich das deutsche Philistertum der Autorität Goethes bemächtigte! – gilt ganz allgemein das Wort: »Dienen lerne beizeiten das Weib,« als das für Goethes Stellung zum weiblichen Geschlecht bezeichnende, während er es doch einem heroischen Mädchen als Ausdruck freiwilliger Selbstbescheidung in den Mund legte – jener Dorothea, an der Humboldt* tadelte, daß sie unweiblich genug war, im Augenblick der Gefahr gleich einem Manne zu den Waffen zu greifen. Wie Goethes subjektives Idol aussah, erhellt unzweideutig aus seiner Anschauung: wenn die Frau »ihre übrigen Vorzüge durch Energie erheben kann, entsteht ein Wesen, das sich nicht vollkommener denken läßt … Der Ausspruch ›er soll dein Herr sein‹, ist die Formel einer barbarischen Zeit, die lange vorüber ist; die Männer konnten sich nicht völlig ausbilden, ohne den Frauen gleiche Rechte zuzugestehen«; und seine Werke geben reichlich Zeugnis davon, daß er es verstand, »mit Mannesgefühl die Heldengröße des Weibes« zu tragen.

Und so wäre »das Weib« nur ein Produkt des männlichen Gehirnes, eine ewige Täuschung, ein Schemen, das alle Gestalten annehmen kann, ohne doch jemals eine davon wirklich zu besitzen?

Das Weib als Abstraktion, als Objekt des Denkens existiert nur im Kopfe des denkenden Subjektes und ist so abhängig von diesem, wie es in der Natur des Denkens liegt; das Weib als Individuum besteht für sich, und ist so edel oder so gemein, so begabt oder so dumm, so schwach oder so stark, so gut oder so böse, so ähnlich dem Manne oder ihm so entgegengesetzt, kurz so verschiedenartig, als es in der Natur der menschlichen Gattung liegt. Erstaunlich genug – diese einfache Beobachtung, die tausendfältig durch das Leben wie durch die Darstellung des Lebens bestätigt wird, kann sich nur in den seltensten Fällen gegen die Macht des subjektiven Idoles durchsetzen!

Nichts muß den Frauen so angelegen sein, als gegen die Abstraktion zu kämpfen, in die sie beständig durch das männliche Denken verwandelt werden. Gegen das Weib als Idol müssen sie kämpfen, wenn sie als reale Personen ihr Recht in der Welt erobern wollen. Das bedeutet, aus der Passivität hervorzutreten und das Schweigen über sich zu brechen, selbst auf die Gefahr hin, daß fürs erste wenig Erbauliches dabei herauskommt. Viele Männer halten es für die große Schamlosigkeit der modernen Frauen oder auch für ihre große Torheit, daß sie mit Enthüllungen und Bekenntnissen den Schleier zerreißen, den die männliche Phantasie um sie gewoben hat. Das Schweigen mag seine Vorteile haben; aber alle Vorteile der Welt werden ein Wesen, das sich selbst als Person zu fühlen beginnt, nicht damit aussöhnen, für etwas anderes gehalten zu werden, als es ist.

Und wenn es auch eine Sache der Wesensbeschaffenheit, nicht der besseren Erkenntnis ist, ob Mann und Weib einander als freie Gefährten oder als Herr und Untertan gegenüberstehen, so sollte es eine Sache der besseren Erkenntnis werden, die Macht des subjektiven Idoles in dem Verhältnis von Mann und Weib zu durchschauen und einzugestehen, daß die Subjektivität hier das Unüberwindliche ist.

Perspektiven der Individualität

Auf den Deckengemälden der sixtinischen Kapelle, jenen Offenbarungen einer höchsten Künstlerseele, treten Adam und Eva in die Welt und werden, wie es nach ihrer Natur geschehen mußte, aus dem Paradiese des ursprünglichen Lebens verstoßen. Aber um sie her reihen sich die Gestalten derjenigen, die dem Menschen einen Weg in ein anderes Paradies bahnen wollen, Sibyllen und Propheten, die Verkündiger seiner Zukunft, die Lehrer und Pfadfinder eines erhöhten Lebens. Und neben ihnen in gläubiger Vorbereitung die Vorfahren dessen, der da kommen soll, dieses erhöhte Leben zu verwirklichen, der die tausendjährigen Hoffnungen erfüllen und die unbeirrbare Erwartung krönen wird.

Damit ist die tiefste menschliche Sehnsucht dargestellt, eine Sehnsucht, die in unendlich vielen Formen nach Ausdruck ringt, in den mannigfaltigsten Vorstellungen sich spiegelt, in religiösen und profanen Träumen eine vernehmliche Sprache redet. Sie zieht sich durch die ganze Geistesgeschichte der Menschheit, und sie ist ebenso gegenwärtig in den enthusiastisch-ekstatischen Epochen des Denkens wie in den positivistisch-rationalen. Es ist die Sehnsucht nach einem höheren Dasein, nach einem vollendeteren Zustand, in dem das unzulängliche alte Menschentum eine Erhebung und Verklärung finden soll.

Auch die Gegenwart gibt Zeugnis davon. Die religiösen Vorstellungen, welche diese Sehnsucht mit der Verheißung eines jenseitigen Lebens der Seligkeit beschwichtigten, sind von einer evolutionistischen Naturbetrachtung abgelöst worden, die in der Vorstellung einer nach immer wachsender Vollkommenheit zielenden Entwicklungsreihe gipfelt und dem Menschen Anwartschaft auf eine schönere Zukunft gibt, die die Frucht seiner eigenen, durch die unabsehbare Kette der Generationen fortgesetzten Arbeit sein wird.

Den vollendetsten, von religiöser Glut erwärmten Ausdruck hat dieser evolutionistische Gedanke in Nietzsches Zarathustra gefunden, der den Übermenschen zu lehren kommt. Ihm erscheint der Mensch, wie er jetzt ist, als Übergang und Untergang, als ein Pfeil der Sehnsucht nach dem, was er dereinst sein wird, nach der neuen, höheren Form des Seins.

Und so geht auch durch das Problem der Geschlechter als Unterströmung jener Wille nach einer vollendeteren, harmonischeren, der sinnlosen Gewalt des Elementaren entrückten Form des persönlichen Lebens. Denn das Gebiet des Geschlechtes, das den vergänglichen Einzelnen mit dem Unvergänglichen verknüpft, mit der Gattung, deren Glied er ist, es ist auch der Boden, aus welchem alles menschliche Streben nach höheren Daseinszuständen aufsteigt.

Wenn in der Gegenwart das Interesse an diesem Problem – in seinen niedrigsten Äußerungen als ein neugieriges Wühlen in den sexuellen Untiefen, in seinen höchsten als eine unermüdliche Analyse aller Bedingungen, denen das Männliche und das Weibliche für sich und in ihrem Verhältnis zueinander unterstehen – besonders stark vorherrscht, so ist das auch ein Symptom dafür, daß ein zwiespältiger Zustand des Empfindens, in dem eine unangemessene Norm auf neue Elemente stößt, mit Hilfe der Erkenntnis nach einer anderen Ordnung drängt.

Den Untersuchungen über Mann und Weib entspringen zuletzt zwei kardinale Fragen: die Frage nach dem Sinn und Wert der individuellen Entwicklung und die Frage nach dem Ziele, das dieser Entwicklung vorgezeichnet werden kann. Die Freiheit der Individualität, das souveräne Recht des Einzelnen, sich ganz dem Gesetze seines eigenen Innern zu ergeben, schließt zwar allgemeine Bestimmungen im Sinne von Vorschriften aus; aber nicht nur die sozialen Einrichtungen, die auf der Grundlage allgemeiner Bewertungen ruhen, auch der Trieb nach der vollendeteren Daseinsform, der Trieb, in sich ein Höheres zu verwirklichen, der gerade in den vorzüglichsten Individuen am lebendigsten ist, lassen die objektive Bewertung nach dem Geschlechtscharakter auch für den Standpunkt der freien Individualität keineswegs gleichgültig erscheinen.

Es könnte ja sein, daß der männlichste Mann und das weiblichste Weib, wenn auch in Wirklichkeit vielleicht gar nicht die Mehrzahl, doch die vollendetsten Repräsentanten der menschlichen Gattung sind, jene nämlich, deren Vereinigung den beiden Beteiligten die größtmögliche Summe von individuellem Glück verspricht, oder auch jene, die den vollkommensten Gesellschaftszustand garantieren, so daß es eine Aufgabe, ein »Ideal« der menschlichen Sozietät wäre, ihre Heranzüchtung zu fördern und alles, was der Entfaltung dieser Menschen abträglich wäre, also jede Annäherung und Vermischung der psychischen Geschlechtscharaktere, durchaus zu unterdrücken.

Den Ansprüchen auf Gleichheit oder selbst nur Verwandtschaft der Geschlechter in geistigen Dingen steht die Auffassung gegenüber, daß eine scharf ausgeprägte Geschlechtsphysiognomie der Persönlichkeit das Resultat der historischen Menschheitsentwicklung, und die entschiedene Differenzierung der Individuen nach den Endpolen der Männlichkeit und Weiblichkeit eine hohe Kulturstufe bedeute. Kraft dieser Auffassung wäre das Ideal einer »reinen« Menschlichkeit abzulehnen; denn der Mensch existiert in der Realität entweder als Mann oder als Weib und kann sich nur seiner Geschlechtlichkeit gemäß entwickeln. Ein gemeinsames Menschheitsideal, dem das Weib sich nähert, wenn es Eigenschaften vom Manne annimmt, oder gar der Mann, wenn er weibliche Züge an sich ausbildet, gebe es nicht, sondern nur ein Mannesideal und ein Weibesideal, dem der Einzelne je nach seinem Geschlecht nachstreben und von dem er sich nicht wesentlich entfernen dürfe, ohne in seiner persönlichen Tüchtigkeit und Vollkommenheit herabgesetzt zu werden.

Aber »der Mensch« existiert dennoch: wenn schon nicht in der Außenwelt, so doch in der menschlichen Gedankenwelt, als Begriff. Indem man sagt, »der Mensch als Weib« oder »der Mensch als Mann« hat man etwas gesetzt, das weder von der Vorstellung des Weibes, noch des Mannes zu trennen ist – eben das Gemeinsame, das im menschlichen Denken den Gattungscharakter des Menschen bezeichnet.

Diese Idee der Gemeinsamkeit hat, wie sehr auch scheinbar im realen Leben die Geschlechtstrennung dominiert, zu allen Zeiten eine große Bedeutung besessen. Betrachtet man die historische Menschheitsentwicklung daraufhin, so wird man sehen, daß nur die Formulierung des Problemes und seine Zuspitzung auf das Wesen des weiblichen Geschlechtes der Gegenwart angehört, das Problem selbst aber, vornehmlich in religiöse Ideen gekleidet, etwas sehr altes ist.

Die Vorstellungen über das, was den höheren Menschen ausmacht, was ihn zu einer über das Gewöhnliche hinausführenden Lebensform erhebt, weisen auf eine tief in der menschlichen Natur liegende Neigung hin, die Schranken des Geschlechtes zu durchbrechen. Die Geschlechtstrennung gehört den niedrigen Regionen des Seins an; in den Höhen herrscht die Gemeinsamkeit, die aus der Vereinigung der beiden Lebensformen besteht: diese Anschauung nimmt in dunkleren oder helleren Zügen vielfältig Gestalt an, sobald der menschliche Geist sich mit seinem Verhältnis zur Geschlechtlichkeit beschäftigt.

Eingehüllt in mythische Symbole und Allegorien, in die esoterische Unnahbarkeit der Mysterien, erscheint in der antiken Kultur der Gedanke der Gemeinsamkeit unter der geheimnisvollen religiösen Bedeutung, welche die Hermaphrodisie besaß. Das grob Sinnenfällige der körperlichen Bisexualität, wie es beispielsweise bei den ältesten Darstellungen der cyprischen Aphrodite als eines hermaphroditischen Idoles hervortritt, ist bloß der naive Ausdruck für jene Auffassung, welche die Natur des Göttlichen, die Vollendung, als Vereinigung der Geschlechter in einer Person erblickte.

Auch andere griechische Götter zeigen die Spuren dieser Auffassung. Hera erzeugt den Hephaistos ohne Mitwirkung des Zeus, um ihre mannweibliche Natur zu offenbaren; Zeus bringt die Athene aus sich selbst hervor und gebiert sie, indem er sie aus seinem Kopf entspringen läßt. Hier ist die Symbolisierung eines geistigen Vorganges als einer Vereinigung männlicher und weiblicher Funktionen ganz deutlich.

Selbst der spiritualisierte Gottesbegriff, dessen Träger das Judentum war, enthält Anklänge an die Vorstellung der Doppelgeschlechtlichkeit. In der hebräischen Kabbala erscheint die »Schwester des Alten« unter dem Namen Schekinah als Teil der göttlichen Trinität. Nach einer gleichfalls der jüdischen Mystik angehörenden Vorstellung ist Gott ein männliches, der heilige Geist ein weibliches Urwesen, aus deren geschlechtlicher Vermischung der Sohn und mit ihm die Welt entstanden. (Feuerbach)

Diese Auffassung zieht sich bis in das christliche Denken herein: es gibt Anhaltspunkte, daß der heilige Geist, der in der Gestalt der Taube vorgestellt wird, ursprünglich das weibliche Element in der Dreieinigkeit bildete, und unter den frühen christlichen Sekten waren auch solche, die im heiligen Geist eine weibliche Gottheit verehrten; ja noch die Herrenhuter nannten den heiligen Geist die Mutter des Heilands. Nach den herrschenden religiösen Anschauungen ist allerdings das weibliche Element aus der Dreieinigkeit ausgeschieden worden, um in der Gestalt der Muttergottes, der unbefleckten Jungfrau, eine besondere Stellung zu erhalten.

Auch in dieser Gestalt wirkt noch eine alte religiöse Vorstellung fort: die Vorstellung der außergeschlechtlichen oder doch übernatürlichen Zeugung. Danach werden Menschen von besonderer, höherer Bedeutung außerhalb des gewöhnlichen Geschlechtsvorganges geboren, entweder durch ein Herabsteigen der Gottheit unter physischen Bedingungen wie bei den griechischen Heroen, oder von einer jungfräulichen Mutter durch eine bloß spiritualistische Einwirkung des Göttlichen, wie in der Legende von Buddha* und von Christus. Denn der Überwinder des gewöhnlichen, geschlechtlich unfreien Menschentumes konnte seinen Ursprung nicht dem verdanken, was den Menschen an das niedrige Leben bindet. In einer späteren Paraphrase findet sich noch bei Paracelsus*, der die Geschlechtsteile ein »monstrosisch Zeichen« nennt, der Gedanke, daß die Fortpflanzung des Menschen nach dem ursprünglichen Schöpfungsplan nicht nach »viehischer Weise«, nicht »salnitrisch« geschehen sollte, sondern »iliastrisch«, durch magische Imagination – auf die Weise, wie Gott aus sich die Welt geschaffen hat.

Dieser iliastrische Mensch, der ursprüngliche, gottähnlich vollendete, der Mensch vor dem Sündenfall, wird als ein doppelgeschlechtliches Wesen gedacht. Die jüdische Mystik kennt einen Adam Kadmon, den ersten Adam, den Gott unsterblich und vollkommen als ein mannweibliches Geschöpf in die Welt gesetzt hatte – eine Vorstellung vom Urmenschen, die auch bei der gnostischen Sekte der Ophiten auftritt – um später, zur Strafe seiner Überhebung, die weibliche Hälfte in Gestalt der Eva von ihm loszulösen.

Mit dieser Mythe verwandt ist die bekannte Erzählung des Aristophanes in Platons Gastmahl. Auch hier erscheinen die Menschen in ihrer Urgestalt so geschaffen, daß sie beide Geschlechter in sich vereinigen. In diesem Zustande waren sie so voll Stärke und großer Gedanken, daß Zeus daran gehen mußte, ihre Kraft zu beschränken, weshalb er sie auseinander schnitt und als Hälften weiterleben ließ. Da nun jeder Mensch nur das Stück von einem ehemaligen Ganzen bildet, suchen noch immer die beiden Teile wieder eins zu werden, und die Liebe ist der Ausdruck für dieses Streben, die ursprüngliche Vollkommenheit der menschlichen Natur wieder herzustellen.

Der Gedanke einer solchen vorzeitlichen oder mystischen Verbundenheit, der durch die neuplatonische Philosophie tiefer ausgebildet worden ist, taucht in der Phantasie großer Seelen immer wieder auf, wenn sie lieben. Michelangelo spricht in seinen Sonetten von dem Heimweh, das ihn durch die Augen der geliebten Frau nach dem »Eden, wo wir einst Gespielen waren«, zieht; Goethe sagt in einem Gedicht an Frau von Stein: »Ach du warst in abgelebten Zeiten meine Schwester oder meine Frau«; und Schiller hat mit der ganzen leidenschaftlichen Gewalt seiner Jugendperiode diesen Gedanken in dem an Laura gerichteten »Geheimnis der Reminiszenz« ausgedrückt: »Waren wir im Strahl erlosch'ner Sonnen schon in Eins zerronnen? Ja wir waren's! ... in innig festverbundenem Wesen waren wir ein Gott ... Weine Laura! Dieser Gott ist nimmer; du und ich des Gottes schöne Trümmer.«

Aber diese Abschweifung in das Gebiet der hohen Liebe, wo das Geschlechtliche mit den edelsten Tendenzen der menschlichen Natur verschmilzt, gehört nicht ganz hierher, wiewohl diese Illusionen symptomatisch für eine bestimmte Art des Geschlechtsempfindens sind, die gemeinsame Quelle auch der Vorstellungen, um welche es sich hier handelt.

Der Zustand der Vollendung als vorzeitliche Einheit der Geschlechter ist nahe verwandt mit der Verwandlung von einem Geschlecht ins andere. Aus der griechischen Welt sind es vor allem zwei überragende Gestalten, die diese Verwandlung durchmachen. Der Seher Tiresias, der Übermensch der Erkenntnis, der an der Grenze zwischen dem Menschlichen und dem Göttlichen steht, verwandelt sich aus einem Mann in ein Weib und nach neun Monaten aus einem Weibe wieder in einen Mann; und bei Herakles, dem Übermenschen der Tat, der den ganzen Kreis menschlicher Aufgaben durchmißt, findet sich der gleiche Gedanke in seinem Verhältnis zu Omphale, wenn auch in einer banalisierten Auslegung.

Auch jene orgiastischen Feste der antiken Kultur gehören hierher, bei welchen Männer und Weiber ihre Kleider vertauschten – eine symbolische Handlung, deren esoterischer Sinn darauf hinweist, daß die Geschlechter einen höheren Zustand des Seins durch Tausch erlangen können. Um in das tiefste Mysterium des Lebens einzudringen, muß der Mann etwas vom Weibe annehmen, er muß über die profane Anschauung hinaus, die auf eine absolute und ungeteilte Entfaltung der Männlichkeit gerichtet ist, den Willen zur Überwindung des Geschlechtes haben.

Der barbarisch energische Ausdruck für diesen Willen ist die Verstümmelung, der sich die Cybelepriester unterzogen; um alles Männliche vollends abzustreifen, mußten sie sich überdies den Bart scheren und Weiberkleider tragen. Eine letzte Spur der Forderung, daß der höhere Mensch selbst in seiner Erscheinung keine Geschlechtsmerkmale an sich haben soll, läßt sich noch in der katholischen Sitte erkennen, die dem Priester eine der weiblichen verwandte Kleidung – den bis an die Sohlen reichenden Talar – und ein bartloses Gesicht vorschreibt. Und wenn der Apostel Paulus von solchen spricht, die sich »um des Himmelreiches willen verstümmeln«, so ist die Anspielung auf jene Riten und ihre Nutzanwendung im Sinne der neuen Lehre unverkennbar.

Was in der antiken Welt hinter den Geheimnissen einzelner Kulte verborgen lag, trat im Christentum als neues Lebensideal Allen zugänglich ans Licht. Und niemals ist die Verleugnung und Unterdrückung des Geschlechtlichen stärker, umfassender, überzeugender gepredigt worden als durch dieses neue Lebensideal. Das paulinische Wort: »Hier ist weder Jude noch Grieche, weder Herr noch Knecht, weder Mann noch Weib, sondern ihr seid allesamt eins in Jesu Christo«, ist die bündigste Formel dafür, daß ein Allgemein-menschliches, jenseits von Rasse, Stand und Geschlecht, das christliche Wesen begründet. In Ansehung ihrer höchsten sittlichen Werte kennt die christliche Weltanschauung, solange sie konsequent bleibt, keinen Unterschied der Geschlechter, weil sie von ihren vollendeten Bekennern ein Hinaussein über alles Geschlechtliche fordert. Innerhalb dieser Weltanschauung haben Männlichkeit und Weiblichkeit als sittliche Werte gar keinen Raum. Oder, wenn man die Auffassung Hartpole Leckys teilen will, daß der Übergang von der antiken Lebensauffassung zur christlichen der Übergang von einem männlichen zu einem weiblichen Lebensideal war, so mußte zum mindesten der Mann alles Spezifische seiner Geschlechtsnatur aufgeben. Die Geschlechtstugenden fehlen in der geistigen Erscheinung der Heiligen gänzlich; beide Geschlechter unterscheiden sich in Wandel und Gesinnung nicht voneinander. Vorzüge spezifisch geschlechtlicher Art gehören dem profanen, also dem niedrigen Leben an; und wenn die christlichen Vorschriften keineswegs immer von dem Standpunkt, daß es in der christlichen Gemeinde »weder Mann noch Weib« gebe, ausgehen, so äußert sich darin nur jener Abstand zwischen Theorie und Praxis, der für alle höheren menschlichen Bestrebungen bezeichnend ist.

Aber auch außerhalb der religiösen Vorstellungen und der asketischen Verneinung der Geschlechtsbestimmung lassen sich Symptome erkennen, die auf ein Streben nach Gemeinsamkeit jenseits des Geschlechtes deuten. Hatte das Christentum die Menschheit auf eine höhere Stufe zu heben gesucht, indem es weibliche Züge in der männlichen Psyche erweckte, so stellte die Renaissance, in der so viele antike Elemente wieder aufleben, einen männlichen Typus als den vorbildlichen auch für das Weib hin. Die Annäherung an die geistigen Vorzüge der Männlichkeit galt als eine Auszeichnung des Weibes: »Die Frau von Stande mußte damals ganz wie der Mann nach einer abgeschlossenen, in jeder Hinsicht vollendeten Persönlichkeit streben. Derselbe Hergang in Geist und Herz, der den Mann vollkommen machte, sollte auch das Weib vollkommen machen ... Man braucht nur die völlig männliche Haltung der meisten Weiber in den Heldengedichten, zumal bei Bojardo* und Ariosto*, zu beachten, um zu wissen, daß es sich hier um ein bestimmtes Ideal handelt.« (Burckhardt*, Kultur der Renaissance) Und es wird als das edelste Bündnis zwischen Mann und Weib gefeiert, »wenn beider Herz derselbe Geist durchglüht, in beider Leib dieselbe Seele blüht, um beiden aufwärts gleichen Schwung zu leihen, ... und eins zum Herrn das andere sich erkor«.

Diese Worte stammen von dem prophetisch hohen Geist, der jenen Jesus-Apollo geschaffen hat, den Gott einer neuen Weltordnung, welcher in seiner übermenschlichen Erscheinung eine Synthese zweier großer Kulturepochen bildet. Aber nicht »zur rechten Hand Gottes«, wie es die christliche Tradition will, hat Michelangelo seinen Messias dargestellt, um ihn mit unsterblicher Richtergebärde unter den Menschen wählen und verwerfen zu lassen – an seiner Seite erscheint das Weib, in wissender Gnade über Erwählte und Verworfene sich neigend.

Wie das christliche Ideal ist auch das Renaissanceideal nur in den Höhen der Menschlichkeit, von besonderen Einzelnen, verwirklicht worden. Wer jedoch die Spuren dieses Ideals in den literarischen Dokumenten verfolgt, wird sehen, daß es nicht verloren gegangen ist.

Auffallend tritt es in jener Blütezeit des geistigen Lebens an der Wende des 18. bis zur Mitte des 19. Jahrhunderts wieder hervor. Unter den Aussprüchen Goethes gibt es zahlreiche, denen die Idee der Gemeinsamkeit zugrunde liegt. Man braucht nur an das zu erinnern, was er über das Weib im allgemeinen sagt: daß es gewinne, wenn es etwas vom Mann annehme; »denn wenn es seine übrigen Vorzüge durch Energie erheben kann, so entsteht ein Wesen, das sich nicht vollkommener denken läßt«, oder an die Worte, die er »an Julien« richtet: »Seligen Erfolg zu schauen, einigest zu Manneskräften Liebenswürdiges der Frauen«, und nicht zuletzt an jenes esoterisch-vieldeutige und daher so wenig verstandene: »Das Ewig-weibliche zieht uns hinan.«

Ja in der Konzeption der Mignon, über die Goethe – in den Gesprächen mit dem Kanzler von Müller – selbst sagt, daß der ganze Roman dieses Charakters wegen geschrieben sei, und daß hinter den vorgeschobenen Personen durchaus etwas Allgemeines, Höheres verborgen liege, ist die künstlerische Absicht unverkennbar, ein Wesen darzustellen, dessen Seele das Geschlecht nicht erträgt. Der hohe poetische Zauber, der diese Gestalt umgibt, gehört halb dem Kinde, dem ungeschlechtlichen Wesen der Realität, und halb dem Engel, dem ungeschlechtlichen Wesen der Imagination: »So laßt mich scheinen, bis ich werde ... und jene himmlischen Gestalten, sie fragen nicht nach Mann und Weib.«

Der Mignon verwandt, aber mit der noch deutlicher hervortretenden Absicht, an einer das gewöhnliche Maß der Sterblichen überragenden Person die mystische Vereinigung des Männlichen und Weiblichen zu zeigen, erscheint Balzacs Seraphita – ein Wesen von höchster geistiger Abkunft, das für die Augen des liebenden Mädchens ein vollendeter Mann, für die Augen des liebenden Mannes ein vollendetes Weib ist. Eine besondere persönliche Bedeutung erhält diese Erfindung dadurch, daß Balzac, wie er in der Widmung hervorhebt, auf Wunsch der von ihm geliebten Frau diese Gestalt – »par vous rêvée, comme elle le fut par moi dés l'enfance« – geschaffen hat.

Die Menschen dieser Epoche haben über den Geschlechtsgegensatz freier und tiefer gedacht, als die Menschen der Gegenwart. Chateaubriand* legt in seinen Memoiren das bei Männern höchst seltene Bekenntnis ab, daß er, hätte er sich selbst erschaffen können, aus Vorliebe für die Frauen sich zum Weib gemacht hätte; und Gentz* hat in einem Briefe an Rahel Varnhagen* unumwunden geschrieben: »Wissen Sie, Liebe, warum unser Verhältnis so groß und so vollkommen geworden ist? Ich will es Ihnen sagen: Sie sind ein unendlich produzierendes, ich bin ein unendlich empfangendes Wesen – Sie sind ein großer Mann, ich bin das erste aller Weiber, die je gelebt haben.«

Wie ein Kommentar zu jener berühmten Schlußstelle im Faust klingt, was Daumer* in seiner »Religion des neuen Weltalters« sagt: »Hingebung des Menschlichen an das Natürliche, des Männlichen an das Weibliche ist ... die höchste, ja einzige Tugend und Frömmigkeit, die es gibt.« Ähnliche Gedanken äußert Schleiermacher* in seinen »Vertrauten Briefen« über Schlegels* Lucinde, wenn er davon spricht, daß nun »die wahre himmlische Venus entdeckt ist ... Eins mit dem tiefsten und heiligsten Gefühl, mit der Verschmelzung und Vereinigung der Hälften der Menschheit zu einem mystischen Ganzen. Wer nicht so in das Innere der Gottheit und der Menschheit hineinschauen und die Mysterien dieser Religion nicht fassen kann, der ist nicht würdig, ein Bürger der neuen Welt zu sein«.

In diesem Sinne ist auch sein »Katechismus der Vernunft für edle Frauen« verfaßt, wo es heißt: »Ich glaube an die unendliche Menschheit, die da war, ehe sie die Hülle der Männlichkeit und Weiblichkeit annahm ... Ich glaube an die Macht des Willens und der Bildung, mich dem Unendlichen wieder zu nähern ... und mich von den Schranken des Geschlechts unabhängig zu machen.«

Die Lucinde selbst, »dieses ernste, würdige und tugendhafte Werk«, wie Schleiermacher sagt, enthält Stellen, in denen die Aufhebung des Geschlechtsgegensatzes als das Höchste gepriesen wird. So nennt Friedrich Schlegel das Vertauschen der Rollen im Spiel der Liebe, »eine wunderbar sinnreich bedeutende Allegorie auf die Vollendung des Männlichen und Weiblichen zur vollen ganzen Menschheit«. Und indem er »das bleibende Gefühl harmonischer Wärme« als höchsten Grad der Liebe bezeichnet, erklärt er: »Welcher Jüngling das hat, der liebt nicht mehr bloß wie ein Mann, sondern zugleich auch wie ein Weib. In ihm ist die Menschheit vollendet, und er hat den Gipfel des Lebens erstiegen.«

Allein nicht nur durch die Liebe, die auf eine Wesensverschmelzung, auf einen »Tausch der Seelen« ausgeht – durch das bloße Überwiegen der Intellektualität, wie es das Leben in den Regionen der hohen Kultur mit sich bringt, kommt ein hermaphroditischer Zug in die menschliche Persönlichkeit. Nach der Schopenhauerschen Weltinterpretation, nach welcher der Wille das primäre oder männliche, der Intellekt das sekundäre oder weibliche Prinzip darstellt, wäre der Mensch schon durch die Vereinigung dieser Prinzipien in einem Individuum als geistige Erscheinung ein mannweibliches Wesen – eine Konsequenz, die Schopenhauer allerdings nicht gezogen hat. Aber auch ohne diese metaphysisch-willkürliche Bezeichnung der menschlichen Grundtriebe nach Geschlechtsanalogien: das kontemplative Element, das die Beschäftigung mit geistigen Dingen mit sich bringt, nähert den Mann dem weiblichen Wesen. Nietzsche, der im Übrigen ein

Anwalt der extremen Geschlechtsdifferenzierung ist, verweist wiederholt auf die Verwandtschaft mit dem Weibe, in die der Mann durch die geistige Schwangerschaft gerät, und er liebt diesen Vergleich so sehr, daß er ihn in mehrfachen Varianten angewendet hat.

Daß das Genie nicht die psychischen Züge der extremen Geschlechtsdifferenzierung trägt, sondern in vielen Stücken sich dem weiblichen und selbst dem kindlichen Wesen nähert, ist eine bekannte Beobachtung. Vielleicht liegt der Grund in der stärkeren Irritabilität – die als Eigentümlichkeit des weiblichen Geschlechtes gilt – vermöge welcher der geniale Mann auf Eindrücke von außen rascher und heftiger reagiert, als es der männlichen Durchschnittskonstitution entspricht. Die Heftigkeit dieser äußeren Eindrücke im Verein mit der Intensität innerer Impulse erzeugt auch jenen labilen Gemütszustand, der sich in einem unhemmbaren Stimmungswechsel ohne zureichende Motive äußert, wie er gleichfalls als Eigentümlichkeit des weiblichen Geschlechtes beobachtet wird. Die bekannteste Folgeerscheinung der weiblichen Irritabilität endlich, die Neigung zum Weinen, teilen die genialen Menschen ebenfalls; und es ist bekannt, wie leicht beispielsweise Goethe in Tränen ausbrach. Goethe war es auch, der sich zu einer Eigenschaft spezifisch weiblicher Art bekannte: der Rezeptivität, das heißt der Fähigkeit, Fremdes lebendig in sich aufzunehmen. Ohne eine das gewöhnliche Maß überragende Rezeptivität kann das Genie so wenig bestehen wie ohne eine erhöhte Produktivität, die man als seine wesentlichste Eigenschaft zu betrachten gewohnt ist. Nicht als eine Steigerung der spezifisch männlichen Natur ist das Genie zu begreifen, sondern als eine Ausdehnung über die Grenzen der einseitigen Geschlechtsdifferenzierung, als eine Synthese der männlichen und weiblichen Natur – was sich nicht bloß an der Erscheinung des erotischen Genies offenbart.

Auch in dem Verhältnis des bewußten Lebens zum Unbewußten erscheint das Genie als Synthese. Ricarda Huch* spricht in ihrem Buche über die Blütezeit der Romantik davon, indem sie den unbewußt handelnden Menschen den männlichen Typus nennt, den erkennenden, dessen Triebe, weil sie ins Bewußtsein treten, sich nicht in Handlung umsetzen können, den artistischen oder weiblichen, den Typus aber, der diese beiden vereinigt, den mannweiblichen, welchen das Genie trägt. Was sie im Anschluß an diese Ausführung unter dem »harmonischen Zukunftsmenschen« versteht, ist daher auch eine mannweibliche Erscheinung.

Das hervorragendste Beispiel dafür, wie deutlich die geistige Produktivität in der Vorstellung des genialen Menschen den Charakter der Hermaphrodisie annehmen kann, gibt Richard Wagner dort, wo er das Verhältnis von Dichtkunst und Musik zueinander darstellt. Ihm, der in seiner

Person den Dichter und den Musiker vereinigte, erschien das Komponieren als eine weibliche Funktion. »Die Musik ist ein Weib«, das sich durch das männliche Wort befruchten lassen muß, um zu gebären – diesen Gedanken hat Wagner mit Kühnheit und Tiefe in »Oper und Drama« durchgeführt. Von welchen Vorstellungen über das Spezifisch-Geschlechtliche er dabei ausging, zeigen Aussprüche wie: »Nur als höchstes Liebesverlangen ist das Weibliche zu fassen, offenbare es sich nun im Manne oder im Weibe«, oder: »Das, wodurch der Verstand dem Gefühle verwandt ist, ist das Reinmenschliche, das, was das Wesen der menschlichen Gattung als solcher ausmacht. An diesem Reinmenschlichen nährt sich das Männliche wie das Weibliche, das durch die Liebe verbunden erst Mensch wird.« Daher brauchte er nicht anzustehen, den Vorzug Mozarts* im Don Juan darauf zurückzuführen, daß hier »der Musiker der Natur seiner Kunst nach nicht im mindesten etwas anderes war, als unbedingt liebendes Weib«, und die Größe Beethovens* darin zu suchen, daß er, der in seinem Hauptwerke die Notwendigkeit fühlte, sich an den Dichter zu wenden, »ein ganzer, das heißt gemeinsamer, den geschlechtlichen Bedingungen des Männlichen und Weiblichen unterworfener Mensch« geworden war.

Nicht die objektive Bedeutung dieser Aussprüche in musiktheoretischer Hinsicht kommt hier in Betracht, sondern ihre subjektive und symptomatische, die Auffassung, nach welcher der vollendete Mensch geistig den Bedingungen des Männlichen und des Weiblichen unterworfen ist. Auch Emerson* drückt diese Auffassung aus, indem er sagt: »Im Gehirn finden sich sowohl männliche als weibliche Eigenschaften … Tatsächlich wechseln wir in der geistigen Welt in jedem Augenblick das Geschlecht.« Er kommentiert damit Ideen Swedenborgs*, jenes geheimnisvollen und schwer zugänglichen Geistes, unter dessen Einfluß Balzac seinen Roman Seraphita geschrieben, und Strindberg – im Übrigen eine Natur von höchst einseitiger Sexualität – sich zu der Äußerung erhoben hat: »Ein Kind lieben, heißt für einen Mann zum Weibe werden, das Männliche ablegen und mit der geschlechtslosen Liebe der Himmlischen lieben, wie es Swedenborg nennt.«

Es wäre ein grobes Mißverständnis, diese Vorstellungen, von denen hier nur eine zufällige und unvollkommene Auslese gegeben ist, etwa bloß als die Anzeichen einer pathologischen Abweichung von der normalen Geschlechtlichkeit auszulegen. Sind es doch Äußerungen, die in die höchsten Regionen der Geistigkeit führen, die von ihren vornehmsten und edelsten Repräsentanten ausgehen, die in den Blütezeiten der Kultur stärker hervortreten als in den Niedergangszeiten. Was hier angeführt ist, bezieht sich ausschließlich auf geistige Zustände, die sich darin unmittelbar oder in symbolischer Form spiegeln. Nicht irgendeine latente Bisexualität in der körperlichen Beschaffenheit ist dahinter zu suchen. In dem Bereiche der Physis, darüber kann es keinen Zweifel geben, bedeutet die Entwicklung zur »homologen Monosexualität«, zur unbedingten Geschlechtstrennung der Individuen, das wünschenswerteste Ziel. Jede Abweichung von der physiologischen Norm macht das Individuum zu einem unvollkommenen Wesen; die körperliche Zwitterhaftigkeit ist widerwärtig, weil sie eine Unzulänglichkeit, eine unterbrochene und mißglückte Bildung darstellt. Dem Körper nach ein ganzer Mann oder ein ganzes Weib zu sein, gehört ebenso zu den Eigenschaften des schönen und gesunden Menschen wie eine intakte Korporisation nach jeder anderen Richtung. Allerdings behält auch im Physischen, in der formalen Erscheinung, der Umstand seine Bedeutung, daß die beiden Geschlechter sich ontogenetisch aus einer gemeinsamen hermaphroditischen Urform entwickeln, deren Spuren in der späteren Differenzierung nicht ganz verschwinden dürfen.

Wenn es ein Vorzug des modernen Denkens ist, daß es in der naturwissenschaftlichen Beleuchtung aller Probleme abseits von moralischen Standpunkten auch die geistigen Phänomene als Naturprozeß anzuschauen vermag, so ist es doch zugleich sein großer Mangel, daß es für diese Phänomene keinen anderen Vergleichswert hat, als das Mehrzahlsmäßige, das Gewöhnliche. Was die naturwissenschaftliche Auffassung gemeinhin als das Normale hinstellt, ist das Durchschnittliche, und sie erblickt in jedem Abweichen von dieser Norm schon ein Symptom der Krankhaftigkeit und der Entartung. Diese Verwechslung des Normalen als des Gewöhnlichen mit dem Normalen im Sinne des der Gattung und ihren höchsten Manifestationen Angemessenen ist schuld, daß der naturwissenschaftlichen Auffassung ein rechter Maßstab für das Große und Außergewöhnliche in der menschlichen Natur fehlt. Da sie den Durchschnittsmenschen zum ausschließlichen Typus des Gesunden erhebt, muß sie den über das Durchschnittliche hinausragenden Menschen notwendigerweise als Abnormität erklären. Daß gerade in ihm die Anzeichen und Vorboten einer Höherentwicklung gegeben sind, auf welche die evolutionistische Naturbetrachtung den höchsten Wert legen müßte, und daß diese Anzeichen nicht als pathologisch angesehen werden dürfen, weil das Genie eine erhöhte funktionelle Qualität darstellt, während pathologische Vorgänge die Funktion in ihrer Qualität herabmindern, bleibt auf diesem Wege unberücksichtigt.

Dadurch kommt eine philiströse Verflachung und Verödung in das geistige Leben. Das Hohe und Vorbildliche wird um seine soziale Funktion gebracht, und das gemeine Alltägliche auf einen Platz gestellt, auf den es nicht hingehört. In der abschreckend »durchschnittlich« gewordenen

Kultur der Gegenwart dominiert der mit den Hilfsmitteln einer abstrakten Verstandesbildung ausgerüstete Durchschnittsmensch, der sich selbst als Muster betrachtet. Aber das Maß von Phantasie oder Impulsivität oder Verinnerlichung oder irgend einer anderen die Individualität bestimmenden Eigenschaft, das heute als das Normale gelten kann, ist nicht vor hundert Jahren das gleiche gewesen und wird es möglicherweise schon in der nächsten Generation nicht mehr sein.

Will man das menschliche Denken als einen Naturprozeß betrachten, so kann man auch die Anschauungen über das Wesen der Geschlechtlichkeit nur als Symptome für wirkende Kräfte der Gattung auffassen. Die Verschiedenheit dieser Anschauungen, die sich als stereotype wiederholen und die Individuen beiderlei Geschlechtes nach Gruppen gliedern, deuten darauf, daß bei der Entwicklung des Menschen zwei einander entgegengesetzte Tendenzen wirksam sind – die eine auf Bewahrung des allgemeinen Gattungscharakters gerichtet, die andere auf die teleologische Differenzierung nach dem Geschlecht. Die eine strebt nach einem Menschheitstypus jenseits von Mann und Weib, indem sie die gemeinsamen Merkmale der Gattung in beiden Geschlechtern bestärkt; diese bewegt sich nach den Extremen der Geschlechtlichkeit und fördert die Differenzierung zugunsten der Fortpflanzung und Vererbung.

Auch in diesen beiden Tendenzen treten jene einander entgegenwirkenden Grundkräfte hervor, die in der ganzen Natur das Gleichgewicht erhalten. Die Individuen, in denen die zentripetale Tendenz der Gattung überwiegt, sind geneigt, die Ideen der Gemeinsamkeit an die oberste Stelle zu setzen und die Eigentümlichkeiten der geschlechtlichen Differenzierung im menschlichen Seelenleben für untergeordnete, nebensächliche zu betrachten oder auch schlechtweg zu leugnen, während die Individuen mit zentrifugaler Tendenz den geschlechtlichen Gegensatz für einen Kardinalpunkt der sittlichen Entwicklung halten und jede Annäherung an einen gemeinsamen Menschheitstypus als Verirrung oder Entartung verwerfen.

Vom Standpunkte der reinen Betrachtung erscheint jede Richtung berechtigt und der Kampf zwischen beiden als eine Bedingung der Entwicklung. Sobald jedoch der Einzelne nicht bloß »Subjekt des reinen Erkennens« ist, sondern als eine bestimmte Individualität handelt und urteilt, muß er seine Rolle in diesem Naturprozeß nach den Konsequenzen seiner elementaren Beschaffenheit durchführen. Weiter als bis zur theoretischen Anerkennung der Naturnotwendigkeit kann seine Gerechtigkeit nicht dringen; und wenn er auch einräumt, daß es hier nur subjektive Perspektiven gibt, so bleibt er doch gezwungen, das Leben nach den Linien seiner eigenen subjektiven Perspektive zu sehen.

Deshalb werden auch die Vorstellungen über das, was eine fortschreitende Entwicklung an den beiden Geschlechtern zu vollbringen hätte, bei den Einzelnen weit auseinander gehen. Die Einflüsse der Kultur, die vor allem eine gesteigerte Mannigfaltigkeit des Einzellebens, eine höhere individuelle Differenzierung bewirken, schließen gleicherweise die Möglichkeit der Entwicklung nach den Endpolen der Geschlechtlichkeit in sich, wie eine Annäherung an die Gemeinsamkeit. Je nach ihrer individuellen Beschaffenheit sind die Kulturmenschen geschlechtlich viel weiter voneinander entfernt oder auch viel mehr einander angenähert als es bei den Naturvölkern der Fall ist. Somit lassen sich Anhaltspunkte ebensowohl dafür erbringen, daß das Resultat der historischen Menschheitsentwicklung die Differenzierung nach den Extremen der Geschlechtlichkeit, wie daß dieses Resultat die Annäherung an einen gemeinsamen Menschheitstypus sei.

Wenn in der geistigen Bewegung der Gegenwart diese beiden Tendenzen stärker als je hervortreten, so ist der Grund vielleicht eine Gleichgewichtsstörung in dem Verhältnis der Geschlechter, die durch ein zeitweiliges Übergewicht der zentrifugalen Tendenz herbeigeführt wurde. Die Gefahr dieser Gleichgewichtsstörung besteht in der Hypertrophierung der Intellektualität auf der einen Seite und in der Hypertrophierung des Gemütslebens auf der anderen, vermöge welcher der Gegensatz der Geschlechter bis zu einem unnatürlichen Grade gesteigert, das heißt, die Anziehung der Geschlechter durch einen allzugroßen Abstand, durch Aufhebung der unerläßlichsten Gemeinsamkeit erschwert oder vereitelt wird.

Versucht man, die Individualitäten nach ihrer psychosexuellen Beschaffenheit und nach dem Verhältnis zu zeichnen, in welchem jene entgegengesetzten Grundtriebe bei ihnen zur Erscheinung kommen, so ergeben sich drei Typen, zugleich die Träger dreier verschiedener Ideale, die der Mensch sich über seine Stellung zur geschlechtlichen Differenzierung schafft.

Der häufigste und allgemeinste Typus, derjenige, welcher der Physiognomie der Mehrzahl ihre Signatur verleiht, ist der akratische Mensch, das ungemischte, einseitig entwickelte Geschlechtswesen, dessen ganze Persönlichkeit durch die teleologischen Geschlechtseigenschaften bestimmt wird. Alle die sattsam bekannten Aussagen über das, was der »ganze Mann« und das »echte Weib« sein soll, gehen von den akratischen Menschen aus; in diesen vorbildlichen Typen, die nichts anderes bedeuten als den männlichsten Mann und das weiblichste Weib, findet die zentrifugale Geschlechtlichkeit ihren stärksten Ausdruck. An den Extremen wird die akratische Wesensart zur gewalttätigen, sinnlich-unbändigen, herrischen Männlichkeit und zur schwachen, nichtigen, passiven, oder auch listigen, buhlerischen, verlogenen Weiblichkeit – Formen der Geschlechtsdifferenzierung, die einander bedingen und einander ebenbürtig sind.

Wie der akratische Mensch völlig der alltäglichen Realität des Lebens angehört, so ist der höchste Typus der zentripetalen Geschlechtlichkeit, der iliastrische Mensch, ganz und gar Bürger einer anderen Welt, allem Irdischen entfremdet, ein Überwinder des Geschlechtes und durch diese Überwindung mit höheren, mit »übersinnlichen« Kräften ausgerüstet. Als vollendetster Repräsentant des iliastrischen Menschentumes innerhalb der abendländischen Kultur erscheint der christliche Heilige, aus dessen geistig-sittlicher Erscheinung die geschlechtliche Differenzierung völlig ausgelöscht ist.

Das Hinaussein über das Geschlecht hat während des größten Teiles der menschlichen Geistesgeschichte als unerläßlich zur Erreichung eines höheren Daseinszustandes gegolten: in dem priesterlichen Lebensideal schon der antiken Kultur, in der indischen Yogalehre, in dem Ideenkreis, aus dem die Gralsritterschaft ihren Ursprung genommen hat; und besonders ist es das Christentum und der Buddhismus, die von dem Gedanken des iliastrischen, des ungeschlechtlichen Menschentumes als der Vorstufe des Himmelreiches oder des Nirvana ausgehen – jener Welt, die im Gegensatze zu der Welt der Zeugung, in der die zentrifugale Kraft der Bewegung als ein ewiger Kampf wütet, eine Welt des Friedens, der in sich ruhenden Vollendung sein soll.

Welche Bedeutung man diesem äußersten Ausdruck der zentripetalen Tendenz beilegen will, hängt in letzter Linie von religiösen Gefühlen oder zum mindesten von der Weltanschauung ab, zu der man sich bekennt. Es mag dahingestellt bleiben, ob die Sehnsucht nach einer anderen, vollendeteren Lebensform, als es die an die Geschlechtlichkeit gebundene sein kann, die Sehnsucht nach der allumfassenden Einheit, nach dem Insichruhenden, bloß das Symptom einer Willenserkrankung ist, oder die Offenbarung eines höheren, über die vulgäre Empfindungswelt hinausführenden Prinzips. Wo aber diese Sehnsucht in Gestalt einer lebensfeindlichen Askese auftritt, einer Verneinung des Lebens, deren erstes Gebot die »Ertötung des Fleisches«, und vornehmlich des Geschlechtes ist, muß sie einer Weltanschauung verwerflich erscheinen, die den Sinn des Lebens in das Diesseits verlegt und die Spekulation über die Möglichkeit einer jenseitigen Welt ausschließt. Denn alles, was seine Wurzeln nur in Bedingungen hat, die mit dem diesseitigen Leben unvereinbar sind, verliert unter den Perspektiven dieser Weltanschauung seine Rechtfertigung.

Und so kann auch diese Weltanschauung den höheren Menschen nicht mehr ganz über das Geschlecht hinausführen, weil er nicht mehr die Vorstufe für eine metaphysische, von der Geschlechtlichkeit entbundene Existenz darstellen soll, sondern nur die Vollendung dessen, was der Menschheit als einer der Erde mit Leib und Seele angehörigen Lebensform erreichbar ist. Der Repräsentant eines höheren Menschentums im monistischen Sinne wird jener sein, mit dessen psychophysischer Konstitution die Möglichkeit gegeben ist, die Schranken des Geschlechtes zu überschreiten, und eine Steigerung und Erhöhung des innerlichen Verhältnisses zwischen den Geschlechtern herbeizuführen – der Mensch der Gemeinsamkeit, der »den Bedingungen des Männlichen und des Weiblichen unterworfene Mensch«, der synthetische.

Nicht die extreme, sondern eine temperierte Geschlechtlichkeit ist die günstigste Bedingung für die harmonische Entwicklung der Persönlichkeit. Temperierung – das heißt das in der einzelnen Persönlichkeit selbst hergestellte Gleichgewicht der beiden entgegengesetzten Entwicklungstendenzen, der zentrifugalen, die aus jedem Individuum ein geschlechtlich differenziertes Wesen macht, und der zentripetalen, die in ihm die gemeinsamen Züge der Gattung festhält. Alle Kultureinflüsse, welche die beiden Geschlechter einander nähern und einen Austausch zwischen ihnen ermöglichen, fördern diese Temperierung; sie begünstigen die synthetische Wesensart und das Lebensideal, das aus ihr entspringt.

Der Maßstab seines Wertes als psychosexuelle Individualität, den jeder in sich selbst trägt, ist freilich, soweit sein persönliches Schicksal dabei in Betracht kommt, ein ganz relativer. Denn nur in Beziehung zu einem ihm adäquaten Individuum des anderen Geschlechtes kann die Wesensart des Einzelnen nach dieser Richtung bewertet werden. Bei dem persönlichen Verhältnis, wie es sich aus der Beschaffenheit der beiden Beteiligten mit innerer Notwendigkeit gestaltet, hat das Plus oder Minus an Männlichkeit oder Weiblichkeit viel weniger in Ansehung des Glückes zu sagen, das aus dieser Verbindung hervorgeht, als die Äquivalente, welche die beiden einander zu bieten vermögen.

Auch das Geschlechtsverhältnis der akratischen Menschen untereinander kann subjektiv von hohen Glücksgefühlen begleitet sein. Der Mann, der die Äquivalente seiner herrischen Geschlechtsnatur besitzt, wird dem unterordnungsbedürftigen und unselbständigen Weibe, das auf ihn verwiesen ist, so viel Glück gewähren, als die individuelle Beschaffenheit solcher Menschen überhaupt zuläßt, wenn er kraft seines Herrentums vermag, der Beschützer, der Erhalter und Verteidiger zu sein. Nicht die Einseitigkeit der Geschlechtsdifferenzierung an sich bildet in erster Linie die Quelle von Glück oder Unglück für das Individuum; was Unglück bringt, ist der Mangel der Äquivalente, an dem die dyskratischen Naturen leiden, jene, in welchen sich die Synthese nur unvollständig vollzogen hat, so daß sie zum Teil die Tendenzen der akratischen Wesenheit, zum Teil die der synthetischen haben. Eine Frau, die für das Leben der freien Persönlichkeit geschaffen ist, während sie durch ihre erotische Disposition zur Unterordnung und Unfreiheit getrieben wird, sobald sie liebt, oder ein Mann, der als sexueller Machthaber gegenüber dem Weibe auftreten muß, ohne doch über die persönliche Kraftfülle zu verfügen, die auch außerhalb der sexuellen Sphäre Macht verleiht – sie werden eben durch die Dyskrasie ihrer Wesensbeschaffenheit unfähig, sich in ein harmonisches Verhältnis zu Individuen des anderen Geschlechtes zu setzen, in einer sexuellen Verbindung das Gleichgewicht zu finden.

Losgelöst von der Eigenart lassen sich die Vorstellungen über Glück nicht bewerten; objektiv betrachtet aber gehört die Bereicherung und Erweiterung des individuellen Lebens, die aus dem Verschmelzungsprozeß zwischen zwei Menschen verschiedenen Geschlechtes hervorgeht, zu den wertvollsten Gütern. Und der synthetische Mensch ist in diesem Punkte dem akratischen ungefähr so überlegen wie der sehende dem blinden, wenn auch dieser subjektiv den Mangel dessen, was jener vor ihm voraus hat, nicht empfinden und unter Umständen sogar ein zufriedeneres Leben führen mag.

Das Glück der Liebesgemeinschaft, wie die synthetischen Menschen es verstehen, ist ein ganz anderes als das der akratischen. Man horche nur einmal hin, was die Männlichsten und die Weiblichsten voneinander halten, oder was sie sich unter der Liebe vorstellen! Sie sind es nicht, die eine völlige Übereinstimmung, eine Hingebung ohne Schranken, ein gegenseitiges unbedingtes Vertrauen, kurz jenes Verhältnis erstreben, das in der abendländischen Geisteskultur den Rang eines hohen sittlichen Ideales gewonnen hat. Der Typus des Geschlechtsverhältnisses, den zum Beispiel Carpenter* in seinem Buche Love coming of age, das ganz von dem Geiste des synthetischen Menschentumes erfüllt ist, als den vorbildlichen zeichnet, ist mit der Empfindungsweise des akratischen Menschen nicht vereinbar.

Was die Auszeichnung der synthetischen Menschen bildet, ist das Hinaussehen über die Schranken des Geschlechtes, die Fähigkeit, das Bindende, das die Geschlechtlichkeit mit sich bringt, abzustreifen, um in der Idee des Menschlichen das Gebiet der Gemeinsamkeit zu erreichen. Je größer dieses Gebiet, desto leichter wird der Verschmelzungsprozeß sich vollziehen, desto umfassender, desto vollendeter wird er sein. Da für die synthetischen Menschen das Geschlecht nicht eine völlige Wesensscheidung bedeutet, sondern nur eine andere Form des Seins, vermögen sie es, alles, was dem Wesen angehört, jenseits des Geschlechtes als ein Gemeinsames in sich zu erleben. Damit erheben sie sich zu einer Universalität des Empfindens, die den akratischen Menschen versagt bleibt. Aus ihrer Natur selbst entspringt ein Element der Freiheit; und so geschieht es, daß Individuen von keineswegs überragenden Geistesgaben frei und verständnisvoll über das andere Geschlecht denken, indes die freiesten Geister, wenn sie keine synthetischen Naturen sind, mit ihrer Erkenntnis die Grenzen ihrer Sexualität nicht zu durchbrechen vermögen.

Jene Wesensart, welche das äußerste Extrem der Geschlechtsdifferenzierung darstellt und für den Mann in jeder Lebensäußerung absolute Aktivität, für das Weib absolute Passivität bedeutet – abgesehen davon, daß sie eine bloße Konstruktion und in Wirklichkeit kaum anzutreffen ist – würde ihre Träger von jedem Verständnis für das andere Geschlecht ausschließen und bei der sexuellen Verbindung eine seelische Gemeinschaft unmöglich machen. Man kann schlechtweg behaupten: ein Mann versteht nur so viel vom Weibe, als er selbst vom Weibe in sich hat, wie umgekehrt eine Frau nur so viel vom Manne versteht, als sie selbst vom Manne in sich hat. Damit sind hier, wie immer im esoterischen Sinn, unter Mann und Weib Symbole für Kräfte gemeint, die in dem Seelenleben der realen Geschlechtsindividuen stärker oder schwächer auftreten: nach physiologischen Analogien die weibliche Kraft als die empfangende und negative, die männliche als die schöpferische und positive.

Nur für die akratischen Naturen bedeutet Geschlechtlichkeit zugleich Einseitigkeit des Wesens; die synthetischen werden gerade die Geschlechtlichkeit als den Zustand empfinden, welcher ihnen ermöglicht, über sich hinauszuschreiten, ihr begrenztes individuelles Sein über ein, anderen physischen Bedingungen unterworfenes Leben auszudehnen. Ihnen erscheinen die Wesen des anderen Geschlechtes nicht als etwas Fremdes und Unerkennbares, sondern als etwas Verwandtes, Nahes, ursprünglich zu ihnen Gehöriges, als das Komplement ihres besonderen, individuellen Wesens, das ihnen von außen entgegenkommt.

Zwar auch der akratische Mensch sucht in den Individuen des anderen Geschlechtes das Komplementäre seines eigenen Wesens; da jedoch bei ihm die Gebiete der Gemeinsamkeit fehlen oder doch beschränkt sind, kann er das Ergänzende nur im Gegensätzlichen finden. Die Annahme, daß die stärksten Gegensätze die stärkste Anziehung aufeinander ausüben, entstammt einer unzulänglichen Beobachtung und trifft nur bei den akratischen Individuen zu. Bei den synthetischen bildet die erotische Anziehung eine viel kompliziertere, schwerer zu analysierende Erscheinung – wie denn die akratische Wesensart als die unzusammengesetzte auch die primitivere und einfachere ist. Nicht das Ausmaß des Gegensatzes, sondern die individuellen Bedingungen der Ergänzung, die Gegenseitigkeit in der Beschaffenheit der Eigenart, sind hier das Entscheidende. Auf eine synthetische Frau wird ein akratischer Mann keine persönliche Anziehung ausüben, obwohl bei ihm der psychische Geschlechtsgegensatz unvergleichlich stärker ausgeprägt ist, als bei dem synthetischen Mann, der allein vermag, ihr tiefstes Empfinden auszulösen – ganz so wie es umgekehrt dem synthetischen Mann gegenüber der akratischen Frau ergeht.

Man kann die individuelle Geschlechtsdifferenzierung als das Resultat eines Bewegungsvorganges auffassen, der sich ungefähr durch das Bild einer Pendelbewegung anschaulich machen läßt. Das einheitliche Prinzip, welches dem Wesen der menschlichen Gattung zugrunde liegt, wäre als das sich Bewegende zu denken, und die gegenseitige Anziehung, die durch die individuelle Geschlechtsdifferenzierung bedingt wird, als Ausdruck der dabei wirkenden Kräfte. Zwischen zwei äußersten Punkten, die symmetrisch zu einer mittleren Linie liegen, bewegt sich das schwingende Pendel hin und her; in der Bahn, die es bei seiner Bewegung durchläuft, entspricht jedem Punkte auf der einen Seite ein von der Mittellinie gleich weit entfernter Punkt auf der anderen Seite. Die größte Entfernung voneinander haben die äußersten Punkte des Ausschlages, während gegen die Mitte zu die Distanz der korrelaten Punkte immer geringer wird. Die auffälligsten Stellen der Pendelbewegung sind also die Punkte des äußersten Ausschlages, welche die größten Kontraste sowie das Maß der fixierten Bahn bezeichnen, und die Mitte, die den Stillstand markiert. Dazwischen liegen auf beiden Seiten unzählige Punkte, die miteinander im Sinne des Gleichgewichtes korrespondieren. Wie diese symmetrisch angeordneten Punkte der Pendelbahn einander entsprechen, so werden, wenn man sich die eine Hälfte des Ausschlages als das Gebiet der männlichen Geschlechtsdifferenzierung, die andere als das der weiblichen denkt, die einzelnen Geschlechtsindividualitäten einander entsprechen, was seinen Ausdruck in der Anziehung findet, die sie aufeinander ausüben.

Das iliastrische Menschentum repräsentiert den mittleren Ruhepunkt, das akratische in seiner absoluten Gestalt die Endpunkte des Ausschlages. Die Punkte zwischen der Mitte und den Endpunkten lassen sich nach dem Grade ihrer Entfernung von der Mitte auf jeder Seite in innere und äußere scheiden. Je näher der Mitte, desto größer die Verwandtschaft, je ferner von ihr, desto größer der Gegensatz der Geschlechter. Die äußeren, den Endpunkten zugewendeten Gruppen gehören noch in das Gebiet des akratischen Menschentumes, die inneren, der Mitte zugewendeten, umfassen das synthetische.

An diesem Schema zeigt sich auch, warum unter der Oberfläche der Erscheinungen ein großer Abstand nicht nur die Extreme der Geschlechter trennt: die der Mitte zunächst stehenden Gruppen sind von den an die Endpunkte gerückten ihres eigenen Geschlechtes so weit entfernt, daß die Gleichheit der Physis kein Band der Gemeinschaft und des Verständnisses zwischen ihnen herstellt.

Was unverständlich und widerspruchsvoll an dem Wesen der Geschlechtstrennung und ihrem Verhältnis zur individuellen Differenzierung bleibt, solange man die Bezeichnungen »Mann« und »Weib« als absolute Grenzbestimmungen auffaßt, wird klar und geordnet, sobald man eine Anschauung der Mannigfaltigkeit in den psychosexuellen Erscheinungen und ihrer Beziehungen zueinander gewonnen hat.

Wer die Geschlechtsdifferenzierung als ein sekundäres Phänomen betrachtet und die typischen Geschlechtseigentümlichkeiten der menschlichen Psyche nur als die teleologische Wirkung des sexuellen Verhältnisses der Geschlechter zueinander – eine Wirkung, die je nach der Eigenart des Individuums einen breiteren oder geringeren Raum in seiner seelischen Konstitution einnimmt – muß die Vorstellung zahlloser Übergänge zwischen den Geschlechtern auf psychischem Gebiet als die einzige Möglichkeit annehmen, der Individualität und ihrer Bedeutung in der menschlichen Gesellschaft gerecht zu werden.

Die Gradualität, welche hier gemeint ist, hat nicht (wie bei Weininger) in der Weise eine Annäherung des Männlichen an das Weibliche, des Weiblichen an das Männliche zur Voraussetzung, daß der Mann durch sie weniger Mann, das Weib weniger Weib wird. Nicht der weibische Mann und nicht das Mannweib, die beide nur Degenerationserscheinungen innerhalb der zentrifugalen Geschlechtlichkeit darstellen, sind darunter zu verstehen; denn der weibische Mann ist in seiner Männlichkeit dadurch herabgesetzt, daß es weibliche Eigenschaften im schlechten Sinne sind, die sein Wesen charakterisieren, die Eigenschaften, die als Nachteile der weiblichen Geschlechtsnatur oder der sozialen Stellung des weiblichen Geschlechtes beobachtet werden und als »weibische« auch an weiblichen Personen eine Minderwertigkeit bezeichnen. Der synthetische Mensch aber wird in seiner Geschlechtsqualität durch seine Wesensart nicht vermindert; er verliert nichts, er nimmt hinzu. Über das Geschlecht hinaus führt ihn die Annäherung an ein Gemeinsames, an das, was weder männlich noch weiblich ist – an das Reinmenschliche.

Das höhere Leben, das Leben in den Regionen der Geistigkeit, setzt voraus, daß die Persönlichkeit Eigenschaften besitze, die den Bannkreis des primitiven Lebens überschreiten. Diese Eigenschaften sind geschlechtlich nicht differenziert – aus dem einfachen Grunde, weil sie entwicklungsgeschichtlich nicht im Dienste des Geschlechtes erworben worden, nicht aus den Zwecken des Geschlechtes hervorgegangen sind. Vielmehr ist ihr Ursprung in einem religiösen Ringen zu suchen, dessen höchstes Ziel die Überwindung der Geschlechtlichkeit war.

Die asketische Verneinung des Geschlechtes steht in innigem Zusammenhang mit dem metaphysischen Bedürfnis, das eine so hohe Bedeutung in der menschlichen Geistesgeschichte besitzt. Um dieses Zusammenhanges willen ist auch das metaphysische Bedürfnis als Symptom für die Abschwächung und Verarmung des elementaren Lebenstriebes erklärt worden. Sollte aber nicht gerade dieser Zusammenhang ganz anders interpretiert werden können? Wenn als Korrelat aller Bewußtseinsäußerungen physiologische Vorgänge im Gehirn anzunehmen sind, dann muß die geistige Geschichte der Menschheit zugleich die Geschichte der wachsenden Selbständigkeit des Gehirnes sein. Jene für die dualistische Weltanschauung bezeichnende Auffassung, daß das Geschlecht dem Körper angehöre, dem vergänglichen und niedrigen Teile des Menschen, während sein höherer und unsterblicher Teil geschlechtslos ist und der Vollkommenheit desto näher, je mehr er sich von den Ansprüchen des Geschlechtes befreit hat, deutet auf einen besonderen physiologischen Entwicklungsprozeß der menschlichen Organisation. Vielleicht äußert sich in der dualistischen Auffassung an sich nur der Dualismus der physiologischen Konstitution, durch welchen das Gehirn wie ein zweiter, relativ selbständiger Organismus in den äußeren Leib eingesetzt ist. Der seltsame Wahn, daß der Körper von einem höheren Wesen, einer unsterblichen und geschlechtslosen Seele, bewohnt sei, spiegelt als Bewußtseinsphänomen vielleicht einen physischen Prozeß, so wie sich im Traumleben, oft deutlich erkennbar, die jeweiligen Zustände des Organismus symbolisieren und phantastisch umgebildet ins Bewußtsein treten. Verhält es sich nicht ähnlich mit der Illusion des freien Willens, die so unvereinbar ist mit den Resultaten der Verstandeserkenntnis, und die dennoch bei vielen Individuen, besonders aber bei jenen, die ihre Geschlechtsimpulse in die Gewalt ihrer Willenskraft gebracht haben, die unbesiegbare Macht einer inneren Gewißheit besitzt? Offenbart nicht die ganze Geschichte der menschlichen Sittlichkeit, in der die Überwindung und Beherrschung der Geschlechtlichkeit einen so hervorragenden Platz einnimmt, im Grunde nichts anderes als diesen Kampf des Gehirnes um seine Unabhängigkeit?

Aber ohne metaphorische Umschreibung: die Entwicklung einzelner Bewußtseinsherde zur Herrschaft über die andern, die Rangordnung unter ihnen, welche eine Unterwerfung der niedrigeren unter die Leitung der höheren bedeutet, ist eine Voraussetzung aller geistigen Kultur. Und sie repräsentiert eine unvergleichlich wertvolle Errungenschaft auch dort, wo sie zur Quelle innerer Konflikte und Widersprüche wird, die den Menschen der Geistigkeit mit seiner primitiven Natur entzweien.

Nicht in der Verwerflichkeit und Sündhaftigkeit der Sexualität, wie jene glaubten, die sich von ihrer Herrschaft zu befreien strebten, ist der tiefere Grund des Kampfes wider das Geschlecht zu suchen; der retrospektiven Betrachtung erscheint dieser Kampf als eine gewaltige evolutionistische Anstrengung der Menschheit, sich über die teleologische Geschlechtsbegrenzung hinaus Fähigkeiten höherer Geistigkeit zu schaffen. Und die Autonomie des Gehirnes, die in diesem langen und mühsamen Kampf errungen wurde, bleibt bestehen, wenn auch die Illusionen, die er erzeugte, geschwunden sind. Aus ihr werden andere Ideale auftauchen, die dem menschlichen Leben neue Perspektiven eröffnen, ihm Glanz und Wärme und jene festliche Kraft des Aufschwunges geben werden, von der die Geburt neuer Ideale immer begleitet ist.

Nicht mehr der Kampf gegen das Geschlecht an sich, die Verneinung der Ansprüche, welche die Gattung an das Individuum stellt, kann Aufgabe und Inhalt eines das Gewöhnliche überragenden Lebens sein. Die Versöhnung von Gattung und Persönlichkeit auf einer höheren Stufe des Empfindens tritt an die Stelle, die in dem sittlichen Ideal einer vergangenen Entwicklungsepoche der Menschheit die »Ertötung des Fleisches« eingenommen hat. Aber diese Versöhnung ist nur dann möglich, wenn das Geschlecht nach keiner Richtung mehr eine Fessel für die Persönlichkeit bedeutet, nicht in Gestalt eines unbeherrschten Triebes, und nicht in Gestalt von innen oder von außen her wirkender teleologischer Beschränkungen.

Für hochgestimmte Seelen ist nichts unerträglicher als die Vorstellung der Gebundenheit durch das Geschlecht. Ausgeschlossen zu sein durch das Geschlecht von irgend einer Möglichkeit der Entfaltung, von irgend einer Möglichkeit des Erkennens, die im Bereiche des menschlichen Wesens liegt, das kann in solchen Seelen nur Haß gegen das Geschlecht erzeugen. Sie sind es, die begierig nach jenen Lebenszuständen und Erfahrungen greifen, in denen das synthetische Empfinden gefördert und bestärkt wird; denn nicht auf den Eigenschaften, welche die typischen ihres Geschlechtes sind, ruht ihr Selbstgefühl, sondern auf jenen, die über das Geschlecht hinausführen.

Bewunderungswürdig, ja ehrfurchtgebietend an einer Individualität wirken gerade die Eigenschaften, welche die primitive Geschlechtsnatur aufheben, weil sie mit ihr in Widerspruch stehen. Daher ist das gefestigte und unerschütterliche Aufsichselbstberuhen, das mit Willensstärke, Unbeugsamkeit, Initiative einhergeht, an einer Frau noch höher zu schätzen als an einem Mann. Bei dem Manne bedeuten diese Eigenschaften nur eine Umsetzung der Geschlechtsteleologie in eine höhere Stufe des Seelenlebens, bei der Frau hingegen ein Überschreiten der durch die teleologische Beschaffenheit dem gewöhnlichen weiblichen Individuum gesetzten Grenze. Das ist der Gedanke, der dem Worte Grillparzers zugrunde liegt: »Das edle Weib ist halb ein Mann, ja ganz; nur ihre Fehler machen sie zu Weibern.«

Denn der große Vorsprung, den die Natur dem Manne gewährt hat, besteht darin, daß schon in seiner teleologischen Geschlechtsbeschaffenheit die Disposition zu jenen Eigenschaften liegt, welche die Entwicklung der freien Persönlichkeit begünstigen, indes bei dem Weibe erst die teleologische Beschaffenheit überwunden sein muß, wenn diese Eigenschaften sich entfalten sollen. Aber auch für den Mann ist das spezifisch Geschlechtliche eine Grenze, weil es ihn von dem Verständnis für die andere Hälfte der Menschheit ausschließt, weil es ihn bindet. Frei im höchsten Sinne – und mehr als es der »ganze Mann« je sein kann – wird nur jener Mann sein, der die synthetische Kraft besitzt, durch Assimilierung eine höhere, umfassendere Wesenseinheit aus sich zu machen. Diese Kraft, die dem akratischen Manne fehlt, da sie sich mit seiner teleologischen Geschlechtsnatur nicht verträgt, ist nichts anderes als die Fähigkeit der Hingebung. Hingebung – für dieses ewig einsame, in den Schranken seines Wesens wie in einer Isolierzelle gefangene Ich der einzige Weg, auf dem es hinausgehen kann in die Welt und Teil haben an dem Köstlichsten, das sie in sich birgt, an einer Seele!

Verfolgen wir die Linien der Vergangenheit, die in die Zukunft führen, so tritt uns in wahrnehmbaren Umrissen das Ideal einer Menschlichkeit entgegen, in der dem Geschlecht eine schönere und glücklichere Bedeutung eingeräumt ist, als es bisher besessen hat. Die sittliche Anstrengung der Persönlichkeit, die Bande des Geschlechtes zu brechen, welche einst in der asketischen Verneinung der auf die Zeugung gegründeten Welt gipfelte, nimmt mit diesem Ideale die Richtung nach einer Lebensform, in der die Möglichkeit liegt, die Bande des Geschlechtes ohne Verneinung zu überwinden.

Nur die synthetischen Menschen können die Schöpfer dieser Lebensform sein. Aber nicht die Männer allein. Ohne die Mitwirkung der Frau als ebenbürtiger Gefährtin ist die Gemeinsamkeit, auf der das Ideal einer höheren Menschlichkeit ruht, nicht zu verwirklichen; und der Einsatz, den das weibliche Geschlecht gemäß seiner historischen Entwicklungsbahn in die Kultur zu geben hat, bildet eine notwendige Ergänzung zur Leistung des männlichen. Es ist eine Auszeichnung des weiblichen Geschlechtes, daß es vornehmlich Frauen sind, die in der geistigen Kultur der Gegenwart das

Ideal der Gemeinsamkeit vertreten; und damit ist auch die Bürgschaft gegeben, daß Frauen dazu beitragen werden, es zu verwirklichen.

Dieses Ideal ist kein neues, keine Erfindung, die erst von kommenden Generationen ausgehen soll; aber jede Generation muß es von neuem erwerben – nicht als ein gleichmachendes, zwingendes Regulativ einer bestimmten Art des Seins, sondern als die lebendige Form der Freiheit für die Individualität, die aus dem Schoße der Natur ewig neu emporwächst, eine unerschöpfliche Quelle neuer Entwicklungsmöglichkeiten und neuer Daseinsgestalten.

Glücklich, wer in seiner Individualität das Instrument besitzt, auf dem die Welt mit ihrem ganzen Reichtum spielen kann! Ihm wird auch die Geschlechtlichkeit ein Mittel sein, das Innerste des Lebens zu fassen, sein schmerzlichstes Leiden und seine berauschendste Seligkeit, seinen furchtbarsten Abgrund und seinen strahlendsten Gipfel.

Geschlecht und Kultur

1923

Vorwort

Als die »Kritik der Weiblichkeit« im Jahre 1905 erschienen war, sagte ich zu meinem Freunde Carl Kunn, dem ersten Herold dieses Buches, nun müsse ich daran gehen, den zweiten Teil auszuarbeiten. Da versetzte er lachend: »Hoffentlich brauchen Sie dazu nicht auch fünfzehn Jahre, wie beim ersten Teil.« Aber es ist schlimmer gekommen. Nicht nur mehr als fünfzehn Jahre sind seither verflossen – die erschütterndsten Ereignisse haben innen und außen in mein Leben eingegriffen und sich trennend zwischen diese beiden Teile gestellt. Tod und Krankheit verheerten grausam den kleinen Kreis der mir Nahestehenden; und ebenso grausam verheerten Krieg und Umsturz die Welt deutscher Zunge, der ich angehöre. In diesem furchtbaren Zusammenbruch schien es keine Möglichkeit mehr zu geben, die geistige Arbeit fortzusetzen; der Glaube an ihre Bedeutung war gebrochen, und Jahre mußten vergehen, bis die Erkenntnis wieder Macht gewann, daß die geistige Aufgabe, zu der man sich berufen fühlt, durch äußere Umstände nicht ausgeschaltet werden kann.

Zu Beginn des Krieges waren die Essays, die diesen zweiten Teil bilden, in ihrer Mehrzahl schon geschrieben, auch der zusammenfassende Titel stand schon fest. Ich weiß nicht, ob ich heute noch den Mut hätte, ihn zu wählen. Denn bis zum Überdruß an allem, was Kultur heißt, hat mittlerweile der Mißbrauch dieses Begriffes geführt; er ist abgenützter, verblichener, unwirksamer als irgendein anderer aus der Rüstkammer der intellektuellen Werte; es haftet ihm ein bedenklicher Stich ins Phrasenhafte an. Viele meinen, daß das Ende der abendländischen Kultur unabwendbar bevorstehe; sie betrachten alles theoretische Bemühen um Kultur als ein ohnmächtiges Gerede über eine Form des Lebens, die wir nicht mehr besitzen und auf keine Weise wiedergewinnen können. Andere glauben, daß die Kultur sich wieder in das Chaos auflösen müsse, damit eine von Grund aus neue Ordnung entstehen könne.

Ist Kultur in der menschlichen Geschichte nur eine Episode, die immer wieder von Zeiten der Barbarei abgelöst wird? Muß die Menschheit, was sie als dauernden Besitz erworben wähnte, immer wieder an das Elementare verlieren, sobald eine Epoche sich ausgelebt hat?

Aber wie immer die Gegenwart in dem Weltgeschehen der Kultur zu bezeichnen sein wird, ob als eine Zeit endgültigen Verfalles, oder als eine Zeit des Überganges zu neuen Lebensformen, wir müssen unsere Aufgabe unter allen Umständen darin erblicken, die Linien zu suchen, die von der Vergangenheit über die Gegenwart in die Zukunft führen, die Linien, die den Weg der Menschheit durch die Jahrtausende ihrer überlieferten Geschichte bezeichnen, die Linien jener geistigen Schöpfungen, die wir unter dem Namen der Kultur zusammenfassen. Richtung des Geschehens läßt sich nur in einer historischen Betrachtungsweise verfolgen; und wenn der Unwissende der Geschichte sich an der Illusion berauschen mag, daß er etwas Neues, von aller Vergangenheit Unabhängiges in die Welt setzen wird, so gewährt die historische Art der Betrachtung die Möglichkeit, von einer verödeten, seelisch verarmten, ideenlosen Gegenwart hinweg in die Vergangenheit zu flüchten, um aus ihr die Gewähr einer besseren Zukunft zu schöpfen. Was einmal Kulturbesitz war, kann nicht verlorengehen; es wird in neuer Gestalt immer wiedergeboren. Wenn schon die alten Übel, die dem Menschentum anhaften, nicht auszumerzen sind, so doch auch die Fähigkeiten nicht, aus denen alles Herrliche der menschlichen Schöpfungen hervorging. Den Konservativen gegenüber, die das Alte als das Erprobte und Gediegene erhalten wollen, wie den Radikalen gegenüber, die es um seiner Mängel willen mit Gewalt ausrotten wollen, appelliert dieses Buch an das *evolutionäre Gewissen*, indem es die organischen Zusammenhänge alles Kulturgeschehens festzuhalten und darzustellen sucht.

In der »Kritik der Weiblichkeit« habe ich mich vornehmlich mit der Geschlechtspsychologie als einem Problem der individuellen Anlage beschäftigt – eine Untersuchung, die in der Freiheit der Individualität von apriorischer Beschränkung durch das Geschlecht ihr Ergebnis fand. Hier aber betrachte ich in erster Linie die Werte sozialer und kultureller Art, die den Lebensformen der Geschlechter zugrunde liegen und über den Einzelnen, soweit er ein soziales Wesen und durch Kultureinflüsse bestimmbar ist, Macht ausüben.

Die Kritik der Weiblichkeit geht von der Frage aus, was »das Weib seiner Natur nach *ist*« und zeigt, daß sie in dieser generellen Fassung gar nicht beantwortet werden kann, während dieses Buch eher auf die Frage hinzielt, was das Weib seiner Natur nach *sein soll* – eine Frage, die, wie es scheint, in ihrer generellen Fassung ebensowenig zu beantworten ist.

Wer dürfte heute schon versuchen, neue Normen aufzustellen? Noch spült die reißende Strömung der Zeit Altes und Neues mit sich fort; nichts Dauerndes kann sich behaupten. Ich habe mich begnügt, die mit der Geschlechtlichkeit des Menschen zusammenhängenden Kultureinflüsse zu betrachten. Dabei konnte ich die generalisierende Betrachtungsweise nicht ganz vermeiden. Freiheit der Selbstbestimmung nach Individualität ist der eine Pol der Entwicklung; Lebensformung im Sinne höherer Kultur der andere. Daß sie nicht widerspruchslos zu vereinen sind, liegt im Wesen der Polarität, die ein Urphänomen alles Lebens bildet. Nicht als Direktive für die Einzelnen, die sich kraft ihrer Persönlichkeit das Gesetz ihres Lebens selbst zu schaffen vermögen, wohl aber als Direktive für die Mehrzahl, deren Beschaffenheit sich nicht verändert hat, wird die historische Entwicklungsbahn des weiblichen Geschlechtes auch in einer künftigen Kultur maßgebend sein.

Überdies handelt es sich mir weniger um die Darstellung realer Zustände und Lebenserscheinungen, als um die Aufzeigung der ideologischen Richtungslinien, die in der abendländischen Kultur das Verhältnis der Geschlechter zueinander, wie das des Einzelnen zur Sexualität entwicklungsgeschichtlich bestimmt haben. Die realen Zustände werden nur soweit berührt, als sie für dieses entwicklungsgeschichtliche Problem symptomatisch sind. Daß dabei Deutung in Dichtung hinüberspielt, mag wohl wie bei jedem solchen Versuch unterlaufen; ich bekenne willig, daß ich nur ein subjektives Weltbild gebe, einen Ausschnitt, der durch eigene Erfahrung und eigenes Erleben an Menschen wie an Bücher und nicht zuletzt an mir selbst begrenzt ist.

Rosa Mayreder

Über Kultur im Allgemeinen

Es war die Aufgabe der Religion, die große Frage nach dem Sinn des Lebens zu beantworten; mit dem Glauben aber sind auch die Antworten, die sie gab, zunichte geworden. Wer nicht mehr an der Hand religiöser Vorstellungen jenen Sinn in ein Jenseits verlegen kann, muß ihn im Diesseits suchen. Eine andere Macht als die Religion tritt an die erste Stelle, eine Macht, die als Ordnerin und Gesetzgeberin zum Diesseits in demselben Verhältnis steht, wie die Religion zum Jenseits – die Kultur. Dieser ihrer Bedeutung entspricht die hohe theoretische Wertschätzung, die sie in der Gegenwart genießt, das eifrige theoretische Bemühen, sie auf allen Gebieten zu pflegen, zu fördern, zu erhalten.

Dazu allerdings steht die Wirklichkeit in grellem Gegensatz. Die Macht, von der das moderne Leben seine Wiedergeburt erwartet, scheint, von unabwendbarem Verfall ergriffen, in dem Augenblick zu entschwinden, als sie ihre größte Bedeutung erst erlangen sollte.

Gestehen wir uns ein: wir besitzen keine Kultur als objektive Erscheinung mehr, keine Gemeinsamkeit höherer Lebensgestaltung. Haben wir sie aber endgültig verloren? Wenn jenes theoretische Bemühen als Symptom aufgefaßt werden darf, so deutet es darauf, daß die Kräfte immer noch wirksam sind, die ein Volk zur Kulturleistung befähigen. Niedergang wäre dann als die Bedingung und Vorstufe der Umwandlung der Erneuerung aufzufassen. Darüber kann die Gegenwart kein Urteil fällen; denn nur in der retrospektiven Betrachtung ist es möglich, eine Periode des Niederganges als Anzeichen eines endgültigen Verfalles zu erkennen. Blüte und Verfall sind innerhalb einer Kultur kein einmaliger und endgültiger Vorgang; ja erst in der retrospektiven Betrachtung erhält selbst das Werturteil, durch das Blüte und Verfall unterschieden werden, seine Bestätigung. Die Zustände jeder Epoche – wobei ja auch die Abgrenzung nach Epochen nur ein Notbehelf ist! – entsprechen so wenig dem Kulturbild, das ihren hervorragenden Zeitgenossen vorschwebt, daß kaum jemals ihrer einer sich als Angehöriger einer Blütezeit bekennt, während die Klage über den Verfall, also der Vergleich mit einem bloß vorgestellten vollkommeneren Zustand, eine ganz allgemeine, aus jeder Zeit herübertönende ist. So äußerte Goethe* schon zu Anfang des 19. Jahrhunderts: »Für uns Alte ist es zum Tollwerden, wenn wir da um uns herum die Welt müssen vermodern und in die Elemente zurückkehren sehen«; und zwanzig Jahre später verurteilt er den Zustand der Dinge mit den Worten: »Verwirrte Lehre zu verwirrtem Handel waltet über der Welt.« Uns erscheint die Zeit, aus der diese Worte stammen, als eine Epoche hoher Kulturblüte, die noch die kulturfeindlichen Umwälzungen durch die sozialen Wirkungen der Maschine nicht kannte und noch unter der Herrschaft ungebrochener Traditionen stand. Und doch vernehmen wir aus dem Munde ihres größten Sohnes die Klage, die auf unsere Lippen steigt, wenn wir uns über die Gegenwart besinnen!

Daß jede Kultur einem gesetzmäßigen Ablauf untersteht, mag ganz im allgemeinen unbestreitbar sein; nur kann dieser Ablauf nicht aus Analogieschlüssen vorgezeichnet werden. In der ungeheuren Fülle der Möglichkeiten gibt es keine Wiederholung des Gleichen. Auch wo die geschichtlichen Analogien augenfällig zu sein scheinen, wie bei dem Zustande der Gegenwart mit dem des untergehenden weströmischen Reiches, fehlen doch wichtigste Tatsachen. Was der Gegenwart zum Schicksal wurde, ist ihre unerhörte und nie dagewesene technische Naturbeherrschung, der Eintritt der Maschine in die Menschheitsgeschichte – ein Ereignis, dem seit der Erfindung des Ackerbaues und der Züchtung von Haustieren in Urzeiten nichts an die Seite gestellt werden kann.

Es ist kein Zufall, daß ein Gegensatz zwischen Kultur und Zivilisation von dem Zeitpunkt an sichtbar zu werden beginnt, als die Folgen des maschinellen Betriebes sich in den sozialen Zuständen der Kulturgesellschaft bemerkbar machen. Von diesem Zeitpunkt an verändern sich die Lebensbedingungen in entscheidender Weise. Die Veränderung wird allerdings zunächst als Fortschritt ausgelegt, und die Bezeichnung einer »hochzivilisierten« Epoche als Vorzug gemeint. Nichtsdestoweniger heftet sich immer deutlicher an den Begriff der Zivilisation etwas Herabsetzendes gegenüber dem der Kultur. Das erwachende Bewußtsein eines ungünstig veränderten Zustandes scheint nach einem Ausdruck zu suchen, der sich erst allmählich mit einem bestimmt abgegrenzten Inhalt füllt.

Noch Buckle* kennt in seiner »Geschichte der Zivilisation in England« keinen Unterschied zwischen diesen beiden Begriffen. Er hält die fortschreitende Geschicklichkeit, also die technische Seite des Lebens zusammen mit der sittlichen Vervollkommnung bestimmend für den Begriff der Zivilisation, ohne zu berücksichtigen, in welchem Grade die fortschreitende Geschicklichkeit unter Umständen der sittlichen Vervollkommnung, die zum Begriff der Kultur gehört, schädlich, ja feindlich ist. Dabei muß freilich der Sprachgebrauch berücksichtigt werden, nach welchem im Englischen dem Wort Zivilisation eine andere Bedeutung zukommt als im Deutschen; Lester Ward* verweist darauf in seiner »Reinen Soziologie«; aber wenn er meint, daß der deutsche Ausdruck Kultur nur auf materielle Verhältnisse Bezug hat, während der englische Ausdruck Zivilisation auch psychische, moralische und spirituelle Phänomene einschließen kann, so geht daraus hervor, wie schwankend in der Tat diese Bezeichnungen sind.

Eine reichhaltige Gegenüberstellung von Kultur und Zivilisation gibt Karl Joël* (»Neue Weltkultur«); nach ihm stammt Zivilisation von Civis und damit aus der Stadt, indes die Kultur in der »Agrikultur« wurzelt. »Die Zivilisation ordnet als Sitte das Verhältnis der Menschen und verfeinert persönliche Formen, die Kultur schafft Werte als sachliche Inhalte.« Eine ähnliche Auffassung vertritt Lujo Brentano,* der unter Kultur die Herrschaft des Menschen über die Natur versteht, indem er sich gleichfalls auf die Herkunft des Wortes von der Bestellung des Ackers beruft. Das Wort Zivilisation hingegen würde sich nach ihm auf das Verhalten der Menschen untereinander beziehen; es deutet auf die Grundlage des Rechtes statt der Willkür und Gewalt. Von der gleichen ethymologischen Ableitung der Zivilisation ausgehend, setzt Müller-Lyer den Anfang der Zivilisation schon in jene Epoche der menschlichen Entwicklung, in der feststehende gesetzliche Bestimmungen staatliche Gebilde und die ihnen entsprechenden Lebensformen ermöglichten. Spengler* endlich hat im »Untergang des Abendlandes« die Zivilisation einfach als das Endstadium jeder Kultur bezeichnet, ohne allerdings eine Erklärung dafür zu geben, was man als das Wesen der Kultur im Gegensatz zum Wesen der Zivilisation zu betrachten habe. Er übernimmt von Nietzsche* die Auffassung, daß Kultur ein bestimmter Stil aller Lebensäußerungen sei, die Gesamtheit aller in einem bestimmten geographischen Gebiet zu einer bestimmten Epoche auftretenden Lebenserscheinungen. Eine Kultur werde in dem Augenblick geboren, »wo eine große Seele aus dem urseelenhaften Zustand ewig kindlichen Menschentums erwacht«, und sie sterbe, wenn sie alle ihre Möglichkeiten erschöpft hat: »ihr Blut gerinnt, ihre Kräfte brechen – sie wird zur Zivilisation. Kultur verhält sich zur Zivilisation wie der lebendige Leib zur Mumie.«

Wir erfahren also im Hinblick auf das Verhältnis von Kultur und Zivilisation nicht viel mehr, als daß der Tod das Aufhören des Lebens ist. Zivilisation aufgefaßt als Endstadium eines Prozesses, dessen Inhalt nichts anderes ist als die Summe aller Lebensbetätigungen eines Volkes – mit dieser Erklärung wird sich niemand zufrieden geben, der den lebendigen Prozeß der Kultur als eine zeitlich und räumlich unbegrenzte Erscheinung begreift, deren wechselnde Phasen kein Ende bedeuten, und die das Leben des einzelnen Volkes überdauert, weil sie ein Menschheitsgeschehen umfaßt.

Kultur als Leistung einer einzelnen, zeitlich und räumlich gebundenen Völkergruppe, und Kultur als der natürliche Zustand der menschlichen Gattung, als das Produkt ihres weit hinter die zählbaren Jahrtausende zurückreichenden Weges, ist nicht das Gleiche; wenn jene wie das Individuum dem Tode unterliegt, so ist diese etwas Zeitloses und Unzerstörbares wie die Gattung selbst. Das bedeutet, daß das Ende auch der Einzelkultur kein absolutes sein kann. Und wie tief jede Einzelkultur mit der Gesamtkultur verwachsen ist, sieht man an den Erwerbungen, die weit über die Schranken der Rasse, des Erdteils, der Epoche hinweg von einer Kultur an die andere weitergegeben werden. Übt nicht eine der modernen europäischen räumlich und zeitlich so ferne Kultur wie die babylonische noch bis in die Gegenwart deutlich nachweisbare Wirkungen aus? (Siehe Winckler,* Die babylonische Geisteskultur) Ist nicht die geheimnisvolle Beziehung, die von der ägyptischen Geistigkeit über die griechische und römische unter Vermittlung der jüdischen bis zu uns heraufreicht, noch immer in den kultischen Ideen und Gebräuchen des Christentums lebendig?

Vielleicht als einer der ersten hat Chamberlain* dem Begriff der Zivilisation einen abträglichen Sinn verliehen. Zivilisation heißt nach ihm »ein beständig höher potenziertes, zunehmend emsigeres, bequemes und unfreies Ameisenstaatendasein«. Damit umschreibt er den Begriff der Zivilisation als den eines vornehmlich äußeren Zustandes der Dinge, der an und für sich nichts, nur ein Relatives bezeichnet: »eine höhere Zivilisation dürfte nur dann als positiver Gewinn betrachtet werden, wenn sie zu einer zunehmend intensiven, geistigen und künstlerischen Gestaltung des Lebens und zu einer innerlichen moralischen Klärung führte«. Damit würde sie eben zur Kultur werden. Allerdings nicht Kultur im Sinne Chamberlains, der meint, was Kultur einzig zu heißen verdient, sei die Tochter der schöpferischen Freiheit, mit welcher der große Einzelne als Künstler oder Philosoph die Welt mikrokosmisch in freier Erfindung erschafft und gestaltet.

Das Wesen der Kultur als Zustand der menschlichen Gesellschaft wird damit nicht gekennzeichnet. Denn was bedeutet beispielsweise die Erfindung, mit der ein Spitteler die griechische Götterwelt nach seiner individuellen schweizerischen Auffassung neugestaltet hat, für die Kultur seiner Zeit?

Im allgemeinsten Sinn kann man *unter Zivilisation jenen Zustand einer Gesellschaft begreifen, in dem eine hochgesteigerte Beherrschung der Natur zum Zweck erleichterter Lebensführung theoretisch und praktisch die oberste Stelle einnimmt.* Aber schon der erste Blick auf die Daseinsbedingungen des modernen Menschen zeigt, daß es mit der Zivilisation noch eine andere Bewandtnis hat. In ihren Anfängen tatsächlich aus dem Trieb nach erleichterter Lebensführung hervorgegangen, folgt die Zivilisation in ihrer Entwicklung eigenen Gesetzen, die nicht mit dem ursprünglichen, dem Kulturinteresse noch parallelen Zweck übereinstimmen und ihn zuletzt völlig in den Hintergrund drängen. Nicht mehr die erleichterte und vereinfachte Befriedigung natürlicher Bedürfnisse ist das Ziel einer hochentwickelten Zivilisation, sondern die Befriedigung neuer, raffinierter Bedürfnisse, die durch den umständlichen Apparat der zivilisierten Lebensführung, wie durch die zunehmend ausgebildete Technik beständig geschaffen werden (Goldstein,* Die Technik). Hätte man unter Zivilisation wirklich, wie Ziegler meint, »praktisches Verhalten, durch den bewußten Zweck der Glückseligkeit bestimmt« zu verstehen, dann wäre das Verhalten der Kulturmenschen gegenüber diesem bewußten Zweck ein äußerst unpraktisches.

Denn mit ihren meisten Hervorbringungen schafft die moderne Zivilisation fürs erste Gefahren aller Art, Krankheit, Elend, Niedergang; sie zerstört geradezu die Glückseligkeitsbedingungen. Was für die Naturvölker bei der Berührung mit einer höheren kulturellen Lebensform so verhängnisvoll ist, der Mangel an Anpassung an ihre Bedingungen, das erfahren bis zu einem gewissen Grade auch die Generationen der Kulturvölker, die von neuen zivilisatorisch-technischen Errungenschaften betroffen werden.

Der Mangel der Zivilisation als *technischer* Lebensvervollkommnung besteht vor allem darin, daß sie keine leitenden Ideen einer *höheren* Lebensvervollkommnung hervorbringt und sich nach Gesetzen entwickelt, die mit den Zielen der Kultur nicht übereinstimmen. Alle technischen Erfindungen haben eine Entwicklungsbahn, auf der sie durch intellektuelle und ökonomische Bedingungen vorwärts getrieben werden; welcher Art ihre Wirkungen auf die innere Gestaltung der Dinge sind, der seelische Zustand des Lebens, ist dabei völlig einflußlos. Deshalb bezeichnet Einstein* als die Vorstellungen, die das Wort Technik im Bewußtsein eines feinen Menschen hervorruft, »Geldgier, Ausbeutung, soziale Spaltung des Volkes, Klassenhaß, seelenlose Mechanisierung, Rassendegeneration, sinnlos hastiges Treiben« – alles Begleiterscheinungen der modernen Zivilisation. An ihr erleben wir das ungeheure Schauspiel einer nie dagewesenen Entfaltung technischer Machtmittel, mit der die Vernichtung der Kultur einhergeht, die Vernichtung der schönen Lebensform, der harmonischen Bildung, ja der Gesundheit und Glücksfähigkeit der ihr unterworfenen Generationen. Denn die durch die Zivilisation bewirkte Mechanisierung des Lebens, die den Menschen selbst auf die Stufe der Maschine herabsetzt, gewährt den Bedingungen kultureller Entfaltung weder in der Gesellschaft noch im Individuum Raum.

Wenn man den Unterschied von Kultur und Zivilisation so abgrenzt, daß unter Zivilisation im Gegensatz zur künstlerischen und geistigen Lebensrichtung die technisch-ökonomische verstanden werden soll – eine

Abgrenzung, die es immerhin erlaubt, in der Zivilisation nur einen störenden Auswuchs, einen auf Kosten des organischen Gleichgewichts wachsenden Wassertrieb am Gesamtorganismus der Kultur zu erblicken – dann darf man wohl sagen, daß Zivilisation noch nie und nirgends so hoch entwickelt war wie in der Gegenwart. Daran ändert die Tatsache nichts, daß durch den Krieg auch sie eine furchtbare Einbuße erlitten hat. An der Katastrophe des Krieges und besonders an der grauenvollen Form, in der er geführt wurde, kommt dem technisch-materiellen Übergewicht ein erheblicher Anteil zu und bestätigt das Wort Driesmans,* daß Kultur und Zivilisation in gewissem Sinne als Antinomien der Vernunft und sittlichen Weltordnung zu werten seien, die einander zwar nicht ausschließen müssen, aber doch zumeist ausschließen (Wege zur Kultur).

Nach Driesmans wäre Kultur »seelische Reaktionsfähigkeit gegen äußere Anfechtungen, gegen die Versuchungen des Scheins und die Täuschungen der Sinne ... das Einsfühlen mit dem Urgrund des Lebens und das Lebensgefühl aus diesem heraus in unüberwindlicher Haltungs- und Gestaltungskraft«. Mit dieser Beschränkung des Kulturbegriffes auf einen rein innerlichen Zustand, auf eine Art religiös-philosophischer Gemütsstimmung reiht sich seine Auffassung an diejenige Fr. W. Försters,* der sagt: »Kultur ist Unterordnung alles individuellen Bedürfens unter geistige Lebensmächte, ist Herrschaft der Menschen über seine eigene Natur« oder an diejenige Simmels,* der als Kultur im tiefsten Sinn »die Vollendung der Seele durch Entfaltung aller in ihr selbst angelegten Keime und Möglichkeiten an den objektiven Geisteswerken der Menschheit« betrachtet.

Diese Inhaltsbestimmungen beziehen sich nur auf eine einzelne Seite der Kultur, auf ihre ethisch persönliche, wie andere auch nur einzelne Seiten derselben im Auge haben, z. B. Kemmerich,* der »als das wichtigste Kulturkriterium die Achtung vor Leben, Ehre, Freiheit und Überzeugung des Nächsten« bezeichnet, oder Weininger, der meint: »Als das Wesentliche in aller Kultur wird man einen Sinn zu betrachten haben, der seine zwei Seiten hat. Bedingung aller Kultur und, rein geistig, mit ihr identisch, ist der Sinn für Probleme. Darum ist alle Kultur auf Individualität gegründet; denn es gibt Probleme nur für Individualitäten« (nebenbei bemerkt, eine der einseitigsten und unzulänglichsten Aussagen über die Kultur als soziales Problem).

Unter Kultur in ihrer objektiven Bedeutung ist eine Gemeinschaftserscheinung zu verstehen, die nur innerhalb einer Gesellschaft verwirklicht werden kann. *Kultur in diesem Sinne ist ein Zustand der sozialen Ordnung, durch den die äußeren Mittel der Lebensführung in eine bestimmte, gesetzmäßige Beziehung zu inneren psychischen Vorgängen gesetzt werden*; sie ist die Steigerung der Naturbeherrschung durch die *Überordnung geistiger Werte* im Gemeinschaftsleben. Ohne die Vorherrschaft von Ideen, die in der Lebensgestaltung die Führung besitzen, kann Kultur nicht bestehen. »Kultur ist aktive Formung, Bearbeitung natürlicher Materialien im Sinne und im Dienste der Idee menschlicher Vervollkommnung, des Vervollkommnungswillens.« (Eisler,* Kulturgeschichte) Aber nicht die Idee der Vervollkommnung allein gehört zum Wesen der Kultur. Untrennbar davon ist ein ästhetisch-formales Element: *Kultur als soziales Phänomen bedeutet eine allgemeingültige Lebensform, in der ein ideeller Inhalt zum Ausdruck kommt*, oder mit anderen Worten, Kultur bedeutet die in den Lebensformen einer Gesellschaft erscheinende Übereinstimmung höherer Tendenzen mit den äußeren Zuständen. Weder die Anhäufung materieller Güter, noch aber die Anhäufung intellektueller, die Bereicherung des bloßen Wissens, hat etwas mit Kultur zu schaffen, ebensowenig ein ausgedehnter Kunst- oder selbst Religionsbetrieb, wenn nicht die Art des Denkens und Handelns in einer Gesellschaftsgruppe dadurch entscheidend beeinflußt, nicht eine *Lebensform* dadurch geschaffen wird.

Über die Lebensform und die richtunggebenden Ideen derselben hinaus gehören zur Kultur die *Lebensinhalte*, die nur sie hervorbringt: Kultur bedeutet außerdem Schöpfung von Lebensinhalten, Bereicherung des naturgegebenen Lebens durch die Mittel des Geistes. Durch bestimmte Vorstellungen gebunden ist auch das Leben der Naturvölker, aber es bleibt durch das Naturgegebene begrenzt wie das tierische.

Kultur setzt eine Übereinstimmung von Denken und Sein voraus, sonst wäre sie nicht Lebensform als Ausdruck eines ideellen Inhalts. Aus diesem Grunde wurde bestritten, daß es je eine christliche Kultur im eigentlichen Sinne gegeben habe, weil die christliche Weltanschauung prinzipiell das diesseitige Leben ablehne; und so sei sie auch nicht imstande gewesen, Ideen zu dessen formaler Gestaltung hervorzubringen. Dennoch entspricht die klösterliche Lebensführung des frühen Mittelalters ganz dem Begriff echter Kultur, sofern hier die christliche Idee in einer ihr völlig adäquaten Lebensform, die auch der ästhetisch-künstlerischen Betätigung nicht entbehrte, Gestalt angenommen hat.

Nicht mehr ganz konsequent, aber immerhin noch wesentlich durch christliche Vorstellungen bestimmt, hat das Zeitalter des ritterlichen Minnedienstes weltliche Lebensformen geschaffen. Während die Renaissance offen auf die antike Kultur zurückgreift, um sie in einer künstlerischen Synthese mit der christlichen Welt zu verschmelzen, die allerdings dabei an ethischem Ernst vielfach einbüßt, wird erst in dem Zeitalter der klassischen

Literatur der Einfluß des christlich religiösen Elementes völlig in den Hintergrund gedrängt.

Diese Epochen, die uns als Blütezeiten der europäischen Kultur erscheinen, sind unterbrochen durch Zeiten tiefen Verfalls. Um das Jahr Tausend waren die Zustände in Europa so trostlos, daß die Frommen das jüngste Gericht für unmittelbar bevorstehend hielten, weil sie keinen Ausweg sahen. Das vierzehnte Jahrhundert war (nach Taine*) »ein trauriges, trübes Zeitalter, das sich von Belustigungen unterhalten, von einem schalen Elend drücken läßt, das ohne Trost und Hoffnung leidet und fürchtet« – Worte, die genau den Zustand der Gegenwart beschreiben, wie ja auch die Zeit nach dem Dreißigjährigen Krieg in vielen Stücken mit ihm zu vergleichen ist.

Das Unvergleichliche und Nichtdagewesene in der Gegenwart aber liegt in dem Mißverhältnis von Kultur und Zivilisation. In keiner früheren Epoche war die technische Lebensvervollkommnung so weit von der kulturellen entfernt. Sobald das Tempo des zivilisatorischen Fortschrittes jenes der kulturellen Aufnahmsfähigkeit unverhältnismäßig übertrifft, müssen Kultur und Zivilisation notwendigerweise in einen feindlichen Gegensatz geraten. Das Unstabile, das durch die rasche Folge technischer Neuerungen in die äußeren Lebensverhältnisse kommt, die ökonomischen Umwälzungen, die sie begleiten, stören die Ruhe des organischen Wachstums, ohne welche Kultur nicht gedeihen kann.

II

Wenn das Leben im Abendlande durch die technischen Neuerungen aus dem Gleichgewicht gebracht wurde, so geht zeitlich, vielleicht auch ursächlich, eine andere Erscheinung damit einher, die von innen die Kultur ebenso ungünstig beeinflußt, wie jene Neuerungen von außen. Nicht die Entartung der Kultur zur Zivilisation allein führt den Niedergang der Kultur herbei; das zeigt sich in jenen Verfallsepochen, in welchen keine unverhältnismäßige Steigerung der technischen Machtmittel stattgefunden hat. Was den Zustand der Kulturmenschheit seit ungefähr einem Jahrhundert von innen her am stärksten beeinflußt, ist neben der ökonomischen Umwälzung durch die Maschine ein geistiger Prozeß, den man als die Ernüchterung aus allen Illusionen der Vergangenheit bezeichnen kann. Der Verstand hat die geistige Führung übernommen; er vermittelt die Einsicht in die Gesetze des Geschehens, die Selbstbewußtwerdung des Geschehens. Dieser Erkenntnisprozeß ist mit der Herrschaft fester Traditionen und Sitten unvereinbar. Ihre suggestive Gewalt schwindet in demselben Maße, als der Einzelne sich ihnen kritisch gegenüberstellt. Er befreit sich auf diese Weise von ihren Vorurteilen, das ist der Vorzug dieser verstandesmäßigen Emanzipation; aber sie vernichtet gleichzeitig das Mittel, ohne das die Kultur keine allgemeingültige Wirkung auszuüben vermag.

Kultur als allgemeine Erscheinung, als Gesellschaftszustand ruht auf religiösen, sozialen und ästhetischen Werten, die durch *Tradition* im Gemeinschaftsleben ihre Geltung behaupten. Es sind jene Komplexe von Vorstellungen und Urteilen, die der Einzelne als Resultat der Gemeinschaftserfahrung vieler Generationen übernimmt, um sich von ihnen leiten zu lassen. Soll Kultur ein organisches Gebilde sein, dem der Wille des Einzelnen sich eingliedert, so ist sie auf Dauer der Werte, auf Kontinuität der Richtung angewiesen. Tradition ist die Voraussetzung für die Einheit in allen Lebensäußerungen, den Stil einer Kultur; sie bildet ein so wesentliches Element der Kultur, daß viele darin den Hauptinhalt dieses Begriffes erblicken. Schurtz* versteht unter Kultur »die Erbschaft der Arbeit vorhergehender Generationen, soweit sie sich in den Anlagen, dem Bewußtsein, der Arbeit und den Arbeitsergebnissen der jedesmal Lebenden verkörpert«, und nach Vierkandt* bestünde Kultur geradezu in einem »Inbegriff fester Formen«, die sich der Willkür des Einzelnen entziehen. Sobald die Tradition ihre bindende Gewalt verliert, schwindet mit ihr zugleich die Kultur als soziale Erscheinung; denn nichts, was Gemeinsamkeit voraussetzt, kann ohne Hingebung des Einzelnen an ein Allgemeingültiges, ihm Übergeordnetes lebendig bleiben.

Kultur in diesem Sinne ist daher weder mit einer raschen Zunahme zivilisatorischer Erwerbungen, die zu Wandlungen der ökonomischen Gesellschaftsgrundlagen führen, vereinbar, noch mit der Auflehnung gegen unhaltbar gewordene Traditionen, die den Einzelnen in seiner Entwicklung hemmen, statt sein Verhältnis zur Allgemeinheit angemessen zu ordnen. Diese Auflehnung ist aber eine notwendige Begleiterscheinung der Entwicklung. Traditionen als Organe des Kulturprozesses haben nur eine begrenzte Lebensdauer; ihr Werden und Vergehen ist untrennbar von dem Rhythmus der Kultur selbst, der sich in Aufgang und Niedergang bewegt. Von der gläubigen Unterwerfung, die in der Tradition bedingungslos den Ausdruck des Gesamtwillens und dessen Überlegenheit verehrt, führt der Weg zur kritischen Auflehnung, mit der sich der Einzelne einer, seiner persönlichen Beschaffenheit nicht mehr entsprechenden Norm widersetzt. Erst wenn die Gewalt gebrochen ist, welche die Unterwerfung unter die herrschende Norm auf Kosten der Individualität erzwingt, tritt die Möglichkeit zu freier Schätzung der Bedeutung ein, die der Tradition zukommt – eine Stufe, die der Ausbildung neuer Traditionen vorgelagert ist.

Gegenwärtig hat die Tradition auf allen Gebieten ihre suggestive Macht, das Verpflichtende, den Eigenwillen Bindende, verloren; sie erweckt, wo sie ihre Herrschaft geltend machen will, nicht mehr Ehrfurcht, sondern Geringschätzung; sie bewirkt nicht Unterordnung, sondern Auflehnung.

Ein Beispiel dafür:

Weiblichkeit und Männlichkeit, noch vor zwei oder drei Menschenaltern als Normen einer Tradition, die der persönlichen Entfaltung Richtung gab, über jede Kritik erhaben, sind im Laufe des 19. Jahrhunderts zum Gegenstand von Kämpfen geworden, denen sich kein Denkender entziehen konnte. Immer weniger werden jene, die noch im Zustande der gläubigen Unterwerfung verharren, immer zahlreicher jene, die von der polemischen Auflehnung ergriffen sind; darüber hinaus beginnt auf der Grundlage tieferer Einsicht die freie, persönliche Wertung sich einzustellen.

Der soziale Zustand, der sich in der Herrschaft autoritativer Überlieferungen spiegelt, bleibt allerdings zu keiner Zeit stationär; jede Generation bringt eine Veränderung daran hervor, die aber in Epochen des Aufstiegs nicht den Charakter der prinzipiellen Verneinung trägt. Und immer ist das Verhältnis des schöpferischen Einzelnen zur Tradition ein anderes als das des Durchschnittsmenschen. Für diesen hat die Bindung durch überlieferte Normen eine ähnliche Bedeutung wie die Bindung durch Instinkt für primitivere Lebewesen; sie gibt dem Intellekt, der nicht überlegen genug ist, nach eigenem Urteil das Angemessene zu finden, eine über das persönliche Denken hinausführende Richtungslinie. Für den selbständigen Einzelnen, der durch Urteils- und Willenskraft befähigt ist, allein zu stehen, ist der Verlust der Tradition weit weniger empfindlich als für die große Mehrzahl, die dadurch allen Unzulänglichkeiten der menschlichen Natur schutzlos anheimfällt.

Verliert die Tradition ihre verpflichtende Gewalt über die Mehrzahl, so tritt die Roheit des Elementaren wieder ungebändigt hervor. Die Kultur hört auf, eine Gemeinschaftserscheinung zu sein, das Verhältnis des Einzelnen zur Mehrzahl, der Wenigen zu den Vielen, das in jeder Kultur auf eine bestimmte Weise geordnet ist, erleidet eine Störung.

Bei Nietzsche erscheint als das Ziel aller Entwicklung das souveräne Individuum, der Einzelne, der, unabhängig von dem Einfluß äußerer Umstände, sein Leben nach inneren Impulsen frei gestaltet. Aber die Bedeutung des souveränen Individuums erschöpft sich nicht darin, daß es als Einzelerscheinung, losgelöst von der Gesamtheit, die höchsten Möglichkeiten der menschlichen Gattung verwirklicht; sie besteht ebenso sehr in seiner schöpferischen Tätigkeit, dem Leben auch für andere Form und Inhalt zu verleihen. Dadurch wird sein innerer Bezug zur Gesamtheit hergestellt – ein Bezug, dessen sich auch Nietzsche trotz aller Losgelöstheit voll bewußt war.

Über dieses Verhältnis des großen Einzelnen zu den vielen findet sich bei Ernst Lissauer* (Festlicher Werktag) eine tiefe Einsicht. Er hält drei Typen, den normativen, den normalen und den anormalen gegeneinander und kommt zu dem Ergebnis, daß »der Normale an der Grenze, wo er normativ wird, sozusagen der Normale als stärkste, aber noch nicht genial gesteigerte, Kraft, der geborene Freund und Schüler des Normativen ist«. Und er verweist in diesem Zusammenhange auf Goethe, den er als den Normativen höchsten Ranges verehrt: »Goethe ist neue Norm, aufgerichtet über Jahrhunderte hin ... Von ihm zu lernen ist auch dem mittleren Menschen grundsätzlich erreichbar, indessen es dem Anormalen grundsätzlich unmöglich ist.«

Das Kriterium, das in Hinsicht auf die Kulturentwicklung den Normalen vom Anormalen unterscheidet, wäre nach dieser Auffassung in seinem Verhältnis zum Normativen zu suchen, in seiner Fähigkeit, von diesem zu lernen, während der Anormale allein stehen, sich loslösen will und seine Bedeutung darin erblickt, daß er etwas Apartes, alle Gemeinschaft Ausschließendes für sich hat – in der Kunst die Willkür des Artistentums, im sozialen Leben die Willkür der völligen Ungebundenheit.

In welchem Verhältnis der einzelne zur Volksgemeinschaft steht, der er angehört, und wie seine Leistung durch Rezeption wirksam wird, sieht man vielleicht am deutlichsten bei der Ausbildung der Sprache. Alle sprachlichen Erfindungen, Neuerungen, Erweiterungen werden von Einzelnen gemacht; aber sie sind bedeutungslose Spielereien, nichtige Akte der Willkür ohne Wachstum und Dauer, wenn sie nicht von der Mehrzahl aufgenommen und dem Sprachschatz durch Tradition einverleibt werden.

Kultur als eine durch Ideen bestimmte Lebensform der Allgemeinheit stellt eine Wechselwirkung zwischen dem schöpferischen Einzelnen, der großen Persönlichkeit, zur Volksgemeinschaft her; dabei bildet diese die rezeptive, jene die produktive Kraft. Der Weg, auf dem diese Wechselwirkung sich vollzieht, ist aber nicht der geradlinige wie etwa zwischen Lehrer und Schüler. In der Absonderung bevorzugter Stände mit ihrer scharfen Abwehr Außenstehender, in der Geheimhaltung religiöser Lehren und Bräuche, die sich bis in künstlerische und handwerksmäßige Dinge fortsetzt, zeigt sich die Tendenz der Kultur, eine Auslese heranzubilden. Zugleich aber erweckt sie bei den Ausgeschlossenen das Streben, die Vorzüge und Vorrechte jener Auslese für sich zu erobern, ihren Kulturbesitz in Gemeingut zu verwandeln, allen erreichbar und allen zugänglich.

Was sich in den hohen Gebieten der Kultur über Jahrtausende erstreckt, wiederholt sich im Kleinen und Alltäglichen beschränkt auf kurze Zeitspannen. An dem Wirken der Mode sieht man als an einem solchen Beispiel, wie einige Erlesene das Neue für sich gewinnen und es als ihre unterscheidende Auszeichnung betrachten, bis es, von der Menge nachgeahmt, mit dem Reiz der Neuheit seine auszeichnende Eigenschaft verliert und durch etwas Anderes ersetzt werden muß. Deshalb kann man die Mode in gewissem Sinne das mikrokosmische Bild des Kulturprozesses nennen.

Es ist eine Sache unberechenbarer und unwägbarer Einflüsse, wieviel von dem, was Inhalt des Eigenlebens ist, Gemeinbesitz wird, Stufe und Teil der kulturellen Erneuerung. Sicherlich aber werden nicht jene, die sich willig auf das Geleise der zivilisatorischen Verstandeswillkür schleifen lassen, um aus der technischen und kommerziellen Naturausbeutung ihren Lebensinhalt zu schöpfen, zu einer neuen Auslese gehören. Wenn in der Gegenwart, die von dem Tumult technisch-merkantiler Interessen, von dem Kampfgeschrei einander auf Leben und Tod bedrohender Machtgruppen widerhallt, die geistige wie die künstlerische Arbeit gegenstandslos, unwichtig, überflüssig geworden erscheint, so gehört das zu den Begleiterscheinungen der kulturlosen Zivilisation, deren Leerheit und Ideenlosigkeit in dem Augenblick offenbar wird, als man sich über Sinn und Zweck dieses Lebens besinnt. In Erstaunen aber muß es uns setzen, daß diese Auffassung auch in einem Werke erscheint, in dem die Zivilisation als der Tod jedes lebenswürdigen Inhalts dargestellt wird, bei Spengler. Da sinkt der Einzelne mit seinem Innenleben zu völliger Bedeutungslosigkeit herab; ausdrücklich sagt der Autor: »Wenn unter dem Eindruck dieses Buches sich Menschen der neuen Generation der Technik statt der Lyrik, der Marine statt der Malerei, der Politik statt der Erkenntniskritik zuwenden, so tun sie, was ich wünsche.« Dieser Anspruch auf Beirrung einer Begabung durch Theoretisieren ist um so befremdlicher, da er die Eigenart des Einzelnen in ihrer Bedeutung als naturhafte Erscheinung völlig verkennt. In jeder echten Begabung redet der Naturwille; ihre Richtung auf künstlerische und geistige Tätigkeit ist ein Anzeichen, daß die Seele einer Kultur, die aus dieser Art Tätigkeit redet, sich noch nicht erschöpft hat. Wer durch innere Neigung von den Gräueln der profitgierigen Mechanisierung hinweg zu edleren Lebensformen getrieben wird, darf darin die Macht erkennen, kraft welcher er sich einem äußeren Schicksal widersetzen kann, auch wenn er dabei Gefahr läuft, von Spengler mit »Narren, Charlatanen oder Pedanten« auf eine Stufe gestellt zu werden. In diesem Geiste hat schon Ruskin* einen Kampf zum Schutze der Kultur gegen die Zivilisation geführt, zwar ohne die Veränderung der Lebensverhältnisse aufzuhalten, die mit der Steigerung der Zivilisationsmittel einhergeht, und doch als ehrfurchtgebietendes Beispiel eines Kulturwillens, den eine große Persönlichkeit vorbildlich dem Strome der Zeit entgegenzusetzen vermag.

Dieser Widerstand ist die Bedingung aller persönlichen Kultur in der Gegenwart – ein bewußtes Sichabsondern, Andersseinwollen, zugleich mit der Einsicht in die Beziehungen, die den Einzelnen mit der Gesamtheit verbinden. Bedeutet *soziale* Kultur eine allgemeingültige Lebensform, in der ein ideeller Inhalt durch Tradition die Herrschaft führt, so kann man als *persönliche* Kultur die Lebensform für einen ideellen Inhalt betrachten, den der Einzelne nach freiem Ermessen über sich setzt. In einer traditionslosen Zeit ist persönliche Kultur die einzig mögliche Art der Kultur. Spengler selbst meint, je höher die weltstädtische Leere und Trivialität der öffentlich und praktisch gewordenen Künste und Wissenschaft steige, desto strenger werde sich der posthume Geist der Kultur in sehr enge Kreise zurückziehen, um an Gedanken und Formen zu wirken, die nur einer äußerst geringen Anzahl bevorzugter Menschen etwas bedeuten können.

Es ist aber durchaus möglich, daß in einem solchen engen Kreise nicht der posthume Geist der Kultur seine letzten Blüten, sondern die Zukunft ihre ersten treibe. So sagt auch Tönnies* (Gemeinschaft und Gesellschaft): »Da die gesamte Kultur in gesellschaftliche und staatliche Zivilisation umgeschlagen ist, geht in dieser ihrer verwandelten Gestalt die Kultur selber zu Ende; es sei denn, daß ihre zerstreuten Keime lebendig bleiben, daß Wesen und Ideen der Gemeinschaft wiederum genährt werden und neue Kultur innerhalb der untergehenden heimlich entfalten.«

Es wird der Arbeit von Generationen bedürfen, um die zivilisatorischen Erwerbungen der letzten Jahrzehnte in angemessene kulturelle Zustände umzubilden, sie in Übereinstimmung mit den höheren Tendenzen der menschlichen Natur zu setzen und sie ihnen dienstbar zu machen. Ob aber diese Arbeit auf einer neuen sozialen Grundlage noch geleistet werden kann, und die schöpferische Kraft, der die Wiedergeburt entspringt, bei den Völkern der abendländischen Kultur nicht schon erloschen ist?

Aus geschichtlichen Analogien, die der willkürlichen Deutung offenstehen, läßt sich eine solche Schicksalsfrage nicht beantworten. Daß der Zustand der kulturlosen Zivilisation in das Barbarisch-Elementare führt, ist ebenso möglich, wie daß er neuen ideenbestimmten, also kulturellen Lebensformen, zur Vorbereitung dient. Die Entscheidung hängt ganz von den Einzelnen einer künftigen Zeit ab, in denen jene schöpferische Kraft die Gestalt der Führung annimmt, und von den vielen, in denen sie sich als Ehrfurcht vor ihr auswirkt.

Wie weit die Kraft des Widerstandes und zugleich die schöpferische Kraft der Formgebung bei den Einzelnen reicht, das allein kann über Sein oder Nichtsein der Kultur entscheiden. Der Glaube an sie, an ihre Dauer über Aufstieg und Niedergang hinweg, an ihre Umwandlungsfähigkeit durch neue Einflüsse ist ein Teil dieser Kraft. Und in dieser Auffassung möge uns das Wort Goethes in jenem Gespräch mit Sulpiz Boisserée* bestärken, in dem er die erwähnte Klage über den Verfall der Kultur aussprach. Als Boisserée versetzte, es sei noch der einzige Trost, daß die Jungen die alten Schätze der Bildung gleichsam als das Bessere, was in der Pest übrigbleibt, zu retten suchen, um mit der Zeit die Schulmeister und also auch die Herren kommender Völker zu werden, sagte Goethe: »Was Sie da aussprechen, das ist das Rechte. Aber die Dinge so anzusehen, dazu gehört Charakter; denn zur Resignation gehört Charakter.«

Zivilisation und Geschlecht

Es ist das tragische Schicksal des Menschen, daß er immer der Sklave seiner eigenen Schöpfungen wird, weil er ihre Folgen nicht im voraus zu erkennen vermag. Und so geschieht es, daß er auch dort, wo er mit seinem Scharfsinn und seiner Erfindungsgabe die elementaren Gewalten, denen er gegenübersteht, in seinen Dienst zwingt, nur wieder unbeherrschbaren Mächten anheimfällt.

Die technischen Fortschritte der letzten hundert Jahre sind so groß, daß sie diejenigen aller vorhergehenden Jahrtausende überwiegen. Von dieser Seite angesehen, bietet die Zivilisation ein überwältigendes Bild, das berauschende Gefühle des Triumphes und der Erfüllung zu erwecken vermag. Aus solchen Gefühlen stammt wohl die unsinnige Überschätzung der technischen Errungenschaften, die überall das moderne Leben bestimmt; und derart ist das allgemeine Urteil verblendet, daß die Zerstörung, die diese hochzivilisierte Epoche nicht nur an den edelsten Kulturgütern, sondern auch an der Gesundheit und Lebenstüchtigkeit verübt, ihr kaum angerechnet wird.

Durch praktische Einrichtungen, nicht durch höhere Direktiven beeinflußt die Zivilisation die Lebensweise; dieser Mangel an leitenden, überschauenden Ideen zeigt sich verhängnisvoll an dem Übermaß sowohl der Arbeit wie des Genusses. Das Dasein des zivilisierten Menschen hat den Feierabend verloren, wo es sich in der Region der Arbeit, und die ästhetische Form, wo es sich in der Region des Vergnügens abspielt. So hoch die Herrschaft über die Natur gestiegen ist, so tief ist die Herrschaft des Einzelnen über sein eigenes Leben gesunken. In der abendländischen Zivilisation ist der Mensch wohl der Herr der Natur, aber nicht der Herr des Lebens: er lebt nicht, er wird gelebt.

Zugleich verliert sich das Bewußtsein eines höheren Zweckes immer mehr aus diesem Dasein; der Mensch, der in den modernen Zivilisationswerten befangen ist, kann eine Auskunft über einen anderen Zweck des Lebens geben, als eben den der Zivilisation. Fragt man, was denn bei der ganzen betriebsamen Geschäftigkeit der Zivilisation an tieferem Glück gewonnen wird, so versagt die Antwort. Ein anschauliches Bild dieser Leerheit gibt Kellermanns Roman »Der Tunnel«; da bläht sich der Moloch der Zivilisation – wie es scheint, ohne die Absicht des Autors – in seiner schauerlichen inneren Halt- und Zwecklosigkeit, verschlingt den Erfinder, den Geldgeber, den Arbeiter, ohne daß ersichtlich würde, wozu eigentlich der Aufwand an Opfern dient. Daß künftig statt einer mehrtägigen Seereise eine achtundzwanzigstündige Eisenbahnfahrt die Verbindung zwischen Europa und Amerika herstellt, was kann das, abgesehen von Handelsinteressen, bedeuten? Allein so ganz ist die Gegenwart den Zivilisationswerten untertan, daß die lächerliche Unwichtigkeit einer solchen Errungenschaft über der glänzenden Darstellung nicht empfunden wurde.

Ebenso täuscht die lärmende Wichtigtuerei der Zivilisation mit ihren materiellen Vorzügen auch im Leben selbst den modernen Menschen über den Bankrott der Innerlichkeit, der damit einhergeht. In einer hochzivilisierten Gesellschaft tritt das sinnlos Elementare an den einzelnen nicht mehr in Gestalt unbeherrschbarer Naturgewalten heran, sondern in Gestalt unbeherrschbarer Beanspruchung seiner Leistungsfähigkeit. Die Mittel der Zivilisation haben dem Menschen die Herrschaft über die Natur gegeben – aber nun ist es so weit, daß er die Herrschaft über sein Leben gegen die Mittel der Zivilisation verteidigen muß. Hätte dieses Geschlecht noch Zeit zur Besinnung, es müßte allein schon an der Anzahl der nervösen Zusammenbrüche, von denen die Tüchtigen wie die Untüchtigen betroffen werden – jene, weil sie dem Übermaß der Ansprüche zu sehr ausgesetzt sind, diese, weil sie auch das Durchschnittsmaß derselben nicht aushalten können – die lebensfeindliche Unsinnigkeit seiner Hybris erkennen. Hybris, Maßlosigkeit über alle Vernunft hinaus, das ist der Grundcharakter der modernen Zivilisation.

Versucht man, den Ursachen dieser Erscheinung nachzugehen, dann wird man unter ihnen auch eine Gleichgewichtsstörung in dem Anteil der Geschlechter an der Lebensgestaltung der Zivilisation finden.

Zu Ende des vorigen Jahrhunderts hat ein angesehener Arzt, der in den Kämpfen der Frauenbewegung um die soziale Gleichstellung als Gegner Partei ergriff, auf den unermeßlichen Reichtum der zivilisatorischen Errungenschaften hingewiesen und das Wort geprägt: »Alles Männerwerk«. In der Tat! Die ganze moderne Zivilisation ist Männerwerk; der Anteil der Frauen daran ist so verschwindend und so jungen Datums, daß er nicht in Betracht kommt. Man kann ohne Einschränkung den Mann als den Schöpfer der Zivilisation bezeichnen, dermaßen überragt er in der Gegenwart das Weib an technischem Können auf allen Gebieten.

Dieser Tatsache gegenüber ist es bemerkenswert, daß gerade die Zivilisation, sofern sie technische Lebensvervollkommnung ist, in ihren Anfängen ein Werk des weiblichen Geschlechts zu sein scheint, weil Frauen überall die ersten Ackerbauer, Töpfer, Weber, Zeltmacher, kurz, die ersten

Techniker waren. Und da Erfindungen gewöhnlich von denen gemacht werden, die sich mit einer Sache eingehend beschäftigen, darf man schließen, daß auch jene ersten in das Dunkel der Anonymität gehüllten Erfindungen, mit denen das Kulturleben begann, von Frauen herrühren. Denn ohne einen bestimmten Grad technischer Lebensvervollkommnung kann Kultur als ästhetische Lebensformung nicht entstehen; sie verträgt sich nicht mit der völligen Abhängigkeit von der Herrschaft der elementaren Naturgewalt, in welcher der primitive Mensch lebt.

Dieselbe Fähigkeit, die zuerst den Boden für die Kultur bereitet, ist deren schlimmste Bedrohung, sobald sie das Übergewicht erlangt. Und diesem Schicksal der Kultur analog erscheint auch das des weiblichen Geschlechtes. Was auf den untersten Stufen der Kultur die Auszeichnung der Frauen bildet, die technische Geschicklichkeit, verwandelt sich in eine ihnen feindliche Macht, sobald die Konsequenzen der weiblichen Geschlechtsnatur sich in der kulturellen Entwicklung geltend machen. Wird der Mensch – nicht bloß der weibliche, auch der männliche – durch die Kultur schon erschwerten Bedingungen in seiner geschlechtlichen Lebensführung unterworfen, so trägt eine hochgesteigerte Zivilisation im besonderen Maße dazu bei, die Lebensverhältnisse nach dieser Hinsicht zu erschweren und zu verwickeln. Der natürliche Zweck der sexuellen Anlage, die Fortpflanzung, findet in der Welt der Zivilisation keinen Schutz; alle Einflüsse sind darauf gerichtet, ihn zu hindern und die Antriebe, die ihm dienen, zu verderben. Es ist sattsam bekannt, daß, je höher die Zivilisation steigt, desto ungünstiger die Bedingungen der Kinderaufzucht werden. Das Kind als das der Natur am nächsten stehende Menschenwesen wird auch am stärksten durch ein künstlich gewordenes Leben geschädigt. Und mit dem Kinde die Frau, der die Natur die ganze Schwere der generativen Aufgabe auferlegt hat, während sie den Mann frei ausgehen ließ.

Der Ausgangspunkt aller Ungleichheit zwischen den Geschlechtern ist die ungleiche Verteilung in den Aufgaben der Fortpflanzung. Sie belastet das weibliche Geschlecht in unverhältnismäßiger Weise gegenüber dem männlichen, hingegen gewährt sie dem männlichen keinerlei Sicherheit über seine organische Beziehung zur Nachkommenschaft. Diese naturgegebenen Tatsachen verstärkt die Kultur als eine nur der menschlichen Gattung eigene Lebensform in der Richtung der Ungleichheit; das Leben der Geschlechter im Tierreich ist weder durch die Aufgaben der Mutterschaft, noch durch die Unsicherheit der Vaterschaft auch nur im entferntesten so sehr beeinflußt wie das Leben der Menschheit. Erst mit dem Anfang der Kultur beginnt jener welthistorische Prozeß der wachsenden Ungleichheit in der Stellung der Geschlechter, dem schließlich das Weib als Mutter gegenüber dem Mann als Vater unterliegt. *Mutterschaft und Vaterschaft sind die Angeln der Kulturgeschichte in ihrem Verhältnis zu den Geschlechtern.*

Denn sobald der Mann Anspruch auf seine Nachkommenschaft als einem Besitz erhebt, ist er genötigt, Einrichtungen zu schaffen, die ihm die von der Natur versagte Sicherheit gewähren sollen; dabei kommt ihm seine Freiheit von den Beschwerden der Fortpflanzung zustatten, indes das Weib, durch die Last der Schwangerschaft, des Gebärens und Stillens gebunden, ihm in das Gebiet höherer Arbeit nicht zu folgen vermag. Der letzte Grund seiner Überlegenheit liegt in seiner Befreiung von der generativen Gebundenheit, wodurch er Raum zur unbeschränkten Entfaltung der intellektuellen Anlage gewinnt, und in den eigentümlichen Bedingungen der Vaterschaft, die ihn nötigen, sein Herrschafts- und Eigentumsrecht an den Kindern durch deren Versorgung, also durch angespannte Arbeitsleistung verschiedenster Art, zu behaupten.

Auf der primitivsten Stufe wirkt die Mutterschaft noch nicht als Hindernis für die Betätigung der Frau an den Aufgaben des sozialen Lebens, ebensowenig wie das noch ganz unentwickelte Vaterschaftsbewußtsein sich gegenüber ihrer sozialen Stellung einschränkend geltend macht. Mit der höheren Spezialisierung der Arbeitsgebiete und der daraus folgenden Änderung der Lebensführung hingegen verschlechtert sich die Lage des weiblichen Geschlechtes; denn gleichzeitig vollziehen sich mit der Entwicklung des Eigentumsbegriffes die Konsequenzen des Vaterschaftsbewußtseins als Steigerung der männlichen Macht zu ungunsten der Frau. Solange aber der Mann durch eine strenge, mit religiösen Motiven verstärkte Familienmoral sich zur unbeschränkten Erzeugung von Nachkommenschaft verpflichten läßt, bildet die generative Aufgabe mittelbar auch für ihn eine Bürde, die ihn bindet. Seine ganze intellektuelle Kraft wird erst frei, wenn diese Moral sich lockert: bezeichnenderweise fällt die ungeheuere Steigerung der zivilisatorischen Erwerbungen zeitlich mit dem Niedergang der religiös-familialen Tradition zusammen.

Bisher ist diese Geschlechtsfreiheit immer als eine natürliche Bevorzugung des männlichen Geschlechtes betrachtet worden, eben weil sie es ist, die für die Entfaltung höherer Tätigkeit auf allen Lebensgebieten Raum gewährt, indes das weibliche Geschlecht, unerlösbar durch den Gattungsdienst gebunden, zurückbleiben mußte. An dem zügellosen Grundwesen der modernen Zivilisation, das den einzelnen verschlingt und zerstört, tritt aber der große Nachteil der männlichen Geschlechtsfreiheit zutage – die Maßlosigkeit. Schon in der männlichen Natur an sich mit ihrer physischen Ungebundenheit, ihrer Nötigung zum Schweifen nach einem immer wieder entgleitenden Ziele, ihrer Sucht nach einem außerhalb befindlichen

Objekt, liegt diese Gefahr; Hybris ist Ausdruck und Wirkung der naturhaft männlichen Beschaffenheit, und sie wird gesteigert durch die Fülle der Schöpfungen, zu der die Geschlechtsfreiheit des Mannes Raum gewährt.

Greifen wir aus dieser Fülle als Beispiel jene Erscheinung im Geistesleben heraus, durch die sich die Gegenwart den glanzvollsten Epochen des menschlichen Denkens an die Seite stellt, die Wissenschaft. Es ist keineswegs eine Verkennung der überragenden Stellung, die ihr gebührt, wenn man sagt, daß der moderne Wissenschaftsbetrieb – also gleichfalls fast ausschließlich Männerwerk – als solcher einen Punkt erreicht hat, wo Größe in Monstrosität überzugehen und einen lebensfeindlichen Charakter anzunehmen droht. Die Überlastung des Gedächtnisses, die eine freie Beherrschung des aufgespeicherten Materiales nicht mehr zuläßt, die einseitige Spezialisierung, die jedes Verhältnis zur Totalität des Lebens zerstört, auf der einen Seite die übersteigerte Abstraktion, die zu den Tatsachen der Wirklichkeit keine Beziehung mehr sucht, wie auf der anderen das experimentelle Verfahren, das aus Überschätzung des Beweisbaren sich in der uferlosen Massenhaftigkeit der Einzelheiten verliert – alles zusammengenommen eine Hybris des Intellektes, eine Ausschweifung der intellektuellen Produktivität, deren Maß dasjenige der Rezeptivität bei weitem übersteigt.

Auch darin verrät sich der einseitig männliche Charakter der modernen Zivilisation. Die gewaltsame Anspannung der Produktivität verführt zu einer Mißachtung des Wertes, welcher der Rezeptivität zukommt; das moderne Urteil bemißt geistigen Rang nach dem Grade jener und verkennt, daß die Herabsetzung und Verkümmerung dieser am Ende alle Produktivität vergeblich macht. Ja man könnte gegenüber der modernen Zivilisation wohl die Frage aufwerfen, ob ihre Bedingungen noch Kunst und Kunstgenuß im eigentlichen Sinne gestatten. Die einseitige Spezialisierung der männlichen Bildung, die den Einzelnen auf seine kaum mehr zu bewältigende Fachliteratur verweist, bedroht ernstlich die Empfänglichkeit für künstlerische Wirkung. In seiner Autobiographie hat Darwin gestanden, daß er schon seit vielen Jahren keinen Vers mehr lesen könne. Aber nicht etwa als Vorzug eines den Kinderschuhen entwachsenen Intellektes führt er diesen Umstand an: »Daß ich den Geschmack und das Verständnis für diese Dinge verloren habe, ist eine Einbuße an Glück und kann möglicherweise dem Intellekt schädlich sein, sehr wahrscheinlich aber der moralischen Seite unseres Wesens, sofern unser Gefühlsleben geschwächt und abgestumpft wird … Mein Geist scheint eine Art Maschine geworden zu sein, um aus großen Tatsachensammlungen allgemeine Gesetze zu destillieren.« Eine solche Maschine zu sein, gilt unter dem Gesichtspunkt der intellektuellen Zivilisationswerte als Kennzeichen der »wahrhaft männlichen« Geistesbeschaffenheit. Wenn trotzdem die künstlerische Begabung sich unvermindert unter den Männern erhält, so ist das ein Zeichen, daß sie ein Naturprodukt ist, das durch äußere Einflüsse nicht so leicht zu zerstören ist wie die Rezeptivität, die weitmehr von solchen Einflüssen abhängt. Bildung, die auf ihr beruht, ist keine Naturtatsache wie die produktive Begabung; »sich mitzuteilen, ist Natur, Mitgeteiltes aufzunehmen, wie es gegeben wird, ist Bildung« (Goethe).

Jede produktive Kraft ist wie im Physischen so im Geistigen auf eine rezeptive Kraft angewiesen, um wirken zu können; aber die Lebensbedingungen der modernen Zivilisation sind namentlich in den Zentren, in denen sie ihre stärksten Einflüsse geltend macht, in den Großstädten, so beschaffen, daß die Beschaulichkeit, die Ruhe und Muße, die zu rezeptiver Arbeit erforderlich ist, nicht aufkommen kann.

Dadurch wird der Lebensprozeß der Kultur am empfindlichsten getroffen; denn rezeptive Fähigkeiten sind es, mittels deren die Umsetzung zivilisatorischer Erwerbungen in eine formale Lebensordnung sich vollzieht. Soll das Mißverhältnis zwischen Kultur und Zivilisation, das aus dem Übergewicht technischer Lebensvervollkommnung hervorgeht, nicht das Ende der Kultur, sondern eine Phase ihrer Entwicklung sein, so kann das gestörte Gleichgewicht nur wiederhergestellt werden, wenn den zurückgedrängten seelischen Mächten der menschlichen Natur Raum gewährt wird, sich die äußeren Hilfsmittel dienstbar zu machen. Nicht eine Steigerung der Produktivität ist die Bedingung dafür, sondern eher ihre Einschränkung.

Wer über die femininen Einflüsse klagt, denen das moderne Leben ausgesetzt ist, verkennt, daß gerade die weibliche Seite der Geisteskultur, die rezeptive, der Gegenwart fehlt. Sogar jene Fähigkeit, ohne welche es keine Kulturform des persönlichen Verkehrs, der schönen Geselligkeit gibt, die Fähigkeit des Zuhörens, schwindet mehr und mehr unter den Männern. Das Wesen der modernen Zivilisation ist auch männlich in dem Sinne, als sie massenhaft Mittel aller Art hervorbringt, ohne deren kulturelle Verarbeitung abzuwarten, wie es die Art des männlichen Organismus ist, Keime im Übermaß zu verschwenden, unbekümmert um die Möglichkeit ihrer Entfaltung, während die Kultur einem weiblichen Organismus gleicht, der die Form des Lebens in langsamem Wachstum hervorbringt. Mindestens in Hinsicht der Aufnahmefähigkeit liegt also der bedenklichste Mangel des modernen Geisteslebens nicht in übermäßiger Verweiblichung, sondern eher in übermäßiger Vermännlichung.

Nach der alten Auffassung der Weiblichkeit bestand deren Kulturaufgabe in der rezeptiv-konservativen Tätigkeit, durch die sie zur Bildnerin und

Erhalterin einer schönen Lebensform befähigt war. Das Maßhalten in allen Dingen galt dabei als erste und vorzüglichste Eigenschaft. Die Zeugnisse dieser Auffassung sind so zahlreich und so bekannt, daß man sie füglich als Symptom für den tatsächlichen Anteil betrachten kann, den die Frauen an der Kultur haben. Wie es scheint, ist die Fähigkeit der Formgebung im praktischen Leben, die Fähigkeit, für innere Zustände einen Ausdruck durch äußere Vorgänge und Veranstaltungen, durch die Mittel des persönlichen Verkehrs zu finden, bei Frauen viel häufiger als bei Männern. Das Haus, aufgefaßt als die Heimstätte der Familie wie als Schauplatz der schönen Geselligkeit und ihrer ganzen Fülle an Kulturformen des Umgangs, bildete die Sphäre der weiblichen Kulturleistung. Daraus darf man schließen, daß der Anteil an der Erhaltung und Ausbildung der Lebensformen, der Sitten und Gebräuche ein wesentliches Verdienst der Frauen ist. Es mag sein, daß die schöpferische Kraft, die den Impuls gibt, analog dem physischen Geschehen, vom Manne ausgeht. Obwohl sich leicht geschichtliche Belege dafür beibringen ließen, daß sie auch einzelnen Frauen nicht gefehlt hat – die soziale Leistung des weiblichen Geschlechtes als Mehrheit scheint doch der physischen Aufgabe gemäß zu sein, die ein organisches Werden und Wachsen in sich begreift.

Aber die Kulturerscheinung der Dame wie die Kulturerscheinung der Hausfrau gehört schon mehr oder weniger einer vergangenen Epoche an; die Lebensbedingungen der modernen Zivilisation haben sich auch auf das weibliche Geschlecht erstreckt. Einer der schwersten Einwände dagegen, der schon in den Anfängen der Frauenbewegung laut wurde, liegt in der Befürchtung, daß durch die Wandlung der sozialen Stellung die alte Kulturmission der Frauen zerstört wird. Auch sie ihrer natürlichen Bestimmung als Hort der Familie entfremdet, auch sie der ästhetisch-kontemplativen Muße beraubt, die zu den Grundbedingungen einer edlen, vertieften Lebensgestaltung gehört, auch sie in den nervenzerrüttenden Konkurrenzkampf hineingezerrt, wie ihn die moderne Zivilisation mit sich bringt, auch sie von dem verblendeten Ehrgeiz der intellektualistischen Produktivität ergriffen! Wozu die weiblichen Leistungen auf Gebieten, die schon von männlichen bis zum Unmäßigen überschwemmt sind? Wozu das Eindringen der Frauen in Berufe, in denen schon der Mann mit seiner widerstandsfähigeren Natur zur seelenlosen Maschine mechanisiert wird?

Wie überflüssig, von den Zuständen aus betrachtet, es sei, daß sich an dem Männerwerk der Zivilisation die Frauen beteiligen – eine Arbeitsteilung der Geschlechter in der Weise, daß das männliche die Zivilisationsarbeit und das weibliche die Kulturaufgaben übernähme, wie sie vielen vorschwebt, ist in Wirklichkeit undurchführbar. Sie wäre auch nicht einmal wünschenswert. Denn welche Gestalt müßte ein Leben besitzen, in dem nur die Frauen harmonische und ästhetische Erscheinungen, die Männer aber mechanisierte Barbaren wären? In einer dünnen Gesellschaftsschichte kommt allerdings etwas Ähnliches vor: der Mann der hartgesottene Erwerber, die Frau die Vollstreckerin der Luxusforderungen, die diesem leeren Geldgewinn Sinn und Inhalt verleihen sollen. Das ist aber nur ein abseits liegender Kompromiß moderner Zivilisation mit einem Überlebsel alter Anschauungen. Und am wenigsten dürfte der Mann aus eigenem Interesse eine solche Lösung des Geschlechterproblems im Verhältnis zur Zivilisation für ein ersprießliches halten. Denn in der maßlos entfesselten Konkurrenz der Leistungsfähigkeit müßte auch sein natürliches Leben scheitern – gibt es doch Stimmen genug, die den produktiven Mann vor der Ehe als einem Hemmschuh warnen! So groß seine Geschlechtsfreiheit von Natur aus ist, die Zivilisation, die keine Beziehung zu den Gattungspflichten als Maß kennt, reißt ihn schließlich von den Wurzeln los, an denen seine Menschlichkeit hängt. Und wie könnte die kulturelle Lebensform einer Gesellschaft sich dauernd bewahren, wenn sie nur von dem weiblichen Teil bestritten werden soll? Schon die Art Weiblichkeit, die noch vor zwei Generationen als die vorbildliche herrschte, wirkt heute völlig veraltet und kann sich trotz aller Familienanstrengung nicht erhalten, weil ihr nicht nur die ökonomische Grundlage, sondern auch der auf diese Kulturform eingerichtete männliche Widerpart fehlt.

Man macht den Frauen den Vorwurf, daß sie einen hemmenden Einfluß auf den Fortschritt ausüben, daß sie ein langsameres Tempo haben als der Mann. Das soll wohl heißen, daß sie durch ihre physiologische Beschaffenheit, die ganz ihrer generativen Aufgabe unterworfen ist, sich an Bewegungsfreiheit mit dem Manne nicht messen können. Und es ist nicht zu leugnen, daß sie, auch wenn sie auf die Mutterschaft im Dienste einer anderen Tätigkeit verzichten, dennoch durch ihre Konstitution physisch viel stärker gebunden sind als der Mann. Wer aber das Wesen der Zivilisation als ein im Grunde lebensfeindliches durchschaut hat, wird in dem reißenden Fluß technischer Neuerungen, der nur das Mißverhältnis von Kultur und Zivilisation vergrößert, keineswegs einen Fortschritt, oder doch keinen Fortschritt nach aufwärts, erblicken. Ist jener Vorwurf in Tatsachen begründet, so würde er nur einen Vorteil im Interesse des Ausgleiches zwischen Kultur und Zivilisation bedeuten.

Gerade in der vermeintlichen Unzulänglichkeit der weiblichen Konstitution, in ihrer strengeren Naturgebundenheit, liegt eine der Hoffnungen auf Wiederherstellung des Gleichgewichts in den Lebensbedingungen der Kulturvölker. Jene Tendenz zur Ausschweifung, zur sinnlichen wie zur geistigen, die mit der männlichen Natur im allgemeinen einhergeht und in der modernen Zivilisation ihren letzten Ausdruck angenommen hat, kann ein Gegengewicht in der weiblichen Natur mit ihrer Tendenz zur Ausgeglichenheit, zur in sich geschlossenen Ruhe, zur formgebundenen Ordnung finden, in der so wertvolle Kulturelemente enthalten sind. Bisher waren diesen beiden Tendenzen verschiedene Wirkungsgebiete angewiesen: dem Manne das öffentliche und intellektuelle Leben, der Frau das gesellige und häusliche. Jedoch nur, wenn sie auf demselben Gebiet wie die männliche wirksam wird, kann die weibliche Natur möglicherweise jene einschränkende Macht gewinnen, die dem Strome des zivilisierten Lebens verwehren würde, aus allen Ufern zu treten. Möglicherweise – denn es kann ja auch sein, daß das, was man unter der weiblichen Natur im übertragenen Sinne versteht, keine elementare Kraft ist, die unaustilgbar in der Konstitution lebt, sondern nur eine Anpassung an äußere Einflüsse, etwas historisch Gewordenes, das sich mit den äußeren Einflüssen zugleich wandeln muß.

Wenn aber schon die Voraussetzung töricht wäre, daß die ganze historische Vergangenheit des weiblichen Geschlechtes innerhalb weniger Generationen keine Fortwirkung mehr haben sollte, so ist noch weniger anzunehmen, daß der naturgegebene Unterschied der Geschlechter, der in ihrer ungleichen generativen Belastung liegt, durch irgendwelche äußere Wandlungen sich verwischen ließe. Soll er bei einer kulturellen Neugestaltung des Lebens zu eingreifender Wirkung kommen, so ist die Voraussetzung dafür eine unbedingte soziale Gleichstellung der Geschlechter, das Eintreten der Frauen in alle männliche Berufe – selbst auf die Gefahr hin, daß sie fürs Erste, von dem Wirbel des männlichen Lebensbetriebes mitgerissen, empfindliche Einbußen an Kulturqualität darunter erleiden.

Bisher war der Mann das Maß aller Dinge; es könnte aber wohl sein, daß in Hinkunft die Auffassung bestimmend werden muß: die Frau ist das Maß aller Dinge. Denn Einrichtungen, die der generativen Aufgabe des weiblichen Geschlechtes feindlich sind, werden sich auf die Dauer nicht erhalten, weil auch die Dauer jeder Gesellschaft von der Integrität des Willens zur Mutterschaft bei ihren weiblichen Angehörigen abhängt, von dem Schutz und der Förderung, die sie ihm angedeihen läßt. Der Begründer der Menschenökonomie, Rudolf Goldscheid, hat gezeigt, wie eng das Schicksal der Frauen in dieser Hinsicht mit den sozialen Zuständen verknüpft ist. Nicht, daß die modernen Lebensbedingungen die Frauen vermöge ihrer Physis von der vollgültigen Teilnahme am Gesellschaftsbau ausschließen, bildet den Inhalt eines Kulturproblems, sondern vielmehr, wie diese Lebensbedingungen der natürlichen Aufgabe der Frauen angepaßt werden können.

Allerdings müssen die Frauen verstehen lernen, ihre Geschlechtsgebundenheit als Kulturmacht gegenüber der männlichen Geschlechtsfreiheit einzusetzen. Viele von ihnen haben schon bei Beginn der modernen Zivilisationsepoche begriffen, welche Umwälzung sie im weiblichen Leben bedeutet, und welche Rolle in einer neuen Gesellschaftsordnung den Frauen zufällt. An den Frauen ist es, ihrer neuen Stellung im Gemeinschaftsleben jenen Sinn zu geben, die sie haben muß, wenn sie ihnen selbst wie den Männern auch ein neuer Lebensgewinn werden soll. Wer es aber als eine ungebührliche Beschränkung für das männliche Geschlecht betrachtet, daß das Maß des weiblichen Lebens das bestimmende werden soll, möge bedenken, daß der Mann in einer Zivilisation, die ihn schon zum Sklaven seiner Geschlechtsfreiheit gemacht hat, nur gewinnen kann, wenn der Maßlosigkeit seines Lebens eine Schranke gesetzt wird, die ihn der Kultur zurückgibt.

Und hat nicht schon einmal, an einem kaum mehr erkennbaren Wendepunkt der menschlichen Entwicklung, der Mann seine Geschlechtsfreiheit hingegeben, um gewissermaßen eine Funktion der Weiblichkeit zu übernehmen? Die Bedingungen, unter denen er die Rechte der Vaterschaft übernahm, waren allem Anscheine nach schwerer, als der modernen Männlichkeit erträglich wäre; und doch sind sie die Quelle seiner historischen Macht und Herrlichkeit geworden.

Die Krise der Väterlichkeit

Über die Bedeutung der Mutterschaft im weiblichen Leben ist niemand im Zweifel. Ihr Korrelat in der männlichen Psyche, die Gefühle und Vorstellungen, die den Vater mit seinem Kinde verbinden, tritt daneben völlig zurück. Es mag sein, daß alle weiblichen Lebensbedingungen mehr im Vordergrund stehen, weil durch die großen Wandlungen in der Stellung der Frauen das ganze weibliche Leben zu einem neuen Problem wird. Dennoch muß es Wunder nehmen, daß die Bedeutung der Väterlichkeit im männlichen Leben so wenig Beachtung findet. Vielleicht rührt es daher, weil sie eine so alte Errungenschaft des männlichen Geschlechts ist, eine so alltägliche Erscheinung, daß das Rätselhafte ihres Wesens längst nicht mehr auffällt.

Zudem scheint bei dieser ungleichen Beachtung von Mütterlichkeit und Väterlichkeit der Einfluß mitzuspielen, den Mehrzahlsphänomene überall ausüben.

Wenn man jene Personen beiderlei Geschlechtes ausnimmt, in deren Seelenleben ein Verhältnis zur Nachkommenschaft überhaupt fehlt, kann man sagen: Bei der Mehrzahl der Frauen ist Mütterlichkeit eine seelische Prädisposition, die ihre ganze Sexualität bestimmt; bei der Minderzahl stellt sie sich mit der Verwirklichung der Mutterschaft als physiologisch gegründete Zuneigung zu dem eben geborenen Lebewesen mit voller triebhafter Stärke ein.

Nahezu umgekehrt verhält es sich bei dem männlichen Geschlecht. Die große Mehrzahl der Männer kennt die Väterlichkeit lediglich als Begleiterscheinung der sozialen Vaterstellung, die auf dem *Eigentums- und Herrschaftsverhältnis* beruht, und sie äußert sich erst dem den ersten Lebensstadien entwachsenen Kinde gegenüber; nur bei einer geringeren Anzahl trägt auch die Väterlichkeit den Charakter einer instinktiven Zuneigung auf Grund der physiologischen Zusammengehörigkeit, des *Identitätsbewußtseins*, als ein Gefühlskomplex, der an triebhafter Stärke dem mütterlichen keineswegs nachsteht.

Diese Einschätzung beruht auf der Häufigkeit, mit welcher im wirklichen Leben wie in der Literatur Äußerungen des väterlichen und mütterlichen Empfindens auftreten. Eine andere als diese subjektiv-empirische Methode ist gegenüber der Väterlichkeit als einem Problem der modernen

Psyche vorläufig nicht möglich. Man hat zwar versucht, auf dem Wege von Enqueten die sexuellen Lebenszustände der Männer zu erforschen; aber bezeichnenderweise ist dabei niemals eine Frage nach dem Moment der Väterlichkeit aufgeworfen worden. Vergeblich sucht man in der Literatur dieses Gebietes, in soziologischen, sexualwissenschaftlichen, pädagogischen Schriften nach einschlägigen Äußerungen. Auch in der Belletristik sind Darstellungen der Väterlichkeit als instinktmäßiger, aus dem Identitätsgefühl entspringender Lebensmacht sehr selten, abgesehen von jenen, die das Verhältnis zwischen Vater und Kindern als naturgegebene Tatsache vorwegnehmen, wie zum Beispiel Balzacs* »Père Goriot« oder Augiers* »Pelikan«. Die väterliche Hingebung geht da bis zur völligen Aufopferung, ohne daß jedoch über Natur und Wesen dieser Seelenmacht ein Aufschluß gesucht würde.

Die allmähliche Entstehung der Väterlichkeitsgefühle im individuellen Erleben und wie sie schließlich über ihre stärkste Gegenwirkung, die Unsicherheit, den Sieg davontragen, hat Goethe in Wilhelm Meister geschildert. Wilhelm, der an der Echtheit seines Kindes zu zweifeln so viele Ursache hat, empfindet immer lebhafter den Wunsch, es zu besitzen, nicht durch Adoption, sondern durch wirkliche Vaterschaft; und als er den Lehrbrief erhält, in der Szene, in der er die innere Führung seines Erlebens erfährt, ist die erste Frage, die er an den Abbé richtet, ob Felix sein Sohn sei. »Heil Ihnen über diese Frage,« antwortet der Abbé, »Felix ist Ihr Sohn.« Da nimmt Wilhelm den Knaben in seine Arme und ruft: »Ja, ich fühl's, Du bist mein.« Und nochmals versetzt der Führer: »Heil dir, junger Mann! Deine Lehrjahre sind vorüber; die Natur hat dich losgesprochen.«

Auch Wilhelms Väterlichkeit wird erst durch den Umgang mit einem bereits heranwachsenden Kinde geweckt; doch erscheint sie zugleich als jenes Moment, das dem Leben des Einzelnen ein tieferes Gewicht gibt, indem er den Willen der Natur bewußt verwirklicht. Nicht mehr wie ein Zugvogel sieht Wilhelm die Welt an; der Wunsch nach Dauer und Kontinuität seiner Unternehmungen ist ihm aufgegangen, und »mit dem Gefühl des Vaters hatte er auch alle Tugenden eines Bürgers erworben.« So kann er die Strenge der Moral unnötig finden, »da die Natur selbst uns auf ihre liebliche Weise zu allem bildet, was wir sein sollen.«

Daß hier die Macht der Väterlichkeit gegenüber einem unehelichen, also dubiosen Kinde gezeigt wird, gehört ganz eigentlich zum Problem der Väterlichkeit, deren wunder Punkt ja die Unsicherheit der Vaterschaft ist. In Wilhelms Fall besiegt die Stimme des Blutes den Zweifel, und das bildet Wilhelms Auszeichnung – eine wunderbare Intuition dessen, was die Väterlichkeit im tiefsten Grunde bedeutet.

Ganz anders ist die Auffassung in jenem Vorbild der Väterlichkeit orientiert, das die christliche Vorstellungswelt geschaffen hat. Der heilige Josef ist kein wirklicher Vater; er weiß, daß sein Kind ihm nicht durch Bande des Blutes angehört, und so kann seine Väterlichkeit sich nicht auf das Identitätsgefühl gründen. In ihm verkörpert sich nur die väterliche Funktion des Beschützers und Ernährers, zu der er ausdrücklich durch den Boten Gottes im Traume ermahnt wird. Es ist zwar erstaunlich, daß in der »heiligen Familie« der christlichen Welt gerade dasjenige verherrlicht wird, was die natürliche Familie mit allen Mitteln der Moral zu verhindern sucht – das Eindringen eines nicht von dem Familienoberhaupt herstammenden Kindes; aber es gehört zu der christlichen Anschauungsweise, daß sie, um die übernatürliche Bestimmung des Menschen zu rechtfertigen, alle menschlichen Gefühle ihres natürlichen Charakters entkleidet und das Göttliche als etwas Überweltliches dazwischensetzt. Wie Maria durch »unbefleckte Empfängnis« Mutter wird, so behält Josef von den Eigenschaften des Vaters nur die asketischen, diejenigen, die eher fromme Gefühle allgemeiner Art, als das spezifische der Vaterschaft auslösen können.

Mit der Väterlichkeit als natürlichem Phänomen ist wohl die Rolle des Beschützers und Ernährers verbunden, doch nicht als ihr Wesentliches. Daß die Väterlichkeit sich bis zu einem Gefühl physischer Zusammengehörigkeit ähnlich wie die Mütterlichkeit steigern kann, ist eine Tatsache, die dem Beobachter im Leben nicht entgehen kann; namentlich in den unteren Volksschichten, wo die Lebensgewohnheiten einfacher und aufrichtiger sind, begegnet man zuweilen überaus zärtlichen und hingebungsvollen Vätern. Es versteht sich von selbst, daß auch unter den Intellektuellen diese Seite der Väterlichkeit nicht fehlt; nur verbirgt sie sich mehr und wird ungern eingestanden.

Besinnt man sich auf das unfaßliche Wunder, daß eine winzige, weit unter der Grenze der Sichtbarkeit stehende Zelle die Gabe besitzt, ihren Träger bis zur völligen Gleichheit in einem neuen Wesen zu reproduzieren, so erscheint auch das gesteigertste Vatergefühl nur als der natürliche Ausdruck der Identität; bedenkt man hingegen, daß nichts von dieser Gabe eine physiologisch-unmittelbare Versicherung in der väterlichen Beziehung zur Nachkommenschaft hat, so erscheint die Väterlichkeit in der Tat bar aller elementaren Fundierung, und nur auf einen intellektuellen Vorgang zurückführbar. Diesen beiden einander entgegengesetzten Naturtatsachen, der Unsicherheit der Vaterschaft auf der einen Seite und ihrer äquivalenten Reproduktionsfähigkeit auf der anderen, entspricht auch die so völlig ungleiche Art ihres Auftretens in der männlichen Psyche.

Nicht weniger ungleich ist die intellektuelle Auslegung, die der Väterlichkeit von den Männern selbst widerfährt. Am häufigsten begegnet man der Leugnung des Instinktiven in der Väterlichkeit. Da der Zusammenhang zwischen Vater und Kind eben nicht wie zwischen Mutter und Kind gewiß ist, könne die Vorstellung der Zusammengehörigkeit nicht aus einem unmittelbaren Gefühl hervorgehen, sondern nur aus einer Überlegung. Die Mutter, die das Kind neun Monate lang in ihrem Leibe beherbergt, um es schließlich mit Schmerzen zu gebären, sei von Natur aus in ein ganz anderes Verhältnis zu diesem Kinde gesetzt als der Vater, der, meistens durch ganz andere Antriebe als den Wunsch der Fortpflanzung Vater geworden, nach dem Augenblick der Zeugung nicht das Geringste mehr zur Entstehung des Kindes beizutragen habe. Daraus ergebe sich der Schluß, daß Vaterschaft und Mutterschaft ganz verschiedene Gefühle mit sich bringen müssen. Während die Mütterlichkeit in erster Linie durch die physische Zusammengehörigkeit hervorgerufen werde, könne die Väterlichkeit nur eine Begleiterscheinung des männlichen Willens zu *Eigentum und Herrschaft* sein. Die Vorstellung der Blutsverwandtschaft habe in dem Komplex des Vaterbewußtseins, auch abgesehen von dessen Unsicherheit, keine Bedeutung; denn das Verhältnis zwischen Vater und Kindern werde erst durch die persönliche Leistung der Erziehung und Erhaltung zu einem innigen, gefühlsbetonten Bande – ein Verhältnis, das durch Adoption ebensogut herzustellen sei wie durch Zeugung.

Nach einer anderen männlichen Auffassung wäre die Väterlichkeit vornehmlich das Produkt der Liebe zu einer bestimmten Frau. Erst durch die Verbindung mit einer geliebten weiblichen Person werde im Manne der Wunsch nach Leibeserben geweckt, weil die Vererbung durch das Weib wie durch den Mann bestimmbar und Nachkommenschaft für jeden nur wertvoll sei, soweit sie eine Wiederholung seiner eigenen Person im Verein mit einer geliebten bedeutet.

Ganz im Gegenteil betrachten andere – und vielleicht sind es die Repräsentanten jener Männlichkeit, deren sexuelles Empfinden durch den Zwiespalt und daher durch feindliche Gefühle gegenüber dem Weibe bestimmt wird – die Notwendigkeit der weiblichen Teilnahme an der Zeugung als eine Beeinträchtigung der ursprünglichen Väterlichkeit, die zwar als Anlage in der männlichen Seele vorhanden, aber durch die Abneigung, sie mittels eines Weibes zu verwirklichen, gehemmt sei. So sagt der Vater in dem Drama »Dies irae« von Wildgans,* in dem alle Probleme der Eltern- und Kindschaft tragisch aufgerollt sind: »Ja wüchsen aus Vaters Blut und Gehirn allein, aus selbstherrlicher Zeugung, dem Manne die Kinder! Doch so?! Gemengt mit fremdem Dunkel, empfangen, gebildet, gesäugt von Anderem, Fremdem ...« Auch Strindberg* bekennt – unter anderem in seinem Roman »An offener See« – diese Seite der weiberfeindlichen Väterlichkeit.

Eine in ihrer Art einzige Äußerung findet sich in dem Buch »Die Grenzen der Geschlechtsmoral« von Robert Michels.* Er nennt ein eben geborenes Kind eines der vollendetsten Meisterwerke der Natur; und jene Männer, die ihre Kinder in der ersten Lebenszeit nicht sehen können, sie häßlich finden, beweisen nach seiner Meinung durch ihr Verhalten, daß sie das vorzügliche Wonnegefühl der Vaterschaft nicht verstehen und daß ihnen das elementarste Element der Vaterliebe abgeht: das instinktive physiologische Zugehörigkeitsgefühl. Nach seiner Darstellung sind die ersten Stunden nach der Geburt des Kindes, wenn die Mutter, von der Arbeit des Gebärens ermattet, in Lethargie versunken ist, für den Vater der Höhepunkt des Vatergefühles: »Wer diese Wonne des Alleinbesitzes durchgekostet hat, wird sie nicht wieder vergessen.« Und wenn Michels behauptet, daß neben dem Anblick des zarten Neugeborenen »der penetrante, beinahe appetitliche Erdgeruch«, den das Kind vor seinem ersten Milchgenuß hat, dazu beiträgt, den einmal geweckten Vaterinstinkt wach zu halten und zu begeisterter Vaterliebe anzufachen, so gibt er damit das Dokument eines Empfindens, das von den meisten als eine ausschließliche Eigenheit der durch die physiologische Verbindung mit dem Kinde bestimmten Mütterlichkeit betrachtet wird.

Um das volle Maß, welches die Väterlichkeit als Instinkttatsache erreichen kann, kennen zu lernen, darf man die Beobachtung nicht auf die menschlichen Väter beschränken, bei denen die wissende Erwägung die Instinkttatsache verdeckt. Unter den Tieren, denen keine Überlegung die Zusammengehörigkeit der Generationen erkennen hilft, steht der Instinkt der Väterlichkeit häufig jenem der Mütterlichkeit ganz gleich. Irgendein Schluß allgemeiner Art ist aber daraus schwer zu ziehen, weil die Natur auch in diesem Punkte die größten Verschiedenheiten hervorbringt. Es gibt ebensowohl Gattungen, bei welchen der elterliche Instinkt vollkommen fehlt, als solche, wo er ausschließlich auf das eine oder auf das andere Geschlecht beschränkt bleibt, wie auch noch andere, wo er auf beide Geschlechter verteilt ist.

Die Natur geht in dieser Hinsicht von einem Indifferenzpunkt aus. Sie erläßt zahllosen niedrig organisierten Lebewesen die Sorge um die Nachkommenschaft gänzlich, und der Bestand der Gattung bleibt auch ohne Brutpflege gesichert. Selbst jener Trieb, der auf höheren Lebensstufen mit so ungeheurer Gewalt die Individuen in den Dienst der Gattung zwingt, indem er für die Vereinigung der geschlechtlich differenzierten Keimzellen sorgt, tritt nicht sogleich mit der Fortpflanzung durch Geschlechtstrennung auf. So leben beispielsweise männliche und weibliche Seesterne ohne geschlechtliche Anziehung beisammen, obwohl ihr Organismus in unerschöpflichen Mengen geschlechtlich differenzierten Keimstoff hervorbringt; sie lassen ihn fast ununterbrochen entfließen, gleichgültig dagegen, ob die Fortpflanzungszellen sich im Wasser zur Befruchtung treffen oder nicht.

Aber sobald sich die Sorge um die Nachkommenschaft in der animalischen Welt einzustellen beginnt, beteiligt sich das männliche Wesen in nicht geringerem, ja zuweilen in höherem Maße an der Brutpflege als das weibliche – namentlich auf jenen Lebensstufen, wo die physische Leistung bei der Fortpflanzung unter beide Geschlechter ungefähr gleich verteilt ist, weil die Keimzellen sich außerhalb des weiblichen Organismus vereinigen, wie bei Fischen und Amphibien. Bei manchen Gattungen verteidigt da das Männchen die Eier geradezu gegen das Weibchen und behütet noch die ausgeschlüpften Sprößlinge mit aufopferndem Bemühen; ja bei den Seepferdchen übernimmt das Männchen sogar die Schwangerschaft, indem es in einer Bauchfalte die von dem Weibchen deponierten Eier austrägt. Ein anderes Beispiel äußerster väterlicher Aufopferung ist der amerikanische Ochsenfrosch, der die Eier in seiner Halshöhle ausbrütet und während dieser Zeit zum Skelett abmagert, da die heranwachsende Nachkommenschaft ihm den Schlund so sehr verengt, daß er keine Nahrung zu sich nehmen kann. Noch bei den Vögeln sind vielfach die beiden Eltern an der Aufzucht der Jungen gleich beteiligt; das Männchen löst das Weibchen beim Brüten ab, und in manchen Fällen – wie bei einer Straußgattung und beim japanischen Laufhühnchen – besorgt es die Bebrütung der Eier und die Beaufsichtigung der Jungen allein, ohne Mithilfe des Weibchens, dem die mütterlichen Instinkte vollkommen fehlen.

Daraus geht zunächst eine gegenüber den gewohnten Vorstellungen sehr bemerkenswerte Tatsache hervor: daß Weiblichkeit und Mütterlichkeit sich von Natur aus nicht decken, und daß also nicht in der Keimsubstanz selbst, ja nicht einmal in der sexuell differenzierten Konstitution hochorganisierter Geschöpfe schon der Anstoß zu den Eigenschaften liegt, die das weibliche Lebewesen zur Brutpflege berufen.

Der große Abstand im Verhältnis der beiden Elternteile zur Nachkommenschaft tut sich erst dort auf, wo der weibliche Teil auch nach der Geburt der Jungen ihnen mit seinem Organismus dienstbar bleibt – bei den Säugetieren. Hier muß der weibliche Organismus nicht allein das unfertige Lebewesen bis zu seiner vollen Reife beherbergen und mit großen Beschwerden zur Welt bringen, sondern auch geraume Zeit nach der Geburt dessen Nahrung erzeugen.

Mit dem wachsenden biologischen Anteil des weiblichen Geschlechts an den Aufgaben der Fortpflanzung tritt derjenige des männlichen zurück; der Vater ist bei den Säugetieren unvergleichlich ärmer an Elterninstinkt als seine Geschlechtsgenossen unter zahlreichen anderen Wirbeltieren. Dennoch fehlen sie ihm nicht gänzlich. Die monogamen Säugetiere führen während der Fortpflanzungsperiode eine Art Familienleben, in dem der Vater die Aufgabe der Verteidigung und Ernährung mit der Mutter teilt; und man kann den Gorilla, der jeden Abend für Frau und Kinder das Nest in einer Baumkrone bereitet, um selbst am Fuße des Stammes Wache zu halten, schon als einen pater familias bezeichnen.

Dieser nahe Verwandte des urzeitlichen Menschen gestattet den Schluß, daß auch der menschliche Mann von Anbegin nicht ohne Vaterschaftsinstinkt gewesen sein mag, daß er die Väterlichkeit als *Instinkttatsache* immer gekannt hat.

Als Instinkttatsache wird die Väterlichkeit zu einem Problem, das in die tiefsten Geheimnisse des Lebens führt. Es berührt wie kein anderes das Verhältnis des instinktmäßigen zum erkenntnismäßigen Gebiete der menschlichen Seele; und schwierige Fragen drängen sich uns auf, denen wir nicht ausweichen können, wenn wir in das Wesen der Väterlichkeit eindringen wollen. Welche Bewandtnis hat es mit dem, was man die Stimme des Blutes nennt? Ist sie der Ausdruck für einen Instinkt, der jenseits des Intellektes in unerkennbaren Bewußtseinsvorgängen wurzelt? Und was darf man unter der Bezeichnung Instinkt verstehen, die man überall dort anwendet, wo die verstandesmäßige Motivation des Handelns als Erklärung nicht zureicht?

II
Einschaltung über das Wesen des Instinktes

Es bedarf eines weiten Umweges, um das Instinktive im Phänomen der Väterlichkeit zu definieren, sogar einiger gewagter Voraussetzungen, deren Zulässigkeit anfechtbar bleiben mag. Wir müssen annehmen, daß in der Natur eine andere Art Bewußtsein herrscht, als die dem Menschen eigentümliche. Seine Art des Bewußtseins ist es, die ihn von der übrigen Natur scheidet, ihn ihr auf mannigfaltige Weise überlegen, aber auch fremd, ja feindlich gegenüberstellt. Die menschliche Art des Bewußtseins, das denkmäßige Erkennen, verdunkelt das Verständnis für die Art des Naturbewußtseins, die wir die unbewußte nennen; sie wird uns unverständlich, obwohl das denkmäßige Erkennen nur einen kleinen Teil auch des menschlichen Bewußtseins einnimmt. So ist, was man mit dem Wort Instinkt erklärt, im Grunde bloß die Bezeichnung für eine dem menschlichen Denken nicht zugängliche Eigenheit der Tierseele, deren Wirkungen wir beobachten, ohne sie nach ihren Ursachen zu verstehen.

Erklärungen des Fortpflanzungsinstinktes, die ihn auf vererbte Gewohnheiten durch Zuchtwahl zurückführen, ihn als Produkt wiederholter Assoziationstendenzen in den Generationen deuten, leiden an der Unzulänglichkeit, daß ein zweckmäßiges Handeln ohne Kenntnis des Endzweckes, wie es das Instinktleben charakterisiert, nicht ursprünglich als Gewohnheit aufgetreten sein kann, weil es, um den ersten Anstoß empfangen zu haben, doch einmal durch Zweckbewußtsein geleitet worden sein müßte. Auch jene Erklärung, die den Mechanismus von Lust- und Unlustempfindungen heranzieht, ist nicht zulänglich; nach ihr würde das Tier den ihm unbekannten Zweck erfüllen, indem es einen in seinem Bewußtsein auftretenden Antrieb befriedigen will, um sich die mit der Befriedigung verbundene Lust zu verschaffen. Auf diese Weise wird zwar die Tatsache der Instinkthandlung beschrieben, nicht aber ihre ursprüngliche Entstehung. Denn es ist nicht einzusehen, wieso Handlungen dem Individuum Lust bereiten sollen, die vielfach eine Aufopferung desselben zugunsten der Nachkommenschaft, eine Unterwerfung des Selbsterhaltungstriebes unter das Interesse der Gattung bedingen. Was hier geschieht, deutet auf einen viel tieferen Ursprung hin.

Die Naturwissenschaft betrachtet das Bewußtsein als Grundeigenschaft der organischen Materie; daß auch Gedächtnis eine ihrer allgemeinen Funktionen sei, hat Semons* in seinem Werk »Die Mneme« ausgeführt, vor ihm aber schon Ewald Hering* in jener durch Tiefe der Intuition wie durch Klarheit der Darstellung gleich hervorragenden Schrift, in der er das Phänomen der Vererbung aus der Gedächtnisfunktion der organisierten Materie erklärt. Er sagt: »Hunger und Generationstrieb bewegten schon die ältesten und einfachsten Formen der organischen Welt; für sie und für die Mittel, sie zu stillen, hat darum die organische Substanz das stärkste Gedächtnis, und die hieraus entspringenden Triebe und Instinkte erfassen noch heute selbst den Menschen mit der Macht einer Elementargewalt.«

Hunger und Generationstrieb, oder allgemeiner ausgedrückt Selbsterhaltung und Gattungserhaltung als Instinkttatsache weisen auf die zwei Grundtendenzen hin, welche das organische Leben regieren, sind nur deren Erscheinungsform im Individuum. Was die organische Materie vor der anorganischen auszeichnet, ist das Vermögen, sich durch Fortpflanzung zu erneuern. Wenn sich ein Bewußtseinselement an diesen Vorgang knüpft, und er sich dem Urgedächtnis der Materie eingeprägt hat, muß es dasjenige der Einheit oder *Identität* des Lebens in der Erneuerung sein. Die Erneuerung der organischen Materie durch Fortpflanzung aber bedingt die

Abgrenzung einzelner Lebewesen, die zugleich Bewußtseinszentren bilden: sie bedingt *Individuation.* Daß Identität – die Form des anorganischen Lebens – und Individuation – die Form des organischen Lebens – verschiedene Tendenzen des Einen sind, die verschiedene Interessen hervorrufen, macht sich erst geltend, wo das Individualbewußtsein seine höchste Entfaltung erreicht.

Es gehört zum Wesen der Individuation, daß sie vom allgemeinen immer mehr ins besondere strebt, von der Form der Gattung, die sich in vielfältige Unterarten gliedert, zu immer kleineren Gruppen, deren engste die paarweise Familie ist, bis zum einzelnen Individuum. Das Einzelwesen wird von allen anderen Formen der Individuation durch jenes Bewußtsein geschieden, das der Mensch in der Ichvorstellung kennt. Auf der Stufenleiter der organischen Lebensgebilde scheint aber dieses Individualbewußtsein sehr verschiedene Grade zu besitzen. Je niedriger die Lebensstufe, desto unentwickelter das Individualbewußtsein. In den Anfängen des animalischen Lebens kann es nur die Abgrenzung des Individuums gegen die Wesen anderer Gattung schlechthin zum Inhalt haben, so daß die Individuation als Bewußtseinselement das einzelne Lebewesen noch nicht von seiner Gattung scheidet. Individuum und Gattung sind auf dieser Stufe im Bewußtsein kaum getrennt; die Identität in der Geschlechtsfolge bildet auf dieser Stufe noch eine unmittelbare Bewußtseinstatsache. Durch den Geschlechtstrieb, der sie von allen anderen Gattungen trennt, werden die Individuen der gleichen Gattung miteinander zu einer Einheit verbunden; und dieses Einheitsbewußtsein, dessen Vermittler der Geruch oder eine Sinneswahrnehmung anderer Art ist, bewirkt wohl auch, daß die räuberischen unter den Tieren innerhalb der eigenen Gattung nicht ihre Beute suchen. Ja es bedarf nicht einmal des Geschlechtstriebes, um ein Einheitsbewußtsein zu bewirken, wie das Beispiel der Arbeitsbienen zeigt, die unverkennbar das Einheitsbewußtsein der Gattung, wenn auch beschränkt durch Gruppenbildung, in hohem Grade besitzen.

Noch zwischen stehengebliebenen Völkerschaften und dem Kulturmenschen zeigt sich in dieser Hinsicht ein beträchtlicher Abstand: so vermag bei den niedrigeren Indianern der einzelne sich nicht von seinem Stamm zu unterscheiden. Aber im Laufe der Entwicklung werden immer größere Gebiete des Seelenlebens durch das denkmäßige Erkennen erobert, das den einzelnen von allen anderen Lebewesen immer stärker abgrenzt.

Der Nachteil dieses Entwicklungsprozesses liegt vor allem in der Unzulänglichkeit und Unsicherheit der denkmäßigen Erkenntnis gegenüber den Naturvorgängen; sie kann erst durch langwierige Irrtümer und Fehlschlüsse zu den Resultaten gelangen, die der instinktiven unmittelbar eigen sind. Denn ihr Organ, der Verstand, ist egozentrisch gerichtet, weil er biologisch im Dienste der Individualinteressen erworben und ausgebildet wurde. Am stärksten wird daher durch die zunehmende Rationalisierung des Seelenlebens das Verhältnis des Individuums zur Gattung betroffen. Was der primitive Mensch als unmittelbare Instinkttatsache weiß, erringt die denkende Erkenntnis erst auf langen Umwegen; sie nimmt dem Individuum immer mehr das Bewußtsein seiner Identität mit der Gattung, der sie es als Einzelwert gegenüberstellt, so daß die Erneuerung des Lebens in der Fortpflanzung gegenüber dem Wissen um den Einzeltod, der ihre Bedingung ist, als Bewußtseinsfaktor stark an Macht einbüßt.

Und doch bleiben auch auf der Stufe des denkmäßig eingerichteten Individualbewußtseins jene Urelemente erhalten, die in das Gedächtnis der Materie von Anbeginn eingeprägt sind, und bewirken im menschlichen Leben Erscheinungen, deren Gewalt nicht restlos zu erklären ist, solange man sie nur auf intellektuelle Motive zurückführt. Unter diese Wirkungen eines auf die Gattung eingestellten Identitätsbewußtseins ist der Herdentrieb zu rechnen, der so viele Tiergattungen zu Gemeinschaften verbindet und auch im menschlichen Leben die Grundlage aller Gemeinschaftlichkeit bildet. Die stark entwickelte Ichvorstellung durchkreuzt beim Menschen gewöhnlich das Identitätsbewußtsein, indem sie das Individualinteresse verdrängt; bei den höchsten menschlichen Typen, den sozialen und religiösen Genies, erscheint aber das Individualinteresse wieder ganz durch das Identitätsgefühl überflügelt. Es ist der Motor der Nächstenliebe, und hat seinen sublimsten Ausdruck in der Erlösungsidee gefunden, die ein göttliches Wesen bewegt, sich mit der Gesamtheit der Menschen zu identifizieren, um sich selbst als Sühnopfer darzubringen. Bis zum Absurden getrieben, findet sich dieses religiöse Identitätsbewußtsein in einer Legende der Inder, die mit der Formel Tat twam asi, Das bist Du, das der Individuation angehörende Ich ganz auszutilgen strebten: wenn sich Buddha im tiefen Gefühl der Einheit alles Lebendigen einer hungernden Tigerin, die ihre Jungen aus Mangel an Nahrung nicht stillen kann, zum Fraße hinwirft, so bedeutet das den absoluten Sieg des Identitätsbewußtseins über alle durch die Individuation gezogenen Grenzen. Damit aber wird zugleich das Leben als solches verneint; denn Individuation ist die Bedingung der Lebenserneuerung durch Fortpflanzung und ihre Abgrenzung nach Gattungen für das Bestehen der organischen Materie unerläßlich.

Als den vollkommensten Ausdruck für das Gleichgewicht dieser beiden Grundtriebe in der Natur erscheint der Elterninstinkt. Was Eltern und Nachkommen im Tierreich, wo das Verhältnis nicht durch rationale Einsichten und erkenntnismäßige Motivation begründet werden kann, miteinander elementar verknüpft, der Instinkt der Brutpflege, geht aus dem Urgedächtnis der organischen Substanz hervor, die sich als Einheit in der Teilung kennt. Wenn Hunger und Geschlechtstrieb als die wichtigsten Faktoren der Lebenserhaltung in das Urgedächtnis der Materie eingeprägt sind, wie sollte das, was noch tiefer als Hunger und Geschlechtstrieb in das Grundwesen des Lebens hinunterreicht, das, was hinter dem Geschlechtstrieb als seine Ursache liegt, die Erneuerung des Lebens durch Fortpflanzung, nicht mit seiner Modalität eine Spur in jenem Urgedächtnis hinterlassen haben?

Identität in der Individuation, Einerleiheit in der Einzelheit, geknüpft an die Generationsfolge, in der die Lebenserneuerung sich unmittelbar vollzieht, nichts Anderes bewirkt den Elterninstinkt; er ist eine mnemische Naturerscheinung, in der sich das Gedächtnis der organischen Materie für die Einheit des Lebens und seine Erneuerung durch Fortpflanzung am stärksten kundgibt.

In der Väterlichkeit jedoch zeigt sich als ihre besondere Eigenheit die Tendenz der Individuation. Denn neben der Aufopferung, die durch das Identitätsgefühl bewirkt wird, tritt als das stärkste Motiv das Streben nach Ausschließlichkeit der Zeugerschaft im Vaterinstinkt hervor. Nicht, daß ein Kind überhaupt geboren, daß das Leben überhaupt erhalten und weitergegeben werde, ist der Inhalt des väterlichen Empfindens, sondern daß das neue Wesen aus der bestimmten Generationsfolge herstamme, in die er, der Vater, selbst eingegliedert ist. Identität des Lebens im Rahmen der Individuation, das ist, auf eine allgemeine Formel gebracht, das Wesen der Väterlichkeit als Instinkttatsache. Daß dabei die egozentrische Tendenz der Individuation durch die Zweiteilung der Fortpflanzung ergänzt wird, indem vermittelst des mütterlichen Anteils eine zweite Generationsfolge sich in dem neuen Wesen vereinigt, kann allenfalls für die übermäßig gesteigerte Egoität einer späten und morbiden Männlichkeit die Lust an der Vaterschaft herabsetzen; im Bereich der Natur ist diese Zweiteilung eine der wunderbarsten Einrichtungen, die ebensosehr der Mannigfaltigkeit der Lebensgestaltung wie ihrer Bewahrung vor einseitiger Belastung aus erblichen Einflüssen dient.

III

Ja, wie seine Vorfahren im Tierreich wird auch der menschliche Mann Väterlichkeit als Instinkttatsache immer besessen haben. Als Instinkttatsache wohl – aber als Erkenntnistatsache? Ist dem Menschen der Zusammenhang zwischen dem Geschlechtsakt und der Geburt eines Kindes immer bekannt gewesen? Hat seine denkmäßige Erkenntnis immer hingereicht, um die Art der väterlichen Zusammengehörigkeit mit der Nachkommenschaft richtig auszulegen?

Zahlreiche Überlieferungen, Mythen, Sagen, Gebräuche alter Kulturvölker und auf niedriger Entwicklung stehengebliebener Volksstämme legen die Vermutung nahe, daß die ursächliche Beziehung zwischen dem Geschlechtsakt und der Zeugung dem Menschen früherer Epochen unbekannt und die Stellung des Vaters gegenüber der Nachkommenschaft auf andere Motive begründet war, als auf die Erkenntnis der physiologischen Zusammengehörigkeit. Hartland* hat in seinem Buche »Primitive Paternity« zahlreiche Beispiele für den Glauben mitgeteilt, daß Schwangerschaft auf andere Weise als durch sexuellen Verkehr verursacht wird. Da erscheinen die sonderbarsten Vorstellungen; Essen und Trinken, Baden, Berührung magischer Substanzen, ein Druck mit dem Fuße, ein Blick, ein Geruch, ja ein bloßer Wunsch kann die Empfängnis bewirken. Auch Sonne, Regen und Wind besitzen befruchtende Kraft, die durch Auge und Ohr einzudringen vermag; dem Mond, den Sternen, dem Feuer wird sie zugeschrieben. Bis in unsere Zeit herein ragt übrigens in Gestalt des katholischen Dogmas von der unbefleckten Empfängnis ein Überrest jener urweltlichen Anschauungen.

Für primitive Intelligenzen ist der Zusammenhang, der zwischen zeitlich so weit voneinander liegenden Vorgängen wie Zeugung und Geburt besteht, nicht ohne weiteres erkennbar, um so weniger, als ja der Geschlechtstrieb im Bewußtsein nicht mit der Vorstellung der Fortpflanzung verknüpft auftritt. »Äonenlang«, sagt Hartland, »war die Wahrheit, daß ein Kind ausschließlich als Folge einer sexuellen Vereinigung entsteht, von der Menschheit nicht erkannt, und bis in die Gegenwart ist sie manchen Völkern nur unvollkommen bewußt, ja es gibt noch welche, denen sie unbekannt ist.«

Aus diesem Grunde kommt er zu dem Schluß, daß im Gegensatz zum Mutterrecht, das in dem Bewußtsein der Blutsverwandtschaft wurzelt, das Vaterrecht aus sozialen und wirtschaftlichen Ursachen entspringt, weil es in seinen Anfängen keinesfalls etwas mit dem Bewußtsein der Blutsverwandtschaft zu tun hatte. Es sei der *Eigentumssinn*, der, wie er die Wurzel der Eifersucht bildet, nicht bloß zur Quelle der väterlichen Gewalt, sondern auch der väterlichen Zuneigung geworden ist. Unter den mannigfaltigen Zeugnissen, die aus den Sitten und Anschauungen der Vergangenheit und der Gegenwart dafür zu holen sind, daß nicht die Blutsverwandtschaft die Basis der Väterlichkeit bildet, kann als die verbreitetste die Sitte der Adoption von Kindern gelten; und wie weit unter Umständen die Eigentumsidee das Vaterschaftsverhältnis bestimmt, zeigen beispielsweise jene afrikanischen Volksstämme, bei denen der Mann seine Frau wohl zu einer neuen Verbindung freigibt, nicht aber die Kinder aus dieser anderen Ehe, die er als sein Eigentum beansprucht – und zwar, weil unter den Lebensbedingungen jener Völker Kinder nicht eine Belastung, sondern einen Zuwachs an Arbeitskräften bedeuten.

Aber was Hartland als Beweis für die mangelnde Erkenntnis der physiologischen Zusammengehörigkeit, also für eine Schwäche des Vaterschaftsbewußtseins, auffaßt, nämlich die vielen Fiktionen, die im Gefolge der Vaterschaftsidee auftreten, das wird von anderen als ein Beweis der Macht gedeutet, die das Bedürfnis nach Nachkommenschaft in der männlichen Psyche besitzt. In seiner scharfsinnigen Kritik des Hartland'schen Werkes führt Emil Goldmann* an, daß »die Sehnsucht, Vater zu heißen, einen continuator familiae zu haben, die perpetuatio sacrorum garantiert zu wissen, die gestaltende Kraft sei, die in das Rechtsleben dieser Völker die Institutionen der Adoption, der Zeugung im Auftrag, der Erbtochter trägt.« Zudem heften sich jene Mythen, welche die Zeugung auf andere als die geschlechtlichen Vorgänge zurückführen, an außergewöhnliche Personen; sie sollen die Herkunft solcher überragender Menschen aus übernatürlichen Vorgängen erklären. Man könne daher in diesen Mythen allenfalls einen Beleg dafür erblicken, daß der primitive Mensch auch eine Zeugung auf anderem Wege als dem geschlechtlichen für möglich hält, aber nicht, daß ihm der natürliche Zusammenhang zwischen dem Geschlechtsakt und der Fortpflanzung völlig unbekannt war – was um so wahrscheinlicher sei, als auch der primitive Mensch durch das Leben der Tiere, das er immer zu beobachten Anlaß hatte, über diese Zusammenhänge belehrt war.

Auch gegenüber dieser Frage macht sich die große Schwierigkeit geltend, an der die ethnologische Erforschung primitiver Menschheitszustände vielfach scheitert – die Schwierigkeit, mit dem entwickelten Denkvermögen des modernen Menschen in die Psyche des primitiven einzudringen, die in einer uns nicht mehr begreiflichen Vorstellungswelt befangen war. Allein wie immer man die Überreste dieser Vorstellungswelt mit Bezug auf die Vaterschaft deuten mag, es muß in der menschlichen Geistesentwicklung eine Epoche gegeben haben, in der die Instinkttatsache der Väterlichkeit sich in eine, auf der Beobachtung von Ursache und Wirkung gegründete Erkenntnis verwandelt hat. Denn »daß der Menschheit seit jeher die Einsicht in elementarste Tatsachen des Zeugungsvorganges beschieden gewesen sei«, wie Emil Goldmann meint, ist wohl so wenig anzunehmen, wie eine ursprüngliche Einsicht in andere Naturvorgänge, deren Zusammenhänge viel offenkundiger sind und doch erst auf einer sehr späten Entwicklungsstufe wirklich erkannt wurden. Nur die Einsicht in die Geburtsvorgänge und in die unmittelbar daraus entspringende augenfällige Zusammengehörigkeit von Mutter und Kind konnte der primitive Mensch immer besessen haben.

Wenn wir den Weg, den das allmähliche Erkennen der natürlichen Zusammenhänge nahm, in den menschlichen Einrichtungen zu verfolgen trachten, müssen wir von einem Urzustand ausgehen, in dem der Mensch gleich seinen nächsten tierischen Verwandten in einer kürzer oder länger währenden, je nach dem Maß der vorhandenen Nahrungsmittel monogamen oder polygamen Paarung mit seinen Sprößlingen zusammen lebte. Den Begriff der Ehe auf diese Urform des Zusammenlebens anzuwenden, wie es manche tun, stiftet nur Verwirrung; denn Ehe ist eine auf rechtlichen Bestimmungen beruhende Form der sexuellen Gemeinschaft, von denen in den Anfängen des menschlichen Lebens keine Rede sein kann.

Die ersten Spuren rechtlicher Bestimmung aber, die wir in dieser Hinsicht noch wahrzunehmen vermögen, sind matriarchalische. Das bedeutet: die Urform der paarweisen Gemeinschaft, in welcher Eltern und Kinder durch den Instinkt der Zusammengehörigkeit, aber noch ohne jede Rechtsgrundlage verbunden waren, *wird durch die ersten denkmäßigen Wahrnehmungen in dem Sinne geändert, daß die Blutsverwandtschaft von Mutter und Kind als die unmittelbar gewisse die erste Rechtsgrundlage des Familienbandes bildet.*

Dabei kam der Mann als Vater für eine unbestimmbar lange Zeit zu kurz. Gegenüber der Erkenntnis des mütterlichen Anrechts unterliegt die Väterlichkeit, die noch keinerlei erkenntnismäßige Grundlage hat, und der Mann als Vater behält bloß die Funktion des Verteidigers, des Arbeiters, des Ernährers gegenüber allen Kindern einer bestimmten Gruppe. So erscheint auf einer gewissen Stufe der intellektuellen Entwicklung in der Menschheit der Mann um seiner Geschlechtsfreiheit willen als der Benachteiligte, der nicht als Gatte kraft seiner Vaterstellung Recht und Einfluß über die Nachkommenschaft hat, sondern nur durch seine weiblichen Angehörigen als Bruder der Mutter.

Wenn auch die Stellung des weiblichen Geschlechtes in der mutterrechtlichen Organisation noch durch andere Momente, namentlich durch solche wirtschaftlicher Art gehoben wurde, so ändert das nichts an der Tatsache, daß der Mann mit seinen Vaterinstinkten, zu denen auch die schon bei vielen Tieren sehr ausgebildete sexuelle Eifersucht gehört, unter dem Einfluß bestimmter Vorstellungen und der auf sie gegründeten Verhältnisse zurückgedrängt wurde.

Jener Nachteil des Intellektes gegenüber dem Instinkt, daß er nur auf dem Wege von Irrtümern und Fehlschlüssen, von teuer zu erwerbenden Erfahrungen die Triebfedern zu erkennen vermag, denen er selbst dienstbar ist, daß er die Treffsicherheit des Instinktes verdunkelt und abschwächt, zeigt sich an keiner menschlichen Eigenschaft in so weitreichenden Wirkungen wie an der Väterlichkeit. In seiner Odyssee vom Hafen des Instinktes bis zur Landung in den der vollen Einsicht bleibt der Mann als Vater nicht immer siegreich; der Kampf mit anderen Mächten in seiner eigenen Brust führt ihn weit hinweg von dem, was seiner Väterlichkeit frommt, und bildet Sitten aus, die dem Interesse der Ausschließlichkeit des Geschlechtsverkehres, diesem Grundpfeiler der Väterlichkeit, bis zum Rätselhaften zuwiderlaufen.

Wie die matriarchalische Rechtsordnung, nach welcher die Kinder nicht zum Stamm des Vaters, sondern zu dem der Mutter gezählt werden, deren Brüder als ihre nächsten Blutsverwandten und Vorgesetzten gelten, ist auch die Einrichtung der Gruppenehe, in der eine Anzahl Frauen mit einer bestimmten Anzahl Männer zusammenlebte, unvereinbar mit einer auf persönlichem Identitätsgefühl beruhenden Väterlichkeit. Daß dieser Grad der Väterlichkeit selbst heute keineswegs überall erreicht ist, zeigt die Polyandrie, in der nach Wilson* noch gegenwärtig gegen dreißig Millionen Menschen als in einer ehrbaren, sozial gebilligten Eheform leben (Westermark). Gegenüber den Kindern einer Frau, die mit mehreren Männern verheiratet ist, kann sich der einzelne, daran beteiligte Mann nur in dem Sinne Vater fühlen, als er ihnen gemeinschaftlich mit seinen Nebenmännern Ernährer und Beschützer ist; das persönliche Identitätsgefühl, dessen Grundbedingung die Ausschließlichkeit des geschlechtlichen Verkehrs ist, kann hier noch nicht so weit Gegenstand des denkmäßigen Erkennens geworden sein, daß es seine Konsequenzen in den sozialen Einrichtungen geltend macht. Zwar geht die Polyandrie der Gegenwart meistens nicht mit einer besonderen Machtstellung der Mutter einher und stellt nur eine ökonomische Einrichtung zur Lebenserleichterung in unfruchtbaren Landstrichen dar; doch muß man demgegenüber hervorheben, daß, wo die Väterlichkeit ihre volle persönliche Entfaltung gefunden hat, ökonomische Einflüsse ihren Forderungen gegenüber in den sozialen Einrichtungen nicht aufkommen können, – noch mehr, daß der Einzelne unter Umständen die größten Beschwerden auf sich nimmt, um sich den alleinigen Besitz von Frau und Kind zu sichern.

Die Ausschließlichkeit des Geschlechtsverkehrs, die in der späteren Entwicklung der Väterlichkeit eine so ungeheuere Bedeutung für die Stellung des weiblichen Geschlechts gewinnen sollte, bildet erst eine Forderung des vollentwickelten Vaterschaftsbewußtseins; unter den Sitten primitiver Völker, die in vieler Hinsicht für das ursprüngliche Denken und Fühlen des Menschen die einzig übriggebliebenen Dokumente bilden, gibt es einzelne, die ganz unverständlich sind, solange man die Unvollkommenheit des denkmäßigen Vaterschaftsbewußtseins nicht zur Erklärung heranzieht. Dahin gehört die Sitte der sogenannten gastfreundlichen Prostitution, nach welcher der Hausherr seine Frau zum Zeichen der Freundschaft für eine Nacht dem Gaste überließ, oder jene Sitte, welche die Braut verpflichtete, sich beim Hochzeitsfest der Reihe nach den männlichen Hochzeitsgästen hinzugeben. Sie werden als Überreste einstmaliger Weibergemeinschaft gedeutet, die dem Einzelnen kein Recht des Alleinbesitzes einräumte, weshalb in späterer Zeit der Mann, der ein Weib für sich besaß, auf diese Weise sein Vorrecht bezahlen, es der Gemeinschaft ablösen mußte.

Sind diese Art Sitten auf ein unentwickeltes Vaterschaftsbewußtsein zurückzuführen, so beleuchtet eine andere, im Gegensatz dazu den Seelenzustand jener vorgeschichtlichen Epoche, in der die Väterlichkeit als Erkenntnistatsache erworben wurde. Es ist die, für das moderne Denken völlig unverständliche, ja widersinnige Sitte des Männerkindbettes. Sie besteht darin, daß sich der Mann sogleich nach der Geburt seines Kindes zu Bett legt und sich während längerer oder kürzerer Zeit unter Beobachtung strenger Vorschriften so verhält, als hätte er das Kind geboren, während die Frau nach der Entbindung wieder ihren Beschäftigungen nachgeht. Wie absurd auch diese Sitte erscheint, so hat sie doch eine Verbreitung über die ganze Erde und besteht sogar noch in Europa bei den Basken in Spanien und in Frankreich, wo das Männerkindbett unter dem Namen Couvade bekannt ist. Was Ploß* in seinem Werk »Das Weib in der Natur- und Völkerkunde« darüber mitteilt, läßt den Schluß zu, daß es sich dabei um eine Demonstration der Väterlichkeit handelt, obwohl die Leute, bei denen diese Sitte herrscht, nicht recht wissen, was sie eigentlich zu bedeuten habe. Zum Teil geben sie abergläubische Vorstellungen an, wie die Absicht, die Krankheitsteufel des Wochenbettes zu täuschen; viel verbreiteter ist aber der Glaube, daß der Vater sich nach der Geburt des Kindes vor allen schädigenden Einflüssen und Gefahren streng bewahren müsse, weil sonst auch das Kind auf sympathischem Wege betroffen würde – ein Glaube, aus dem auf das deutlichste das Identitätsgefühl der Väterlichkeit hervortritt. Um den eigentlichen Sinn des Männerkindbettes zu erklären, geht Bastian* (nach Ploß) auf den Grund seiner Entstehung zurück, den er in der Loslösung von matriarchalischen Einrichtungen sucht. Nach matriarchalischem Brauch erwirbt der Mann mit der Frau nicht zugleich das Recht auf die Kinder; sie gehören nicht ihm, sondern dem Stamm der Mutter, dem er sie erst abkaufen muß, wenn sie in sein Eigentum übergehen sollen. Indem nun der Vater die Leiden und Beschwerden des Wochenbettes übernimmt, sucht er ein direktes Anrecht auf seine Sprößlinge zu erwerben.

Bei dieser Erklärung bleibt unverständlich, warum der Mann, wenn er seine Kinder durch Kauf erwerben konnte wie seine Frau, sich erst den schweren Unannehmlichkeiten des Kindbettes unterziehen sollte. Denn nur in der späten, offenbar entarteten Form der Sitte wird der Mann an manchen Orten, wenn er sein Kindbett hält, gepflegt und mit Leckerbissen gefüttert; in den meisten Fällen sind die Leiden des Männerkindbettes ärger als die des wirklichen, da ja bei Naturvölkern die Niederkunft gewöhnlich sehr leicht verläuft. Der Mann hingegen muß sich vielfach recht schmerzhaften Peinigungen, Kasteiungen und Fasten, die bis zu sechs Monaten dauern, unterziehen; häufig hat er zuletzt eine Entsühnung zu leisten, als hätte er wirklich eine Entbindung durchgemacht.

So darf man das Männerkindbett wohl eher als einen Beglaubigungsakt der Vaterschaft deuten. Für das primitive Erkennen ist das Wesentlichste an der Mutterschaft das Leiden des Gebärens; wollte der Mann sein Verhältnis als Vater gegenüber dem Kinde beglaubigen, so lag es nahe, daß er die äußeren Umstände des Wochenbettes nachahmte. Indem er freiwillig für das Kind Leiden und Unbilden übernahm, erwarb er es in einem ganz anderen Sinn, als es durch Kauf geschehen konnte. Wäre Väterlichkeit nur aus dem Eigentumssinn hervorgegangen, nur aus dem Herrschaftsbedürfnis des Mannes, dann hätte eine Sitte wie das Männerkindbett nicht entstehen können. Als Äußerungsform eines sich zur Erkenntnistatsache wandelnden Instinktes, als Ausdruck für das Bedürfnis, eine erkannte Zusammengehörigkeit offensichtlich zu bekräftigen, ist das Männerkindbett ein achtunggebietendes Zeugnis für den Lebensernst des primitiven Mannes und seinen Willen, Leiden um seiner Vorrechte willen zu tragen.

Eigentumssinn und Herrschaftsbedürfnis sind also nur als Komponenten der Väterlichkeit zu betrachten, die um so stärker hervortreten, je weniger das Identitätsgefühl, aus dem die Väterlichkeit als Instinkttatsache besteht, bei dem Einzelnen entwickelt ist. Besonders der Eigentumsbegriff ist dabei sehr hoch anzusetzen, da er früher eine viel ausgedehntere Bedeutung in rechtlichen Zuständen besaß, die durch die Einrichtung der Sklaverei – das heißt, der Ausdehnung des Eigentumsbegriffes über den Menschen – gekennzeichnet sind.

Es gibt auch Anhaltspunkte, daß in alten Zeiten sogar die Basis der mütterlichen Vorstellungen nicht lediglich durch die physiologische Zusammengehörigkeit gebildet wird, sondern ähnlich wie bei der primitiven Väterlichkeit unter Mitwirkung des Eigentumsbegriffes. Ein Beleg für diese, dem modernen Bewußtsein nicht weniger fremd wie das Männerkindbett gewordene Auffassung steht im I. Buch Moses, wo Rahel, über ihre Unfruchtbarkeit verzweifelt, ihre Magd Bilha mit Jakob verbindet, um von ihr Kinder zu bekommen; und als diese einen Sohn gebiert, betrachtet Rahel ihn als volles Äquivalent eigener Nachkommenschaft: »Gott hat meine Stimme erhört und mir einen Sohn gegeben.« Und zwar ergreift sie von dem Kinde dadurch leiblichen Besitz, daß sie die Magd Bilha auf ihrem Schoße hält, während das Kind zur Welt kommt.

Das ist allerdings nicht so zu verstehen, als wäre irgendwann die unmittelbare Zusammengehörigkeit von Mutter und Kind nicht erkannt worden; nur gegenüber der Überschätzung der physiologischen Fundierung in Dingen der Mutterschaft muß man an die anderen, dabei mitwirkenden Momente erinnern. Denn auch bei den weiblichen Wesen ist das letzte und tiefste Element im Verhältnis zur Nachkommenschaft nicht bloß in der physiologischen Verbindung zu suchen, durch welche das Kind zu einem Teil des mütterlichen Organismus wird. Als das eigentliche Agens der Mütterlichkeit erscheint über die enge physische Zusammengehörigkeit hinaus derselbe Instinkt, der bewirkt, daß der Vater, der überall in der Natur nur durch einen völlig verschwindenden physischen Anteil mit seiner Nachkommenschaft verbunden ist, ihr unter Umständen die gleiche hingebende Aufopferung erweist, sich durch das gleiche Einheitsgefühl mit ihr verwachsen fühlt. Weder der Eigentums- noch der Herrschaftssinn allein hätte aus der Väterlichkeit jenen mit höchster Macht ausgestatteten Gemütszustand machen können, der nach vielen Richtungen zur bewegenden Kraft einer ganzen Epoche in der Menschheitsentwicklung geworden ist.

IV

Es ist eine im menschlichen Kulturleben allgemeine Erscheinung, daß intellektuelle Erwerbungen den Höhepunkt ihrer schöpferischen Wirkung bald nach der Zeit ihres ersten Auftretens erreichen und dann allmählich in dem Maße an Einfluß verlieren, als sie den nachfolgenden Generationen keine neuen Eindrücke mehr zu bieten haben. So darf man auch die höchste sozial-schöpferische Macht der Väterlichkeit in jene Epoche verlegen, in der aus dem Wirrsal von Aberglauben und Unwissenheit über die natürlichen Vorgänge der Zeugung die erste klare Erkenntnis auftauchte, welcher Anteil dem Manne an der Entstehung und Beschaffenheit der Sprößlinge zukommt. Diese intellektuelle Erwerbung scheint mit der Ausbildung des Eigentumsbegriffes zeitlich zusammenzufallen; durch die Verknüpfung mit ihm wird sie zur Grundlage der Einzelfamilie, die, auf patriarchalischer Verfassung ruhend, die matriarchalische Rechtsordnung verdrängt und dem Mann alle Rechte in die Hand gibt.

Der Vater alter Zeit hat Gewalt über Leben und Tod. Noch an den erwachsenen Kindern kann der römische Pater familias frühen Datums die Todesstrafe aus eigenem Ermessen vollziehen; bei den alten Deutschen muß das neugeborene Kind zu Füßen des Vaters auf den Boden gelegt werden und empfängt das Recht zu leben erst, wenn er es aufheben läßt. Weigert er sich deß, so wird das Kind getötet. Das gleiche Recht über Leben und Tod als Schutzmaßregel des Alleinbesitzes genießt der Mann gegenüber der Frau; er bestraft den Ehebruch mit dem Tod und erfindet die mannigfaltigsten Sitten und Vorstellungen, um der Unsicherheit, dieser empfindlichsten Geißel der Vaterschaft, vorzubeugen.

Mit dem Eigentumsrecht übernahm der Vater auch die Verpflichtung im weitesten Umfang, seine Kinder zu ernähren und zu beschützen. Nicht mehr allein durch die vorübergehende Beschwerde des Männerkindbettes bezeugt er sein väterliches Identitätsgefühl mit der Nachkommenschaft, sondern durch die viel langwierigere, viel mühevollere Aufgabe der ihr zu gewährenden ökonomischen Sicherstellung; und man kann wohl sagen, daß ein Mann, der diese Leistung gegenüber einer zahlreichen Familie vollbringt, durch die Ansprüche des Gattungsdienstes nicht weniger schwer belastet ist als das Weib, das die Kinder zur Welt bringt. Die Sorge für diese wird Sinn und Zweck seiner ganzen Lebensarbeit, das Ziel seiner äußersten Kraftanstrengung. Und der Drang, die Früchte dieser Leistung seiner Nachkommenschaft über das eigene Dasein hinaus zu sichern, ihr damit eine Stufe zu erleichterter und erhöhter Lebensführung zu bauen, scheint bei der Entstehung einer der bedeutsamsten sozialen Schöpfungen ausschlaggebend mitgewirkt zu haben – bei dem Erbrecht. Eigentumssinn und Identitätsgefühl verbinden sich zu einer Wechselwirkung: Besitz befeuert den Wunsch nach Leibeserben, und das Dasein der Leibeserben erhöht den Wert und Nutzen des Besitzes. Auf diesem Wege steigt der pater familias als eine, von Ehrfurcht und Unterwerfung getragene Gestalt in der Menschheitsgeschichte herauf; pater familias sein, heißt für jeden einzelnen Mann, so unfrei er im übrigen seiner sozialen Stellung nach sein mag, ein kleines Königreich an unbeschränkter Machtbefugnis über Frau und Kinder besitzen, ein Gebiet, wo sein Wille selbstherrlich walten kann.

Ja nicht bloß auf die Dauer seines Lebens erstreckte sich diese unbeschränkte Autorität und Willensvollmacht; hatte er durch das Erbrecht die Vorteile seiner Leistungen seiner Nachkommenschaft für die Zukunft gesichert, so bemächtigte er sich in Gestalt des Ahnenkultus ihrer Dankbarkeit und Untertänigkeit über sein Leben hinaus. Er blieb der Hausgott, der die Schicksale des Hauses auch als Abgeschiedener bestimmte, der zu fürchten, zu verehren und zu bedienen war. Noch bei den Römern genießen die Vorfahren in Gestalt der Laren und Penaten diese Vorrechte. Immerhin hat die europäische Vaterschaft mit ihren Ansprüchen an Dankbarkeit und Entgelt sich nicht so weit verstiegen wie die asiatische, der bei Chinesen und Japanern sogar alle Ehren und Auszeichnungen des Sohnes zufallen, so daß, was ein Mann erringt, nicht ihm selbst, sondern seinem Vater gilt.

Jahrtausende lang, seit einer so fernen Vergangenheit, daß nur mehr Spuren auf eine vorhergehende andere Verfassung der menschlichen Zustände weisen, behauptet der Mann als Vater seine überragende Stellung. Bis in die letzten Jahrzehnte ist die Familie mit geringen Veränderungen die unbestrittene Domäne der Vatergewalt geblieben. Nun aber häufen sich Anzeichen, daß die Väterlichkeit als soziale Macht im Schwinden begriffen ist. Noch vor wenigen Generationen eine unangetastete Erscheinung, beginnt der pater familias, der eine unbeschränkte Anzahl von Kindern als Stolz und Inhalt seines Lebens betrachtet, der mit eiserner Faust über diese seine selbstgeschaffene Welt die Herrschaft führt, allmächtig und nicht selten despotisch, eine anachronistische Gestalt zu werden. In ländlichen Verhältnissen, unter einfachen und stehengebliebenen Lebensbedingungen ist er noch am ehesten zu finden; auch dort gehört er aber schon zu den Ausnahmen, weil äußere und innere Einflüsse das Leben immer mehr zu seinen Ungunsten verändern. Alle Umstände der modernen Großstadtexistenz, die der Aufzucht von Kindern so abträglich sind, ökonomisch-technische Wandlungen, die den Mann in eine andere Richtung drängen, wirken von außen dahin, seine Stellung zu erschüttern. Aufgerieben durch einen gesteigerten Konkurrenzkampf, durch die unmäßigen Ansprüche, die das großstädtische Getriebe an die Nervenleistung stellt, bleibt dem modernen Manne weder Zeit noch Lust, die Regierung einer großen Familie zu übernehmen: sie ist ihm nicht mehr ein Stolz, sondern eine Last.

Es leuchtet ein, daß sich die Stellung des Einzelnen zur Nachkommenschaft ganz anders gestaltet, solange Kinder Nutzen und Macht für ihn bedeuten, als wenn sie eine seine Kraft übersteigende Bürde bilden. Schon rein äußerlich verliert der pater familias in der modernen Familie durch die Beschränkung der Kopfzahl an Macht und Bedeutung; ein Dutzend Kinder führen und versorgen, das will unvergleichlich mehr sagen als bei zweien oder dreien die Aufgaben des Vaters erfüllen.

Allein viel bedeutsamer sind die ideellen Umwertungen, die dazu beitragen, die Vatergewalt zu untergraben. Sie war ohne Ansehung der Person auf das Autoritätsprinzip gegründet; nicht, weil er ein gütiger, überlegener lebenskundiger Mann war, konnte der Vater kritiklose Unterwerfung fordern, sie kam ihm von Rechts wegen zu, auch wenn er hart, unverständig, grausam verfuhr. Diesem Autoritätsprinzip ist wie auf allen Gebieten seiner

Geltung auch in der Familie ein Gegner erwachsen, der das auferlegte Joch nicht erträgt – das Persönlichkeitsbewußtsein.

Die Veränderungen in der sozialen Stellung und Auffassung des weiblichen Geschlechts, soweit sie durch das erwachte Persönlichkeitsbewußtsein der Frau herbeigeführt sind, gehen auch am Familienleben nicht spurlos vorbei und wirken dahin, die Machtbefugnisse der Vaterschaft einzuschränken. Schon durch den selbständigen Erwerb der Frau wird die ökonomische Überlegenheit des Mannes herabgesetzt; zum mindesten hat sie nicht mehr die Bedeutung, die sie besaß, solange er allein imstande war, den Lebensunterhalt für Frau und Kinder zu beschaffen. Der selbständige Erwerb bestärkt zugleich das Persönlichkeitsbewußtsein der Frau, die sich nicht mehr willenlos der männlichen Autorität fügt.

Auch jene Vorstellungen, die als Kautelen der Vaterschaft die Stellung der Frau in mannigfaltiger Gestalt bestimmten, vertragen sich nicht mit der Auffassung der Persönlichkeit. Je mehr die Frau in sich diese Auffassung entwickelt, desto eher kann die Echtheit der Nachkommenschaft in ihre Verantwortung gegeben werden, ohne daß der Ausschluß des Betruges durch Freiheitsbeschränkungen erzwungen wird.

Das Erwachen der Persönlichkeit schon in frühem Alter sprengt überdies die Bande, die durch den Eigentums- und Herrschaftsbegriff das Kindschaftsverhältnis weit über die Jahre der tatsächlichen Unmündigkeit zu einem Zustand sklavischer Abhängigkeit gemacht haben. So wie die Frauen sich aus der männlichen Übermacht befreien, beginnt auch bei der heranwachsenden Jugend ein Emanzipationsstreben und trägt wesentlich dazu bei, die Stellung der Eltern zu den Kindern in den Grundlagen zu erschüttern. Daß das Alter der Adoleszenz noch die ökonomische Selbständigkeit ausschließt und das Kind von der Hilfe der Eltern abhängig macht, verschärft nur den Konflikt, ohne ihn aufzuheben. Wie stark aber das Persönlichkeitsgefühl sich schon an der oberen Grenze des Kindesalters entwickelt, zeigt sich in der »Jugendbewegung«, in der sich die Gleichaltrigen zusammenschließen, um einen Rückhalt außerhalb der Familie zu finden. Diese Jugendbewegung, die um das Recht der Adoleszenz auf eigene, von dem Zwang der elterlichen Autorität unabhängige Entfaltung kämpft, gehört zu den Anzeichen des Auflösungsprozesses, in dem die alte, auf dem Vaterschaftsvorrecht ruhende Familienform sich befindet. Zwar sollen durch die Emanzipation der Halbwüchsigen die mütterlichen Ansprüche zugleich mit den väterlichen eingeschränkt werden; daraus geht aber hervor, daß für die heranwachsende Jugend der Mann als Vater schon kein Vorrecht vor der Mutter mehr besitzt, daß sie den pater familias, vor dem noch ein Menschenalter früher die Kinder bei der Mutter Schutz zu suchen pflegten, als keine der Mutter übergeordnete Instanz mehr betrachtet.

Auch ist die moderne Jugendbewegung nicht zu verwechseln mit jener Auflehnung des Sohnes gegen den Vater, deren Spuren durch die ganze Geschichte der Väterlichkeit an einzelnen Vorfällen erkennbar sind. Der Vater als der Herr über Leben und Tod des Kindes, wie er in den alten Kulturen erscheint, wird leicht als der Feind empfunden, aus dessen Willkür sich der Trotz des selbständig gewordenen Individuums zu befreien strebt. Daß diese Auflehnung gegen den Vater vornehmlich bei den Söhnen hervortritt, begreift sich aus der stärker betonten Selbständigkeit und Willenskraft des männlichen Geschlechts, dem ja auch sozial eine andere Aufgabe zufällt, als dem weiblichen. Das Motiv der sozialen Eifersucht zwischen Vater und Sohn erklärt das gegnerische Element dieses Verhältnisses einleuchtender als das der sexuellen Eifersucht, wie es durch den sogenannten Ödipuskomplex der Freudschen Schule geschieht – nebenbei bemerkt, hat Ödipus seinen Vater unwissentlich und nicht aus bewußter Sohnesauflehnung erschlagen, ist also gar kein typischer Repräsentant derselben.

Nach der alten Auffassung war das Verhältnis zwischen Eltern und Kindern durch den Pflichtbegriff und das Autoritätsprinzip geordnet; ein intimes, zärtliches Verhältnis, wie es jetzt als das wünschenswerte gilt, wäre früher eher als ungebührlich, als ehrfurchtverletzend empfunden worden. Schon in der Anrede »Herr Vater« und »Frau Mutter« – an deren Stelle verschiedene, nicht immer geschmackvolle Kosenamen getreten sind – kündigte sich der gebotene Abstand an und verhinderte, daß Eltern und Kinder sich für gewöhnlich sehr nahe kamen, was besonders dann, wenn die Nachkommenschaft den Eltern ungleichartig war, eine wirksame Schutzmaßregel darstellte.

Über die Unterordnung unter das Autoritätsprinzip hinaus beruhte aber das Verhältnis der Kinder zu den Eltern auf der unmittelbaren Gewißheit, daß Leben an sich ein hohes, über jeden Zweifel erhabenes Gut sei, Werk und Ausdruck des göttlichen Willens, dessen Mittel die Zeugung bildet. Sobald diese beiden Grundpfeiler, der Glaube an das Leben und an den göttlichen Willen, zu wanken beginnen, wird auch das Verhältnis der Kinder zu den Eltern unsicher, zweideutig, anfechtbar. Wenn Zeugung nicht mehr das Werk eines höheren Willens ist, erscheint sie nur als ein Akt gedankenloser Wollust; und wenn das Leben nicht mehr ein über jeden Zweifel erhabenes Gut ist, vielmehr eine Pein und Qual für das damit beladene Geschöpf, entsteht die anklägerische Frage, nach welchem Recht es zweien Menschen belieben darf, ein Wesen ins Dasein zu rufen, dem damit die Verpflichtung aufgebürdet wird, dieses Dasein solange zu schleppen, als es der blinden Natur gefällt. Ja die Frage kann noch strenger lauten: »Wer ist so ruchlos, einen Menschen zu wecken aus dem Schlummer des Nichtseins?« (Wildgans, Dies irae) Da es als Verbrechen gilt, einem Menschen das Leben zu nehmen, ist es weniger Verbrechen, einem Menschen das Leben zu geben? Es ihm aufzunötigen, ohne daß er die Möglichkeit hätte, gegenüber dieser ungeheuerlichen Zumutung seinen eigenen Willen geltend zu machen? Bei dieser Auffassung kommt der Vater noch schlechter weg als die Mutter. Denn mit der Aufgabe, ein Kind zur Welt zu bringen, erwachsen soviele Mühen und Leiden, daß der Einwand gegen die Zeugung als einen Akt bloßer Wollust ihr gegenüber nicht aufrechtzuerhalten ist; auch erscheint sie eher als der passive, durch den männlichen Willen überwältigte Teil. Der eigentlich Schuldige aber ist der Vater; und wenn er auch für den angenehmen Augenblick, durch den er ein Wesen ins Dasein rief, späterhin Buße tut, indem er für dessen Unterhalt sorgt, so wird ihm dieses Wesen keinen Dank wissen, falls es das Leben nicht mehr als ein Gut schlechtweg empfinden kann.

Für den angekränkelten Lebenstrieb gibt es kein Argument zugunsten des Lebens, so wenig wie für den unversehrten Lebenstrieb ein Argument dagegen. Die Dankbarkeit, die nach der alten Auffassung die Grundlage aller kindlichen Liebe war, wird mit der Entwertung des Lebens gegenstandslos; wer sollte Dank leisten für etwas, das er eher als ein Übel denn als ein Gut betrachtet? Warum hast Du mich ins Leben gezwungen, wenn ich mich darin nicht wohl fühlen kann? Warum mit der Erbschaft aller der Mängel und Übel beladen, die in der Reihe der Generationen sinnlos weitergegeben werden?

Mit dem Autoritätsprinzip bricht das *Herrschaftsverhältnis* zusammen, das eine so wesentliche Komponente der Väterlichkeit bildete. Ganz unhaltbar aber wird die Komponente der *Eigentumsidee* durch die Veränderungen des modernen Lebens. Die Frau, die sich nicht mehr als Eigentum ihres Mannes in irgendeinem Sinne fühlen will, macht ihr Anrecht auf die Kinder immer stärker geltend und trachtet, sie der unbeschränkten väterlichen Gewalt zu entziehen. Jener männlichen Auffassung, die im Weibe nur ein notwendiges Übel zur Erzeugung von Nachkommenschaft erblickt, tritt nicht selten eine extrem weibliche gegenüber, die den Mann nur als notwendiges Übel zur Erlangung eines Kindes betrachtet und kraft persönlicher Unabhängigkeit die außereheliche Mutterschaft als die freie, von väterlichen Ansprüchen unbehelligte der legitimen vorzieht.

Desgleichen empört sich das Kind selbst kraft des erwachenden Persönlichkeitsgefühles gegen die Eigentumsidee. Die Emanzipation des Kindes, die derjenigen des Weibes auf dem Fuße folgt, ist im Grunde nur die letzte Konsequenz in der Einschränkung des Eigentumsbegriffes, die mit der Aufhebung der Sklaverei als dessen Ausdehnung über den Menschen beginnt. Allem Anscheine nach wird der welthistorische Prozeß jener wachsenden Einschränkung vor keiner Form des Eigentums haltmachen, wie er ja schon jetzt an das Erbrecht, dieser bezeichnendsten Schöpfung der Väterlichkeit, heranzureichen beginnt.

Aufstieg und Niedergang der Väterlichkeit bilden ein wunderbares Kapitel der Menschheitsgeschichte. Von jener Ebene, auf welcher der Vater eine Null war, weil er die organischen Zusammenhänge der Zeugung nicht erkannte, erhebt er sich in eine Sphäre der Macht und Verehrung, die ihn als den Stellvertreter Gottes, der selbst als Vater gedacht wird, erscheinen läßt, Erhalter, Beherrscher, Vorsehung der Familie, die sein absolutes Königreich war. Ja, so sehr verkörpert sich in ihm die auf Autorität gegründete Herrschaft, daß sie in der Bezeichnung »Landesvater« und »Landeskinder« zum Ausdruck des staatlichen Verhältnisses zwischen Herrscher und Untertan wird.

Dann beginnt sein Stern zugleich mit dem aller absoluten Monarchen zu sinken, bis er unter den Perspektiven einer späten, den religiösen Erklärungen über Sinn und Zweck der Welt entwachsenden Epoche zum Schuldigen wird, der auf die letzten Fragen des Lebens keine Antwort zu geben vermag.

Dasselbe Motiv aber, aus dem mit der Emanzipation des Kindes die Entthronung der Elternschaft ihren Ursprung nahm, bewirkt auch eine neue Rechtfertigung und Verklärung für sie. Dieses Motiv liegt wieder in der Persönlichkeit beschlossen. Die anklägerische Frage der Kindschaft nach dem Rechte der Zeugung fällt in nichts zusammen, sobald die Persönlichkeit sich auf ihr Wesen besinnt. Es verträgt sich nicht mit ihrem Grundempfinden, sich als etwas durch eine andere Person Gewordenes oder Gemachtes vorzustellen. Für das eigene Sein und Wesen die Verantwortung abzulehnen, sie in irgendeiner Weise auf einen anderen abzuwälzen, sich selbst als bloßes Produkt eines anderen zu denken, bedeutet Verneinung der eigenen Persönlichkeit. Wenn sich der zur Persönlichkeit entwickelte Mensch noch als Produkt betrachten darf, dann nur als das der Natur, keineswegs aber als das des Paares, das in der unendlichen Kette der Generationen bei seiner Entstehung das Werkzeug der Natur war. In diese unendliche Kette sind auch die Eltern eingebunden; sie fängt nicht mit ihnen an. Zeugung ist reines Naturgeschehen. Durch sie taucht der Einzelne wieder in den Urgrund des Seins unter, der jenseits des Bewußtseins liegt. Die Verantwortung, die er dabei übernimmt, erstreckt sich nur soweit in seinen Willensbereich, als er durch sein Verhalten die Erbmasse, deren

Träger er ist, schädigen kann; für das Leben an sich, das er in der Zeugung weitergibt, schuldet er keine Rechenschaft. Leben an sich ist eine wertfreie Naturgewalt, ein Mysterium, über das dem Verstand kein Urteil zusteht. Nicht indem er ablehnt, was er nicht zu erkennen vermag, wird der Mensch der Herr der Natur, sondern indem er das Unerforschliche als sein Schicksal auf sich nimmt. Jener asiatische Wahn, daß der Lebenstrieb, der das Universum erhält, durch den Menschen zerstört werden kann, wenn er ihn in sich verneint, verkennt und verfälscht die Stellung des Menschen gegenüber der Natur; auf das Verhältnis von Eltern und Kindern ausgedehnt, könnte er nur die lautere Quelle vergiften, aus der es gespeist wird. Ein neuer Naturbegriff, jenen tiefen Worten gemäß, mit dem Goethe die Natur umfaßt hat, wird auch Eltern und Kinder in einem neuen Bunde vereinigen, dessen Grundlage ein neuer Bund des Menschen mit der Natur sein muß: »Sie hat mich hereingestellt, sie wird mich auch herausführen. Ich vertraue mich ihr. Sie mag mit mir schalten, sie wird ihr Werk nicht hassen. Ich sprach nicht von ihr: nein, was wahr ist und was falsch ist, alles hat sie gesprochen, alles ist ihre Schuld, alles ist ihr Verdienst.«

Mit gutem Grund stand in allen lebenbejahenden religiösen Anschauungen der Vater höher als der ledige Mann; mit gutem Grund hat während der ganzen Kulturgeschichte, soweit sie von der asketischen Weltverneinung unberührt blieb, der pater familias die Ehren des Primates genossen. Denn Väterlichkeit ist die höchste Glorie des männlichen Wesens; sie führt den primitiven Mann, lange bevor sein Empfinden sich zur Erotik verfeinert, über die egoistische Plattheit seiner Geschlechtlichkeit hinaus, indem sie ihn bewegt, Pflichten und Beschwerden auf sich zu nehmen, von denen er kraft seiner generativen Ungebundenheit frei ist. Als bloßes Sexualwesen, sofern er nur den Antrieben gehorcht, die Befriedigung fordern, hat der Mann unter den Gesichtspunkten höheren Menschentumes nichts Achtunggebietendes, auch nichts Sympathisches. Die elementare Beschaffenheit seiner Geschlechtsnatur, die Flüchtigkeit und Unzuverlässigkeit ihrer Impulse, wie deren Verwandtschaft mit den Affekten des Zornes und der Grausamkeit, muß entweder durch die Entwicklung zur Erotik veredelt werden, oder durch die Auswirkungen der Väterlichkeit. Empfindet doch der Mann selbst, sobald er sich zu geistigem Rang erhebt, leicht eine Geringschätzung, ja Feindseligkeit gegenüber seiner eigenen Sexualität! Der wirklich Große, der eigentliche Herr der Welt, der Gesetzgeber und Organisator der menschlichen Gesellschaft, ist nicht der Mann an sich gewesen, sondern der Mann als Vater. In der Gestalt des Vaters hat das gewöhnliche Mannestum durch den Willen zur Verantwortung und zum Opfer eine sittliche Höhe erreicht, die seiner Machtstellung in der alten Ordnung der Dinge volle innere Berechtigung verlieh.

Und nun, an der Schwelle eines neuen Zeitalters, steht wie vor ungezählten Jahrtausenden der Mann als Vater wieder vor einem Wendepunkt. Hat es eine Zeit gegeben, in der die Instinkttatsache der Väterlichkeit sich in eine Erkenntnis von Ursache und Wirkung verwandelte und als solche ein unvergleichlich mächtiges Bündnis mit dem männlichen Eigentumssinn einging, so ist jetzt die Zeit gekommen, in der die Väterlichkeit sich von dem Eigentumsbegriff loslösen muß, um als freie Zuneigung auf Grund eines rationalisierten Instinktes die soziale Form für ein persönliches Verhältnis zu schaffen. Rationalisierung des Instinktes aber bedeutet nicht Abschwächung durch Verstandeswillkür, sondern Verstärkung durch Einsicht.

Wenn der Mann nicht mehr Herr und Eigentümer von Frau und Kindern, sondern ihr Helfer und Gefährte sein soll, auf Grund einer Beziehung, die zwischen dem Schwachen, Schutzbedürftigen und dem Starken, Schutzgewährenden ein Liebesband knüpft, dann wird sich die Väterlichkeit im Bewußtsein des Einzelnen als das spiegeln, was sie im tiefsten Grunde ist. Wäre sie in der Tat nur aus der Eigentumsidee geboren, nur eine Begleiterscheinung des männlichen Herrschaftsbedürfnisses, dann stünde es schlecht um ihre künftige Bedeutung.

Aber nicht der Eigentumsbegriff, sondern das Identitätsgefühl ist die stärkste Kraft der Väterlichkeit. Und sie kann erst in ihrer ganzen Tiefe begriffen werden, wenn sie aus der Verbindung mit der Eigentumsidee heraustritt. Das Identitätsgefühl, mit dem der Einzelne durch das Verhältnis zur Nachkommenschaft sein flüchtiges Dasein in die unermeßliche Dauer der Gattung verwebt, ist ein Band, das durch keinerlei soziale Wandlung verlorengehen kann; denn der Einzelne hat alle Ursache, in der Kette der Generationen, in der er der Träger der Vererbung ist, sich nach vorwärts und rückwärts mit dem Aufwand seiner ganzen Gefühlskraft zu verankern. Nach vorwärts, indem er seine Liebe den Kindern widmet, die aus ihm hervorgehen, nach rückwärts, indem er seine Liebe den Eltern widmet, von denen er herstammt. Der mystisch tiefe Grund der Elternliebe wie der Kindesliebe ist der gleiche; er wurzelt im Wesen der Generationsfolge, die eine ewige Form des natürlichen Lebens ist.

Ein Beitrag zur doppelten Moral als Anhang

Das verschiedene Maß, nach dem die sexuelle Lebensführung von Mann und Weib moralisch beurteilt wird, könnte auf den ersten Blick als das Vorrecht erscheinen, das der Stärkere sich dem Schwächeren gegenüber stets herauszunehmen pflegt. Es ist aber eine auffällige Tatsache, daß der Mann seinem eigenen sexuellen Interesse entgegen jene weiblichen Wesen allein als moralisch vollwertig gelten läßt, die auf ihre Hingebung den äußersten Preis setzen, den er zu bieten hat – seine Bindung durch die Ehe. Daß der Mann im Grunde das Weib verachtet, das sich ihm ohne soziale Prämie hingibt, ist aus dem Geschlechtsverhältnis allein nicht zu erklären; denn nach einfacher und natürlicher Logik müßte er dafür, daß ihm die Gegenleistung erlassen oder so gering als möglich bemessen wird, dankbar sein.

Auch die Ehe in ihrer monogamen Gestalt als männliche Schöpfung stimmt nicht mit dem sexuellen Interesse des Mannes überein. Als Sexualwesen hat er keine Neigung, sich auf eine einzige Frau zu beschränken. Wenn die Ehe in ihrer patriarchalen und polygamen Form eher als eine Einrichtung zugunsten des Mannes und seiner Vaterschaftsinteressen erscheint, so trägt die monogame Ehe in wesentlichen Stücken das Gepräge einer Schutzeinrichtung zugunsten der weiblichen Geschlechtsnatur, die durch die Aufgaben der Fortpflanzung, wie durch die damit verbundene Einbuße an physischer Anziehung schutzbedürftig und auf die volle Beanspruchung des Mannes für sich und die Kinder angewiesen wird. Da jedoch zur Zeit, als die monogame Ehe bei den Kulturvölkern entstand, das weibliche Geschlecht nicht den sozialen Einfluß besaß, seine Interessen gegenüber dem männlichen durchzusetzen, muß eine andere Macht als die weibliche oder die sexuelle des Mannes hier gewirkt haben.

Der Mann als Vater unterscheidet sich in seinem Empfinden gegenüber dem Weibe sehr beträchtlich von dem Manne als Sexualwesen. Je stärker der Vater im Mann ist, desto mehr wird sein Instinkt gegenüber der Tochter von dem Gefühl der Identität beherrscht. Gegenüber dem Sohn, der in die gleichen Mannesrechte eintritt und die gleichen Lebensbedingungen findet wie der Vater, also diesem die geradlinige Fortsetzung der eigenen Wesenheit bedeutet, führt das Identitätsbewußtsein keine Widersprüche zwischen Männlichkeit und Väterlichkeit in der Seele des Einzelnen herbei – außer etwa solche, wie sie zwischen Mann und Mann im allgemeinen bestehen. Aber in der Tochter, in ihr, die ja auch Fleisch von seinem Fleische ist, der er sich durch die mystische Stimme des Blutes gleich stark verbunden fühlt, erlebt er bis zu einem gewissen Grade selbst jenes Schicksal, welches ihm, solange er als Mann dem Weibe gegenüberstand, als das naturgewollte der Unterwerfung, als die notwendige Rangordnung zwischen Mittel und Zweck der Schöpfung erschienen war. Nicht mit dem Manne, der nunmehr die Tochter diesem Zwecke dienstbar machen will, identifiziert sich das väterliche Empfinden. Wenn schon die Geschlechtssolidarität, die im sozialen Leben herrscht, in der Psyche des einzelnen Mannes leicht von Eifersucht und Nebenbuhlerschaft verdrängt wird, sobald das sexuelle Interesse ins Spiel kommt, um wieviel geringer ist ihre Macht dort, wo der Eigentumssinn sich mit der Vorstellung der physischen Zusammengehörigkeit zum Identitätsgefühl steigert!

Daß in dieses Verhältnis erotische Empfindungen mehr oder weniger bewußt hineinspielen, kann man zugeben, ohne pathologische Erscheinungen zu verallgemeinern; und so mag auch das Verhältnis von Vater und Tochter zuweilen von erotischen Unterströmungen nicht ganz frei sein. Doch braucht man das Inzestmotiv nicht zur Ergänzung der Vaterschaftsstellung in Dingen der Moral gegenüber der Tochter heranzuziehen. Im Gegenteil: daß der Mann als Sexualwesen gegenüber der Tochter ausgeschaltet ist, das erst macht den Mann als Vater fähig, sich mit ihr zu identifizieren. Und der Vater ist stärker als der Mann; er hat über das männliche Geschlechtsinteresse hinaus in Gestalt der monogamen Ehe jene Einrichtung geschaffen, in der die Tochter als Gattin einen Rang und Schutz genießt, den sie als Weib dem Manne gegenüber in so früher Zeit nicht hätte erobern können. So kommt es, daß in dieser Einrichtung der Vater den Schwiegersohn zu einem Verhalten verpflichtet, das er als Mann gegenüber dem Weibe sich selbst nicht auferlegen würde.

Der Vater ist es auch, der sich außerhalb der Ehe im Interesse der Tochter gegen den Mann zur Wehr setzt – soweit die Vatergewalt reicht, soweit schützt sie die Tochter vor den männlichen Geschlechtsansprüchen durch die doppelte Moral. Frauen aus einer anderen Klasse oder Frauen ohne den Schutz der Familie sind es daher, die als Objekte für das von den Interessen der Väterlichkeit getrennte Geschlechtsleben des Mannes dienen. Wenn auch in Dingen des Trieblebens die Logik nirgends eine einflußreiche Stellung einnimmt – die Unlogik der doppelten Moral, die bei einer nur gemeinsam zu begehenden Handlung dem Manne gestattet, was sie dem Weibe verwehrt, wäre ohne den Gegensatz zwischen Männlichkeit und Väterlichkeit nicht zu erklären. Solange der Mann Junggeselle ist, verträgt sich der Libertinismus mit seinen Anschauungen über das weibliche Verhalten; die Wandlung des moralischen Urteils tritt aber auf das Deutlichste hervor, wenn der Libertin Gatte und Vater wird. Denn das Interesse der Väterlichkeit fordert unnachsichtlich strenge Ausschließlichkeit des sexuellen Verkehres beim Weibe und muß die Bindung an diese Ausschließlichkeit als höchste Tugend des Weibes, ja als »die Tugend« schlechtweg, auf den ersten Rang stellen.

Auch die Überschätzung der Jungfräulichkeit ist zum Teil auf dem Interesse der Väterlichkeit begründet. Der Mann im Verhältnis zu seinen erst zu zeugenden Kindern erblickt in der sozialen Prämie der Ehe, die das Weib für die geschlechtliche Hingebung fordert, die stärkste Garantie dafür, daß der Antrieb dazu in dem Willen zur Mutterschaft und damit zugleich in dem Willen zur Ausschließlichkeit liegt. Der Wille zur Ausschließlichkeit an einen erwählten Einzigen unter sozialer und familialer Approbation bildet den Inbegriff der weiblichen Ehre, weil dieser Wille für den Mann als Vater die wertvollsten Eigenschaften einschließt. Eine weibliche Person hingegen, die sich ohne diese soziale Prämie mit einem Manne einläßt, bekundet dadurch, daß nicht der Wille zur Mutterschaft die Triebfeder bildete; sie setzt sich dem Verdachte aus, daß in ihrem Innenleben das sexuelle Moment an sich das Übergewicht besitzt – vom Standpunkte der Vaterschaftsinteressen eine verwerfliche Wesensbeschaffenheit, weil sie eine Herabsetzung der Widerstandskraft gegen Verführung mit sich bringt.

Nur in einem Punkte unterwirft die bürgerliche Moral den Mann demselben Gesetze wie die Frau – in der Vaterschaft selbst. Zwar nicht so vernichtend für seine Ehre, zieht doch die Anerkennung eines unehelichen Kindes unter Umständen Folgen für seine soziale Stellung nach sich. Nach den Anschauungen der doppelten Moral ist das voreheliche Leben eines Mannes in sexueller Hinsicht, es mag beschaffen sein wie immer, einwandfrei, solange kein uneheliches Kind daraus hervorgegangen ist. Die doppelte Moral duldet die gemeinste und schädlichste Form des Geschlechtsverkehrs, die Prostitution, indes sie die natürliche Rechtfertigung desselben, die Zeugung, als außereheliches Geschehnis verurteilt.

Das ist symptomatisch für die Natur des Mannes, in der das soziale Moment eine besondere Rolle spielt. Wie die weibliche Psyche im allgemeinen durch die engere Verknüpfung der sexuellen Sphäre mit den höheren Seelentätigkeiten zur Kulturerscheinung wird, so ist die männliche Psyche durch Motive sozialer Art diszipliniert. In der männlichen Durchschnittsintelligenz ist die Macht der sozialen Motive so groß, daß sie die Schätzung des Weibes völlig bestimmt. Ohne Zweifel läßt sich der Unterschied, der im väterlichen Empfinden zwischen ehelichen und unehelichen Kindern häufig besteht, darauf zurückführen, daß jene als die beglaubigten, diese als die fragwürdigen im Bewußtsein des Mannes erscheinen. Es ist der soziale Aberglaube in der männlichen Psyche, der die legitime Geburt als Beglaubigung empfindet; dem unehelichen Kind fehlen die sozialen Garantien der Echtheit, es ist das vaterlose, das mutterrechtliche – also in einer durch die Paternitätsmoral regierten Gesellschaftsordnung das anrüchige, dessen Existenz nicht nur auf die Mutter, sondern auch auf seinen Erzeuger einen Schatten wirft. Denn der Mann, der ein uneheliches Kind anerkennt, rüttelt an den tiefsten Fundamenten dieser Moral, indem er den sozialen Versicherungsapparat, den sie heilig hält, zuschanden macht.

In noch höherem Grade geschieht dies durch die uneheliche Mutterschaft. So sehr es als Fortschritt zu begrüßen ist, daß die soziale Ächtung der unehelichen Mutterschaft zu schwinden beginnt, dieser Fortschritt geht doch mit dem abnehmenden Einfluß der Väterlichkeit als sozialer Macht einher. Das Äquivalent in diesem Fall ist ein Gewinn im Sinne höherer Menschlichkeit. Gleichfalls als Symptom der abnehmenden Vatergewalt scheint sich an der doppelten Moral im unverbindlichen Geschlechtsverkehr eine Wendung zu vollziehen.

Die Frauenbewegung, die den Kampf gegen die doppelte Moral zuerst aufgenommen hat, wollte die Einheitlichkeit herstellen, indem sie den Mann den gleichen Forderungen zu unterwerfen strebte, die für die Frau gelten. Sie übernahm die väterliche Geschlechtsmoral als die weibliche und stellte sie als die höhere über die männliche. Was aber nun in Wirklichkeit geschieht, sieht eher danach aus, als sollte sich eine Angleichung der weiblichen Geschlechtsmoral an die männliche vollziehen.

Der aus der Vatergewalt entlassene Sohn steht der Welt nicht anders als früher gegenüber; sie stellt keine neuen Anforderungen an ihn. Anders die aus der Vatergewalt entlassene Tochter. Falls sie nicht die alten Anschauungen über die Weiblichkeit, das heißt die männlichen und väterlichen, übernehmen will – und das mußte sie nur solange, als sie diesen Autoritäten durch ihre wirtschaftliche Abhängigkeit unterstand – kann sie sich nur dann als eine der alten Weiblichkeit ebenbürtige Kulturerscheinung behaupten, wenn sie neue ideelle Werte über sich setzt. Bei den Männern haben die Nachteile, die mit der psychosexuellen Konstitution einhergehen, entsprechende Äquivalente; sie werden durch Eigenschaften aufgewogen, die den Frauen der Durchschnittsbeschaffenheit fehlen. Die Herstellung der Einheitsmoral durch Angleichung an die männliche hieße aber für die Frauen nur, den typisch weiblichen Mängeln die typisch männlichen hinzufügen.

Als das kulturelle Ziel der geschlechtlichen Differenzierung, als der Sinn, der ihr von den Gesichtspunkten einer höheren seelischen Kultur aus gegeben werden kann, erscheint schließlich der Austausch. Die beiden Geschlechter beschreiben in ihrer kulturellen Entwicklung zwei Kurven, die sich bis zu einem gewissen Punkte voneinander entfernen, um sich allmählich wieder anzunähern und zu berühren. Solche Berührungspunkte, in denen sich ein Austausch erworbener Geschlechtsvorzüge vollzog, sind in der Kulturgeschichte zu verfolgen; hat das Christentum weibliche Seelenwerte den Männern als vorbildliche verkündet, so schenkte die Renaissance die Gaben der männlichen Geisteskultur an bevorzugte Frauen. Nun ist mit der bürgerlichen Gleichstellung der Frauen, mit ihrer Einsetzung in die Rechte der Persönlichkeit wieder die Möglichkeit eines Austausches gegeben.

Dem Leben einen Sinn zu verleihen, der Entwicklung eine Richtung, das ist freie Schöpfung des Menschen. Für die künftige Stellung der Frauen kommt alles darauf an, daß sie ihren Einsatz in die Kultur durch das leisten, was sie als typische Vorzüge in der historischen Laufbahn ihres Geschlechtes erworben haben. Dazu gehört die innere Einheitlichkeit, die sie dem Druck der langen Abhängigkeit von den Forderungen der Väterlichkeit wie der männlichen Eigentumsidee verdanken.

Soweit die hohe Bewertung der Jungfräulichkeit im Dienste dieses einheitlichen Seelenlebens steht, bedeutet sie einen Entwicklungsfaktor für das weibliche Geschlecht, den zu bewahren in dessen eigenstem Interesse liegt. Einem einheitlich organisierten Wesen ist es nicht ohne Gefahr psychischer Herabsetzung möglich, in einem flüchtigen Geschlechtsabenteuer die körperliche Unberührtheit preiszugeben. Diese Art der ersten sexuellen Beziehung bildet die Regel bei den meisten jungen Männern – aber auch bei ihnen nur dann ohne tiefere Schädigung, wenn das Verhältnis zwischen Seele und Sinnen ein uneinheitliches ist. Nichts aber trägt so sehr dazu bei, den Zwiespalt als einen dauernden Zustand des männlichen Wesens zu befestigen wie die Unwürdigkeit der ersten Sexualerlebnisse.

Im Sinne der Einheitsseele die Einheitsmoral zur Herrschaft zu bringen, das ist die Mission der Frauen; in diesem Punkte müssen sie als Lehrmeister des männlichen Geschlechtes auftreten. Können sie es nicht erreichen, daß der Mann jene sexuelle Kultur, die er am Weibe als dem Objekt seiner Wünsche und Ideen entwickelt hat, zuletzt selbst als Objekt der weiblichen Wünsche und Ideen übernehmen muß, dann wäre die Frucht einer jahrtausendelangen Entwicklung für die Zukunft verloren.

Die geschlechtliche Integrität der bürgerlichen Tochter war durch die Macht des Vaters und seiner Wertsetzungen vor der Elementargewalt der männlichen Sexualität gewahrt. Wenn dieser Schutz – oder der mütterliche, der ja nur eine andere Form des väterlichen ist – aufhört, muß das junge Weib vor der Übermacht jener Elementargewalt in sich selbst den Schutz finden. Das vermag die weibliche Persönlichkeit. In dem jugendlichen Alter aber, in dem die geschlechtliche Anziehung zuerst wirksam wird, ist die Persönlichkeit nicht genügend entfaltet; und zudem – wie weit ist noch trotz der prinzipiellen Gleichstellung das soziale Leben mit allen seinen Bedingungen von der Erfüllung dessen entfernt, was den Interessen der weiblichen Persönlichkeit entspricht! Bis dahin wird wohl die Väterlichkeit wie bisher der stärkste Bundesgenosse der Tochter in ihrem Verhältnis zum Manne bleiben; und die doppelte Moral als Schöpfung der Väterlichkeit kann erst schwinden, wenn die Interessen der weiblichen Persönlichkeit durch sie selbst jene wertschaffende Macht gewinnen, die dem Walten der Väterlichkeit im weiblichen Leben ebenbürtig ist.

Geschlecht und Sozialpolitik

Wie ideelle Errungenschaft allgemeinster Art, die aus den Kämpfen der Frauen um die soziale Gleichstellung hervorgegangen ist, läßt sich in den Begriff der freien Selbstbestimmung nach Individualität zusammenfassen. Diese Freiheit, ein schlechtweg höchstes Gut für den Mann wie für die Frau, soweit sie Persönlichkeit sind, teilt allerdings mit dem Begriff der Freiheit an sich die Eigentümlichkeit, daß sie keinen positiven Inhalt besitzt. Sie bedeutet nur Abwesenheit des Zwanges, sie ist Voraussetzung, Bedingung, Möglichkeit für einen Inhalt, der erst in sie hineingetragen werden muß. Freiheit – wozu? Das ist im Grund die Frage, die noch über den Wert der Freiheit an sich den Wert der Freiheit bestimmt.

Ein richtungsloses Ausleben individueller Neigungen und Antriebe könnte nicht den gleichen seelischen Rang behaupten, wie die Erfüllung jener Forderungen, die in den alten normativen Vorstellungen beschlossen waren – nicht so sehr vom Standpunkt einer heteronomen Moral, die ja mit dem Begriff der freien Persönlichkeit unvereinbar ist, wohl aber in Hinsicht auf die Wirkungen, die es im Eigenleben wie im sozialen ausübt. Wenn die Frauen die Rolle des schönen Geschlechtes, die ihnen ästhetische Vorzüge als oberstes und wichtigstes Gesetz ihres Lebens vorschrieb, so wenig mehr in vollem Umfang aufrechterhalten können, wie die der gesellschaftlichen Repräsentation oder des hauswaltenden Weibes – ihrer drei Kulturaufgaben alten Stils –, so müssen sie etwas äquivalentes Neues an deren Stelle setzen. Die Eigenschaften, die sie zu diesen Kulturaufgaben tauglich machten, sind ihnen in ihrer neuen Lebensstellung nicht mehr nützlich, sondern vielfach hinderlich; sie werden durch die veränderten Lebensbedingungen so weit umgebildet werden, als es die weibliche Naturanlage zuläßt – eine Grenze, die wohl erst die Erfahrung zu zeigen vermag. Aber wer dem Eintritt der Frauen in das soziale Leben eine besondere Bedeutung zuschreibt, kann nur von der Voraussetzung ausgehen, daß sie vermöge ihrer Naturanlage neue Normen hervorbringen werden, die den veränderten Lebensbedingungen des weiblichen wie des männlichen Geschlechtes besser angepaßt sein sollen, als die aus der historischen Stellung der Geschlechter herstammenden.

Eine große Perspektive eröffnet sich damit den Frauen – allerdings auch eine Quelle gefährlicher Täuschungen und Enttäuschungen. Schon erheben sich anklägerische Stimmen, die der Tätigkeit der Frauen im öffentlichen Leben den Vorwurf machen, daß sie keine neue Richtung, ja nicht einmal eine nennenswerte Bemühung zeigen, sich von den ausgefahrenen männlichen Geleisen abzuwenden, um eigene Wege einzuschlagen. Kaum in die politische Gleichberechtigung eingetreten, haben sie sich den Männerparteien angeschlossen, und gehen im Joch der Parteidisziplin so unterwürfig, wie sie es privatim unter der Vormundschaft des Mannes gewohnt waren.

Den Tatsachen gegenüber nicht unzutreffend, ist dieser Vorwurf dennoch ganz ungerecht, wenn man die Kürze der Zeit erwägt, seit den Frauen die Teilnahme am politischen Leben offensteht, und sich darauf besinnt, was man vernünftigerweise von den Frauen erwarten darf. So wenig ihre bisherige Stellung und Wirksamkeit in der abendländischen Kultur unter den geänderten Verhältnissen aufrechtzuerhalten ist, sie kann nicht mit einem Schlage umgewandelt werden. Die normativen Werte, die ihr zugrunde liegen, waren der Ausdruck für die Wesensbeschaffenheit einer überwiegenden Mehrzahl, und es scheint, daß die Einzelnen, die sich von ihnen kraft ihrer Eigenart befreien, noch immer sehr in der Minderzahl sind. Noch immer würde unzweifelhaft die Mehrzahl der Frauen – namentlich der bürgerlichen – ihre traditionelle Stellung im Hause und in der Familie weit lieber beibehalten, als mit einem männlichen Berufe beladen ihre neuen sozialen Rechte auszuüben.

Und noch immer dreht sich das Problem der Geschlechter um die Frage, ob die Frau ihrer Naturanlage nach ein vom Manne grundverschiedenes Wesen ist; denn nur unter dieser Voraussetzung läßt sich anscheinend die Annahme rechtfertigen, daß sie ihre neue Stellung gemäß ihrer Naturanlage abweichend von der männlichen ausbilden werde.

Die generalisierende Methode, die soviel Verwirrung in das Geschlechterproblem gebracht hat, ist auch in diesem Fall übel angebracht, weil man gerade hier unterscheiden muß, *welche Art* Frau es ist, die in das öffentliche Leben paßt. Was für große Unterschiede im Grundwesen der Frauen bestehen, ist in der »Kritik der Weiblichkeit« (Frauen und Frauentypen) ausgeführt; ganz allgemein gefaßt, wird man aber als jene Eigenschaft, die eine Frau für das öffentliche Leben tauglich macht, ein Überwiegen der sozialen Interessen über die familialen in ihrem Innenleben bezeichnen können, also ein Abweichen von dem mehrzahlsmäßigen Typus der Unterordnung, der den Mann als Herrn und Gebieter über sich stellt. So wie der Kampf um die bürgerlichen Rechte von Frauen mit ausgeprägtem Persönlichkeitsbewußtsein, von dem Typus der Unabhängigkeit, geführt wurde, so ist auch nur von diesem eine selbständige Tätigkeit im öffentlichen Leben zu erwarten. Für die andern wird nach wie vor das Haus und die Familie als jene Lebensform, deren Haupt der Mann ist, der geeignetste Boden sein. Da die wirtschaftliche Not aber die Frauen wahllos in den Konkurrenzkampf mit dem Manne stößt und die bürgerlichen Rechte gleichermaßen allen Frauen ohne Unterschied zukommen, darf man einstweilen die Erwartungen auf die Tätigkeit der Frauen im öffentlichen Leben nicht zu hoch spannen. Erst auf dem Wege einer langsamen Entwicklung kann sich vielleicht durch die Veränderung der Lebensstellung die Zahl der zur Persönlichkeit gereiften Frauen so weit vermehren, daß sie neue Richtungslinien einzuhalten verstehen lernen, das heißt solche, die in einem durch den Mann eingerichteten Staatswesen den spezifisch-weiblichen Interessen zu dienen hätten.

Soll die Frau kraft ihrer absoluten Verschiedenheit vom Mann ihre Bedeutung und Wirksamkeit im Gemeinschaftsleben erhalten, so heißt das, den Gegensatz in der geschlechtlichen Differenzierung als das Bestimmende der weiblichen Persönlichkeit anerkennen. Nun gerät aber jede Normierung, die eine grundsätzliche Polarität der Geschlechter zur Voraussetzung hat, mit den Tatsachen der *individuellen* Differenzierung in Widerspruch; indem sie generalisiert, verfehlt sie das Wichtigste des Geschlechterproblems in Ansehung der Wirklichkeit.

Hier droht ein unlösbares Dilemma. Wenn die Frau nur kraft ihrer absoluten Verschiedenheit vom Manne neue Richtungslinien für die Lebensstellung des weiblichen Geschlechtes zu finden vermag, aber gerade durch diese Verschiedenheit in ein anderes Lebensgebiet als das männliche verwiesen wird, wie kann sie sich dann in der politischen Welt des Mannes den genügenden Einfluß schaffen?

Es ist also geboten, immer wieder auf das Geschlechterproblem zurückzukommen und die Ergebnisse des Denkprozesses, der die Auflösung der alten Normen begleitet, in Evidenz zu halten; denn solange man noch die Stellung der Frauen nach dem zu bestimmen sucht, was »das Weib seiner Natur nach« ist, und von hier aus neue Normen zu gewinnen hofft, wird das weibliche Geschlecht trotz der Zuerkennung der bürgerlichen Gleichberechtigung keine wirkliche Freiheit der Selbstbestimmung besitzen.

Einschaltung über das Geschlechtsproblem

Also noch einmal die Frage: wie weit bestimmt die Geschlechtsdifferenzierung das Wesen und Sein des Einzelnen? Es gibt der Hauptsache nach dreierlei Methoden, durch die eine Antwort darauf gesucht wird: die philosophische, die das Problem auf spekulativem Wege durch Geschlechtsmetaphysik entscheiden will; die historische, die sich an die Einrichtungen der Vergangenheit hält, um aus ihnen Schlüsse über das zu ziehen, was die

Geschlechter vermöge ihrer besonderen Eigenart aus dem Leben machen, und die physiologische, die aus körperlichen Vorgängen die seelischen Phänomene nach dem Verhältnis von Ursache und Wirkung erklärt.

Als einer der geistvollsten Repräsentanten der ersten Methode ist seit dem Erscheinen der »Kritik der Weiblichkeit« Georg Simmel hervorgetreten. Er geht von der grundsätzlichen Polarität der Geschlechter aus; in seinen Ausführungen über »das Relative und das Absolute im Geschlechterproblem« gelingt es ihm mit feinster psychologischer Analyse, die empirische Erscheinung der Geschlechter in ihrer Mannigfaltigkeit seiner Geschlechtsmetaphysik unterzuordnen.

Daß Simmel versucht, das typisch Weibliche dem typisch Männlichen als *gleichberechtigt* gegenüberzustellen, unterscheidet ihn vorteilhaft von vielen seiner Vorgänger; haben doch die Frauen selbst ihre Gleichberechtigung durch Annäherung an das Denken und Tun des Mannes zu erweisen gesucht! Nach Simmels Auffassung würde auf diesem Wege die Frau immer als das schwächere, unbedeutendere Wesen erscheinen, solange sie die gleichen Aufgaben wie er zu erfüllen, im Leben der Menschheit die gleiche Stellung einzunehmen hätte. Denselben menschlichen Rang wie der Mann kann sie nur behaupten, wenn sie ein *radikal* von ihm verschiedenes Wesen darstellt. In der Umschreibung dessen, was sie in dieser radikalen Verschiedenheit ist, erkennt man aber trotz der neuen Terminologie alsbald die Grundzüge der alten Norm, die der Frau das in sich geschlossene, harmonische *Sein*, dem Manne das in Willensrichtung und Triebrichtung gespaltene, auf das Wirken nach außen eingestellte *Werden* als Wesenheit zuspricht. Was da von der weiblichen Wesenheit ausgesagt wird, leidet, mit der Wirklichkeit verglichen, wie die meisten Generalisierungen an der Verwechslung eines subjektiven Idoles mit realen Erscheinungen. Daß die Frau die Wahrheit unmittelbar durch Instinkt ohne logische Beweise zu ergreifen vermag, daß sie will, was sie soll, daß ihre Triebe mit dem sittlichen Imperativ von Natur aus übereingestimmt sind: in wie vielen Variationen haben die Frauen – insbesondere die deutschen, die mit Vorliebe in Gespenster der philosophischen Spekulation verwandelt werden – diese Aussagen schon vernommen! Wenn sie sich daraufhin einbilden wollten, daß sie wirklich die Wahrheit als eine Instinkttatsache, die keiner Beweise bedarf, in sich tragen, was für ein unausstehlicher Unfehlbarkeitsdünkel müßte bei ihnen einreißen! Allerdings bleibt nach Simmel ihr ganzes Tun und Sein immer an ihre Geschlechtlichkeit gebunden, von der sie zwar rein physisch unabhängiger sind als der Mann, aber doch durch sie in allen Wesensäußerungen bestimmt. Daraus folgt, daß das Frauentum trotz seiner inneren Absolutheit, die »übergeschlechtlich objektive Welt, die theoretische und die normative, die dem Ich gegenübersteht«, die Welt, die durch Ideen bewegt wird, dem männlichen Prinzip zu stiften überlassen muß. Die Frauen hätten also nicht teil an dem, was das Höchste und Auszeichnendste der menschlichen Gattung ist – an dem ideenbildenden Vermögen, der Grundkraft der Kultur.

Es liegt eine besondere Ironie darin, daß diese Ausführungen eine an Logik und psychologischer Feinheit ebenbürtige Widerlegung durch eine Frau – in der Abhandlung über »die Frau und die objektive Kultur« von Marianne Weber* – erfahren haben; sie kommt zu dem Schlusse, daß »von der durchgebildeten metaphysischen Idee einer radikalen Polarität der Geschlechter« kein folgerichtiger Weg zur Anerkennung dessen führt, was die einzelne Frau objektiv, das heißt in Hingebung an eine Sache oder Idee, gleichviel ob sie von ihr geschaffen oder bloß ergriffen wird, zu bedeuten vermag.

Die Polarität, die sich an allen Lebenserscheinungen zeigt, wird viel zu grob, zu oberflächlich, zu schematisch gefaßt, wenn man sie in Mann und Weib als empirischen Wesen erblicken will. In der Persönlichkeit selbst wirkt die Polarität auf mannigfaltige Weise; je höher sich jene entwickelt, desto mehr tritt die generelle Geschlechtspolarität hinter anderen Eigenschaften zurück (siehe Kritik der Weiblichkeit, Perspektiven der Individualität). Abschließende Worte vom philosophischen Standpunkt aus hat über die Geschlechtsmetaphysik Hermann Keyserling* in seinem »Reisetagebuch eines Philosophen« gesprochen, wo er sagt, man dürfe bei der Entgegengesetztheit von Mann und Weib nicht verweilen, sonst zerrinne ihre Wahrheit wie ein Wolkengebilde. »Es sieht so aus, als ob die Polarität der Geschlechter ein absolut Wirkliches wäre. Genauer und tiefer betrachtet, hält nicht allein ihr vorausgesetzter Sinn, sondern die Tatsache selbst nicht Stich. Es geht nicht an, in den polaren Tatsachen Absoluta zu sehen, wie dies von Empedokles* ab bis auf Schelling* und über diesen hinaus immer wieder geschehen ist. Was, in der Tat, bezeichnet die Grundeigentümlichkeit des Weiblichen dem Männlichen gegenüber? Daß jenes nur nach vorhergehender Empfängnis schaffen kann. Ist dem aber so, dann sind nicht allein sämtliche Künstler Weiber, alle Denker und Philosophen, sondern auch die männlichsten unter den Männern: die Genies der Tat ... Jeder Mensch ist eine Synthese von Männlichkeit und Weiblichkeit und kann je nach Umständen als Mann oder als Weib in die Erscheinung treten.«

Verzichten wir endlich darauf, hinter der empirischen Erscheinung der Geschlechter etwas wie eine platonische* Idee als apriorisches Gesetz ihres Wesens nach dem Geschlechtsunterschied zu entdecken; alle solche metaphysischen Versuche scheitern ja doch an der empirischen Tatsache der individuellen Differenzierung.

Was der metaphysischen Spekulation über die absolute Geschlechtspolarität immer in die Quere kommt, die Abweichung der Individualität von dem Geschlechtstypus, das läßt sich durch physiologische Theorien widerspruchslos als Problem lösen. Die moderne Physiologie erblickt in der psychischen Eigenart des einzelnen eine Wirkung der Drüsenkorrelation. Darunter ist das Zusammenwirken aller im Organismus vorhandenen Drüsen zu verstehen, deren Sekretion sich im Innern vollzieht. Ihre Produkte, die sogenannten Hormone, bestimmen die chemische Zusammensetzung des Organismus; sie sind es auch, die in hohem Grade seine psychischen und intellektuellen Leistungen beeinflussen, wie das Beispiel der Schilddrüse zeigt, deren pathologische Veränderung Kretinismus bewirkt. Aus dem jeweilig größeren oder kleineren Anteil einzelner Hormone erklärt sich die Individualität und ihre Abweichung von dem fiktiven Typus.

Mit Nutzanwendung auf die Geschlechtsdifferenzierung darf man den Schluß ziehen, daß die Individualität dem Grade ihrer Geschlechtlichkeit nach durch das Verhältnis bestimmt wird, in dem die Gesamtheit der inneren Sekretion zu jener der Geschlechtsdrüse steht. Das weiblichste Weib und der männlichste Mann wären solchergestalt Ergebnis einer Säftemischung, in der die Geschlechtshormone unverhältnismäßig überwiegen, oder mit anderen Worten: die äußersten Pole der Männlichkeit und Weiblichkeit werden dann erreicht, wenn die Hormone der Geschlechtsdrüsen das stärkste Übergewicht im gesamten Chemismus besitzen.

Es war schon eine alte Beobachtung, daß durch die Entfernung der Geschlechtsdrüsen, die Kastration, eine Annäherung an den entgegengesetzten Geschlechtstypus herbeigeführt wird; eine experimentelle Erweiterung hat diese Tatsache durch die Steinachschen* Versuche gefunden. Sie zeigen, daß die den Geschlechtsunterschied begleitenden körperlichen und seelischen Eigenschaften das Produkt einer Drüse sind, die, in einen andersgeschlechtlichen Organismus verpflanzt, alle spezifischen Begleiterscheinungen des Geschlechts, das ihre Funktion ist, hervorruft. Das männliche Wesen verweiblicht sich, das weibliche vermännlicht sich unter ihrem Einfluß. In dieser Drüse, der Steinach den Namen Pubertätsdrüse gibt, weil sie erst im Alter der Pubertät zu funktionieren beginnt, wäre die Quelle für die beiden verschiedenen Grundstoffe zu suchen, welche die Geschlechtsdifferenzierung bewirken.

Doch ist das Rätsel der Geschlechtsdifferenzierung an sich damit nicht völlig aufgeklärt; die chemischen Grundstoffe der Geschlechtsdrüsen erscheinen merkwürdigerweise nicht auf das durch sie gekennzeichnete Geschlecht beschränkt. Nach Professor de Poehl,* einem der hervorragendsten Vorkämpfer der Drüsentherapie, ist das spezifische Produkt, das er aus der Geschlechtsdrüse männlicher Tiere gewinnt, das Spermin, im Chemismus des Blutes auch bei dem weiblichen Geschlechte nachweisbar, und nach der Theorie von Wilhelm Fließ* finden sich die beiden polaren Stoffe sowohl im männlichen wie im weiblichen Organismus, so daß gegebenenfalls der männliche Grundstoff in der weiblichen Person überwiegen kann, wie auch umgekehrt.

Diesen physiologischen Ergebnissen, aus denen die Macht der individuellen Differenzierung gegenüber der sexuellen verständlich wird, hat sich eine »Neubegründung der Psychologie von Mann und Weib« gesellt, die einen *historischen* Faktor von bisher nach dieser Richtung nicht beachteter Wichtigkeit zur Erklärung heranzieht: die Wirkung der Machtstellung auf die Psyche. Dr. Mathias Vaerting* und seine Frau Dr. Mathilde Vaerting* kommen, indem sie »die weibliche Eigenart im Männerstaat und die männliche Eigenart im Frauenstaat« zum Gegenstand einer psychologischen Analyse machen, zu dem überraschenden Ergebnis, daß die vermeintlich so tief in der Konstitution wurzelnde Eigenart der Geschlechter bloß eine Begleiterscheinung der *Herrschaft* ist. Es ergibt sich von diesem Standpunkt der Betrachtung aus das Grundgesetz, »daß die heutige weibliche Eigenart in ihren Hauptlinien durch den Männerstaat bestimmt wird und ihre genaue und vollkommene Parallele hat in der männlichen Eigenart im Frauenstaat ... Die eingeschlechtliche Vorherrschaft weist dem herrschenden Geschlecht stets die gleiche Stellung an, ob es weiblich oder männlich ist.« An der Hand historischer und ethnologischer Beispiele zeigen die Verfasser, daß alles, was wir als unterscheidende Grundeigenschaften der Geschlechter zu betrachten gewohnt sind, selbst die unmittelbar mit der geschlechtlichen Konstitution zusammenhängenden, wie die Neigung der Frauen zur Häuslichkeit, zur Kinderpflege, zur Unterordnung unter einen stärkeren Willen, wie anderseits die Disposition zu einer tätigen, nach außen gerichteten oder selbst kriegerischen Lebensführung der Männer, eine bloße Folgeerscheinung der Macht ist. »Das herrschende Geschlecht, ob Mann, ob Frau, hat die Tendenz, dem beherrschten Geschlecht Haus und Familie als Domäne seiner Arbeit anzuweisen.« Die Arbeitsteilung ist kein Produkt der Geschlechtsunterschiede, sondern ausschließlich unter dem Druck eingeschlechtlicher Vorherrschaft entstanden. Nach der Anschauung der Verfasser ist diese Vorherrschaft in ihren Wirkungen auf die Psyche des Einzelnen weit stärker als die Entwicklungskraft der mit dem Geschlechtsunterschied einhergehenden angeborenen Anlage.

Die Beispiele aus ganz verschiedenen Zeiten und Völkern sind in der Tat von auffallender Übereinstimmung und geeignet, eine so weitgehende Behauptung, wenn nicht unbestreitbar zu bestätigen, so doch glaubhaft zu machen. Nicht allein, daß sie die Männer im Frauenstaat mit häuslich-weiblichen Beschäftigungen betraut zeigen – wie Kochen, Waschen, Kinderwarten –, sogar Anschauungen wie die doppelte Moral, die man auf Bedürfnisse der spezifisch männlichen Natur zurückzuführen pflegt, erscheinen bei der weiblichen Vorherrschaft genau im umgekehrten Sinn. Treue und Ausschließlichkeit wird dann als Gesetz des männlichen Lebens betrachtet, indeß die Frauen sich jene Freiheiten vorbehalten, die unter männlicher Herrschaft als das natürliche Vorrecht des Mannes gelten.

Auch die Ursachen, warum die Machtverhältnisse zwischen den Geschlechtern sich im Verlauf der Menschheitsgeschichte abwechselnd verschieben, wären nach Anschauung der Verfasser aus den Wirkungen des Machtbesitzes zu erklären. Nicht die überragende Intelligenz ist die *Ursache* der eingeschlechtlichen Vorherrschaft, sie ist deren *Wirkung*.

Es liegt im Wesen der Macht, daß sie nach immer größerer Ausdehnung strebt; dieses »Überspannungsgesetz« führt zum Mißbrauch der Macht und der Mißbrauch endlich zur Auflehnung gegen einen unerträglich werdenden Druck. So geschieht es, daß die Herrschaft, die zuerst Unterordnung erzeugt, zuletzt Widerstand findet und nunmehr in einem langsamen Umwandlungsprozeß zu einem Zustand gelangt, wo eine Gleichberechtigung der Geschlechter eintritt, bis im weiteren Verlaufe die Herrschaft an das früher untergebene Geschlecht übergeht.

Die Wirkung der Macht auf die menschliche Seele – in allen Gebieten des Lebens noch viel zu wenig beachtet – wird hier durch ihre Anwendung auf die Geschlechtspsychologie von einem neuen Standpunkt gezeigt. Aber wenn es auch keinem Zweifel unterliegt, daß Machtbesitz in der weiblichen Psyche dieselben Erscheinungen hervorrufen kann wie in der männlichen, selbst den Mißbrauch bis zur abstoßendsten Grausamkeit, die angeführten Belege für die von den Verfassern angenommene Pendelbewegung zwischen Männer- und Frauenherrschaft sind doch weder genügend zahlreich, noch genügend beglaubigt. Die Schwäche dieser ganzen Auffassung liegt vornehmlich in dem historisch-ethnologischen Beweismaterial. Denn die Kenntnis des menschlichen Gemeinschaftslebens vor der männerstaatlichen Herrschaftsepoche ist äußerst lückenhaft; das meiste, was durch Bachofen*, Engels,* Morgan* über ein matriarchalisches Zeitalter als allgemeine Phase in der Menschheitsentwicklung beigebracht wurde, haben spätere Forscher angezweifelt, umgedeutet oder widerlegt. Und angenommen selbst, daß die Spanne Zeit, in die das Gedächtnis der Menschheit zurückreicht, im Verhältnis zu ihrem Alter eine verschwindende, und sie schon durch vielerlei Phasen der Entwicklung gegangen ist, von denen sie nichts mehr weiß – an der Hand geschichtlicher Tatsachen läßt sich die Hypothese der Pendelbewegung zwischen Männer- und Weibervorherrschaft kaum aufrechterhalten.

Nach dem gegenwärtigen Stande der psychischen Geschlechtsdifferenzierung erscheint sie aus vielerlei Gründen unwahrscheinlich. Wie weit immer die Grenzen der individuellen Beschaffenheit und ihrer Unabhängigkeit von der Geschlechtsdifferenzierung gesteckt werden mögen, die Tatsache bleibt bestehen, daß Mann und Weib durch die ganze menschliche Geschichte als ungleiche Wesen gehen; und wie wenig im einzelnen Fall die typischen Merkmale zutreffen, sie sind doch von der Beschaffenheit der Mehrzahl abgeleitet und für diese symptomatisch.

Nach der ausdrücklichen Anerkennung einer nahezu unbegrenzten Unabhängigkeit der individuellen Differenzierung von der geschlechtlichen, wird es nicht als Inkonsequenz erscheinen, auf die durch keinerlei soziale und persönliche Veranstaltungen aus der Welt zu schaffende Ungleichheit der Geschlechter hinzuweisen. Ihre Ungleichheit von Natur aus besteht eben in der ungleichen Belastung mit den Aufgaben der Fortpflanzung. Diese Grundtatsache genügt, um die Verschiedenheit in der historischen Entwicklungsbahn der Geschlechter zu erklären, ohne daß irgendwelche, aus einem absoluten biologischen Gegensatz abgeleitete Gründe herangezogen werden müssen; sie scheint aber auch die Annahme einer absoluten Vorherrschaft des weiblichen Geschlechtes auszuschließen.

Halten wir uns nochmals vor Augen: Die Natur hat die ganze Schwere der generativen Aufgabe dem weiblichen Geschlecht aufgebürdet und den Mann frei ausgehen lassen. Für diese Belastung entschädigt sie das Weib, indem sie die Nachkommenschaft in die innigste und zweifelloseste Gemeinschaft mit dem mütterlichen Organismus setzt, während sie dem Manne keinerlei Sicherheit über seine organische Beziehung zur Nachkommenschaft gewährt und ihn doch zugleich durch einen mehr oder minder stark entwickelten Instinkt an sie bindet. Dabei ist zu beachten, daß die Kultur als eine nur der menschlichen Gattung eigene Lebensform die Wirkung dieser naturgegebenen Ungleichheit verstärkt; das Leben der Geschlechter im Tierreich ist weder durch die Aufgaben der Mutterschaft, noch durch die Unsicherheit der Vaterschaft annähernd so sehr beeinflußt wie das der Menschheit. Mit dem Anfang der Kultur, sofern man ihn von der ersten Entfaltung des menschlichen Intellektes im Gemeinschaftsleben an rechnet, beginnt auch der welthistorische Prozeß der ungleichen Stellung zwischen den Geschlechtern.

In dem Drama der Gattungserhaltung weist die Natur bei den Tieren dem männlichen Wesen die aktive Rolle an, zu der es durch aggressive, als Bemächtigungstrieb auftretende Impulse ausgerüstet erscheint, indes sie das weibliche Wesen als das Objekt der Eroberung zu seiner Geschlechtsrolle durch passive Eigenschaften tauglich macht. Auch die menschliche Gattung bildet keine Ausnahme von der tierischen Regel; sie entfernt sich davon erst mit wachsender Kultur, deren Begleiterscheinung eine zunehmende individuelle Differenzierung ist. Die Eignung zu den Aufgaben der Gattungserhaltung wird in der Kritik der Weiblichkeit als *teleologische* Geschlechtsdifferenzierung oder primitive Geschlechtsnatur bezeichnet, weil sie die Anpassung an den Zweck der Fortpflanzung darstellt, »die Zweckmäßigkeit der psychischen Konstitution für die Leistung des Individuums als Gattungswesen.«

Mit dieser teleologischen Anpassung geht eine weitere Ungleichheit einher. Der Mann empfindet sich selbst als *Sexualsubjekt*, das Weib empfindet sich selbst als *Sexualobjekt* – die Bedeutung dieses Unterschiedes reicht sehr weit über dessen eigentliches Gebiet hinaus. Denn indem das Weib die Rolle des Objekts, die ihm das männliche Geschlechtsempfinden zuteilt, als Person annimmt, begibt es sich aller Vorrechte, die aus der Selbständigkeit des Subjektseins entspringen und zu den Grundlagen der Persönlichkeit gehören. Vermöge seines Subjektgefühles stellt sich der Mann an die erste Stelle, betrachtet sich selbst als Zweck alles Geschehens; das Weib hingegen wird als Mittel für die männlichen Zwecke auf die zweite Stelle gedrängt, wo es durch sein eigenes Objektgefühl festgebannt bleibt und das egozentrische Selbstbewußtsein, diese wichtigste Begleiterscheinung der männlichen Sexualität, welche die männliche Überlegenheit unterstützt, nicht in sich zu entwickeln vermag.

Zwar die Beschaffenheit der primitiven Geschlechtsnatur ist durch Veränderung der Lebensbedingungen gleichfalls zu verändern; in unberechenbar vielen Fällen hebt dann die Individualität das typische Geschlechtsempfinden auf, und die Kultur selbst wirkt in mannigfaltigen Einflüssen auf seine Veränderung hin. Ein ausnahmsloses, unter allen Umständen gültiges, ein unabwendbares Gesetz hingegen ist es, daß ein Weib, um seine generative Aufgabe zu erfüllen, sich den Beschwerden der Schwangerschaft und Geburt mit allen ihren einschränkenden Folgen unterziehen muß, wie es auch unumstößliches Gesetz ist, daß zwischen dem Vater und seinem Sprößling keine organisch unmittelbare Verbindung hergestellt werden kann, die seine Erzeugerschaft auf natürlichem Wege beglaubigen würde.

Es ist schwer anzunehmen, daß diese natürliche Ungleichheit der Geschlechter ihre Wirkungen jemals nicht ausgeübt haben sollte. Wie groß auch die Verschiedenheit der Sitten und Einrichtungen bei einzelnen Völkern sein mag, im allgemeinen ist das Verhältnis der Geschlechter doch gemäß der primitiven Geschlechtsnatur geordnet. Allerdings macht die Unsicherheit der Vaterschaft ihre Wirkungen erst auf einer höheren Entwicklungsstufe des Intellektes geltend, erst als die Beziehung zur Nachkommenschaft für den Mann eine *erkenntnismäßige* Tatsache wird. Solange die Nachkommenschaft nur nach der Mutterfolge geordnet wurde, weil die Vaterschaft unsicher war, konnten die Frauen eine Art Vorzug genießen, obgleich die Mutterfolge kein Matriarchat im Sinne der weiblichen Vorherrschaft über die Männer in sich schloß; denn es war immer ein männlicher Verwandter mütterlicherseits, dem die Kinder zu gehorchen hatten. Den Vorzug, den die Frauen durch die Mutterschaft gegenüber dem unentwickelten Vaterschaftsbewußtsein besaßen, mußten sie verlieren, sobald der Vater seine vollen Ansprüche an die Nachkommenschaft durchsetzte.

Aber angenommen selbst, das Matriarchat hätte eine wirkliche Weibervorherrschaft bedeutet, so war es doch unverkennbar nicht die Überspannung der Macht, die das weibliche Geschlecht um die Vorherrschaft brachte: es unterlag mit seinen Mutterrechten an die Nachkommenschaft den *Vaterrechten*, die der Mann vollauf bezahlte, indem er zugleich seine stärkere Arbeitskraft in den Dienst ihrer Versorgung stellte. Und ebensowenig war es viele Jahrtausende später die Überspannung der männlichen Macht, die das weibliche Geschlecht zur Auflehnung dagegen trieb, sondern vielmehr die *Entwicklung zur Persönlichkeit*, die sich auch an den Frauen vollzog.

Diese Auflehnung als bewußter und systematischer Kampf der Frauen hat erst eingesetzt, nachdem die männerstaatliche Vorherrschaft längst vom Gipfel ihrer Macht herabgestiegen war, und ihre allmähliche Milderung ist nicht das Werk des weiblichen Widerstandes gewesen. Sondern in demselben Verhältnis als das Bewußtsein der Persönlichkeit sowohl in der männlichen wie in der weiblichen Psyche wächst, lockert sich die Unterwerfung unter das Gesetz, das den Frauen die zweite Stelle, die Stelle des Mittels, auferlegt.

I

In dem Begriff der Persönlichkeit gipfelt der Sinn der abendländischen Kultur; er ist es, der ihre Entwicklung, ihre besondere Richtung bestimmt und Wirkungen hervorgebracht hat, die ihre Weltstellung tiefer begründen als die Machtmittel der Zivilisation.

Der Mensch des Mittelalters erkannte sich nur als Rasse, Volk, Partei, Korporation, Familie oder sonst in irgendeiner Form des Allgemeinen; im Zeitalter der Renaissance aber erhebt sich mit voller Macht das Subjektive, der Mensch wird geistiges Individuum und erkennt sich als solches. (Burckhardt*) Dieser Prozeß ergreift drei Jahrhunderte später die Frauenwelt und bringt den Kampf um die Rechte der Persönlichkeit hervor, der den ideellen Inhalt der Frauenbewegung bildet. Das ist jedoch nicht so zu verstehen, als hätten die Frauen nicht schon vorher als Persönlichkeiten Anteil an der Kultur besessen; nur ist der Schauplatz dieser spezifisch weiblichen Kulturentfaltung in ähnlicher Weise von der Allgemeinheit getrennt wie der häusliche Herd. Es unterliegt keinem Zweifel, daß die ästhetisch-gesellige Lebensform, die in den Salons des siebzehnten und achtzehnten Jahrhunderts Gestalt annahm, eine Schöpfung der daran beteiligten Frauen war. Diese Form des geselligen Verkehrs, die einen Austausch geistiger Werte von Person zu Person vermittelt, beruhte auf der Kunst, das eigene Wesen durch die persönliche Umgangsform zur Erscheinung zu bringen – eine Kunst, die bei Frauen viel häufiger zu finden ist als bei Männern, so daß sie von vielen als die spezifische Art der weiblichen Genialität bezeichnet wird. Das Zeitalter der Salons, deren Mittelpunkt universell gebildete Frauen waren, gibt Zeugnis von der Vollendung dieser spezifisch weiblichen Kulturleistung; auf diese Frauen paßt das schöne Wort Luckas über das Verhältnis der Kultur zur Persönlichkeit und ihre Bedeutung für dieselbe. Er nennt (in den drei Stufen der Erotik) Persönlichkeit »die ihrer selbst bewußte individuelle Seele, die aus sich die allgemeinen, ideellen (Kultur-)Werte hervorbringt, sich wieder mit ihnen erfüllt und sich ihrer höheren Form angleicht.«

Die Veränderung der Lebensbedingungen aber nötigt die Frauen, ihren Anteil an der Kultur auf einem anderen Gebiete zu suchen. Darüber ist kein Wort mehr zu verlieren; sie können sich in ihrem alten Kulturkreise unter keiner Bedingung behaupten und müssen das Wesentliche der Persönlichkeit wie der Mann in der freien Verantwortung für ein durch Ideen bestimmtes Handeln gegenüber der Allgemeinheit suchen.

Für den Mann lag die Entwicklung zur freien Persönlichkeit auf der Linie seiner naturhaften teleologischen Wesensart. Sein geschlechtlicher Subjektivismus ist dem Persönlichkeitsbewußtsein verwandt, und sein Kampf um die Vatervorrechte, seine Stellung im patriarchalen Zeitalter zeigt schon in Urzeiten die Richtung, die er zur vollen Ausbildung der Persönlichkeit einschlagen sollte. Für die Frau aber geht die Entwicklung zur eigenberechtigten Persönlichkeit nicht aus der teleologischen Geschlechtsnatur hervor; sie hat sich im Gegensatz zu dieser vollzogen. Deshalb ist sie das größte Ereignis der Kulturgeschichte hinsichtlich des weiblichen Geschlechtes. Auf die kürzeste Formel gebracht, lautet die weibliche Entwicklung: die Frau wird aus einem Objekt ein Subjekt, aus einer Sache eine

Person. Der Weg dieser Entwicklung ist keineswegs abgeschlossen. Es gibt noch Rückstände genug in Anschauungen und Sitten und nicht zuletzt im weiblichen wie im männlichen Gefühlsleben, die mit dem Begriff der eigenberechtigten Persönlichkeit für die Frau in Widerspruch stehen.

Von dem Gesichtspunkt der Geschlechtsteleologie im Verein mit dem Persönlichkeitsinteresse aus kann es vielleicht gelingen, ohne Einschränkung der freien Selbstbestimmung nach Individualität einige Richtungslinien aufzufinden, die von den Frauen als Gesamtheit in ihrer neuen Stellung einzuhalten wären, wenn sie die unabwendbare, naturgegebene Ungleichheit der Geschlechter, die in dem Unterschied der generativen Belastung beschlossen liegt, berücksichtigen wollen.

Der Unterschied in der Subjektstellung des Mannes und der Objektstellung des Weibes wird ideell am Bezeichnendsten durch den Ehrbegriff gekennzeichnet. Was bisher den Inhalt der weiblichen Ehre ausmachte, war im Grunde ein somatischer Vorzug – die geschlechtliche Intaktheit, bei dem unverheirateten Weibe die Jungfräulichkeit, bei dem verheirateten die Ausschließlichkeit. Besonders drückt sich der Mangel an Selbständigkeit darin aus, daß für die weibliche Ehre eine männliche Person mitverantwortlich sein oder auch ganz für sie einstehen mußte. So hatte bei der verheirateten Frau der Gatte die verletzte Ehre zu rächen, indem er den Verführer bestrafte, bei der unverheirateten der Vater oder Bruder.

Auch der männliche Ehrbegriff begreift zum Teil spezifische Geschlechtseigenschaften in sich. Daß ein Mann ohne physische Tapferkeit als ehrlos, die Feigheit als Schimpf gilt, hat einen sexuellen Hintergrund – das läßt sich schon daran erkennen, daß die gleiche seelische Disposition beim Weibe als Schutzbedürftigkeit ausgelegt wird und eher den Ruhm einer anziehenden Eigenschaft genießt. Beim Manne aber ist physische Tapferkeit ein Bestandteil der primitiven männlichen Geschlechtsnatur, die den Bemächtigungstrieb zur Grundlage hat; Mangel an physischer Tapferkeit schränkt auch den Bemächtigungstrieb ein, und Tapferkeit als aggressive Seelenstimmung ist ebensowohl eine Voraussetzung wie eine Begleiterscheinung desselben.

Zum anderen Teil aber enthält der männliche Ehrbegriff eine Bedeutung von hohem ideellen Wert für die freie Persönlichkeit. In Gestalt des Ehrenwortes hat sich diese ein Instrument geschaffen, durch das sie ihre volle Macht und Selbstherrlichkeit zu beweisen vermag, indem sie es zum Pfand einsetzt. Entkleidet man das Ehrenwort seiner romantisch-ritterlichen Bedeutung, die es an überwundene Anschauungen heftet, so bleibt doch etwas Unvergleichliches und Unvergängliches zurück – die freiwillige Bindung, der Einsatz der Persönlichkeit in einem Willensakt von unverbrüchlicher Gewalt. Das Ehrenwort ist jenseits aller konventionellen Vorurteile der Ausdruck dafür, daß ein Mensch die innere Macht besitzt, auf seiner freien Entschließung unbedingt zu beharren und sie allen Widerständen zum Trotz zu behaupten. Dadurch wird das Wort – bezeichnenderweise heißt es das Manneswort – zum vollen Ausdruck dessen, was die freie Persönlichkeit ist. Es gibt in der Tat für den Einzelnen nichts Höheres als die Fähigkeit, ohne äußeren Zwang für sich unter allen Umständen einstehen zu können, sie ist das vornehmste und kostbarste Gut, das der auf sich selbst gestellte, sich selbst als ein ideelles Zentrum empfindende Mensch besitzt.

Daß den Frauen kein solches Wort zugetraut wird, zeigt deutlich, daß sie die Rechte der Persönlichkeit noch nicht ganz erobert haben. Nichts müßte den Frauen so sehr angelegen sein, als sich gleichfalls ein ideelles Instrument zu schaffen, durch das sie sich wie der Mann in jedem Fall als Persönlichkeit über jeden Zweifel an ihrer Zuverlässigkeit erheben können. Hat die Gültigkeit des Ehrenwortes für den Mann in seinen sozialen Beziehungen einen unvergleichlichen Wert, so gewinnt es für die Frauen noch eine besondere und entscheidende Bedeutung in jenem Punkte, wo die naturhafte Ungleichheit der Geschlechter ihre Stellung bisher auf das Nachteiligste beeinflußt hat, wo ihre Unabhängigkeit durch die männlichen Geschlechtsinteressen am stärksten gefährdet war. Wir wissen, daß es die Unsicherheit der Vaterschaft ist, die dem weiblichen Geschlecht die empfindlichsten Einschränkungen auferlegte, um durch Zwangsmittel der Fälschung vorzubeugen. Die barbarischen Kautelen der Vaterschaft sind zwar in der abendländischen Kultur nicht mehr gebräuchlich; sie werden aber in ihren letzten Auswirkungen erst ganz überwunden sein, wenn das weibliche Ehrenwort das gleiche Ansehen gewonnen hat wie das männliche. Jener naturhaften Ungleichheit in Dingen der Nachkommenschaft zu begegnen, gibt es für die Frauen kein anderes Mittel, als mit den Rechten der Persönlichkeit das tiefe Bewußtsein zu verbinden, daß der Inhalt ihrer spezifischen Ehre im Verhältnis zum Manne die Sicherung der Vaterschaft sein muß, weil es für die Stellung der weiblichen Persönlichkeit nichts Schlimmeres gibt, als die Fälschung der Nachkommenschaft. So wenig die Bewahrung der Jungfräulichkeit im Grunde etwas mit dem weiblichen Ehrbegriff zu tun hat, so untrennbar davon ist die Bewahrung der Ausschließlichkeit. Wenn es den Frauen gelingen sollte, neuen Normen Anerkennung zu schaffen, die den Interessen der weiblichen Persönlichkeit gerecht werden, so müßte die generative Verläßlichkeit mit den stärksten Suggestivmitteln im Bewußtsein des weiblichen Geschlechtes verankert sein. Welcher Mangel an Instinktsicherheit aber selbst unter den Männern gegenwärtig in diesem Punkte herrscht, zeigt unter anderm das Beispiel von Rudolf Hans

Bartsch,* der in der Gestalt der »lichten Frau von Karminell« eine Filscherin der Nachkommenschaft verherrlicht, ohne daß dies irgend Anstoß erregt hätte.

Die Entsachlichung des Weibes als Kulturprozeß ist zu einem planbewußten Vorgang erst durch die Frauenbewegung geworden. Man hat ihren Vertreterinnen häufig den Vorwurf gemacht, daß sie von den guten Instinkten der Weiblichkeit verlassen seien; betrachtet man aber ihr Programm von dem Standpunkt, von dem aus die Eroberung der Persönlichkeit zu erblicken ist, so muß man eher über die Treffsicherheit staunen, mit der sie die soziale Mission der Frauen auch dort aufgriff, wo sie mit den verborgensten Wurzeln in das Problem der weiblichen Persönlichkeit hinunterreicht. Alle Beziehungen, Einrichtungen, Zustände, in denen noch die Auffassung des Weibes als Sache oder bloßes Mittel fortwirkt, hemmen irgendwie die Gleichberechtigung und damit zugleich die Möglichkeit, spezifisch weibliche Einflüsse in der sozialen Kultur zur Herrschaft zu bringen. Für jede Frau, der die Persönlichkeit zur gestaltenden Kraft ihres Lebens geworden ist, muß es eine unerläßliche Aufgabe bedeuten, von diesem Gesichtspunkt aus die Probleme des privaten wie des Gemeinschaftslebens zu prüfen.

Es ist eine vielfach erörterte Frage, ob eine Frau nicht ohne Herabsetzung ihrer persönlichen Ehre über ihren Körper nach ihrem Belieben verfügen dürfe, also auch, wenn sie es aus freiem Entschlusse tun kann, ihn verkaufen. Völlige moralische Vorurteilslosigkeit scheint die Bejahung dieser Frage zu fordern; und mit dieser Bejahung will man auch die soziale Rehabilitierung der prostituierten Frauen begründen, um auf diese Weise eine der schwersten Ungerechtigkeiten der herrschenden Gesellschaftsordnung aus der Welt zu schaffen. Havelock Ellis sagt mit Bezug darauf: »Von einer Prostituierten zu sprechen, die sich verkauft, ist nicht nur eine verzeihliche rhetorische Übertreibung, sondern sowohl ungenau als ungerecht.« Und er meint, die Prostituierte sei zu der Gattung der beruflichen Arbeiter zu zählen, die für geleistete Dienste Lohn empfangen.

Damit wird aber das Wesentliche und Entscheidende nicht berührt, warum die Tatsache der Prostitution, auch wenn man von allen moralischen Bestimmungen absieht, keine soziale Umwertung erfahren kann. Solange unter Prostitution eine flüchtige Geschlechtsbeziehung zu verstehen ist, bei der die Frau gegen Bezahlung bloß als Mittel der Befriedigung für ein physiologisches Bedürfnis dient, wird sie mit der Anerkennung der weiblichen Persönlichkeit unvereinbar sein. Man glaube doch nicht, daß die übliche Unterscheidung der Männer zwischen ehrbaren Frauen, denen man Achtung bezeigt, und liederlichen, denen man keinerlei Rücksicht schuldet, nur auf einem konventionellen Vorurteil beruht! Die Frau, die sich selbst zur Sache macht, fordert in der männlichen Psyche alle primitiven und elementaren Impulse heraus, die der weiblichen Persönlichkeit feindlich sind; sie setzt das Geschlechtsverhältnis auf jene Stufe herab, wo das Weib nur willenloses Werkzeug der männlichen Übermacht war. Wenn man aber behauptet, daß eine Frau gerade als freie Persönlichkeit mit ihrem Körper nach Belieben schalten dürfe, so liegt dieser Auffassung ein Mißverständnis zugrunde: soll sich die Stellung der Frau gemäß den Rechten der freien Persönlichkeit sozial verwirklichen, dann darf die Frau selbst nichts tun, was die Persönlichkeit in ihr verneint und bei den Männern die alte Auffassung des Weibes als Sache gefühlsmäßig oder denkmäßig zu rechtfertigen imstande ist.

Aus dem Persönlichkeitsbewußtsein, dieser ersten Bedingung für die soziale Gleichberechtigung des weiblichen Geschlechtes, ergibt sich als die eine große Aufgabe der Frauen in ihrer neuen Stellung die Bekämpfung der sexuellen Übelstände, an denen das Leben der Kulturmenschheit krankt – eine Bekämpfung, die den Frauen auch aus dem Grunde ihrer generativen Belastung angelegen sein muß. Denn nicht nur die Verneinung der weiblichen Persönlichkeit im Wesen der Prostitution läßt sie für die Frauen als Gesamtheit verwerflich erscheinen – da sie überdies die Trägerin ansteckender Krankheiten ist, die sich auf die Nachkommenschaft erstrecken, wird sie für alle Frauen, deren Leben der generativen Aufgabe gewidmet ist, eine Geißel und Gefahr. In der bürgerlichen Welt besteht allerdings die Auffassung, daß die sexuelle Integrität der ehrbaren Frauen durch die prostituierten vor der unhemmbaren Gewalt der männlichen Sexualität geschützt wird. Die ehrbaren Frauen alten Schlages haben sich durch dieses Argument damit abfinden lassen, ihre Gatten aus den Händen der Prostitution zu empfangen – aber die Geschichte der Frauenbewegung gibt in zahlreichen Dokumenten ein rühmliches Zeugnis dafür, daß sie schon in einer Zeit, in der die Berührung dieses Gebietes als schmähliche Verletzung der Sittsamkeit galt, nicht davor zurückscheute, die Konsequenzen ihres Standpunktes auch hier auf sich zu nehmen.

Von zwei Richtungen her läßt sich das Verhältnis des Einzelnen zur Sexualität beeinflussen: auf dem intellektuellen Wege durch Aufklärung und auf dem gefühlsmäßigen durch Änderung des Verhaltens in sexuellen Dingen. Der intellektuelle Weg ist der leichtere; er hat im Laufe der letzten Jahrzehnte zu einer umfangreichen Literatur geführt, eine neue Wissenschaft, die Sexuologie, ist entstanden, Vereine und Enqueten haben zur Bekämpfung der Unwissenheit und Heuchelei eine nicht zu unterschätzende Arbeit geleistet, an der sich Männer in hervorragender Weise beteiligten. Aber es sollte nicht vergessen werden, daß der Anstoß zur öffentlichen Behandlung dieser Fragen von der Frauenbewegung ausging. Frauen waren es auch, die zuerst den Mut fanden, sich gegen die Ungerechtigkeit, Einseitigkeit und Verheimlichung aufzulehnen, mit der die Behörden die Opfer der Prostitution behandelten. Man braucht nur den Namen Josefine Butlers* zu nennen, die in England viele Jahre lang einen unbeugsamen Kampf auf diesem Gebiet führte und die schwersten Verfolgungen um ihrer Tätigkeit willen ertrug.

Seit dem Kriege ist diese eine Aufgabe der Frauen in den Hintergrund getreten; die andere große Aufgabe fordert alle Kräfte in ihren Dienst. Es ist der Kampf gegen den Krieg. Die Argumente zu wiederholen, die von den Frauen gegen die sozialen Übelstände des sexuellen Gebietes aufgebracht wurden, erübrigt sich angesichts der umfangreichen Literatur darüber. Anders verhält es sich mit dem Pazifismus als einem speziellen Problem weiblicher Tätigkeit. Ein Versuch, das Wesen des Krieges von der psychologischen Seite zu beleuchten, wird den Grund zeigen, warum die Frauen mehr als die Männer den Krieg zu bekämpfen haben.

Wir müssen den Krieg als eine von der Machtkonkurrenz unter den Völkern untrennbare Erscheinung erkennen. Aber nicht seine wirtschaftlichen und politischen Ursachen sind es, die hier in Betracht kommen, sondern jene verborgenen Wurzeln, mit denen er tief in die naturhafte Männlichkeit hinunterreicht. Denn der Krieg ist nicht bloß eine politische Erscheinung, nicht bloß Machenschaft, er ist auch Instinktsache. Könnte eine so ungeheuerliche Einrichtung wie der Krieg sich durch alle Phasen der Kulturentwicklung behauptet haben, wenn er nur durch eine kleine Gruppe von Machthabern den Völkern aufgezwungen würde, ohne daß er durch deren Instinktleben gefördert wäre? Damit soll nicht etwa gesagt sein, daß jeder am Krieg beteiligte Mann auch von kriegerischen Instinkten beherrscht ist; namentlich angesichts der allgemeinen Wehrpflicht wäre eine solche Annahme völlig unhaltbar. Ohne Zweifel aber ist der Krieg jener Lebenszustand, der am meisten geeignet ist, die unter den Einflüssen der Friedenszeit verdrängten kriegerischen Ur-Instinkte der Männlichkeit wieder zu entfachen und mit allen ihren Begleiterscheinungen zur Herrschaft zu bringen. Theoretisch betrachtet, stellt der Krieg die äußerste Ausgeburt des Mannwesens dar, die letzte und furchtbarste Konsequenz der absoluten männlichen Aktivität. Neben dieser höchsten Steigerung der naturhaften Männlichkeit nach außenhin kann das naturhaft Weibliche sich nicht als etwas Gleichberechtigtes behaupten; es muß notwendigerweise auf die zweite Stufe der herrschenden Lebewesen sinken.

Von den Gesichtspunkten einer höheren menschlichen Bewertung aus ist diese Zurücksetzung natürlich nicht gerechtfertigt; denn die seelische Leistung, zu welcher der Krieg die Frauen verurteilt – die Standhaftigkeit, mit der sie das Schicksal der ihren Herzen teuren Männer abwartend aus der Ferne miterleben müssen –, fordert gleichfalls eine Art Heroismus. Aber nach den im Kriege herrschenden Werten hat dieser weiter keine Auszeichnung zu beanspruchen. Und wie anders sind überdies die Wirkungen dieses passiven Heldentums in der Psyche als die des aktiven männlichen!

Der Mann, der sein Leben im Kampf aufs Spiel setzt, vermag unter Umständen seelische Sensationen zu erleben, die eine Art Rausch, eine eigentümliche Anspannung und Steigerung dessen mit sich bringen, was man somatisches Persönlichkeitsgefühl nennen kann. Auch wenn die edlen Motive der Verteidigung einer gemeinsamen Sache, der Aufopferung für das Vaterland, im Vordergrund des Bewußtseins stehen, entspringt doch die Kampfeslust nicht aus dieser ideellen Sphäre, sondern geht eher mit jener Wiedererweckung verdrängter Ur-Instinkte einher, die bewirkt, daß für viele Männer die kriegerische Lebensweise trotz aller mit ihr verbundenen Gefahren und Strapazen in der Tat etwas Befreiendes hat.

Nichts Ähnliches begleitet das passive Heldentum der Frauen, das rein ethischer Art und ohne alle somatische Bestärkung ist. Den Frauen bietet der Krieg keines der Äquivalente, die er unter Umständen der männlichen Natur gewährt. Selbst dann nicht, wenn sie über den passiven Heroismus der Entsagung hinaus eine Tätigkeit, wie die Pflege der verwundeten und kriegsuntauglich gewordenen Männer übernehmen oder andere, mit dem Krieg einhergehende Aufgaben sozialer und wirtschaftlicher Art, die das Maß der bloß passiven Duldung und Ergebung weit überschreiten.

Schon die Mission der Lebenserhaltung an sich, die den Frauen durch diese Hilfeleistungen zufällt, offenbart den tiefen Gegensatz, der zwischen dem Weibe und dem Kriege besteht. Das Gesetz des Krieges, sein innerstes Wesen, ist *Eroberung durch Zerstörung*, indes das Gesetz des weiblichen Wesens nach seiner ursprünglichsten und allgemeinsten Funktion *Lebenserhaltung* ist. Dem Weibe muß geborenes Leben teurer sein als dem Manne, weil die Natur nur das Weib mit den Leiden und Schwierigkeiten, die seine Entstehung kostet, beladen hat. Daß in allen Jahrtausenden menschlicher Geschichte das Weib nicht imstande war, dieser wesenhaften Gegnerschaft gegenüber dem Kriege Geltung zu schaffen, erklärt sich aus seiner sekundären Stelle, von wo es das Gesetz seiner besonderen geschlechtlichen Natur nicht durchsetzen konnte.

Eine immer wachsende Ausgestaltung des Rechtsstaates auf der Linie der individuellen Freiheit ist jene Voraussetzung, mit welcher die soziale

Stellung der Frau steht und fällt. Sobald der Rechtsstaat suspendiert wird, wie dies im Kriege durch die Vorherrschaft der Militärgewalt der Fall ist, verliert die Frau die Gleichwertigkeit schon von dieser Seite. Nur unter *einer* Bedingung könnte dann noch die Forderung der Gleichberechtigung aller Staatsbürger ohne Unterschied des Geschlechtes aufrecht erhalten werden: wenn auch das weibliche Geschlecht in die allgemeine Wehrpflicht einbezogen würde.

Diese Konsequenz ist allerdings bisher nur von den Gegnern der Gleichberechtigung aufgezeigt worden, um diese ad absurdum zu führen. Sie haben dabei die Mutterschaftsleistung der Frau unbeachtet gelassen, ihre schwere Belastung mit den Aufgaben der Fortpflanzung, die doch wohl als ein Ersatz der männlichen Kriegsdienstleistung zu betrachten ist.

Es bedarf keines Beweises, daß die aggressiven Impulse, die beim Manne die Neigung zu kriegerischen Handlungen mit sich bringen, in der psychophysischen Konstitution des Weibes nahezu ganz fehlen. Die Ausnahmen, die während des Krieges in einzelnen an der Front kämpfenden Frauen hervorgetreten sind, bestätigen allenfalls, daß die Geschlechtsdifferenzierung in der Tat keine Schranke der individuellen Beschaffenheit bildet. Vielleicht verdienen diese Ausnahmen um dieser Bestätigung wie um ihrer persönlichen Tapferkeit willen Beachtung – aber als ein löbliches Beispiel, als Vorbild für die Frauen im allgemeinen können sie nicht gelten.

Ja wo die Nachahmung der männlichen Kriegsdienstleistung durch Frauen einen größeren Umfang gewann, wie bei den russischen Frauenbataillonen, bedeutet sie eine gröbliche Verkennung dessen, was die Menschheit von den Frauen zu erwarten hat, eine Instinktverirrung schlimmster Art.

Denn auch die größte Wertschätzung des physischen Mutes, der Tapferkeit, der Todesverachtung und aller anderen hohen Leistungen, die mit der kriegerischen Disposition der männlichen Natur im günstigen Falle einhergehen, vermag an der Tatsache nichts zu ändern, daß der Krieg das furchtbarste Übel ist, das die menschliche Gesellschaft durch die Jahrtausende mit sich schleppt.

Die ganze Welt des Krieges, ihre Herkunft von einer Stufe des Denkens, auf der an der Grenze des Stammes der Mensch aufhört und der Feind nicht als wesensgleiches Geschöpf gilt, steht in einem tragischen Gegensatz zu dem intellektuellen Niveau des modernen Menschen. Auch die hohe Bewertung der kriegerischen Mannhaftigkeit entstammt einer Zeit urweltlicher Zustände und Empfindungen; und doch erhält sie zugleich ihre Begründung und Rechtfertigung aus einer immer noch sehr häufigen Beschaffenheit des männlichen Wesens. Unverkennbar besteht ein Zusammenhang der kriegerischen Impulse mit einer bestimmten Art der männlichen Geschlechtsimpulse. Schon im Tierreich erscheint dieser Zusammenhang in den Kämpfen der männlichen Tiere untereinander, wenn auch diese Kämpfe nur ein Analogon des Duells, nicht aber des Krieges bilden. Es sind dieselben Geschlechtsimpulse, die zugleich das herrische Überlegenheitsgefühl des Mannes über das Weib bedingen – und wie sollte denn, solange diese Art der männlichen Geschlechtsimpulse die Herrschaft führt, für die Frau als eigenberechtigtes, dem Manne gleichgestelltes Wesen wirklich Raum sein?

Im Kriege wird ein primitiver Zustand des Mannestumes Herr über die Kultureinflüsse und Kulturbildungen jüngeren Datums. Die Untaten, die über den gesetzmäßig geordneten Kampf hinaus in jedem Kriege begangen werden, zeigen deutlich, welche Gewalt die Instinkte des Urmenschen noch immer erreichen können, sobald die Hemmungen des Kulturlebens wegfallen; und es ist keine zufällige, sondern eine mit der kriegerischen Disposition eng verknüpfte Erscheinung, daß in jedem Kriege Vergewaltigung an feindlichen Frauen geübt wird.

Aber auch abgesehen von dieser äußersten Entfesselung der Brutalität – schon allein die Aufhebung jeder gewohnten Ordnung in geschlechtlicher Hinsicht, die Zerstörung des ehelichen Lebens und aller heimatlichen Liebesbeziehungen müssen die schlimmsten Übelstände nach sich ziehen. Zu der Verwilderung durch Haß- und Rachegefühle, durch Gewöhnung an eine von allen kulturellen Erhöhungen entblößte Lebensweise gesellt sich als dunkelster Schatten, den der Krieg bis weit in den Frieden hinein wirft, die sexuelle Bandenlosigkeit – für das weibliche Geschlecht vielleicht die folgenschwerste Schädigung, die es durch den Krieg erfährt.

Mit diesen Ausführungen werden nur einige der wichtigsten Gründe beleuchtet, warum die Frauen unter allen Umständen, wenn sie sich auf ihre natürlichen und sozialen Aufgaben von ihrem eigenen Standpunkt aus besinnen, unbedingt den Krieg verwerfen, ihn als die furchtbarste Geißel der Menschheit verabscheuen müssen. Es gibt Männer genug, die diese Anschauung vertreten, Männer, die werktätigen Anteil nehmen an der pazifistischen Bewegung und an allen Bestrebungen, die damit zusammenhängen; aber wenn die Bekämpfung des Krieges für den Mann eine Sache der höheren Menschlichkeit ist – für die Frau bedeutet sie noch darüber hinaus die Bedingung höherer Lebensmöglichkeiten für ihr eigenes Geschlecht als Ganzes.

Es mag dahingestellt bleiben, ob der Krieg als eine unvermeidliche Begleiterscheinung der menschlichen Zustände anzusehen ist oder sogar, wie andere meinen, als eine Art notwendiger Zuchtrute, durch die eine

Regeneration verderbter Lebensverhältnisse herbeigeführt wird. Wer ihn aus der Nähe kennengelernt hat, weiß nur zu gut, daß er weit weniger »eine Schule des Opfermutes und der Entsagung« (Moltke*) ist, als eine Brutstätte der Verrohung und Verwilderung, der Niedertracht und Korruption. Auch die Frage, ob der Krieg jemals durch irgendwelche soziale Veränderungen gänzlich aus der Welt zu schaffen sein kann, braucht uns nicht zu beschäftigen. Man kann sogar zugeben, daß die beiden großen Kulturaufgaben der Frauen, die Bekämpfung der Prostitution und die Bekämpfung des Krieges, utopistische Ziele sind – das beeinträchtigt ihren Wert als Richtungslinie nicht im geringsten. Denn die menschliche Gesellschaft kämpft, seitdem sie überhaupt eine soziale Organisation besitzt, gegen vielerlei Übel, die sie bisher nicht ausrotten konnte, ohne daß sie den Kampf dagegen aufgegeben hätte. Aber nur dann, wenn die Frauen ganz allgemein begreifen, daß ihre Mission im sozialen Leben eine andere sein muß als die der Männer, wenn sie den herrschenden Männerwerten ihre eigenen, an der naturhaften Ungleichheit der Geschlechter orientierten gegenüberstellen, werden sie mit ihrem Eintritt in das politische Leben ein neues Blatt im Buche der Weltgeschichte aufschlagen.

Sexuelle Lebensideale

Vorspiel

Während einer schweren Krankheit hatte Franz von Assisi* lange die Schmerzen in heroischer Askese getragen, ohne Linderung zu suchen, bis er sich an einen Genossen mit der Frage wandte, ob es wohl kein Unrecht wäre, dem Körper Sorge angedeihen zu lassen. Der Genosse fragte zurück: »Kannst Du Deinem Körper, o Vater, das Zeugnis geben, daß er sich immer gehorsam erwiesen im Dienste des Herrn?« Und als der Kranke bejahte, fuhr er fort: »Ist es also nicht recht, daß Du solchem Freunde, der sich so oft für Dich dem Tode ausgesetzt hat, in so großer Not hilfst?« Da rief der heilige Franz: »Freue Dich, Bruder Körper, und schone meiner, denn sieh, schon handle ich freudig nach Deinem Wunsche und eile, Dir in Deinen Schmerzen zu Hilfe zu kommen«; und von Stund an unterwarf er sich den Anordnungen des Arztes.

Unter der Herrschaft einer dualistischen Weltanschauung, die den Sinn des Lebens in ein rein geistiges Jenseits verlegte, hatte das höhere Streben den fanatischen Ehrgeiz entfacht, die Seele um jeden Preis von den Fesseln der Sinnlichkeit zu befreien; der Körper mit seinen Ansprüchen erschien als der unbotmäßige, aufrührerische Sklave des selbständigen, übersinnlichen Wesens, das ihn vorübergehend bewohnte, um in ihm die Materie zu besiegen. Er war »der Saustall des irdischen Fleischhauses«, wie ihn noch der Mystiker Gichtl* nannte, »ein finsteres Gefängnis der Seelen, darin der Teufel sein Raubschloß hat«.

Gegenüber solchen Anschauungen bedeutete es eine Tat, den Körper zur Stellung eines Bruders zu erheben; innerhalb einer Weltinterpretation aber, die den Sinn des Lebens in das Diesseits verlegt, scheint sich diese Stellung von selbst zu verstehen. Als Träger der Seele – nämlich der höheren, die leibliche Notdurft überragenden Bewußtseinsleistungen –, der nur die gleiche Lebensdauer zugemessen ist wie ihm, kann er den gleichen Rang beanspruchen wie sie; denn sobald der metaphysische Hintergrund fällt, auf dem die Verdammung beruhte, ändert sich auch die Bewertung der Antriebe, durch die das menschliche Wesen dem Erdenleben verbunden wird.

Aller ideologischen Voraussetzungen müde, der Suggestion überlieferter Werte nicht mehr zugänglich und verbittert gegen die großen Worte der Ethik, die mit den Tatsachen nicht rechnet, sucht der moderne Mensch sein Heil in der Auffindung und Anerkennung der realen Mächte, die das Leben regieren – wie in der Außenwelt, so in der Innenwelt. Er will nicht länger gleich einem Soldaten im Kriege für ein imaginäres Vaterland jenseits des Irdischen bluten. Und da der alte Teufel so wenig mehr ein Raubschloß im Fleische besitzt, wie der alte Herrgott einen Tempel im Geiste, so hindert nichts, daß der alte Sklave zum Bruder wird.

Wie kommt es also, daß es mit der Gleichberechtigung nicht recht vorwärts geht? Denn die Gleichberechtigung, um die es sich handelt, ist nicht der Libertinismus, der sich zu allen Zeiten über jede ernste Lebensauffassung hinwegsetzt, um unbehelligt möglichst viel Vergnügen aus dem Erdendasein herauszuschlagen. Es könnte sein, daß der Libertinismus ebensoviel Schuld an dem Mißlingen der Gleichberechtigung trägt, wie der Rigorismus. Wenn dieser die Zuchtrute nicht missen will, mit dem er den unbotmäßigen Sklaven in Respekt hält, so läßt ihm der Libertinismus dermaßen die Zügel schießen, daß wieder die Interessen der anderen Hälfte zu kurz kommen. Der Gegensatz der Interessen innerhalb des menschlichen Wesens scheint es mit sich zu bringen, daß trotz aller Anläufe zu Körperkultur und Körpersport die Identifizierung von Körper und Seele in unserem Denken so wenig vollzogen ist wie die Gleichberechtigung in unserem Sein.

Der Ausdruck des Gleichgewichtes in der psychophysischen Beschaffenheit ist zunächst nichts anderes als die Gesundheit. Mit der Gesundheit aber hat es eine eigene Bewandtnis. Wie unschätzbar, ja wie unentbehrlich sie auch sei, sie läßt sich nicht zum Rang eines persönlichen Lebensideales erheben. Sie ist eine Voraussetzung, sie ist kein Ziel. In dem Kampf zwischen den beiden großen Wertgruppen, die der doppelten Anlage der menschlichen Natur entsprechen, zwischen geistigen und materiellen, besitzt die Gesundheit keine ausschlaggebende Macht. Der Mensch mit überwiegend geistigem Triebleben mißt ihr keine Bedeutung bei, die gewichtig genug wäre, um gegen übermäßige Ansprüche des Geistes in die Waagschale zu fallen. Alles, was außerhalb des Gebietes liegt, das ihn einzig beschäftigt, erscheint ihm gleichgültig, nebensächlich, wertlos; deshalb hat Nietzsche den modernen Gelehrten den letzten Typus des Asketen genannt. Weniger schmeichelhaft könnte man ihn auch als den Typus der geistigen Ausschweifung bezeichnen, als Wüstling des Geistes. Gewöhnlich treibt er es mit dem Bruder Körper ärger als der heilige Franz; wenn der Körper versagt oder zusammenbricht, betrachtet er ihn erst recht als einen

Störenfried, den zu berücksichtigen ihm so lästig fällt, daß das Leben allen Sinn und Wert für ihn verliert.

Der Mensch der primitiven Beschaffenheit hingegen, der im Materiellen aufgeht, pflegt die Gesundheit ebensowenig als ein höchstes Gut zu achten. Gesundheit bedeutet intaktes Leben, weiter nichts; wer sie besitzt, wird sich ihrer gar nicht bewußt. Er ist ein Reicher, der vergeudet, weil er seine Schätze für unerschöpflich hält. Und so geschieht es nur allzu leicht, daß er, ohne Direktiven eines geistig erfüllten Lebens, sich hemmungslos an die Sinnenwelt verliert, in welcher der Körper um so unsinniger schaltet, je stärker die elementare Vitalität in ihm ist.

Denn leider ist der Bruder Körper ein unregierlicher Geselle geblieben, der, instinktverlassen und mit sich selbst uneins, von seiner Freiheit keinen rechten Gebrauch zu machen weiß. Seine Neigung für Stimulantien im Verein mit seiner Unfähigkeit, sich selbst eine Schranke zu setzen, läßt allein schon die Gleichberechtigung fragwürdig erscheinen. Kaum dem Gängelband der christlichen Askese entronnen, hat er gegen sich eine Schar Antibewegungen heraufbeschworen, die ihn Mores lehren wollen. Er soll sich des Alkohols und des Nikotins entwöhnen, der Alkaloide und der Fleischnahrung, eventuell sogar aus der Welt der Kultur, die ihn zu einem kranken Tier gemacht hat, zur Natur zurückkehren und wieder auf allen Vieren gehen – ja was soll er nicht noch alles! Und es scheint keinem Zweifel zu unterliegen: sobald er nicht von dem Zügel eines Sollens geleitet wird, hört er auf, sich »im Dienste des Herrn« gehorsam zu erweisen.

Zwar der Bruder Körper weiblichen Geschlechts genießt den Leumund, daß er seit Anbeginn in einer Art prästabilierter Harmonie mit der Seele lebt, so daß Sein und Sollen einander nicht widersprechen. Obgleich die weiblichen Asketen des Christentums nicht weniger schlecht auf ihn zu sprechen waren wie die männlichen, ist es nicht zu leugnen, daß der ganze Kampf gegen die Ansprüche der Sinnlichkeit zu allen Zeiten mehr eine Angelegenheit der Männer bildete. Der Grund dafür liegt nahe. Gibt der Körper schon im allgemeinen beständig Anlaß zu Reibungen mit den höheren Triebkräften des menschlichen Seelenlebens, wie denn erst dort, wo ihn die Natur, unbekümmert um die Interessen des Individuums, den Interessen der Gattung dienstbar gemacht hat! Hier tritt er als der »dunkle Despot« auf, der die geistigen Mächte vergewaltigt. Diesem Despotismus unterliegt das männliche Geschlecht, dem die Natur bei der Gattungserhaltung die aggressive Rolle übertragen hat, gewöhnlich in stärkerem Maße als das weibliche. Daher ist hier auch der Ausgangspunkt allen Zwistes und aller Feindseligkeit gegen ihn. In tiefen Seelen nimmt dieses Verhältnis den Charakter des Tragischen an; es wirft ein düsteres Licht auf das ganze menschliche Getriebe, das mit einer »Erbsünde« beladen erscheint. Der gewöhnliche Mensch sucht sich aber auf eine wohlfeilere Art über den wunden Punkt seines Daseins – der zuweilen der »heikle« genannt wird – hinwegzutäuschen: er lacht über den Despoten und findet alles, was in dessen Bereich fällt, komisch. Auf diese Weise wird ihm die Abhängigkeit von den grausamen Launen eines unberechenbaren Herrn weniger empfindlich.

In Wahrheit benimmt sich der Bruder Körper eben nicht brüderlich; er lauert ewig im Hinterhalt, jeden Augenblick bereit, mit irgendeiner unvorhergesehenen Tücke den Frieden der Seele zu überfallen. Durfte vielleicht doch nur ein Asket, dessen Seele ihrer Herrschaft sicher war, den Körper zuletzt als Bruder anreden?

Luther* hat die menschliche Natur mit einem betrunkenen Bauern verglichen, der, wenn man ihm auf der einen Seite in den Sattel hilft, auf der anderen wieder herunterfällt – ein Ausspruch, der schlimme Erfahrungen ahnen läßt. Gehörte doch schon Luther zu den Friedensstiftern zwischen Körper und Seele, indem er an die Stelle der asketischen Moral eine vernünftige Mäßigkeit in der Befriedigung aller körperlichen Bedürfnisse setzte.

Nur, daß dem Bruder Körper mit der Vernunft nicht beizukommen ist, sobald die Sexualität Macht über ihn gewinnt. Dann erliegt er dem gleichen Schicksal wie der balzende Auerhahn, dem Hören und Sehen vergeht; die Stimme der Vernunft kann noch so überzeugend predigen, er vernimmt sie nicht, weil eine andere Gewalt ihn blendet und betäubt.

Während der ganzen Kulturentwicklung hat die Menschheit unter den verschiedensten Vorstellungen den Auerhahn in sich zu bekämpfen gesucht; alle die wunderlichen, ja oft geradezu verrückten Anschauungen, die das moralische Verhalten des Menschen gegenüber der Sexualität begleiten, sind nur Symptome für die Schwere des Kampfes, der hier stattgefunden hat. Wenn es irgend in der Macht des Menschen liegt, seinen Körper als ein »Gefäß Gottes« zu behandeln oder als »Saustall des irdischen Fleischhauses«, so ist es durch das, was er aus seiner Sexualität macht. Deshalb ringen auch nirgends Gott und Teufel so erbittert um die Vorherrschaft in seiner Seele wie hier. Mit anderen Worten: wir können uns wohl von dem Begriff der »Sünde« freimachen, nicht aber von den seelischen Zuständen, die das religiöse Denken vermittelst dieses Begriffes auslegte.

Es scheint, daß der Trieb, der die Erhaltung der Gattung sicherstellt, zugleich das Mittel ihrer Höherentwicklung bildet, indem er die Menschen nach den verschiedensten Richtungen zu den äußersten Leistungen anspornt. Er, der die Freiheit der Persönlichkeit am meisten bedroht, fordert zugleich am stärksten die Kraft heraus, auf der sie beruht. Verfolgen wir nun diese Spuren mit dem Ernste, der ihrer Bedeutung gemäß ist.

Für die intellektuelle Betrachtung ist der Geschlechtstrieb eine andere Sache als für die Moral oder für das unmittelbare individuelle Empfinden. Aus der intellektuellen Betrachtung entspringt die Forderung, die Sexualität von jeder moralischen Qualifikation zu befreien, das heißt, die Begriffe rein und unrein, gut und böse ihr gegenüber auszuschalten. Als Naturphänomen, auf dem das ganze organische Leben aufgebaut ist, kann sie einer moralischen Wertung gar nicht unterstellt werden. Der Trieb, der die Quelle einer ewigen Lebenserneuerung ist, der die Menschheit durch die Äonen ihres tellurischen Daseins führt, muß an sich, losgelöst von der Beziehung zu den Vorgängen des menschlichen Seelenlebens, die höchste Ehrfurcht erwecken. Ohne Dauer der Gattung, was sind alle Werke des Menschen? Dauer ist die Bedingung für seine größte Hoffnung, die Hoffnung einer unbegrenzten Entwicklung, die, als Frucht seiner eigenen Arbeit von Generation zu Generation in einer unendlichen Kette weitergegeben, allein durch die Macht des Geschlechtstriebes ihre Unzerreißbarkeit verbürgt erhält.

Innerhalb der evolutionistischen Weltanschauung gebührt der Sexualität ein höherer Rang, als ihr je zuvor zuerkannt wurde; aus dieser Weltanschauung läßt sich die Auffassung vollkommen rechtfertigen, daß der Geschlechtsakt etwas Heiliges sei, oder mindestens, daß er im Bewußtsein der kommenden Menschen mit dem Nimbus des Heiligen werde umgeben sein.

Dieser Auffassung gegenüber erscheinen die Zustände auf sexuellem Gebiet, wie sie bis zur Gegenwart sich ausbildeten, ganz unsinnig, ganz entartet. Betrachtet man das Verhältnis der Kulturmenschheit zu den geschlechtlichen Dingen mit Hinblick auf das Naturgewollte, Naturgemäße, so steht man vor Tatsachen, die aus den Zuständen selbst, ohne daß man den höchst komplizierten Prozeß ihrer Entstehung zur Erklärung heranzieht, nicht zu verstehen sind. Wie konnte in der Kulturgesellschaft eine Ordnung herrschend werden, die den wichtigsten und heiligsten Naturtrieb der Verwilderung und Verwahrlosung ausliefert, ihn zum Gegenstand der Scham oder des Gelächters macht? Denn gestehen wir es nur: auch bei den ernsten und tiefen unter den modernen Menschen entspringt die Auffassung des Geschlechtsaktes als einer heiligen Sache mehr einer intellektuellen Erwägung als einer Gefühlstatsache. Von der religiösen Ehrfurcht, die der Geschlechtsakt als Quelle der Zeugung erweckt, solange er unter diesem Gesichtspunkt Gegenstand der Betrachtung ist, bleibt im Bewußtsein nichts gegenwärtig, wenn es von der Gewalt des Triebes, der das Individuum zu sexuellen Handlungen nötigt, ergriffen wird. Die Affekte, die diesen Trieb begleiten, treten im Bewußtsein mit einer ganz anderen Betonung auf, als sich mit einer weihevollen, ehrfürchtigen, religiösen Stimmung verträgt. Daß die assoziative Verknüpfung zwischen den hohen Regionen des Geisteslebens und den elementaren Regungen des sexuellen Trieblebens fehlt, wenn sie nicht durch Liebesempfindungen hergestellt wird, das bildet den entscheidenden Mangel in dem Zustand der modernen Psyche gegenüber der Sexualität. Ist da nicht etwas unersetzlich Wertvolles verloren gegangen, das die Menschen früherer Epochen besaßen? Hat nicht eine Rückbildung stattgefunden, eine ungeheuerliche Verirrung vom Wege des Natürlichen und Gesunden, als die abendländische Menschheit sich mit den elementarsten Gesetzen des Lebens entzweite?

Es gibt Völker abseits der Kultur, bei denen geschlechtliche Akte auf Grund religiöser Vorstellungen als Kulthandlungen vollzogen werden. Ja diese Vorstellungen waren auch jenen Völkern eigen, in deren Kultur die Wurzeln der modernen hinunterreichen – und nicht bloß als intellektuelle Forderung, sondern als Ausdruck und Spiegelung des unmittelbaren Empfindens. Die vielfältigen Formen der religiösen Prostitution gehören hierher; die babylonische Sitte, nach der jedes weibliche Wesen seine Jungfräulichkeit im Tempel der Astarte als Opfer darbringen mußte, wie die griechische Einrichtung des Hierodulendienstes an den Kultstätten der Aphrodite; oder jene Wald- und Feldkulte mit sexuellem Ritus, welche den Geschlechtsakt mit der Fruchtbarkeit des Erdreichs in Zusammenhang brachten, und noch viele ähnliche, dem empfindungsmäßigen Verständnis des modernen Menschen unzugängliche Gebräuche auf religiöser Grundlage. Allen diesen Sitten liegt eine besondere Art und Auffassung des sexuellen Lebens zugrunde – seine Eingebundenheit in das religiöse Empfinden, die ihm eine höhere Weihe und Würde verlieh, als sie dem Einzelnen sonst erreichbar ist.

Aber so wie die Auffassung der Heiligkeit hat auch die entgegengesetzte, die der Unreinheit, sich schon in einem sehr frühen Stadium der Menschheitsentwicklung gegenüber den sexuellen Dingen geltend gemacht, besonders ausgeprägt in den Vorschriften über religiöse Verrichtungen. »Es ist eine weitverbreitete Regel, daß jemand, der eine heilige Handlung vollziehen oder einen geweihten Ort betreten soll, streng rein sein muß, und keinerlei Unreinheit wird hierbei mehr gescheut als die sexuelle.« (Westermarck,* Sexualfragen) Die Forderung, daß alle, die an religiösen Festen und Feierlichkeiten teilnehmen, sich vorher des Geschlechtsverkehrs enthalten müssen, erscheint auch bei solchen Völkern, die im übrigen von asketischen Anwandlungen ganz frei sind, wie die Griechen des Altertums oder die Mohammedaner, die von dem Mekkapilger fordern, daß er während der Dauer der Wallfahrt enthaltsam bleibe. Am deutlichsten aber zeigt sich die Bedeutung, die der Enthaltung zukommt, wenn sie als Bedingung einer bestimmten geistigen Wirkung gefordert wird. So glaubten die Mauren, daß das Hersagen von Koranstellen gegen die Macht der bösen Geister nur im Munde eines Mannes wirke, der geschlechtlich rein sei. Enthaltsamkeit steigert die Macht des Gebetes, die geistige Macht schlechtweg – in diesem Glauben scheint der Grund zu liegen, warum namentlich an die Ausübung des priesterlichen Amtes die Forderung sexueller Reinheit geknüpft ist. Sie verleiht magische Kräfte, das ist die auf allen frühen Kulturstufen auftretende Anschauung. Das Priestertum als die Lebensform, welcher die Vermittlung mit dem Göttlichen obliegt, hat schon dort, wo es noch vom Zauberglauben nicht abgetrennt ist, im Schamanenwesen, die Tendenz, aus einer strengen geschlechtlichen Lebensführung seine besondere Eignung herzuleiten. Diese Anschauung entwickelt sich völlig unabhängig von gegenseitigen Einflüssen bei den verschiedensten Völkern; innerhalb des abendländischen Kulturkreises zeigt sie als grundlegende Idee des religiösen Bewußtseins in seiner Beziehung zur Sexualität ein organisches Wachstum, das in der christlichen Askese seine höchste Ausgestaltung erfährt.

In dieser zwischen Heiligung und Verwerfung schwankenden Haltung der Vorschriften über die sexuellen Dinge lassen sich zwei Richtungslinien erkennen, die, aus sehr frühen Zuständen des sozialen und psychischen Lebens heraufkommend, sich in mannigfachen Kombinationen durch die ganze Kulturgeschichte ziehen. Wenn man diese Richtungslinien nicht als symptomatisch für die dem Entwicklungsprozeß immanenten Tendenzen auffassen will, kann man sie mindestens als Hilfsvorstellungen benutzen, vermittelst derer das Widerspruchsvolle in den Erscheinungen des sexuellen Lebens zu erklären ist.

Der dämonische Charakter des geschlechtlichen Triebes – dämonisch im Sinne des primitiven Bewußtseins, weil er wie fremde Gewalt in das bewußte Leben hineingreift – erzeugt auf frühen Stufen des Denkens das Bedürfnis, die Sexualität in ein Verhältnis zum Göttlichen zu setzen, sie durch Opferhandlungen zu heiligen. Was sich hinter diesem Bedürfnis der Heiligung verbirgt, ist dasselbe, was im Ursprung aller religiösen Vorstellungen liegt: die Furcht des primitiven Menschen vor den unbekannten Mächten, die sein Leben regieren. Überdies gehören die physischen Wirkungen der Sexualität zu jenen, die eine Reinigung erfordern; und alles, was Reinigung erfordert, macht unrein, erscheint als Befleckung, muß durch Opfer gesühnt werden.

Der primitive Mensch fühlt sich als Eigentum verborgener Mächte, die er zu versöhnen, zu beschwichtigen, gnädig zu stimmen hat, indem er ihnen opfert, das heißt, ihnen das darbringt, was ihm selbst besonders wert ist. Auf dem sexuellen Gebiet ist das Opfer in seiner materiellen Form die

Geschlechtshandlung als solche, der Samen, den der menschliche Körper – nach der alten Anschauung auch der weibliche – hervorbringt; in seiner ideellen die Geschlechtlichkeit als Ganzes, wie das Gelübde der Keuschheit es bedeutet. Die eine Form ist für die Menge, wenn auch bei einzelnen Riten, wie namentlich bei der sakralen Defloration, der Priester als Repräsentant der Gottheit den Geschlechtsakt zu vollziehen hat; die andere für die der Gottheit Geweihten, die durch eine außerordentliche, das gewöhnliche Maß überschreitende Leistung ihre besondere Eignung beglaubigen müssen. Äußert sich schon darin die Erfahrung, daß die Beschäftigung mit dem Übersinnlichen zur Voraussetzung eine Eindämmung des sinnlichen Elementes hat?

Von diesem Punkte aus beginnen die Richtungslinien des sexuellen Wertungsprozesses sich deutlich voneinander abzuheben. Der *Bejahung* der Sexualität, die sich in einer unbefangenen Befriedigung des Naturtriebes, in sexuellen Kulthandlungen und orgiastischen Festen kundgibt, tritt eine Auffassung gegenüber, die, von einer bewußten *Verneinung* der Sexualität ausgehend, auf ihre Unterdrückung und endlich ihre völlige Ertötung zielt.

Zwei Welten scheiden sich hier in der menschlichen Seele: aus dem Sinnenwesen, das sich den unerkennbaren Mächten der Natur preisgibt, entpuppt sich die menschliche Persönlichkeit, die sich ihnen kraft eines Vermögens widersetzt, das sie allein vor allen anderen Wesen der Welt besitzt. Durch dieses Vermögen glaubt sich der Mensch fortan mit dem Göttlichen verbunden; Gott, als geistiges Wesen gedacht, fordert das Geistige im Menschen als das ihm Angehörige. Deshalb wird das Verhältnis des priesterlichen Menschen zur Sexualität immer mehr das der Ablehnung; die Kämpfe, die er mit ihr zu bestehen hat, die Störungen, die sie ihm bereitet, bestärken die Vorstellung, daß sie das Gebiet feindlicher, widergöttlicher Einflüsse sei. Und genährt durch die psychischen Wirkungen der Enthaltsamkeit, die gerade in heftigen, leidenschaftlichen, überschwenglichen Temperamenten am stärksten auftreten, bildet sich die phantastisch-metaphysische Auslegung innerer Zustände zu einem System heraus, in dem selbst die wichtigste Funktion des Geschlechtslebens, die Fortpflanzung, gegenüber den Vorteilen der Enthaltung gering gewertet wird.

Mit der wachsenden Herrschaft des geistigen Prinzips, das Verneinung der Sexualität fordert, sinkt die Richtungslinie der Bejahung zurück, wird abgeschnitten von der Verknüpfung mit dem Göttlichen im Menschen, in das Reich des Niedrigen, Tierischen, Erdgebundenen verwiesen. Aber sie verschwindet nur scheinbar und für eine Zeit, um in einer späteren Epoche in neuen Phänomenen siegreich aufzusteigen und sich als weltliche Geistesmacht der religiösen parallel zu behaupten. Vorher aber mußte sich eine entscheidende Umwandlung an dem Substrate der Bejahung vollziehen, an dem sexuellen Empfinden in seinem Verhältnis zu den höheren Gebieten des Seelenlebens, von denen es durch den Prozeß der Vergeistigung geschieden worden war.

Was den Geschlechtsakt als sakrale Handlung für den modernen Kulturmenschen unannehmbar macht, ist die Losgelöstheit von der persönlichen Beziehung. Denn die Bedingung, unter der allein die Sexualität in seinem Bewußtsein einen Rang als Seelenwert erhält, ist die Beziehung auf eine bestimmte Person, das erotische Motiv. Der unpersönliche Geschlechtsverkehr hingegen, wie er sich im Kulturleben etwa auf dem Gebiete der Prostitution abspielt, gilt eben um seiner Unpersönlichkeit willen als herabsetzend und besitzt nicht im entferntesten irgendein Gefühlselement, durch das er außerhalb der persönlichen Beziehung an eine höhere seelische Leistung geknüpft werden könnte. Das aber war das besondere Kennzeichen der sakralen Geschlechtshandlung: daß sie, gerade um religiös empfunden zu werden, unpersönlich sein mußte. Wenn sie den Menschen aus seiner hinfälligen Einzelheit erlöste, indem sie ihn auf die Zusammenhänge der großen Natur hinleitete, ihn anwies, sich als Werkzeug des Weltgeschehens zu fühlen, so konnte das nur unter der Bedingung stattfinden, daß sie von dem Empfinden der an ihr beteiligten Personen getrennt blieb. Ihr persönliches menschliches Verhältnis zueinander vor oder nach dem Geschlechtsakt darf dabei nicht mitsprechen; in Ansehung der kultischen Bedeutung muß dieses Verhältnis ein ganz gleichgültiges sein. Ja in besonderen Fällen, wenn die Beteiligten ausdrücklich als Vollstrecker eines göttlichen Willens handeln sollen, wie bei der stellvertretenden Zeugung eines Sohnes für einen kinderlos Verstorbenen im Gesetz Manus, wird ihnen jede persönliche Lustbezeigung ausdrücklich untersagt. Nicht in der Person, mit welcher der Geschlechtsakt begangen wird, ist sein Motiv beschlossen; nicht auf sie als ein bestimmtes, von allen anderen Individuen ausgezeichnetes Einzelwesen richtet sich das Begehren im sakralen Geschlechtsakt; denn nicht der Person zu Liebe, sondern um seiner magischen Wirkung willen muß er vollzogen werden. Durch das Moment der persönlichen Hinneigung würde er als Opferhandlung entwertet, seiner magischen Wirkung beraubt werden. Die Vorstellung einer solchen unpersönlichen Opferhandlung liegt der religiösen Prostitution zugrunde; auch die assyrischen Mädchen, die ihre Jungfräulichkeit im Tempelbezirk der Astarte opferten, durften keine persönliche Wahl treffen und mit dem Manne, dem sie sich ergaben, kein zweites Mal in Verbindung treten. Seine Person hatte in ihrem Leben wie die ihrige in dem seinen ferner keine Bedeutung. Es gehört zum Wesen der Opferhandlung, daß das persönliche Interesse ausgeschaltet wird; die Heiligung des Geschlechtsaktes durch Darbringung besteht eben darin, daß nicht die Hingegebenheit an eine bestimmte bevorzugte Person im Bewußtsein des Darbringenden vorherrscht, sondern die Hingegebenheit an ein über den Willen des einzelnen gesetztes Daseinsprinzip, das er in Gestalt der Gottheit verehrt. Eine solche Auffassung war nur auf einer bestimmten Stufe der erotischen Entwicklung möglich; sie hat zur Voraussetzung, daß das persönliche Moment auch im gewöhnlichen Sexualverkehr noch eine untergeordnete Rolle spielt.

Es ist die welthistorische Tat des Judentums, daß es die Auffassung des Geschlechtsaktes als einer Opferhandlung auf das entschiedenste bekämpfte. Der Ingrimm, mit dem im Alten Testament gegen jene geeifert wird, die »ihres Samens dem Moloch opfern«, die erbitterte Verdammung jener Kulte, die in irgendeiner Form der religiösen Prostitution Raum geben, lassen erkennen, daß mit der Spiritualisierung des Gottesbegriffes eine andere Auffassung der Sexualität um die Herrschaft in den Seelen ringt. Wie der unsichtbare Gott kein Abbild von sich duldet, damit er aus der geistigen Sphäre nicht in die sinnliche herabgezogen werde, verlangt er auch eine strengere Scheidung zwischen dem geistigen und dem sinnlichen Elemente, als sie mit dem sakralen Geschlechtsakt verträglich ist. Diese Elemente hatten sich in der primitiven Psyche noch nicht einander gegenübergestellt; das Geistige im menschlichen Wesen war noch keine Macht, die sich auf Kosten des Sinnlichen zu entwickeln strebte. Sobald aber eine Konkurrenz, ein Gegensatz zwischen Sinnlichkeit und Geist im Bewußtsein aufzutauchen begann, konnte der Akt, in dem sich die sinnliche Gewalt am stärksten geltend macht, nicht mehr den Ausdruck einer religiösen Stimmung bilden, eben weil die sinnliche Gewalt als das Dämonische dem Geistigen als dem Gottangehörenden feindlich war. Wer sich zu Gott erheben will, bedarf des geistigen Mediums einer Andacht, mit der die sexuelle Erregung unvereinbar ist.

Die Rechtfertigung der Sexualität in der jüdischen Moral war an die Idee der Fortpflanzung geknüpft – in dieser Gestalt gleichfalls vermengt mit religiösen Vorstellungen, sofern Gott sein auserwähltes Volk zur unbeschränkten Vermehrung verpflichtet hatte. Wenn auch dabei das persönliche Moment fast eben so untergeordnet ist wie bei dem sakralen Geschlechtsakt, so hätte doch ohne die Loslösung der Sexualität von ihrer sakralen Bedeutung eine Wertung nach dem persönlichen Band, das sie bewirkt, niemals sich entwickeln können.

Der sinnliche Vorgang, als welcher der Geschlechtsakt im Bewußtsein erscheint, konnte auf der Stufe der jüdischen Sexualethik seine Heiligung nur durch den Zweck finden, für den ihn Gott eingerichtet hatte. Aber der zu einem geistigen Wesen erhobene Gottesanbeter fühlte sich nicht bloß als Werkzeug der Fortpflanzung; er ist als Träger geistiger Eigenschaften eine Person geworden, deren Leben Eigenwert besitzt. Und dieses Selbstgefühl der Person wächst mit der Ausbildung der Gottesidee, es bedient sich der alten heiligen Vorstellungen über die Beziehung Gottes zum Menschen, um immer herrlichere Wahngebilde aus sich herauszustellen, bis es in jener wunderbaren Phantasmagorie von dem Sohne Gottes gipfelt, der sich selbst für die Menschen zum Opfer bringt. Jeder einzelne von der angeborenen Knechtschaft losgekauft durch diese ungeheuere Tat, jeder einzelne Gegenstand der Liebe, die ihr Beweggrund war, jeder einzelne Teilhaber des Göttlichen, das durch sie in die Welt gebracht wurde! Das Werk der Erlösung ist zugleich die Deklaration einer neuen Menschenwürde; wer sich zu diesem Erlösungsglauben bekennt, ist ein im Geiste Wiedergeborener, als Person gefeit vor der Macht der Dämonen, entlassen aus dem Bann der Erbsünde, und ausgestattet mit einer selbständigen, nur auf das eigene Verhältnis zu Gott gegründeten Verantwortlichkeit.

Auf diesem Wege der Persönlichkeitsentwicklung, der vom Judentum her ins Christentum führt, hatte die Sexualität nicht gleichen Schritt gehalten. Sie gehörte in ihren elementaren Äußerungen weder dem geistig Göttlichen im Menschen an, noch dem Gebiet des Persönlichkeitswertes, den der Mensch nun besaß; und sie hatte die Möglichkeit verloren, durch die Opferdarbringung in Gestalt eines unpersönlichen Aktes ihre Heiligung und Rechtfertigung zu gewinnen.

Sollte es eine zufällige Erscheinung sein, daß unter den heiligen Büchern eben jenes Volkes, dessen Moral die Auffassung des unpersönlichen Geschlechtsaktes als Opfer verwarf, sich eines befindet, das der Verherrlichung der persönlich orientierten Geschlechtsliebe gewidmet ist? Oder haben sich da im Dunkel des Unterbewußtseins Fäden angesponnen, deren Zusammenhänge erst auf einer späteren Entwicklungsstufe erkennbar werden? Unter der Perspektive der christlich-asketischen Geschlechtsverneinung wurde dieses Buch als symbolisch-prophetische Darstellung eines geistigen Verhältnisses von höchstem Range gedeutet; aber unter der Perspektive der kulturellen Menschheitsentwicklung betrachtet, nimmt es einen kaum weniger hohen Rang ein.

Denn eine der wichtigsten Erscheinungen dieser Entwicklung ist das Streben nach Einverleibung der Sexualität in den Komplex der Persönlichkeit. In diesem Streben, das sexuelle Begehren an eine bestimmte Person zu binden, vereinigen sich die mächtigsten Einflüsse. Und so hebt mit der persönlichen Liebesbeziehung eine neue Art der Heiligung und Rechtfertigung der Sexualität im Bewußtsein an. Der Geschlechtsakt als Liebesbeweis, als Ausdruck der Hingegebenheit an eine erwählte Person wird mit Vorstellungen verknüpft, die aus dem Reich des Geistes, des Göttlichen herstammen. Kraft dieser Verknüpfung erhält er eine ganz andere Gefühlsbetonung; das durch den eigenen Willen gebilligte Verlangen erscheint nicht wie die unpersönliche Geschlechtserregung als das Werk dämonischer Gewalten, aus dem einfachen Grunde, weil es zu dem Empfindungskomplex des Persönlichen gehört, und das Persönlichkeitsbewußtsein durch die sexuelle Befriedigung einer Zuneigung nicht vernichtet wird.

Es hat tiefe psychologische Ursachen, warum in einer Welt, in der die Geschlechtsliebe sich entfaltete, der unpersönliche Geschlechtsakt jede Möglichkeit verlor, durch Vorstellungen und Empfindungen aus dem Gebiete des höheren Seelenlebens den Rang zu behaupten, der ihm als Naturphänomen zukommt. Etwas von der alten Auffassung, daß der Geschlechtsakt nicht dem persönlichen Willen, sondern einer höheren Macht angehören muß, um geheiligt zu sein, geht allerdings in die Idee der christlichen Ehe ein, in der das Sakrament den Geschlechtsverkehr entsündigt, vorausgesetzt, daß er dem Zweck der Fortpflanzung dient. Diese Art, das Geschlechtliche aufzufassen, bildet in der christlichen Welt das Analogon zu der heidnischen Heiligung der Sexualität, wobei der Unterschied zwischen dem sakralen Geschlechtsakt und dem sakramentalen immerhin groß genug ist. Das Sakrament bleibt an ein persönliches Bündnis und an dessen strenge Ausschließlichkeit geknüpft; nur hat unter dem Sakrament der persönliche Wille und Wunsch so wenig Bedeutung, daß der Geschlechtsakt den Charakter einer »Pflichtleistung« annimmt, in deren Bereich sogar der durch Gewalt erzwungene nicht als Rechtsverletzung der Person gilt.

Auch in der sakramentalen Ehe, die ausdrücklich als ein Zugeständnis an die menschliche Schwachheit bezeichnet wird, blieb das Geschlechtliche ein Element der Unreinheit und Sündhaftigkeit, ein Gegenstand des schlechten Gewissens, sobald es mit der Lustqualität ausgestattet auftrat, die ihm eine so unwiderstehliche Gewalt der Verführung gibt. Die christliche Religion konnte an der Sexualität nicht jene Höherzüchtung bewirken, die zur Errichtung einer neuen Sexualordnung notwendig war. Denn ihre Vorschriften bewegten sich auf der Linie der Verneinung; sie verpflichteten die Auslese zur »Keuschheit«, die im christlichen Sinne eigentlich völlige Abwesenheit sexueller Regungen bedeutete, und beschränkten sich der Menge gegenüber auf eine strenge Monogamie, die eine möglichst uneingestandene und unterdrückte Bedürfnisbefriedigung darstellt. Was späte christliche Lehrer, wie etwa der wegen seiner Kasuistik so übelberüchtigte Alphons von Liguori* über das sexuelle Verhalten verordnen, ist nur ein Kompromiß mit den realen Zuständen, wie sie sich unterhalb der christlichen Moral herausgebildet hatten. Will man hohe, edle, »reine« Gedanken über sexuelle Dinge finden, so muß man sie bei den weltlichen, nicht bei den geistlichen Führern der christlichen Ära suchen.

Daß dennoch unter der Herrschaft der christlichen Moral die wunderbarste Metamorphose der Sexualität, ihre Entfaltung zur hohen Liebe, stattfinden konnte, hat man als eine jener unbeabsichtigten Wirkungen zu erklären versucht, die der Kulturprozeß in vielfältigen Erscheinungen hervorbringt. Doch wie unverständlich es auf den ersten Blick auch scheinen mag, daß sich innerhalb der Verdammnis und Unterdrückung eine so außerordentliche Erhöhung und Veredlung des sexuellen Empfindens vollziehen konnte: die Erscheinung einer mit den edelsten geistigen Antrieben organisch verwachsenen Sexualität, wie sie mit dem Minnedienst überraschend in die Welt tritt, trägt unverkennbar die Züge einer Verknüpfung religiöser Motive mit erotischen; sie bedeutet weder Auflehnung gegen die christliche Geschlechtsmoral wie jene Empörungen des Elementaren, seine zeitweiligen ungezügelten Ausbrüche, an denen die christliche Sittengeschichte reich ist, noch völlige Unterwerfung. Und deutlich läßt sich im Minnedienst ein neues Ansteigen der anderen Richtungslinie verfolgen, jener der Bejahung.

Wenn wir die Tendenzen, durch welche die Kultur das Verhältnis des Menschen zur Sexualität bestimmt, auf diese beiden Richtungslinien zurückführen, finden wir zwei sexuelle Lebensideale, die zwar nicht völlig unabhängig voneinander, aber doch im letzten Grunde entgegengesetzt sind; auf der Linie der Verneinung das christlich-asketische Lebensideal, das, in seiner absoluten Fassung außerhalb der Klöster fast ganz verschwunden, in seiner bedingten, der monogamen Ehe als der einzigen sozial anerkannten Form des Geschlechtsverhältnisses, auch gegenwärtig noch die Herrschaft führt; und auf der Linie der Bejahung das ästhetisch-erotische, das in der Umwertung und Neuordnung des geschlechtlichen Lebens keine geringere Rolle spielt.

Aus dem formlos vielgestaltigen Getriebe des geschlechtlichen Lebens haben wir zwei Lebensideale aufgegriffen, um an ihnen die allgemeinen Prinzipien der Verneinung und der Bejahung in ihren kulturellen Erscheinungen zu verfolgen – das Lebensideal der christlichen Askese als höchsten Ausdruck für das Streben, die Sexualität aus der Persönlichkeit auszutilgen, und das ästhetisch-erotische als höchsten Ausdruck für das Streben, die Sexualität der Persönlichkeit einzuverleiben.

Die Zustände des modernen Lebens sind weder dem einen noch dem anderen dieser beiden Ideale günstig; aber dem christlich-asketischen wird selbst die theoretische Anerkennung als einer notwendigen Stufe in der Entwicklung versagt, da es der Lebensbejahung feindlich und an bestimmte Glaubensillusionen gebunden ist, die ihre suggestive Gewalt verloren haben.

Bei der modernen Betrachtung der sexuellen Phänomene und aller Widersinnigkeit, von der sie begleitet sind, ihrer Verquickung mit religiösen, moralischen und sozialen Vorstellungen, wird immer übersehen, von welcher tiefen symptomatischen Bedeutung diese Vorstellungen sind. Denn die Sexualität im menschlichen Leben ist keineswegs bloß Mittel der Gattungserhaltung: allen Symptomen nach ist sie ebensosehr Mittel der *Gattungsentwicklung*. Daher der Zorn und Eifer, den sie bei den Moralisten entfesselt, die unerfüllbaren Forderungen, mit denen sie beladen wird; daher auch die metaphysische Bedeutung der Askese in jeder Weltanschauung, die den Menschen höheren Zuständen entgegenführen will.

Die Gegenstände des Glaubens, aus denen die christliche Askese den Rausch der Weltüberwindung sog, bedeuten nur Illusionen zu diesem Zwecke. Illusionen auch dort, wo sie von der philosophischen Abstraktion beeinflußt sind wie im Buddhismus, die ihren Triumph in der wahnwitzigen Anmaßung feierte, durch planmäßige Ertötung aller Lebensimpulse die Kette des natürlichen Geschehens zu zerreißen und das Leben als metaphysische Potenz zu vernichten. Der indische Yoghi, der seine übersinnlichen Fähigkeiten durch Kasteiung vermittels schwieriger Posituren gewinnt, und der christliche Anachoret, der das Fleisch tötet, indem er sich mit Fasten und Geißelung peinigt, sie sind nicht Zeugen für die Wahrheit der Illusion, die ihre Willenskraft zu so sublimer Überlegenheit befeuert, aber sie sind Zeugen für die Gewalt des geistigen Triebes, der diese Illusionen aus sich herausstellt.

Außerhalb der konfessionellen Gläubigkeit spielen diese Illusionen in der Gegenwart keine Rolle mehr. Und doch ist für einen sehr einflußreichen Denker des 19. Jahrhunderts die buddhistische Illusion der Weltverneinung durch Brechung des Willens zum Leben so überzeugend gewesen, daß er sie zur Grundlage seiner Philosophie nahm; und Leo Tolstoi konnte für die sittliche Leidenschaft, die in ihm glühte, keinen anderen Ausdruck finden als die christliche Askese. Allerdings bezeugen beide, Schopenhauer* wie Tolstoi,* durch ihr Leben, daß die Kraft der Illusion auch in ihnen nicht mehr jene Gewalt besaß, die notwendig ist, um eine völlige Einheit von Denken und Sein herzustellen. Schopenhauer hat sich begnügt, mit seiner denkerischen Gestaltungsgabe eine Theorie der Weltüberwindung auf der buddhistischen Theorie aufzubauen, ohne sie in der Praxis seines Lebens zu verwirklichen; Tolstoi, voll Pathos der Empfindung, aber ohne durchdringende Stärke des Denkens, ist in dem Ringen nach Verwirklichung der christlich-asketischen Anschauung den Konflikten erlegen, die aus dem Zusammenstoß moderner Lebensbedingungen mit einer veralteten Direktive des Seins hervorgehen.

Dieses anachronistische Festhalten und Wiederbeleben erloschener Glaubensillusionen – nicht durch die Gläubigen, die ja das moderne Denken an sich ablehnen, sondern durch jene, die für sie neue, gedankliche Formeln prägen – erschwert am meisten ihre objektive Bewertung als Menschheitsphänomen. Solange die christliche Askese das Verpflichtende des Vorbildlichen besitzt, fordert sie zur Polemik heraus; von diesem Standpunkt aus sind wir geneigt, sie als einen verlorenen Weg zu betrachten, der die abendländische Kultur um viele Jahrhunderte einer freien Entwicklung im Sinne der Daseinsbejahung gebracht hat; sie erscheint als die unheilvolle Macht, die sich vor die glückliche, heitere, schöne Auffassung der sexuellen Dinge im Altertum gestellt hat, um für unabsehbare Zeit Befangenheit, Unsicherheit, Schuldbewußtsein in die Gemüter zu säen; sie hat das Triebleben der menschlichen Natur gänzlich aus dem Geleise gebracht und eine Tyrannei der geistigen über die sinnlichen Lebensmächte errichtet, die jede soziale Ordnung der sexuellen Zustände vereitelte.

Aber trotz der Übelstände, welche die Begleiterscheinung der asketischen Sexualethik bilden, läßt sich der Begriff der Verirrung auf sie nicht anwenden. Dem Kulturprozeß in seiner Gesamtheit gegenüber hat der Begriff der Verirrung keinen Sinn. Von einer vorgezeichneten Straße nach einem Ziel kann man abweichen; auf einer ins Chaos des Ungeschaffenen zu bauenden bezeichnet jede Etappe einen notwendigen Übergang.

Schon allein der Heroismus, mit dem in der Askese um die Oberherrschaft des Geistes, um seine Befreiung von allen Schranken gekämpft wird, muß Bewunderung erwecken. Der Mensch, entzweit mit sich selbst, erfüllt von dem rasenden Ehrgeiz nach einem höheren Daseinszustand, der ekstatischen Vorstellung eines ewigen Lebens hingegeben, schafft unter Aufopferung aller seiner somatischen Interessen aus sich heraus die Bedingungen, um die »Seele«, das geistige und unsterbliche Teil, von der Gewalt der sinnlichen Triebe unabhängig zu machen. Aus zahllosen Irrtümern und Niederlagen mit unendlicher Anstrengung immer wieder gerettet, im einzelnen tausendmal verloren und ebenso im einzelnen tausendmal herrlich bestätigt, verleiht dieser Kampf der Geschichte der menschlichen Seele ihre eigentümlichste und auszeichnendste Seite. Er bringt den Intellekt zu seinen äußersten Leistungen, indem er ihn aufwärts in die Höhen metaphysischer Spekulationen treibt, wo er die Lösung für das ungeheuere Rätsel des Lebens sucht.

Der Prozeß des Suchens, nicht das Gefundene ist es, was den unvergänglichen Ruhm der christlichen Askese bildet. Ihre Illusionen haben keine suggestive Gewalt mehr; als intellektuelle Ausdeutung eines bestimmten Seelenzustandes sind sie abgetan. Nur heißt das nicht, daß auch der Seelenzustand selbst verschwunden ist. Solange er dauert, bleibt auch die Funktion der Askese in der geistigen Entwicklung notwendig. Der innere Gegensatz, der durch die alte Formel Geist und Körper ausgedrückt wird, im engeren Sinne aber Geist und Geschlecht bedeutet, ist nicht aus der Welt geschafft; und die Forderung an den höheren Menschen, daß er zugunsten der geistigen Mächte die sinnlichen »überwinden« müsse, wurzelt tiefer in der seelischen Konstitution, als daß sie durch eine bloße intellektuelle Umwertung aufzuheben wäre.

Denn nicht erst die christlich-asketische Auffassung der Sexualität ist der Ursprung jenes verhängnisvollen Zwiespaltes zwischen dem geistigen und dem sexuellen Triebleben; nicht erst die christliche Askese hat die beiden Naturen im Menschen, die sogenannte göttliche und die sogenannte tierische, miteinander entzweit; sie ist nur die letzte Konsequenz einer weit in die Vergangenheit hinunterreichenden Erfahrung – voll von der Größe der letzten Konsequenzen und auch so absurd.

Phantastisch eingekleidet, wie alle Erkenntnisse des primitiven Menschen, erklärt durch die Beziehung zu dämonischen oder göttlichen Mächten, wie sie das Kausalitätsbedürfnis des primitiven Menschen schafft, setzt sich schon frühe gegenüber der Gewalt des Naturtriebes die Erkenntnis durch, daß die Enthaltung von seiner Befriedigung dem Individuum erhöhte Kräfte nach einer anderen Richtung hin zu verleihen vermag. Eine ungehemmte Betätigung des Geschlechtswillens verträgt sich nicht mit einem starken Kraftaufwand zu anderen Zwecken: diese Erfahrung besitzen schon die wilden Völker, die sich während eines Krieges strenge Enthaltsamkeit auferlegen. Und in demselben Maße, als die geistigen Ansprüche, vor allem die des religiösen Lebens, in der Entwicklung der Kultur zunehmen, gewinnt die Unterdrückung und Überwindung sexueller Impulse an Bedeutung. Der Mensch gelangt nicht in die Sphäre des Göttlichen, seine Gebete werden nicht erhört (Iamblichus*), wenn er nicht durch Enthaltung von allem Geschlechtlichen »rein« geworden ist – das heißt in moderner Formulierung, wenn er nicht durch eine Umsetzung jene Kräfte in psychische verwandeln kann, die bei ungehemmter Triebbefriedigung für die sexuelle Leistung verbraucht werden.

Darin besteht die positive, durch keine intellektuelle Umwertung aus dem Kulturprozeß hinwegzuleugnende Leistung der Askese. Wenn man sie als Verirrung auffaßt, so wird man auch der Tatsache nicht gerecht, daß unter ihrer Herrschaft die Europäer zu ihrer überlegenen Weltstellung vorgeschritten sind. Mag auch die elementare Vitalität dabei in erster Linie gewirkt haben, es bleibt doch unleugbar, daß sich diese Vitalität unter einer asketischen Moral entfaltete, die eine streng monogame Geschlechtsbefriedigung als äußerste Konzession gewährte. Das mindeste, was man der christlich asketischen Moral zubilligen muß, wäre, daß sie die siegreiche Vitalität der ihr untergebenen Rassen nicht gebrochen hat; sie kann aber auch auf das Verdienst Anspruch erheben, daß sie eben durch jene höchste Steigerung von Willen und Intellekt zu einer einheitlichen Kraft, auf die sie hinwirkte, die Überlegenheit schaffen half, durch welche die europäische Kultur zur ihrer Naturbeherrschung gelangt ist.

Die intellektuelle Motivation des christlich-asketischen Lebensideales, die den Sinn des Lebens ins Jenseits verlegt und das Diesseits verwirft, war nicht imstande, den Lebenstrieb der europäischen Menschheit zu beirren. Denn Gründe sind nicht das Primäre; sie werden den Gefühlstatsachen nur unterschoben, sie erschöpfen nicht deren Inhalt, ja sie berühren oft nicht einmal deren Wesentliches. Nach ihrer intellektuellen Motivation beurteilt, kann die christliche Askese wohl als Ermüdungssymptom, als Verarmung und Abschwächung des Lebenstriebes aufgefaßt werden; ihre Wirkungen aber deuten auf Ursachen, die in der intellektuellen Motivation nicht sichtbar wurden. Auch an der christlichen Askese läßt sich jene »Heterogonie der Zwecke« beobachten, vermöge welcher die ursprünglichen Motive des Handelns zu ganz anderen Wirkungen führen, als sie in der Zweckvorstellung beabsichtigt waren. Diese anderen Wirkungen sind es, die zeigen, daß der Intellekt die psychischen Vorgänge nicht erschöpfend zu interpretieren vermag. Für das Himmelreich vermeinte die Askese vorzubereiten; aber sie hat aus der menschlichen Psyche Fähigkeiten hervorgetrieben, die dem Erdenleben einen umfassenderen Inhalt gaben, als es zuvor besaß.

Was war es, das als Tatsache des Seelenlebens hinter der intellektuellen Auslegung der Askese stand? Welcher psychologische Vorgang hat den Anstoß gegeben, daß die Phantasie der frühen Christen die sexuellen Dinge als Sünde, als Teufelsblendwerk, als einen Abfall von Gott erklären konnte? Eine so außerordentliche, so widernatürliche Verkennung und Verleumdung der wichtigsten Lebensinstinkte wäre nicht möglich gewesen, wenn hier nicht ein logischer Prozeß mit einem psychologischen in der gleichen Richtung gewirkt hätte. Logisch war die Askese in der Vorstellung begründet, daß das Erdendasein die Vorbereitung für ein rein geistiges Jenseits sei, dessen sich der Mensch nur durch Überwindung aller auf das Erdendasein gerichteten Antriebe würdig machen konnte. Diese Glaubensillusion, die aus psychischen Vorgängen entspringt, wirkt steigernd auf dieselben zurück und verstärkt ihren Einfluß in dem Maße, als die Ansprüche des geistigen Lebens im Individualbewußtsein wachsen.

Betrachten wir den Zustand, in den die Psyche durch die sexuellen Vorgänge versetzt wird. Eine Erfahrung, die jeder macht, lehrt, daß ein Gegenstand des Denkens nicht zugleich Gegenstand der sinnlichen Erregung sein kann. Das heißt: wenn die Aufmerksamkeit nach der einen Richtung beansprucht wird, kann sie durch das Eintreten der andern nur gestört und abgelenkt werden. Je abstrakter die Denkarbeit, desto weniger verträgt sie die sexuelle Begleitung.

Zu dieser Konkurrenz zwischen der intellektuellen Anspannung und der sexuellen, die »Gehirn und Geschlecht« als entgegengesetzte Pole erscheinen läßt, gesellt sich ein anderer Vorgang, der die Sexualität zum Störenfried des höheren Seelenlebens macht. Es ist ein physiologisches Gesetz, daß jeder Erregung ein Rückschlag folgt. Der Grad der Anspannung bestimmt den Grad der Abspannung; so hoch die Welle gestiegen ist, so tief sinkt sie zurück. In der sexuellen Sphäre, wo der Organismus zu seiner höchsten physiologischen Leistung angespannt wird, ist auch die Reaktion am stärksten. Omne animal post coitum triste. Beim Menschen zieht die physische Reaktion eine seelische nach sich, deren Wirkung eine verhängnisvolle sein kann. Die Ernüchterung, eine bloße Folge physiologischer Vorgänge, erzeugt eine Art physischen Widerwillens oder selbst Ekels vor dem, was eben noch der Gegenstand des heftigsten Begehrens war – eine analoge Erscheinung, wie bei der Ernährung Hunger und Sättigung – und nimmt im Bewußtsein leicht die Gestalt des Überdrusses oder der Reue an. Die Unlustgefühle der Reaktion werden als Einwand gegen ihre Ursache gedeutet und lassen diese als etwas Unrechtes, Sündhaftes, der höheren Natur den Menschen Widersprechendes erscheinen. Für das seelische Gleichgewichtsstreben, das in so hohem Maße die Abschätzung der Lebenswerte beeinflußt – und je empfindlicher die psychische Konstitution eines Menschen, desto mehr – ist die Störung, die der Geschlechtsakt mit sich bringt, unerträglich, besonders dann, wenn in der Seele des Individuums der geistige Ehrgeiz die Herrschaft führt. Dieser geistige Ehrgeiz duldet keine Macht neben sich, die ihn von Zeit zu Zeit absetzt, um dem Elementaren freies Spiel zu gewähren.

So öffnet sich von hier aus der Einblick in die Gründe, warum auf einer bestimmten Stufe der menschlichen Entwicklung die Sexualität gerade dem höchststehenden Menschen als unrein und verwerflich erscheinen mußte. Sie ist es, die ihn mit sich selbst entzweit, die ihn an eine gemeine und schnöde Daseinsform bindet, sie ist es, die seinen Geist hindert, dauernd in dem Zustand jener selig kontemplativen Stimmung zu verweilen, die ihm die Vorbereitung für das Himmelreich bedeutet. Diesem Menschen waren die physischen Genüsse der Sexualität verleidet – und die sublimierten Genüsse, die aus der Verknüpfung der sexuellen Impulse mit seelischem Gehalt hervorgehen, kannte er noch nicht. Liebe war ihm nur als ein von sexueller Betonung völlig freier Seelenzustand annehmbar; als Nächstenliebe, als Gottesliebe suchte er ihn mit aller Inbrunst in sich zu entfalten, um die Störung dieses Zustandes durch sinnliche Regungen mit aller Gewalt zu unterdrücken.

Für eine seelische Konstitution von solcher Beschaffenheit gibt es keinen anderen Weg der Befreiung aus den Qualen eines ewig unlösbaren Dilemmas als die Abtötung des Fleisches. Wo diese Entzweiung besteht, wo zwischen Geschlechtstrieb und Persönlichkeit die Vermittlung der Liebesfähigkeit fehlt, tritt auch heute noch ein von negativen Werturteilen begleiteter Widerwille gegenüber der Sexualität auf, der allerdings bei den modernen Menschen nicht mehr jenen Heroismus der völligen Abtötung bewirkt, wie bei den überzeugten Bekennern des frühen Christentums.

Jeder Mensch sucht die Rechtfertigung seiner individuellen Anlage in der Weltanschauung, die er sich bildet. Seine Welterklärung ist der intellektuelle Kommentar zu seinem Ich. Nur offenbaren sich die Zusammenhänge zwischen dem intellektuellen Prozeß, aus dem eine Weltanschauung entsteht, und der psychischen Beschaffenheit der denkenden Person selten in nachweislichen Vorgängen. Bei einigen modernen Denkern, bei Schopenhauer zum Beispiel, und noch mehr bei Weininger,* dessen Schicksal sich in einer Zeit abspielte, die jenen Zusammenhängen schon Aufmerksamkeit schenkte, hat man sie zu zeigen versucht; bei den alten Denkern, deren persönliche Schicksale bestenfalls von ihrer Außenseite überliefert sind, fehlen fast alle Anhaltspunkte. Daß auch ihren Anschauungen ein Zwiespalt zwischen den Ansprüchen des geistigen Lebens und denen des elementaren zugrunde lag, ist unschwer zu erkennen; Augustinus* spricht in seinen Bekenntnissen davon, wenn er sagt: »Ein- und dieselbe Seele ist es, die mit halbem Willen das eine und mit halbem Willen das andere will, und darum wird sie zu ihrer schweren Pein auseinandergerissen« – die erste Formulierung für einen Seelenzustand, den fünfzehn Jahrhunderte später der Repräsentant eines ganz anderen Menschentums, als es Augustinus vorstellte, in die ruhmreichen Worte faßte: »Zwei Seelen wohnen ach in meiner Brust; die eine will sich von der anderen trennen«.

Diese Zerrissenheit in zwei feindliche Triebrichtungen, die im Bewußtsein als Zwiespalt zwischen Geist und Körper auftritt, verleiht auf einer bestimmten Stufe des geistigen Lebens dem davon befallenen Menschen eine Überlegenheit über den einheitlich organisierten, den Sinnenmenschen heidnischer Kultur. Sobald die Überwindung der Sexualität als ein unerläßliches Mittel zur Erlangung höherer Zustände im Diesseits und der ewigen Seligkeit im Jenseits galt, war der Mensch, in dessen Konstitution keine Nötigung zu einer feindlichen Gegenüberstellung von Geist und Geschlecht lag, entwertet; er konnte nur als Mensch zweiten Ranges, als der profane und sündige, durch die Welt gehen.

In seiner Entwicklung vom Sinnenwesen zum Geisteswesen macht der Mensch drei Stufen durch. Der Mensch der ältesten Kulturzeit lebt wie der Wilde in einer naiven Daseinsbejahung, in der Geist und Natur noch als ungetrennte Einheit bestehen. Auf dieser Stufe ist die Sexualität keine Quelle innerer Konflikte, weil alle Bedingungen des Lebens dem Zustande der Einheitlichkeit gemäß sind und auch die soziale Ordnung zwar auf normativer Bindung der Sexualität, aber nicht auf ihrer Verneinung beruht. Die griechische wie die römische Lebensordnung gestattete den sexuellen Gewalten der menschlichen Natur zuzeiten ein Austoben, indem sie bei bestimmten Festlichkeiten die sozialen Bande aufhob. Es ist die Stufe des Seelenlebens, auf der die Vorstellung, daß dem Geschlechtsakt eine kultische Bedeutung zukommt, möglich ist, weil alle feindlichen Reaktionen des Geistes wider die Sexualität fehlen, weil das Persönlichkeitsbewußtsein noch nicht genügend entwickelt und mit ihr nicht verknüpft ist.

Die Menschen der zweiten Stufe leben im Zwiespalt; in ihrer psychischen Konstitution gibt es keine Möglichkeit, das Gebiet des Sexuellen mit dem des Geistigen zu versöhnen. Sie schaffen die fiktiven Welten einer reinen Geistigkeit, in die sie ihre Seelen vor den Ansprüchen der Sinnlichkeit flüchten. Um dem Konflikt zu entrinnen, wählen sie die völlige Enthaltung, oder sie bleiben, wenn sie die nötige Willenskraft nicht besitzen, in einem chronischen Dilemma befangen, das zu dem Zwiespalt zwischen Geist und Geschlecht den zwischen Denken und Sein hinzufügt.

Auf der dritten Stufe des Seelenlebens aber erscheint in einer neuen Gestalt die Einheit zwischen Geist und Sinnlichkeit wiederhergestellt, entweder als ein angeborener Zustand des Gleichgewichts zwischen sinnlichen und geistigen Antrieben, als eine organische Wesensharmonie Werk der Natur, oder als Erstrebung eines, der Wesensanlage nach möglichen, aber erst durch Willensanspannung zu verwirklichenden Ausgleiches Werk der persönlichen Kultur.

Zeitlich lassen sich diese drei Stufen ungefähr nach den drei Weltaltern der Kultur abgrenzen. Die Epoche des Altertums, in ihren Anfängen beherrscht durch den Typus der primitiven Einheit, bringt in ihrem Verlauf den Typus des Zwiespalts als den Menschen der hohen Geistigkeit hervor, der wie Plato oder Paulus* oder Plotin* die Welt der Materie als die hinderliche und feindliche ablehnt; die Epoche des Mittelalters, die unter der Herrschaft des Zwiespaltsmenschen beginnt, führt in ihrem Verlaufe zum Typus der synthetischen Einheit, dessen Übergangsform im Minnedienst den ersten Versuch, das Übersinnliche mit dem Sinnlichen liebend zu vermählen, unternimmt, bis er an der Schwelle der Neuzeit, noch entschiedener aber an der Wende des 18. Jahrhunderts in das Licht des vollen Bewußtseins tritt. Das Lebensideal der klassischen wie der romantischen Kunst hat jene psychophysische Beschaffenheit zur Voraussetzung, die nur der Mensch der synthetischen Einheit besitzt.

Die Gegenwart aber mit ihren verworrenen Tendenzen, mit ihren Widersprüchen und Gegensätzen, vereinigt diese drei Typen in unzähligen Übergangsformen, die in dem richtungslosen Chaos einander durchkreuzender Linien um die Vorherrschaft kämpfen. Bejahung und Verneinung unentschieden zusammengeworfen, Theorie und Praxis nicht übereingestimmt, der Mensch der primitiven Einheit, der wahrscheinlich immer noch der Mehrzahltypus ist, zur Gemeinheit herabgedrückt; der Mensch des Zwiespalts, des Glaubens beraubt, der die Kraft zur völligen Überwindung verleiht, ein mißglückter Asket, der sein Verhältnis zur Sexualität nicht anders ordnen kann, als indem er zuzeiten unter Ausschaltung seiner Persönlichkeit das »Tier« in sich befriedigt; der Mensch der synthetischen Einheit, ohnmächtig und ungeehrt, durch den Zwang überlebter Einrichtungen und unter dem Druck ökonomischer Verhältnisse hinausgestoßen in dieses verwüstete Geschlechtsleben, das die höheren Tendenzen seiner Natur zerstört; alle miteinander bedroht von grauenvollen Krankheiten, die den einzelnen samt seiner Nachkommenschaft verheeren – welche Worte wären imstande, das Elend zu schildern, in das die Sexualität der modernen Kulturmenschen versunken ist!

Sollte wirklich, wie viele behaupten, die Herrschaft der christlich-asketischen Weltanschauung daran schuld tragen? Aber wie lange schon ist es her, daß diese Anschauung keine nennenswerte Gewalt im realen Leben mehr besitzt! In Zeiten, in denen sie einen viel größeren Einfluß auf die Gemüter ausübte als heute, waren die Zustände leichtfertiger, heidnischer und doch zugleich gesünder, freier, aufrichtiger als in der Gegenwart. Die Anschauungen der Askese sind Symptom, sind Wirkung, und nicht Ursache der Stellung, die der einzelne gegenüber dem Probleme der Sexualität einnimmt; ihre Ursache und zugleich die Ursache der herrschenden Unordnung und Verwüstung in den sexuellen Zuständen ist eben der Zwiespalt.

Und doch ist auch er eine notwendige Durchgangsstufe in der Entwicklung des Persönlichkeitsbewußtseins, dem auszeichnendsten Produkt der christlichen Welt. Für die buddhistische Askese war der Anstoß die Überwindung des *Leidens*, das sich unentrinnbar mit jeder Lebensregung verknüpft; für die christliche, die das Leiden als Mittel der Annäherung an

Gott hochschätzte, bildete der Wille, den gottangehörigen Teil der Seele zur vollen Herrschaft zu erheben, das Entscheidende. Als bleibende Errungenschaft ging aus diesem Kampf ein gesteigertes Persönlichkeitsbewußtsein hervor, wenn auch um den Preis des Zwiespalts. Sobald aber der Zwiespalt in der Seele zurücktrat, gewann die Persönlichkeit ein neues Verhältnis zur Sexualität. Zeugnis dafür gibt das *ästhetisch-erotische* Lebensideal, das dem asketischen zeitlich folgt.

Schon bei seinen ersten Lehrern erscheint das christlich-asketische Lebensideal in einer absoluten und in einer bedingten Gestalt; schon unter ihnen gibt es neben den Radikalen, die bis zu den äußersten Konsequenzen der Lebensverneinung gehen, Gemäßigte, die das Schöne und Edle der irdischen Dinge, soweit sie sich dem geistigen Prinzip unterwerfen lassen, nicht ablehnen. Die Askese in ihrer absoluten Gestalt war keine Forderung an alle; innerhalb der gesteckten Grenzen aber war die bedingte in der Form der monogamen Ehe nicht weniger unerbittlich, wie die absolute. Von dem Gelübde der unverbrüchlichen Treue in der Ehe gilt jedes Abweichen für ebenso schmachvoll und sündhaft, wie das Abweichen von dem klösterlichen Gelübde der unverbrüchlichen Enthaltsamkeit. Ausschließlichkeit des sexuellen Verkehrs zwischen den Ehegatten, unter allen Umständen, um jeden Preis, mit Hintansetzung jeder anderen Rücksicht, gehört zu den Fundamentalgesetzen der christlich-asketischen Ehe. »Nicht um ihres Fleisches willen, sondern um des Heiles der Männer willen« empfiehlt Augustinus den Frauen, eifersüchtig zu sein; »verachte alles aus Liebe zu deinem Mann – nur keusch soll er bleiben; die eheliche Treue sei dein Wunsch, dafür streite du.«

Der Zweck dieser Ausschließlichkeit im asketischen Sinn ist derselbe wie derjenige der absoluten Enthaltung: Befreiung von der Herrschaft des Geschlechtstriebes. Nur das Mittel ist gelinder. Dem Verheirateten wurde keine völlige Überwindung auferlegt; da jedoch sein Verlangen ein- für allemal an eine bestimmte Person gebunden blieb, hatte das geschlechtliche Motiv in seinen ferneren Lebensbeziehungen nicht mehr mitzusprechen. Die fortwährende Beunruhigung durch Gelegenheiten und Versuchungen zu sexuellen Abenteuern, denen der Ungebundene ausgesetzt ist, entfällt für denjenigen, der seinen Willen in die Treue setzt – nach der zugrunde liegenden Absicht: Ehe als Mittel der Befreiung durch freiwillige Bindung. So enthält auch die christliche Ehe trotz ihrer Geringschätzung der Person einen Züchtungswert der Persönlichkeit, wenn man mit Kant als das Wesen der Persönlichkeit »die Freiheit und Unabhängigkeit von dem Mechanismus der elementaren Natur« verstehen will.

Die Sexualität bildete auch in der christlichen Ehe nur ein geduldetes Element, die partie honteuse der menschlichen Natur. Ein Gebiet der seelischen Kultur, geschweige denn ein Mittel der Lebensverschönerung und Bereicherung konnte sie nach einer Auffassung nicht werden, die sich auf Anweisungen beschränkte, wie sich der Gläubige von den Folgen der Befleckung, als welche ihr der Geschlechtsakt erschien, reinigen könne. War doch nicht einmal die gegenseitige Treue um der Persönlichkeit willen gefordert, sondern nur um der Idee der Keuschheit, der Herrschaft über das sexuelle Triebleben willen! Wie dieses selbst durch lautere, gütige, hochgestimmte Empfindungen zu verschönern und zu vermenschlichen, wie es mit dem geistigen Prinzip zu versöhnen sei, dazu konnte die christliche Askese auch in der von ihr gebilligten Eheform keine Anleitung geben.

Ohne sinnliche Wärme und ohne ästhetische Betonung ist die Sexualität ein gemeiner, mit den niedrigsten Eigenschaften der menschlichen Natur verschwisterter Trieb. Schön wird die Sexualität erst durch ihre Verbindung mit Elementen der Lebenskultur, edel durch die Beseelung mit Liebesgefühlen. Das ästhetische Moment hat über das kultische hinaus der Sexualität in der antiken Welt zuerst persönlichen Gehalt verliehen; die antike Erotik ist eine durchaus ästhetische im Gegensatz zur Erotik der christlichen Ära, die durch das psychische Moment ihre besondere Auszeichnung erhält. Was Ovid* in seiner Ars amandi als Liebe versteht, ist eine Form des ästhetisch-erotischen Erlebens, die mit dem Begriff der Liebe als einer seelischen Gemeinschaft nichts zu tun hat; aber es bezeichnet die Unterstufe einer sexuellen Kultur, die sich unter der Berührung mit asketisch-metaphysischen Anschauungen die höchsten psychischen Leistungen dienstbar machen sollte.

Von der Grenze der Libertinage, wo nur mehr eine galante Konvention einen ästhetischen Schleier über das nackte Geschlechtsabenteuer breitet, bis zur sublimsten Gefühlsromantik, deren Vorstellungen mit ihrem hohen psychischen Gehalt das religiöse Gebiet streifen, sehen wir während der christlichen Epoche die Bejahung der Sexualität in den verschiedensten Formen entfaltet; der heidnisch-ästhetische Sinnengenuß aber wird nicht nur durch die asketische Auffassung verdammt, er findet in der Gefühlsromantik der psychischen Erotik eine zweite Gegnerschaft, die zu seiner Herabsetzung und Entwürdigung beiträgt.

Die mit religiösen Elementen durchsetzte Erotik, wie sie in den ersten Kundgebungen einer neuen Heiligung der Geschlechtlichkeit durch das persönliche Motiv erscheint, trägt noch das deutliche Gepräge einer nicht ganz überwundenen Zweiteilung des Seelenlebens. Im Minnedienst ist die Forderung der Distanz – Distanz in der Liebe deutet immer auf einen ungelösten und unlösbaren Rest! – die den Ritter von der Dame seines Herzens trennt, ein Symptom dafür, daß die Verknüpfung zwischen dem psychischen und dem sexuellen Gebiet Schwierigkeiten bereitet, die keine allzu große Nähe gestatten; deshalb spielt sich der gewöhnliche sexuelle Verkehr in dieser Epoche zwischen den Ehegatten ohne die höheren seelischen Ansprüche der Minne nach der ehelichen Norm der bedingten Askese ab.

Ähnlich verhält es sich bei Dante,* in dessen Seele die Geschlechtsliebe ihre höchste religiöse Verklärung, aber nicht ihre volle Realisierung erfuhr; denn sein reales Geschlechtsleben teilte er mit einer Frau, mit der ihn keine tieferen seelischen Bande vereinigten. Auch die Liebe Petrarcas* zu Laura* entstammt einer Erotik, die der Distanz bedurfte; auch ihr haftet etwas von dem Madonnenkultus an, dessen Ausstrahlungen auf die Gestalt der Beatrice einen überirdischen Schimmer werfen. Die fromme Inbrunst, die sich an dem Bilde der allerheiligsten Jungfrau Maria berauscht und mit ihren Zügen die irdische Geliebte ausstattet, um sie durch die Kraft der höchsten Gefühlserregung über das irdische Maß hinauszuheben, verträgt sich fürs erste nicht mit den Ansprüchen der Wirklichkeit. Dennoch erwärmt und erleuchtet sie immer mehr das Gebiet der Empfindung, in dem das Geschlechtsverlangen regiert; und die himmlische Liebe feiert den Triumph ihrer Vermählung mit der irdischen in jenem Bilde des Mönches Filippo Lippi,* der die Nonne, mit der er ein Kind gezeugt hatte, als Madonna mit dem Jesusknaben darstellte – nicht als Dokument seiner moralischen Verworfenheit, sondern des friedlichen Einvernehmens zwischen Sexualität und Künstlerschaft in seiner Seele.

Es ist ein sprechendes Zeugnis für die unbeirrbare Sicherheit, die den Menschen der synthetischen Einheit aus ihrem inneren Gleichgewicht erwächst, daß solche Leidenschaften sich unter der Herrschaft einer Moral, die sie zum Frevel stempelt, mit aller Unbefangenheit äußern. In Gestalt der Liebe entzweit sich auch in frommen Seelen die Sexualität nicht mit dem Glauben; ja man könnte die Frage aufwerfen, ob die verbotene Liebe trotz aller Konflikte mit der religiösen oder der bürgerlichen Moral, denen sie ausgesetzt ist, bei dem Liebenden den Zustand des schlechten Gewissens herbeiführt. Der Begriff der Sündhaftigkeit existiert mehr im Bewußtsein des Außenstehenden, der nach moralischen Maßstäben urteilt, als im Bewußtsein des Liebenden – für die Psychologie der verbotenen Liebe und ihrer Stellung in der menschlichen Gesellschaft ein wichtiger Punkt! Gegenüber der Sexualität ist das schlechte Gewissen eine Reaktionserscheinung aus dem zwiespältigen Seelenleben; daß es auch in der Seele des Einheitsmenschen auf den Plan tritt, sobald der Rausch der Liebe verflogen ist, heißt nur, daß er in die gewöhnliche Verfassung zurückgefallen ist, wo andere Werte als die der Liebe die Herrschaft führen.

Wie die asketische hat auch die ästhetisch-erotische Auffassung der Sexualität eine subjektive Wurzel; sie entspringt einer Konstitution, in der das Geschlechtliche auf das innigste mit dem Seelischen verwachsen, zu einem einheitlichen Empfinden geworden ist – mit anderen Worten: in der die Sexualität die Gestalt der Liebe annimmt, weil entweder schon das Auftreten sexueller Regungen oder mindestens die Neigung zu ihrer Befriedigung an psychische Bedingungen geknüpft erscheint. Es ist die Eigenschaft, die den Menschen der dritten Entwicklungsstufe ausmacht – eben jene, die dem Menschen des Zwiespalts fehlt. Ein Dokument dieser Konstitution besitzt die deutsche Literatur in Goethes »Tagebuch«, das mit ebenso großer Künstlerschaft wie freimütigem Realismus die Überlegenheit des psychischen Motivs über das physische darstellt, das Dokument einer Konstitution, in der bereits automatisiert ist, was die sittliche Norm als bewußte Willensleistung, als Pflichterfüllung heischt.

Physiologisch wäre diese Konstitution aus einer Vervollkommnung des cerebralen Apparates zu erklären. Die Nervenbahnen, welche die somatischen Vorgänge dem Bewußtsein vermitteln, sind in organische Verbindung mit den, die höheren psychischen Vorgänge vermittelnden Leitungen gesetzt, so daß jene auf Reize von außen nicht reagieren können, ohne diese zugleich in Tätigkeit zu setzen. Diese organische Verknüpfung der Nervenzentren untereinander erscheint im Bewußtsein als »Einheit von Seele und Sinnlichkeit«, als beseelte Sexualität.

Geschlechtliche Handlungen als bloße Bedürfnisbefriedigung, wie sie dem primitiven Menschen natürlich und dem zwiespältigen, wofern er nicht Askese übt, notwendig, aber verhaßt sind, verschmäht der synthetische Mensch; er stattet jedes sexuelle Erlebnis mit einem seelischen Beitrag aus seiner Persönlichkeit aus. So wird er der Schöpfer einer sexuellen Kultur, deren Inhalt in seinen höchsten Tendenzen dahin zielt, aus der Sexualität ein Instrument der Liebe zu machen, der Sexualität durch die Liebe Persönlichkeitswert zu geben.

In ihrer vollendeten sinnlich-übersinnlichen Gestalt bedeutet die Geschlechtsliebe die Aussöhnung der geistigen Sphäre mit der des elementaren Trieblebens im Bewußtsein des Einzelnen; für sie gibt es keinen Gegensatz zwischen Sinnlichem und Geistigem. Auf die Liebe angewandt, verlieren die aus der asketischen Auffassung der Sexualität herstammenden Bezeichnungen »rein« und »unrein« jede Bedeutung. Sobald jene höheren psychischen Leistungen, die man unter dem Namen der Liebe begreift, mit der sexuellen Erregung einhergehen, erscheint sie »rein«, gleichviel, ob sie sich in sozial erlaubten Formen bewegt oder nicht; denn eben in dieser Verknüpfung liegt ihre Reinigung und Rechtfertigung für das persönliche Empfinden. Das ist die psychologische Grundlage, auf der sich unter der Herrschaft der asketischen Moral das ästhetisch-erotische Lebensideal behauptet und weiterbildet.

Aber im Wechsel der Generationen erlangt der Mensch des Zwiespalts immer wieder das Übergewicht. Nachdem er in der Periode der Renaissance hinter den Menschen der primitiven und der synthetischen Einheit fast verschwunden war, bringt er in der folgenden Epoche auch die asketische Moral zu neuen Ehren. Zwar nicht in ihrer heroischen Form als absolute Lebensverneinung, desto entschlossener jedoch in ihren bedingten Forderungen. Der Asket wird Protestant; und unter dem Druck der Gegenwehr besinnt sich auch die katholische Kirche wieder auf ihre Verpflichtung zur Askese. Reformation und Gegenreformation haben dem ästhetisch-erotischen Lebensideal gleich wenig zu geben. Es bildet sich abseits von dem Schauplatz des moralischen Rigorismus als galante Liebe aus – eine Konvention des sexuellen Verkehrs, in der die persönliche Beziehung mehr zu einer formalen Angelegenheit wird, nicht auf tieferer Seelengemeinschaft ruhend, sondern auf einer äußeren Kultur des Umgangs, die das Verhältnis der Geschlechter im ästhetisch-erotischen Sinne ordnet. Zu den merkwürdigsten sozialen Erscheinungen, die es in dieser Zeit hervorgebracht hat, gehört die Einrichtung des Cicisbeates. Vielleicht ein später Nachklang des Minnedienstes, geht das Cicisbeat noch um einen Schritt in der Verleugnung der Ehe weiter, indem es an die Stelle der Heimlichkeit, die der Minnedienst fordert, die gesellschaftliche Anerkennung setzt und den Liebhaber verpflichtet, sich öffentlich zu seiner Dame zu bekennen.

Die galante Liebe, wie sie im Frankreich des siebzehnten und achtzehnten Jahrhunderts – und teilweise auch im übrigen Europa, durch nationale Eigenheiten modifiziert – den Typus des sexuellen Verhältnisses bestimmt, tritt mit dem politischen Verfall der Gesellschaftsschichte, die ihr Träger war, in den Hintergrund. Nun ist es das Bürgertum, das aus seiner strengeren Lebensführung das ästhetisch-erotische Lebensideal in neuer Gestalt als Seelenbündnis auf der Grundlage einer vertieften edleren Persönlichkeitskultur hervorbringt.

Diese Persönlichkeitskultur, der das Zeitalter der Aufklärung seinen Rang als Menschheitserhebung verdankt, macht sich die Askese dienstbar, aber nicht im Sinne der christlichen Verneinung. Wenn diese eine Tyrannis des Geistes darstellte, die neben sich keine andere Lebensmacht anerkennen will, so sollte auch in der Verfassung der Persönlichkeit ein freieres Regiment Geltung gewinnen – Askese nicht als Mittel der Weltüberwindung, sondern als Mittel der *inneren Versöhnung*, als Weg zur Harmonie des Seelenlebens, jene die absolute Verneinung der Sinnlichkeit, diese ihre Bejahung als gebändigte Kraft, eine oligarchische Verfassung, in der die Persönlichkeit in Übereinstimmung mit den Mächten des elementaren Lebens regiert. Hier kommt der Askese wieder die ursprüngliche Bedeutung des Wortes zu: sie ist eine »Übung« in der Beherrschung des Trieblebens durch höhere Seelenkräfte – in der Beherrschung, nicht in der Unterdrückung und Ausrottung. Sie fordert einen Rangunterschied der inneren Antriebe, eine Wertung des Lebens nach geistigen Bedürfnissen, unter denen dasjenige nach Übereinstimmung mit sich selbst, nach Sicherung der Persönlichkeit vor den Einbrüchen elementarer Gewalten das oberste ist. Wenn die Freiheit im äußerlichen Sinne die Entbundenheit von äußeren Verpflichtungen und Bindungen ist, so besteht die innere Freiheit in der Unabhängigkeit von den unberechenbaren Anwandlungen des Elementaren. Innerlich frei ist nur, wer seine eigene Person so organisiert hat, daß sie sich über ihre niedrigen Antriebe hinweg für die höheren entscheidet, nicht durch einen Akt der Willkür, sondern aus Neigung.

Die schönste Formulierung dieser Auffassung, ein unvergängliches Evangelium jeder hohen Persönlichkeitskultur, hat Schiller* in seiner Abhandlung über Anmut und Würde gegeben. Was er Anmut nennt, ist der Ausdruck der schönen Sinnlichkeit; und »so wie die Freiheit zwischen dem gesetzlichen Druck und der Anarchie mitten inne liegt«, findet er die Schönheit »zwischen der Würde, als dem Ausdruck des herrschenden Geistes, und der Wollust, als dem Ausdruck des herrschenden Triebes in der Mitte«. Die Bedingung, unter der das Ästhetische im Menschen sich verwirklicht, ist »derjenige Zustand des Gemüts, wo Vernunft und Sinnlichkeit, Pflicht und Neigung zusammenstimmen«. In der schönen Seele vereinigen sich Anmut und Würde, Anmut als Ausdruck der freien Neigung, die sich im Affekt zum Erhabenen steigert, also zur Würde als dem Ausdruck des herrschenden Geistes. Von dem Gegenstand seiner Neigung fordert der Liebende Würde, weil sie allein ihm Bürge ist, »daß nicht das Bedürfnis zu ihm nötigte, sondern daß die Freiheit ihn wählte – daß man ihn nicht als Sache begehrt, sondern als Person hochschätzt.«

Auch der Schillersche Begriff der Würde als Bestandteil des ästhetisch-erotischen Lebensideales enthält jenes Element der Askese, sofern man unter Askese nicht die willkürliche Unterdrückung der sinnlichen Natur, sondern ihre Beherrschung durch die geistige versteht. Ohne diese Beherrschung kann Liebe nicht bestehen, sie ist die Bedingung für die Sublimierung der Geschlechtsimpulse zur Liebe. So erscheint Liebe nicht bloß als eine Synthese der geistigen und der sinnlichen Natur im Menschen, sondern auch als eine Frucht der Kämpfe um die Vorherrschaft der geistigen; die psychischen Erwerbungen, die aus dem Entwicklungsprozeß der Persönlichkeit hervorgegangen sind, haben erst die Voraussetzungen der psychischen Erotik geschaffen. Es ist ein asketisches Wort, das Fichte* aussprach: »Alle Kraft des Menschen wird erworben im Kampf mit sich selbst und Überwindung seiner selbst«, gleichwie Goethe als das letzte Geheimnis der inneren persönlichen Überlegenheit ein asketisches Moment gepriesen hat, als er sagte: »Von der Gewalt, die alle Wesen bindet, befreit der Mensch sich, der sich überwindet.«

Hier, wo sich die Linien der Bejahung und der Verneinung berühren, liegen die subtilsten Probleme der hohen Persönlichkeitskultur. Vielleicht war schon mit der Annahme einer metaphysischen Identität des Sinnlichen und des Geistigen, von der die Lebensauffassung der Romantiker ausging, eine Gefahr gegeben, das Sinnliche zu überschätzen – jene Gefahr, die man als Einwand gegen das ästhetisch-erotische Lebensideal anzuführen pflegt. Das materialistische Bekenntnis im vulgären Sinne, das die geistige Welt leugnet, um der sinnlichen allein Bedeutung beizumessen, mißversteht die menschliche Natur – ein Mißverständnis, dem auch edle Geister wie etwa Enfantin* nicht entgehen, wenn sie »das Fleisch so heilig wie den Geist« nennen.

Denn das eben ist die Grundtatsache der menschlichen Entwicklungsgeschichte, daß Fleisch und Geist miteinander hadern. Und auch das Seelenleben der synthetischen Einheitlichkeit ist nicht so zu verstehen, daß durch ein angeborenes Gleichgewicht eine unerschütterliche Gemütsruhe hergestellt ist. Uneinheitlichkeit gehört zum Wesen des Menschen; seine Psyche ist zusammengesetzt wie ein Kaleidoskop; und nur im seltensten Glücksfall wird die Kombination mannigfaltiger Wesensbestandteile ein durchaus übereingestimmtes Ganzes bilden. Ja man kann wohl sagen, das individuelle Leben realer Personen läßt sich unter dem Bilde der Zusammengesetztheit aus ungleichartigen Bestandteilen eher verstehen als unter dem Bilde der geschlossenen Einheitlichkeit, wie sie dem Begriff der Seele zugrunde liegt. Was die Unabänderlichkeit des Charakters ausmacht, ist nicht eine gegebene Einheit, sondern eine gegebene Vielheit; nur daß in jener Erscheinung, die wir Persönlichkeit nennen, diese Vielheit von einem inneren Zentrum aus beherrscht wird. Der einzelne als Persönlichkeit ist so weit sein eigenes Werk, als er durch bewußte Disziplinierung die Übereinstimmung herzustellen vermag, durch eine freiwillige Bindung an ein Lebensideal, das er sich nach einer überlieferten oder selbstgeschaffenen Rangordnung seiner Antriebe vorsetzt.

Nicht der Zwiespalt an sich, sondern das, was er hervorbringt, bildet also das Substrat der Bewertung; sein Wert oder Unwert kann nur an seinen Wirkungen zu messen sein. So hat der Zwiespalt bei Goethe wesentlich andere Früchte getragen als etwa bei Schopenhauer; wenn im Leben Goethes die Überwindung des Zwiespalts als Weg zur Harmonie die führende Bedeutung hatte, so war die geistige Leistung Schopenhauers die Ausdeutung und Verherrlichung des Zwiespalts im Sinne der Lebensverneinung. Dieser hat aus einer grämlich negierenden Stimmung gegenüber der Welt nie herausgefunden und die Sexualität als das verwerfliche Mittel zur ewigen Erneuerung eines verworfenen Lebens dargestellt; indes Goethes tiefste Weisheit zu Gretchen als der Verkörperung des sexuellen Schicksals im Leben Fausts sagen konnte: »Komm, hebe dich zu höheren Sphären; wenn er dich ahnet, folgt er nach.« Im Faust führt dieses Schreiten nach der Vollendung durch Versöhnung der zwei Seelen auch dort, wo die tragischen Konflikte der Sexualität liegen, nicht zur Verneinung; der asketisch-weltabgewandte Faust, der schon das Leben von sich abtun will, trinkt aus dem Becher der Sinnlichkeit erst das Vermögen, sich die elementaren Gewalten des Lebens zu unterwerfen, sich aus der Einseitigkeit der spiritualistischen Lebensführung zur Universalität zu erheben.

Nichts könnte übrigens den Abstand von der Erotik eines Dante, in der das Bedürfnis nach Distanz überwiegt, zu derjenigen eines Goethe, in welcher Seele und Sinne zu völliger Einheit ineinander wachsen, anschaulicher zeigen, als das Verhältnis dieser beiden repräsentativen Menschen zu ihrer ersten Liebe. Beide erkennen ihr die Führerschaft in die höchsten Regionen des Lebens zu; aber während es bei Dante die unberührte und unnahbare, frühverblichene Geliebte ist, der gegenüber unerfüllte Sehnsucht die Macht der Verklärung gewinnt, geht bei Goethe die Verklärung mit der sexuellen Erfüllung einher – Gretchen, die Fürbitterin Fausts am Throne der Vollendung, bedeutet in seinem Leben als die erste Berührung mit der Sexualität zugleich die Vermittlerin der Einheit, zu der ihn sein Weg führen soll.

Das andere große Werk der deutschen Kunst, dessen Problem das Verhältnis zur Sexualität ist, Parsifal, bewegt sich hingegen auf der Linie der Verneinung; Kundry, nicht wie Gretchen durch Erfüllung eines sexuellen Schicksals geweiht und erhöht, wird erlöst durch den, der ihr widersteht, und sinkt tot zu den Füßen des Verneiners hin. Im Wagnerschen* Parsifal feiert das christlich-asketische Lebensideal seinen letzten Triumph …

Oder ist es nicht sein letzter, ist es ein erneuter? Je mehr wir uns der Gegenwart nähern, desto mehr tritt die echte Synthese wieder hinter den Anschauungen des ungelösten Zwiespalts zurück. Wie der Prophet eines neuen Zeitalters hatte Goethe in der wunderbaren Totalität, zu der er sein eigenes Innenleben ausbildete, das ästhetisch-erotische Lebensideal mit seiner Person beglaubigt und mit seiner Kunst verherrlicht, die Rechtfertigung und Heiligung der Sexualität durch die Liebe in unsterblichen Schöpfungen verkündet, er selbst dem Gotte gleich, der das erniedrigte Leben mit feurigen Armen zum Himmel hebt. Aber die Generation seiner Enkel und Urenkel besitzt nicht mehr die Gabe, in der Bajadere das fühlende Herz zu erwecken; sie vermag die Befreiung vom Joch der Sexualität so wenig in der Versöhnung zu suchen, wie einst die Schöpfer der christlichen Askese.

II

Die Kultur ist bisher zu keiner Zeit den sexuellen Ansprüchen der menschlichen Natur durch völlig adäquate Lebensformen gerecht geworden. Indem sie den einzelnen als Person über seinen Naturzweck als bloßen Träger der Fortpflanzung hinausführt, setzt sie ihn doch zugleich in beständige Konflikte mit diesem Naturzweck, dem seine geschlechtliche Beschaffenheit entstammt. Obwohl die christliche Weltanschauung buchstäblich Himmel und Hölle in Bewegung setzte, ist es ihr nicht gelungen, eine halbwegs erfolgreiche Ordnung des sexuellen Lebens herzustellen; nur das schlechte Gewissen mit seinen beiden Trabanten, der Heuchelei und der Frivolität, hat sich an ihre Ferse geheftet.

Auf dem Sexualleben der Kulturvölker liegt das schlechte Gewissen wie ein Fluch, der sie hindert, sich in ein natürliches und rechtschaffenes Verhältnis zu diesem Lebensgebiet zu setzen. Das Uneingestandene, das Verhehlte, das Heimliche – lauter Symptome des schlechten Gewissens. Und nach der Art, wie sich die Menschen gewöhnlich mit dem schlechten Gewissen abfinden, erscheint als seine Folge die Heuchelei auf der einen Seite und die Frivolität auf der anderen.

Man könnte die Heuchelei auch als die Schamhaftigkeit der Unreinen bezeichnen. Die Sitte, die ganz allgemein die Heuchelei billigt, erkennt sie als Ausdruck für das Bedürfnis des Durchschnittsmenschen an, zwischen den höheren Anforderungen der Moral und den niedrigeren Tendenzen seiner Natur einen Kompromiß zu suchen. Von allen Arten der Heuchelei ist die sexuelle die verbreitetste, aber auch die verzeihlichste – denn sie verrät das Bestreben, über das gemeine Naturhafte den Schleier einer höheren Kulturform zu breiten, den Willen, wenigstens dem Scheine nach die Kultur über die Natur zu stellen.

Überall, wo das Naturhafte in nackter Gestalt hervortritt, ragt auch die Barbarei in das Kulturleben herein. Im Reich der Natur ist das Elementare das Alleinherrschende, durch keinen Gegensatz Herabgedrückte;

den Charakter des Barbarischen erhält es erst im Verhältnis zur Kultur als deren Gegensatz und Verneinung. So ist die tierische Sexualität wie das ganze tierische Leben frei von den Bestimmungen, die in die menschliche durch Kultureinflüsse hineingetragen wurden; wollte man aber versuchen, sie davon zu befreien, so würde sie nicht unschuldig naturhaft wie die tierische werden, sondern eben nur barbarisch. Und das schlechte Gewissen ihr gegenüber hat beim Kulturmenschen nicht bloß moralische Gründe; es gibt auch etwas wie ein Kulturgewissen als Ausdruck für den Trieb nach höheren Daseinszuständen. Mit dem Sinken der Kultur als allgemeiner Erscheinung geht im modernen Leben auch eine Barbarisierung der Geschlechtlichkeit einher; die Heuchelei nimmt zwar ab, aber die Zustände bessern sich nicht. Die Abnahme der Heuchelei ist keineswegs ein Symptom der Gesundung. Das läßt sich schon daraus erkennen, daß sich auch eine Barbarisierung in den Anschauungen über die Mittel vollzieht, die den Übelständen des kulturellen Geschlechtslebens abhelfen sollen.

Wird der Begriff der Kultur als einer Überordnung geistiger Werte über elementare Antriebe, als einer durch Ideen geordneten Lebensform auf das sexuelle Gebiet bezogen, so läßt sich unter sexueller Kultur zweierlei verstehen: die Form, in die das soziale Leben die Sexualität gebannt hat, um ihre Elementargewalt zu bändigen, und die Art, wie sich der Einzelne zu dieser Elementargewalt in seinem persönlichen Leben verhält. Nach beiden Richtungen steht die Kultur der Gegenwart tief unter dem, was sie ihrem Begriffe nach bedeutet.

Man muß, wenn man die tatsächlichen Zustände dieses Gebietes einer voraussetzungslosen Betrachtung unterziehen will, sich vor allem klarmachen, daß man es mit einem *unlösbaren* Problem zu tun hat, weil der Geschlechtstrieb an sich und von Natur aus im Verhältnis zu den menschlichen Lebensbedingungen eine *unzweckmäßige* Einrichtung ist. Von Helmholtz* wird der Ausspruch erzählt, daß er, wenn ein Optiker ihm ein so unvollkommenes Instrument wie das menschliche Auge liefern wollte, es zurückweisen würde; um wieviel unvollkommener aber ist die Natureinrichtung, welche der Gattungserhaltung dient! Mit einer ungeheueren Verschwendung von Keimen und von Triebkraft hat die Natur überall die Erhaltung der Gattung gesichert; überall müssen Millionen Keime zugrunde gehen, damit ein einziger zur Entwicklung gelangen kann. Gemäß dieser Verschwendung ist auch der Trieb, der ihr dient, ein unverhältnismäßiger in Hinsicht auf die Möglichkeiten seiner Befriedigung. Je mehr das Individuum als solches an Bedeutung gewinnt, desto empfindlicher wird das Mißverhältnis zwischen Gattung und Persönlichkeit im Triebleben. Die Kultur, die das Leben des Individuums im Werte steigert, weil sie es mit einem erhöhten Eigengehalt erfüllt, steht schon aus diesem Grunde in einem Gegensatz zur Tendenz des Naturtriebes, der das Individuum blindlings der Gattung zu unterwerfen strebt.

Denn die Exuberanz des Triebes, die in gar keinem Verhältnis zu den Möglichkeiten der Zeugung steht, ist in der menschlichen Gattung so groß, daß sie jede soziale Ordnung des sexuellen Lebens nach höheren Gesichtspunkten vereitelt. Bei den Tieren hat die Natur das Auftreten des Geschlechtstriebes an bestimmte Zeiten und Daseinsbedingungen geknüpft; die harte Unerbittlichkeit elementarer Vorgänge regelt hier Zeugung und Aufzucht der Nachkommenschaft. Aber in den Intervallen bleibt das Tier von den Plagen des Gattungsdienstes frei und wird nicht durch einen unablässig wachen Trieb nutzlos gestachelt wie der Mensch. Mit dem Aufhören der Periodizität wächst bei der menschlichen Gattung das Mißverhältnis zwischen den Ansprüchen des Geschlechtstriebes und den Aufgaben der Fortpflanzung in dem Grade, daß der unfruchtbare Geschlechtsverkehr, der bloß der Befriedigung des physiologischen Bedürfnisses zu dienen hat, unvermeidlich erscheint. Ein Mann, der sein Geschlechtsvermögen unbeschränkt unter Befolgung des Fortpflanzungszweckes ausüben wollte, könnte jährlich leicht hundert Kinder zeugen, indes doch in einem durch Kriege und Epidemien nicht verheerten Gemeinwesen eine Nachkommenschaft von zehn oder zwölf Kindern jedes Paares nach wenigen Generationen schon ein Übermaß bedeutet. Deshalb ist der unfruchtbare Geschlechtsverkehr trotz aller Abwehr durch religiöse und moralische Verurteilung während der ganzen Kulturgeschichte bestehen geblieben.

Eine andere Unzweckmäßigkeit des Geschlechtstriebes als Natureinrichtung bei der menschlichen Gattung liegt darin, daß die Absicht der Natur nicht zugleich mit ihm ins Bewußtsein tritt. Auch dieser Mangel ist dem Tier erspart. Bei ihm fallen Geschlechtstrieb und Fortpflanzungstrieb in eins zusammen; es kann sich den Folgen seiner geschlechtlichen Handlungen nicht entziehen. Und so erfüllt der Instinkt, der die Geschlechter verbindet, völlig seine Aufgabe, wenn er sich im Bewußtsein des Individuums als ein lustbetontes Bedürfnis geltend macht, das durch keine Voraussicht eines die individuelle Grenze überschreitenden Zweckes unterstützt zu werden braucht. Daß der Zweck des geschlechtlichen Verlangens die Fortpflanzung, daß Nachkommenschaft die Wirkung des Geschlechtsaktes ist, geht aus einer Beobachtung hervor, die schon eine relativ höhere Entwicklung des Intellektes bedingt.

Fortpflanzung als bewußter Inhalt des Verlangens nach dem anderen Geschlecht aber bildet keine Komponente des Geschlechtstriebes. Die Vorstellung der Nachkommenschaft kann unter dem Einfluß einer bestimmten Bewußtseinsrichtung das sexuelle Verlangen leiten, aber sie ruft es nicht hervor, ja sie hat mit dem Auftreten des Geschlechtstriebes im Bewußtsein gar nichts zu tun. In seiner Analyse des Geschlechtstriebes läßt Ellis* keine Definition des Geschlechtstriebes als Fortpflanzungstrieb gelten. Er findet, daß dahinter eine gewisse Konfusion steckt. »Fortpflanzung als Ziel spielt keine Rolle als Teil des Geschlechtstriebes bei irgendeinem Lebewesen. … sie ist das natürliche Ziel und Objekt des Geschlechtstriebes, aber die Behauptung, daß sie ein Teil des Geschlechtstriebes wäre oder diesen in irgendeiner Weise definieren könne, muß als absolut unzulässig abgelehnt werden.« (Das Geschlechtsgefühl)

Auch Albert Moll* kennt in seinen »Untersuchungen über die Libido sexualis« nur zwei Komponenten des Geschlechtstriebes, die mit der Fortpflanzung als Vorstellungs- oder Empfindungsinhalt in keiner Beziehung stehen – den Detumeszenztrieb, der auf Entspannung eines Erregungszustandes, und den Kontrektationstrieb, der auf den Genuß des körperlichen und psychischen Kontaktes mit einer anderen Person gerichtet ist. Aus diesen beiden Komponenten lassen sich die Phänomene des Geschlechtstriebes erschöpfend erklären, vor allem die in Ansehung des Fortpflanzungszweckes so widersinnige Tatsache, daß er leicht auf ein gleichgeschlechtliches Objekt verfällt – eine Tatsache, die von den einen als Entartungssymptom gebrandmarkt, von anderen (siehe Blüher,* Die Rolle der Erotik in der männlichen Gesellschaft) geradezu als Grundlage aller höheren Entwicklung betrachtet wird.

Man muß die Abwesenheit des Zweckbewußtseins in der seelischen Dynamik des geschlechtlichen Verlangens als jenen Mangel betrachten, der die Umwandlung des tierischen in das menschliche Leben zu einer unabsehbaren Kette von Verirrungen gemacht hat. Daher würde man einen ganz falschen Maßstab an das sexuelle Verhalten der weitaus meisten Menschen anlegen, wollte man die Abweichung von den Zwecken der Fortpflanzung als ein Symptom der sexuellen Entartung bezeichnen.

Von dieser Annahme geht Christian von Ehrenfels* in seiner »Sexualethik« aus, wenn er als »generativ richtigen« Mannestypus nur jenen gelten lassen will, bei dem als erregende sexuelle Vorstellung »die Schwängerung des Frauenleibes und das Hervorsprießen der Kindesblüte« auftritt. Aber wie sollte allgemein als Erregungsursache eines elementaren Urtriebes eine Tatsache wirken, deren Kenntnis erst einer Erfahrung des entwickelteren menschlichen Intellektes zu verdanken ist!

Wer mit Ehrenfels die »Verehrbarlichung« des Geschlechtstriebes von der Absicht der Fortpflanzung erwartet, verkennt naturgegebene Tatsachen. Verstandesmäßig, als sittliche Vorschrift, wie die christliche Moral wollte, oder als generative Richtschnur, wie die moderne Eugenik will, mag diese Absicht wohl in das Geschlechtsleben des Einzelnen durch Lehre und Ermahnung hineingetragen werden; sie mag durch soziale Bestimmungen wie das Erbrecht und die darauf gegründete Familienform die größte Bestärkung erfahren: als triebhafte Gewalt organisch mit der Geschlechtsanlage verknüpft, wie der Liebestrieb in edleren Naturen, hat sie sich in der menschlichen Psyche nicht entwickelt.

Die besondere Bedeutung der Sexualität im menschlichen Leben beruht darauf, daß sie nicht bloß ein Mittel der Fortpflanzung, sondern auch der Liebeserfüllung ist, daß sie den Zwecken des Individuums ebensosehr dient wie denen der Gattung. Zwei entgegengesetzte Interessensphären vereinigen sich in ihr selbst. Nicht nur, daß ihre Ansprüche mit denen des geistigen Gebietes in Konflikt stehen: durch ihre Verknüpfung mit den aus dem seelischen Gebiete herstammenden individuellen Liebesinteressen erhält sie eine weitere Komplikation.

Trotz des Druckes, mit dem die christliche Moral das Moment der Fortpflanzung in der Rechtfertigung der Sexualität unterstützte, hat sich ihre Veredlung nicht durch dieses, sondern durch das individuelle Moment vollzogen. Die Ursache dafür kann wohl in dem Verhältnis des Ichbewußtseins zum Fortpflanzungswillen im psychischen Mechanismus gesucht werden. Liebe des einen Individuums zum anderen ist gegebenenfalls mächtiger als der Wunsch nach Fortpflanzung, weil die Erweiterung der Ichgrenze durch die Liebe eine unmittelbare Gefühlstatsache, durch die Nachkommenschaft nur eine Vorstellung ist. Auch im christlich-asketischen Lebensideal war die egozentrische Betonung ganz überwiegend; die Prämie der ewigen Seligkeit heftete sich an das Ich, die Fortdauer der Persönlichkeit durch den Unsterblichkeitsgedanken verdunkelte den Wert der Fortdauer durch Nachkommenschaft und setzte die Interessen der Gattung an die zweite Stelle.

Gleichfalls an dieser Stelle steht im ästhetisch-erotischen Lebensideale das Interesse der Nachkommenschaft. Das Kind, aufgefaßt als die »Frucht der Liebe«, verklärt nur die Liebesbeziehung mit noch höherem Glanz, gibt ihr eine Bedeutung über das individuelle Leben des einzelnen Paares hinaus; es weckt in schönen Seelen die beglückende Vorstellung, daß die Zeugung unter Liebenden vollendetere und harmonischere Wesen zum Leben ruft als die pflichtgemäße Hingebung oder die bloße Begierde.

Daraus hat Ellen Key* eine Art Dogma und Glaubensartikel gemacht. Das Geschlechtsverhältnis als Mittel der Lebenssteigerung unter der Voraussetzung, daß die durch die große Liebe geschaffenen Wesen »Generation für Generation die Seelen vergrößern« – das ist die Auffassung, die den

Gegensatz zwischen den Interessen der persönlich gerichteten Liebe und den Interessen der Nachkommenschaft überbrücken will. Aber die hohe Liebe gehört dem Reiche der Kultur an und nicht dem der Natur, die von der Idee der Persönlichkeit nichts weiß. Daher gewährt auch die leidenschaftlichste Liebe keine Bürgschaft für die Qualität der Nachkommenschaft, und das Dogma Ellen Keys ist eingestandenermaßen unbewiesen.

Die generative Ohnmacht der individuellen Liebe bildet einen schwerwiegenden Einwand, sobald Rücksichten der Fortpflanzung an die erste Stelle gesetzt werden. Aus diesem Einwand hat Ehrenfels eine Verurteilung der ganzen herrschenden Sexualmoral, die er die kulturelle nennt, abgeleitet. Ihre Grundlage bildet die persönliche Beziehung, während in der von ihm aufgestellten »konstitutiven« Sexualmoral die Erzeugung einer überlegenen Nachkommenschaft das Ziel ist. Die Voraussetzung dieser konstitutiven Moral wäre, daß nicht mehr die persönliche Anziehung als Rechtfertigung für das geschlechtliche Verhältnis gelten sollte, sondern die Eignung der beiden Beteiligten zur Höherzüchtung der Rasse. Also eine völlige Verleugnung der bisher wirkenden Motive, eine Umkehr auf dem Wege, den der Kulturprozeß zurückgelegt hat. Etwas Ähnliches, wie es die konstitutive Moral anstrebt, ist schon in dem alten Sparta dagewesen. Die Interessen einer tüchtigen Nachkommenschaft standen dort so sehr im Vordergrund, daß alle anderen daneben zurücktreten mußten, selbst die Ausschließlichkeit der weiblichen Hingebung. Der Stärkste und Tüchtigste besaß alle Vorrechte bei dem männlichen Geschlecht wie bei dem weiblichen; lebensschwache Neugeborene wurden getötet, die jungen Mädchen gingen nackt und nahmen an den gymnastischen Übungen teil, um sich für die Aufgaben der Mutterschaft abzuhärten. Dennoch hat Sparta keine längere Lebensdauer gehabt als Athen, und nicht von ihm ist der unsterbliche Ruhm Griechenlands ausgegangen.

Als Beispiel, wie die Früchte der konstitutiven Sexualmoral jetzt beschaffen sind, mag der Mittgartbund erwähnt werden, eine Vereinigung, die in praktischer Durchführung dieser Moral eine Art Züchtungsanstalt nach eugenischen Gesichtspunkten errichten wollte. Auf einem deutschen Rittergute sollten nach strengster hygienischer Auswahl tausend Frauen und hundert Männer zur Erzeugung einer rassereinen, völlig gesunden Nachkommenschaft angesiedelt werden. Jeder Mann hatte die Pflicht zu übernehmen, nur solange mit einer Frau zusammenzuleben, bis die Empfängnis gesichert war; dann mußte er eine neue Verbindung suchen, was bei der zehnfachen Überzahl der Frauen leicht geschehen konnte. Daß in diesem Menschengestüt trotz sorgfältigster Auslese unberechenbare Vererbungstendenzen und daher dieselben Neigungen latent wirksam wären, die das moderne Leben bestimmen, und die Sprößlinge, sobald sie die Grenzen des eugenischen Tierparks verließen, wieder den alten zerstörenden Einflüssen der Außenwelt ausgesetzt wären, konnte die Begeisterung der Mittgartgesellschaft nicht beeinträchtigen. Sie war überzeugt, auf diesem Wege in wenigen Jahrzehnten der Welt ein überragendes Heldengeschlecht zu bescheren.

Alle Kultureinflüsse edler Art haben dahin gewirkt, den Geschlechtstrieb an eine persönliche Motivation zu binden, ihn durch Verknüpfung mit den höheren Seelentätigkeiten zu vermenschlichen; und bei einer großen Anzahl gerade der vorzüglicheren Individuen ist diese Verknüpfung eine organisch unmittelbare, konstitutionelle geworden. Ihre Innerlichkeit ist so orientiert, daß sie sich in den Versuchungen des Trieblebens für die seelischen Ansprüche entscheiden und in der geliebten Person weder ein Mittel der bloßen Befriedigung noch ein Werkzeug der Fortpflanzung erblicken wollen.

Galton,* von dem der Begriff der modernen Eugenik herstammt und der ihr vornehmster Vertreter ist, bezweifelt gleichfalls den Wert der individuellen Liebe für das Nachkommenschaftsinteresse. Er definiert die Eugenik als die Wissenschaft, die sich mit den, die Rasseneigenschaften kommender Generationen geistig oder körperlich beeinflussenden sozialen Kräften beschäftigt, und er glaubt, daß die Ideale der Fortpflanzungshygiene mit der Zeit eine Art religiöser Weihe erhalten werden. In seinen Entwürfen zu einer Fortpflanzungshygiene spricht er von einer »ehrlichen Sittenlehre für gute Menschen, die an der Arbeit für die Welt teilnehmen und die Gefahren der Sentimentalität kennen«.

Aber Sentimentalität – sofern man darunter das Überwiegen des Gefühles über Verstandesrücksichten versteht – ist von der Liebe untrennbar. Gerade, weil die Liebe sich auf eine bestimmte Persönlichkeit richtet, kann sie sich durch außerpersönliche Erwägungen schwer bestimmen lassen. Und der Gegensatz zwischen den eugenischen Grundsätzen und den Tendenzen der individuellen Liebe wird immer zu tiefen Konflikten führen, sobald die Gesundheit des durch Liebe vereinigten Paares nicht den hygienischen Anforderungen entspricht. Denn das Phänomen der Geschlechtsliebe besteht eben darin, daß der Geschlechtstrieb mit der *Persönlichkeit* und nicht mit irgendeinem anderen Komplex von Instinkten und Vorstellungen organisch verknüpft ist. Ihn aus seiner psychischen Verknüpfung mit dem Gebiete der Persönlichkeit wieder loszulösen und in das Gebiet des vernunftgemäßen Fortpflanzungswillens einzuverleiben, das wäre eine organische Revolution, wie sie durch intellektuelle Mittel bisher nicht zu bewirken war.

Schon die christliche Askese in ihrem bedingten Bekenntnis hat die äußersten Mittel der religiösen Gewalt angewendet, um Geschlechtstrieb und Fortpflanzung im menschlichen Bewußtsein in eine einheitliche Funktion zu verschmelzen – allerdings aus Motiven, die mit den eugenischen nichts gemein hatten. Zeugung bedeutete in der christlichen Vorstellung den von Gott gebilligten Anlaß zur Erschaffung einer unsterblichen Seele; so konnte es dem Willen Gottes anheimgestellt bleiben, die Qualität des Geschaffenen zu bestimmen. Da bei allen in das Gebiet der Moral fallenden Handlungen die Absicht wertentscheidend ist, mußte aber die Absicht der Zeugung mit dem Geschlechtsakt verbunden sein, damit ein Anspruch auf Gottes Wohlwollen in Ansehung der Nachkommenschaft bestehen konnte. Lehrreich ist in dieser Hinsicht die Haltung Augustinus' gegenüber seinem unehelichen Sohn Adeodatus, den er nicht erwähnt, ohne hinzuzusetzen »mein Sohn dem Fleische nach, in der Sünde von mir erzeugt«, und daß er an ihm keinen Anteil als seine Sünde habe – eben weil es nicht die Absicht der Zeugung war, die ihn ins Leben gerufen hatte. Deshalb preist er es als eine besondere Gnade Gottes, daß dieses Kind trotzdem »gut geschaffen« sei.

Eine größere metaphysische Bedeutung als die Beziehung zur Erschaffung einer unsterblichen Seele ist der Sexualität in keiner Weltanschauung zuerkannt worden; da selbst diese ungeheuere Perspektive nicht eine Verknüpfung von Geschlechtstrieb und Fortpflanzungswillen herbeizuführen vermochte, wie sollte es durch Vorschriften erreicht werden, deren Inhalt sich in dem Begriff der Gesundheit erschöpft!

Nur bei dem außenstehenden Beobachter, der erwägt, wie groß die Gefahr der Gesundheitsschädigung unter den Lebensbedingungen der modernen Zivilisation ist, wird schließlich das Interesse der Gesundheit alle anderen in den Hintergrund drängen. Aus solchen Erwägungen und Beobachtungen geht das Bestreben hervor, das namentlich durch ärztliche Kreise vertreten ist, ebensowohl den wirklichen Zuständen und Erfordernissen voraussetzungslos Rechnung zu tragen, wie der Gesundheit in allen Lebensbeziehungen einen Wert ersten Ranges zu sichern. Man kann diesem Bestreben den Namen des *utilitarisch hygienischen* Lebensideales geben – falls auf eine Anschauung, die alle höheren geistigen Forderungen grundsätzlich meidet, die Bezeichnung Ideal noch paßt.

Während die asketisch-christliche Auffassung den Geschlechtstrieb an sich als sündhaft betrachtet, um ihn nur unter einem Sakrament, das schwere Pflichten auferlegt, zuzulassen, und die ästhetisch-erotische ihn nach der Form, in der er auftritt, bewertet, indem sie ihn als rohe Begierde ausschließt, um ihn in Gestalt der Geschlechtsliebe auf den höchsten Rang zu stellen, erblickt die hygienisch-utilitarische in ihm ein physiologisches Bedürfnis, dessen Befriedigung jenseits von ethischen Werturteilen nach Rücksichten der Gesundheit zu ordnen sei.

Diese Auffassung ist es, die vor allem das Problem der Enthaltsamkeit – das zentrale jeder sexuellen Moral und Kultur – in ein neues Licht stellt.

Enthaltsamkeit bis zur Ehe, das war die Forderung der bedingten Askese; Enthaltsamkeit bis zur Liebe jene der ästhetisch-erotischen Auffassung; nach der utilitarisch-hygienischen gilt nur Enthaltsamkeit von allem Gesundheitsschädlichen. Unter diesem Gesichtspunkt aber wird das Problem der Enthaltsamkeit ganz einseitig angesehen. Er ist ebenso unvereinbar mit den Anforderungen der ästhetisch-erotischen Kultur, die den Geschlechtsverkehr als bloße Befriedigung eines physiologischen Bedürfnisses mißbilligt, wie mit denen der Askese, die ihn unter der gröbsten Bezeichnung verdammt.

In dem Dilemma, ob es für den Einzelnen besser sei, Schaden an seinem Körper oder Schaden an seiner Seele zu nehmen, entschied die christliche Askese unbedenklich für die Seele. Auch abgesehen von der metaphysischen Bedeutung, die sie der Enthaltsamkeit verlieh – die Gefahr physischer Schädigungen, die in ihrem Gefolge unter der Gestalt nervöser und hysteroepileptischer Erscheinungen, halluzinatorischer und manischer Zustände auftraten, hatte in der Auffassung der christlichen Askese keinen Raum, weil sie zugleich eine Quelle wunderbarer Sensationen war. Das »Ringen mit dem Versucher« gehörte für ihn zu jenen Erlebnissen, die ihn im Glauben an seine übernatürliche Bestimmung bestärkten und das dürftige diesseitige Dasein mit den unvergleichlichen Genüssen geistiger Macht und Überlegenheit bereicherten.

Der moderne Mensch aber betrachtet die Steigerung der Nervosität, ja schon allein die Aufstachelung der Phantasie und die Erschütterung der Gemütsruhe, die mit der Enthaltsamkeit einhergehen, als unerträgliche Störung, weil er in seiner utilitarisch eingerichteten Lebensführung nichts damit anzufangen weiß. Ihm erwächst schon ein Nachteil aus der bloßen Ablenkung der Aufmerksamkeit, aus der Nötigung zu einer auf das eigene Innere gerichteten Willensanspannung; denn er muß seine ganze Willenskraft an äußere Lebensaufgaben wenden.

Und wie sollte er der bedingt asketischen Forderung der Enthaltsamkeit bis zur Ehe nachkommen können! Die modernen Rigoristen, die sich auf diese Forderung stützen, bemerken nicht, daß sie viel höhere, viel schwierigere Ansprüche an den Durchschnittsmenschen stellen als die alten Rigoristen. In der frühchristlichen Gemeinde waren die Verhältnisse einheitlich nach einer asketischen Lebensauffassung geordnet; der Strenge der sexualethischen Vorschrift entsprach die gesamte Lebensführung. Ein Mann, der sich die Erfüllung der gleichen Vorschrift in der Gegenwart zur Aufgabe macht, muß einen ungleich größeren Aufwand von Willensstärke, Entsagung, Isolierung ins Werk setzen, als es damals notwendig war; damals fand diese Vorschrift alle Förderung von außen und innen, heute stößt sie von beiden Seiten auf beinahe unüberwindliche Widerstände.

In einer späten, durch morbide Einflüsse bedrohten Kultur verschiebt sich auch die innere Wirkung der Enthaltsamkeit. Die Sublimierung der sexuellen Impulse zu höheren psychischen Leistungen setzt eine Konstitution von ungebrochener Gesundheit und Spannkraft voraus; bei Menschen von neuropathischer Anlage führt die Unterdrückung der geschlechtlichen Antriebe zu krankhaften Erscheinungen, die der Kulturabsicht entgegenwirken, »so daß die Gesellschaft nicht einen mit Opfern erkauften Gewinn, sondern gar keinen Gewinn verzeichnen darf, wenn sie die Gefügigkeit gegen ihre weitgehenden Vorschriften mit der Zunahme der Nervosität bezahlt«. (Freud,* Sexualprobleme IV, 3. Heft)

Es ist allerdings weniger die Gefügigkeit gegenüber einer rigorosen Sexualethik, sondern die Ohnmacht gegenüber zerstörenden Einflüssen der modernen Zivilisation im ganzen, was die Zunahme der Nervosität, den Rückgang an körperlicher und seelischer Widerstandskraft verschuldet – aber gleichviel! Sobald in einer Kulturgesellschaft diese Einflüsse derart überhand genommen haben, daß die verminderte Widerstandskraft zum Durchschnittsmaß gerechnet werden muß, kann sie die Werte, mit denen sie die Starken und Intakten zu ihren höchsten Leistungen anspornt, nicht mehr aufrechterhalten. Jede hochgespannte Norm läßt unter sich eine Anzahl verunglückter, mißratener Individuen zurück – das ist kein Einwand gegen sie; wächst aber diese Anzahl zum Durchschnitt, so wird die Norm anfechtbar, weil sie mehr Unheil als Gewinn bringt.

Gegen das ästhetisch-erotische Lebensideal als Grundlage der sexuellen Ordnung kann man denselben Einwand erheben, wie gegen das christlich-asketische: daß es nur für die Wesensbeschaffenheit und die Lebensbedingungen einer kleinen Auslese paßt, der großen Mehrzahl aber aus äußeren und inneren Gründen unerreichbar bleibt. Die Überwindung des Geschlechtstriebes durch beständige Willensanspannung, um das seelische Erlebnis vom Zwang der Notdurft zu befreien, setzt Fähigkeiten voraus, die nur Bevorzugten gegeben sind und auch ihnen nur unter gesunden und einfachen Lebenszuständen. Hier tritt die Unlösbarkeit des sexuellen Problems im Leben der abendländischen Kulturvölker grell zutage. Denn die utilitarisch-hygienische Auffassung, die den Einwand, daß Enthaltsamkeit schlechthin schädlich sei, für den entscheidenden hält und den bezahlten

Geschlechtsverkehr aus diesem Grunde billigt, schafft das Problem durchaus nicht aus der Welt.

Vor allem schwächt die Verwerfung der Enthaltsamkeit als gesundheitsschädlich in verhängnisvoller Weise die Kraft des seelischen Widerstandes, indem sie sich auf die Seite der sinnlichen Forderungen stellt. Soweit aus der hygienisch orientierten Auffassung des Geschlechtslebens Weisungen für das praktische Verhalten des Einzelnen zu holen sind, müssen die seelischen Ansprüche zugunsten der physischen zurücktreten, wenn die Umstände eine einheitliche Befriedigung beider nicht gestatten. In der Sprache der bürgerlichen Welt, in der die doppelte Moral herrscht, heißt das: da die ökonomischen Verhältnisse den jungen Mann zu einem weit über den Beginn der Geschlechtsreife dauernden Zölibat nötigen, soll er unter hygienischen Vorsichtsmaßregeln von dem käuflichen Geschlechtsverkehr Gebrauch machen. Wie weit bei dem geschützten Teil des weiblichen Geschlechtes das unabsehbare Zölibat die gleichen Nachteile der Enthaltsamkeit mit sich bringt, wird in dieser Welt nicht gern gefragt; sie begnügt sich bei der Annahme, die sie in ein moralisches Werturteil faßt, daß in der weiblichen Natur der Geschlechtstrieb erst durch die Liebe zu einem bestimmten Mann geweckt werde.

Ja Windscheid* versteigt sich (Die Beziehungen zwischen Gynäkologie und Neurologie) bis zur Behauptung, es sei »der sexuelle Trieb bei der normalen Frau, vor allem der höheren Stände, keine angeborene, sondern eine erworbene Eigenschaft; in dem Augenblick, in dem er angeboren ist oder von selbst erwacht, bestehen schon Abnormitäten. Da also die Frau diesen Trieb vor der Ehe nicht kennt, so wird sie ihn auch nicht vermissen, wenn sie in ihrem Leben keine Gelegenheit hat, ihn kennen zu lernen«. Diese Methode, Zustände des Einzelnen, die mit der herrschenden Moral nicht vereinbar sind, aus dem Gebiete des Gesunden und Normalen zu streichen, zeigt, welche Wirkungen moralische Vorurteile bis in die Wissenschaft hinein ausüben; bemerkenswert ist überdies der Klassenhochmut, der sich in der Einschränkung »besonders der höheren Stände« äußert, während doch der ganze Grund, warum bei den Mädchen der höheren Stände die Sexualität weniger laut wird als bei jenen anderer Volksschichten, in der Macht der ungeheueren Hemmungen liegt, die durch Erziehung und Umgebung ausgeübt werden.

Durch die Auffassung, daß die Verknüpfung des Geschlechtstriebes mit den höheren Seelentätigkeiten, die zu seiner Befriedigung eine Liebesbeziehung fordert, eine Eigenheit der besseren weiblichen Natur, die männliche hingegen davon frei sei – obwohl sie ohne allen Zweifel mindestens als Anlage bei den Differenzierten unter den Männern gleichfalls besteht –, wird der Unterschied zwischen einer käuflichen Frauensperson und dem Mann begründet, der sich ihrer bedient. Was beim Mann als physiologische Norm gilt, bedeutet nach dieser Auffassung für das Weib einen Defekt. Die nächste Konsequenz in der Bewertung wäre dann, daß das weibliche Geschlecht, das von vielen als das zurückgebliebene, das »wildere« im Vergleich zum männlichen betrachtet wird, in diesem Punkte das höher entwickelte ist; denn die Verknüpfung der Sexualität mit den höheren Seelentätigkeiten, ihre Veredlung zur Erotik, bedeutet doch wohl eine der ausgezeichnetsten Kulturerrungenschaften.

Wenn die Prostitution während der Kulturgeschichte immer tiefer in der sozialen Achtung sank, so hängt das neben der Entwicklung der weiblichen Persönlichkeit auch mit der steigenden Macht der Erotik, des gefühlsbetonten Geschlechtsverhältnisses, zusammen. Noch im Mittelalter ein zwar ehrloses, aber immerhin geordnetes und mit bestimmten Rechten ausgestattetes Gewerbe, erscheint sie in der Gegenwart – und nicht etwa infolge eines moralischen Vorurteils, das mit der Zeit schwinden könnte – als die tiefste Entwürdigung der daran beteiligten Personen.

Erst durch die Verknüpfung mit seelischen Affekten verliert der Geschlechtstrieb seine herabstimmende Nachwirkung für die Persönlichkeit; wie sollte er dann mit Ausschluß persönlicher Motive befriedigt werden, ohne diese Nachwirkung auszuüben? In einer Welt, in der die Geschlechtsliebe einen ersten Rang besitzt, kann die Sexualität als bloßer Evakuationstrieb nicht zu Ehren kommen. Unter den männlichen Auffassungen der Sexualität ist diese, die sie auf die gleiche Stufe mit anderen körperlichen Ausscheidungen stellt, die oberflächlichste, verständlich nur, wenn man sie als Äußerung einer mangelhaften psychosexuellen Konstitution betrachtet. Wie wenig diese Seite des Seelenlebens bei Einzelnen mit der Kultur der Persönlichkeit übereinstimmt, zeigt sogar ein Geist wie Montaigne,* wenn er sagt, »daß Venus schließlich nur der Genuß an der Entleerung unserer Gefäße ist, gerade wie die Natur Entleerungen aus anderen Teilen genußreich macht« (Essays). Aber der Akt, der eine Erfüllung des höchsten Liebesverlangens bedeuten soll, kann nicht zugleich als bloße Befriedigung eines physiologischen Bedürfnisses Anerkennung finden; als solcher ist er unter den Gesichtspunkten einer Sexualethik, die von einer vertieften und verfeinerten Erotik ausgeht, wieder nur »sündhaft«. Die Natur hat die Lustprämie auf die Erfüllung ihres Zweckes gesetzt – das ist die Fortpflanzung der Gattung; die Kultur, die dem Individuum einen Wert an sich verleiht, gibt der Lustprämie einen ideellen Sinn, indem sie dieselbe in ein Mittel der seelischen Erhöhung wandelt. Wo diese beiden Bedeutungen fehlen, bleibt nur der Mißbrauch übrig, entweder der »naturwidrige« oder der »kulturwidrige«.

Insofern die Prostitution die flüchtigen Geschlechtsbeziehungen seelisch unentwickelter Personen beiderlei Geschlechtes umfaßt, kann sie immerhin als eine anthropologische Erscheinung betrachtet werden – allerdings nur, soweit sie ihr natürliches Gebiet nicht überschreitet, das heißt, auf solche Menschen beschränkt bleibt, deren seelische Entwicklungsstufe ihr entspricht. Zwar auch als anthropologische Erscheinung ist sie atavistisch, eben weil sie Ausdruck und Symptom einer zurückgebliebenen psychosexuellen Beschaffenheit ist. Prostitution bei Mann und Weib ist im eigentlichen Sinn sexuelle Barbarei, nicht, weil sie bei allen Völkern auf der Stufe der Barbarei zu finden ist – was keineswegs zutrifft –, sondern weil sie bar alles höheren seelischen Inhalts ist, jener ideellen Bestimmungen, durch die im Geiste der Kultur die Sexualität vermenschlicht, aus einem tierischen Trieb in ein Mittel der Liebeserfüllung verwandelt wurde.

Aber das sexuelle Leben in der modernen Zivilisation wird nicht so sehr durch die undifferenzierte Sexualität als vielmehr durch die Prostitution als Massenerscheinung charakterisiert. Die Ausbreitung, welche sie hier gewonnen hat, verleiht ihr eine viel verhängnisvollere Bedeutung für den Einzelnen wie für die Gesamtheit als je zuvor. Denn durch den Zwang äußerer Lebensumstände verfallen ihr viele Frauen und fast alle Männer, die ohne diesen Zwang ihrer persönlichen Beschaffenheit nach vor ihr bewahrt geblieben wären. Die Zivilisation setzt durch die Mechanisierung des Lebens, die sie bewirkt, auch die Geschlechtlichkeit auf eine niedrige Stufe herab, indem sie ihre Befriedigung dem Gesetz des geringsten Kraftaufwandes unterwirft und ihrer Verknüpfung mit den höheren Seelentätigkeiten den Raum entzieht.

Schon vor längerer Zeit hat der Däne Lambek* (Zur Kultur der Seele) den Niedergang der europäischen Höflichkeit damit motiviert, daß sie mehr Zeit und Aufmerksamkeit beansprucht als der moderne Mensch übrig hat. Wie denn erst das Liebesleben! Dem Manne, der den Konkurrenzkampf des zivilisierten Lebens auf geistigem oder ökonomischem Gebiete führen muß, bleibt für die Anforderungen einer höheren Geschlechtskultur einfach keine Zeit; er ist mit den Ansprüchen seiner Sexualität auf Gelegenheiten verwiesen, die einen möglichst geringen Aufwand von Zeit und Affekt erfordern. Das hat am bezeichnendsten jener alte Polizeiarzt ausgedrückt, der die Notwendigkeit einer sanitär überwachten Prostitution als Auskunftsmittel in diesem Notstand schlagend dartun wollte, indem er sagte: »Der erwerbende Mann hat heutzutage keine Zeit, den Minnesänger zu spielen.« (Enquete der österreichischen Gesellschaft zur Bekämpfung der Geschlechtskrankheiten 1908)

Als letztem Schluß der polizeiärztlichen oder schlechtweg ärztlichen Lebensweisheit begegnen wir daher immer wieder der Idee des Staatsbordells. Mit der staatlichen Anerkennung und Organisierung der Prostitution würde ihre hygienisch gefährlichste Seite, die Geheimhaltung, wegfallen, die sanitätspolizeiliche Kontrolle könnte auf beide Geschlechter ausgedehnt werden, und all den sexual-hygienischen Wirren und Drangsalen des modernen Großstadtlebens wäre von Grund aus abgeholfen.

Diese Vorschläge gehen mit dem Bestreben einher, die prostitutierten Frauen als Ausübende eines sozial gebilligten Berufes moralisch zu rehabilitieren – wohlgemerkt: während dessen Ausübung und nicht durch Abkehr davon, wie die moderne Wohlfahrtspflege trachtet. Gibt es aber innerhalb der abendländischen Kultur eine solche Möglichkeit?

Die Rehabilitierung der Prostitution aus der Erwägung, daß sie eine notwendige Einrichtung ist und die ihr ergebenen Frauen eine nützliche soziale Funktion erfüllen, weil sie die Familie vor der Unhemmbarkeit des männlichen Geschlechtstriebes bewahren, ist bloß eine abstrakte logische Folgerung und verkennt alle tieferen Motive, aus denen die Verfehmung hervorgeht. Schon Augustinus hat die soziale Notwendigkeit der Prostitution mit dem bekannten Ausspruch betont: Aufer meretrices de rebus humanis turbaveris omnia libidinibus; und doch hat sie sich im Lauf der Zeiten keine soziale Anerkennung errungen. Entgegengesetzte Werte können nicht gleichzeitig die Herrschaft behaupten; wenn im sozialen Leben der Typus der Gattin und Mutter, einschließlich der Jungfrau, den höchsten Rang der Weiblichkeit besitzt, kann nicht gleichzeitig der Typus der Promiskuität dieselbe Achtung genießen. Bezeichnenderweise wird von den Fürsprechern der Hetäre der Typus der Mutter entwertet (siehe Weininger); da jedoch keine Gesellschaft dauern kann, die auf die Mutterschaft nicht hohe Prämien setzt, würde diese Umwertung mit dem Untergang jeder Gemeinschaft einhergehen, die sie durchführen wollte.

Davon abgesehen: die Entwicklung zur Persönlichkeit, die sich an den abendländischen Frauen vollzogen hat, hängt auf das Engste mit ihrem Verhalten in Dingen der Sexualität zusammen. Ihr Aufstieg zur Gleichberechtigung mit dem Manne ist von dem Begriff der Persönlichkeit untrennbar. Wie immer man sich zur Tatsache der Prostitution verhalten mag, sie bedeutet unter allen Umständen die absolute Verneinung der weiblichen Persönlichkeit. Um zu ermessen, wie weit diese Verneinung auch bei jenen geht, die in den prostituierten Frauen notwendige und nützliche Mitglieder der menschlichen Gesellschaft erblicken, braucht man nur in medizinischen Schriften zu blättern, die diesen Gegenstand erörtern. Da findet man, eingekleidet in vorurteilslose Sachlichkeit, Aussprüche von verblüffender Roheit, so etwa, wenn die Bremer Kontrollstraße »als eine möglichst reingehaltene sexuelle Bedürfnisanstalt« bezeichnet, oder die polizeiärztliche Beaufsichtigung der Bordelle damit motiviert wird, daß die Gesellschaft ein Recht habe, keine »gesundheitswidrigen Kloaken« zu dulden, und dergleichen mehr. Der Arzt, dem der Tiefstand der menschlichen Gewöhnlichkeit tägliches Erlebnis ist, mag leicht in Versuchung geraten, die Rechte der Persönlichkeit gegenüber Geschöpfen zu vergessen, die dem Grade ihrer menschlichen Entwicklung nach gar nichts damit anzufangen wissen – es handelt sich aber doch um ihre Rehabilitierung, das heißt, um ihre soziale Gleichstellung mit der übrigen Frauenwelt, also um ihre Einsetzung in die Rechte der Persönlichkeit.

Viele verweisen auf ein Kulturland wie Japan, wo die Geisha, nachdem sie eine Anzahl Jahre in einem Teehause dem käuflichen Geschlechtsverkehr gedient hat, in die Lebensstellung der Gattin und Mutter ohne Verlust an bürgerlicher Ehre zurückkehrt. Die enthusiastische Verherrlichung, die Keyserling* (im Reisetagebuch eines Philosophen) der Geisha widmet, scheint wenigstens die Annahme zu gestatten, daß auch die Prostitution durch ästhetische Kultur das Barbarische ihres Wesens abstreifen kann. Diese Art Kultur ist jedoch aus ganz anderen Ursprüngen hervorgegangen als die abendländische. Und auch die Geisha wird ihre soziale Achtung nicht behaupten können, sobald bei den japanischen Frauen eine Veränderung ihrer bisherigen Stellung unter dem Einfluß des abendländischen Persönlichkeitsbegriffes stattfindet.

So mittelalterlich barbarisch die Anschauung ist, daß es für eine der Prostitution verfallene Frau keine Entsühnung, keine Rückkehr gebe, so wenig besteht innerhalb der abendländischen Kultur eine Möglichkeit, die Prostitution als solche auf die Stufe eines geachteten und geordneten Gewerbes zu heben.

Wenn J. Bloch* Recht hat, würde sie dadurch auch um ihre spezifische Anziehung gebracht werden. Er erblickt in ihr jene Lebensform, in welcher durch die Kultur zurückgedrängte Urinstinkte der Männlichkeit sich austoben können. »Diesen Instinkten nun kommt *nur* die Prostitution entgegen. Das Gemeine, Rohe, Brutal-tierische im Prostitutionswesen übt eine förmlich magische Anziehungskraft auf zahlreiche Männer aus.« Die Prostituierte ist ihrer Bedeutung im männlichen Empfinden nach das Weib, mit dem man keine Umstände zu machen braucht, die ancilla libidinis, als Persönlichkeit wie als soziales Wesen aus dem Bewußtsein dessen getilgt, der sich ihrer bedient, um sich von dem Zwang eines physiologischen Bedürfnisses oder auch von dem Zwang schlechtweg zu befreien, den das Kulturleben ihm auferlegt.

Schon daraus kann man entnehmen, daß die moralische Verwerfung der Prostituierten auch aus einer psychologischen Wurzel entspringt. Flaubert* hat in den Briefen an die Frau seines Herzens die Anziehung, die von der Prostitution ausgeht, aus der Wirkung des Gegensatzes erklärt: »In dieser Idee der Prostitution liegt ein so komplizierter Knotenpunkt! Wollust, Bitterkeit, Nichtigkeit der menschlichen Beziehungen, Raserei der Muskeln und Geldgeklingel, so daß der Schwindel kommt, wenn man da auf den Grund blickt. Und man lernt da so viele Dinge! Und man wird so traurig! Und man träumt so schön von Liebe! ... Ja, dem fehlt etwas, der niemals in einem namenlosen Bett aufgewacht ist, der auf seinem Kissen noch keinen Kopf hat schlafen gesehen, den er nie wiedersehen wird, und der, wenn er mit Sonnenaufgang da herauskam, noch nicht mit dem Verlangen über die Brücken gegangen ist, sich ins Wasser zu werfen. Und wäre es nur das schamlose Kostüm, die Versuchung der Chimäre, das Unbekannte, der Charakter des Verfluchten.«

Aus der Sprache des Dichters in die der Psychologie übersetzt, heißt das: Affekte, die nur durch periphere Reize ohne Mitwirkung höherer seelischer Motive ausgelöst werden, erzeugen eine Reaktion, die sich in depressiven Zuständen äußert – bei Flaubert des Lebensüberdrusses, der in dem Impuls hervortritt, sich ins Wasser zu werfen. Als der glaubwürdigste Zeuge für die depressive Wirkung der seelenlosen Promiskuität – glaubwürdig, weil er ganz Lebemann, Genußmensch und ohne alle moralischen Bedenken war – kann Casanova* gelten, der in Erinnerung an einen mit Dirnen verlebten Abend sagt: »Die Ausschweifung stimmt das Gemüt ebensowohl traurig, wie sie dasselbe erniedrigt.« Diese psychosexuelle Reaktion ist es, die im Bewußtsein als Widerwille gegen ihr Objekt und, in ein moralisches Urteil verkleidet, als »Verachtung« auftritt.

Übrigens zeigt die Gestalt, die der unverbindliche Geschlechtsverkehr im modernen Leben nimmt, eine der staatlichen Reglementierung entgegengesetzte Richtung. Die wachsende Ausbreitung der geheimen Prostitution entgegen allen polizeilichen Maßnahmen beweist, daß sie trotz ihrer hygienischen Gefahren die größere Anziehung ausübt. Denn die freien Formen der Geschlechtsbeziehung gewähren in ihren vielfachen Abstufungen noch einen Rest von Illusionsmöglichkeit, weil sie ein Abenteuer, eine Eroberung, eine persönliche Wirkung vorzutäuschen vermögen. Eine staatlich beaufsichtigte und geordnete Bordellwirtschaft, bei der es ganz geschäftsmäßig nüchtern ohne Orgien und Exzesse herginge, würde sich – ganz abgesehen von der Abneigung der Männer gegen eine ärztliche Kontrolle ihrer eigenen Person – bald durch Langeweile und Ekel unmöglich machen.

Aber der Rückfall in die Barbarei, den der Vorschlag des Staatsbordells trotz seiner Verbrämung mit utilitarisch-hygienischen Zwecken bedeutet, ist symptomatisch; er ist der bezeichnendste Ausdruck für das innere Wesen der kulturlosen Zivilisation, das keine Ideen einer höheren Lebensgestaltung enthält. Der Mensch selbst zur Maschine geworden, ein seelenloses Werkzeug, Sklave der elementaren Gewalt, die sich ihn unterwirft, ohne daß sie ihren Zweck erreicht – nichts könnte einer Lebensverfassung gemäßer sein, die alle höheren Gemütsbedürfnisse der Sentimentalität verdächtigt und als Überbleibsel der Vergangenheit mißachtet!

Ebenso symptomatisch in dieser Hinsicht sind auch die anderen Bestrebungen, die um vermeintlich höherer Zwecke willen die Rechte der Persönlichkeit aus dem Gebiet des sexuellen Lebens wieder ausschalten wollen. Auch die konstitutive Sexualmoral bedeutet letzten Endes von dem Standpunkte der Persönlichkeit aus – Prostitution. Ob die Persönlichkeit um der Fortpflanzung willen entrechtet wird oder um der Hygiene eines physiologischen Bedürfnisses willen, das ist nur ein Unterschied des Motivs, aber nicht ein Unterschied in der Auffassung der Persönlichkeit.

Die Ideen des utilitarisch-hygienischen Lebensideals haben nur in sehr bescheidenem Maße die Eignung, richtunggebende Einflüsse zu entfalten, die mächtig genug wären, das Leben des Einzelnen von Grund aus neu zu ordnen. In ihrer Anpassung an das Durchschnittliche, das Gewöhnliche der Menschennatur sind sie mit jeder tieferen Lebensauffassung unvereinbar. Wie alle solchen Vorschriften und Verhaltungsmaßregeln machen sie hauptsächlich auf ängstliche, schwächliche, irgendwie zu kurz gekommene Individuen Eindruck; aber der Einzelne dieser Art ist gewöhnlich zu schwach, um sich den herrschenden Zuständen zu widersetzen. Allenfalls kann er Schädigungen vermeiden, soweit sie in den Bereich seiner Gewohnheiten gehören; damit wird er dem Alkohol- und Nikotinmißbrauch entgehen, vielleicht auch der Syphilis – gegenüber den zerstörenden Einflüssen des zivilisierten Lebens im ganzen bleibt er doch ohnmächtig. Ja es steht zu erwägen, ob die hygienische Hypochondrie, die in sein Leben hineingetragen wird, nicht mehr Nachteile als Vorteile für ihn mit sich bringt. Denn das utilitarisch-hygienische Lebensideal leitet allzusehr zu einem schwunglosen, nüchternen, verstandesmäßig beschränkten Dasein an, in dem lauter Werte zweiten Ranges regieren. Gesundheit, Anständigkeit, Mäßigkeit, Ordnung in Handel und Wandel – alles sehr löblich und nützlich; was für ein dürrer Typus Mensch aber wird da herangezüchtet! Das orgiastische Element der menschlichen Sexualität, das durch die Askese zu ekstatischen

Seelenzuständen der Andacht und Gottesliebe vergeistigt und durch die ästhetische Erotik zum sinnlich-übersinnlichen Rausch der Geschlechtsliebe erhöht wird, geht hier leer aus; es soll tunlichst unschädlich gemacht werden, weil es die Besonnenheit vereitelt, die für eine vernunftgemäße Regelung des Geschlechtsverkehres unter dem eugenetischen wie unter dem hygienischen Gesichtspunkt unerläßlich ist.

Darin liegt eine Verkennung der menschlichen Natur. Das Bedürfnis nach Taumel, Orgie, Trunkenheit wird nicht aus ihr ausgetrieben, wenn an die Stelle der Moral die Hygiene tritt; es läßt sich zwangsweise so wenig der Hygiene unterwerfen wie der asketischen Moral. Zwar, daß aus dem modernen Leben die Gefühlsromantik, das Feuer der Leidenschaft, der enthusiastische Schwung immer mehr schwindet, kann zum Teil gewiß auf die Vergeudung des orgiastischen Elements in geistlosen und unästhetischen Exzessen zurückgeführt werden; aber eine Remedur dagegen ist nicht in die Macht der Hygiene gegeben. Denn die Reaktion gegen das langweilige Einerlei des Alltäglichen, das elementare Widerstreben gegen die Überlastung mit Arbeitsansprüchen, das sich in diesen Exzessen Luft macht, hat allzu tiefe Ursachen in der psychischen Konstitution.

Doch angenommen selbst, daß das utilitarisch-hygienische Lebensideal der Beschaffenheit und den Bedürfnissen der großen Mehrzahl entspricht – der Wert jedes Lebensideales liegt in der Willensanspannung, zu der es auffordert; es muß über das Bestehende hinauszielen. Eine Ordnung auf Grundlage vorhandener Möglichkeiten verzichtet darauf, neue Möglichkeiten in der menschlichen Psyche zu schaffen. Nicht durch einen Appell an die höchsten Fähigkeiten des Einzelnen sucht sie ihre Verwirklichung, sondern durch Anerkennung seiner Unfähigkeit, sich zu etwas Höherem zu erheben.

Wer aber möchte sich mit der Menschheit zufrieden geben wie sie ist? Die Unvollkommenheit der gewöhnlichen menschlichen Natur hat immer die sittliche Leidenschaft der Höherstehenden herausgefordert; würde diese Leidenschaft erlöschen, dann wäre der Prozeß der Entwicklung seiner stärksten treibenden Kraft beraubt. Mehr denn je ist der Mensch Stückwerk und Übergang, erträglich nur durch die Vorstellung, daß seine Unvollkommenheit zur Vorbereitung eines höheren Daseinszustandes gehört. Diese Vorstellung verleiht der Idee der Entwicklung die große suggestive Gewalt, die sie im geistigen Leben der Gegenwart besitzt.

Entwicklung durch soziale Veranstaltungen zum Zweck systematisch verbesserter Lebensmöglichkeiten, das ist der eine Weg; Entwicklung durch persönliche Kultur, in der die geistigen Güter der Vergangenheit von Generation zu Generation weitergegeben und fortgebildet werden, das ist der andere Weg. Was an den Anschauungen und Erstrebungen des utilitarisch-hygienischen Ideales wertvoll ist, gehört fast ganz auf das Gebiet des ersteren Weges. Seine Bedeutung zielt auf die äußeren Zustände, in deren der Einzelne sein Leben verbringen muß; es ist ein soziales Ideal, kein persönliches. Nur wenn der Einzelne gesunde Lebensbedingungen als den natürlichen Nährboden seiner Existenz schon vorfindet, kann er die höheren Möglichkeiten entfalten, die seiner auf dem anderen Wege harren.

Faßt man die Linien, auf denen sich das gewaltige Ringen der menschlichen Seele mit einem übermächtigen Naturtriebe seit Jahrtausenden bewegt, für die Gegenwart zusammen, so darf man abschließend behaupten: Askese an sich, als »Tugend« im christlichen Sinne, als Überwindung der Sexualität um ihrer Unwürdigkeit willen, hat ihre kulturelle Bedeutung verloren; Askese als Vermittlerin der inneren Versöhnung, als Bedingung der inneren Freiheit hingegen ist von dem Begriff der sexuellen Kultur unzertrennlich. Nicht mehr durch »Abtötung des Fleisches« kann ein höherer geistiger Zustand gewonnen werden; aber die Rechtfertigung des Fleisches im Geiste wird nur dort gelingen, wo der Trieb nicht als Feind und Despot auftritt. In dieser Richtung liegt die unvergleichliche Bedeutung der Geschlechtsliebe. An sie heften sich die Hoffnungen auf eine Verbesserung der sexuellen Zustände in der Gesellschaft der Zukunft; denn sie ist ein Phänomen jenes Grenzgebietes, in dem das Sinnliche mit dem Übersinnlichen zusammenfließt, die Linien der Bejahung und Verneinung sich berühren, um neue seelische Eroberungen, neue Zustände des Innenlebens hervorzubringen. Zwar trägt auch sie die Spuren der Unzweckmäßigkeit, die mit der Sexualität einhergeht. Aber der Mensch als Schöpfer einer geistigen Welt hätte keinen Raum in der natürlichen Welt, wenn diese nicht unvollkommen wäre. Er ist überall, wo er sich dem Elementaren preisgibt, erbärmlicher, elender, unfähiger als das Tier; er ist groß, herrlich, einzig, der Herr der Erde, wo er vermöge seiner geistigen Gewalt das Elementare bändigt und es den Gesetzen unterwirft, die er selbst erschafft.

Der Weg der weiblichen Erotik

Wir haben die Linien verfolgt, auf denen sich in der Geschlechtssphäre eine Verbindung mit der Persönlichkeit vollzogen hat. Was dabei von der psychosexuellen Entwicklung in drei Stufen oder Typen gesagt wurde, bezieht sich im Grunde nur auf den Mann. Welchen Weg die weibliche Entwicklung in Dingen der Erotik genommen hat, ist unbeantwortet geblieben.

Die Verknüpfung der Persönlichkeit mit der Sexualität bringt die individuelle Liebe hervor; auf dieser Entwicklungsstufe erscheint im Bewußtsein des Einzelnen eine sexuelle Beziehung nur durch die Richtung auf eine bestimmte, auserwählte Person gerechtfertigt, also nur, wenn das sexuelle Verlangen von der Liebeshinneigung zu der begehrten Person begleitet wird. Nach der allgemein verbreiteten Vorstellung ist dieser seelische Zustand bei dem weiblichen Geschlecht ein angeborener, konstitutioneller, während er bei dem männlichen gewöhnlich erst im Verlauf des sexuellen Erlebens und auch dann häufig nur unvollkommen eintritt. Daher sollte die weibliche Sittlichkeit auf einem angeborenen Gleichgewichtszustand beruhen; nicht aus einem Ringen mit dem widerspenstig Elementaren wie beim Manne sollte sie hervorgehen, sondern nach Analogie ästhetischer Vorzüge in der ursprünglichen Beschaffenheit als ein Werk und Geschenk der Natur beschlossen sein.

Wie so viele Forderungen an das weibliche Geschlecht, wenn man sie auf ihre realen Grundlagen hin prüft, deutet auch diese darauf, daß sie eine männliche Idolbildung ist, daß sie ihren Ursprung in einer Wunschgestalt hat, die sich die männliche Erotik schafft. Noch um einen Schritt weiter von der Beobachtung des Tatsächlichen entfernt sich jene Auffassung, nach welcher die Einheit des Körperlichen und Seelischen von jeher natürlicher Besitz des Weibes gewesen ist. Das sagt beispielsweise Emil Lucka* in seinem Buch über »Die drei Stufen der Erotik«, und er folgert daraus, daß nur das Gefühl des Mannes eine Geschichte habe, nicht das der Frau: »sie ist die ewig Gleiche, er ist immer neu und immer problematisch, niemals vollendet, er fällt in Wirrnis und Sünde, wo sie nicht irren kann, denn ihr Instinkt ist die Natur selbst – und sie kennt die Sünde nicht. Was der Mann ihr auferlegt hat, das hat sie schweigend übernommen ...« Der Essay »Sexuelle Lebensideale« mit den Ausführungen über die drei Typen der sexuellen Entwicklung ist in der Münchener Zeitschrift »Frauenzukunft« mehrere Jahre vor dem Lucka'schen Buche erschienen.

Allerdings – das Schweigen über sich selbst war während der ganzen Kulturgeschichte ein unverbrüchliches Gebot der Weiblichkeit. Aus vielerlei Gründen und wohlweislich, wie es die Abhängigkeit von Gnade und Ungnade, Beifall und Mißfallen eines Stärkeren eben mit sich bringt. Aber daß die weibliche Erotik keine Entwicklungsgeschichte habe, weil die Einheit von Seele und Sinnen, deren Ausdruck die persönlich orientierte Geschlechtsliebe ist, von Anbeginn dem weiblichen Geschlecht eigen war – diese Voraussetzung kann unmöglich aus der Beobachtung kulturgeschichtlicher Vorgänge stammen, in deren Verlauf das weibliche Empfinden, wenn auch nicht so deutlich sichtbar wie das männliche, unverkennbare Veränderungen erfahren hat.

Da nun ganz im Gegensatz zu den Männern, die über ihr Verhältnis zur Sexualität in allen Gestalten allzeit reichliche Mitteilungen von sich gaben, die Frauen – gleichviel, ob aus Nötigung oder Unvermögen – sich immer über diesen Punkt in Schweigen hüllten, läßt sich die Entwicklung, die hier stattgefunden hat, fast nur aus Symptomen erschließen, aus Bräuchen, Einrichtungen, Wertsetzungen. Müßten wir annehmen, daß in der Tat die persönliche Liebesneigung von Anfang an das Bestimmende im weiblichen Sexualempfinden war, welches Martyrium für die Frau wäre dann die ganze, unendlich lange Epoche menschlicher Entwicklung gewesen, die der Anerkennung der Liebe bei der Wahl des legalen Geschlechtsgefährten voranging! Welche Leiden hätten sich dann unter dem Schleier des Schweigens und der stummen Ergebung in der weiblichen Seele abgespielt! Und sollte wirklich der Mann immer so grob organisiert gewesen sein, daß er, nur nach dem Objekt seiner Befriedigung gierig, blind und taub für diese Leiden war?

Bei dem Umstand, daß wir gegenüber der weiblichen Erotik früherer Epochen auf Vermutungen angewiesen sind, wird man ohne weiteres die Annahme zulassen können, daß das weibliche Geschlechtsempfinden in Zeiten, die den Frauenkauf billigten und ausschließlich den Eltern die Wahl der Gatten anheimgaben, ein anderes gewesen sein muß als das der modernen weiblichen Persönlichkeit, die den Zwang zur Hingebung an einen ungeliebten Mann als schwere Verletzung ihrer innersten Scham und Ehre betrachtet. Wie immer man die weibliche Willenlosigkeit und Ohnmacht dabei anschlagen mag, es gibt Beispiele genug, daß, wo das Persönlichkeitsbewußtsein bei der Frau einmal erwacht war, es Mittel fand, sich in dieser Hinsicht zu behaupten. Und sobald wir annehmen, daß Persönlichkeit das Ergebnis der kulturellen Menschheitsbahn war, versteht es sich von selbst, daß auch das weibliche Geschlecht die Entwicklung vom Herdenwesen zum differenzierten Einzelwesen erst durchmachen mußte, daß es also die Einheit des körperlichen und seelischen Liebeserlebens schon deshalb nicht von Anbeginn besessen haben konnte, weil ihr die Grundbedingung, eben die persönliche Differenzierung, dazu noch fehlte.

Vom primitiven Weibe gilt dasselbe wie vom primitiven Mann – die Sexualität bildet auf dieser Stufe keine Quelle von Konflikten. In der Seele ist jener Gegensatz zu ihr noch nicht vorhanden, der erst mit den Ansprüchen der Persönlichkeit hervortritt. Wie der primitive Mann das Weib nur als Objekt, als Mittel, als Beute wertet, so faßt das primitive Weib sich selbst gleichfalls nur als Objekt des Mannes auf, in dem sie ihren Herrn und Besitzer erblickt. Alle sozialen Einrichtungen alter Zeit, sofern sie das Verhältnis der Geschlechter zueinander berühren, deuten darauf, daß der individualisierten Liebesneigung eine sehr untergeordnete Rolle zukam; man darf daher annehmen, daß die weibliche Sexualität damals einem anderen Vorstellungskomplex eingeordnet, durch andere Momente bestimmt war, als sie mit der modernen Auffassung der Weiblichkeit vereinbar sind. Die Einrichtung der Gruppenehe, die für die matriarchalische Epoche der menschlichen Gesellschaft vorausgesetzt wird, läßt darauf schließen, daß das weibliche Empfinden in der Geschlechtsverbindung nur ein beliebiges Individuum anderen Geschlechtes kannte, das ihm in einer festgesetzten Anzahl zufiel. Unter solchen Verhältnissen etwas der modernen weiblichen Erotik auch nur entfernt Verwandtes als Zustand der weiblichen Psyche anzunehmen, wäre ein wunderliches Hysteron Proteron. Aber auch abgesehen von solchen urzeitlichen Einrichtungen, die noch in das Gebiet der Hypothese gehören – viele Sitten bei schon hochentwickelten Kulturvölkern wären undenkbar, wenn die Vorstellung der persönlichen Hingebung an einen auserwählten Mann irgendeinen Einfluß auf das Empfinden jener Frauen besessen hätte. Die Gestalt der Sklavin hat einen Gemütszustand zur Voraussetzung, in dem die Sexualität auf das engste mit der Eigentumsidee verknüpft erscheint: der jeweilige Eigentümer wird durch Besitzvorrecht Geschlechtsinhaber des Weibes. Und diese Vorstellung dehnt sich auch auf die freien Frauen aus, sobald sie durch äußere Umstände, wie etwa durch kriegerische Eroberung, Beute und Besitzgegenstand bilden. Solange das Eigentumsrecht dauert, findet der Mann Treue und Ergebung; seine Person tritt ganz hinter den Eigentümer zurück. Wechselt der Eigentümer, so heftet sich die Ergebung widerstandslos an den neuen Besitzer. Wie ein seelenloses Wesen geht beispielsweise Briseis in der Iliade von einer Hand in die andere; nach ihrem Empfinden wird von keiner Seite gefragt, und wir erfahren nichts davon.

Daß die Vorstellung der ausschließlichen Hingebung an einen Erwählten, die in der abendländischen Kultur mit einer wachsenden Überschätzung der Jungfräulichkeit einhergeht, dem weiblichen Geschlecht im Altertum fremd war, bezeugen unzweideutig Bräuche wie die Tempelprostitution der assyrischen Mädchen oder der griechischen Hierodulen. Und nur durch die Eigentumsidee, nicht durch die persönliche Beziehung wird später in der Ehe die Ausschließlichkeit zum Merkmal der tugendhaften Frau. Diese primitive Weiblichkeit ist im Orient bis in die Gegenwart so verbreitet geblieben, daß Flaubert sagen konnte: »Die orientalische Frau ist eine Maschine; sie macht keinen Unterschied zwischen einem Mann und dem anderen.«

Auch in der frühen Zeit der abendländischen Kultur gibt es Sitten, wie die bei vielen Völkern übliche Preisgebung der Braut an die Hochzeitsgäste, oder die bis in den Beginn des Mittelalters hereinragende gastfreundliche Sitte, die den Hausherrn verpflichtete, dem Gast ein weibliches Mitglied seines Hauses, wenn nicht gar seine eigene Frau für eine Nacht zu überlassen – Sitten, für deren Erklärung die Voraussetzungen im Empfinden des differenzierten Weibes so weit fehlen, daß man sie nur aus der völligen Abwesenheit dessen verstehen kann, was uns heute als das Zentrale und Wesentliche der normalen Weiblichkeit erscheint: des geschlechtlichen Selbstgefühles.

II

Die Entwicklung des geschlechtlichen Selbstgefühles als der Grundlage, auf der sich das Weib über seine Objektstellung im eigenen Bewußtsein allmählich erheben konnte, ist das bedeutsamste Kennzeichen, das die primitive Weiblichkeit und die differenzierte voneinander scheidet. Bei der Vieldeutigkeit der Worte ist es geboten, auch den Begriff des Primitiven näher zu umschreiben. Das Primitive im Sinne des Ursprünglichen, Naturhaften, Unberührten kann als Vorzug angesehen werden und steht nicht in Zusammenhang mit der Entwicklungsstufe des Einzelnen; hier aber ist das Primitive als Gegensatz zu einer höheren seelischen Stufe gemeint, als das Unentwickelte, das Zurückgebliebene und Mangelhafte.

Noch in der griechischen Kultur war diese Unterscheidung der Weiblichkeit durchaus nicht nach modernen Vorstellungen vollzogen. Trotz ihres bürgerlichen Vorranges stand die legitime Frau als Geschlechtswesen im Grunde nicht höher als die Sklavin; sie war bloßes Objekt ohne Persönlichkeitswert wie diese. Die Aufgabe der Fortpflanzung verlieh ihr zwar ein höheres Ansehen als der Sklavin, die nur Mittel der Lust war; wie wenig sie aber als Persönlichkeit geachtet wurde, erhellt schon daraus, daß ihr nicht einmal das Recht auf Erziehung der Kinder zukam. Persönlichkeitswert besaßen unter den griechischen Frauen nur die Hetären, denen nicht allein die Mittel der höheren Geistesbildung durch den freien Umgang mit ausgezeichneten Männern, sondern auch die Möglichkeiten, Geschlechtsgefährten nach eigener Wahl zu treffen, eingeräumt waren. Aber auch sie sind nicht Trägerinnen der seelischen Liebe, die ja noch bei Plato als eine in ihrer höchsten Form gleichgeschlechtliche Erscheinung geschildert wird.

Ein anderes Bild bietet schon die römische Kultur. Das eheliche Verhältnis, das sich in der Grabrede auf die Turia spiegelt, zeigt eine hohe persönliche Qualität der Frau, die in ihrer Hingebung an den Gatten Eigenschaften von einer die bloße Objektstellung weit überragenden Selbständigkeit entfaltet; und jener Austausch von Gedichten zwischen Braut und Bräutigam, der aus der römischen Literatur bekannt ist, verrät, daß ein persönliches Verhältnis durch Erhebung des weiblichen Teiles im Entstehen begriffen war – eine Tatsache, die in der Veränderung der rechtlichen Stellung gleichfalls Ausdruck fand.

Dennoch sind das nur Vorboten einer Entwicklung, die noch keineswegs als allgemeiner Zustand einer Mehrheit gelten kann. Um die Verschmelzung zwischen Persönlichkeit und Sexualität in der Seele zu einer organischen zu machen, mußten erst andere Einflüsse wirksam werden, denen das weibliche Geschlecht wie das männliche unterworfen wurde. Das Christentum, dessen Werk in der abendländischen Kultur die religiöse Beglaubigung des Persönlichkeitsbewußtseins war, macht darin nicht den geringsten Unterschied zwischen Mann und Frau. Für die weiblichen Christen galten die gleichen Vorschriften wie für die männlichen in Ansehung der Sexualität; die asketische Auffassung räumte dem Mann als Subjekt keine Vorzugsstellung mehr ein. Und wenn sich auch die Entzweiung, die in den männlichen Christen hoher Geistigkeit zwischen Persönlichkeit und Sexualität wachsenden Umfang gewann, an dem weiblichen Geschlecht als solchem durch herabsetzende Urteile äußerte, so war doch die nächste Folge der christlichen Askese eine Art Emanzipation der Frau. Nach dieser Lebensnorm nicht mehr Besitzgegenstand des Mannes, nicht mehr bloßes Objekt, konnte sie den Eigenwert, den die religiöse Auffassung jeder menschlichen Seele zuerkannte, in ihr Selbstgefühl aufnehmen.

Auch die Ehe blieb davon nicht unberührt. Aber die innere seelische Einheit der Gatten, wie sie die christliche Ehe forderte, beruhte nicht auf der individuellen Liebesneigung, sondern auf der Wirkung des Sakramentes, der göttlichen Gnade, die den Geschlechtsverkehr rechtfertigte, reinigte, heiligte. Gerade dieser sakramentale Charakter der geschlechtlichen Hingebung in Gestalt der ehelichen Pflichtleistung scheint in dem psychosexuellen Entwicklungsprozeß des Weibes große Bedeutung gewonnen zu haben. Denn dadurch erfährt die Objektstellung eine wesentliche Veränderung. Die Frau ist zwar nicht die freie Herrin ihres Leibes – aber in der sakramentalen Ehe ist auch der Mann nicht der freie Herr seines Leibes. Beide werden durch den göttlichen Willen einem höheren Zwecke dienstbar gemacht. Noch ist von einer Anerkennung der individualisierten Persönlichkeit in den Geschlechtsbeziehungen keine Rede; und doch erreicht durch die grundlegende Idee der sakramentalen Ehe die Frau als Geschlechtswesen zuerst jene Stufe – die zweite ihrer Entwicklung –, von der aus sie als eigenberechtigte Persönlichkeit in das Reich der freien Liebeshingebung aufsteigen konnte.

Dazu kommt noch ein anderer Einfluß aus der christlichen Vorstellungswelt. Auch die weiblichen Christen hoher Geistigkeit wählten trotz der apostolischen Erlaubnis, durch Kinderzeugen selig zu werden, die asketische Enthaltung als den Weg zur Heiligkeit. Der christliche Himmel bevölkerte sich allgemach mit wunderbaren Seelen, deren irdische Leistung ohne Ansehung des Geschlechtes in der heldenmütigen Behauptung ihrer Persönlichkeit gegen alle inneren und äußeren Anfechtungen bestand. Denn der Glaube, der ihr höchstes geistiges Besitztum war, wie die Askese, aus der sie ihre höchste seelische Kraft schöpften, sie bilden den eigentlichen Inhalt der christlichen Persönlichkeit und zugleich den Boden, in dem das Persönlichkeitsbewußtsein als solches die Wurzeln seines Wachstums hatte.

Die Mutterschaft, die als Bewertung des Weibes im Altertum und noch unbeschränkter auf einer viel früheren Lebensstufe die Herrschaft besaß, ehe die Väterlichkeit ihre vollen Rechte im Bewußtsein des Mannes erreichte, trat nun ihren Rang an die Jungfräulichkeit ab. Was jene Männer des Zwiespalts, die in den ersten christlichen Jahrhunderten das geistige Leben führten, am Weibe haßten, war das Werkzeug der Verführung, der Fallstrick des Bösen; da sie das irdische Dasein nur als eine Verirrung betrachteten und das wahre Leben in das Jenseits verlegten, mußte ihnen die Mutterschaft als das Mittel, ein fluchwürdiges Dasein fortzusetzen, weniger ehrfurchtgebietend erscheinen als die Jungfräulichkeit, die eine unbefleckte Seele dem Himmel darbrachte. Aber mit dieser Wertsetzung steigerten sie unabsichtlich das Persönlichkeitsgefühl in der weiblichen Seele. Denn auch die Mutter ist ja nur Mittel zum Zweck; hingegen hat die jungfräuliche Heilige den gleichen Eigenwert wie der Mann kraft der gleichen Leistung. So vereinigen sich im Lauf der christlichen Epoche die verschiedensten Einflüsse, um das Bewußtsein der Frau von dem Zustand des bloßen Objektes in eine seelische Verfassung zu leiten, in der sie sich selbst den Zweck ihres Lebens setzen und durch ihre Handlungen verwirklichen, also Persönlichkeit werden konnte. Das aber ist die Voraussetzung für die freie Hingebung der Liebe, in der sich die nächste Entfaltung der Sexualität offenbaren sollte.

Die Vorstellung, Eigentum zu sein, die mit dem weiblichen Ehrgefühl so eng verwachsen ist, besteht freilich auch auf der zweiten Stufe weiter: allein sie gewinnt unter dem Einfluß neuer gedanklicher Bestimmungen eine andere Bedeutung. Man wird die weibliche Sexualität in ihrer Entwicklung nicht richtig verstehen können, wenn man den Einfluß der Eigentumsidee, noch mehr aber den der *Rechtmäßigkeitsidee* nicht berücksichtigt. Auf der primitiven Stufe geschieht die Bindung an einen bestimmten Mann unter der Herrschaft der *Eigentumsidee*, ohne daß die Persönlichkeit des Eigentümers im Vordergrund steht; auf der zweiten Stufe ergreift die Idee der *Rechtmäßigkeit* in Gestalt der göttlichen Sanktion durch das Sakrament die Vorherrschaft im Bewußtsein des Weibes. Noch immer heftet es sich nicht an die individuelle Person des Mannes, doch tritt der Eigentümer jetzt in ein höheres Verhältnis zur Frau, denn er ist durch das Sakrament beglaubigt, das die Gatten vor Gott gleichstellt und ihnen die gleichen Verpflichtungen auferlegt. Alles Bemühen der Kirche wie der Gesellschaft geht dahin, diese Auffassung zu einer organischen Fixierung im weiblichen Seelenleben zu machen.

Man kann die Wirkung, die durch die Vorstellung der Rechtmäßigkeit, der Legalität, bei einem bestimmten weiblichen Typus hervorgebracht wird, in Hinsicht auf dessen Verhalten gegenüber der Sexualität gar nicht hoch genug einschätzen. Bei diesem Typus gewinnen soziale und legale Vorschriften eine Macht, der sich das Empfinden völlig und mit Leichtigkeit unterordnet. Noch heute, da doch die persönliche Liebeswahl in den sittlichen Vorstellungen den ersten Rang erobert hat, kann man nicht selten beobachten, daß der Einfluß vernunftgemäßer Erwägungen bei der Wahl alsbald in die Gestalt der Liebe übergeht und den passenden Bewerber, der die Zustimmung der Eltern besitzt, mit den entsprechenden Gefühlen umkleidet. Die überragende Bedeutung, welche die Einrichtung der Ehe in den Augen so vieler Frauen hat, ist sicherlich auch darauf zurückzuführen, daß ihre Sexualität ohne die Vorstellung der Rechtmäßigkeit nicht ungehemmt wirksam werden, sich gegen die inneren Widerstände ihrer Natur nicht durchsetzen kann. Und sie sind der freien Liebe als Lebensform nicht zuletzt deshalb so feindlich gesinnt, weil ihr gerade jenes Motiv fehlt, das ihre Sexualität am stärksten beeinflußt. Die Eigentümlichkeit, daß im weiblichen Organismus somatische und psychische Einflüsse leicht zu einer unzerreißbaren Einheit verschmelzen, wirkt dabei mit: der Mann, dem sie ihre Jungfräulichkeit hingegeben haben, behält für ihr Empfinden andauernd eine bindende Gewalt. Sie fühlen sich mit ihm untrennbar verbunden, und so wollen sie dieses für ihr ganzes Leben entscheidende erste sexuelle Ereignis nur unter dem Schutz der Rechtmäßigkeit, die auch den Mann bindet, erleben. Das ungefähr meint Spitteler* in »Imago«, wenn er von dem »Mysterium des Fleisches« spricht, das »die Frau zwingt, das Herz dem Leibe nachzuwerfen, mit allen Fibern dem Manne gehörend, der sie körperlich geprägt, der sie aus der Jungfrau zur Frau und Mutter umgewandelt hat ... O ihr Toren, die ihr euch darum kümmert, ob euch jene liebt, die ihr zur Frau begehrt! Herzhaft! Lache ihres Abscheues, schleppe sie zum Altar; denn die Ehe ist stärker als der Haß, dauerhafter als die Liebe.«

Auf dieser zweiten Stufe steht der Typus der tugendhaften Frau älterer Prägung. Wie sehr er der vorbildliche, wenn auch nicht der in Wirklichkeit vorherrschende war, sieht man aus den Literaturwerken jener Zeit. Sogar in einem so leichtfertigen Milieu wie der Hof Ludwigs XIV. gilt er als der einzig moralische; die Princesse de Clèves in dem gleichnamigen Roman der Madame de Lafayette* erscheint durch die Vorstellung der pflichtgemäßen Gebundenheit durch die Ehe so unauflösbar an ihren Gatten fixiert, daß sie selbst nach seinem Tode dem Manne, dem sie viele Jahre lang leidenschaftlich zugetan war, nicht anzugehören vermag.

Der gleiche Typus ist es, den noch Fichte im Auge hat, wenn er sagt: »Das zweite Geschlecht steht der Natureinrichtung nach um eine Stufe tiefer als das erste; es ist das Objekt einer Kraft des ersteren ... Nun aber sollen beide als moralische Wesen gleich sein. Dies war nur dadurch möglich, daß im zweiten Geschlecht eine ganz neue, dem ersten völlig ermangelnde Stufe eingeschoben wurde. Diese Stufe ist die Gestalt, unter welcher ihm der Geschlechtstrieb erscheint, der dem Mann in seiner wahren Gestalt erscheint.« Kraft dieser Auffassung kommt Fichte zu dem Schluß, daß, da das Weib sich nicht der Geschlechtslust hingeben kann, um ihren eigenen Trieb zu befriedigen, der Trieb, den Mann zu befriedigen es ist, der sie dazu bewegt. »Im unverdorbenen Weibe äußert sich kein Geschlechtstrieb, sondern nur Liebe; und diese Liebe ist der Naturtrieb des Weibes, einen Mann zu befriedigen.«

Nicht als freie Hingebung an einen bestimmten Mann erscheint hier die weibliche Liebe, sondern als Trieb, einen Mann zu befriedigen. Ein solcher Trieb schließt zwar eine Wahl nach persönlicher Besonderheit nicht aus, doch liegt es in der Natur des Triebhaften, daß es sich mehr auf das Gattungsmäßige richtet. Versucht man, den Typus der Frau, den Fichte bei seiner Darstellung im Auge hat, herauszustellen, so findet man von dem Empfinden der freien Persönlichkeit in der Tat kaum eine Spur. Denn ihre weibliche Menschenwürde beruht nach Fichte darauf, daß sie sich ohne Vorbehalt an den Mann und in ihm verloren gebe, ein für allemal. »Nur mit ihm vereinigt, nur unter seinen Augen und in seinen Geschäften hat sie noch Leben und Tätigkeit. Sie hat aufgehört, das Leben eines Individuums zu führen.«

Mag auch hinter dieser Schilderung sich ein subjektives Idol verbergen, es besteht doch kein Zweifel, daß sie auf viele Frauen zutrifft, eben auf die Frauen der zweiten Stufe, in deren Erotik nicht so sehr die Person des Mannes, sondern der Mann als Träger ihres Lebensinhaltes im Vordergrund steht. Daß aber ein solches Verhältnis völliger Selbstentäußerung die stärksten Rechtsversicherungen zur Voraussetzung und somit die Legalität zur Grundlage haben muß, versteht sich von selbst. Was Fichte unabsichtlich erläutert, ist die Tatsache, daß die Frauen der zweiten Stufe ihr geschlechtliches Selbstgefühl, ihre Menschenwürde nur in der *legalen* Hingebung zu behaupten vermögen; ja noch mehr, daß die Legalität der Geschlechtsverbindung die Form ist, unter der allein der Trieb, den Mann zu befriedigen, sich im weiblichen Seelenleben ohne Verletzung der Menschenwürde entfalten kann. Denn ohne legale Bindung, wohin müßte dieser Trieb das Weib führen?

III

Bei der Untersuchung dessen, was man als Einheit von Seele und Sinnen bezeichnet, entsteht die Frage: Handelt es sich um die Entwicklung zu einer organischen Funktion, vermöge welcher die Verknüpfung eines äußeren Reizes mit inneren Antrieben sich als Leistung der seelischen Konstitution vollzieht, oder handelt es sich nur um eine Willensunterordnung unter gedankliche Bestimmungen, wie sie das sittliche Bewußtsein zu bewirken vermag? Nur das erstere wäre eine wirkliche endogene Einheit, als deren Folge die Verschmelzung der Geschlechtsimpulse mit der Persönlichkeitssphäre erscheint, so daß zuerst diese berührt werden muß, um jene in Tätigkeit zu setzen; sie ist es, die man meint, wenn man von der Einheitlichkeit des Seelenlebens spricht, die in besonderem Maße den Frauen eigentümlich sein soll.

Zugleich muß man aber berücksichtigen, daß das weibliche Geschlecht im allgemeinen der Autorität sittlicher Werte leichter zugänglich ist als das männliche – nicht etwa, weil es das moralisch höherstehende ist, sondern weil die Suggestibilität zur teleologischen Geschlechtsnatur des Weibes gehört, das heißt, zu jenen Eigenschaften, durch welche das Weib im primitiven Leben seiner Geschlechtsaufgabe angepaßt ist. Setzt man noch in Rechnung, daß das weibliche Bewußtsein Gefühlsvorgänge nicht zu beobachten und zu analysieren pflegt, ja, daß jeder solche Versuch immer abfällig beurteilt wurde, so wird man sich nicht verhehlen können, daß eine genaue Unterscheidung im einzelnen Fall kaum möglich ist.

Die zweite Stufe der weiblichen Erotik, in der die Vorstellung der Rechtmäßigkeit mit den geschlechtlichen Impulsen zu einer Bewußtseinseinheit verwächst, kann wohl Zweifel erregen, ob sie auf einer organischen Funktion beruht wie die geschlechtliche Erweckung durch die persönliche Liebesanziehung; immerhin gibt es Anzeichen dafür im Seelenleben der tugendhaften Frau, namentlich unter der Vorherrschaft der christlichen Frömmigkeit. Grundgesetz dieser Tugend und zugleich des weiblichen Selbstgefühles, aus dem sich unter dem Einfluß des mittelalterlichen Denkens der Begriff der weiblichen Ehre herausbildet, ist die Ausschließlichkeit der Hingebung an eine erwählte Person – wobei aber, wohlgemerkt, die Erwählung nicht durch den eigenen Willen zu geschehen brauchte.

Man hat gegen die Pflichtehe, auf die dieses Empfinden eingestellt ist, vom modernen Standpunkt eingewendet, daß sie, sofern unter den Gatten keine Liebe waltet, um nichts höher steht als der bezahlte Geschlechtsverkehr; diese Auslegung übersieht aber die ideelle Verknüpfung zwischen Sexualität und Pflichterfüllung, die bei den Frauen der zweiten Stufe besteht. Mit ihr hängt der Begriff der weiblichen Ehre auf das Engste zusammen: die Frau wird durch die pflichtgemäße Hingebung unter Einwirkung der sakramentalen oder sozialen Sanktion in ihrem Persönlichkeitswert nicht herabgesetzt, wohl aber durch die freie Hingebung auch dann, wenn das entscheidende Motiv dabei selbstlose Liebe war.

Diese Auffassung bestimmt das Leben des Weibes während des Mittelalters und reicht bis an die Schwelle der neuesten Zeit. Trotzdem hat sich, unbeschadet alles religiösen und sozialen Druckes, die persönlich orientierte Liebe immer mehr im Bewußtsein der Kulturmenschheit durchgesetzt – zum ersten Male mit der Glorie der höchsten Seelenmacht im ritterlichen Minnedienst. Liebeshändel bilden zwar auch den Hauptgegenstand der alten Novellisten und behaupten diesen Platz in der ganzen weltlichen Literatur der späteren Jahrhunderte. Aber betrachtet man diese Liebe näher, dann sieht man wohl, daß sie sich von dem, was man als Seelenliebe in modernem Sinne versteht, einigermaßen unterscheidet. Wenn es auch bei diesen Liebeshändeln oft auf Leben und Tod geht, so bedeutet das weniger ein Anzeichen für die Tiefe der seelischen Verbindung, als für die Leidenschaftlichkeit der handelnden Personen, die ihr Leben um viel geringerer Anlässe willen aufs Spiel setzen. Wie leicht gleitet die Liebe Romeos von Rosalinde auf Julia hinüber! Nicht die Person Julias ist es im Grunde, die Romeos Schicksal entscheidet, sondern die Erotik als solche, die in seiner Seele eine übermächtige Gewalt besitzt. Noch loser erscheint bei älteren Schriftstellern die Verknüpfung der Liebe mit der Person; sie geht ohne Schwierigkeit von einer auf die andere über. So beispielsweise, wenn Boccaccio* von der Sophronia, die Hegesippus seinem Freunde ohne ihr Wissen nächtlich an seiner Statt in die Hände liefert, erzählt: »Als ein vernünftiges Weib schickte sie sich in die Umstände, schenkte ihre Liebe, die dem Hegesippus war gewidmet gewesen, dem Titus und zog mit ihm nach Rom.« Und in der Verteidigungsrede, mit der Hegesippus seine Handlungsweise vor den Verwandten rechtfertigt, wird als Grund, warum Sophronia über den Tausch der Personen nicht beleidigt sein könne, angeführt, daß er sie auf eine ehrliche und rechtschaffene Weise, obwohl ohne ihr Wissen und ihre Einwilligung, dem Titus gegeben habe – wie denn diese ganze Argumentation für die Weiblichkeit der zweiten Stufe im Spiegel ihrer Zeit außerordentlich bezeichnend ist.

Ein Gegenbeispiel und zugleich einen Maßstab dafür, in welchem Grade sich in fünf Jahrhunderten das Empfinden in dieser Hinsicht verfeinert hat, findet man in Mörikes* Maler Nolten, der seine Braut Agnes im Verdachte der Untreue heimlich verläßt, während sein Freund mit verstellter Handschrift den Briefwechsel zwischen ihm und ihr aufrechterhält, um ihr durch diese Täuschung Noltens Haltung zu verheimlichen. Als Agnes nach der Aussöhnung mit ihrem Geliebten von dieser in aller Tugend und Biederkeit aus der Ferne erfolgten Stellvertretung erfährt, verfällt sie in Wahnsinn, weil ihre Liebe über den Tausch der Personen nicht hinwegzukommen vermag, und schon die Vorstellung, auch nur seelisch mit einem anderen Manne verbunden gewesen zu sein, ihr Gefühlsleben unheilbar zerrüttet.

In dem geschichtlichen Prozeß, den das Verhältnis der Geschlechter zueinander durchlaufen hat, ist die psychische Stufe für beide immer annähernd die gleiche; sie bleiben einander parallel in einer durch ihre gattungsmäßig menschliche Beschaffenheit gegebenen Korrelation. Das hindert nicht, daß sich der gleiche Seelenzustand je nach dem Geschlecht verschieden äußert. Auf der primitiven Stufe ist der Abstand am größten; aber noch auf der zweiten Stufe, derjenigen des Zwiespalts zwischen Geschlecht und Persönlichkeit, sind die Symptome des gleichen Zustandes sehr verschieden.

Jene Erscheinung, die Lucka in dem früher erwähnten Buche über die drei Stufen der Erotik als »metaphysische Erotik« eingehend dargestellt und als eine ausschließliche Eigenheit der männlichen Psyche bezeichnet hat, fehlt bei den Frauen tatsächlich. Allerdings nur in dieser besonderen Äußerungsform. Nach der Darstellung Luckas hat die metaphysische Erotik ihre Wurzeln in religiösen Vorstellungen. Die mit den köstlichsten Vorzügen der Weiblichkeit geschmückte Himmelskönigin, die Jungfrau-Mutter – eine Gestalt, zu der viele Kulturen und Generationen ihr tiefstes Erleben über die Weiblichkeit beigetragen haben – verschmilzt im Feuer der erotischen Ekstase mit einer realen Person; die Gefühle, die ihr gebühren, gleiten aus der himmlischen Region in die irdische und verklären das Bild des Weibes zur Dame. Zugleich aber bleibt ein Zwiespalt zwischen den höheren seelischen Tätigkeiten und den sexuellen Impulsen bestehen, den die Frauen vermeintlich nicht kennen, weil sie eben die Einheit von Seele und Sinnen als ursprüngliche Eigenschaft besitzen.

Somit wäre die Voraussetzung der metaphysischen Erotik, oder nach der bekannteren Bezeichnung der ritterlichen Minne, wie wunderbar ihre Blüten bei den höchsten geistigen Menschen jener Epoche auch sind, doch eine Unvollkommenheit des seelischen Apparates, eine noch mangelhafte Verknüpfung der Nervenbahnen, denen die Leitung disparater Impulse im Gehirn obliegt. Daß diese Unvollkommenheit auch den Frauen der zweiten Stufe eignet, ist trotz der fehlenden Äußerungen von weiblicher Seite aus Symptomen zu erschließen.

Auf der Stufe des Zwiespalts läuft die Liebe Gefahr, durch die sexuelle Erfüllung verletzt oder jäh vermindert zu werden; sie scheut vor allzu großer Nähe zurück, um die Distanz zu bewahren, ohne die sie sich nicht erhalten kann. Alle Vorstellungen, auf denen der ritterliche Minnedienst beruht, sind nur unter der Bedingung aufrechtzuerhalten, daß keine sexuelle Verwirklichung die Illusionsfähigkeit herabsetze. Daher war die Einhaltung der Distanz durch die Frauen eine wichtige Voraussetzung der ritterlichen Huldigung, für deren Wesen es bezeichnend ist, daß sie sich gewöhnlich der verheirateten Frau, also einem schwer erreichbaren, schon allein durch äußere Hindernisse ferngehaltenen Objekt, zuwendet.

Wie aber hätte der ritterliche Anbeter, dessen Seelenleben trotz aller höheren Bestrebungen sicherlich nicht ganz frei von männlicher Geschlechtsaggressive war, in der gebotenen Distanz zu verharren vermocht, wenn er nicht durch das Verhalten seiner Dame darin unterstützt worden wäre? Die Klagen über den Kaltsinn, die Strenge, die Unnahbarkeit der Geliebten, die in den Dokumenten des Minnedienstes unerschöpflich wiederkehren, können doch nicht ganz aus der Luft gegriffen, nicht bloß auf Einbildung zurückzuführen sein; sie deuten vielmehr auf ein tatsächliches Verhalten der Frauen. Und sollte hinter diesem weiblichen Verhalten nichts weiter zu suchen sein als Mache aus Klugheit, Liebestaktik, Raffinement? Das würde eine überlegene Einsicht in das Wesen der ritterlichen Erotik erfordert haben, eine Einsicht, die bei aller Anerkennung des treffsicheren weiblichen Instinktes in Dingen der Liebe der mittelalterlichen Dame nicht zuzuschreiben ist. Angenommen, sie hätte das Bedürfnis der Distanz, dieses bezeichnendste Symptom des nicht überwundenen Zwiespalts, wirklich nicht gekannt, so hätte sie mit dem vollen Streben ihrer Einheitsseele nach innigster Nähe getrachtet – nicht anders, als es sich noch heute in den Konflikten zwischen Einheits- und Zwiespaltsmenschen verschiedenen Geschlechtes als qualvolles Mißverstehen ereignet, wenn sie durch Liebesanziehung miteinander verbunden sind.

Nicht auf Mangel an Erwiderung läßt die Unerbittlichkeit der angebeteten Dame schließen, die dem schwärmerischen Verlangen keine Erfüllung gestattet, sondern auf die Unfähigkeit der zwiespältigen Erotik, die seelische Liebe sexuell zu verwirklichen. »Als der Minnedienst blühte, kam es wohl vor, daß die vornehme Dame im tiefsten Geheimnis ihren treuen Liebhaber durch die Erlaubnis belohnte, eine Nacht in ihren Armen zuzubringen, wofern er sich auf Ehre verpflichtete, außer Kuß und Umarmung keine Gunst zu begehren.« (E. Otto,* Deutsches Frauenleben) Solche Verpflichtungen würden Einheitsseelen weder ersinnen, noch einhalten.

Und so ist der Schluß gestattet, daß dem Verhalten der Dame jene seelische Disposition zugrunde lag, in der die höheren geistigen Ansprüche der Liebe noch nicht mit den geschlechtlichen zu einer organischen Einheit verschmolzen sind. Daß der Zwiespalt in der weiblichen Erotik nicht die gleichen Symptome zeigt wie in der männlichen, läßt sich leicht aus der verschiedenen Kulturstellung der Geschlechter erklären. Den Frauen war ihr Verhalten in der Liebe durch die herrschende Ideologie des weiblichen Lebens erleichtert; die Zurückgezogenheit, das Maßhalten, die Bewahrung des Geziemenden, kurz alles, was zur natürlichen Abwehrhaltung des Weibes gehört und mittels sittlicher Vorschriften zum Bildungsideal erhoben war, kam der Dame zu Hilfe, indes der ritterliche Anbeter auf der einen Seite seine natürliche Angriffshaltung aufgeben und auf der anderen seinen Geschlechtshunger in primitiver Weise befriedigen mußte, um sich in der Region der Seelenliebe zu behaupten – eine Zweiteilung, die offen eingestanden wird.

Dazu gesellt sich noch ein anderes Moment. Der geistige Ehrgeiz, der namentlich bei dem produktiven Mann die Erlebnisse nach seinen Interessen wertet, spielt im Leben der Frauen keine Rolle, während er in der männlichen Psyche zu den Motiven gehört, die der sinnlichen Erfüllung widerstreben, weil die natürliche Erschlaffung, die der Befriedigung folgt, seine Schwungkraft lähmt. Nur die ferne, die unerreichbare Frau vermochte die männliche Erotik zu jener hohen Seelenmacht zu entflammen, in der die Elemente der Beseligung und der Entsagung zu neuen überwältigenden Zuständen und Stimmungen zusammenflossen. Die Frauen dieser Stufe, geistig unproduktiv, setzen den Zwiespalt nicht in metaphysische Erotik um; sie begnügen sich wie das primitive Weib, Objekt des Mannes zu sein, aber sie bewirken, daß bei ihm der Standpunkt wechselt: er erblickt sie als Objekt nicht *unter* sich, sondern *über* sich.

IV

Eine Einteilung und Abgrenzung nach seelischen Entwicklungsstufen ist nur mit Vorbehalten zu machen; sie läßt sich weder den Symptomen noch der Zeit nach streng durchführen. Gewiß reicht die persönliche Liebe, die Leistung einer höheren Differenzierung des Seelenlebens, weit zurück in die menschliche Geschichte. Ja, man könnte schon aus der Tierwelt Anhaltspunkte dafür beibringen, daß die Neigung zu individueller Bevorzugung mit dem Geschlechtstrieb zuweilen einhergeht – wie denn der Begriff der Entwicklung nur soweit Geltung hat, als er auf die Entfaltung gegebener Anlagen bezogen wird. Was in der menschlichen Gattung nicht als Anlage vorhanden ist, kann durch keinerlei erkenntnismäßige Bemühung in sie hineingetragen werden.

Auch die stufenweise Entwicklung der Erotik ist nur als Wachstum einer ursprünglichen menschlichen Anlage zu verstehen, Wachstum in die Breite durch Auftreten bei immer zahlreicheren Individuen, und Wachstum in die Höhe durch zunehmende Vollendung der seelischen Phänomene, die dabei mitwirken. Die erkenntnismäßige Veränderung, die sich in der Wertsetzung ausdrückt, begleitet den Entwicklungsprozeß in einer Wechselwirkung, indem sie als dessen Produkt auftritt und zugleich dem Empfinden des Einzelnen die Richtung weist.

Es ist zur Genüge bekannt, wie stark die Veränderung der Wertsetzung in Dingen der Erotik gegenwärtig namentlich die Frauen bewegt. Der Kampf gegen die alte Weiblichkeit, die noch ganz auf dem Boden der Rechtfertigung durch die Legalität steht, wird eben von Frauen geführt, die einzig in der Liebesneigung die sexuelle Rechtfertigung erblicken, also von den Frauen der dritten Stufe. Nur diese Wertsetzung und noch mehr ihre Erhebung zu einer sozialen Richtungslinie gehört der jüngsten Zeit an; hingegen als seelische Erscheinung tritt sie bei Einzelnen schon früh hervor. Aber so wenig die Tatsache, daß auch unter den Männern vergangener Epochen vereinzelt Beispiele seelischer Liebe vorkommen, als Einwand gegen die Entwicklung in der männlichen Erotik gedeutet werden kann, so verfehlt wäre es, in Ansehung ähnlicher Fälle unter den Frauen eine Entwicklung der weiblichen Erotik zu leugnen.

Vielleicht darf man in der Gestalt der Heloise,* dieser großen Heldin der Geschlechtsliebe, die mit vollem Bewußtsein das Recht der freien Hingebung über den Wert der Legalität gesetzt hat, die erste Repräsentantin der dritten Stufe erblicken. Mit herrlicher Offenheit schreibt sie an Abälard:* »Nichts habe ich je bei Dir gesucht als Dich selbst; Dich nur begehrt' ich, nicht das, was Dein war. Kein Ehebündnis, keine Morgengabe habe ich erwartet … Mag Dir der Name ›Gattin‹ heiliger und ehrbarer scheinen, mir klang es allezeit reizender, Deine ›Geliebte‹ zu heißen … Wollte mich heute der Kaiser, der Herr der Welt, der Ehre seines Ehebettes würdigen und mich für immer über die ganze Welt gebieten lassen: für süßer und würdiger achtete ich's, Deine Buhle zu heißen als seine Kaiserin.«

Das ist das typische weibliche Denken und Empfinden der dritten Stufe; Heloise, Schülerin und Geliebte eines Philosophen, besitzt die denkerischen Mittel, aber auch die persönliche Kraft, sich ihr Empfinden einzugestehen und ihm Worte zu verleihen. Schon bei ihr fehlt auch die Polemik gegen den weiblichen Typus der zweiten Stufe nicht: »Die muß sich ja selbst für eine feile Person halten, die einen Mann seines Geldes wegen einem Armen vorzieht und weniger den Mann selbst begehrt als das, was er hat. Gewiß, die Frau, die ein solches Gelüsten zur Ehe treibt, sollte man bezahlen, nicht lieben.«

Diese Worte sind um so staunenswürdiger, als sie zu einer Zeit ausgesprochen wurden, in der die sakramentale, unpersönliche Auffassung des Eheverhältnisses die allgemein herrschende war und der außereheliche Geschlechtsverkehr als eine schwere Versündigung gegen das göttliche Gebot galt – eine Auffassung, die Abälard selbst in einer ausführlichen Strafpredigt über die unbußfertig liebende Heloise ergießt.

Man kann in Abälards Äußerungen Anzeichen dafür finden, daß er, ganz abgesehen von dem physischen Unheil, das ihn gewaltsam von der Sexualität trennte, ein Mann des Zwiespalts, wenn auch nicht der metaphysischen Erotik, war. Sein Briefwechsel mit Heloise ist – allerdings auf der höchsten geistigen Ebene – das Dokument eines typischen Verhältnisses zwischen der männlichen Zwiespalts- und der weiblichen Einheitsseele. Obwohl dem Minnedienst zeitgenössisch, unterscheidet es sich wesentlich von dem zwischen dem ritterlichen Anbeter und seiner Dame, die als Herrin über das Maß der Nähe und Gunst entschied, während Heloise, überwältigt von dem Hingebungsbedürfnis ihrer Einheitserotik, sich dem stürmischen Werben ihres Geliebten unbedenklich ergab.

Im Jahre 1101 geboren, spricht sie zum ersten Male das Empfinden aus, das viele Jahrhunderte später die Grundlage einer höheren weiblichen Sittlichkeit, einer neuen Menschheitskultur werden sollte. Sie hat zugleich aus der Kraft einer alle Schranken überflügelnden Liebe das Schweigen gebrochen und sich trotz der Demut und Unterordnung, die zu ihrer erotischen Eigenart gehört, so weit über die weibliche Objektstellung erhoben, daß sie für ihr Subjekterleben Ausdruck zu finden vermochte.

Auf der Linie, auf der als erste große Erscheinung Heloise die Jahrhunderte überstrahlt, nähert sich die weibliche Erotik allmählich der seelischen Einheitlichkeit, freilich auf dem Umweg über Sitten, die den modernen

Vorstellungen nicht annehmbar erscheinen. Die Einrichtung des Cicisbeates, des in das Alltägliche übersetzten und gleichzeitig mit vollen sexuellen Rechten ausgestatteten Minnedienstes, kann als eine solche Etappe gelten, zugleich als Übergang von der Konvenienzehe zur Liebesehe. In welchem Maße das weibliche Empfinden dazu beigetragen hat, ist nicht zu bestimmen; aber wenn es schon nicht die Macht besaß, die Ansprüche der Familie bei der Eheschließung zu brechen, so hat es sich doch in der Form durchgesetzt, welche die Ehe annahm. Der Cicisbeo ist der Nachfolger des ritterlichen Anbeters, mit dem Unterschied, daß er ganz öffentlich in die Rechte des Gatten eintritt, gewissermaßen als Liebesgatte neben den legalen, der ihn ohne Eifersucht neben sich duldet. Diese Sitte schildert Lady Montagu* in ihren Briefen aus Wien zu Anfang des 18. Jahrhunderts: »Einen Liebhaber zu bekommen, stürzt hier nicht in die Gefahr, den guten Ruf zu verlieren, sondern er trägt dazu bei, ihn zu erhalten, da die Damen mehr nach dem Rang ihres Liebhabers geschätzt werden als nach dem ihres Gatten Die Männer sind mit den Galanen ihrer Frauen so freundlich, als ob diese ihre Vertreter wären, denen man den mühsamsten Teil ihrer Pflichten aufhalst … Mit einem Wort, es ist für eine Dame unerläßlich, zwei Gatten zu haben – einen nominellen und einen aktiven.«

Wir wissen, daß nach der Auffassung des Minnezeitalters Liebe unter Ehegatten nicht stattfinden konnte. Etwas von dieser alten Auffassung wirkt unverkennbar in die Einrichtung des Cicisbeates herein; aber die Liebeswahl genießt schon, wenn auch noch nicht unter der Form der legalen Ehe, öffentliche Anerkennung. Noch ein Jahrhundert weiter, und die Anerkennung der Liebesehe ist vollzogen – zum mindesten in den Anschauungen der führenden Geister, welche die Wende des 18. zum 19. Jahrhundert zu einer Epoche der sittlichen Umwertung gemacht haben.

Jetzt tritt auch der Anteil der Frauen deutlich und unbezweifelbar hervor; denn nun erhalten wir aus den geistigen Schöpfungen von Frauen Aufschluß über das, was sich in der weiblichen Psyche begibt. Der deutsche Frauenroman des 18. Jahrhunderts (in der erschöpfenden Darstellung von Dr. Christine Touaillon*) legt Zeugnis für die Wandlung ab, die sich vollzieht. Schon Sophie La Roche,* in ihren ersten Arbeiten noch ganz im Banne des strengen Legalitätsempfindens, nähert sich später der neuen Auffassung, die ihren entschiedenen Ausdruck in der nächsten Generation durch Auguste Fischer-Venturini* findet. In ihren Werken wird der Standpunkt der dritten Stufe mit Leidenschaft, logischem Scharfsinn und schöpferischer Gestaltungskraft dargestellt. So antwortet in einem ihrer Romane die Heldin auf die Frage ihres Bewerbers, wem anders als dem Manne die Schönheit der Frau gehöre: »Ich glaube, sie gehört ihr selbst – so wie ihr

Herz und ihr Leben. Wem sie es auch gebe, es ist ein freies Geschenk, oder es gibt keine Freiheit mehr auf Erden.«

Es ist für die inneren Vorgänge, in denen sich die Entfaltung der weiblichen Erotik spiegelt, symptomatisch, daß die Frauen erst, als auch sie sich selbst als Subjekt empfinden, das Schweigen brechen und Zeugenschaft für ihr Wünschen und Wollen in der Liebe ablegen. Das kann aus tieferen Gründen erst auf der dritten Stufe geschehen. Denn nur die Liebe auf dieser Stufe gewährt auch dem weiblichen Teil die Möglichkeit, sich als Subjekt zu empfinden; solange das Weib bloßes Objekt des Mannes ist und sich als solches im eigenen Bewußtsein findet, besitzt es keine Sprache.

Was in dieser Erotik den höchsten ideellen Rang besitzt, ist jener »Tausch der Seelen«, bei dem jeder Rest von Fremdheit in der Wärme der seelischen Gemeinschaft schmilzt, und der Wille, einander in der innigsten und vollständigsten Nähe zu besitzen, bis zum tiefsten Grunde in die Seele des geliebten Wesens einzudringen, um sich selbst in rückhaltloser Hingegebenheit darzubieten, zur richtunggebenden Macht des Erlebens wird. »Nie werde ich gegen Sie auf meiner Hut sein, nie etwas argwöhnen«, schreibt Julie de l'Espinasse ihrem Geliebten; »ich werde Ihnen keine Regung, keine Bewegung meines Herzens verbergen, und nie erröten, vor Ihnen schwach und voll Widerspruch zu erscheinen.« Und die Zumutung, daß irgendein anderes Motiv die Verbindung zwischen ihr und ihm herstellen könnte, Dankbarkeit oder Galanterie oder selbst Moralität weist sie mit den Worten zurück: »Alles das ist abscheulich und nur geeignet, eine empfindsame Seele zu schänden und zu demütigen.«

In dieser Liebe ist jeder Subjekt und Objekt zugleich, die Frau wie der Mann. Die Eigentumsidee wie die der Rechtmäßigkeit tritt vor der Idee der freien Hingebung zurück; kein anderes Motiv als die gegenseitige Liebe vermag das Bündnis zu rechtfertigen. Eine Formel für diese Wertsetzung der dritten Stufe gibt Ellen Key, wenn sie sagt: »Die Liebe ist sittlich auch ohne die Ehe, aber die Ehe ist unsittlich ohne die Liebe.«

Es wäre ungerecht, diese Formel retrospektiv auf die zweite Stufe der weiblichen Erotik anzuwenden und die ganze Epoche, in der die ehrbare Frau die Rechtfertigung des Geschlechtsverhältnisses in der Legalität empfand, nach dem Maßstab der Einheitsseele zu beurteilen. Hätte das weibliche Empfinden in Dingen der Sexualität tatsächlich keine Entwicklungsgeschichte, dann wären die Zustände der Vergangenheit gar nicht zu verstehen, ja selbst jene der Gegenwart nicht.

Eine Art des Zwiespalts kann man auch bei Frauen der dritten Stufe beobachten – Zwiespalt, dessen Voraussetzung eben in dem Verhältnis der Persönlichkeit zur Sexualität liegt. »Die Entwicklung zur selbständigen Persönlichkeit bringt in manchen Fällen eine Dyskrasie des Wesens mit sich, eine schlechte Mischung zwischen den Tendenzen der weiblichen Sexualität, die nach Unterordnung, und den Tendenzen der Persönlichkeit, die nach Unabhängigkeit strebt. Solche Frauen suchen vermöge ihrer erotischen Eigenart gerade diejenigen Eigenschaften am Manne ihrer Wahl, die sie doch in ihrem außergeschlechtlichen Leben nicht ertragen können ... Ihre Geschlechtsnatur fordert die herrische Überlegenheit des Mannes, aber ihr Wille zur Selbstbestimmung lehnt sich gegen die Unterwerfung auf, sobald deren Konsequenzen außerhalb der erotischen Sphäre fühlbar werden.« (Zur Kritik der Weiblichkeit)

Auch diese Art des Zwiespalts ist aus einer organischen Unvollkommenheit zu erklären. Die sexuelle Sphäre solcher Frauen ist primitiv geblieben, indes sie mit den anderen Tendenzen ihres Wesens zur vollen Persönlichkeit herangewachsen sind. Dadurch wird ihr persönliches Schicksal bedroht; denn das Glück der Liebe ist ihnen gewöhnlich versagt.

Mehr bedroht sind aber jene weiblichen Personen, die noch mit ihrem ganzen Wesen auf der ersten Stufe stehen. Man wird unschwer in der primitiven Weiblichkeit, die sich selbst nur als Objekt des Mannes und den Mann als Geschlechtswesen ohne persönliche Differenzierung kennt, das Grundempfinden jenes im Lauf der Entwicklung tief herabgewürdigten Typus erkennen, der, von der bürgerlichen Gesellschaft ausgestoßen und doch ausgenützt, einen Teil der Frauenwelt auch jetzt umfaßt. Ein Weib von solcher Anlage verfällt unter ungünstigen ökonomischen Bedingungen nur zu leicht irgendeiner Form der Prostitution, die dem jeweiligen Käufer das Anrecht auf die körperlichen Geschlechtseigenschaften einräumt. Bei jenen, die man als geborene Prostituierte zu bezeichnen pflegt, fehlt in der seelischen Konstitution das der höherentwickelten Weiblichkeit eigene geschlechtliche Selbstgefühl gänzlich, indes bei vielen anderen dieser Art doch ein Ansatz dazu vorhanden zu sein scheint, da neben den wechselnden Eigentümer ein amant de coeur tritt, der keine Zahlungspflichtigkeit hat und seine Vorrechte nur der Zuneigung verdankt.

Je stärker das geschlechtliche Selbstgefühl eines Weibes ist, desto mehr wächst der Widerwille gegen jede Art sexuellen Eigentumsverhältnisses, ein Widerwille, der sich vor dem durch Kauf bedingten zu Abscheu und Verachtung steigert. Schon vermöge der verschiedenen Entwicklungsstufen herrschen in der Frauenwelt unversöhnliche Gegensätze, die so groß sind, daß sie jede Gemeinschaft kraft des Geschlechtes ausschließen. Die Frauen der zweiten Stufe, durch die moderne Lebensauffassung ganz auf die konservative Linie gedrängt, können sich mit neuen der dritten nicht verständigen und verlieren durch den Verfall der Familie, in der sie mit ihrem

Geschlechtsempfinden tief wurzeln, den Boden. Zwar fühlen sie sich von dem Typus der ersten Stufe, soweit er ihnen in der Gestalt der Dirne entgegentritt, toto genere geschieden; aber mit dem Selbsterhaltungstrieb ihrer Tugend, die sich vor den polygamen Bedürfnissen der Männlichkeit schützen will, dulden sie die Auffassung, daß die Lebensform, der dieser Typus dient, dem Manne unentbehrlich ist. Denn da ihr eigenes Empfinden nicht nach einem völligen Verschmelzen mit der Person des Mannes durch die Liebe zielt, sträubt es sich nicht gegen die Anerkennung des Zwiespalts in seiner Natur.

Für die Frauen der dritten Stufe aber bildet der männliche Zwiespalt und alle seine Begleiterscheinungen eine Klippe des Lebensglückes. Sofern sie sich über die Folgen und Bedingungen ihrer eigenen Wesensbeschaffenheit logisch zu besinnen vermögen, müssen sie in der primitiven Weiblichkeit jene Erscheinung bekämpfen, welche die Stellung des Weibes in der Welt immerwährend fragwürdig macht. Denn wie hoch die metaphysische Erotik auch das Weib als Objekt erhoben hat, viel tiefer wird es durch den Zwiespalt der männlichen Natur bei jenen herabgesetzt, die, mit ihrer Sexualität an das primitive Weib gekettet, es als Objekt der Befriedigung entweder mißachten oder rechtfertigen.

Nun sind freilich diese Entwicklungsstufen Naturtatsachen, die im Grunde nicht bekämpft werden können, obgleich hier wie überall die Kultur Rangordnung geschaffen hat. Das Erstaunliche in dem geistigen Wirrsal der Gegenwart ist aber die Verkennung und Verwechslung der Entwicklungsstufen wie der Rangordnung, so daß die einen nur die primitive Weiblichkeit gelten lassen wollen, indes die anderen ihre späteste Erscheinung schon an den Beginn setzen.

Kein größeres Mißverständnis in Ansehung der differenzierten Weiblichkeit gibt es aber als jene Auffassung, die den stärksten Vorzug des weiblichen Wesens gegenüber dem männlichen gerade in der Möglichkeit erblicken will, den Körper ohne Beteiligung eines Affektes zu verkaufen. Zwar läßt sich nicht leugnen, daß diese Möglichkeit unter Umständen der primitiven Weiblichkeit eine Art Macht und Überlegenheit verleihen kann. Aber das primitive Weib ist seiner ganzen Verfassung nach gewöhnlich nicht in der Lage, eine solche Überlegenheit auszunützen, und die differenzierte Weiblichkeit kann ihrer ganzen Verfassung nach diese Verneinung der Persönlichkeit um keinen Preis auf sich nehmen. Und darin hat sie Recht; denn wenn es eine wirkliche Erhöhung für das Weib gibt, so ist es die Entwicklung zur Persönlichkeit, zur Erotik der dritten Stufe.

Wandlungen der Ehe

Es scheint, daß das Ansehen der Ehe noch in keiner Epoche ihrer kulturgeschichtlichen Entwicklung so sehr geschwunden war wie in der Gegenwart. Immer mehr greift der Zweifel an ihrem Wert und an dem Glück, das sie zu gewähren hat, um sich; neue Vorstellungen und Ansprüche treten hervor, der die Grundbedingungen des Ehelebens nicht entsprechen; und die wenigsten wissen, wenn sie eine Ehe schließen, ob sie damit mehr als eine Formalität auf sich nehmen, die der Staat dem Einzelnen auferlegt. Ist die Ehe eine überwundene Sache für den von konventionellen Vorurteilen Freien? Oder ist sie ein Problem der sexuellen Kultur, das gerade ihm angelegen sein muß?

Zwar die Frage, ob die Ehe als einzige legale Form des Geschlechtsverhältnisses in jener Form, die sie im Abendland unter der Herrschaft des Christentums annahm, der menschlichen Natur jemals angepaßt war, kann durchaus nicht bejaht werden. Das Mißverhältnis zwischen der Gewalt des Geschlechtstriebes und dieser einzigen legalen Form seiner Befriedigung ist immer so groß gewesen, daß die christliche Ehe andere Formen des sexuellen Lebens, wie das Konkubinat und die Prostitution, trotz aller Strafmittel nicht zu verdrängen vermochte.

Noch weniger könnte die Frage bejaht werden, ob die Ehe in ihrer realen Gestalt eine erfreuliche Erscheinung des menschlichen Lebens ist. Aber der Mensch selbst ist eine unerfreuliche Erscheinung, und die Ehe in ihrer realen Gestalt bildet nur den Ausdruck dessen, was die Menschen in ihrer Mehrzahlsbeschaffenheit sind.

Durch einen Hinweis auf ihre reale Gestalt jedoch wird man der ideellen Bedeutung der Ehe nicht gerecht; und ohne einen Blick auf ihre kulturgeschichtliche Entwicklung läßt sich ein Verständnis für ihr Wesen kaum gewinnen. Wenn man schon im allgemeinen behaupten kann, daß jede soziale Einrichtung nur genetisch, nur aus ihrer Vorgeschichte begriffen werden kann, so gilt dies in besonderem Maße von der Ehe.

Als soziale Einrichtung stellt die Ehe das Streben dar, den Geschlechtsverkehr in eine höhere Ordnung des Lebens einzubinden. Damit erscheint sie als wesentlicher Bestandteil der Kultur. Doch gibt es irgendwelche Formen der Ehe auch bei den primitivsten Völkern, zumeist polygame, seltener polyandrische, aber selbst die monogame, die in der abendländischen

Kultur allein den Rang einer gesetzlichen und sittlichen Norm besitzt, fehlt nicht.

Über die Urformen, aus denen sich die Ehe im eigentlichen Sinn entwickelte, bestehen grundsätzliche Meinungsverschiedenheiten, deren Ausgangspunkt die Annahme bildet, daß in der Menschheit anfänglich völlige geschlechtliche Ungebundenheit (Agamie) herrschte. Diese Annahme ist insofern nicht belanglos, als aus ihr folgen würde, daß die Ordnung der Geschlechtsbeziehungen durch soziale Normen nicht einem Grundtriebe der menschlichen Natur entspringe, sondern daß völlige Ungebundenheit der ursprüngliche und natürliche Zustand sei. Eines aber ist gewiß: soweit unsere Kenntnis in der Völker- und Sittengeschichte zurückreicht, finden sich überall die Spuren sozialer Bestimmungen über den Geschlechtsverkehr – wenngleich auf Grundlagen, die gänzlich verschieden sind von dem, was die abendländische Kultur als sittlich begreift. Angenommen selbst, es hätte einmal völlige Ungebundenheit geherrscht, so gehört sie doch einer Stufe an, auf welcher der Mensch noch nicht imstande war, sein Leben durch rechtliche Bestimmungen zu ordnen. Da man aber wohl den sozialen Trieb zu den Grundtrieben der menschlichen Natur rechnen darf, ist auch die Bindung der Geschlechtsbeziehungen als eine Funktion des sozialen Triebes von der ursprünglichen Anlage des Menschen nicht zu trennen.

Zwei Motive von unvergleichlicher Macht beeinflussen die Entstehung der Ehe. Erst durch diese beiden Motive erhält sie jene Bedeutung, die bis heute ihrer sozialen Gestalt zugrunde liegt. Sie sind es, die den Übergang der primitiven Psyche zu der des Kulturmenschen bezeichnen; ihre Anwesenheit ist für unser Verständnis des menschlichen Seelenlebens längst eine unumgängliche Voraussetzung geworden.

Wir wissen, daß der Zusammenhang zwischen Vater und Kind als Erkenntnistatsache schon eine höhere Entwicklungsstufe des Denkens und der Beobachtung voraussetzt und die Vaterschaft als Erkenntnistatsache nicht von Anbeginn Besitz des Mannes war. Die Einrichtung der Gruppenehe, wie Morgan sie an der Hand von Verwandtschaftssystemen, die bei einigen stehengebliebenen Völkern noch erhalten sind, zu rekonstruieren versucht, hat ein völlig unentwickeltes Vaterschaftsbewußtsein zur Bedingung; denn diese Gruppenehen waren Verbindungen, bei denen die Ausschließlichkeit des geschlechtlichen Umganges sich nicht auf einzelne Paare, sondern auf eine bestimmte Mehrheit von Männern und Frauen innerhalb einer Horde oder Stammesgemeinschaft erstreckte.

Die Gegner Morgans führen als Einwand gegen das Bestehen von Geschlechtsverhältnissen auf der Basis der Weibergemeinschaft die männliche Eifersucht ins Treffen; nach Westermarck wäre es »unmöglich zu glauben, daß es je eine Zeit gegeben haben soll, zu welcher die Männer dieses mächtigen Gefühles bar waren«. Allein ganz abgesehen davon, daß noch heute viele Millionen Männer in gesetzlicher polyandrischer Ehe, also ohne die auf ausschließlichen Besitz gerichtete Eifersucht, leben: die Gruppenehe gehört einer Zeit an, in der weder das *Vaterschaftsbewußtsein*, noch ein anderes ausschlaggebendes Motiv der Eifersucht, die *Eigentumsidee*, schon volle Ausbildung gewonnen hatte und somit deren wichtigste Anlässe in der männlichen Psyche noch fehlten.

Denn auch der Eigentumsbegriff ist ein verhältnismäßig nicht sehr altes Produkt des menschlichen Denkens. Werfen wir einen kurzen Rückblick in die Anfänge der Kulturgeschichte, so sehen wir, daß die ursprüngliche soziale Verfassungsform nicht auf Privateigentum und Landbesitz gegründet war, sondern auf Personen und rein persönliche Beziehungen. Die Einheit dieser Organisation bildete die *Gens*, eine auf verwandtschaftlichen Banden beruhende Form der sozialen Gemeinschaft, der in ihrer ältesten Periode nur die Abstammung in der Mutterfolge zugrunde lag. Zu der Zeit, als die Gentilordnung entstand, war Heirat zwischen *einzelnen* Paaren unbekannt und die Feststellung der Vaterschaft unsicher; erst in einer späteren Periode wird die Zugehörigkeit nach mütterlicher Abstammung durch die vaterrechtliche Zugehörigkeit abgelöst, bis schließlich mit der fortschreitenden Ausgestaltung des Eigentums die ganze Gentilverfassung durch die auf Landgebiet und Privatbesitz gegründete Staatsverfassung überholt und zum Schwinden gebracht wird.

Mit diesen Wandlungen in den Besitzverhältnissen und in den Prinzipien der sozialen Gemeinschaft gehen die entscheidenden Wandlungen in der sexuellen Ordnung einher. Neben dem Vaterschaftsbewußtsein kommt der Eigentumsidee dabei die wichtigste Rolle zu. In den früheren Lebensepochen der Menschheit nur erst als Keim vorhanden, wächst die Eigentumsidee mit den steigenden Produktionsmitteln, um allmählich eine der stärksten Triebfedern des Menschen und die wichtigste Grundlage aller späteren Gesellschaftsorganisationen zu werden. Indem die Eigentumsidee sich mit dem erwachenden Vaterschaftsbewußtsein des Mannes verbindet, gewinnt sie für das weibliche Geschlecht eine unheilvolle Bedeutung: auch die Frau wird Besitzgegenstand, sie geht als Person in das Eigentum des Mannes über, der selbst an den Kindern, an denen die Mutter nach natürlichem Recht einen um soviel größeren Anteil hat, ein unbeschränktes Besitzanrecht geltend macht.

Wenn die Ehe auch als Schutzeinrichtung zugunsten der Frau aufzufassen ist, deren wirtschaftliche und gesellschaftliche Lage nur durch die gesetzliche Bindung des Mannes gesichert werden kann, so bildet sie doch, sobald sie auf dem ausschließlichen Besitz beruht, zugleich eine Schutzeinrichtung zugunsten der Vaterschaft und trägt noch in ihrer heutigen Gestalt Merkmale, daß sie um der Vaterschaft willen das Weib als einen Besitzgegenstand behandelt, dessen sich der Mann für seine Zwecke bemächtigt. In der barbarischen Form der Raubehe tritt diese Auffassung ganz deutlich hervor. Der Raubehe scheint auch eine besondere Bedeutung in der Entwicklung des Vaterschaftsbewußtseins zuzukommen. Denn durch die Verbindung mit einer außerhalb der Horde und deren Zusammengehörigkeit stehenden Frau war der Mann genötigt, die von ihr geborenen Kinder durch besondere Anstalten, wie das Männerkindbett, zu beglaubigen; während die spätere und zivilisiertere Methode, eine Frau zu erwerben, der Kauf, dazu beitrug, die Auffassung des Weibes als eines Besitzgegenstandes zu entwickeln.

Es ist einleuchtend, daß diese Form der Eheschließung die Eigentumsgefühle auf der Seite des Mannes außerordentlich bestärken mußte. Denn gleichviel, ob er die Frau durch Eintauschung einer verwandten weiblichen Person oder einer Anzahl Pferde und Rinder, durch Dienstleistung an den Schwiegervater oder einfach durch eine Kaufsumme in barem erwarb – die Frau bildete auf diese Weise ganz materiell einen Besitzgegenstand, über den der Mann wie über ein rechtmäßig erworbenes Eigentum verfügen konnte.

Auf der Stufe, wo der Mann als Eigentümer, die Frau als Besitzgegenstand erscheint, tritt uns die Form der *patriarchalischen Ehe* entgegen, die dem Manne rechtmäßige sexuelle Freiheiten einräumte, indes vom Weibe mit äußerster Strenge eheliche Treue gefordert wurde. Man kann in der patriarchalischen Ehe das Fortschreiten des Vaterschaftsbewußtseins im Verein mit dem Machtgefühl erkennen, das den Eigentumsbegriff begleitet. Sie ist eine polygame Verbindung, in der die barbarischen Kautelen der Vaterschaft die soziale Stellung der Frau vollkommen beherrschen. In der patriarchalischen Ehe, wie sie sich unter den semitischen Völkern ausbildete, waren die Frauen auch als Gattinnen nicht höher gestellt als die anderen freien und unfreien Personen, die in einer Art knechtischem Abhängigkeitsverhältnis der Gewalt des männlichen Familienoberhauptes anheimgegeben waren. Hingegen hatte die monogame Tendenz in der griechischen und noch mehr in der römischen Form der patriarchalischen Ehe insofern die Oberhand, als der Mann rechtmäßigerweise nur eine einzige Frau haben durfte, die auf der gleichen Rechtsstufe mit seinen Kindern stand. Der Ehebruch aber wurde nur einseitig geahndet; denn während der Mann bei Ehebruch der Frau das Recht besaß, sie zu töten, war er nur für den außerehelichen Umgang mit anderen verheirateten Frauen strafbar, und es stand ihm frei, die im Hause lebenden Sklavinnen als seine Konkubinen zu behandeln.

Erst auf der höchsten und spätesten Stufe der Familienform, der *monogamischen*, ist die geschlechtliche Verbindung auf die Voraussetzung der gleichen ehelichen Treue von beiden Seiten begründet. Wenn in der patriarchalischen Familie die weibliche Monogamie durch eine strenge Abgeschlossenheit und Unterdrückung der Frauen erzwungen, dem Manne hingegen das Recht auf Polygamie zugestanden wurde, erscheint jetzt als das Band, durch das allein die eheliche Treue auf die Dauer gewahrt werden kann, die *wechselseitige* Verpflichtung. Die Ehe ist als völlige Lebensgemeinschaft gedacht, bei der, dem Prinzip nach, die Frau dem Manne annähernd gleich an persönlichen Rechten ist, ohne daß jedoch eine völlige Gleichstellung beider Teile hergestellt wäre. Der Ehebruch des Mannes erfährt nunmehr rechtlich die gleiche Verurteilung wie der Ehebruch der Frau, da auch der Eigentumsbegriff gegenüber der Person sich durch die Vorstellung erweitert und verändert, daß nicht nur die Frau dem Manne, sondern auch der Mann der Frau gehört.

Diese Vorstellung deutet auf eine tiefe Umwandlung in der Stellung der Geschlechter und im Wesen des ehelichen Verhältnisses; denn die geschlechtliche Treue des Mannes hat nicht die gleiche physische Bedeutung wie die der Frau, und ihre hohe Bewertung in der monogamen Ehe beruht daher auf ganz anderen Voraussetzungen.

Schon in der römischen Ehe läßt sich das Fortschreiten in der Auffassung des Weibes vom Besitzgegenstand zum Rechtsindividuum deutlich verfolgen. Durch die Confarreatio, die Eheform der Patrizier, wie durch die Coemtio, die Eheform der Plebejer, ging die römische Frau in die Manus des Mannes über, die der Ausdruck für das Eigentumsrecht des Mannes an der Frau ist. Mit der wachsenden Freiheit in den sozialen Anschauungen gewinnt aber bei den Römern auch die freiere Form der Ehe, die Ususehe, an Ausbreitung. Sie wurde ohne religiöse Zeremonien einfach dadurch geschlossen, daß die Frau aus dem Hause des Vaters in das Haus des Gatten zog, das sie dann alljährlich zum Zeichen der Unabhängigkeit von der Manusgewalt für drei Tage verließ. In der Ususehe galt als das Bindende vor dem Gesetz nur die affectio maritalis, der Wille zur Ehe, und es stand beiden Gatten frei, das Bündnis zu lösen, wenn dieser Wille auch nur bei dem einen Teile erloschen war.

Der Weg von der starren Gebundenheit zur sozialen Freiheit ist im römischen Eherecht vorbildlich; die ursprünglich unauflöslichen Ehen der Patrizier wie der Plebejer verwandeln sich in lösbare und treten schließlich mehr und mehr hinter der Ususehe, die eine völlig lose Verbindung war, zurück. In der Kaiserzeit wurde auch das *Konkubinat*, das vorher nicht erlaubt war, gesetzlich anerkannt und die Ehe mit Sklaven, Freigelassenen und Fremden gestattet; nur hatten die Kinder aus solchen Ehen keine bürgerlichen Rechte.

In dieser einschränkenden Bestimmung, welche die Vollwertigkeit des Ehebündnisses an die Ebenbürtigkeit knüpft, wird eine neue soziale Funktion der Ehe sichtbar. War die Ehe ursprünglich bloß eine Verbindung im Interesse der Gattungserhaltung, so tritt allmählich das persönliche materielle Interesse der Beteiligten hinzu, die durch ihre Verbindung zugleich eine Erweiterung ihres Besitzstandes und eine Erhöhung ihrer sozialen Lebensstellung durch *Versippung* erlangten. Mit der Ausgestaltung der monogamischen Familienform auf Grund des Privateigentums und mit der Ausdehnung des Erbrechtes auch auf die weiblichen Nachkommen wird die Eheschließung zu einer Standesangelegenheit; die Forderung der Ebenbürtigkeit und der Gütergleichheit, die den Beteiligten eine Reihe sozialer Vorteile garantiert und dem ehelichen Bündnisse den Wert einer persönlichen Machtbereicherung und Verstärkung verleiht, bleibt im Bewußtsein der Gesellschaft fortan mit der Einrichtung der Ehe verbunden. Diese Machtbereicherung durch verwandtschaftliche und wirtschaftliche Bande bildet noch in der Gegenwart eine wichtige Komponente der Ehe als sozialer Lebensform, wenn auch die Folgen einer unebenbürtigen Verbindung sich nur mehr in der sogenannten morganatischen Ehe auf die Nachkommen erstrecken.

Der Begriff der Mißheirat gehört daher zu den Grundlagen der alten Eheverfassungen. Bei den Germanen war an die Ehe einer freien Person mit einer unfreien der Verlust der Freiheit geknüpft; nach dem sächsischen Gesetz stand sogar Todesstrafe darauf. Bei den Römern hingegen hatte schon zur Zeit der Republik der lange Kampf zwischen Patriziern und Plebejern um die Ausschließlichkeit der standesgemäßen Ehe mit dem Siege der Plebejer geendet.

Auf dem Wege der Entwicklung, den die Ehe genommen hat, knüpft sich an die Forderung der Ebenbürtigkeit und der mit ihr verbundenen Vorstellungen über die Person des Weibes ein weiterer Schritt, den die germanische wie die christliche Anschauung vollbringen halfen – jene beiden Kulturmächte, die, vereint mit der römischen, in einem langwierigen und verwickelten Verschmelzungsprozeß die eherechtlichen Verhältnisse der Neuzeit geschaffen haben.

In der ursprünglichen germanischen Ehe, in der die Stellung der Frau derjenigen in der altrömischen Ehe sehr verwandt war, erscheint die Eigentumsgewalt, die der römische Hausherr in Gestalt der Manus über die Frau ausübte, als Mundium. Das *Mundium* gab dem Manne das Recht, die Frau wie seine Kinder und Knechte zu züchtigen, zu verkaufen, zu töten; er darf sich auch willkürlich ohne Angabe bestimmter Gründe von ihr trennen.

Dennoch tritt bei den Germanen ein Unterschied in der Auffassung des weiblichen Geschlechtes zuerst hervor, dessen Wirkung auf die spätere Entwicklung des Verhältnisses zwischen den Geschlechtern nicht zu verkennen ist. Josef Unger* sagt darüber in seinem ausgezeichneten Buch »Die Ehe in ihrer welthistorischen Entwicklung«: »Während bei den Römern als Grund der tutela mulierum – der Bevormundung der Weiber – die imbecillitas und infirmitas consilii, ihre *geistige* Schwäche erscheint, wurzelt die Geschlechtsvormundschaft der Germanen, welche sich mit der Abnahme des Familienschutzes durch den erstarkenden Staatsschutz bald verlor, in der *physischen* Wehrlosigkeit der Frauen, in ihrer *körperlichen* Unfähigkeit, sich selbst gegen rohe Angriffe zu verteidigen.« Denn die geistigen Gaben der Frauen genossen – wenn dem bekannten Ausspruch des Tacitus* zu trauen ist – bei den germanischen Völkerschaften ein besonderes Ansehen, von dem die Auffassung des Weibes als eines höheren Wesens ihren Ausgang nimmt. Der Widerspruch zwischen dieser Auffassung und der Stellung, die dem weiblichen Geschlecht in der Praxis eingeräumt war, zieht sich durch das ganze Mittelalter und tritt in der Ära des ritterlichen Minnedienstes am auffälligsten hervor. Sie bleibt aber trotz des ungelösten Zwiespaltes auch auf das eheliche Verhältnis nicht ohne Einfluß; schon früh kündigt sich die Tendenz an, die Ehe als eine *innere* Einheit beider Gatten zu betrachten, die durch ein Gefühlsmoment bewirkt wird. Damit begegneten sich die germanische Auffassung und die christliche und brachten in ihrer Vereinigung einen neuen Sinn und Wert in die Ehe – ihre Verinnerlichung.

Nach der Auffassung aller antiken Völker bis zum Auftreten der christlichen Anschauungen war die Ehe eine rechtlich geordnete Gemeinschaft zweier Individuen verschiedenen Geschlechtes zur Hervorbringung von Nachkommenschaft. Die Bedeutung eines persönlichen Bündnisses auf der Grundlage gegenseitiger Zuneigung und innerer Gemeinsamkeit fehlt dieser Ehe. Wenn auch vereinzelte Fälle von Liebe unter Ehegatten schon früh verherrlicht wurden, wie in der schönen griechischen Sage von Admet und Alkeste, so handelt es sich dabei nur um Einzelerscheinungen, die noch mit dem legalen Begriff der Ehe nichts zu tun hatten. Ein Zeugnis wahrer ehelicher Liebe bildet auch die »Grabrede auf die Turia« (von Eugen Ehrlich* im Januarheft 1917 der »Tat« veröffentlicht), mit der ein römischer Gatte die Hingebung und Überlegenheit seiner verstorbenen Frau preist. Er beschreibt darin, wie sie, von der herrschenden Auffassung der Ehe als einer Einrichtung zum Zwecke der Fortpflanzung geleitet, ihm die Scheidung vorschlug, um das verwaiste Haus der Fruchtbarkeit einer Nachfolgerin zu übergeben. Ganz von der Liebe zu ihrer Person erfüllt, erzählt er darüber:

»So sehr bin ich aufgefahren, daß ich die Besinnung verlor; so sehr entsetzte ich mich über die Absicht ..., daß Du an eine Scheidung denken könntest, bevor das Schicksal uns sein Gesetz vorgeschrieben hat, daß Du etwas im Geiste fassen konntest, wodurch Du aufhörtest, meine Frau zu sein.« Eben weil sich diese Auffassung der Ehe als eines durch persönliche Liebe geknüpften Bandes, das nur der Tod scheiden kann, von der herrschenden römischen unterscheidet, ist die Grabrede auf die Turia von so hoher Bedeutung für die Kulturpsychologie; sie zeigt auch, wie die individuelle Gefühlsentwicklung der sozialen Normierung lange vorhergeht.

Als geistiges Prinzip der Ehe im allgemeinen wird die Einheit von Mann und Weib erst durch das Christentum verkündigt. Der Evangelist Matthäus* läßt Jesus* auf die Frage der Pharisäer, ob es auch recht sei, daß ein Mann sich aus irgendeiner Ursache von seinem Weib scheide, antworten, ein Mensch verlasse Vater und Mutter, um an seinem Weibe zu hangen, auf daß die zwei Ein Fleisch seien – wodurch er jener berühmten Stelle im ersten Buch Moses,* die er mit diesen Worten zitiert, eine viel tiefer bindende Kraft verlieh, als sie dem ursprünglichen Sinne nach besaß. Und der Apostel Paulus suchte die innere Bedeutung der Ehe höher zu fassen, als es je zuvor möglich war, indem er als Symbol für das Verhältnis von Mann und Weib in der Ehe das Verhältnis von Christus zu seiner Gemeinde aufstellte. Er sagt: »Ihr Männer, liebet eure Weiber gleichwie Christus auch geliebt hat die Gemeinde und hat sich selbst für sie gegeben. Aber wie nun die Gemeinde ist Christo untertan, also auch die Weiber ihren Männern in allen Dingen ... Doch ist weder der Mann ohne das Weib, noch das Weib ohne den Mann in dem Herrn.« Auch er beruft sich dabei auf das alte Wort: »Um deswillen wird ein Mensch verlassen Vater und Mutter und seinem Weibe anhangen und werden zwei Ein Fleisch sein.« Jedoch verbindet er damit den tiefen Sinn einer mystischen Wesenseinheit, eines inneren Vorganges, der nicht jedem verständlich ist; denn er fügt sogleich ausdrücklich hinzu: »Das Geheimnis ist groß.«

Damit war zum erstenmal mit der Gewalt eines religiösen Bekenntnisses die Ehe als ein individuelles Bündnis von seelischer Innerlichkeit verkündet. Weder das Interesse der Nachkommenschaft, das in den Anfängen der Ehe allein ihren Sinn und Inhalt bestimmt, noch das Band der Versippung mit seinen äußeren sozialen Vorteilen, das bei steigender Kultur hinzutritt, steht hier im Vordergrunde: hier ist die Ehe eine innere Verbindung zwischen zwei Wesen verschiedenen Geschlechtes in dem Sinne, daß weder der Mann ohne das Weib, noch das Weib ohne den Mann zur Vollendung gelangen kann. Die Liebe bildet fortan eine neue Komponente der Ehe.

II

Aber dieses große Geheimnis der Wesensverschmelzung durch die Liebe war nur erst die weltentrückte Idee eines hohen, prophetischen Geistes, der sie in der Praxis seiner Anordnungen selbst noch keineswegs verwirklichen konnte.

Und so blieb wie die soziale Utopie des Christentums auch die Idee der Liebe als Grundlage der Ehe ein Programm, das sich in den nächsten anderthalb Jahrtausenden der menschlichen Entwicklung nicht verwirklichte. Die asketische Richtung, welche die führenden Geister der christlichen Weltanschauung einschlugen, vertrug sich nicht mit der mystischen Auffassung der Einheit der Geschlechter durch die Liebe und bewirkte neben der Geringschätzung des Weibes als eines Werkzeuges der Sinnenlust auch die Geringschätzung der Ehe als einer fleischlichen und somit verächtlichen Verbindung von Mann und Weib. Der Kirchenvater Tertullian,* einer der bösesten Verächter des Weibes, lehrt auch die Verschmähung der Ehe, selbst um den Preis, daß das Menschengeschlecht darüber ausstürbe; und Justinus* der Märtyrer weist die Vorstellung als unbegreiflich zurück, daß in der Ehe die Sinnlichkeit sich zu etwas Sittlichem sollte erheben können. In dieser Auffassung wirkt unverkennbar das Empfinden des Zwiespaltsmenschen mit, der durch die Ansprüche der Sexualität mit seinen höheren Seelentätigkeiten entzweit wird, weil er beide nicht zu einer harmonischen Stimmung in sich vereinen kann. Schämen sich doch die Heiligen nicht selten geradezu ihrer Eltern, weil ihr Anblick sie daran erinnert, welchem »unreinen« Akt sie ihr Leben verdanken! Und dieselben Erscheinungen wie bei den Zwiespaltsmenschen des frühen Christentums treten noch bei dem letzten großen Zwiespaltsmenschen der europäischen Kultur, bei Tolstoi, gegenüber der Ehe hervor. Indem er auf sie, die ein Verhältnis bedingter Askese ist, die unbedingte anwandte, verneinte es sie. Seine mystische Deutung des evangelischen Wortes: »Wer ein Weib ansieht, ihrer zu begehren, der hat schon die Ehe gebrochen mit ihr in seinem Herzen«, entspricht im letzten Grunde jener verhängnisvollen Tatsache in der Psyche des Zwiespaltsmenschen; sie ist sehr tief, aber auf die reale Ehe nicht anwendbar – ganz abgesehen von der willkürlichen Auslegung dieser, bloß als strenge moralische Forderung zu deutenden Stelle. Über die Jahrhunderte hinweg weckt das gleiche Empfinden die gleiche Denkweise; und auch für Tolstoi ist wie für den heiligen Gregor von Nyssa* die Ehe »ein Produkt der Schwachheit, ein Ausfluß der sündhaften Natur des Menschen«. Durch die Verwerfung des Geschlechtsverkehrs an sich wird eben das Wesen der Ehe als einer durch sittliche Bestimmungen geordneten Form desselben gleichfalls verneint.

Aus dieser Mißachtung der Ehe geht in der Kirche schließlich die Forderung des Zölibates an die Priester hervor, und – eine scheinbar widerspruchsvolle Konsequenz! – die Erhebung der Ehe zum Sakrament. Der Gedanke, der dieser Erhebung zugrunde lag, läßt sich am einfachsten damit erklären, daß die Ehe als eine an sich unheilige, aber dennoch durch die Beschaffenheit der menschlichen Natur unvermeidliche Sache zu ihrer Rechtfertigung jener übernatürlichen Gnade bedarf, wie sie das Sakrament nach christlicher Auffassung verleiht. Sobald der sakramentale Charakter der Ehe einmal entschieden war, mußte sie auch als ein unauflösliches Band, das über die Zeit hinauswirkt, aufgefaßt werden.

Aber nicht die individuelle Liebe wurde als die Grundlage dieser unauflöslichen, sakramentalen Ehe betrachtet. Mit Recht hebt Unger in dem früher erwähnten Buche hervor, daß das kanonische Eherecht die Ehe nach allen anderen Gesichtspunkten, nur nicht nach dem der Liebe ausgebildet habe. In der unauflöslichen, sakramentalen Ehe wird das Band, das die Gatten aneinanderknüpft, nicht durch die gegenseitige Zuneigung garantiert, sondern durch das Sakrament. Wenn auch nach der Auffassung der Kirche der erklärte Wille der Eheschließenden es ist, der die Ehe konstituiert, so wird doch nur durch den Akt der priesterlichen Weihe dieser Wille zu einer Sache der übernatürlichen Gnade für die Beteiligten. Nicht ihr eigener unzulänglicher Wille, nicht ihr unzuverlässiges, von der Unbeständigkeit der Sinne beeinflußtes Herz bindet sie fortan, sondern ein göttlicher Wille. Daher muß die Ehe aufrechterhalten bleiben, auch wenn die Zuneigung als freie persönliche Regung nicht mehr besteht; die Geschlechtsgemeinschaft im Sinne der sakramentalen Ehe ist nicht dazu da, eine Lust zu gewähren und eine Neigung zu befriedigen, sondern eine Pflicht zu erfüllen, die der göttliche Wille im Interesse der Gattungserhaltung den Gatten auferlegt. Zwar gilt die Ehe erst durch die geschlechtliche Vereinigung als vollzogen, aber diese selbst erhält unter dem Begriff des debitum conjugale, der ehelichen Pflichtleistung, eine andere Bedeutung als sie einem Akt der Sinnenlust unter außerehelichen Bedingungen nach christlicher Auffassung zukommen kann. Was unter den Voraussetzungen der Liebesehe als »Unsittlichkeit« erscheint, das Fortbestehen des Geschlechtsverkehrs ohne gegenseitige Zuneigung, das ist unter den Voraussetzungen der sakramentalen Ehe durchaus zulässig, weil es sich mit der Auffassung der ehelichen Pflichtleistung verträgt. Diese Auffassung lehrte die Frau die geduldige Ergebung in den Geschlechtswillen des Mannes als eine gottwohlgefällige Pflicht, und den Mann, seine Triebe als den durch das Sakrament geheiligten Willen zur Fortpflanzung des Menschengeschlechtes zu erfüllen. Durch die Verknüpfung geschlechtlicher Antriebe mit religiösen Vorstellungen hat aber diese Eheform eine Vertiefung der sexuellen Gemeinschaft bewirkt, die für die späteren Schicksale der Ehe sehr bedeutungsvoll werden sollte.

In der Auffassung der Ehe als eines Sakramentes erscheint eine Veredlung der Geschlechtsbeziehungen angestrebt, die einer bestimmten Stufe des menschlichen Gefühlslebens den höchsten sittlichen Ausdruck lieh. Ihre unerläßliche Voraussetzung, die Grundlage, ohne die sie hinfällig wird, ist eine lebendige, alle Stimmungen und Regungen beherrschende Frömmigkeit, der Glaube als jene Lebensmacht, der sich alle anderen Interessen unbedingt unterordnen. Die Liebe mit den ihr immanenten Wünschen und Gesetzen kam vorerst dabei zu kurz.

Und so darf es uns nicht wundernehmen, wenn die Liebe, die als ungeschlechtliches Phänomen des menschlichen Seelenlebens in der christlichen Anschauung den höchsten Rang einnahm, sich, sobald sie das sexuelle Gebiet ergriff, außerhalb der sakramentalen Ehe abspielte. In jener Epoche, da die Geschlechtsliebe zum erstenmal sich mit romantischem Zauber zu umgeben begann, in der Epoche des ritterlichen Minnedienstes, wurden doch die Ehen wie noch lange nachher durch Übereinkunft der Eltern oder Verwandten als bloße Konvenienzehen geschlossen, ohne daß sich die Gatten vorher näher kannten. Am besten wird die Stimmung der Zeit gegenüber der Ehe durch das berühmte Urteil gekennzeichnet, das die Gräfin von Champagne* als Vorsitzende eines Minnegerichtes im Jahre 1174 fällte. Sie antwortete auf die Frage, ob Liebe zwischen Ehegatten statthaben könne: »Wir sagen und verfügen hiemit, daß die Liebe auf zwei verheiratete Personen ihre Rechte *nicht* ausdehnt, dieweil sich Liebende alles gegenseitig und freiwillig gewähren, ohne durch eine Notwendigkeit gezwungen zu werden, dagegen Ehegatten verpflichtet sind, sich gegenseitig zu Willen zu sein und eines dem andern nichts zu verweigern. Solches Urteil, das wir nach reiflicher Erwägung und nach Einholung des Gutachtens einer großen Zahl anderer Damen gefällt haben, sei euch allezeit eine unerschütterliche und unverbrüchliche Wahrheit.«

Mit feinem Verständnis, das dem Sinn der Frauen für das innere Wesen der Liebe alle Ehre macht, wird schon in diesem Urteil die Freiheit und Freiwilligkeit als eine unerläßliche Bedingung der Liebe erkannt. Nur daß Ehe und Liebe nichts miteinander gemeinsam haben können, das ist keine unerschütterliche und unverbrüchliche Wahrheit geblieben.

Denn langsam, aber immer deutlicher tritt im Laufe der Kulturentwicklung das Streben hervor, Liebe und Ehe trotz alledem als eine einheitliche Lebensform aufzufassen, in dem Sinne, daß die Liebe der Beweggrund der Eheschließung, die Ehe die Verwirklichung der Liebe sein soll. Schon die Gegenüberstellung Konvenienzehe und Liebesehe zeigt, wie sich die Werte im modernen Bewußtsein gegen früher verändert haben.

Mit der Konvenienzehe ist allerdings nicht, wie es gewöhnlich geschieht, die Vernunftehe zu verwechseln. Denn die Vernunftehe besteht in der freigewählten Verbindung zweier Personen, die auf Grund gegenseitiger Übereinstimmung und Wesensergänzung in eine Lebensgemeinschaft treten. Der Unterschied gegenüber der Liebesehe ist nur darin zu suchen, daß nicht die leidenschaftliche Zuneigung, sondern die vernunftmäßige Wertschätzung der beiden Beteiligten den Grund zur Eheschließung bildet, und daß das Band der Gemeinschaft mehr durch das Pflichtgefühl als durch das unmittelbare Liebesgefühl erhalten wird. Für diejenigen also, die der Liebe die Dauer absprechen, würde der Unterschied in den späteren Stadien jeder Ehe wegfallen. Unter Konvenienzehe hingegen kann man nur jene verstehen, deren Beweggrund nicht in dem Wesen der beiden beteiligten Personen beschlossen ist, sondern in äußeren Nützlichkeitsgründen irgendwelcher Art, die eine Verbindung ohne Rücksicht auf das innere persönliche Band vorteilhaft erscheinen lassen.

Je weiter wir in der Kulturgeschichte zurückgreifen, desto höher steht die Konvenienzehe in der allgemeinen Achtung; denn da die Ehen ursprünglich auf Grund einer Übereinkunft der Eltern oder Angehörigen geschlossen wurden, konnten kaum andere als wirtschaftliche und soziale Rücksichten bei der Wahl maßgebend sein. Die Vernunftehe, die eine persönliche Beziehung der beiden Beteiligten voraussetzt, steht schon aus diesem Grunde höher; man kann sie als die Übergangsform von der Konvenienz- zur Liebesehe betrachten. Sie war noch bis zur Mitte des 18. Jahrhunderts das erklärte Eheideal; leidenschaftliche Liebe stand als Beweggrund der Eheschließung zu jener Zeit nicht in Ehren. Je mehr sich aber die Kulturgeschichte der Gegenwart nähert, desto höher steigt das Ansehen der Liebesehe, die so vollständig den Sieg im Bewußtsein der Kulturmenschheit davongetragen hat, daß auch notorische Konvenienzheiraten, wie jene regierender Fürsten, als Liebesheiraten hingestellt zu werden pflegen. Damit soll freilich nicht gesagt sein, daß die Konvenienz nicht immer noch den ausschlaggebenden Beweggrund sehr vieler Eheschließungen bildet, sondern nur, daß die Liebe in der sittlichen Bewertung ganz allgemein den höheren Rang einnimmt.

Die Veränderung, die sich in der Rangordnung der Ehemotive vollzogen hat, faßt Müller-Lyer* (Phasen der Liebe) in folgendes Schema zusammen: 1. Epoche: Ökonomie, Kinder, Liebe. 2. Epoche: Kinder, Ökonomie, Liebe. 3. Epoche: Liebe, Kinder, Ökonomie. Ob der Vorrang des wirtschaftlichen Motivs vor dem generativen, wie es Müller-Lyer darstellt, zeitlich zutrifft, muß dahingestellt bleiben; das Vorrücken des erotischen Motivs aber kann für die Gegenwart nicht bezweifelt werden. Man darf also sagen: Die kulturhistorische Entwicklung der Ehe erreicht ihren Gipfel in der Form der Liebesehe als dem leiblich-seelischen Bunde zweier Menschen verschiedenen Geschlechtes auf Grundlage einer bis zum innigsten Einheitsgefühle gesteigerten Lebensgemeinschaft.

Allein es scheint fast, als sollte auf diesem höchsten Punkte der Entwicklung der Begriff der Ehe selbst sich auflösen. Wenn der Inhalt der Ehe die Liebe ist, deren Wesen ganz und gar in der Freiwilligkeit und Freiheit der persönlichen Hingebung besteht, wird dann die Ehe, die eine soziale Bindung und Normierung des Geschlechtsverhältnisses in Gestalt von Rechten und Pflichten darstellt, nicht zu einer in sich widerspruchsvollen Einrichtung? Solange zwei Menschen einander lieben, werden sie von selbst das Zusammenleben als den wünschenswertesten Zustand betrachten; und wenn sie einander nicht mehr lieben, kann auch der äußere Zwang, mit dem das Gesetz das eheliche Band schützen will, nicht mehr die Ehe im eigentlichen Sinn aufrechterhalten, weil ja eben ihr Inhalt, die Liebe, nicht mehr besteht.

In dieses Räsonnement war die Ablehnung der Ehe durch die Romantiker gefaßt, die seit dem Beginn des 19. Jahrhunderts die führenden Geister in Deutschland beschäftigte. Und noch von einer anderen Seite her ließ sich die Ehe unter den Gesichtspunkten einer neuen Gesellschaftsordnung anfechten. Ist die Ehe als soziale Einrichtung der Ausdruck für den auf das geschlechtliche Gebiet ausgedehnten Eigentumsbegriff, so muß sie hinfällig werden, sobald die Eigentumsverhältnisse im allgemeinen eine wesentliche Änderung erfahren. Wie sich die Ehe mit dem Auftreten des Privateigentums erst aus freieren Formen entwickelt hat, sollte sie mit dem Aufhören des Privateigentums als eine auf die Ausschließlichkeit des sexuellen Besitzes gegründete Einrichtung auch wieder schwinden. Diese Auffassung vertraten die Saint-Simonisten* in Frankreich; sie ging mit der Forderung unbedingter Freiheit für das weibliche Geschlecht einher, die Enfantin in die vorurteilslosen Worte kleidete: »Die neue moralische Ordnung ruft die Frau zu einem neuen Leben ... Jeder Mann, der den Anspruch erheben wollte, über die Frau ein Gesetz zu verhängen, ist nicht Saint-Simonist, und die einzige Stellung des Saint-Simonisten gegenüber der Frau ist die Erklärung seiner Unfähigkeit, über sie ein Urteil zu fällen.« Und Fourier* bildete in seinem Phalansterium ein System des Geschlechtsverhältnisses aus, in dem die Ausschließlichkeit des Besitzes völlig aufgehoben war, um Raum für eine Art zeitlich begrenzter Gruppenehe zu gewähren, die der menschlichen

Natur nach ihrer wirklichen Beschaffenheit ohne Nötigung zu Berechnung und Verstellung gerecht werden sollte.

Auf der Linie dieser utopistischen Konstruktionen, die der menschlichen Natur und ihren Grundtrieben sehr einseitig nur von der sinnlichen Seite Rechnung trugen, bewegt sich eine bestimmte Richtung auch in der Gegenwart. Als wirtschaftliche Einrichtung zum Schutze der Mutterschaft soll die Ehe durch die Sozialisierung der Erziehungs- und Mutterschutzfürsorge überflüssig gemacht werden und an ihre Stelle ein nur durch die jeweilige Dauer der gegenseitigen Zuneigung bestimmtes Verhältnis treten, über dessen monogame oder polygame Beschaffenheit der Gesellschaft kein Richteramt zusteht. Eine Weltanschauung, die den Eigentumsbegriff bis in seine letzten Folgeerscheinungen ausmerzt, kann konsequenterweise auch vor der Ausschließlichkeit in der Ehe nicht haltmachen.

Nun steht die Frage vor uns: was ist der Unterschied zwischen der Liebesehe und einem solchen freien Liebesverhältnis? Gibt es außer dem Trauschein, durch den das Verhältnis legalisiert und an bestimmte äußere Vorschriften gebunden wird, überhaupt einen Unterschied? Einen inneren Unterschied, kraft dessen ein Ehebündnis auch dann ein bloßes Liebesverhältnis überragen würde, wenn die Verpflichtungen des Paares gegenüber der Nachkommenschaft durch gesellschaftliche Fürsorge übernommen wären?

Mit dieser Frage zugleich drängt sich die Forderung nach einer Definition, einer Inhaltsbestimmung der Ehe auf. Ältere und neuere Inhaltsbestimmungen bewegen sich zwischen dem Momente der Fortpflanzung und dem genossenschaftlichen. Diese letzteren verlegen das Wesen der Ehe in die Gemeinsamkeit der Lebensführung, wobei das Gewicht bald auf das wirtschaftliche Band fällt, das angeblich mehr als das sexuelle die soziale Bedeutung der Ehe ausmacht, bald auf die Gesamtheit der Lebensinteressen: Die Ehe, heißt es in einer solchen älteren Definition, ist nicht nur eine societas bonorum, sondern eine societas vitae, nicht nur eine Güter-, sondern eine Lebensgemeinschaft. Im Gegensatz dazu legen die anderen den Hauptzweck der Ehe in die Erzeugung und Erziehung der Kinder; im Naturrecht, wie es die Enzyklopädisten lehrten, wird die Ehe aus einer allgemeinen, beide Geschlechter treffenden Pflicht zur Fortpflanzung des Menschengeschlechtes abgeleitet, und als Mittel dazu jedem Gatten eine Verfügung über den Leib des anderen eingeräumt. In diesem Sinne definiert auch Kant* die Ehe als »eine Verbindung zweier Personen verschiedenen Geschlechtes zum lebenswierigen, wechselseitigen Besitze ihrer Geschlechtseigenschaften«. Ja, noch immer gibt es namentlich unter den Rechtslehrern, welche die Ehe ausschließlich unter den Gesichtspunkten des Staates betrachten, Stimmen, die in die Definition der Ehe keinen anderen Sinn aufnehmen als den der Fortpflanzung. So etwa Justizrat Rosenthal,* der (in der Zeitschrift »Die Neue Generation«) als Grundbegriff und Wesen der Ehe ausschließlich den bekundeten und sozial anerkannten Willen bezeichnet, »die Gattung fortzupflanzen, die Nachkommen zu erhalten und aufzuziehen: die Ehe in diesem Sinne definiert, ist daher die als legal anerkannte Verbindung verschiedengeschlechtlicher Personen zum Zwecke der Gattungsfortpflanzung.« Gemäß dieser Definition erblickt er auch den Artunterschied der ehelichen Geschlechtsverbindung gegenüber anderen Geschlechtsbeziehungen einzig und allein in der Absicht der Fortpflanzung.

Die nächste Folge dieser Auffassung wäre die Auflösung kinderloser Ehen; wenn der Inhalt der Ehe die Absicht der Fortpflanzung ist, sollte ein Verhältnis, das diese Absicht unerfüllt läßt, nicht mehr aufrechterhalten werden. In der Tat finden wir diese Auffassung in alten Gesetzgebungen, wie zum Beispiel bei den Juden, durchgeführt. Aber selbst die katholische Auffassung, nach welcher doch die Absicht der Fortpflanzung allein die Sündhaftigkeit des Geschlechtsverkehrs aufhebt, läßt Kinderlosigkeit nicht als Scheidungsgrund gelten und identifiziert also den Inhalt der Ehe nicht mit der Fortpflanzung.

Auch Nietzsche, der in Gestalt Zarathustras neue sittliche Normen zu formulieren strebte, hat eine Definition der Ehe gegeben, die sich im wesentlichen nicht über die Nachkommenschaftsidee erhebt. Zarathustras Eheformel lautet: »Ehe, so heiße ich den Willen zu Zweien, das Eine zu schaffen, das mehr ist als die es schufen; Ehrfurcht vor einander nenne ich Ehe als vor den Wollenden eines solchen Willens. Dies sei der Sinn und die Wahrheit deiner Ehe.«

Hier erscheint die Auffassung vom Zweck der Ehe als einer Einrichtung zugunsten der Nachkommenschaft verschmolzen mit dem Entwicklungsgedanken, den Nietzsche gleichzeitig in das Wort geprägt hat: »Nicht nur fort sollst du dich pflanzen, sondern hinauf«, indem er die Sehnsucht nach dem Übermenschen mit dem Willen zur Ehe verknüpfte. So groß und herrlich die Perspektive ist, die sich mit dieser Auffassung eröffnet, man wird doch leider bei einigem Besinnen finden, daß sie als Willensziel für die Beteiligten streng genommen nicht brauchbar ist. Denn der Einzelne kann durch keinerlei Willensanstrengung Herr über die Vererbungstendenzen werden, deren Träger er ist. Man weiß, daß die Vererbung sich keineswegs in gerader Linie von den Eltern auf die Kinder überträgt, sondern daß Einflüsse von den Großeltern oder selbst entfernteren Blutsverwandten in vielen Fällen mächtiger sind als diejenigen der Erzeuger selbst. Wollte also jemand mit jenem Willen Ernst machen, dann müßte er ebensowohl seine eigenen Anlagen und die der erwählten Person wie auch jene der beiderseitigen Verwandtschaft bis ins dritte und vierte Glied auf das sorgfältigste prüfen – wobei sehr zu fürchten stände, daß auf diesem Wege niemals zwei Menschen sich mit gutem Gewissen als tauglich zu einer Ehe betrachten dürften.

Dazu kommt, daß im Bewußtsein zweier Liebender, die in der Ehe vor allem die sozial gebilligte Form dauernder geschlechtlicher Verbindung suchen, das Kind gewöhnlich nicht im Vordergrund steht. Und die Annahme, daß in der erotischen Anziehung der selektive Wille der Natur gegenüber der Nachkommenschaft zum Ausdruck kommt, ist nicht ernstlich zu begründen; gerade in der seelisch vertieften Liebe waltet das Streben vor, Mängel und Gebrechen der erwählten Person zu übersehen oder selbst zu verklären, sie in anziehende Eigenschaften umzudeuten. Demnach wäre die letzte Konsequenz der Zarathustra-Ehe, daß die Liebe nicht die wünschenswerteste Grundlage der Eheschließung bilden kann, weil sie zu leicht die Wahl in dem entscheidenden Punkte beirrt.

Die Unzulänglichkeit und Gegensätzlichkeit in den Definitionen der Ehe läßt sich darauf zurückführen, daß die Ehe eben nicht aus einem einzigen Motiv erklärt werden kann. Drei Faktoren sind an ihr beteiligt, deren Interessen nicht ganz übereinstimmen. Je nach dem Hervortreten dieser drei Faktoren wechselt die Bedeutung der Ehe. Wenn auch unter besonders günstigen Umständen alle drei befriedigt sein können, so zieht doch meistens einer den Kürzeren.

Für den Staat bedeutet die Ehe eine Einrichtung zugunsten der Fortpflanzung; er ist an den Geschlechtsbeziehungen seiner Bürger nur soweit interessiert, als es sich um Aufzucht und Schutz der Nachkommenschaft handelt.

Für die Gesellschaft bedeutet die Ehe ein Bündnis auf wirtschaftlicher Grundlage mit der Aufgabe, einen sicheren, durch Familienbande geschützten, unverrückbaren Hort zu gewähren, wie er in der Vorstellung von der Heiligkeit des häuslichen Herdes erscheint.

Für den Einzelnen, der auf sich selbst gestellt ist, bedeutet die Ehe die dauernde Form der Liebesgemeinschaft mit derjenigen Person des anderen Geschlechtes, die er für sich zu haben wünscht, um das Leben mit ihr zu teilen.

Daraus ergeben sich die drei ungleichen Komponenten der Ehe, die in demselben Maße zum Anlaß von Konflikten werden, als soziale und persönliche Interessen jeweils einander widerstreiten. Namentlich die gesellschaftliche Komponente der Ehe, die ökonomisch-familiale, verträgt sich sehr schlecht mit der individuellen Komponente; sie beschränkt nicht nur die Liebeswahl, sie mischt auch Forderungen in das persönliche Verhältnis, die dem Wesen der Liebe zuwiderlaufen. Zum Wesen der Liebe gehört es, alles freiwillig und ohne Entgelt zu gewähren. Diese Tendenz ist es, die man als die »Selbstlosigkeit« der Liebe bezeichnet. Aber mit der durch die Familie und die Gesellschaft an das weibliche Geschlecht gestellten Forderung, als Preis der sexuellen Hingebung vom Manne eine ganze Reihe sozialer und materieller Garantien in Gestalt der Ehe zu verlangen, wird diese selbstlose Tendenz der Liebe empfindlich durchkreuzt; durch die Verpflichtung jedoch, für diese materielle Versorgung sich des Rechtes der Selbstbestimmung in dem Maße zu begeben, wie es die eherechtlichen Normen mit sich bringen, wird andererseits die persönliche Freiheit des weiblichen Individuums ebenso empfindlich beeinträchtigt.

Es ist also leicht einzusehen, daß die Kritik der Ehe, die von der modernen Frauenbewegung ausging, sich in erster Linie gegen alle solchen Forderungen richten mußte. Als Ziel dieses Kampfes erscheint die Befreiung der Ehe von der staatlichen und gesellschaftlichen Komponente. Aus den Banden des Gesetzes und der Konvenienz gelöst, soll die Ehe als Liebesbündnis ihre vollendetste ethische Gestalt annehmen können. Mit der Höherwertung der individuellen Entfaltung, des Persönlichkeitsbewußtseins bei den Frauen geht auch das Streben einher, keinen anderen Wert der Ehe anzuerkennen, als den eines persönlichen Verhältnisses, dessen Inhalt nur die Liebe sein kann.

Und abermals fragen wir: wodurch unterscheidet sich die Liebesehe von einem bloßen Liebesverhältnis, wenn ihr nicht mehr durch die staatliche und gesellschaftliche Komponente eine dauernde Verpflichtung auferlegt wird?

III

Gegen die Loslösung der Ehe von den verpflichtenden äußeren Banden im Interesse der Liebesfreiheit erhebt sich vor allem der schwerwiegende Einwand, daß die Liebe als geschlechtlicher Affekt ein vorübergehender Zustand ist, weshalb man eine Einrichtung nicht auf ihn begründen könne, die den Interessen der Nachkommenschaft ebenso zu dienen hat wie denen des beteiligten Paares, eine Einrichtung, zu deren wesentlichsten Erfordernissen somit Dauer und Zuverlässigkeit gehören.

Es ist wahr: die Liebe als Affekt ist kein bleibender Zustand. Wenn das Fortpflanzungsinteresse und die individuelle Liebesanziehung eins wäre, wie die Schopenhauersche Metaphysik der Liebe lehrt, hätte sie mit der Erfüllung dieses Willens ja schon ihren Zweck verloren. Zwar überdauert sie ohne Zweifel in sehr vielen Fällen die Geburt des ersten Kindes, die ihr vermeintlicher metaphysischer Anlaß war; in nicht weniger zahlreichen Fällen aber nimmt sie mit der sexuellen Erfüllung allmählich ein Ende. Von den meisten modernen Anhängern der freien Liebe wird sie als vorübergehender Zustand aufgefaßt; und in ihrer gewöhnlichen Erscheinung rechtfertigt sie die Annahme, »daß dieselben Kräfte, welche die Kreuzung der beiden Bahnen in einem Schnittpunkte bedingten, im nächsten Augenblick auch schon eine beginnende Divergenz hervorrufen, welche von da ab unaufhaltsam zunimmt. Und die Divergenz dürfte nach einigen Jahren wohl meistens weit genug gediehen sein, um eine Lösung des Verhältnisses und eine gegenseitige Freigabe zu neuer Auslese zu bewirken.« (L. Gumplowicz*)

Gibt es aber nicht dennoch etwas Dauerndes in der Liebe, das sich von dem Vergänglichen in ihr unterscheidet und sie in einen bleibenden Zustand verwandelt? Ist jede glückliche Ehe nur ein Geschenk des Zufalls, bloß ein Treffer in der Lotterie des Lebens, der von dem inneren Wert und Willen der Persönlichkeit so wenig abhängt wie ein Treffer in einer anderen Lotterie? Ein Bündnis, bei dem der erste Konflikt den Herd fortschreitender Zersetzung bildet, statt den Ausgangspunkt eines tieferen Ineinanderwachsens und Verstehens, kann allerdings nicht Ehe genannt werden; es ist nichts weiter als ein sexuelles Verhältnis, über dessen Dauer zufällige Umstände entscheiden.

Daher wissen auch jene Paare keineswegs, was Ehe im tieferen Sinn bedeutet, die vor der Heirat die Übereinkunft treffen, daß sie nur solange miteinander leben wollen, als ihre gegenseitige Liebe eben dauert. Auf Grund einer solchen Übereinkunft kann keine Ehe entstehen.

Denn die Grundlage der Ehe ist nicht allein die Liebe, sondern vielmehr der Wille *zur Dauer der Liebe.*

Diesen Willen zur Dauer nennt Meyer-Benfey* in seinem Buch über die sittlichen Grundlagen der Ehe das unterscheidende Merkmal derselben von anderen Geschlechtsbeziehungen. Da er jedoch der Meinung ist, daß die Liebe durch den Willen nicht beeinflußt werden kann, schränkt er seine Auffassung dahin ein, daß unter dem Willen zur Dauer der Liebe nur der *innige Wunsch der Dauer* zu verstehen sei.

Damit berührt das Problem der Ehe einen der schwierigsten Punkte der Psychologie, ein Gebiet, das bisher dunkel geblieben ist wie das Wesen der Liebe als solches.

Entgegen der allgemeinen Ansicht, daß der bewußte Wille keine Macht über die Liebe habe – was auch Duboc* in seiner Psychologie der Liebe behauptet –, läßt sich die Auffassung verteidigen, daß der Wille zur Dauer ganz wesentlich dazu beitragen kann, der Liebe Dauer zu verleihen. Genau genommen hat der Wille in der Liebe nicht mehr, aber auch nicht weniger Einfluß als im menschlichen Gefühlsleben überhaupt. Es gibt eine Disziplinierung des Empfindens wie es eine Disziplinierung des Denkens gibt; der innere Vorgang beruht in beiden Fällen auf einer Willensanspannung nach bestimmter Richtung, auf einem Entschluß, den man zur Sache der Persönlichkeit macht. *Eine Ehe schließen heißt, sich mit seiner Persönlichkeit für die Dauer der Liebe einsetzen wollen.* Und nur unter dieser Bedingung wird man den Entschluß wirklich durchführen können, ein anderes Wesen zu völliger Lebensgemeinschaft an sich zu binden.

Wenn man die Ehe von ihren außerpersönlichen Komponenten loslösen will, kann ihr Vorrang und ihr Artunterschied gegenüber anderen sexuellen Verhältnissen nur in dieser Willensleistung bestehen, die den Einzelnen über die egoistische Begrenzung seiner Person hinausführt. Diese Willensleistung ist es, die das Wesen der Ehe, abgesehen von ihrer wirtschaftlichen und generativen Bedeutung, als eines rein persönlichen Bündnisses ausmacht, mit dem Unterschied, daß in der alten Ehe die Vorstellung der Pflicht den Willen anspannte, während er in der Liebesehe durch die Vorstellung der freien Hingebung geleitet wird.

Eine Definition der Liebesehe also würde am ehesten lauten können: *Ehe ist der Wille, in einer geschlechtlichen Verbindung die Liebe als jene Form der Lebensgemeinschaft zu verwirklichen, die aus zwei Personen verschiedenen Geschlechtes eine seelische Einheit macht.* Dazu gehört der Entschluß, das Schicksal einer zweiten, an eine andere physische Lebensform gebundenen Person auf sich zu nehmen und es unerschütterlich zu tragen wie das eigene.

Dieser Wille braucht nicht erst verstandesmäßig in die Liebe hineingetragen zu werden; je tiefer und inniger sie ist, desto deutlicher tritt er als eines ihrer Grundelemente hervor. Die Ehe ist die Verwirklichung der Liebe in dem Sinne, daß sie jene Leistung planmäßig vollbringt, die zwar im Wesen der Liebe liegt, aber ohne Leitung der Vernunft, und daher unzuverlässig und unberechenbar dem Wechsel der erotischen Stimmung anheimgegeben. In der Ehe soll das, was die Liebe in einer vorübergehenden Erhöhung psychischer Fähigkeiten mühelos erreicht, ohne es festhalten zu können, durch Willensanspannung in einen dauernden Zustand verwandelt werden.

Wille zur Dauer – das heißt mit einem abgegriffenen, um seinen bestechenden Glanz gebrachten Wort Treue. Die Ehe ist ganz auf Treue eingestellt; sie verliert jeden Sinn, sobald man die Treue streicht. Den Wert der Ehe untersuchen, bedeutet, den Wert der Treue für das Seelenleben zum Problem erheben. In einer Zeit, in der die flachen Menschen den Sinn des Lebens im Genießen erblicken, die tieferen in der Fülle innerer Erlebnisse, muß der Wert der Treue stark zurücktreten; denn sie beschränkt den geschlechtlichen Variationstrieb auf das äußerste, der so mannigfaltige Genußmöglichkeiten mit sich bringt, und ebenso beschränkt sie die erotischen Erlebnismöglichkeiten, die sie auf eine einzige Person als Quelle verweist. Allerdings vermag die Treue als Quelle des inneren Erlebens alle Mannigfaltigkeit aufzuwiegen, indem sie an Intensität des Erlebens gewährt, was sie an Extensität versagt.

Es ist eine sehr verbreitete Meinung, daß Sinn und Bedeutung der Treue für beide Geschlechter nicht gleich seien – die weibliche Treue verbürgt die Echtheit der Vaterschaft, und so sind die Folgen der Untreue bei der Frau unvergleichlich schwerwiegender für den Mann als die des Mannes für die Frau. Diese Auffassung der Treue ist die älteste und primitivste; sie stammt aus Zeiten, in denen weder die Bedeutung der Treue für die Liebe gelten konnte, weil die hohe Liebe als geschlechtliches Phänomen keinen Ehrenplatz im menschlichen Seelenleben einnahm, noch die Bedeutung der männlichen Treue für die Hygiene, weil es keine venerischen Krankheiten gab oder der Zusammenhang der Ansteckung mit dem geschlechtlichen Verkehr nicht bekannt war. Und beruft man sich in dieser Hinsicht auf Verhütungsmittel, durch welche die Gefahr der Ansteckung ausgeschaltet wird, so fällt auch die Gefahr für die Echtheit der Vaterschaft durch die Untreue der Frau; denn die Ausbildung der Präventivtechnik gewährt nach beiden Richtungen Schutz.

Die Rechtfertigung der Treue aus der Liebe aber kann nur für beide Geschlechter die gleiche sein. Wenn die Liebe das Einheitsbewußtsein des einen Ichs mit dem des geliebten Wesens und die sexuelle Vereinigung der Ausdruck für dieses Einheitsbewußtsein ist, wie sollte ein Unterschied in dem Verhalten der beiden Beteiligten zueinander bestehen können? Man wendet ein, daß in der psychophysischen Konstitution des Mannes das höhere Liebesempfinden nicht so innig und untrennbar mit der Sexualität verknüpft sei wie bei der Frau, so daß ein Mann wohl vermag, ein Geschlechtsabenteuer zu haben, das seine seelische Treue gegen eine geliebte Frau nicht verletzt. Dann wäre aber die Rechtfertigung des männlichen Vorrechtes in Dingen der Untreue nicht in dem Unterschied der generativen Stellung zu suchen, vermöge welcher der Mann frei, das Weib gebunden ist, sondern in der Unvollkommenheit der männlichen Konstitution. Sie bringt es mit sich, daß unter Umständen das physische Bedürfnis mächtiger wird als alle psychischen Bindungen. In Ansehung einer höheren sexuellen Kultur ist diese Eigenheit der männlichen Konstitution ein schwerer Übelstand. Da er aber durch moralische Vorschriften nicht aus der Welt geschafft wird, mag im einzelnen Fall die physische Treue dem Übereinkommen der Eheleute anheimgegeben sein, wenn auch allein die strenge Ausschließlichkeit und ihre heroische Behauptung den Begriff der Ehe ganz erfüllt. Verwerflich unter allen Umständen ist nur der Betrug als der eigentliche Ehebruch, nicht die Verletzung der Ausschließlichkeit, die, wenn sie keine Verminderung der Liebe mit sich bringt, nicht zugleich Untreue bedeuten muß.

Auch der Vorwurf, der wegen der Forderung der Treue gegen die Ehe als Beschränkung der persönlichen Freiheit erhoben wird, ist nicht stichhaltig. Dem Menschen der Treue erscheint die Bindung nicht als Freiheitsbeschränkung, sondern als Erfüllung eines inneren Bedürfnisses, und er erblickt in der Verpflichtung zum dauernden Bündnis mit dem Gegenstand seiner Liebe nur die Verwirklichung dessen, was seinem innersten Wesen gemäß ist. Daraus ergibt sich freilich, daß nicht jeder Mensch zur Ehe in dieser hohen Auffassung geeignet ist …

Allein diese Abschweifung überschreitet schon den Rahmen einer Darstellung, die nur die ideelle Entwicklung der Ehe zum Gegenstand haben, einen Abriß ihrer Laufbahn als Idee geben soll, und die Ehe in ihrer realen Gestalt, die wohl auf allen Stufen eine unvollkommene war, kaum berühren kann.

Zur Idee der Ehe nach moderner Auffassung, also zur Liebesehe, gehört eine Art der Liebe, die nicht schlechtweg mit der erotischen Anziehung als solcher, der Verliebtheit, verwechselt werden darf. Hier ist die Rede von jenem Gefühl einer tiefinneren Verbundenheit mit einer anderen Seele, das die erotische Anziehung bei weitem überdauert. Man pflegt aber jede Art des erotischen Affekts unterschiedslos mit dem Namen der Liebe zu bezeichnen.

In seiner Abhandlung über die ästhetische Gültigkeit der Ehe sucht Kierkegaard* den Unterschied zwischen romantischer und ehelicher Liebe darzustellen – eine Unterscheidung, die Lester Ward später in seiner Reinen Soziologie angewendet hat. Ward kommt zu dem Schluß, daß wir »im idealen Zustand der ehelichen Liebe einen Glückszustand erreichen, welcher, soweit er allein zum allgemeinen Glück beitragen kann, keiner Verbesserung fähig ist. Er ist voll und stark; er ist dauernd und endet nur mit dem Leben …« Nach seiner Ansicht gibt es alle möglichen Grade, bis zu denen die Einzelnen in dieser Richtung fortgeschritten sind. Der augenblickliche Stand der Ehe spiegle alle diese Unterschiede wider; jene Gefühlsart aber, welche mit dem Namen der ehelichen Liebe bezeichnet wird, sei unverkennbar im Wachstum begriffen.

Was die eheliche Liebe von der romantischen unterscheidet, ist ihre Verschwisterung mit dem Pflichtgefühl. Die Ehe muß auf der Liebe und auf der Pflicht aufgebaut sein – genau genommen kann sie weder die eine noch die andere entbehren. So vollkommen ist keine Liebesbeziehung, daß sie, um sich unter widrigen Umständen auf lange Dauer zu bewähren, der Unterstützung des Pflichtgefühles zu entraten vermöchte. Der Gegensatz zwischen Liebe und Pflicht wird durch die Ehe ausgeglichen; eheliche Liebe bedeutet zum Unterschied von der romantischen eben jene, die den Willen zur Dauer und den Willen zur Pflichterfüllung in das Mysterium der Liebe einschließt. Goethe hat an Käthchen Schönkopf* geschrieben: »Wer liebt, will gebunden sein« – ein tiefes Wort, das die Stimmung der ehelichen Liebe auf das Reinste ausdrückt.

So darf man in der Liebesehe die Realisierung dessen erblicken, was die sakramentale Ehe aus dem Geschlechtsverhältnis zu machen strebte, indem sie die sexuellen Antriebe mit Vorstellungen von höchstem geistigen Gehalt verknüpfte. In der Vertiefung und Verinnerlichung der psychosexuellen Gemeinschaft bedeutet die Liebesehe noch einen Schritt über die sakramentale Ehe hinaus. Auch sie kann ihrem innersten Wesen nach nur ein lebenslängliches, unauflösliches Bündnis auf monogamer Grundlage sein; denn sie muß auf die Voraussetzung der Unauflösbarkeit und ausschließlichen Hingebung gegründet werden.

Ein großes Mißverständnis aber wäre es, daraus zu folgern, daß diese Unauflösbarkeit etwa durch ein äußeres Gesetz sicherzustellen sei, wie es die katholische Kirche für die sakramentale Ehe fordert. Gerade weil die lebenslängliche monogame Ehe als eine innerliche, von Gegenseitigkeit getragene Liebesgemeinschaft die höchste sittliche Leistung bedeutet, die der Mensch vermöge seiner sexuellen Anlage erreichen kann, ist sie ihrem wahren Wesen nach nur unter der Voraussetzung der Freiwilligkeit möglich und durch Zwang ebensowenig festzulegen wie andere hohe sittliche Leistungen, zu deren Wert und Wesen der Charakter der Freiwilligkeit gehört. Gesetzliche Bestimmungen haben nur den Zweck, eine bestimmte Ordnung herzustellen, durch die das soziale Zusammenleben ermöglicht wird: die Form der gesetzlich unlösbaren Ehe aber ist nichts weniger als eine Bedingung dieser Ordnung, ja im Gegenteil, sie wird in dem Augenblick, als die Macht religiöser Vorstellungen versagt, zu einem Hindernis für eine wirkliche Ordnung auf diesem Gebiet, weil sie zwar die Scheidung, nicht aber die Wiederverehelichung gestattet und auf diese Weise zu illegalen Geschlechtsverbindungen nötigt. Auch die Macht des Glaubens hat niemals gehindert, daß in jenen Fällen, in denen die Disharmonie in der Natur der Ehegatten eine unüberwindliche war, durch die gesetzlich gewährleistete Unauflösbarkeit aus dem sakramentalen Bunde nur eine Zwangsehe wurde – mit allen herabsetzenden Einflüssen im Gefolge, die ein solches innerlich zerstörtes, nur durch äußeren Druck aufrecht erhaltenes Verhältnis begleiten.

Werfen wir einen Blick auf die historischen Schicksale der unauflöslichen Ehe, so sehen wir, daß der Widerstand gegen das von der katholischen Kirche nach langen Kämpfen durchgeführte Gesetz der Unauflösbarkeit nie aufgehört hat; und schon die Reformation hob den sakramentalen Charakter der Ehe auf, um sie in ein lösbares Verhältnis zu verwandeln, das »aus jeder Verschuldung, welche in ihrem vernichtenden Einfluß auf die Ehe dem Ehebruch gleichsteht«, geschieden werden könne. Zwar hat Luther seine Ansicht, daß die Ehe nur »ein äußerlich weltliches Geschäft, wie jede andere menschliche Hantierung« sei, wieder zurückgenommen; aber es blieb doch die Frucht der Reformation, daß die Normierung der ehelichen Verhältnisse fernerhin in den meisten Ländern Europas als eine staatliche, von religiösen Anschauungen unabhängige Angelegenheit behandelt wurde. Der Staat übernimmt die Aufgabe, die Ehe als eine äußere Lebensform zu ordnen; und das Ergebnis dieser Auffassung ist die Standesamts- oder Zivilehe, zu deren rechtsgültiger Schließung keine kirchliche Einsegnung erforderlich und deren Band nach jeweils verschiedenen Bestimmungen trennbar ist.

IV

So lassen sich schließlich in dem Entwicklungsprozeß der Ehe zwei Tendenzen unterscheiden, die als Frucht tausendjähriger Wandlungen erkennbar werden: Die Tendenz der *Verinnerlichlung*, die in der Liebesehe die höchste und vollendetste Form des Geschlechtsverhältnisses erreicht, und die Tendenz der *Verweltlichung*, die in der Standesamtsehe jene Form der äußeren Ordnung angenommen hat, in welcher Staat und Gesellschaft das sexuelle Verhältnis unter bestimmten Bedingungen gutheißen. Von diesem Gesichtspunkt aus betrachtet, hat weder die Tendenz der Verinnerlichung, noch die Tendenz der Verweltlichung eine entsprechende Ausgestaltung erfahren. Weder die gesetzlichen noch die sozialen Bedingungen der Ehe sind geeignet, ihre innerliche Verwirklichung durch die Liebe zu fördern. Im Gegenteil: die äußeren Bedingungen des Ehelebens sind so ungünstig, daß man fast versucht wäre, zu sagen: die Liebe kann eher den Tod überdauern als wie – die Ehe. Man braucht nicht die Ansicht jener Pessimisten zu teilen, die behaupten, daß eine glückliche Ehe zu den größten Seltenheiten gehört; doch läßt sich nicht leugnen, daß die aus Liebe geschlossenen Ehen in der Mehrzahl nicht das halten, was sich die Beteiligten davon versprachen. Dieses Mißglücken der Liebesehen ist wohl, abgesehen von der Unvollkommenheit der menschlichen Natur im allgemeinen und der Unzuverlässigkeit der erotischen Anziehung im besonderen, darauf zurückzuführen, daß die meisten gar nicht wissen, worauf es bei der Erhaltung der Liebe ankommt; sie leben ihre Ehe so, als ob die Liebe ein Lasttier wäre, dem man alles, was im Leben schwer und lästig ist, aufbürden kann. Und die gesetzlichen wie die sozialen Bedingungen der Ehe sind ganz danach angetan, diese Auffassung zu unterstützen; denn im Grunde sind sie nur auf die Konvenienzehe zugeschnitten, weil sie ja der Hauptsache nach aus Zeiten herstammen, in denen die Konvenienz bei der Eheschließung allein maßgebend war.

Wenn aber unter den Motiven der Eheschließung die Liebe an die erste Stelle gesetzt wird, so folgt daraus, daß sie unter den Motiven, die das Leben in der Ehe bestimmen, gleichfalls diesen Platz behaupten müßte. Der Wille zur Dauer der Liebe bedingt, daß der Erhaltung der Liebe im Eheleben der Vorrang über alle anderen Beweggründe eingeräumt, daß sie in allen Lebensfragen als Hauptsache behandelt werde, der jedes andere Interesse unterzuordnen ist, als ein höchstes Gut, das man nicht jeder zufälligen Berührung und Beschädigung aussetzen darf. Der Alltag mit seinen unzähligen Peinlichkeiten, Kleinlichkeiten, Ärgerlichkeiten, der unbeschränkt im Eheleben regiert, ist der unbarmherzigste Liebesfeind; nichts ist der Liebe schwerer zu ertragen als die Jämmerlichkeit eines durch alle schlechten Gewohnheiten belasteten Zusammenlebens, das mit seinen schäbigen Intimitäten in einförmiger Ununterbrochenheit alle Illusionen zerstört. Es geschieht nicht selten, daß Eheleute, die durch das alltägliche Leben sich schon weit voneinander entfernt hatten, durch einen harten Schicksalsschlag, der ihre Hilfsbereitschaft, ihren Opferrmut herausfordert, sich wieder ihrer ursprünglichen Zusammengehörigkeit bewußt werden, und die Liebe, die ihnen das öde Einerlei des Ehelebens geraubt hatte, im Unglück wiederfinden.

Wie das moderne Leben unter den Bedingungen der Zivilisation beschaffen ist, bildet es durchaus keinen günstigen Boden für die Verwirklichung der Liebesehe; alle seine Einflüsse sind dem Willen zur Dauer feindlich. In der Gestalt, die das voreheliche sexuelle Leben angenommen hat, ist es nichts weniger als eine Vorschule der Liebesehe. Und die Ehe selbst, aufgefaßt als die höchste sittliche Leistung, die der Mensch kraft seiner sexuellen Anlage vollbringen kann, stellt so hohe Anforderungen an die Selbstüberwindung, die Opferfähigkeit, die Rücksichtnahme – Eigenschaften, die das moderne Leben nicht zu entwickeln vermag –, daß sie eine ganz andere seelische Kultur voraussetzt als die Gegenwart sie besitzt.

Aber angenommen auch, die Liebesehe könnte alle Bedingungen ihrer Verwirklichung nach innen und außen schaffen, so wäre sie als einzige sozial gebilligte Form der sexuellen Lebensgemeinschaft dennoch so unzulänglich wie die alte, mit sozialen und familialen Erschwerungen beladene Ehe. Daß der lebenslänglichen Einehe auf Grundlage der freien Liebeswahl der oberste Rang in der sozialen und ethischen Bewertung gebührt, heißt nicht, daß sie die einzige Form des Geschlechtsverhältnisses sein muß, die eine soziale Normierung genießen darf. Damit würde die Zukunft den Fehler wiederholen, den das Christentum beging, das ja gleichfalls mit der sakramentalen Ehe als der einzigen Form des Geschlechtsverhältnisses, die es billigte, viel zu hoch gegriffen hat. Nicht, weil die Voraussetzungen, auf denen diese Eheform beruht, an sich falsch sind, hat sie die sexuelle Unordnung nicht besiegen können, sondern weil sie die Beschaffenheit der höher gearteten Naturen den gewöhnlichen aufnötigen, sie zur Regel für den Durchschnittsmenschen machen wollte.

In dem tiefsten Buch über Ehe und Liebe, das die Deutschen besitzen, in Goethes Wahlverwandtschaften, finden sich schon die ersten Ansätze, das Problem der Ehe von neuen Möglichkeiten aus zu betrachten. Da der Weg der Verweltlichung durch den Staat ohnedies aus der Ehe ein Zeitverhältnis gemacht hat, bestünde prinzipiell kein Grund mehr für ihn, nur eine einzige legale Form der Geschlechtsverbindung anzuerkennen. Es bestünde prinzipiell kein Grund mehr, warum der Staat nicht eine »kleine Ehe neben der großen Ehe«, wie Nietzsche das Konkubinat nannte, oder mit anderen Worten: eine erleichterte Ehe neben der erschwerten, eine Zeitehe im eigentlichen Sinne, zulassen sollte. Die Gefahr, daß dadurch die »große Ehe« außer Gebrauch käme, ist schon deshalb nicht zu befürchten, weil sie ja auch jetzt nur von jenen aufrechterhalten wird, die sie erfüllen.

Im Laufe ihrer Entwicklung ist die Ehe, wie wir gesehen haben, immer komplizierter und infolgedessen für die Beteiligten immer schwieriger geworden. Als soziale Einrichtung zum Schutze der Frau wie zum Schutze der Vaterschaft unter dem beherrschenden Einfluß der männlichen Eigentumsrechte ist sie ursprünglich eine einfache und einheitliche Lebensform auf Grundlage einer klar bestimmten Aufgabe, der Fortpflanzung. Mit der zweiten Komponente, dem Familieninteresse, wird schon eine Erschwerung hineingetragen, die aber unter streng geordneten Lebensverhältnissen und zwischen seelisch undifferenzierten Leuten weder die Durchführung der ehelichen Gemeinschaft, noch die Aufgaben der Fortpflanzung wesentlich berührt. Mit der dritten Komponente hingegen, dem Individualinteresse, das ein persönliches Einvernehmen durch innere Zusammengehörigkeit und Gleichberechtigung der Beteiligten fordert, tritt jenes Element in der Eheform auf, das einen Gegensatz zu den beiden anderen Komponenten bildet und sie immer mehr in der Bewertung der Ehe zurückdrängt.

Dieser Gegensatz drückt sich in der bekannten Formel am bündigsten aus: nicht die Ehe adelt die Liebe, sondern die Liebe adelt die Ehe, wie in der Anschauung, daß eine Ehe, in der die Liebesgemeinschaft aufgehört hat, nicht mehr als sittliches Verhältnis anzusehen ist.

Und doch besteht das Hindernis, dieser Anschauung praktische Geltung zu schaffen, in der sozialen Bedeutung der beiden anderen Komponenten, die eben während der ganzen Kulturgeschichte die Macht hatten, das Geschlechtsverhältnis in Gestalt der Ehe zu adeln, ohne daß die Liebe dabei viel mitwirkte. Auch in der Gegenwart steht die Ehe noch unter der Herrschaft der Dreiheit Nachkommenschaft, Sippe und Persönlichkeit. Bei der Mehrzahl der Eheschließungen besitzen die ökonomischen Vorteile, verbunden mit sozialen und familialen, den meisten Einfluß; sie sind es, die noch immer die stärkste Überredung zur Ehe ausüben, obwohl sie so häufig nicht nur dem Liebesinteresse, sondern auch dem Nachkommenschaftsinteresse zuwiderlaufen, sofern die Gesundheit und Fortpflanzungstüchtigkeit der Eheschließenden in Betracht kommt.

Auf dem Wege der *Verweltlichung*, den die Ehe durch die staatliche Behandlung eingeschlagen hat, liegen die Aufgaben und Möglichkeiten, die äußeren Bedingungen der Eheschließung im Sinne neugewonnener Erkenntnisse und Bedürfnisse zu ordnen; die Richtungslinien lassen sich in mannigfaltigen sozialen Bestrebungen wohl erkennen. Soweit der Staat Ordnung des menschlichen Gemeinschaftslebens bedeutet, ist er auch an der Ordnung des sexuellen Lebens am stärksten interessiert; für ihn ist die Anzahl der Ehen und die physische Eignung der Verheirateten zur Fortpflanzung viel wichtiger als die Dauer der Ehen und das persönliche Verhältnis der Verheirateten im Sinne der Liebesgemeinschaft. In erster Linie muß es ihm angelegen sein, die Eheschließung, soweit es in der Macht seiner Bestimmungen liegt, zu erleichtern und durch wirtschaftliche Begünstigungen zu fördern – eine Aufgabe, die er allerdings bisher gänzlich verkannte, indem er zu den privaten und familialen Hindernissen wirtschaftlicher Art Eheverbote aus dem gleichen Grunde erließ und dadurch die sexuelle Unordnung des vorehelichen Lebens sehr zu seinem eigenen Schaden noch steigerte.

Indirekt würden wirtschaftliche Begünstigungen auch die Liebesehe fördern, insofern als sie, die auf die Jugend verwiesen ist, auf ein Alter, in dem die Persönlichkeit noch Anpassungsfähigkeit besitzt, früher geschlossen werden könnte; ihrem Wesen nach aber ist sie durch legale Bestimmungen nicht zu verwirklichen und wird immer eine individuelle Schöpfung bleiben. Denn sie liegt auf der Linie der Verinnerlichung, die sich mit der Linie der Verweltlichung nicht deckt. Der Versuch, diese beiden Tendenzen in eine Form zu gießen, durch sittlich-religiöse Vorstellungen die staatliche Einrichtung zu bevormunden, wie ihn die sakramentale Ehe darstellt, ist historisch gescheitert; das Erbe, das von der Vergangenheit an die Zukunft weitergegeben werden soll, bleibt in einer Scheidung dieser Tendenzen beschlossen – zugleich aber in dem Bewußtsein, daß die Idee der monogamen Ehe eine der wertvollsten, von Jahrtausenden mit den größten individuellen Opfern erkaufte Errungenschaft der menschlichen Gesellschaft bedeutet.

Welche Formen immer die Ehe durch ihre Befreiung aus den Zwangsbestimmungen einer zu Ende gehenden Epoche annehmen mag, sie werden sich in organischem Wachstum aus dieser Idee entwickeln müssen. Das kann nur geschehen, wenn die Tendenz der Verweltlichung mit ihren Bestimmungen die Tendenz der Verinnerlichung nicht durchkreuzt. Darin liegt die eigentliche Schwierigkeit, soziale Normen der Ehe neu zu schaffen. Denn ein unvergleichlicher Besitz der seelischen Kultur, kostbarer als jede äußere Ordnung, ist die Verinnerlichung, und nichts, was sie beeinträchtigt, könnte als ein Fortschreiten im Geiste der Kultur betrachtet werden.

Vom Wesen der Liebe

»Wenn ich weissagen könnte und wüßte alle Geheimnisse und alle Erkenntnis und hätte allen Glauben, also daß ich Berge versetzte, und hätte der Liebe nicht, so wäre ich nichts« – das ist das Bekenntnis, mit dem der Apostel Paulus in jener unsterblichen Hymne an die Liebe, dem 13. Kapitel seines ersten Korintherbriefes, der Welt eine neue Macht als die höchste des Lebens verkündete.

Die Antike verehrte als diese höchste Macht das Gesetz und als höchste Tugend die Gerechtigkeit. Es ist ein außerordentliches Ereignis in der abendländischen Geistesgeschichte, daß eine durch das denkmäßige Erkennen bestimmte Art des Verhaltens einer ihrem Wesen nach geheimnisvollen Macht des menschlichen Gemütes hintangesetzt wird. Gerechtigkeit, die auf einer Urteilsfunktion beruht, ist lehrbar und erkennbar; die Liebe aber läßt sich nur aus ihren Wirkungen erkennen – was sie ihrem letzten Grunde nach ist, darüber gibt das Bekenntnis, das sie auf den Thron erhob, keinen Aufschluß.

Von der Götterdämmerung der Tradition, der Auflösung aller überlieferten Werte in der Gegenwart, ist auch die Liebe als ordnendes Prinzip des Lebens nicht unberührt geblieben; ganz andere Mächte werden als die bewegenden der Geschichte betrachtet, und es fehlt nicht an Versuchen, auch für den Einzelnen Werte »più che l'amore« (d'Annunzio*) zu schaffen.

Nur auf einem Gebiete besitzt sie noch entscheidendes Ansehen, dort wird ihr noch rangverleihender Wert zuerkannt – das ist das Geschlechtsverhältnis, ob es die Gestalt eines freien Bündnisses oder diejenige der Ehe hat. Aus diesem Grunde soll hier von ihr gehandelt werden; denn insoferne sie Formen der sexuellen Kultur hervorbringt, gehört sie zum Gegenstand dieses Buches.

Wenn man von Liebe schlechtweg spricht, meint man gegenwärtig gewöhnlich einen sexuell betonten Gemütszustand; die Sprache aber faßt unter dem Begriff der Liebe so verschiedenartige Vorgänge zusammen, daß man erst eine genauere Unterscheidung vornehmen muß. Am nächsten läge es, die Linie des Unterschiedes zwischen der geschlechtlichen und der ungeschlechtlichen Liebe zu ziehen; nur läßt sich eben kein essentieller Unterschied zwischen beiden aufzeigen. Alles was zum Wesen der ungeschlechtlichen Liebe gehört, ist von dem Wesen der geschlechtlichen nicht zu trennen. Alles, was man von jener aussagen kann, gilt auch von dieser – außer, daß die geschlechtliche Liebe mit Impulsen aus der Sexualsphäre verknüpft und dadurch als seelisches Phänomen noch verwickelter, noch rätselhafter geworden ist. Dennoch tritt gerade in der geschlechtlichen Liebe, allerdings nur auf ihren hohen seelischen Stufen, das Urphänomen, das aller Liebe zugrunde liegt, am deutlichsten und lebendigsten hervor. Es ist also zum Verständnis der Geschlechtsliebe unerläßlich, zuerst über das Wesen der Liebe im allgemeinen Aufschluß zu gewinnen.

Die Aufgabe einer Untersuchung über die Liebe kann nur die Darstellung des Gesetzmäßigen sein, das diesem Seelenvorgang zugrunde liegt. Aber die Gesetze einer Anziehung, deren Bedingungen ganz individueller Art sind, da sie ja in der individuellen Differenzierung wurzeln, sind ebenso subtil, ja unentwirrbar kompliziert wie diese Differenzierung selbst. Unser ganzes Wissen von dem seelischen Liebesgeschehen ist ein grob empirisches, von der Oberfläche her genommenes. Das planmäßige Experiment ist auf diesem Gebiet so gut wie ausgeschlossen, die Beobachtung an anderen vermag nicht in die tieferen Zusammenhänge einzudringen, und die Aufschlüsse aus der Selbstbeobachtung, die gegenüber allen seelischen Zuständen unentbehrlich sind, bleiben hier sehr unzulänglich. Denn die Selbstbeobachtung stört den Seelenvorgang, indem sie ihm ein Element der Reflexion beimischt; sie fälscht ihn bis zu einem gewissen Grade, sobald das Unbewußte, von jedweder Absichtlichkeit, Willkür, Bewußtheit Unberührte des Seelenzustandes Bedingung ist. Dann wird die Selbstbeobachtung als etwas Peinliches empfunden, als Hemmung, die Unlust verursacht; und schon deshalb vermeidet jeder, der von Liebe ergriffen ist, diesen Zustand zu analysieren.

So wenig wie die Alkohol-Euphorie verträgt sich die Liebes-Euphorie mit jenem Überwiegen der Verstandestätigkeit, die zur Selbstbeobachtung erforderlich ist; und nicht bloß im Hinblick auf das Objekt der Liebe, sondern auch von dem Zustand selbst gilt das Wort Balzacs: »Je mehr man urteilt, desto weniger liebt man.«

Die Beobachtung des Ernüchterten, in die sogenannte normale Gemütsverfassung Zurückgekehrten hat wie die Beobachtung des Außenstehenden den Nachteil, daß ihr zu viele Daten fehlen, daß ihr die entscheidenden Momente vielleicht gar nicht zugänglich sind. Kurz, der Grund, warum die Liebe, die eine so unermeßliche Bedeutung im menschlichen Leben besitzt, als Objekt der Erkenntnis dunkel und unaufgeklärt geblieben ist, liegt eben in dem Umstand, daß sich ihre entscheidenden Vorgänge im Unbewußten abspielen. Da nun das Unbewußte nur aus Symptomen durch eigene oder fremde Beobachtung erschlossen werden kann, darf man an die Versuche zur Erklärung der Liebe nicht mit allzu großen Erwartungen herantreten, namentlich an solche nicht, bei denen prinzipiell keine metaphysischen Behelfe herangezogen werden.

Schon im Elementaren, schon auf Lebensstufen, wo sich noch keine Spur einer sexuellen Differenzierung findet, herrschen Anziehung und Abstoßung als bewegende Kräfte der Welt. Ohne Zweifel reichen diese elementaren Vorgänge über alle Lebensstufen bis in das menschliche Seelenleben herauf; doch erst von einer bestimmten Stufe des individuellen Lebens an erhalten sie jene Bedeutung, die ihnen den Charakter von Liebe und Haß verleiht. Liebe als eine kosmische Kraft, die das Universum zusammenhält, wie sie in älteren philosophischen Darstellungen erscheint, führt diesen Namen ebensosehr mit Unrecht, wie Liebe als eine bloße Äußerung des Geschlechtstriebes, der zwei einander innerlich gleichgültige Wesen vorübergehend zusammenführt.

Ein ähnlicher Mißbrauch, durch den nur Verwirrung gestiftet wird, ist es, von »Selbstliebe« zu sprechen. Daß jemand nur sich selbst liebt – womit man den Zustand des ausschließlich auf das eigene Ich beschränkten Lebensinteresses meint – ist schon deshalb eine unklare Aussage, weil Liebe und Egoismus Gegensätze bedeuten. Daraus ergibt sich auch, daß jene Erklärung der Liebe unzulänglich ist, die »das Wesen der Liebe in die Freude an der eigenen Tätigkeit der Seele« setzt, eine Erklärung, wie Teichmüller* sie in seinem Buch über »das Wesen der Liebe« gibt. Nach dieser Auffassung wäre die Liebe »ihrem Wesen nach Selbstgenuß«, indes sie doch offensichtlich Genuß an der Existenz eines Objektes ist. In der sogenannten Selbstliebe bildet allerdings das eigene Selbst das Objekt der inneren Tätigkeit; aber gerade daran kann man erkennen, daß der Zustand, der durch diese Art der inneren Tätigkeit bewirkt wird, nichts mit dem Wesen der Liebe im eigentlichen Sinne zu tun hat. Denn ganz allgemein gefaßt, kann Liebe nur ein Zustand der Seele sein, der auf ein Objekt außerhalb des eigenen Ichs gerichtet ist, weil eben ein Zustand, in dem das eigene Ich nur mit sich selbst beschäftigt ist, für uns den der Liebe entgegengesetzten bedeutet. Der Gegenstand dieser Untersuchung ist somit die Liebe, aufgefaßt als eine bestimmte Beziehung zwischen Subjekt und Objekt, zwischen Ich und Außenwelt.

Die unmittelbare Beobachtung zeigt als Erscheinungsform der Liebe die Freude an der Existenz einer Sache oder einer Person, ein lustbetontes Gefühl der Zugehörigkeit einer Sache oder Person zu unserem eigenen Sein. So hat Leibniz* die Liebe als »ein Sicherfreuen an des anderen Glück« definiert; lieben heißt nach ihm »das Glück anderer zu dem eigenen mitzurechnen«; und Mendelssohn* nennt die Liebe »eine Bereitwilligkeit, sich an einer anderen Glückseligkeit zu vergnügen«. Hier wird das euphorische Element der Liebe zum Erklärungsgrund gemacht. Aber das euphorische Element ist nur eine Begleiterscheinung, bewirkt durch die Bewußtseinshebung, die mit dem Zustand der Liebe einhergeht. Nicht der Wunsch, durch die Verbindung mit einem zweiten Wesen sich ein Vergnügen zu bereiten, sondern die Vorstellung eben dieses Wesens ist es, die zur Liebe führt – einem Zustand, der in seinem Verlaufe neben den freudigen Empfindungen so viele leidvolle mit sich bringt, daß jeder, der ihn aus Erfahrung kennt, sich wohl davor fürchten würde wie vor einem großen Übel, sofern wirklich die Substanz der Liebe Verlangen nach Lust wäre.

Wenn schon die eudämonistische Lebensauffassung im allgemeinen nur ganz oberflächlich das Verhältnis zwischen einer Tätigkeit und der sie begleitenden Lustempfindung betrachtet, weil sie übersieht, daß alle höheren Willensrichtungen auf bestimmte Ziele und nicht auf bloßen Lustgewinn hinstreben, so ist gegenüber der Liebe die eudämonistische Auslegung am wenigsten zureichend. Denn ein unglücklich Liebender, das heißt ein Mensch, der sich mit dem Objekt seiner Liebe nicht verbinden kann, wird durch kein Angebot von Lust mittelst irgendwelcher anderer Lebensgüter von seinem aussichtslosen Liebesstreben abwendig gemacht.

Das euphorische Element in der Liebe ist es auch, das zu jener ganz einseitigen Auffassung Anlaß gegeben hat, die gegenwärtig in der verbreiteten Ansicht hervortritt, der vermeintliche Gegensatz zwischen Liebe und Egoismus existiere nur in der unkritischen Oberflächenbetrachtung. Wenn der Liebende mit seiner Hingebung einem Bedürfnis gehorcht, wenn die Opfer, die er bringt, ihm Lust bereiten, oder zum mindesten nur die unvermeidlichen Mittel sind, die er zur Erreichung seiner Lust aufwenden muß – was unterscheidet dann die Liebe von den anderen Genußzielen, nach denen das Glückseligkeitsstreben ausgeht? Nietzsche hat das Problem der Selbstlosigkeit in der Liebe in eine Frage gefaßt: »Jener ist hohl und will voll werden, dieser ist überfüllt und will sich ausleeren – beide treibt es, sich ein Individuum zu suchen, das ihnen dazu dient. Und diesen Vorgang, im höchsten Sinne verstanden, nennt man beidemal mit Einem Wort: Liebe – wie? Die Liebe sollte etwas Unegoistisches sein?« Ähnlich hat schon vor ihm Stirner* gedacht, der von einem Gegensatz zwischen Liebe und Egoismus nichts wissen wollte. Er behauptete, er liebe die Menschen mit dem Bewußtsein des Egoismus, und sagte: »Ich liebe sie, weil die Liebe mich glücklich macht ... Weil *ich* die kummervolle Falte auf der geliebten Stirne nicht ertragen kann, darum, also um Meinetwillen, küsse ich sie weg.«

Was da als Grundphänomen der Liebe hingestellt wird, berührt in Wahrheit gar nicht das Wesentliche der Liebe. Die Bedürfnisbefriedigung allein erhebt das Individuum im Physischen nicht über den bloßen Geschlechtstrieb und bringt im Geistigen allenfalls Beziehungen freundschaftlicher Art hervor, die keineswegs den Charakter jenes elementaren, von leidenschaftlicher Gefühlserregung begleiteten Ineinandergewachsenseins tragen, wie ihn die Liebe hat.

Aber selbst wenn wir in den Begriff der Liebe auch weniger enthusiastische Seelenzustände einbeziehen, müssen wir uns dieser Auffassung gegenüber klarmachen, daß die sogenannte Selbstlosigkeit der Liebe nicht in der *Ausschaltung* der Egoität liegt. Die Liebe ist nicht deshalb der dem egoistischen entgegengesetzte Zustand, weil etwa eine peinvolle Selbstentäußerung dabei stattfindet, eine Selbstüberwindung, sondern im Gegenteil, weil der Liebende keiner Selbstüberwindung bedarf, um zugunsten des geliebten Wesens sein eigenes Interesse hintanzusetzen. Denn das Interesse desselben ist von dem seinen nicht geschieden, er empfindet es wie sein eigenes. Der Liebende ist nicht »selbstlos«, aber er ist durch Erweiterung, durch Ausdehnung seines persönlichen Empfindens über den Gegensatz von Selbst und Nichtselbst hinaus. Er bringt kein Opfer seiner selbst, indem er sein Ich zurückstellt; er verleugnet es nicht, unterdrückt es nicht. Darum ist auch das Opfer, das er bringt, nicht von Unlustgefühlen begleitet. Alles, was aus Liebe geschieht, wird als etwas Freiwilliges und Freudiges empfunden; und mit Recht hat die christliche Lebensvorschrift den Zustand des »freudigen Herzens« als Bürgschaft dafür angesehen, daß eine Handlung, die der Einzelne gegen sein egoistisches Interesse vollziehen soll, aus Liebe und nicht aus Zwang geschieht. Vergleicht man mit dieser Gefühlsweise die der engherzigen Beschränkung auf die eigene, von aller Gemeinsamkeit losgelöste Person, dann zeigt sich, inwiefern die Liebe dem egoistischen Gemütszustand entgegengesetzt ist, wenn auch die Beziehungen, die sie herstellt, auf einem Bedürfnis beruhen. Gewiß – Stirner küßt die kummervolle Falte auf der geliebten Stirne weg, weil er sie nicht ertragen kann; aber *daß* er sie nicht ertragen kann, daran liegts!

Was Nietzsche zum Ausgangspunkt nimmt, ist das Bedürfnis der *Ergänzung* – gleichfalls ein Grundelement der Liebe. Solange wir egoistisch denken, können wir nur das schätzen, was wir selbst sind, und werden auch in der Außenwelt nur die Bestätigung und Verherrlichung unserer eigenen Wesensart suchen. Sobald wir lieben, vermögen wir aber das uns Entgegengesetzte zu schätzen, als ob es zu uns selbst gehörte; wir empfinden eine besondere Lust in der Vorstellung und Aneignung einer von uns verschiedenen Wesensart, die wir zu unserer eigenen hinzunehmen, indem wir uns ihr hingeben.

Hegel* hat daher als das erste Moment in der Liebe bezeichnet, »daß ich keine selbständige Person für mich sein will, und daß, wenn ich dies wäre, ich mich mangelhaft und unvollständig fühle.« Er spricht damit eine sehr tiefe Beobachtung aus; der Liebende tritt bis zu dem Grade in Gegensatz zu der Isolierung, in welcher der egoistisch Lebende sein Genügen findet, daß er sie als Mangel, als Entbehrung fühlt. Um den Preis, daß die egoistische Isolierung aufgehoben wird, nimmt der Liebende die Gefahr, in fremdes Leid verstrickt zu werden, willig auf sich. Denn nicht nur die Fähigkeit, das *Glück* eines anderen wie das eigene zu empfinden, gehört zum Wesen der Liebe, sondern ebensosehr die Fähigkeit, das *Leid* eines anderen wie das eigene zu empfinden.

In jener Auffassung, die der Liebe den höchsten Rang unter den Lebenswerten einräumt, in der christlich-religiösen, wird die Substanz der Liebe nicht in die Freude verlegt. Was das Christentum unter der Caritas, der Nächstenliebe verstand, ist im Grunde das Mitgefühl mit der Not des anderen, das Mitleid. So spricht der Apostel Paulus kein Wort davon, daß die Liebe auf Lust ausgeht oder ein lustvoller Zustand ist; aber er sagt: »Sie verträgt alles, sie glaubt alles, sie hoffet alles, sie duldet alles.« Und die Formel, die schon das Gesetz Moses für diese Art des Verhaltens aufstellt, die Formel: »Du sollst deinen Nächsten lieben wie dich selbst,« will in erster Linie dazu anleiten, das Leiden der anderen nicht als etwas, das uns nichts angeht, zu betrachten.

Zugleich weist diese Formel schon deutlich auf ein anderes Element der Liebe hin, das viel wesentlicher für sie ist als Mitleid oder Mitfreude – das Einheitsstreben. Schon diese Formel enthält die Forderung einer Identifizierung, sie besagt, daß der Nächste im Bewußtsein den gleichen Platz einnehmen soll wie das eigene Ich, daß kein Unterschied zwischen den Empfindungen bestehen soll, welche die Interessen der eigenen Person und diejenigen der anderen erwecken. Es ist dasselbe Einheitsstreben, das in der indischen Formel Tat twam asi hervortritt, »Das bist Du«, die Verkündigung, daß durch die Gemeinschaft des Lebens die Trennung von Subjekt und Objekt, von Ich und Du, die unser intellektueller Apparat vornimmt, in unserem Empfinden aufgehoben werden soll. Nur trägt im indischen Geistesleben der Bewußtseinszustand, in dem eine solche Veränderung des Verhältnisses von Subjekt und Objekt tatsächlich vollzogen ist, nicht den Charakter der Liebe; was die buddhistische Weltauffassung unter dem Nirwana versteht, hat für die Liebe keinen Raum, weil da auch das Bewußtsein der Person als Subjekt erloschen ist.

Die Person, das Subjekt, das Ich, gehört aber so wesentlich zu dem Problem der Liebe, daß die christliche Auffassung der Gottesliebe auch

Gott als Person vorstellt. In den ekstatischen Liebesphantasien des frühen Mittelalters, als sich in dem Überschwang eines neueroberten Seelenzustandes sublime Schwärmerei an der himmlischen Liebe entzündete, nimmt das Verhältnis zu Gott die Ausdrucksform einer persönlichen Liebeshingebung an. Die Sprache, in der beispielsweise Augustinus in seinen Bekenntnissen mit Gott redet, ist ganz diejenige, die sich später die romantische Geschlechtsliebe aneignet. »Lieblicher und erhabener Gott«, ruft Augustinus, »entzünde und berücke uns, berausche uns mit Deinem Duft und entzücke uns mit Deiner Süßigkeit: mache, daß wir Dich lieben.« Und das eigentliche ekstatische Erlebnis, die Unio mystica, wo die Seele sich in Gott ergießt und Gott in sich ergossen fühlt, wird um dieser Einung, um dieser Veränderung des Ichbewußtseins willen als ein Liebeserlebnis aufgefaßt.

Ohne dieses Einheitsgefühl, aus dem die besonderen Eigentümlichkeiten der Liebe erst verständlich werden, steigert sich weder die Sympathie, noch die Mitfreude oder das Mitleiden bis zur Liebe. In der Hegelschen Auffassung der Liebe wird dem Einheitsgefühl die entscheidende Bedeutung beigemessen: »Liebe heißt überhaupt das Bewußtsein meiner Einheit mit einem Anderen, so daß ich für mich nicht isoliert bin, sondern mein Selbstbewußtsein nur als Aufgebung meines Fürsichseins gewinne, als der Einheit meiner mit dem Anderen und des Anderen mit mir.« Darin eben liegt die unvergleichliche und einzigartige Bedeutung der Liebe, daß sie den Einzelnen aus der Isolierung, in die er durch das Ichbewußtsein gesetzt ist, befreit, daß sie ihn über die egozentrische Perspektive des Erlebens, die das Ichbewußtsein mit sich bringt, erhebt, daß sie eine Veränderung und Erweiterung des Ichbewußtseins bewirkt, wie sie mit keinem anderen seelischen Geschehen einhergeht. Was man als das Befreiende der Liebe rühmt, besteht in dieser Erweiterung der Persönlichkeit durch Überschreiten der Schranke, die ihr durch das egozentrische Bewußtsein gezogen wird. Daß eine solche Befreiung nur um den Preis der Abhängigkeit von einer anderen Person eintreten kann, ist vom Standpunkt des selbstbewußten Egoismus allerdings richtig; wer aber seine Isolierung als Schranke und die Begrenztheit des Innenlebens durch das Gesetz der Individuation als Fessel empfindet, wird in jeder Lockerung dieses Gesetzes ein wunderbares Erlebnis erblicken. Goethe hat freiwillige Abhängigkeit den schönsten Zustand genannt – »und wie wäre dieser möglich ohne die Liebe!«

Wenn die Liebe uns über die egozentrische Perspektive hinausführt, die das Ichbewußtsein mit sich bringt, so bedeutet das: sie verändert die Richtung der Eindrücke, die unsere eigene Person als Subjekt zum Mittelpunkt haben, so weit, daß ein Objekt in diesen Mittelpunkt tritt und in unserem Bewußtsein die gleiche, ja unter Umständen eine größere Bedeutung erlangt als unsere eigene Person. Das Besondere und Unbegreifliche dieses Vorganges, das, wodurch die Liebe als Seelenzustand den mystisch-ekstatischen Vorgängen verwandt erscheint, ist aber, daß nicht bloß eine intellektuelle Identifizierung dabei stattfindet; die Veränderung, die durch die Liebe im Ichbewußtsein bewirkt wird, reicht viel tiefer in jenes ursprüngliche Geschehen hinab, das wir als unser Ich empfinden und vorstellen.

Nicht auf irgendeinem Erkennen und Erwägen, daß den anderen Personen im Weltgetriebe oder in der sozialen Gemeinschaft oder in den persönlichen Beziehungen die gleiche Wertheit und Wichtigkeit zukommt wie die eigene, beruht die Liebe; was aus dem denkmäßigen Bewerten hervorgeht, ist allenfalls Hochschätzung, Rücksicht, Teilnahme, so wie das, was durch die Erkenntnis der Übereinstimmung mit einer anderen Person erweckt wird, Freundschaft ist. Hochschätzung und Freundschaft sind unter günstigen Umständen Bestandteile, Begleiterscheinungen der Liebe, aber sie sind nicht ihre Bedingung, sie bilden nicht ihr Wesen.

Ohne die besondere und spezifische Beziehung zu dem, was wir unser Ich nennen, ist das Wesen der Liebe nicht erklärbar. Aber ebenso dunkel für das verstandesmäßige Erkennen wie die Liebe ist das Ich, das wir als das unmittelbar Gegebene in unserem Bewußtsein besitzen. Es zeigt im Wandel der philosophischen Auffassungen ein sehr verschiedenes Gepräge; bald erscheint es als etwas Ursprüngliches und Reales, als Substanz, bald als etwas Abgeleitetes, Unwesenhaftes, als Fiktion, die nicht substantialisiert werden darf. Ältere Philosophen betrachten das Ich als eine geistige Wesenheit; nach der modernen naturwissenschaftlichen Auffassung hingegen besteht es bloß in der praktischen Einheit des Bewußtseins, in der Kontinuität der Empfindungen und Vorstellungen, die im Bewußtsein des Subjektes einheitlich verknüpft und auf ein Zentrum bezogen werden. Das Ich »bedeutet also nur den subjektiven Pol des Bewußtseins, dem das Objekt als sein notwendiges Korrelat gegenübersteht« (Drews*).

Wenn nun die Liebe die egozentrische Perspektive, die das Ichbewußtsein mit sich bringt, verändert, indem sie das Objekt in den Mittelpunkt setzt, so wird daraus das Gefühl der Identifizierung begreiflich, das der Liebe eigentümlich ist. Das Ich, aufgefaßt als das unmittelbare Bewußtsein der organischen Einheit, die jedes Individuum repräsentiert, erfährt durch die Einverleibung eines Vorstellungskomplexes, dessen Inhalt das Objekt der Liebe ist, eine zuständliche Veränderung. Nur von dem, was auf diese Weise ein organischer Teil unseres eigenen Ichs geworden, mit ihm zu einer Einheit verschmolzen ist, ohne daß es zugleich seinen Objektcharakter verliert, können wir sagen, daß wir es lieben; denn nur dann werden alle jene außerordentlichen, die Schranken des gewöhnlichen Seelenlebens durchbrechenden Erscheinungen auftreten, die wir als Wirkungen der Liebe kennen. Eine völlige Aufhebung des Verhältnisses zwischen Subjekt und Objekt findet aber im Bewußtsein des Liebenden nicht statt; als eine Tätigkeit der Seele hat die Liebe zur Voraussetzung, daß das Subjekt seine Selbständigkeit als innere Wesenheit und das Objekt seine Selbständigkeit als ein in der Außenwelt Existierendes behält.

Liebe ist also jene zuständliche Veränderung des Ichbewußtseins, durch die der Einzelne fähig wird, eine seelisch-organische Einheit mit einem in der Außenwelt existierenden Objekt zu bilden.

Ihre spezifische Wirkung besteht in einer Erweiterung des Ichbewußtseins, in einem Überschreiten der Ichgrenze, wie sie im gewöhnlichen Leben auf keine andere Weise zustande kommen kann. Darin liegt ihre unvergleichliche Bedeutung, ihr Vorrang und ihre Auszeichnung, darin auch der Charakter der »Erlösung«, der ihr zugeschrieben wird. Denn sie erlöst in der Tat den Einzelnen aus der Isolierung, in die er wie in ein Gefängnis durch sein Ichbewußtsein eingeschlossen ist. Überall, wo eine Icherweiterung vorgeht, die Aufnahme eines Objektes, sei es eine Person, eine Sache, eine Idee, in jenes Zentrum des eigenen Bewußtseins, das wir Ich nennen, ereignet sich ein Akt der Liebe. Was den Beruf eines Menschen von einem bloßen Erwerb unterscheidet, ist diese Liebe »zur Sache«, die Identifizierung der eigenen Person mit einer Beschäftigung. Eine Sache über die eigene Person stellen, heißt nichts Anderes, als sich mit ihr identifizieren, sein Ichbewußtsein so mit ihr erfüllen, daß es sich über sie als einen Bestandteil seiner selbst ausdehnt.

Da die Liebe eine zuständliche Veränderung des Ichbewußtseins durch Wachstum, Vergrößerung, Ausdehnung bewirkt, ist sie auch von einer Steigerung aller seelischen Vorgänge begleitet, vor allem von einer Steigerung der mit der Ichfunktion zusammenhängenden, einer euphorischen Betonung des Lebensgefühles. Deshalb erscheint als ihr wesentlicher Bestandteil die Freude.

Wenn auch das Urphänomen der Liebe, die Identifizierung des Subjektes mit einem Objekt der Außenwelt, nicht unbedingt an eine Person als Objekt geknüpft ist, gewinnt sie doch ihre volle Gestalt nur unter Personen, und zwar durch das Phänomen der Erwiderung, das jene Wirkungen verstärkt. Da findet der isolierte Einzelne sich in dem Bewußtsein eines anderen wieder; und wie er selbst das Objekt als Teil seiner eigenen Person empfindet, besitzt auch er solch ein erhöhtes Leben in einer zweiten Person. Diese Bedeutung der Liebe hat Hebbel* im Auge gehabt, als er sagte: »Lieben heißt, im anderen sich selbst erobern.«

II

Was die Geschlechtsliebe als psychischer Zustand vor der Liebe im allgemeinen voraus hat, ist außer der leidenschaftlichen Heftigkeit und Gewalt der mit ihr einhergehenden Affekte ein besonderer Gefühlston, eine besondere Lustqualität des Empfindens, die, soweit sie aus der sexuellen Sphäre stammt, nur ihr eigen ist. Die assoziative Verknüpfung zwischen sexuellen Impulsen und höheren Seelentätigkeiten, aus denen diese Liebe entsteht, geht in der mannigfaltigsten Weise vor sich. Nicht selten tritt die sexuelle Komponente zu einem ursprünglich rein freundschaftlichen Verhältnis erst allmählich hinzu. Dann können die Liebenden, wenn sie sich über die Anfänge ihrer Beziehungen besinnen, ein Stadium unterscheiden, in der ihre Gefühle den Charakter einer »reinen«, nämlich von sexuellem Begehren freien, Zuneigung trugen; aber wie die Wandlung sich vollzog, bleibt gewöhnlich unerkennbar. Die Liebesanziehung auf den ersten Blick, als »coup de foudre«, als Zauberschlag, ist noch geheimnisvoller; sie ist das eigentliche Rätsel der Liebe, das zwar in der Sympathie, die auch außerhalb der sexuellen Sphäre die Menschen aus unerfindlichen Gründen zueinander zieht, ein Analogon hat, aber keine zureichende Erklärung.

Da der Naturzweck der Sexualität die Fortpflanzung ist, liegt es nahe, von der Wirkung auf die Ursache zu schließen, und die Individualisierung der Liebeswahl, die ja aus dem bloßen Geschlechtsverlangen nicht zu erklären ist, als ein Anzeichen aufzufassen, daß sich dahinter etwas verbirgt, was den Beteiligten nicht zum Bewußtsein kommt. Nach dieser Auffassung läge die den Liebenden selbst nicht bewußte Ursache der Anziehung, die sie aufeinander ausüben, in ihrer Eignung, einen durch ihre beiderseitigen Eigenschaften bestimmten Sprößling hervorzubringen. In diesem Punkte berühren sich die feindlichen Schwestern Metaphysik und Naturwissenschaft, indem sie beide den Grund der Liebeserregung, die zwei bestimmte Personen aneinanderfesselt, jenseits dieser Personen suchen.

Die bekannteste, an feinen, psychologischen Beobachtungen reiche Erklärung metaphysischer Art hat Schopenhauer in seinem Essay über die »Metaphysik der Geschlechtsliebe« gegeben. Als asexuelles Phänomen des Seelenlebens behandelt er die Liebe nur in Gestalt des Mitleids; in ihrer Kombination mit sexuellen Impulsen kennt er sie nur in Gestalt der Verliebtheit, jener leidenschaftlichen Ergriffenheit, die zwei Personen verschiedenen Geschlechts auf Grund einer ihrem Wesen nach unerkennbaren Anziehung verbindet.

Alle Geschlechtlichkeit, lehrt Schopenhauer, ist Einseitigkeit; deshalb bedarf jedes Individuum eine der seinigen entgegengesetzte Einseitigkeit, um durch Neutralisation den Typus der Menschheit wiederherzustellen. Aber während die Liebenden glauben, daß sie durch ihre Wahl ihrem eigenen Glück, ihrer persönlichen Befriedigung dienen und »pathetisch von der Harmonie ihrer Seelen reden«, ist es in Wahrheit bloß der Lebenswille des durch sie zu erzeugenden neuen Individuums, der sie seinem Zwecke dienstbar macht. Als eine rein persönliche Angelegenheit, bei der es sich nur darum handelt, daß »jeder Hans seine Grete« finde, könnte nach Schopenhauers Ansicht die Liebe keine Wichtigkeit und Teilnahme beanspruchen, und der ganze Aufruhr, den sie stiftet, wäre nebensächlich. Allein schon in dem tiefen unbewußten Ernst, in dem durchdringend forschenden Blick, mit dem zwei junge Leute verschiedenen Geschlechts einander betrachten, erkennt Schopenhauer »die Meditation des Genius der Gattung über das durch sie Beide mögliche Individuum ... Dies neue Individuum ist gewissermaßen eine neue (platonische) Idee: wie nun alle Ideen mit der größten Heftigkeit in die Erscheinung zu treten streben, mit Gier die Materie hierzu ergreifend, welche das Gesetz der Kausalität unter sie alle austeilt, so strebt eben auch diese besondere Idee einer menschlichen Individualität mit der größten Gier und Heftigkeit nach ihrer Realisation in der Erscheinung. Diese Gier und Heftigkeit eben ist die Leidenschaft der beiden Eltern zueinander«. Da jedoch der Egoismus in jedem Einzelnen zu groß ist, als daß er sich zu dieser Vermittlung hergäbe, wenn er die wahre Bewandtnis der Sache wüßte, kann »die Natur ihren Zweck nur dadurch erreichen, daß sie dem Individuo einen gewissen Wahn einpflanzt, vermöge dessen ihm als ein Gut für sich selbst erscheint, was in Wahrheit bloß eins für die Gattung ist«.

Die Auffassung, daß die Gattungsinstinkte eine Art Prellerei der Natur gegenüber dem Individuum sind, ist ein Lieblingsgedanke Schopenhauers, der auch dieser Theorie der Geschlechtsliebe zugrunde liegt; die beiden Liebenden werden durch einen metaphysischen Herrn von Habenichts düpiert, der sich, indem er die Instinktprellerei der Natur benutzt, in Materie setzt.

Aber wenn es wahr wäre, daß nur die Entstehung eines Wesens von bestimmter Individualität die Ursache der Liebesanziehung bildet, könnte die Liebe dessen Geburt nicht überdauern. Zudem ist die Sitte der Liebesheiraten zeitlich und räumlich auf einen relativ kleinen Ausschnitt im Leben der Menschheit beschränkt; also kann wohl die Entstehung von Individualitäten nicht von der Liebesleidenschaft abhängig sein.

Schopenhauer glaubte, die Bedeutung der Liebeshändel ließe sich nur begründen, indem man sie sub specie aeternitatis betrachtet, nicht unter dem Gesichtspunkt des individuellen Lebensglückes, sondern unter dem des Gattungsinteresses. Nur als ein Prinzip des Werdens hat im Lichte dieser Auffassung die Liebe tieferen Sinn und Wert. Nur weil der geheime Zweck der Liebesleidenschaft die genaue Bestimmung der nächsten Generation ist, rechtfertigt sich die Wichtigkeit, die das naive Bewußtsein ihnen beimißt; als eine persönliche Angelegenheit der beiden Beteiligten könnte sie kein allgemeines Interesse beanspruchen.

Sobald aber das menschliche Leben als solches nichtig, das persönliche Schicksal des vergänglichen Einzelnen unwesentlich ist, welche Wichtigkeit hat dann die Fortpflanzung? Warum sollte die künftige Generation mehr Interesse beanspruchen als die gegenwärtige, da ihre Aufgabe nur wieder sein kann, ihrerseits eine völlig unerhebliche Generation zu erzeugen, und so fort ins Unendliche? Wenn das Leben nicht als ein Prinzip des Seins Wert und Bedeutung besitzt, wenn der Einzelne keinen anderen Inhalt hat, als dieses leere und flüchtige Leben an ein nächstes Wesen weiterzugeben, dann vermag uns auch die Existenz aller künftigen Generationen kein Interesse einzuflößen, und der Ernst und Eifer, mit dem die Liebenden das Zustandekommen ihrer Vereinigung betreiben, wird uns dann auch als Angelegenheit der Gattung so gleichgültig lassen wie als Angelegenheit der Person.

Bei der metaphysischen Auslegung der Geschlechtsliebe kommt die Persönlichkeit des Einzelnen zu kurz; aber auch bei der naturwissenschaftlichen ist sie kaum weniger schlecht daran. Auch da ist die Funktion der Liebe nicht Eigenzweck, gilt nicht den Eltern, sondern der Nachkommenschaft. Die Liebe wird »als die intuitive Erkenntnis des zur Zeit besten Komplementes zur Konjugation« aufgefaßt, »als das geheimnisvolle Erkennen des für die Gattung Zweckmäßigsten« (Lomer,* Liebe und Psychose). Demnach wäre es der selektive Wille der Natur, der sich die Verliebten dienstbar macht. Nach einer anderen Erklärung fällt wenigstens teilweise die Ursache der Liebe noch mit dem individuellen Interesse zusammen, sofern die Liebesanziehung als ein Symptom aufgefaßt wird, daß die Kombination mit der geliebten Person die Erneuerung der eigenen bei der Fortpflanzung garantiert.

So sagt u. a. Hermann Swoboda:* »Wir haben allen Grund anzunehmen, daß in dem Gefühl der Zuneigung zu einem Wesen des anderen Geschlechtes so viel Wissen steckt, als wir nur je durch die eifrigste Forschung herausbringen werden; wenn sich jemand auf eine Person des anderen Geschlechtes kapriziert ..., so mag es leicht sein, daß ihm wirklich nur im Vereine mit dieser Person eine vollkommene Erhaltung seines Selbst möglich ist.«

Nicht mehr ein metaphysisches Wesen, das als bestimmt umgrenzte Individualität ins Dasein strebt, ist es, wodurch die Liebesanziehung bestimmt wird, sondern eine reale Ursache, das Keimplasma, mittelst dessen jeder Organismus vermag, das Leben weiterzugeben und in ewiger Verjüngung zu erneuern. Wie dieses in männliche und weibliche Zellen differenzierte Keimplasma das formgebende Prinzip in der animalischen Welt ist, so soll es auch die Gabe besitzen, das zur Erzeugung einer vollkommeneren Nachkommenschaft tauglichste Individuum herauszufinden.

Um einen Schritt weiter führt eine andere, aus dem Gebiet der Naturwissenschaft stammende Theorie, die allerdings in ihrer Anwendung auf die menschliche Erotik völlig hypothetisch ist. Man kann an niederen Organismen Bewegungen unterscheiden, die durch chemische Reize verursacht werden. Als Vermittler dieser chemischen Reize gilt der Geruchsinn oder ein anderer spezifischer Sinn, dessen Funktion sich bei den höheren Lebewesen nicht im Bewußtsein abspielt. Solche, unserem Bewußtsein nicht direkt erkennbare Wirkungen chemotropischer Art sollen, wie sie die Anziehung aller geschlechtlich differenzierten Lebewesen aufeinander vermitteln, auch den menschlichen Liebesbeziehungen zugrunde liegen.

Soweit die Beobachtung reicht, weist allerdings die individualisierte Anziehung der menschlichen Erotik in vielen Eigentümlichkeiten auf ein unbekanntes physisches Agens hin. Die besondere Lustempfindung, die der körperliche Kontakt, die Berührung, unter Umständen hervorruft, scheint die Annahme zu rechtfertigen, daß eine physikalische oder chemische Abhängigkeit zweier Personen untereinander die primäre Ursache der Liebesanziehung bildet, wenn wir auch nichts darüber wissen, welcher Art das Substrat dieser Beziehung ist. In einem Buch über das Wesen der Liebe von Magnus Hirschfeld,* das vornehmlich von der sinnlichen Seite der Geschlechtsliebe handelt, wird das, was wir als Liebe in uns wahrnehmen, als eine bestimmte Art von Mitschwingungen aufgefaßt, »welche durch gewisse Außenreize auf nervösen Empfangsstationen innerhalb unseres Körpers erzeugt« werden. Nach der Auffassung Hirschfelds stellt die Liebe und der Geschlechtstrieb »eine durch das Nervensystem strömende Molekularbewegung oder Kraft von ganz spezifischer Beschaffenheit dar, ähnlich etwa wie die durch einen Körper strömenden Wärme-, Licht- und Elektrizitätswellen, von denen wir ja auch sehr viel aussagen können, ohne ihre molekulare Eigenart angeben zu können.«

In welchem Verhältnis diese chemotropischen Einflüsse zu dem vermeintlich evolutionistischen Zweck der erotischen Auslese stehen, bleibt bei dieser Theorie unberücksichtigt. Und allem Anscheine nach mit Recht. Erfahrungsgemäß sind die Kinder der Liebe weder merkbar vollkommener als die Kinder des bloßen Geschlechtstriebes, noch auch gleichen sie mehr ihren Eltern als diese.

Jedenfalls behauptet sich im Bewußtsein der Liebenden uneingeschränkt nur das auf eine bestimmte Person gerichtete Interesse; und in den ersten Stadien jener Geschlechtsliebe, bei welcher die seelischen Momente der Anziehung überwiegen, ist das sexuelle Moment so untergeordnet, daß es nicht als etwas Ursprüngliches, als primäre Ursache, sondern eher als etwas Hinzukommendes, Sekundäres erscheint. Wenn Hindernisse sich der Verwirklichung der sexuellen Gemeinschaft entgegenstellen, geschieht es wohl auch, daß die Liebe auf der Stufe stehen bleibt, wo sie den Charakter einer durch rein persönliche Motive hergestellten Beziehung trägt, die sich auf den Genuß eines innigen Naheseins, einer bloß seelischen Intimität zu beschränken vermag. Ja das Bedürfnis nach dem Beisammensein überwiegt auf den höheren Stufen der Liebe so sehr, daß Lester Ward sogar den wesentlichen Unterschied zwischen natürlicher und romantischer Liebe hauptsächlich in der Tatsache erblickt, daß bei dieser die Leidenschaft durch die Gegenwart, anstatt durch den Besitz befriedigt wird. »Sie scheint aus einer Reihe immer wiederholter Nervenschauer zu bestehen, die verbunden sind, wenn der Gegenstand nah, aber unterbrochen und aufgehalten, wenn er fern ist.«

So schildert Goethe in den Wahlverwandtschaften die Liebesanziehung zwischen Eduard und Ottilie: »Nur die nächste Nähe konnte sie beruhigen, aber auch völlig beruhigen, und diese Nähe war genug; nicht eines Blickes, nicht eines Wortes, keiner Gebärde, keiner Berührung bedurfte es, nur des reinen Zusammenseins. Dann waren es nicht zwei Menschen, es war nur Ein Mensch im bewußtlosen vollkommenen Behagen, mit sich selbst zufrieden und mit der Welt.«

Diese Darstellung erinnert an die Interpretation der Liebe, die schon Plato in seinem Symposion in Gestalt einer Mythe vorbringt. Danach hätten die Menschen ursprünglich als Doppelwesen gelebt, wären aber wegen ihrer Überhebung in diesem vollkommenen Zustand von Zeus entzweigespalten worden. Wenn daher zwei ehemals in Einem Wesen verbundene Individuen einander treffen, suchen sie die frühere Einheit wiederherzustellen; und die Anziehung, die sie dazu treibt, erscheint ihnen als Liebe.

Das Gemeinschaftliche an diesem tiefsinnig-scherzhaften Einfall, den Plato dem Aristophanes* in den Mund legt, und der mit allem Ernst vorgetragenen Liebesmetaphysik Schopenhauers ist über zwei Jahrtausende menschlichen Denkens hinweg die Vorstellung, daß durch die Liebe der Typus der Menschheit, der ganze Mensch, der im einzelnen Individuum nur einseitig zur Erscheinung kommt, wiederhergestellt wird. Eben dieses Verlangen und Trachten nach dem Ganzen ist für Plato das Wesen der Liebe – im Grunde nichts Anderes als das höchste Maß der Icherweiterung.

Die platonische Auslegung deutet auch auf die »Harmonie der Seelen«, über die Schopenhauer spottet, weil sie für ihn nur ein Produkt des teleologischen Wahnes ist. Es scheint, daß gerade die Harmonie der Seelen für die nüchterne Beobachtung etwas besonders Herausforderndes hat; denn auch Krafft-Ebing,* bei dem eine andere naturwissenschaftliche Erklärung des Liebesphänomens zu finden ist, sieht sich veranlaßt, zuerst diese Vorstellung ausdrücklich abzulehnen. Seine Erklärung stützt sich nicht auf das Nachkommenschafts-Interesse; hingegen beschränkt sie sich ganz auf das Gebiet jener Liebe, bei welcher das sexuelle Moment die Hauptsache bildet, die primäre oder auslösende Ursache. Für den Forscher, sagt Krafft-Ebing: ist der »Bund der Herzen« oder die »Harmonie der Seelen«, von welcher die Verliebten träumen, keineswegs »ein Mysterium der Seelen, sondern in den meisten Fällen zurückführbar auf bestimmte körperliche, nach Umständen auch seelische Eigenschaften, durch welche die Anziehungskraft der dadurch geliebten Person bedingt ist. Man spricht dann von sogenanntem Fetisch und Fetischismus«. Der erotische Fetischismus besteht darin, daß bestimmte Eigenschaften einer Person, ja selbst bloße Gegenstände ihres Gebrauches mächtige assoziative Vorstellungen zur Gesamtpersönlichkeit wecken. Nach dem Vorbilde Binets* sucht Krafft-Ebing den Keim jeder physiologischen Anziehung in einem individuellen Fetischzauber und findet in der Tatsache des Fetischismus die Erklärung für »die individuellen Sympathien zwischen Mann und Weib, die Bevorzugung einer bestimmten Persönlichkeit vor allen anderen desselben Geschlechtes.«

Das ist allerdings weniger eine Erklärung als bloß eine Umschreibung des Problems; denn das Gesetzmäßige in der Verliebtheit, die sich an bestimmte körperliche und seelische Merkmale einer Person heftet, wird dadurch unserem Verständnis nicht näher gebracht.

Die Frage ist aber: warum üben bestimmte Merkmale einen Fetischzauber? Warum assoziieren sich bei bestimmten Individuen lustbetonte Vorstellungen mit bestimmten Eigenschaften? Warum wirken diese Eigenschaften auf die einen *erogen*, das heißt, warum wecken sie das erotische Empfinden, während sie andere vollkommen gleichgültig lassen? Krafft-Ebing nennt es eine allbekannte Tatsache der Erfahrung, daß über die seelische Assoziation, die dabei waltet, der Zufall entscheidet. Am einfachsten geht nach seiner Ansicht die Entstehung der Verliebtheit vor sich, wenn mit einer sinnlichen Erregung der Anblick einer Person des anderen Geschlechtes zeitlich zusammenfällt und dieser Anblick die sinnliche Erregung steigert. »Gefühls- und optischer Eindruck treten in assoziative Verknüpfung, und diese festigt sich in dem Maße, als das wiederkehrende Bild das optische Erinnerungsbild weckt.«

In diesem einfachsten Fall – dem einzigen übrigens, den Krafft-Ebing mitteilt – fehlt jeder Zusammenhang mit dem besonderen individuellen Wesen des Verliebten und dem der begehrten Person; ein ganz äußerlicher Zufall, entgegen aller tieferen Motivation, regiert hier die Anziehung, die von der einen Person erlitten, von der anderen ausgeübt wird. Gerade dieser Fall ist daher nicht der bezeichnendste, nicht derjenige, den man aus der Mannigfaltigkeit der Liebesanziehungen auswählen sollte, um in ihr Wesen Einblick zu gewinnen.

Gibt es in der Tat keinerlei Gesetzmäßigkeit in der erotischen Anziehung? Ist die Persönlichkeit der Beteiligten dabei so nebensächlich, daß sich unter günstigen Umständen jeder beliebige Mann in jedes beliebige Weib verlieben kann? Aber wie kommen dann die Verliebten überhaupt zu der merkwürdigen Illusion, daß es sich bei ihren Gefühlen um eine Harmonie der Seelen handelt?

Man müßte vor allem versuchen, aus der scheinbar gesetzlosen Vielfältigkeit der erotischen Anziehung die Fälle zu sondern, an denen sich bestimmte Merkmale erkennen lassen. Jene erotischen Anziehungen, über welche der Zufall entscheidet, die also einem Zusammentreffen äußerer, mit der persönlichen Beschaffenheit des Erlebenden nicht verknüpfter Umstände zuzuschreiben sind, wie der von Krafft-Ebing gewählte einfachste Fall, spotten natürlich jeder Regel. Allen Möglichkeiten ist hier Spielraum gegeben; wahllos und willkürlich zwingt hier der blinde Cupido das Opfer in sein Joch. Ihm verfallen gewöhnlich Menschen, deren Seelenleben mindestens in der erotischen Sphäre wenig differenziert ist. Solche Erlebnisse sind aber auch nicht der Boden, auf dem die liebliche Illusion einer Harmonie der Seelen gedeiht. Sie unterscheiden sich noch kaum von den bloßen Geschlechtsabenteuern, bei denen die körperliche oder gar seelische Individualisierung sehr wenig zu sagen hat. Daß diese Art der Erotik, wie sie die älteste ist, auch die verbreitetste ist, kann man wohl annehmen; hat doch Gottfried Keller* behauptet, »daß, wo ein recht gesunder Mann mit einem ebensolchen Weib zusammentrifft und beide aufeinander angewiesen sind, auch eine gesunde Liebe nie ausbleibt«.

Allerdings erleiden auch feiner differenzierte Menschen ähnliche Anziehungen, die, erkennbar oder unerkennbar, durch äußere Zufälligkeiten verursacht sind, Anziehungen, die sich aus der Geschmacksrichtung, den Gemütsbedürfnissen, der Geistigkeit der Beteiligten in keiner Weise erklären lassen. Aber trotz der höheren Stufe des Seelenlebens wird sich auch in diesem Falle die Illusion der Seelenharmonie, der mystischen Wesensverschmelzung schwerlich einstellen. Eher bleibt die Empfindung eines unwiderstehlichen Zwanges im Bewußtsein gegenwärtig, die Vorstellung einer dunklen Elementargewalt, die sich des Herzens bemächtigt. Die neuere Belletristik ist reich an Darstellungen dieser Art Erotik; namentlich der Mann erscheint oft als derjenige, der sich gegen das Eindringen einer ihm wesensfremden Macht zur Wehr setzt und nur mit Widerstreben dem Weibe unterliegt, wobei eine feindselige Grundstimmung selbst während der Verblendung der Leidenschaft nie ganz verschwindet.

Diese Art des erotischen Erlebens ist es, die am deutlichsten auf Einflüsse unerklärbaren Ursprungs hinweist, auf ein seiner Natur nach unbekanntes physisches Agens. Es ist eine bekannte Tatsache, daß einzelne Personen eine besondere erotische Anziehungskraft besitzen, die weder durch ihre äußere, noch durch ihre innere Beschaffenheit motiviert erscheint. Man könnte allerdings die erotische Gabe solcher Menschen als ein Analogon zu der sogenannten vis comica, der Gabe der Komik, betrachten, vermöge welcher ein Mensch bloß durch die Art wie er spricht und sich bewegt, durch Miene und Gebärde, einen unwiderstehlichen Lachreiz ausübt. Ähnlich bestünde die vis erotica nur in einer besonderen, reizvollen Art des Auftretens, in undefinierbaren Nüancen des Benehmens, die assoziativ eine erotische Wirkung hervorbringen. Da sich aber diese vis erotica am stärksten durch den körperlichen Kontakt fühlbar macht, und auch bei Menschen vorkommt, die nach der Art ihres Auftretens in keiner Weise zur Liebe geschaffen sind, darf man eher annehmen, daß die Anziehung, die von ihnen ausgeht, auf einer das Gewöhnliche überschreitenden Anhäufung des unbekannten physischen Agens beruht; wie umgekehrt eine besondere Armut daran einen Menschen zur erotischen Ohnmacht verurteilt. Das ist der Fall bei jenen, die immer unerwidert lieben und trotz aller Hingebung und Gefühlstiefe keinen Widerhall im Herzen der geliebten Person erwecken können.

Die ganze Gewalt des physischen Agens läßt sich nur in jenen Fällen erkennen, wo sie losgelöst von den Eigenschaften erscheint, die ein, der vis erotica eines Menschen Anheimgefallener sonst als liebenswert ansieht, in jenen Fällen, wo der Betroffene sich selbst als das Opfer einer an Wahnsinn grenzenden Verblendung betrachtet, ohne daß er sich ihr entziehen kann. Denn die Wirkung der physischen Anziehung behauptet sich auch dort, wo die Psyche keine Anziehung ausübt; ja sie kann sogar trotz einer unverkennbaren seelischen Abstoßung auftreten.

Für das Verständnis eines Phänomens ist freilich nicht viel gewonnen, wenn man einen, seinem Ursprung nach unbekannten Vorgang auf ein ebenso unbekanntes physisches Substrat zurückführt. Da es aber keine Methode gibt, dieses hypothetische Substrat experimentell nachzuweisen, müssen wir uns mit der bloßen Annahme begnügen, weil sie wenigstens einen Behelf bietet, die Elemente der Erotik zu unterscheiden.

Außer dem unbekannten Agens, auf dessen Einfluß wir nur aus bestimmten Wirkungen schließen können, spielen die durch die Sinne, insbesondere den Gesichts- und Gehörsinn, vermittelten Eindrücke eine hervorragende Rolle als physische Reizquellen der Erotik. Sie erscheinen uns verständlicher, weil sie als ein begründetes Gefallen im Bewußtsein auftreten, obwohl es nicht ästhetische Vorzüge allgemeiner Art sind, nicht der Grad der Schönheit und körperlichen Vollkommenheit an sich, was die erogene Wirkung im einzelnen Fall verursacht. Die meisten Menschen bevorzugen einen bestimmten Typus; und wenn auch nicht jedes diesem Typus angehörige Individuum die starke Wirkung ausübt, die zur Verliebung führt, so besitzt es doch in dieser Richtung einen Vorsprung vor anderen.

An dem sinnlichen Gefallen als Ursache der erogenen Wirkung läßt sich schon eher eine gewisse Gesetzmäßigkeit beobachten; der individuelle Geschmack scheint nach dem Gegensatz orientiert zu sein und im Bereich des Physischen eine Aufhebung der Einseitigkeit anzustreben, die in der Korporisation jedes Einzelnen liegt. Darauf deutet die Anziehung zwischen kleinen und großen Personen, schlanken und untersetzten, hellen und dunklen, und anderer Kontraste körperlicher Art.

Diese Wirkung der Gegensätze gehört zu den bekanntesten Erscheinungen der erotischen Anziehung; wenn sie aber dennoch keine allgemeine und regelmäßige ist, so scheint daran das unbekannte physische Agens Schuld zu tragen, das vielfach die ästhetische Anziehung durchkreuzt.

Schon aus diesen beiden, keineswegs immer parallel wirkenden Elementen der erotischen Anziehung erklärt sich deren Mannigfaltigkeit und scheinbare Regellosigkeit. Dazu kommen die psychischen Reizquellen der Erotik, an denen sich gleichfalls zwei einander vielfach durchkreuzende Tendenzen erkennen lassen: die Anziehung auf Grund der Affinität und die Anziehung auf Grund der Polarität. Das heißt, nicht nur das Gegensätzliche wirkt anziehend, sondern auch das Verwandte, dieses im Sinne der *Bestätigung* des eigenen Wesens, jenes im Sinne der *Ergänzung*. Mit Vorbehalt läßt sich vielleicht die Regel aufstellen: so weit Eigenschaften des Intellektes die Anziehung bilden, wirkt das Verwandte, denn da beruht das Beglückende auf dem Verständnis, der geistigen Nähe, der Gleichheit des Niveaus; in den Eigenschaften des Gemütes hingegen beglückt der Gegensatz, der als Ergänzung empfunden wird, wie sie etwa zwischen starken und schwachen, harten und weichen, heftigen und sanften, starren und schmiegsamen Naturen entsteht.

Wenn aber die psychische Anziehung aus der Wesensbeschaffenheit der Beteiligten entspringt, so muß hier eine tiefere Gesetzmäßigkeit zwischen der Eigenart des Einzelnen und der erotischen Wirkung, die er ausübt und erleidet, zu finden sein.

III

In seinem Buch über die Liebe unterscheidet Stendhal* vier Arten: die leidenschaftliche Liebe (amour passion), die galante Liebe (amour goût), die sinnliche Liebe (amour physique) und die eitle Liebe (amour de vanité). Es ist eine Einteilung, die mehr auf das Frankreich seiner Zeit paßt als auf die Erscheinung der Liebe in der Gegenwart; was er amour goût, wie das, was er amour de vanité nennt, gehört als eine bloße Umgangsform der sexuellen Kultur nicht eigentlich in das Gebiet der Liebe als eines seelischen Affektes. Ebensowenig die sinnliche Liebe, wenn sie die Stufe nicht überschreitet, auf der sie ein sexuelles Erlebnis mit einigem ästhetischen Aufputz ohne Dauer und innere Annäherung ist.

Nur die leidenschaftliche Liebe würde unter diesen Arten den Namen der Liebe im engeren Sinne verdienen; denn nur sie bringt mit der Identifizierung von Subjekt und Objekt alle die Begleiterscheinungen hervor, die in ihrer Vollendung die innigste Durchdringung physischer und psychischer Lebenselemente darstellt.

Den seelischen Vorgang, der die Entstehung der Liebe einleitet, nennt Stendhal *Kristallbildung*. Nach seiner Darstellung spielt sich dieser Prozeß so ab, daß zuerst die Bewunderung auftritt, dann das Gefühl der Zärtlichkeit, dem die Hoffnung folgt. Aus diesen Elementen summiert sich die Gemütsbewegung, der die nunmehr beginnende Kristallbildung entspringt. Was Stendhal darunter versteht, hat er an einem Gleichnis veranschaulicht. Wenn ein Gegenstand in eine Salzlösung getaucht wird, setzen sich allmählich glitzernde Kristalle an ihm fest, bis er ganz damit bedeckt ist. Nach dieser Analogie nennt Stendhal Kristallbildung jene für die Liebe charakteristische Tätigkeit des Geistes, aus allen Wahrnehmungen an dem geliebten Wesen neue Vorzüge desselben zu bilden. Daher kommt der Liebende bald so weit, den Gegenstand seiner Liebe schön zu finden, ohne noch an den Begriff der idealen Schönheit zu denken; denn »in der Liebe genießt man immer nur die Illusion, die man sich selbst schafft«.

Über die Beziehungen dieser Illusion zu dem Wesen dessen, der sie hervorbringt, erfahren wir bei Stendhal nichts. Und doch ist die auffälligste Eigentümlichkeit der Kristallbildung ihre Individualisierung, der genaue Rapport, in dem sie mit der Eigenart des Liebenden steht. Schon die Wirkung, die von der Erscheinung ausgeht, ist auf diesen Rapport zurückführbar: wir interpretieren die körperliche Erscheinung als Ausdruck der Persönlichkeit. Wie man die Schönheit des Menschen im Allgemeinen als den symbolischen Ausdruck dessen, was er vermag, zu deuten versucht hat, so wird das, was das individuelle Gefallen erregt, das Symbolische der Erscheinung sein, sofern sich darin eine bestimmte Eigenart spiegelt. Auch außerhalb der erotischen Beziehungen deuten wir Mienenspiel und Bewegungen; und wir tun es empfindungsmäßig, nach Regeln, die nichts Allgemeingültiges haben, und die doch unsere Haltung gegenüber jedem Einzelnen, namentlich im Anfang, bevor eine nähere Kenntnis seiner Eigenschaften diese Interpretation nach äußeren Kennzeichen verwischt, mehr oder weniger beeinflussen. Stärker als gegenüber Angehörigen des eigenen Geschlechtes macht sich diese empfindungsmäßige Interpretation unter Personen verschiedenen Geschlechtes geltend, am stärksten, sobald durch Einflüsse sinnlicher Art oder durch bestimmte psychisch-intellektuelle Anzeichen die erotische Aufmerksamkeit geweckt wurde. Von diesem Augenblick an beginnt unmerklich die Phantasie sich einzumischen; sie baut gemäß den Bedürfnissen und Voraussetzungen, die aus unserer subjektiven Beschaffenheit hervorgehen, ein Bild des Objektes auf, das ihnen nach den wahrgenommenen Anzeichen zu entsprechen scheint. Diese symptomatischen Anzeichen wecken Assoziationen zu unserer eigenen Persönlichkeit und setzen latente Wünsche ins Licht des Bewußtseins. Als eine Angelegenheit des subjektiven Geschmackes läßt sich die dabei angewendete Symbolik nicht verstandesmäßig fassen; aber gerade in ihrer Subjektivität tritt das Gesetz unseres eigenen Wesens hervor. Und wenn die Person, die diese nur für uns bedeutsamen Merkmale an sich hat, eine so starke Anziehung auf uns ausübt, daß wir sie schließlich als etwas zu uns Gehöriges, von uns fortan nicht zu Trennendes empfinden, so liegt der Grund darin, daß in der Tat ein Stück von uns selbst durch sie Realität geworden ist. In ihr verwirklicht sich das *subjektive Geschlechtsidol*, das jeder Einzelne als eine Projektion seiner eigenen Wesensbeschaffenheit in sich trägt, die Wunschgestalt, die aus der inneren Notwendigkeit und Gesetzmäßigkeit seiner eigenen psychischen Konstitution hervorgeht (siehe Erotik der Weiblichkeit, Das subjektive Geschlechtsidol).

Bestimmte symptomatische Merkmale, die man *erogene Kennzeichen* nennen kann, wirken auf den Einzelnen deshalb als »Fetischzauber«, weil sie in seiner Phantasie das immanente Bild erwecken, das, wenn auch noch so schattenhaft und undeutlich, der Gegenstand seiner geheimen Sehnsucht gewesen ist. Und je mehr Anhaltspunkte die erogenen Kennzeichen für dieses Bild liefern, je umfassender sie es bestätigen, je lebhafter sie es hervortreten lassen, desto inniger fühlt sich der Liebende mit dem Gegenstand seiner Neigung verwachsen, desto eher stellt sich die Illusion ein, daß er seine »andere Hälfte« gefunden hat, sein alter ego, daß es eine wunderbare und geheimnisvolle »Harmonie der Seelen« ist, die ihn mit einem so berauschenden Glück erfüllt. Der maßlose Schmerz, der den Liebenden ergreift, wenn seine Gefühle keine Erwiderung finden, oder er sich von dem geliebten Wesen trennen muß, erklärt sich daraus, daß er im Zentrum seines Bewußtseins, in seinem Ich, mit dem die geliebte Person zu einer Einheit zusammengeflossen ist, getroffen, also gleichsam zerrissen wird – denn das Wesen der Liebe ist eben die Identifizierung des eigenen Ichs mit dem einer anderen Person, jene Modifikation des Ichbewußtseins, durch die wir fähig werden, eine seelisch-organische Einheit mit einem zweiten Wesen zu bilden.

Das Gesetzmäßige dieses Vorganges, seine Determinierung durch die eigene Wesensbeschaffenheit jedes Einzelnen tritt erst in der Geschlechtsliebe ganz hervor; denn diese ist in ihrer Beziehung zum Objekt ganz und gar abhängig von der eigenen Individualität. Auch in diesem Punkte unterscheidet sie sich von anderen Arten der Liebe, wie etwa die Elternliebe, die in ihrem Verhältnis zum Objekt durch die Individualisierung gar nicht oder doch nur wenig bestimmt ist, weil sie sich meistens gleichmäßig über mehrere verschiedenartige Wesen ausdehnt. Bei ihr wird die Identifizierung nicht durch das persönliche Motiv, sondern durch das Gefühl der naturgegebenen Zusammengehörigkeit bewirkt. Das gleiche findet auch bei der Kinderliebe statt; und man könnte sogar behaupten, daß diese Arten der Liebe desto vollkommener sind, je weniger das persönliche Motiv dabei mitspricht, je reiner also das Gefühl der naturgegebenen Zusammengehörigkeit in dem Verhältnis vorwaltet.

Genau umgekehrt verhält es sich in der Geschlechtsliebe, deren besondere Auszeichnung das persönliche Motiv bildet, und deren Vervollkommnung sich durch die steigende Individualisierung vollzieht. Denn in ihrer primären Form erscheint sie gleichfalls auf einer naturgegebenen Zusammengehörigkeit aufgebaut – auf derjenigen von Mann und Weib, die durch den Gattungszweck ohne Ansehung der Person zueinander geführt werden.

In keiner anderen Art der Liebe, sie mag so hochgesteigert sein wie immer, stellt sich die Vorstellung des zweiten Ichs ein, der anderen Wesenshälfte; dieser Tausch der Seelen gehört ausschließlich der höheren Geschlechtsliebe an, und verweist unzweideutig darauf, daß sie durch die Person der Beteiligten, nicht aber durch den Gattungszweck ihre besondere Bedeutung erhält. Der Liebende ist also nicht der Genarrte der Gattung; eher ist er der Genarrte seines Ichs, das seine subjektiven Wünsche und Bedürfnisse auf ein Objekt häuft, ohne irgendwelche Sicherheit für die Richtigkeit der Eindrücke zu besitzen, von denen es sich leiten läßt.

»Der Komplex von Eigenschaften, der unsere besondere, von allen anderen verschiedene Person ausmacht und sich als Inhalt unserer Ichvorstellung im Bewußtsein spiegelt, erzeugt, gewissermaßen als Nebenprodukt, mehr oder minder scharf umrissen ein ergänzendes Bild, das wir in die Außenwelt projizieren und in den Individuen des anderen Geschlechtes verwirklicht suchen.« (Das subjektive Geschlechtsidol) Dieses Erzeugnis unserer subjektiven Person bestimmt in unserem Denken und Erkennen die Vorstellung, die wir von dem haben, was der Mann oder das Weib ganz im allgemeinen ist; die Erfahrungstatsachen bilden da bloß das Baumaterial, der Bauplan ist durch unsere Individualität festgesetzt. Gemäß dem Bedürfnis nach Ergänzung trägt das Idol, das die Phantasie jedes Einzelnen von den Personen des anderen Geschlechtes schafft, jene Züge, die eine Ergänzung, in gewisser Hinsicht sogar eine Umkehrung seines eigenen Wesens bilden; es entsteht in der Psyche wie die komplementäre Farbe im Auge. Bei der Entstehung der Liebesbeziehungen spielt das subjektive Idol die entscheidende Rolle; und die Vermittlung bei seiner Projektion auf eine bestimmte reale Person wird durch die erogenen Kennzeichen besorgt.

Der Gegensatz, auf dem die Vorstellung der Ergänzung beruht, ist aber nicht so allgemein zu fassen, als ob jeder gerade das ihm am wenigsten verwandte Wesen suchte. Häufig führt man den männlichsten Mann und das weiblichste Weib als jene Geschlechtsgegensätze an, zwischen denen die stärkste Anziehung auftritt. Solche Gegenüberstellungen allgemeiner Art sind aber viel zu oberflächlich. Ohne das subtilste Eindringen in die individuelle Konstitution der Persönlichkeit wird die erogene Kontrastwirkung nicht verständlich. Richard Wagner hat, als er die Liebesanziehung zwischen Lohengrin und Elsa kommentierte, sehr fein bemerkt, daß es nicht der dem eigenen Wesen fernabliegende, absolute Gegensatz sei, der ihm vorschwebte, sondern vielmehr der andere Teil des eigenen Wesens, der Gegensatz, der in der eigenen Natur schon als ihre notwendige Ergänzung mit enthalten ist. Auch wenn Schopenhauer sagt, daß jedes Individuum eine der seinigen entgegengesetzte Einseitigkeit bedürfe, um durch Neutralisation den Typus der Menschheit wiederherzustellen, meint er nicht einen absoluten Gegensatz, wie etwa Gott und Teufel, sondern eben jenen relativen, durch den die Vorstellung hervorgerufen wird, daß er in Verbindung mit einem bestimmten anderen Komplex von Eigenschaften den Typus der Menschheit vollendet.

Es ist allerdings nicht der Typus der Menschheit, der dem Liebenden vorschwebt, sondern vielmehr sein eigenes individuelles Schicksal, der Druck der mit der Individualität über ihn verhängten Einseitigkeit und Einsamkeit, von dem er durch die Liebe erlöst zu werden hofft. Aufhebung der Einseitigkeit, Neutralisation, Wesensergänzung – das sind lauter Namen für das seelische Agens der Liebesanziehung; und wo wir die Symptome von Eigenschaften wahrnehmen, deren wir zu dieser Neutralisation bedürfen, ist die erste Bedingung für den Beginn dessen gegeben, was Stendhal Kristallbildung nennt – die Bildung einer Wunschgestalt, eines Idoles auf Grund der erogenen Kennzeichen. Die Phantasie bemächtigt sich der Daten der Wahrnehmung und baut mit dem Material, das sie aus der Subjektivität schöpft, weiter.

Am deutlichsten tritt das Idol in den Wachträumen des Liebenden hervor, wenn seine Phantasie mit möglichen Erlebnissen spielt, in denen er das Objekt seiner Liebe ganz nach dem eigenen innersten Wunsch reden und handeln läßt. Da ist das Idolhafte für die Selbstbeobachtung auch am ehesten erkennbar, besonders dann, wenn die Züge der realen Person in mancher Diskrepanz schon durch die Erfahrung der Erinnerung eingeprägt worden sind. Kaum überflutet aber das Liebesgefühl im Wachtraum diese Bewußtseinsstellen, so tritt die Wunschgestalt wieder vor das Erfahrungsbild, das erst in einem schmerzlichen oder resignierten Erwachen wiederhergestellt wird.

Auch dieser Vorgang gehört nicht ausschließlich der Erotik an; wir pflegen gegenüber den Personen unseres Verkehrs mit Hoffnungen, Erwartungen, Ansprüchen mehr oder weniger weit über die reale Wahrnehmung hinaus der Phantasie Spielraum zu gewähren. Nur hat in der Erotik die Tätigkeit der Phantasie eine viel tiefere Bedeutung, so daß man wohl sagen kann, ohne ihre Mitwirkung entsteht keine große Liebesleidenschaft.

Die Rolle der Phantasie in der Liebe wie diejenige des subjektiven Idols hat schon Dante in jener überaus wundersamen Bekenntnisschrift berührt, die er Vita nuova nannte, um darin seine Liebe zu Beatrice und das Verhältnis seiner Muse zu dieser Liebe darzustellen. Dante führt die Herrschaft der Liebe über die Seele auf die Kraft zurück, welche die Phantasie ihr gibt; und trotz seiner bedingungslosen Hingebung für die Frau, die er die Herrin seiner Seele nennt, spricht er doch von der Möglichkeit, daß ihr Bild, das ihn niemals verließ, »nur ein Übermut der Liebe« gewesen sei, um ihn dadurch zu beherrschen. Zur vollen Einsicht gesteigert, finden wir diese Selbstbeobachtung in moderner Zeit bei einem Dichter, der durch seine erotische Konstitution zum Unglück in der Liebe bestimmt war, bei Grillparzer.* Er sagt: »Ich glaube bemerkt zu haben, daß ich in der Geliebten nur das Bild liebe, das sich meine Phantasie von ihr gemacht hat, so daß mir das Wirkliche zu einem Kunstgebilde wird, das mich durch seine Übereinstimmung mit meinen Gedanken entzückt, bei der kleinsten Abweichung aber nur um so heftiger zurückstößt.«

So groß ist die Macht der Phantasie in der Erotik, daß die bloße Schilderung jener Eigenschaften, die auf eine Person erogen wirken, unter Umständen eine Leidenschaft entzünden kann. Aus der Zeit, in der die romantische Geschlechtsliebe mit dem ganzen Zauber einer neuen, psychischen Erwerbung die Seelen bewegte, sind uns viele literarische Dokumente solcher Liebeserweckung par distance erhalten; wo die Geschlechter durch die Strenge der Sitten einander ferngehalten werden, bildet die Liebeserweckung durch Schilderung einen Bestandteil der Werbung auf indirektem Wege, und sie dürfte auch in der Gegenwart noch in vielen Fällen den ersten Anlaß geben.

Menschen, denen die Liebe die Hauptbeschäftigung des Lebens bedeutet, sind in der Wissenschaft der erogenen Kennzeichen, wenn auch nur praktisch und für den eigenen Bedarf, so bewandert, daß ihre Erfolge zum Teil auf der Treffsicherheit beruhen, mit der sie erogene Kennzeichen ins Licht setzen oder auch vortäuschen. Alle großen Herzenseroberer männlichen und weiblichen Geschlechtes verstehen sich auf eine angewandte Psychologie der Liebe, deren Gesetze sie erraten, ohne sie zu kennen. Sie wissen, welche Saite man jeweils anschlagen muß, um die Seele jener Personen in Schwingung zu versetzen, auf die man Eindruck machen will; sie wissen, daß die erotische Phantasie, einmal berührt, aus sich selbst an dem erweckten Bilde weiterschafft; und ihre Geschicklichkeit besteht vornehmlich darin, die große Zauberin bei ihrem Werke nicht zu stören. Daher bildet eine gewisse Entfernung ein wichtiges Moment bei der Entstehung der Liebe; die Phantasie muß Spielraum behalten. Und wenn Nietzsche die stärkste Wirkung der Frauen eine actio in distans, eine Wirkung in die Ferne nennt, ist das weniger auf das Konto der Frauen zu setzen, als auf das der Erotik.

Und so wäre die Geschlechtsliebe nur ein Wahn, der sich an ein subjektives Truggebilde heftet? Der Verliebte, der alle Leidenschaft seines Begehrens auf eine bestimmte Person richtet, sollte, verblendet durch Merkmale, für deren Zuverlässigkeit es keinerlei Gewähr gibt, in dieser Person nur eine Illusion lieben, die nichts als eine Spiegelung seines eigenen Wesens ist? Er sollte nur einer Art Autosuggestion erliegen, während er in der Vorstellung schwelgt, die für ihn geschaffene, ihm einzig angehörende Wesenshälfte gefunden zu haben?

Über das Trügerische und Unzuverlässige der Verliebtheit kann wohl kein Zweifel bestehen. Die Täuschungen und Enttäuschungen des Liebeslebens sind eine so alltägliche Erscheinung, daß wir ihre Furchtbarkeit gar nicht mehr in ihrem vollen Umfang ermessen. Es gibt im Grunde kein erschütternderes Schauspiel als diese Ernüchterten der Leidenschaft, die, kaum daß sie einander angehören, wie aus einer Bezauberung erwachen, zur engsten Gemeinschaft nur verbunden, um durch die Erfahrung belehrt zu werden, wie wenig sie in Wahrheit dem Bild entsprechen, das sie sich voneinander gemacht hatten. Dazu kommt der Charakter des sexuellen Affektes, der einen rauschähnlichen Zustand herbeiführt, um in einer physischen Entspannung zu enden. So bringt er die Gefahr mit sich, daß die physische Ernüchterung auf die Psyche übergreift und jedesmal ein Stück des enthusiastischen Liebesgefühles in die Reaktion mitreißt.

Aber wie? Ist nicht die Liebe als die Erweiterung des Ichbewußtseins durch Ausdehnung über ein zweites Wesen zu begreifen? Wenn alle ihre hohen und herrlichen Wirkungen nur einem Hirngespinste gelten, wenn sie gar nicht die Macht besitzt, die realen Personen in die verheißene innige Gemeinschaft zu setzen, welchen Wert hätte dann die gepriesene Überschreitung der Ichgrenze, die nur sie zu bewirken vermag?

IV

Der Mensch im Zustand der Liebe ist ein anderer als in seinem gewöhnlichen; er ist gesteigert in seiner körperlichen, seelischen und intellektuellen Vitalität. Unter dem Einfluß der erotischen Anmutung, die er als Objekt der Liebe erfährt, verwandelt er sich bis zu einem gewissen Grade; die suggestive Gewalt, die von dem Liebenden ausgeht, wirkt in sensitiven Naturen so stark, daß sie sich seinen Wünschen und Voraussetzungen anpassen und die Rolle, die er ihnen damit zuteilt, wirklich übernehmen, ohne sich einer Täuschung bewußt zu sein – denn von der absichtlichen Irreführung und Verstellung, an der die Erotik auf den niedrigeren Stufen so reich ist wie alle anderen menschlichen Beziehungen, soll hier nicht die Rede sein.

Im gleichen Maße vollzieht sich aber die Veränderung, die das Objekt erfährt, auch bei dem Subjekt der Liebe, da ja in der erwiderten Liebe beide Teile die gleichen seelischen Vorgänge durchmachen und jeder sowohl Subjekt als Objekt ist.

Auf diese Weise erblicken die beiden Liebenden einander in der erhöhten Verfassung, in die sie sich wechselseitig versetzt haben; und es gibt für sie keine Möglichkeit, zu erkennen, was ihrem normalen Zustand und was der erotischen Anmutung angehört.

Jene Wünsche und Voraussetzungen, die der Liebende auf den Gegenstand seiner Liebe richtet, haben wir das subjektive Idol genannt, und die Merkmale, nach denen es auf eine bestimmte Person übertragen wird, erogene Kennzeichen. Körperliche und seelische Eigenschaften sind es, die als erogene Kennzeichen wirken. In der vollkommenen Erscheinungsform der Geschlechtsliebe, die das stärkste Einheitsstreben zwischen

Materie und Geist, Körper und Seele bedeutet, sind die sinnlichen und seelischen Elemente der Erotik nicht geschieden. Für diese vollkommene Liebe bilden Körper und Seele eine untrennbare Einheit; sie nimmt den Körper als Symbol der Seele, das Sichtbare der Erscheinung für den Ausdruck des unsichtbaren Wesens.

Von der Treffsicherheit der erotischen Physiognomik, die nicht jeder in gleichem Grade besitzt, hängt die glückliche Gestaltung eines Liebesverhältnisses zum großen Teile ab; der Mangel an Treffsicherheit, die Unvollkommenheit der erotischen Physiognomik bringt gefährliche Täuschungsmöglichkeiten mit sich. Doch erliegt der Irreführung durch blendende äußere Eigenschaften jedes Herz, wenn es durch sie berührt wird. Namentlich Personen, deren äußere Erscheinung die Phantasie beschäftigt, wie es bei allen schönen Menschen der Fall ist, geben leicht Anlaß zu einer falschen Auslegung. Nirgends sind die erogenen Kennzeichen unzuverlässiger als gegenüber der hohen Schönheit, die so viele innere Herrlichkeiten zu versprechen scheint und den Betrachter in ein Entzücken versetzt, das seine Urteilskraft umnebelt. Schöne Frauen wie schöne Männer bilden am häufigsten Objekte der Täuschung ohne die Absicht der Täuschung; sie wissen oft selbst nicht, wie verschieden das Bild, das sie erwecken, von dem ist, das sie selbst von sich haben, oder gar von dem, das ihre Eigenschaften verwirklichen. So kann es geschehen, daß die zarte Innigkeit einer weiblichen Erscheinung oder die in sich geschlossene Energie einer großen Männergestalt die schwersten Fehlgriffe der erotischen Wahl verschulden, wenn sie mit einem Innenleben gepaart sind, das dem Äußeren nicht entspricht.

Immerhin sind die Fälle, in denen das ästhetische Moment entscheidet, nicht die völlig unberechenbaren der erotischen Anziehung und ihrer Täuschung. Die Deutung der erogenen Kennzeichen vollzieht sich oft mit großer Sicherheit; denn ohne Zweifel gibt es eine Übereinstimmung zwischen dem Äußeren und dem Inneren des Menschen, deren Zeichen dem geübten Auge auch außerhalb der Erotik sichtbar sind.

Viel irreführender aber wirken jene elementaren Einflüsse, die dem unbekannten physischen Agens entstammen. Daß diese elementaren Einflüsse in keinem Zusammenhang mit der psychischen Beschaffenheit ihres Trägers stehen, bildet die schlimmste Gefahr der Täuschung, weil der innere Prozeß der Liebesbildung sich unter Umständen auch auf Grund einer solchen rein physischen Anziehung vollzieht. Und die dadurch bewirkte Verblendung kann einen so hohen Grad erreichen, daß der verliebte Wahn alle realen Eigenschaften des Objektes umdeutet. Dann gewinnt die Liebesanziehung völlig den Charakter einer Bezauberung.

Als solche hat sie mit unvergleichlich poesievollem Spott Shakespeare* im Sommernachtstraum dargestellt; und wenn Titania, durch den schalkhaft-tückischen Kobold berückt, den Eselskopf Zettels bewundernd liebkost, sehen wir zwischen Gelächter und Schauder das Bild der verhängnisvollen Täuschung vor uns entrollt, mit dem die Liebe das menschliche Herz bedroht.

Das imaginative Ich

Es ist eine der bedeutsamsten Wirkungen der Liebe, daß sie das Verhältnis von Subjekt und Objekt zwischen Mann und Weib aufhebt. Im gewöhnlichen Leben fühlt sich der Mann als Subjekt, das Weib als Objekt; in der Liebe ist aber jeder Teil ganz gleich Subjekt und Objekt, Träger der Liebe und Gegenstand der Liebe. Auch die Ideen der Liebe sind ihrem Inhalte nach bei beiden Geschlechtern ganz die gleichen. Wer die Liebesbrief-Literatur daraufhin prüft, wird keinen Unterschied finden. Allenfalls könnte man geltend machen, daß die Idee der Umwandlung in ihrer aktiven Form fast nur bei Frauen auftritt, in ihrer passiven hingegen fast nur bei Männern – also geradezu in einer Umkehrung des typischen Verhältnisses. Der Mann will durch die weibliche Liebe erlöst werden, die Frau will durch ihre Liebe diese Erlösung bewirken.

Zur Erklärung braucht man aber nicht etwa einen tiefgehenden psychischen Geschlechtsgegensatz heranzuziehen. Daß der Mann sich gewöhnlich als ein friedloses, unruhig schweifendes, uneinheitliches Wesen empfindet, das erst durch die Liebe eines edlen Weibes zu einem harmonischeren und reineren Leben geführt werden muß, das liegt weniger an der erotischen Natur des Mannes schlechtweg als an der Lebensführung, zu der ihn der ungelöste Gegensatz zwischen den Ansprüchen seiner Sexualität und den sozialen Verhältnissen nötigt. Daher kommt es, daß der Mann Vorerlebnisse hat, an die er sich, sobald er die höheren Formen der Liebe kennenlernt, ungern erinnert; er will durch die Liebe davon »erlöst« werden. Das Weib hingegen wird zu der Vorstellung gedrängt, daß es diese Erlösung aus dem Zwiespalt und aus der Depression der Erinnerung bewirken kann, um das gleiche Niveau zwischen Subjekt und Objekt herzustellen, das die hohe Liebe fordert. Wo die Verhältnisse umgekehrt liegen, wo durch Anlage und Umstände der Mann das einheitliche, die Frau das zwiespältige Leben geführt hat, findet die Umkehrung auch in der Rollenverteilung bei der Idee der Erlösung statt.

Dennoch erhält sich ganz allgemein die Auffassung, daß die weibliche Liebe von der männlichen wesentlich verschieden ist. Wir haben es ja von Frauen selbst vernommen: Der Mann will Herr sein, wo er liebt, und ein Weib, das diesem Instinkt nicht entgegenkommt, wirkt nicht als Weib. Das Weib seinerseits kann nicht anders als sich unterordnen, wenn es liebt.

Der Mann will in der Liebe seine Hand auf das Weib als auf sein Eigentum legen, und das Weib jubelt in der Liebe, daß es seinen Herrn gefunden hat, in dessen Willen es ruhen kann. Sich ganz und gar hingeben, nichts für sich behalten, restlos aufgehen in der Person des Geliebten, aufblicken zu ihm wie zu einem höheren Wesen, so will es das Weib, wenn es liebt – darin stimmen männliche und weibliche Aussagen überein. »Laß mich wie ein Kind in deinem Willen schlummern! Nichts zu sein als meine eigene Schwäche in deiner Macht, Nichts zu sein als etwas von dir, das dir gehört und dein Eigentum ist ... Ich will nicht, daß du zu mir emporschaust, mich bewunderst; ich will weniger sein als du, ich will unter dir stehen. Und dann – dann sollst du mich emporheben zu dir.« (Aus einer Novelle von Louis Couperus) Oder in einer anderen Formulierung: »Mann und Weib verstehen unter Liebe jeder etwas anderes ... Das Weib gibt sich weg, der Mann nimmt hinzu – ich denke, über diesen Naturgegensatz wird man durch keine sozialen Verträge, auch nicht durch den allerbesten Willen zur Gerechtigkeit hinwegkommen.« Sollte es jedoch, fährt Nietzsche fort, auch Männer geben, die mit dem Bedürfnis nach vollkommener Hingebung lieben, so sind das eben – keine Männer.

Vergleichen wir statt aller Widerlegung die Liebessprache eines der vollendetsten Männer, die aus der menschlichen Gattung hervorgegangen sind, eines Meisters der Liebe, der sie in Höhen und Tiefen reicher genossen und gekannt als irgend sonst ein Sterblicher.

»Ich möchte Ihnen mein Leben, mich ganz hingeben, um mich aus Ihren Händen mir selbst wieder zu empfangen. Es ist auch schon zum Teil so mit mir, und das ist, was ich am liebsten an mir habe ... Beste, so wie Du nie aufhören wirst, so schaffe und bilde mich auch so, daß ich Deiner wert bleibe ... Ich bin immer Dein und bei Dir, leibeigner als sich denken läßt. Ich bin kein einzelnes, kein selbständiges Wesen. Alle meine Schwächen habe ich an Dich angelehnt, meine weichen Seiten durch Dich beschützt, meine Lücken durch Dich ausgefüllt ... Deine Entfernung ist mir ein rechter Probstein meiner selbst. Ich sehe, wie wenig ich für mich bestehe, und wie notwendig mir Dein Dasein bleibt, daß aus dem meinigen ein Ganzes werde.«

Man hat alle Ursache, in Dingen der Liebe auf die Autorität Goethes mehr zu geben als auf jene Nietzsches, der niemals ein Liebesverhältnis durchgemacht, und weder eine starke erotische Anziehung ausgeübt noch erlitten hat. Goethe aber besaß in seinem erotischen Erleben das, was ein anderer Adept der hohen Liebe, Friedrich Schlegel, den »dritten und höchsten Grad von Liebeskunst« nennt: »das bleibende Gefühl von harmonischer Wärme. Welcher Jüngling das hat, der liebt nicht mehr bloß wie ein Mann, sondern zugleich auch wie ein Weib ... In ihm ist die Menschheit vollendet, und er hat den Gipfel des Lebens erstiegen«.

Daß eine Hingebung ohne Schranken das tiefste Wesen der Liebe, und nicht bloß der weiblichen Liebe ausmacht, bestätigen alle, die von der Liebe wirklich etwas verstanden haben, wie man den früher angeführten Zitaten entnehmen kann. Daher legt Schleiermacher einer Frau die Worte in den Mund: »Nur in uns soll die Liebe ein völlig durchgearbeitetes, in allen seinen Teilen und Äußerungen gleichartiges Gefühl sein, und in euch nur ein beweglicher Wechsel jener Bestandteile? Das ist nicht der Unterschied der Geschlechter, sondern der Grade; diese Sonderung der Elemente, wenn auch nur für einzelne Augenblicke, ist noch Unbildung und Schülerwesen.«

Diese Auffassung der Liebe stammt allerdings aus einer anderen Zeit. Sollten die Männer damals in ihrem erotischen Empfinden so sehr verweiblicht gewesen sein? Und die moderne Anschauung über den Geschlechtsunterschied in der Art zu lieben wäre als Symptom einer tiefer gehenden Differenzierung des Seelenlebens zu betrachten? Oder hat nur die Entfremdung zwischen den Geschlechtern zugenommen, und ist damit zugleich die unmittelbare Kenntnis wie das theoretische Wissen von dem, was das Wesen der Liebe ausmacht, im Schwinden begriffen?

Auffällig häufig begegnet man in der modernen Literatur der Anschauung, die in der Geschlechtsliebe nur einen »Egoismus zu zweien« oder geradezu einen feindseligen Kampf zwischen den Geschlechtern erblickt, wie das Wort Nietzsches über den Todhaß der Geschlechter in der Liebe. »Daß die sinnliche Liebe unaufhörlich an den Haß streift«, ist der Grundgedanke auch in Bourgets »Physiologie der modernen Liebe«, in der alle Formen des durch die Einflüsse der Zivilisation zerrütteten Geschlechtsverhältnisses gezeigt werden. Als Typus der echten Liebe stellt aber auch Bourget zum Schluß die grenzenlose und unwandelbare Hingebung dar – nicht in der Gestalt eines Weibes, sondern eines Mannes. Übereinstimmende Beispiele für diesen weiblichen Charakter der hohen Liebe wird man am häufigsten in der russischen Literatur des vorigen Jahrhunderts finden, bei Tschernytschewski (»Was tun?«), Gontscharow (»Der Absturz«) und Dostojewski, der in der Gestalt des »Idioten« eine der ergreifendsten Erscheinungen äußerster Liebeshingebung geschaffen hat.

Selbst die paradoxe Behauptung, daß der Geschlechtsunterschied in der Geschlechtsliebe nebensächlich ist, lässt sich aufrechterhalten. So unannehmbar es für das moderne Empfinden klingt: das Phänomen, das wir heute als Liebe zwischen Mann und Weib kennen, stammt aus einem gleichgeschlechtlichen Verhältnis her. In Platos Symposion, dem ersten großen Werk abendländischer Kultur über die Liebe, wird ausschließlich von der Liebe unter Männern gehandelt; die Art, wie da von den Empfindungen zwischen einem männlichen Liebhaber und dessen männlichem Geliebten geredet wird, unterscheidet sich in nichts von der Liebe zwischen Mann und Weib. Und auch heute noch sind die Liebesbeziehungen der Homosexuellen untereinander das genaue Abbild der Heterosexuellen – von den schönen und edlen Ideen des seelischen Einheitsstrebens über alle Illusionen und Täuschungen, über Eifersucht, Liebesschmerz und Abhängigkeitsgefühl bis zu den Ränken und Winkelzügen, an denen die heterosexuellen Beziehungen so reich sind. Die Psychologie der homosexuellen Liebe ist durchaus die gleiche wie die der heterosexuellen – denn nicht, daß durch die Liebesleidenschaft ein Mann von einem Weibe abhängig wird, ist das Verhängnisvolle dabei, sondern daß zwei einander ganz fremde Wesen durch eine unbekannte Macht aneinander gebunden werden, was ja auch in der gleichgeschlechtlichen Liebe geschieht.

Nirgends gilt das Recht der Individualität unbedingter als im Bereich der Liebe; nirgends ist also auch die Möglichkeit, zu generalisieren, geringer. Jeder liebt auf seine Weise, ganz nach der inneren Notwendigkeit seines Wesens, dessen Konsequenzen sich gegen alle äußeren Gesetze wie gegen seine eigenen Vorsätze und Absichten vollziehen.

Und noch eine andere Tatsache, die mit den monogamen Interessen des Geschlechtsverhältnisses als einer Einrichtung zugunsten der Fortpflanzung in vollem Widerspruche steht, ist mit dem Wesen der Liebe vereinbar. Man wird ohne weiteres zugeben, daß überall, wo sie keinen sexuellen Charakter hat, die Liebe nicht auf eine einzelne Person beschränkt sein muß; das Ich kann sich über vielerlei Personen und Dinge ausdehnen. Bei der Menschenliebe im höchsten Sinn, wie sie die Gemütsverfassung des christlichen Heiligen auszeichnet, oder im gewöhnlichen Leben bei der Eltern- und Geschwisterliebe versteht es sich von selbst, daß unbestimmt viele Objekte im Ich des Subjektes die gleiche Zugehörigkeit genießen; und niemand, außer vielleicht die durch eifersüchtige Gefühle in ihrem Ausschließlichkeitsstreben gestörten Objekte untereinander, erblickt darin eine Gefährdung oder gar Herabsetzung der Liebe als solche.

Anders die Geschlechtsliebe. Ihr Rang in der sittlichen Bewertung wird ganz und gar durch die Ausschließlichkeit des Verhältnisses zwischen Einem Mann und Einem Weibe bestimmt. Diese Wertsetzung geht aber aus anderen Motiven hervor; so wenig mit der Liebe als einem ungeschlechtlichen Phänomen die Ausdehnung der Identifizierung auf mehrere Personen unvereinbar ist, so wenig ist sie es im Grunde bei der sexuellen, die ja im Wesen nicht von jener verschieden ist.

Und das Leben bestätigt trotz aller moralischen Abwehr diese Tatsache in ewig erneuter Vielfältigkeit. Besonders das, was man Doppelliebe heißt, die volle Liebesgleichheit zweier Objekte im Bewußtsein Eines Subjekts, ist als Tatsache aus dem erotischen Leben nicht wegzuleugnen. Bei den Männern wird sie durch die herrschenden Anschauungen eher zugestanden, obwohl der edelste Repräsentant einer solchen Doppelliebe, Schiller in seinem Verhältnis zu den Schwestern Lengefeld, sich eine weitgehende Vertuschung durch familiale wie literarhistorische Bemühung gefallen lassen mußte. Daß aber auch Frauen, und gerade innerlich sehr reiche, sehr hochstehende Frauen der Doppelliebe verfallen, zeigt das Verhältnis der Marianne von Willemer zu ihrem Gatten und Goethe, wie das der Mathilde Wesendonck zu ihrem Gatten und Richard Wagner – in beiden Fällen Verhältnisse von höchstem menschlichen Rang für alle Beteiligten.

Nicht die Liebe ihrem Wesen nach fordert strenge Ausschließlichkeit, wohl aber das sexuelle Verhältnis seiner Natur nach. Aus diesem Gegensatz fließen die schmerzlichsten und schicksalsvollsten Konflikte des Seelenlebens. In den Niederungen werden sie meistens auf Kosten der sexuellen Ausschließlichkeit gelöst, in den Höhen durch Entsagung. Die Briefe Richard Wagners an Mathilde Wesendonck sind Dokumente für die leidvolle Größe einer solchen Entsagung. Goethe besiegelte, als er sich seiner erwiderten Neigung zu Marianne bewußt wurde, seine Entsagung durch die Flucht; und daß es ideell keine andere Lösung gibt, hat er in den Wahlverwandtschaften dargestellt.

II

Der bedeutsamste Rangunterschied in den Arten der Liebe beruht auf ihrem Verhältnis zum Willen im Zusammenhang mit der Dauer, die sie besitzt. Dauer ist auch in der Liebe einer der höchsten Werte. Die Ideen, die sie als Spiegelung ihres Wesens in der Seele der Liebenden hervorbringt, haben alle zur Voraussetzung Dauer; das Aufhören der Liebe ist dem Liebenden etwas Unausdenkbares, der Vorstellung des eigenen Todes Analoges. Denn sobald das Objekt als Teil des eigenen Ichs empfunden wird, muß eine Loslösung desselben mindestens als partieller Tod erscheinen.

Wenn man das Auftreten des Willens in der Liebe als Kriterium benutzen will, kann man in dem Verhältnis der Geschlechter zueinander drei Grade oder Arten unterscheiden – wobei es sich von selbst versteht, daß damit die unendliche Vielfältigkeit der Liebesbeziehungen nicht erschöpft wird.

Auf ihrer untersten Stufe, dort, wo ein Geschlechtsabenteuer erst anfängt, sich mit seelischem Gehalt zu erfüllen, überwiegt in der Liebe noch das eigene Ich mit seinen Interessen. Das Objekt hat im Ichbewußtsein in erster Linie nur soweit Bedeutung, als es einen Lustgewinn verspricht, zur Steigerung des Lebensgenusses beiträgt.

Auch wenn eine Beziehung den Charakter jenes leidenschaftlichen Begehrens annimmt, das den äußersten seelischen Aufruhr bewirkt, bringt sie auf dieser Stufe das Phänomen der Identifizierung, der Wesensverschmelzung nicht hervor. Das Objekt der Liebe wird erstrebt wie ein Besitzgegenstand, und das Begehren erlischt sehr bald durch den Besitz, ohne daß ein Motiv für den Willen zur Dauer der Liebe sich gebildet hätte. Die dabei aufgewendete Leidenschaftlichkeit gehört lediglich dem Naturell des Subjektes an und bildet kein Zeugnis für die Gewalt des Einheitsstrebens. Es ist die Art, die Stendhal die sinnliche nennt, weil die Richtung auf Lustgewinn dabei das Vorherrschende ist. Sie kann in einer Betrachtung, die vornehmlich das Verhältnis der Liebe zum Ichbewußtsein behandelt, wegen ihrer auf das eigene Ich beschränkten Richtung zutreffender als die *idiopathische* bezeichnet werden.

Auf dieser Stufe der Liebe spielt auch das Idol noch kaum eine Rolle; das sinnliche Gefallen führt da nicht weit über das sexuelle Verlangen hinaus, das seiner Befriedigung ohne erhebliche Mitwirkung der Phantasie nachjagt. Erst bei jener Art der Liebe, die man die *romantische* zu nennen pflegt, entfaltet die Einbildungskraft ihren vollen Zauber. Das subjektive Idol führt die Herrschaft; es ist in das Ichbewußtsein so eingefügt, daß seine Projizierung auf die Person, die es erweckt, als Wirkung derselben empfunden wird. Aber der Verwirklichung des Idols durch die reale Person steht auf dieser Stufe ein Bedürfnis nach Distanz entgegen, da der Liebende in seinen subjektiven Voraussetzungen so sehr befangen ist, daß er die Berührungen mit der Realität als Störung fürchtet. Das Bedürfnis nach Distanz bildet eine Eigentümlichkeit dieser Art Liebe; es hört mit der sexuellen Erfüllung keineswegs auf und bringt sogar in extremen Fällen ein Widerstreben gegen diese Erfüllung mit sich, die ja die stärkste Gefahr der Ernüchterung bedeutet. Zwar zeigt sich darin ein Wille zur Erhaltung der Liebe, der aber nicht aus dem Wesen der Liebe selbst hervorgeht, und auch nicht auf ihre Vertiefung und Verwirklichung gerichtet ist.

Im Gegensatz dazu herrscht auf der dritten Stufe das Bedürfnis der Nähe, der Wunsch, durch die volle Gemeinschaft mit der realen Person alles Subjektive, einseitig Beschränkte zu überwinden. Der Wille ergreift die Ideen der Liebe, um sie in einem dauernden Lebensbündnis zu verwirklichen. Dabei kommt ihm eine besondere intellektuelle Funktion der Liebe zu Hilfe – das Verständnis, mit der sie die Mängel des geliebten Wesens als die notwendigen Schattenseiten seiner Vorzüge faßt. Und so vermag sie ihnen auch anders gerecht zu werden als der gewöhnliche lieblose Verkehr, dessen Übelstand gerade darin besteht, daß die Zweiseitigkeit des menschlichen Wesens unberücksichtigt bleibt. Goethe hat diese der Liebe eigentümliche Auffassung sogar bis zu der Äußerung gesteigert: »Der liebt nicht, der die Fehler der Geliebten nicht für Tugenden hält.« Aber nicht, weil der Liebende verblendet gegenüber der Person des Objektes ist, vermag er so zu deuten, sondern weil er in dem immanenten Bild eine Intuition ihres wahren Wesens besitzt. Daher tritt das intuitive Verständnis auch nur dort auf, wo jenes prästabilierte Verhältnis der Übereinstimmung zwischen den Liebenden herrscht, ohne das die Verwirklichung der Liebe nicht zustande kommt.

Nach Kierkegaard geht die romantische Liebe teils aus der sinnlichen, teils aus der seelischen Schönheit hervor; und obgleich sie »ihren Grund wesentlich im Sinnlichen hat, ist sie doch in dem Ewigkeitsbewußtsein, das sie in sich aufnimmt, edel«. Da jedoch dieses Ewigkeitsgefühl noch keine Begründung gefunden hat, erweist es sich als eine Illusion, die man leicht lächerlich machen kann. »Um die wahre Ewigkeit der Liebe hervorzubringen, ist eine Willensbestimmung notwendig« – eben die Willensbestimmung, welche das Merkmal der *ehelichen* Liebe ist.

Durch den Willen zur Liebe erst wird das Verhältnis, das die Liebe herstellt, unser Werk. Was ein Mensch aus seiner Liebe macht, das zeigt den Grad seiner inneren Lebenskultur, seine Fähigkeit, das Naturgegebene in ein Produkt seiner Persönlichkeit zu verwandeln. Die Liebe könnte nicht den höchsten Rang unter den seelischen Mächten behaupten, wenn sie nicht auch zu Leistungen des Willens befähigen würde, wenn sie nicht den Antrieb mit sich brächte, die inneren Widerstände, die das egoistische Ich der Assimilierung, und die äußeren Widerstände, die das Leben dem ungestörten Liebesempfinden entgegensetzt, zu überwinden. Auch die dauerhafteste Liebe ist kein gesicherter Besitz in irgendeinem Zeitpunkt ihres Bestehens; sie muß immer von neuem als Seelengemeinschaft, als innere Übereinstimmung erobert werden. Durch diesen immanenten Willen der Liebe zu ihrer eigenen Verwirklichung erlangt sie die Kraft, über das Idol hinaus an der realen Person des Objektes festzuhalten, und die bei endlichen Wesen unvermeidlichen Mängel dauernd zu überwinden.

Und hier zeigt es sich, warum sich erst auf der dritten Stufe der Liebe die Verbindung zwischen Liebe und Ehe im Bewußtsein der Kulturmenschheit vollziehen konnte. Die romantische Liebe des Minnezeitalters leugnete die Möglichkeit, Liebe und Ehe in einer einheitlichen Lebensform zu vereinigen; auf der Stufe der ehelichen Liebe aber führt das Empfinden von selbst dahin, keinen höheren Inhalt der Ehe anzuerkennen als die Liebe.

Denn auf dieser Stufe sind Liebe und Ehe identisch; die Liebe bringt aus sich die Ehe hervor, weil kein Unterschied mehr zwischen den Tendenzen der einen und der anderen besteht und die Ehe nur das fordert, was die Liebe wünscht.

Die idiopathische Art der Geschlechtsliebe ist es, auf welche der oftererwähnte Ausspruch Nietzsches gemünzt ist, daß sie »in ihren Mitteln der Krieg, in ihrem Grunde der Todhaß der Geschlechter ist«. Im Vordergrund des Empfindens waltet da noch das sexuelle Interesse, das an sich, als Trieb zu einer Bedürfnisbefriedigung, durchaus egozentrisch ist, und also den Charakter des Kampfes, den das Individuum um seine Selbstbehauptung in der äußeren Welt führen muß, nicht verleugnet. Das zeigt sich an dem ganzen System der erotischen Diplomatik und Verführungskunst, das von dem weiblichen wie von dem männlichen Geschlecht auf dieser Stufe in Szene gesetzt wird.

Wenn aber die Auffassung Nietzsches auch für die höheren Grade der Liebe Geltung hätte, wäre die Liebe wohl unter allen Lebenserscheinungen die unzweckmäßigste. Denn niemand ist weniger für einen Kampf ausgerüstet als der Liebende, in dessen Bewußtsein die Vorstellung des geliebten Wesens alle anderen an Macht und Wirkung überragt. Daß sein eigenes Ich sich mit einer anderen Person identifiziert, das eben macht den Liebenden aus; wie könnte er mit einem auf diese Weise entwaffneten Ich einen Kampf um sich selbst gegen jenes Wesen führen, das er in sich aufgenommen hat? Nach dem Maßstab des Weltgetriebes ist der stärker Liebende der schwächere Teil; er wird in jedem Interessenkonflikt mit dem geliebten Wesen zu dessen Gunsten unterliegen.

Der ungebändigte Trieb, der sich seines Objektes zu bemächtigen sucht, gehört ganz in das Gebiet des gemeinen Lebens, dessen Gesetz der Kampf ist; die Liebe aber ist die Aufhebung dieses Gesetzes und stellt einen höheren Lebenszustand dar. Für den Liebenden existiert das Recht des Stärkeren nicht; da er in einer freiwilligen Hingebung lebt, kann er keinen Wert auf etwas legen, was er durch Macht zu erzwingen vermöchte. Die Konflikte des wahren Liebeslebens sind daher völlig anders beschaffen als die Konflikte des gemeinen Lebens; ihr Adel, ihre Schönheit, ihr Heldentum beruht eben darauf, daß sie einer höheren Daseinsform angehören – in ihrer ungeschlechtlichen wie in ihrer geschlechtlichen Erscheinung. Mit gutem Grund hat derjenige, der durch höchste Liebeshingebung die Menschheit erlösen wollte, gesagt: »Mein Reich ist nicht von dieser Welt« – und jeder wahrhaft Liebende bestätigt es immer von neuem in seiner Handlungsweise. Einen bemerkenswerten Beleg auf sexuellem Gebiete bildet die Tatsache, daß ein Mann, der liebt, das Weib seiner Liebe, auch wenn er die

Gelegenheit hätte, nicht verführt, eben weil er ihr Interesse über sein eigenes setzt. In den Augen der gewöhnlichen Weltmenschen, die den Mann nur als Geschlechtswesen, das heißt als Eroberer gelten lassen, spielt er daher eine lächerliche Figur, oder er findet überhaupt keinen Glauben.

Was die Liebe in Hinsicht auf das persönliche Glück oder Unglück wirkt, ist ganz und gar Schicksal – es liegt in der Natur des Einzelnen zusammen mit der Konstellation äußerer Umstände beschlossen. Sicherlich, die Liebe kann das höchste Glück mit sich bringen, sie kann, indem sie den Menschen über die Schranken seines Ichs erhebt, jenes Reich bedeuten, in dem der Kampf der Gegensätze schweigt und die Sehnsucht nach der Erlösung aus der Zwietracht der Polarität sich erfüllt – aber sie kann das alles nur für bestimmte bevorzugte, zur hohen Liebe durch ihr eigenes Wesen und durch die Gunst der Umstände erkorene Menschen sein, für Menschen, deren Konstitution die Möglichkeit für diesen Ausgleich der Gegensätze, für diese Verschmelzung und Erlösung bietet, und denen eine glückliche Fügung aus der ungeheueren Menge fremder, inadäquater Personen das für sie geschaffene Wesen zuführt.

Findet die Liebesanziehung zwischen adäquaten Naturen statt, so bestätigen sich die subjektiven Voraussetzungen; entsteht die Anziehung aber zwischen inadäquaten Naturen, so endet die Liebesepisode nach kürzerer oder längerer Zeit mit der Enttäuschung und Ernüchterung. In dem ersten Fall, wenn die reale Person das subjektive Idol bestätigt oder sogar übertrifft, verwirklicht die Liebe alles Glück, das sie verheißt, und vermag das gemeinsame Leben nach den Ideen, die sie hervorbringt, zu gestalten; im zweiten Fall, wenn die reale Person das Idol verleugnet, hält die Liebe keines von allen ihren Versprechen; die Enttäuschung vollzieht sich gegenüber der Person, die sie herbeiführt, wie die Ernüchterung an dem subjektiven Zustand. Es gibt aber noch eine andere Möglichkeit – und diese ist es, die zu den düstersten Erscheinungen der Liebe gehört. Sie tritt ein, wenn die reale Person das Idol nicht bestätigt, das subjektive Liebesgefühl aber unter dem Einfluß der physischen Anziehung dennoch erhalten bleibt. Da verwandelt sich die Liebe in jene Höllenpein, als die sie so oft geschildert wird; denn da bildet sie den Herd unaufhörlicher Konflikte zwischen den Ansprüchen des Ichs, das immer wieder das Idol hervorbringt, und zwischen den Handlungen des Objektes, das dieses Idol immer wieder vernichtet. Ein qualvoller Wechsel von Anziehung und Abstoßung wird der herrschende Zustand, in dem der Liebende, mit sich selbst entzweit, bald gegen sich, bald gegen das Objekt zerstörende Affekte wendet, die in ihren äußersten Konsequenzen zu Mord und Selbstmord führen können. Die unglückliche Liebe in dieser unheilvollen Gestalt ist vielleicht so selten wie der umgekehrte Fall – die vollendet glückliche Liebe, die aus der gleichmäßigen Übereinstimmung der Liebenden in körperlicher, seelischer und geistiger Hinsicht hervorgeht. Ob eine solche restlose Harmonie zwischen zwei Personen bei der Zusammengesetztheit des menschlichen Wesens jemals als naturgegebene Tatsache, als Geschenk des Zufalls vorkommt, oder ob sie als dauernde Gemeinschaft erst durch den Verschmelzungsprozeß der Liebe zwischen annähernd adäquaten Naturen hergestellt wird, läßt sich nicht entscheiden. Die unvollkommene Übereinstimmung jedoch überwiegt im Leben so sehr, daß man sie als die Regel bezeichnen muß; und sie drückt sich ganz unzweideutig in dem unvollkommenen Glück aus, das die meisten Liebesverbindungen begleitet, sobald die enthusiastische Phase vorüber ist.

Gibt es eine besondere Begabung zur Liebe? Die Gabe der erotischen Anziehung ist damit nicht zu verwechseln; die großen Eroberer männlichen und weiblichen Geschlechts lernen kaum jemals die Liebe als Seelengemeinschaft kennen. Eine häufige Veränderung des Objekts schwächt ohne Zweifel jene Fähigkeit, die der erotischen Ergriffenheit die Vertiefung zur Liebe im eigentlichen Sinne verleiht. Wo die Vorstellung einer lebensentscheidenden Verbundenheit keinen Boden findet, wie in den durch Wechsel verbrauchten Herzen, bleibt die Anziehung an den Reiz der Neuheit geknüpft, der oberflächlich und wankelmütig macht.

Immerhin kann es sein, daß für große, reiche, glühende Herzen möglicherweise der Wechsel oder selbst eine gleichzeitige Vielheit der Objekte keine Verminderung an Liebeskraft bedeutet. Viel ungünstiger unter allen Umständen ist der Liebe ein anderer Zustand der Seele. Da Liebe eine Veränderung des Ichbewußtseins durch Verschmelzung mit einem zweiten Wesen ist, so wird dieser Vorgang desto vollkommener gelingen, je einheitlicher die seelische Verfassung ist. Der Zwiespaltsmensch als der wesentlich uneinheitliche vermag Liebe nur in eingeschränktem Maße zu empfinden. Eher noch die asexuelle, die das Gebiet der feindlichen Reaktionen in seiner Brust nicht berührt. Solche Menschen widmen oft eine tiefe Hingebung ihrer Mutter oder Schwester; sie sind manchmal aufopfernde Freunde, auch leidenschaftliche Tierliebhaber, nur das Weib als Gegenstand der erotischen Anziehung können sie nicht als Teil ihres Selbst in sich aufnehmen. Denn es weckt zugleich die Abstoßung, die für sie von allem Geschlechtlichen ausgeht. Diese Oszillation des Empfindens, in leichtem Grade eine allgemein menschliche Eigenheit, in höherem eine neuropathische, vereitelt, sobald sie vorherrscht, das Einheitsstreben der Liebe, das eine Übereinstimmung des Ichs mit sich selbst voraussetzt.

Überblickt man alle die Quellen schmerzlicher Affekte, die mit der Liebe einhergehen, die unberechenbaren Einwirkungen, die der Liebende durch das Objekt zu erleiden hat, den Mangel oder die Unzulänglichkeit der Erwiderung, die Täuschung in der Person, die Unvollkommenheit der Übereinstimmung, die Angst um den Verlust, die Eifersucht auf Bevorzugte, so scheint die Frage berechtigt zu sein, ob nicht auch objektiv, im Lichte der vernünftigen Überlegung, bei einer Bilanz der Liebe die Leiden die Summe der Freuden übersteigen.

Aber der Liebe gegenüber ist die Vernunft unzulänglich, wenn sie sich nicht zur höchsten Weisheit des Lebens erheben kann. Und von dieser Höhe aus gewinnen die Dinge eine andere Perspektive als vom Standpunkt der nüchternen, auf den äußeren Nutzen gerichteten Einsicht. Die egozentrischen Perspektiven dieser Lebensklugheit weisen nur den Weg, auf dem ein Höchstmaß von Annehmlichkeiten unter möglichster Vermeidung von Leiden aus dem Leben zu ziehen ist, nicht aber den Weg, der zu höheren Daseinszuständen führt, den Weg der seelischen Entwicklung. Für die Liebe als Wertproblem ist die Bedeutung entscheidend, die dem Leiden als solchem zuerkannt werden muß. Die Liebe in jeder Gestalt, in der sie diesen Namen verdient, bringt eine Vermehrung des Leides, eine Erhöhung der Leidensfähigkeit mit sich; und alle hohen Glücksgefühle, die sie bereitet, werden aufgewogen durch ein gleiches Maß innerlicher Leiden. Wenn schon in der ganzen Natur mit jeder Bewußtseinssteigerung der Lebewesen ein Leidensäquivalent einhergeht, so muß die Liebe, die eine Erweiterung des Ichbewußtseins durch Ausdehnung über eine andere Person ist, mindestens um soviel mehr Leiden verursachen, als die Koexistenz eines zweiten Wesens notwendigerweise mit sich bringt.

Je umfassender das Lebensbewußtsein, desto intensiver die Leidensfähigkeit. Sie ist untrennbar verschwistert mit der Fähigkeit zu großen, starken, über das Vulgäre hinausführenden Erlebnissen.

Nur eine ganz seichte Lebensauffassung kann daher Leiden als Einwand gegen die Liebe betrachten. Wie die menschliche Seele einmal beschaffen ist, bleibt sie auf Gleichgewichtsstörung, auf Erregung angewiesen, um ihre Spannkraft zu bewahren; und die Liebe als die tiefste Störung der Gemütsruhe, als der an Erregung reichste Seelenzustand ist auch der fruchtbarste, der lebensvollste. Denn es gibt nichts außer der Liebe, was in diesem Maße alle Fähigkeiten zur Totalität der Lebensempfindung steigern, den Einzelnen über sein begrenztes Eigenich hinausführen und doch zugleich das Gefühl seiner selbst so beglückend bestätigen könnte.

Die Geschlechtsliebe im Abendland hat einen seltsamen historischen Weg genommen. Auf dem Boden einer Weltanschauung erwachsen, die alles Geschlechtliche verdammte, um der Liebe als sozialem Prinzip den höchsten Rang einzuräumen, hat sie eine ungeahnte Differenzierung des Trieblebens bewirkt und dem Verhältnis der Geschlechter eine neue Form gegeben. Wenn sie auch keineswegs als sittliche Norm allgemein realisiert ist, so übt sie doch unvergleichlich mehr Gewalt in der Wirklichkeit aus als jene Liebe, welche der sozialen Utopie des Christentums als Grundlage dienen sollte. Zwei Jahrtausende christlicher Geschichte zeigen, daß eine Gesellschaftsform auf der Voraussetzung der Liebesgemeinschaft aller nicht zu verwirklichen ist; das Äußerste, was die menschliche Natur sich ihrer, durch keine Wandlung der Gesellschaftsordnung zu verändernden Beschaffenheit nach abgewinnen läßt, scheint in dem persönlichen Liebesband zu liegen, vor allem in dem durch die Sexualität bestärkten.

Daß uns die Darstellung eines menschlichen Schicksals ohne Liebesverwicklung kalt läßt, während unser Interesse sich so intensiv mit dem der Liebenden verbindet, ist nicht, wie Schopenhauer wollte, aus dem Fortpflanzungsinteresse allein zu erklären. Vielmehr beruht es darauf, daß in der Geschlechtsliebe die beiden höchsten menschlichen Interessen, das individuelle und das der Gattung, in eins verwoben sind. So tief unser menschliches Interesse an der Zeugung als an dem hohen Wunder des physischen Lebens beteiligt ist, so tief ist es auch an der Verwirklichung der Liebe als an dem hohen Wunder des psychischen Lebens beteiligt. Von allen anderen Wesen getrennt durch die Schranke des Ichs, erfährt der Mensch, der die Liebe erlebt, mit der Überschreitung dieser Schranke das Höchste, was ihm seine endliche Natur bieten kann. Er tritt in eine Welt ein, in der das Menschentum seine wunderbarsten Gaben entfaltet – in die Ideenwelt der Liebe. Und wenn es ein Zeugnis gibt, das den Weg der menschlichen Entwicklung zu höheren Daseinszuständen beglaubigt, so ist es diese Ideenwelt.

Eva Geber

Rosa Mayreder – visionäre Theoretikerin des Feminismus

Eine absolute Männlichkeit oder Weiblichkeit kommt in der Realität nirgends vor.[1]

Der Essay-Band *Zur Kritik der Weiblichkeit* erschien im Jahr 1905:[2] Mit den ersten Aufzeichnungen hatte Rosa Mayreder bereits fünfzehn Jahre davor begonnen, aber kritische Anmerkungen zu den vorgegebenen Geschlechterrollen finden sich schon in ihrer frühen Jugend. Mit dreizehn Jahren schrieb sie in ihr Tagebuch: »Ich fand aus mir selbst die Rechte des Weibes.«[3] »Aus sich selbst« bedeutet, dass Rosa Mayreder im Rahmen ihrer Familie reichlich Stoff zum Studium der Geschlechterrollen fand und diese alleine, ohne irgendeine Anleitung oder ein Beispiel von außen, kritisch analysierte.

Aufgewachsen als Tochter des Gastwirts Franz Obermayer, der »die Frau als für den Mann geschaffen« betrachtete, konnte sie das Prinzip der Machtausübung bereits an der Tragödie der ersten Frau ihres Vaters erkennen. Der Arzt hatte nach fünf Kindern und zwei Totgeburten gewarnt – eine weitere Schwangerschaft wäre tödlich. Franz Obermayer nahm darauf keine Rücksicht. Als seine Frau dann tatsächlich bei der achten Geburt starb, war ihm das kein Anlass für Gewissensbisse – der Natur müsse man

1 Rosa Mayreder: *Zur Kritik der Weiblichkeit,* Grundzüge, S. 42. Im Folgenden verbleiben die Zitate aus den Essay-Bänden *Zur Kritik der Weiblichkeit* und *Geschlecht und Kultur* ohne Anmerkung.

2 Dieses erste theoretische Werk ist Rosas Mann Karl Mayreder gewidmet, dem sie in großer Liebe verbunden war, bis zu dem Augenblick, da er um 1912 in eine schwere Depression fiel. Es erschien im Verlag Diederichs, Jena/Leipzig, ebenso wie 1923 der zweite Essay-Band *Geschlecht und Kultur.* Beide Essay-Bände wurden ungekürzt in der AUFedition/Mandelbaum Verlag, Wien 1998, mit einem Nachwort von Eva Geber herausgebracht.

3 *Frauenbilder aus Österreich. Eine Sammlung von 12 Essays*, Hg. Bund österreichischer Frauenvereine, Obelisk Verlag, Velden a.W./Wien 1955, S. 38.

»ihren Lauf lassen«. Bald darauf verliebte sich der 46-Jährige in das neu aufgenommene 17-jährige Kindermädchen Marie Engel. Aus guter, aber verarmter Familie stammend, nahm sie den Antrag des wohlhabenden Witwers an. Rosa Mayreder war das erste Kind aus dieser Ehe; sieben weitere sollten noch folgen, wovon eines nach wenigen Wochen starb.

Die dreizehn Kinder wuchsen in dem barocken Langhaus *Zum Winter* Ecke Tuchlauben/Landskrongasse auf. Den Namen verdankte das Haus einer kleinen Figur an der Fassade. Sie stellt ein Männlein dar, das auf dem Markt heiße Suppe verkauft. Es hält den Topf auf einem Kohlebecken warm und sich selbst ebenso, indem es seinen Rock darüberstülpt. 1901 wurde das Haus im Rahmen der Altstadtsanierung abgerissen, das Original der Winterallegorie kam ins Museum, aber eine Kopie ziert bis heute das Gründerzeithaus, das an dieser Stelle errichtet wurde.

Fünfzehn Familienmitglieder und keine geringe Menge an Personal bevölkerten zwei Etagen des fünfstöckigen, verwinkelten und dunklen Hauses. Der Vater, ein Bauernkind, das nur die Dorfschule besucht und sich mit elf Jahren als Vollwaise unter härtesten Bedingungen vom Kellnerlehrling hochgekämpft hatte, war unumschränkter Patriarch, der seine Omnipotenz in seiner Tüchtigkeit, der Anzahl seiner Kinder und deren großzügiger Förderung unter Beweis stellen wollte. Dazu sollten seinen Kindern Wissen und Bildungsmittel, die ihm selbst versagt geblieben waren, zur Verfügung stehen. Hauslehrerinnen und -lehrer gaben einander die Türklinke in die Hand, erteilten Nachhilfe in den Unterrichtsfächern, lehrten Sprachen, Musik, Malerei – jedes Wissen, das für ihr Fortkommen nötig war oder wofür sie sich interessierten, sollten die Kinder erlernen. Freilich, eine systematische Bildung war nur den Söhnen vorbehalten, aber Rosa setzte durch, an deren Latein- und Griechischstunden teilnehmen zu dürfen. Die Brüder lernten schlecht und recht, Rosas Wissensdurst hingegen ließ sie mit Leichtigkeit allen Lernstoff aufsaugen. Dennoch verspürte sie lebenslang ein bitteres Gefühl über die Halbheit ihrer Bildung und empörte sich darüber, dass der Zugang dazu nach dem Geschlecht und nicht nach Begabung und Interesse gewährt wurde.

Die Sommermonate verbrachte die Familie in einer Villa auf der Hohen Warte, einem großen Anwesen und wahren Paradies, das Platz bot für Naturerforschung und -versuche und für Rosa vor allem Raum, sich zurückzuziehen. Sie richtete sich hier ein Dachstübchen ein, in dem sie ihr wahres Talent, die Sprache, das Schreiben, ungestört entfalten konnte: »Dort war ich wirklich zu Hause, dort war ich frei, dort stieg aus Büchern und Papieren eine unsichtbare Welt herauf, die ich als meine wahre Heimat empfand.«[4] Obwohl sie später zuerst als Malerin bekannt wird – ihre Bilder werden auch auf der Weltausstellung in Chicago 1893 gezeigt –, weiß sie bald, dass ihre eigentliche Domäne das Wort ist. Als Blaustrumpfmanie wird ihr ihre Wissbegierde und ihr kritischer Geist vorgeworfen. Besonders ihre Mutter macht sich Sorgen um die Zukunft dieser störrischen Tochter, weil sie um deren Heiratschancen fürchtet. Dabei war die Mutter selbst durchaus gebildet und verbarg in ihrem Schrank ausgezeichnete internationale Literatur und Nachschlagewerke und ihre Ehe mit dem cholerischen Despoten diente nicht gerade als erstrebenswertes Muster. Rosa empfand Mitleid für die Ausgeliefertheit ihrer Mutter. Wie weit diese selbst zu ihrer Unterwerfung beitrug, verstand sie erst später. Von dem Leiden an diesen beiden Persönlichkeiten und Rosa Mayreders Reflexion darüber führt ein direkter Weg zu Essays wie *Einiges über die starke Faust* und zu ihrer Kritik an den verinnerlichten Verhaltensweisen von Frauen, die sich den männlichen Bedürfnissen anpassen.

Als Heranwachsende kämpft sie mit den Anforderungen an Mädchen: Sie hat wenig Freude an Putz, fühlt sich am wohlsten in alten, bequemen Kleidern, verweigert ab ihrem 18. Lebensjahr zum allgemeinen Entsetzen das Korsett, kritisiert die Unwürdigkeit, bei einem Ball darauf zu warten, von einem Mann zum Tanz aufgefordert zu werden, um sich dann auch noch seiner Führung anzupassen, und sie hasst das Brimborium der Galanterie. Sie entlarvt die Ritterlichkeit als Kehrseite der herrischen Männlichkeit. Ihr Bild der Liebe ist eines der Gleichheit der Geschlechter, die eine Synthese bewirkt, und beinhaltet das erotische Selbstbewusstsein der Frau. Mit Karl Mayreder hatte sie sich einen Ehepartner gewählt, mit dem sie diese geglückte Synthese bis zu seiner psychischen Erkrankung empfand, und sie lebte zwei heftige, mehrjährige außereheliche Beziehungen, die sie vor ihrem Mann nicht verheimlichte.

Ihre schriftstellerische Arbeit umfasst Geschichten und Dramen – als ihr Hauptwerk sieht sie *Anda Renata*, ein weiblicher Faust. Nebenbei verfasst sie unter dem Pseudonym Franz Arnold Kunstkritiken in der *Neuen Freien Presse*.[5] Aber sowohl in der Malerei wie auch – wenn auch weniger – in ihrem literarischen Œuvre bleibt Rosa Mayreder inhaltlich und formal der Konvention verhaftet. Mit ihren philosophischen Essays, deren Fragestellungen zur Soziologie der Geschlechter teilweise erst in den späten 1970er

4 Rosa Mayreder: *Das Haus in der Landskrongasse. Jugenderinnerungen.* Mit einem Vorwort von Eva Geber und einem Nachwort von Käthe Braun-Prager, AUFedition/Mandelbaum Verlag, Wien 1998, S. 52.

5 Ein anderes Pseudonym, Eremo, wählte sie für ihre erste Publikation: *Lilith und Adam* in *Neue deutsche Rundschau* 5, 1894.

Jahren von der Neuen Frauenbewegung aufgegriffen worden sind, wird sie die herausragende Vertreterin der Moderne.

Denn Einsicht ist nichts wert, wenn ihr keine Aktivität folgt.[6]

Bereits als Fünfzehnjährige, am 23. September 1874, notiert Rosa in ihr Tagebuch: »Es ist immer die leidige Frauenfrage, die mich bewegt.«[7] Folgerichtig befindet sie sich im ausgehenden 19. Jahrhundert unter den Kämpferinnen für die Frauenemanzipation. Sie ist eine der Gründerinnen des Allgemeinen österreichischen Frauenvereins, der aus dem radikalen Flügel der bürgerlichen Frauenbewegung Österreichs entstand. Radikal, weil der Verein für soziale und bürgerliche Rechte der bürgerlichen Frauen und der Arbeiterinnen eintrat.[8] Obwohl klar war, dass die politische Heimat der Arbeiterinnen in der Sozialdemokratischen Partei lag, behielt der Verein eine gewisse Distanz zu deren Vertreterinnen, wie auch umgekehrt dort der Kampf für die Rechte der Arbeiterklasse im Vordergrund stand. Die Ziele des Allgemeinen österreichischen Frauenvereins lagen vor allem im Kampf um den Zugang der Frauen zu Bildung und Arbeit sowie zur Teilnahme an der Gestaltung des öffentlichen Lebens – ein Unterschied zum gemäßigten Flügel, für den Marianne Hainisch formulierte, dass die Pflichten der Familie und der Mutterschaft dieser Teilnahme vorzugehen hätten. Obwohl Rosa Mayreder für das Vereinsleben nicht geschaffen war, wurde sie 1893 gemeinsam mit Auguste Fickert zur Vizepräsidentin gewählt – ein Amt, das sie bis 1903 innehatte. Diplomatisches Agieren lag ihr nicht, auch dies ein Grund für ihr Unbehagen in den Vereinsangelegenheiten.

Rosa Mayreder war an den Rückzug in die geistige Arbeit gewöhnt, deren Herausforderung sie sich ihr ganzes Leben stellte, die ihr lebensnotwendig war, mehr als die Liebe, diesem für Rosa Mayreder so zentralen

6 »Einsicht [ist] nicht einen Schuß Pulver wert, wenn sie zugleich die Aktivität lähmt.« *Rosa Mayreder – Tagebücher 1873–1937*. Hg. Harriet Anderson, Insel Verlag, Frankfurt 1988. Eintragung vom 5. Okt. 1914, S. 147.

7 Rosa Mayreder: *Tagebuch,* Wiener Stadt- und Landesbibliothek, Cod. Ser. Nr. 24.559.

8 Die erste Idee Auguste Fickerts, einen »politischen Frauenverein« zu gründen, scheiterte an Paragraph 30 des Vereinsgesetzes: »Ausländer, Frauenspersonen und Minderjährige dürfen als Mitglieder politischer Vereine nicht aufgenommen werden.« Die Lösung hieß: »allgemeiner« Frauenverein, aber auf die Forderung nach allgemeinem, gleichem und direktem Wahlrecht wurde nicht verzichtet.
Im »Vorwort der Herausgeberinnen« wird auf die hohe Anzahl von erwerbstätigen Frauen in Österreich hingewiesen: 1890 waren zwei Drittel der Frauen über 10 Jahre erwerbstätig, auf 100 arbeitende Männer kamen 79 Frauen. In Deutschland waren es 39%, in England 26%, in Amerika 15%.

Gefühl. 1914 – sie war 58 – vermerkte sie in ihrem Tagebuch: »Wenn ich an all die Leiden zurückdenke, die mir meine Beziehungen zu Männern brachten, dann fühle ich etwas wie Erleichterung, daß die Jahre der Liebe überstanden sind.«[9] Die Ruhe zur täglichen Arbeit an ihrem Schreibtisch war für sie eine existenzielle Notwendigkeit, und sie kämpfte um sie entschlossen, als sie in den Jahren der Krankheit ihres Mannes gefährdet war.

Wie sehr sie sich schließlich von der Frauenbewegung entfernte, merkt sie in Briefen an Auguste Fickert an: Sie habe »im Verhältnis zu den fundamentalen Anschauungen der Frauenbewegung recht ketzerische Ansichten«.[10] Sie empfand die gängige Ideologie der weiblichen Tugendhaftigkeit als »unerträglichste Aufgeblasenheit und Selbstverblendung«[11], das Frauenwahlrecht hielt sie für eine Utopie, das von Feministinnen geforderte Alkoholverbot war für sie »ein Attentat auf die persönliche Freiheit«[12], ebenso wie ihre Ablehnung der Monogamie samt Anbetung des »Götzen der Ehe«.[13] Gegen die Glorifizierung der weiblichen Selbstaufopferung formuliert sie: »Jedes Opfer, welches eine Bitterkeit in der Seele zurückläßt, [ist] keinen Schuß Pulver wert.«[14] In der Frage der Prostitution, die sie als Schande der Männer, nicht der Prostituierten empfand, wollte sie nicht im moralisierenden, sondern im sachlich hygienischen Sinn sprechen.[15] »Der ganze Egoismus der weiblichen Tugendhaftigkeit, welchen eine bornierte Erziehung uns einpaukt«[16], lag für sie wohl auch in der biologistischen Annahme einer »Sittenreinheit der Frau« oder deren Mütterlichkeit, beides für sie keine allgemeingültigen Kriterien der Weiblichkeit – die aber von manchen Frauen der Frauenbewegung in den Vordergrund gestellt wurden. Dementsprechend meldete sie 1902 ihren Rückzug aus dem Vereinskomitee des Allgemeinen österreichischen Frauenvereins an, der 1903 offiziell wurde.[17]

9 *Tagebücher,* Anderson, Eintragung vom 4. März 1914, S. 142.

10 Brief an Auguste Fickert vom 21. Mai 1894, I.N. 70889/4.

11 Brief an Auguste Fickert vom 15. Okt. 1895, I.N. 70889/13.

12 Brief an Auguste Fickert vom 5. Juni 1901, I.N. 70893/3.

13 Brief an Auguste Fickert vom 28. Nov. 19065, I.N. 70895/14.

14 Unveröffentlichter Brief von Rosa Mayreder an Auguste Fickert vom 25. Nov. 1896, zit. in Harriet Anderson: *Vision und Leidenschaft,* Deuticke, Wien 1994, S. 83.

15 *Tagebücher,* Anderson, Einleitung, S. 22.

16 Ebenda, Eintragung vom 1. Jän. 1888, S. 73.

17 Rosa Mayreder hatte aber auch eine andere Institution gegründet: Gemeinsam mit der befreundeten Malerin Olga Prager, Marianne Hainisch u.a. gründete sie 1897 eine »Kunstschule für Frauen und Mädchen«, in der auch die berühmte Tina Blau unterrichtete. Diese Schule bot Frauen endlich die Möglichkeit, in der freien Natur zu malen sowie Akt- und Anatomiestudien zu betreiben. An dieser Stelle verweise ich auf die Biogra-

Zurückgezogen von Vereinskonflikten, begab sie sich auf die Suche nach dem, »was das Weib ist«. Nicht in öffentlichen Auftritten, sondern in schriftstellerischer Arbeit sah sie ihre Aufgabe. Ihre philosophischen feministischen Essays erschienen teilweise bereits in der von ihr gemeinsam mit Auguste Fickert und Marie Lang gegründeten Zeitschrift *Dokumente der Frauen*[18] und später in *Neues Frauenleben*[19].

Sie nähert sich mit Genauigkeit, Respekt und Ernst den großen Denkern und Denkerinnen, die sich mit der Geschlechterfrage befasst hatten. Von Plato bis Weininger, von Goethe bis Bebel, von Schopenhauer bis Lou Andreas-Salomé – Rosa Mayreder rezipiert und betrachtet, analysiert und verwirft. Wie sehr sie Einzelnen von ihnen auch besonders große Hochachtung entgegenbringt – wie Schopenhauer, wie Nietzsche –, ihr Blick in der Frauenfrage ist unbestechlich und von unbeirrter Gründlichkeit: Denn »auch hervorragende Männer (...) sind gegenüber dem weiblichen Geschlecht Philister«. Ruhig und leidenschaftslos analysiert sie das Frauenbild des Mannes in den so unterschiedlichen und gleichzeitig stereotypen Festschreibungen, seziert die Konstruktionen in ihrer zweckgerichteten Widersprüchlichkeit, dekonstruiert die Idealbilder des Mannes vom Weib, dessen Macht die Frauen an der Entwicklung ihrer Individualität hindert, und gibt die Irrtümer großer Geister mit souveräner Eleganz ohne Milderung dem Gelächter preis. Radikal und ohne Scham, weder vor sittlicher Entrüstung, deren Heuchelei sie demaskiert, noch davor, in ihrer Subjektivität zu irren, lässt sie ihr Denken nicht von Opportunismus einschränken. Wenn sie davon spricht, dass es auch »edle Männlichkeit« gibt, der zu danken ist, will sie nicht mildern, nicht sich anbiedern, sondern nur gerecht sein. Nicht dem Großmut der Männer will sie die Frauenbefreiung danken; die Aufgabe muss von den Frauen selbst gelöst werden, fordert sie und verurteilt in ihrem Tagebuch im Zusammenhang mit Streitigkeiten im Allgemeinen österreichischen Frauenverein die Idee, die Differenzen mit Hilfe von Männern zu lösen[20] – ein kämpferischer feministischer Ansatz, der zu Beginn auch der Neuen Frauenbewegung genug Anfeindungen fand.

phie: Hilde Schmölzer: *Rosa Mayreder. Ein Leben zwischen Utopie und Wirklichkeit*, Promedia Verlag, Wien 2002.

18 *Dokumente der Frauen*. Hg. Auguste Fickert, Marie Lang, Rosa Mayreder; ab Band 2, Nr. 20 Hg. Marie Lang, Wien 1899–1902. Die Zeitschrift kam im März 1899 heraus; wegen Streitigkeiten zwischen den Herausgeberinnen zogen sich Fickert und Mayreder bereits im Oktober desselben Jahres aus der Redaktion zurück.

19 *Neues Frauenleben*. Hg. Auguste Fickert, Wien 1902–1918. Rosa Mayreder veröffentlichte auch in einer Reihe anderer Zeitschriften, z. B. in *Neue deutsche Rundschau*, *Neue Revue*, *Magazin für Litteratur*, *Die Frau*, *Sozialistische Monatshefte*, *Frauenzukunft* u.v.a.m.

20 *Tagebücher*, Anderson, Eintragung vom 16. Nov. 1922, S. 216.

Ihre *Kritik der Weiblichkeit* traf den Kern patriarchaler Weiblichkeitsnormen: Weiblichkeit ist ein Kulturprodukt und ästhetisches Prinzip, ebenso wie die Aufopferung; die Rollenzuweisung an »das Weib (...) ein Männerwerk vom Manne für die Zwecke des Mannes geschaffen«.

Ihre Forderung richtet sich auf die individuelle Entfaltung unabhängig vom Geschlecht: »Das Weib« soll »aus eigener Machtvollkommenheit über sich als Geschlechtswesen verfügen«. Ideal ist eine geschlechtliche Synthese: Eine reine Männlichkeit oder Weiblichkeit komme in der Realität nicht vor – »welche biologische Notwendigkeit erfordert eine essentielle Trennung der Geschlechter?« Das sind Gedanken, die die Frauenbewegung ihrer Zeit weit hinter sich ließen, die erst die Neue Frauenbewegung allmählich entwickelte.

Rosa Mayreders Formulierungen sind schonungslos und radikal: Die konventionelle »Familienliteratur ist Terrorismus«; sie spricht von der »Domestizierung des Weibes zur Mütterlichkeit«; Frauen gelten in revolutionären Bewegungen nur so lange etwas, bis diese zur Macht gelangen; die vom herrischen Mann geschätzte Unwissenheit der Frau ist »ein Surrogat der Unschuld«; sie benennt einen »männlichen intellektuellen Sadismus aus Rache«; der vom Mann ausgehende Fortschritt ist verderblich; zwischen Sklavin und Gebieterin besteht kein qualitativer Unterschied; die Geschichte von Adam und Eva ist ein »Unterwerfungsmythos«, Lilith war die erste – selbstständige – Frau.

Alles kühne, unbequeme Ansichten, geäußert in pointierter Schärfe, die mit ihrer logischen Beweisführung zwar Bewunderung hervorriefen, aber auch innerhalb der damaligen Frauenbewegung nicht immer nachvollzogen wurden.

»Mayreders Essays *Zur Kritik der Weiblichkeit* enthalten wesentlich radikalere Standpunkte zur sogenannten Frauenfrage als *Das andere Geschlecht* von Simone de Beauvoir aus dem Jahr 1949. Im Gegensatz zu Mayreders Schrift erfuhr Beauvoirs Buch eine unerschöpfliche Rezeption und gilt bis heute als theoretischer Einstieg in die Neue Frauenbewegung«, stellt Ursula Kubes-Hofmann in *Die Frauen Wiens*[21] fest. Woraus erklärt sich dieses Phänomen? Zum einen daraus, dass der Nationalsozialismus in Deutschland und Österreich sämtliche fortschrittlichen Strömungen abgeschnitten und vernichtet hat. Diesen Riss im Diskurs hat die Neue Frauenbewegung erst allmählich gekittet. Eine andere Erklärung könnte darin liegen, dass Rosa Mayreders Radikalität noch nicht verstanden wurde, worauf die ver-

21 *Die Frauen Wiens. Ein Stadtbuch für Fanny, Frances und Franceska*. Hg. Eva Geber, Sonja Rotter, Marietta Schneider, AUFedition im Verlag der Apfel, Wien 1992, S. 136.

harmlosende Selektion hinweist, mit der ihr Werk von ihren ZeitgenossInnen rezipiert wurde: Auf ihr Engagement als ein weiblich-soziales Phänomen wurde hingewiesen, auf ihr »Ideal einer höheren Menschlichkeit«, auf den Stellenwert der Liebe in ihrem Werk.[22]

Ihre Essays hatten großen Erfolg, wurden bewundert und besprochen, ihre Vorträge fanden in vollen Sälen statt, hatten in ihren provokanten Schlüssen wahrscheinlich einen hohen Unterhaltungswert, aber das Systemsprengende ihrer Analysen wurde sicher nicht im vollen Ausmaß erkannt.

Sowohl in ihrer Untersuchung der Geschlechterbeziehungen, die auf die Erkenntnis der Neuen Frauenbewegung hinausläuft: »Das Private ist politisch«, wie auch in ihrer radikalen Dekonstruktion der Geschlechterideale, die ein soziokulturell geprägtes Geschlecht bestimmen, wie dies in der Gender-Debatte seit den 1980er Jahren definiert wird, mit dem revolutionären Potenzial ihrer Vision der »Freiheit der zum Bewußtsein ihrer selbst gelangten Individuen beiderlei Geschlechts«[23], die das Geschlecht als biologisch-bisexuell versteht und in einer Synthese von Männlichkeit und Weiblichkeit – also einer androgynen Konzeption – das Ideal sieht, bewegte sie sich in Denkgebäuden, die sie alleine bewohnte. Das erklärt ihre zunehmende Vereinsamung.

Ihre Diagnose ist schonungslos, aber ihr Wunsch ist Therapie, sie »hätte umsonst gelebt«, wenn sie »das Menschenrecht des Weibes nicht beweisen kann«.[24] Um den Beweis geht es ihr vor allem in diesem Werk, aber sie macht sich keine Illusionen über dessen Wirkung. Ihre Maxime lautet: Zu erkennen – egal, ob diesem Erkennen eine Wirkung folgen wird.[25] Ohnedies weiß sie sich als »Entartete«, gegen die Norm ankämpfend, in einer solitären Avantgarde, der zu folgen der Masse widerstrebt. Dennoch ist es die Aufgabe und die Pflicht selbstständiger weiblicher Individuen, die herrschenden Normen zu durchbrechen, den Kulturprozess voranzutreiben. Die anderen Frauen aber sollen zumindest diesen Kampf als auch für sie gemeint anerkennen.

Auch demokratischen Veränderungen begegnet sie zunehmend mit Vorbehalt: Sie glaubt an die Evolution, also an die Entwicklung zu edleren, höheren, »geistigeren« Menschen, aber der Erste Weltkrieg beraubt sie

22 Als Beispiel die Festschrift *Der Aufstieg der Frau. Zu Rosa Mayreders 70. Geburtstag*, Jena 1928.

23 *Rosa Mayreder oder Wider die Tyrannei der Norm.* (Auszüge). Hg. Hanna Bubeniček, Böhlau Verlag, Wien 1986, Einleitung, S. 22.

24 *Tagebücher,* Anderson, Eintragung vom 10. Sept. 1880, S. 57.

25 Ebenda, Eintragung vom 4. Dez. 1914, S. 150.

diesbezüglich jeder Hoffnung. Im Tagebuch ersehnt sie 1917 eine Volkserhebung, schränkt aber ihre Erwartung ein, weil nur »ernste, wohlwollende, tüchtige Menschen von überlegener Einsicht«[26] an leitender Stelle eine Änderung bewirken können. Die Monarchie mit Kaiser Franz Joseph als »Repräsentanten des Vertuschungssystems«[27] hat nur zur »scheußlichen Ausgeburt der kapitalistisch-imperialistischen Macht« geführt.[28] 1918 freut sie sich über die Möglichkeit Russlands für neue Wege, aber bereits ein Jahr später registriert sie den Missbrauch der Macht, die Einschränkungen, die sie als lebensfeindlich bezeichnet: Die »unangenehme Ungleichheit«, »Resultat der individuellen Differenzierung« (sic!), bewirke die Herrschaft einer Clique. Dennoch hält sie eine Periode des Kommunismus für unumgänglich. Weitblickend fürchtet sie Antisemitismus, weil viele Juden kommunistische Führungspersönlichkeiten sind, denen die Schuld an der Unterdrückung in die Schuhe geschoben werden wird. Außerdem habe der Kommunismus zu wenig positive Ideen; von den Idealen der Französischen Revolution habe er nur die Gleichheit übrig gelassen, Freiheit und Brüderlichkeit aber vergessen.[29]

»Rosa Mayreder ist trotz ihrer starken Bürgerlichkeit die Revolutionärin der geistigen Werte«, schreibt Oszkár Jászi.[30] Heute betrachten wir es eher umgekehrt: Beeindruckt von ihrer revolutionären Radikalität, sind wir versucht, ihre historische und soziale Gebundenheit zu vergessen, und sind von ihrer Bürgerlichkeit überrascht.

Als sie 1919 wenig Freude über das nun auch für Frauen erreichte Wahlrecht äußerte, entsprang diese Stimmung aber nicht nur einem demokratieskeptischen, sondern auch einem realistischen Denken: »(...) nur eine verschwindend kleine Gruppe« von Frauen hatte um dieses Wahlrecht gekämpft.[31] Sie zweifelt daran, dass die Mehrheit mit den Anliegen der Frauenbewegung mithalten möchte und nicht lieber an der Norm festhalten will. Die Norm gilt es zu bekämpfen, und sie fürchtet die Lähmung durch eine konservative Haltung so sehr, dass sie bereits um die Jahrhundertwende für den Fall der Weiterentwicklung der Mehrheit der Frauen im Sinne der Emanzipation vor einer Erstarrung der Frauenbewegung in diesen neuen Normen warnt.

26 *Tagebücher,* Anderson, Eintragung vom 2. Juli 1917, S. 173.
27 Ebenda, Eintragung vom 5. Okt. 1914, S. 146.
28 Ebenda, Eintragung vom 2. Juli 1917, S. 173.
29 Ebenda, Eintragung vom 16. April 1919, S. 190 f.
30 Werbetext zu *Der Aufstieg der Frau.*
31 *Tagebücher,* Anderson, Eintragung vom 15. Nov. 1918, S. 185.

So wie ihr Denken keine Tabus kennt, sind ihre Handlungen von ebenso freier, unopportunistischer Haltung[32] – eine Querdenkerin, die nicht auf Zustimmung sah und sie doch ersehnte. Rosa Mayreder zweifelte nicht daran, dass sie eine Vordenkerin und Vorkämpferin einer neuen, notwendigen Ordnung war, die den Frauen Selbstbestimmung, Bildung und Entfaltung ermöglichen sollte.

Die erschütterndsten Ereignisse haben sich trennend zwischen beide Teile gestellt.[33]

Es ist wahr: Zwischen der ersten Essay-Sammlung *Zur Kritik der Weiblichkeit,* die 1905 erstmals aufgelegt wurde, und dem als Teil II geplanten Werk *Geschlecht und Kultur*[34], das 18 Jahre später erschien, liegt eine Kluft. Zum einen nimmt Rosa Mayreder ihr Ideal der Androgynität zurück, hält ihre Unterscheidung von biologischem und sozialem Geschlecht nicht mehr aufrecht und verweist auf eine kulturelle Mütterlichkeit, zum anderen vermissen wir die stringente Frische der *Kritik der Weiblichkeit.* Diese gravierenden Unterschiede hatten zwei Ursachen: den Ersten Weltkrieg und die psychische Erkrankung ihres Mannes. Der Krieg – »die letzte und furchtbarste Konsequenz der absoluten männlichen Aktivität« – zerstörte Rosa Mayreders evolutionäre Hoffnung auf eine höhere Entwicklung des Menschen. Die Krankheit ihres Mannes beraubte sie der »synthetischen Ergänzung« ihres Ichs, zerstörte die Liebe in ihrer »höchsten Form« und bedeutete den Verlust »der Zuflucht, der Heimat, des Geborgenseins in dem geliebten Wesen«.[35]

Aus dieser Zerstörung von Hoffnung und Glück resultiert die Zurücknahme ihrer wegweisenden Radikalität, aber Rosa Mayreder will nicht aufgeben, sie erlaubt sich keinen resignativen Rückzug. Sie fühlt sich verpflich-

32 Ihr unopportunistisches Verhalten veranschaulicht folgende biografische Einzelheit: Trotz des wachsenden Antisemitismus (Lueger) bekennt sie sich immer wieder und stolz zu ihrem jüdischen Großvater, den in der zwar liberalen – aber christlichen – Familie niemand vermutet hätte. In den 1920er Jahren kostet dieses Bekenntnis ihrem Mann beinahe die Ernennung zum Rektor der Technischen Universität und 1928, zu ihrem 70. Geburtstag, wird ihre bereits beschlossene Ehrenbürgerschaft der Stadt Wien nach einem Zeitungsartikel, in dem sie abermals auf ihren jüdischen Großvater verweist, degradiert: Sie wurde nur mehr »Bürgerin« der Stadt Wien. Sozusagen Ehre zweiter Klasse. Dies noch im Roten Wien!

33 Aus Rosa Mayreders Vorwort zu *Geschlecht und Kultur*, 1998, S. 7.

34 Titel aufgrund Otto Weiningers *Geschlecht und Charakter. Eine Prinzipielle Untersuchung*, Erstausgabe 1903. Ein Werk des jüdischen Selbsthasses und der Frauenverachtung.

35 Rosa Mayreder: *Vom Wesen der Liebe* in *Geschlecht und Kultur*, 1998, S. 246 ff.

tet, ihren Beitrag zur Weiterentwicklung der Gesellschaft zu liefern, um die zerstörerischen Kräfte der Zivilisation aufzuhalten. Deshalb Rosa Mayreders dramatischer Appell an das evolutionäre Gewissen und deshalb der Versuch, Rettungsmuster zu konstruieren, um der Morbidität der modernen Zivilisation die Lebendigkeit der Kultur entgegenzusetzen.

Die Moderne in Österreich und die Aufbruchstimmung der Frauenbewegung um 1900 hatten eine Wende erwarten lassen: »Die geistige Welt scheint sich in ihre Elemente auflösen zu wollen, um sich zu neuen Daseinsformen wieder aufbauen zu können«[36], schrieb Rosa Mayreder 1907 voll Optimismus. Mit dem Beginn des Krieges 1914 erlosch Rosa Mayreders Hoffnung auf die erwartete kulturelle Weiterentwicklung. Die Notizen in ihrem Tagebuch zeigen ihre zunehmende Verzweiflung: »(...) der Bankrott der Zivilisation, der in diesem Krieg zutage tritt, bedeutet eine innere Katastrophe für mich«.[37]

Bereits vor 1914 hatte der Sog der Stadt Wien Anlass für Schilderungen von industriellen Auswüchsen, Alkoholismus, Einsamkeit und Lieblosigkeit gegeben. Menschen wurden zu Maschinen. Der Krieg schuf eine totalitäre Welt, die den Einzelnen überwältigte.[38] In den Romanen Musils, Kafkas und Brochs wird die Bürokratie angeprangert, die Zivilisation ist ins Wanken geraten. Der Krieg führte in die Apokalypse des Industrialismus: Gustav Meyrink lässt seinen Bildern von blutdürstigen Maschinen freien Lauf, Franz Werfel beschreibt Staat, Krieg und Wissenschaft als »eine unendliche Kette vampyrischer Attrappen, die mit Blut getränkt werden müssen, um das Antlitz des Lebens zu bekommen«.[39] Der Theoretikerin Rosa Mayreder genügt die Anklage nicht. Sie will die Mechanismen durchschauen. Ihre Analyse führt zu brillanten Definitionen der Begriffe von Zivilisation und Kultur, die uns ein Gegensatzpaar zeigen: Zivilisation und Kultur – früher eins – haben sich getrennt. Die Zivilisation wurde zur Zerstörerin von Natur, ihre »Entfaltung technischer Machtmittel« vernichtete die Kultur. Lebensfeindlich, spezialisiert, abstrakt bringt die Hybris der Zivilisation Krankheit, Elend und Tod. »Neue raffinierte Bedürfnisse« werden erst »durch den umständlichen Apparat der zivilisierten Lebensführung geschaffen«. »Technische« Lebensvervollkommnung schafft keine »höhere« Lebensvervollkommnung, das Kulturinteresse ist in den Hintergrund gedrängt, der Mensch lebt nicht, »er wird gelebt«. Kultur

36 Rosa Mayreder: *Zur Kritik der Weiblichkeit* in *Der Kunstwart*, Jg. 21 (1907), S. 26.

37 *Tagebücher,* Anderson, Eintragung vom 4. Dez. 1914, S. 150.

38 William M. Johnston: *Österreichische Kultur- und Geistesgeschichte. Gesellschaft und Ideen im Donauraum 1848–1938*, Böhlau-Verlag, Wien/Köln/Weimar 1992, S. 394.

39 Franz Werfel: *Die christliche Sendung* in *Neue Rundschau*, Bd 38, 1917, S. 99.

hingegen bedeutet Rosa Mayreder »Schöpfung von Lebensinhalten, Bereicherung durch die Mittel des Geistes, Kultur setzt eine Übereinstimmung von Denken und Sein voraus«, die in der modernen Zivilisation der Leistung, der Beherrschung, der Verdinglichung keinen Platz hat. Was hätte sie heute gesagt? Versklavt von der digitalen und der mobiltelephonischen Abhängigkeit? Vergewaltigung unserer intimsten Freiheiten?

Wie sehr Rosa Mayreders Zivilisationskritik umfassend und prophetisch ist und in ihrem wütenden Furor in der Hochform ihrer stilistischen Brillanz, sie bleibt in der zeitgenössischen Rezeption verdrängt.[40] Und auch viel später, in den Auseinandersetzungen, die mit Günther Anders' »Antiquiertheit des Menschen« 1956 begannen und in der Folge von 1968 weiterentwickelt wurden, wird Rosa Mayreders frühe Analyse niemals erwähnt.

Rosa Mayreder begnügt sich nicht mit Definition und Analyse, sie will die Ursache erfahren, die Verursacher dingfest machen: »Die ganze moderne Zivilisation ist ein Männerwerk«, für Männer geschaffen, »der Anteil der Frauen daran kommt kaum in Betracht«. Sie ordnet die Zivilisation den Männern zu, die Kultur den Frauen.

Die Zukunft ist weiblich oder gar nicht.[41]

Rosa Mayreder, die Vorkämpferin, kann es bei der Feststellung der Katastrophe und deren Verursachern nicht bewenden lassen: Den Weg des »Therapeutischen Nihilismus« – von Karl Kraus über Otto Weininger bis später zu Elias Canetti[42] –, der die Diagnose in den Vordergrund stellt und Heilung als aussichtslos gar nicht erst versucht, lehnt sie ab. Therapie ist verpflichtend, und in diese Verantwortung bezieht sie die Gesellschaft – insbesondere die Frauen – ein.

Anstelle des Zauberlehrlings Mann in seiner unfähigen Maßlosigkeit muss nun die Frau »Maß aller Dinge« werden und in sozialer Gleichstellung die kulturelle Neugestaltung durch ihre »lebensbejahende Mütterlichkeit« erreichen. Damit verlässt sie in ihrem Zorn auf das Werk des Mannes und in ihrer Enttäuschung über dessen Unveränderbarkeit ihre frühere antibiologistische Haltung. Wie sehr sie selbst unter dieser Zurücknahme litt, zeigt ihre schwerfälligere Argumentation, die mehr Wunschkonstrukt als Überzeugung erkennen lässt.

40 Der Großteil der Huldigungen zu Rosa Mayreders 70. Geburtstag (Festschrift *Der Aufstieg der Frau*) beschäftigt sich mit Liebe und Frieden in Mayreders Werk.

41 Slogan der Neuen Frauenbewegung.

42 Elias Canetti: *Masse und Macht*, Claassen Verlag, Berlin 1960.

Die Beschwörung einer weltheilenden Mütterlichkeit fällt ihr schwer, sie relativiert sie in »Sowohl als auch«-Darstellungen, zu denen sie ihre Genauigkeit verpflichtet. Dabei lässt sie auch hier ihren Witz und jene überlegte Ironie aufblitzen, die wir in *Zur Kritik der Weiblichkeit* so bewundern. Selbstverständlich erwartet sie nicht und findet es auch nicht wünschenswert, dass Frauen von nun an nur die Kulturaufgabe übernehmen und an der Zivilisationsarbeit nicht partizipieren, denn sie »sind nicht nur harmonische und ästhetische Erscheinungen«, ebenso wenig wie »Männer (...) nur mechanisierte Barbaren« seien. Im Kapitel *Geschlecht und Sozialpolitik* entwickelt sie de facto wieder das Bild der selbstbestimmten Persönlichkeit, die eine Polarität der Geschlechter ausschließt. Realistisch – und auch dies bis heute aktuell! – ist die Einforderung der Berücksichtigung der generativen Belastung der Frau, um wenigstens teilweise die biologische Ungerechtigkeit auszugleichen.

Trotz aller Resignation: Als Frau, die Veränderung wollte, gab sie die Hoffnung nicht auf. Stolz vermerkt sie den Mut der Frauen in der Friedensbewegung, in der sie sich selbst als Pazifistin und Internationalistin engagiert. Der Nationalismus, »eine epidemische Geisteskrankheit«[43], ist die Begleitmusik zum Streben nach Macht: »(...) wer den Krieg als solchen bekämpfen will, müßte vorher das Prinzip der Macht entwerten«.[44] Diese Analyse führt weiter als Bertha von Suttners rationaler Pazifismus. Über die Kriegsgräben und die chauvinistischen Schranken hinweg schaffen es progressive Frauen, sich für den Frieden einzusetzen.[45] Stolz ist sie, dass das weibliche Geschlecht angetreten ist, die Welt zu verändern.

Es gibt nichts, außer der Liebe.

Ein weiterer Punkt, der sie unbeirrt trotz ihres individuellen Schicksals zeigt, ist ihre unverändert hohe Bewertung der Liebe. Zum einen bedeutet die psychische Erkrankung ihres Mannes, dessen Wesen sich entscheidend verändert – »Alle guten Eigenschaften, die ich liebte, (...) sind erloschen; alle Mängel (...) bis zur Karikatur gesteigert«[46] –, den Verlust ihrer emotionalen Sicherheit, zum anderen brachten ihr die beiden außerehelichen Liebesbeziehungen weniger Glück als Schmerzen.[47] Dieses persönliche Leid

43 *Tagebücher,* Anderson, Eintragung vom 15. Feb. 1918, S. 176.

44 *Kriegsphrasen* in *Internationale Rundschau 2*, 1916, S. 650 f.

45 *Die Frau und der Frieden*, undatiertes Vortragsmanuskript, wahrscheinlich 1921.

46 *Tagebücher,* Anderson, Eintragung vom 6. Nov. 1912, S. 131.

47 Die außerehelichen Liebesbeziehungen lagen vor der Zeit von Karl Mayreders Erkrankung. Die zweite endete drei Jahre davor. In dieser Zeit der (offenen) »Doppelliebe« fällt

ändert nichts daran, dass die Liebe für Rosa Mayreder ein elementares Erlebnis bleibt, denn »die Liebe als die tiefste Störung der Gemütsruhe, als der an Erregung reichste Seelenzustand ist auch der fruchtbarste, der lebensvollste«. Mit dieser leidenschaftlichen Laudatio ist es selbstverständlich nicht getan. Rosa Mayreder als Vertreterin der Wiener Moderne trägt die Gesetzmäßigkeiten der Liebe, ihre Elemente zusammen, wobei ein wesentliches die Idolbildung ausmacht, die erst erlaubt, die Ich-Schranke zu überschreiten, womit sie mit Freuds Auffassung korrespondiert. In der Liebe kommt sie wieder auf die geschlechtliche Synthese zurück: Die höchste Liebeskunst ist dann erreicht, wenn der Mann wie eine Frau liebt, erst dann ist der Mensch vollendet. Dieses Thema ist es auch, das in Ehrungen und Würdigungen am liebsten erwähnt wird, mit dem sie die meiste Zustimmung findet.

Mit den nächsten beiden Punkten begibt sie sich wieder auf gesellschaftlich glatteres Parkett: Für die gleichgeschlechtliche Liebe, sagt sie ohne jede Einschränkung, gelten dieselben Elemente wie für die heterosexuelle, da sie nicht von den Gefühlen zwischen Mann und Frau abhängig ist, sondern davon, dass zwei einander fremde Wesen aufeinandertreffen.[48] Liebe ist nicht nur auf eine einzige Person beschränkt, ihrem Wesen nach fordert sie auch nicht strenge Ausschließlichkeit. Trotz moralischer Abwehr, die vor allem aus der Natur des sexuellen Verhältnisses fließt, bestätigt sich diese Tatsache vielfältig. Bei den Männern meistens eher zugestanden, »aber auch Frauen, und gerade innerlich sehr reiche«, verfallen der Doppelliebe, d. h. der »vollen Liebesgleichheit zweier Objekte im Bewußtsein eines Subjektes«, konnte Rosa Mayreder aus Erfahrung sagen.

»Die [Liebes-]Ehe als Idee der Verinnerlichung« gilt nur im Sinne der Freiwilligkeit, der das Sakrament der Ehe oder eine gesetzliche Regelung widersprechen. Im Zusammenhang mit der schweren Depression ihres Mannes, in der Karl Mayreder gegen seine Frau immer wieder feindselig und aggressiv wird, spielt sie öfter mit dem Gedanken, ihn zu verlassen: »Wenn ich bedenke, wie viel Kraft einer Frau die Familie konsumiert, dann erscheint sie mir als eine geradezu verruchte Lebensform. Darf ein Wesen aus seiner Bahn gerissen werden, weil es Schwester, Tochter, Gattin ist?«[49]

Rosa Mayreder schrieb visionäre feministische Texte von herausragendem intellektuellem Niveau, in einer Radikalität, die in vielen Punkten nicht erfasst wurde, und in einer Zeit ohne kritische Tradition. Sie sieht in

die Beurteilung der beiden »Konkurrenten« jeweils zu Gunsten Karl Mayreders aus.

48 Eva Geber: *Rosa Mayreder: Vom Wesen der Liebe* in *AUF – Eine Frauenzeitschrift*, Nr. 100, Wien 1998, S. 13.

49 *Tagebücher*, Anderson, Eintragung vom 13. Juni 1914, S. 144.

ihrer Arbeit »die letzte höchste Entfaltung der Persönlichkeit«[50], Kreativität als schöpferischen Akt, das Ich als »letzten Gott«.[51] Eine nüchterne Denkerin und eine leidenschaftliche Visionärin. Und weise? War Rosa Mayreder weise? Jedenfalls nicht abgeklärt. Mit 75 Jahren notiert sie in ihr Tagebuch: »Das Staunen ist eher gewachsen.«[52]

Obwohl Rosa Mayreder meinte, es habe sich schon vieles geändert, konnte sie doch ihre Utopien nicht mehr erleben. Es dauerte bis in die 1970er Jahre, bis manche Forderungen der Frauenbewegung erfüllt wurden, und noch ein Stückchen länger, bis ihre fundamentalen Theorien in der Neuen Frauenbewegung Thema wurden. Einsicht ohne Aktivität sei nichts wert, sagte Rosa Mayreder. Wie wir gesehen haben, sind auch Kontinuität und Geschichtsbewusstsein unerlässlich.

Eva Geber, geboren 1941, ist Autorin, Kulturpublizistin und Grafikerin. Sie war Mitherausgeberin des feministischen Magazins AUF – Eine Frauenzeitschrift. Bei Mandelbaum erschien u.a. *Der Typus der kämpfenden Frau,* für das sie den Bruno-Kreisky-Preis erhielt.

50 Ebenda, Eintragung vom 20. Feb. 1919, S. 188 f.
51 Rosa Mayreder: *Der letzte Gott*, Stuttgart 1933.
52 *Tagebücher,* Anderson, Eintragung vom 16. Feb. 1933, S. 277.

Bibliographie der Werke Rosa Mayreders

Veröffentlichte Bücher und Broschüren

Der Corregidor. Operntext. Mannheim 1896.

Aus meiner Jugend. Drei Novellen. Dresden 1896.

Übergänge. Novellen. Dresden 1897.

Die Abolitionisten-Föderation. Sonderabdruck aus der Wiener klinischen Rundschau Nr. 32. Wien 1898.

Idole. Geschichte einer Liebe. Berlin 1899.

Pipin. Ein Sommererlebnis. Leipzig 1903.

Zur Kritik der Weiblichkeit. Essays. Jena/Leipzig 1905. Vier unveränderte Neuauflagen zwischen 1907 und 1922. Neuedition Wien 1998.

Zwischen Himmel und Erde. Sonette. Jena/Leipzig 1908.

Der typische Verlauf sozialer Bewegungen. Wien 1917.

Die Frau und der Internationalismus. Wien 1921.

Fabeleien über göttliche und menschliche Dinge. Wien 1921.

Sonderlinge. Berlin 1921. Neuabdruck einer Novelle aus: Aus meiner Jugend.

Geschlecht und Kultur. Essays. Jena/Leipzig 1923. Neuedition Wien 1998.

Askese und Erotik. Jena 1926.

Ideen der Liebe. Jena 1927.

Mensch und Menschlichkeit. Wien 1928.

Die Krise der Ehe. Jena 1929.

Der letzte Gott. Stuttgart 1933.

Anda Renata. Mysterium in zwei Teilen und zwölf Bildern. Teil 1. Wien 1934.

Gaben des Erlebens. Sprüche und Betrachtungen. Darmstadt 1935.

Diana und Herodias. Ein mythisches Spiel. Privatdruck. 1937.

Aschmedais Sonette an den Menschen. Privatdruck. 1937.

Das Haus in der Landskrongasse. Jugenderinnerungen. Hrsg. von Käthe Braun-Prager. Wien 1948. Neuedition Wien 1998.

Krise der Väterlichkeit. Hrsg. von Käthe Braun-Prager. Graz/Wien 1963. (Auszüge aus Schriften Rosa Mayreders.)

Zur Kritik der Weiblichkeit. Essays. Hrsg. von Hanna Schnedl(-Bubeniček). München 1982 (Auszüge aus Schriften Rosa Mayreders).

Rosa Mayreder oder Wider die Tyrannei der Norm. Hrsg. von Hanna (Schnedl-)Bubeniček. Wien 1986 (Auszüge aus Schriften Rosa Mayreders).

Mein Pantheon. Lebenserinnerungen. Nach Rosa Mayreders handschriftlichem Konzept. Hrsg. von Susanne Kerkovius. Dornach 1988.

Tagebücher 1873–1937. Hrsg. von Harriet Anderson. Frankfurt/M. 1988.

In Sammelbänden, Zeitschriften oder Zeitungen veröffentlichte Werke

Verschiedene Beiträge in: Zerstreute Blätter aus dem Fremdenbuche seiner Hoheit des Prinzen Gschnas. Gesammelt gefunden und gebunden von seinen zerstreuten Verehrern. 13. Februar 1893. Herausgegeben von der Genossenschaft der bildenden Künstler Österreichs anläßlich des Gschnasfestes im Künstlerhaus, S. 59, 66, 69, 71(4), 79(4), 82.

Lilith und Adam. In: Neue deutsche Rundschau 5, Berlin 1894, S. 264–277. (Unter dem Pseudonym Eremo.)

Sein Ideal. In: Neue Revue 5, Wien 1894, S. 243–273.

Halbtragisch. In: Neue Revue 5, Wien 1894, S. 403–428.

Der Klub der Übermenschen. In: Neue deutsche Rundschau 6, Berlin 1895, S. 1212–1228.

Mit dreizehn Jahren. In: Neue Revue 7, Wien 1896, S. 83–87, S. 117–122.

In der Nacht. In: Magazin für Litteratur 66, Weimar 1897, Sp. 805–810

Drachentöter. Eine Fabelei. In: Magazin für Litteratur 66, Weimar 1897. Sp.998–1002.

Richard Wagner, der Heide. In: Magazin für Litteratur 66, Weimar 1897, Sp. 1333–1338

Richard Wagner, der Christ. In: Magazin für Litteratur 66, Weimar 1897, Sp. 1367–1373.

Die Ausstellung der Secession. In: Neue Freie Presse, Wien, Morgenblatt vom 24. November 1898, S. 1–3. (Unter dem Pseudonym Franz Arnold.)

Eine Jubiläumsincarnation. In: Magazin für Litteratur 67, Weimar 1898.

Eine andere Marie Baschkirtseff. In: Magazin für Litteratur 67, Weimar 1898.

Die Ausstellung der Secession. In: Neue Freie Presse, Wien, Morgenblatt vom 17. Jänner 1899, S. 1–3. (Unter dem Pseudonym Franz Arnold.)

Die Ausstellung der Wiener Secession I: Malerei. In: Magazin für Litteratur 68, Weimar 1899, Sp. 30–35. (Unter dem Pseudonym Franz Arnold.)

Die Ausstellung der Wiener Secession II: Plastik und Architektur. In: Magazin für Litteratur 68, Weimar 1899, Sp. 53–57. (Unter dem Pseudonym Franz Arnold.)

Frauenvereine. In: Dokumente der Frauen 1, Wien 1899, S. 36–38.

Zur Physiologie des weiblichen Geschlechtes. In: Dokumente der Frauen 1, Wien 1899, S. 66–69.

Die schöne Weiblichkeit. In: Dokumente der Frauen 1, Wien 1899, S. 119–125

Antwort auf einen Darwinianer. In: Dokumente der Frauen 1, Wien 1899, S. 198–199.

Tina Blau. In: Magazin für Litteratur 68, Weimar 1899, Sp. 303–306. (Unter dem Pseudonym Franz Arnold.)

Sonette – Kosmosophie, Glaubensbekenntnis. In: Magazin für Litteratur 68, Weimar 1899, Sp. 1229.

Familienliteratur. In: Dokumente der Frauen 2, Wien 1900, Sp. 543–550.

Sonette. In: Magazin für Litteratur 69, Weimar 1900, Sp. 15–17.

Erster Versuch. In: Magazin für Litteratur 69, Weimar 1900, Sp. 17–23.

Der Stiefvater. In: Die Gesellschaft. Halbmonatsschrift für Litteratur, Kunst und Sozialpolitik 16, Leipzig 1900, S. 87–96.

Acht Sonette. In: Die Gesellschaft. Halbmonatsschrift für Litteratur, Kunst und Sozialpolitik 16, Leipzig 1900, S. 96–99.

Der Schatten. In: Magazin für Litteratur 69, Weimar 1900, Sp. 947–952.

Über Hugo Wolf und seine Oper. Erinnerungen. In: »Der Corregidor« von Hugo Wolf. Kritische und biographische Beiträge zu seiner Würdigung. Hrsg. von Edmund Hellmer. Berlin 1900, S. 22–61.

Die Dame. In: Die Zukunft 9, Berlin 1901, S. 496–504.

Frauen und Frauentypen. In: Die Frau. Monatsschrift für das gesamte Frauenleben unserer Zeit 8, Berlin 1901, S. 577–584.

Zur Kritik der Weiblichkeit. In: Neues Frauenleben 14, Wien 1902, Nr. 1, S. 1–5, Nr. 2, S. 1–5, Nr. 3, S. 1–6.
Die Tyrannei der Norm. In: Die Frau 9, Berlin 1902, S. 705–713.
Das subjektive Geschlechtsidol. In: Die Frau 11, Berlin 1903, S. 129–137.
Mutterschaft und Kultur. In: Neues Frauenleben 17, Wien 1905, Nr. 7, S. 1–7.
Multatuli: »Frauenbrevier«. Buchbesprechung. In: Österreichische Rundschau 2, Wien 1905, S. 570–571.
Ein Gedicht Anzengrubers. In: Österreichische Rundschau 5, Wien 1905/06, S. 498–500.
Henrik Ibsens politisches Vermächtnis. In: Neues Frauenleben 18, Wien 1906, Nr. 6, S. 19–20.
Die Frauen und der Prozeß Riehl. In: Neues Frauenleben 18, Wien 1906, Nr. 11, S. 7–17.
Die Frauen und der Prozeß Riehl. In: Mutterschutz. Zeitschrift zur Reform der sexuellen Ethik. Hrsg. von Helene Stöcker, Frankfurt, März 1907, S. 100 ff.
»Zur Kritik der Weiblichkeit«. In: Der Kunstwart 21, Dresden 1907, S. 420–422.
Verhängnis. In: Sozialistische Monatshefte 13, Berlin 1909, S. 645–649.
An Marianne Hainisch! In: Marianne Hainisch zum 25. März 1909. Hrsg. vom Bund österreichischer Frauenvereine. Wien 1909, S. 38.
Zur Kultur der Geschlechter. In: Frauenzukunft 1, 1910, S. 77–83.
Die Wandlungen der Ehe. In: Frauenzukunft 1, 1910, S. 393–404. S. 526–536, S. 623–630.
Das Urphänomen der Geschlechtlichkeit. In: Die Neue Generation 6, Berlin 1910, S. 351–355.
Sonette. In: Neues Frauenleben 22, Wien 1910, S. 72–73.
Auguste Fickert. In: Die Frau 18, Berlin 1910, S. 6–10.
Sexuelle Lebensideale. In: Frauenzukunft, 1911 S. 54–66, S. 77–88, S. 172–183, S. 329–343.
Irma von Troll-Borostyani. In: Neues Frauenleben 24, Wien 1912, S. 61–63.
Mutterschaft und doppelte Moral. In: Mutterschaft. Ein Sammelwerk für die Probleme des Weibes als Mutter. Hrsg. von Adele Schreiber. 3 Bde. München 1912, Bd. 1, S. 156–162.
Mein Traum. In: Sozialistische Monatshefte 16, Berlin 1912, S. 32–37.
Zur Psychologie der freien Liebe. In: Die Neue Generation 8, Berlin 1912, S. 2–11.
Zwei Sonette. In: Neues Frauenleben 24, Wien 1912, S. 78–79.
Geschlecht und Kultur. In: Annalen der Natur- und Kulturphilosophie 12, 1913, S. 289–306.
Nachwort zu: Ajax: Der synthetische Mensch. In: Neues Frauenleben 26, Wien 1914, S. 22–24.
Der Haager Frauenkongreß im Lichte der Frauenbewegung. Begrüßungsansprache, gehalten in der Versammlung des Allgemeinen österreichischen Frauenvereins am 18. Mai 1915. In: Neues Frauenleben 27, Wien 1915, S. 98–101.
Die Frau und der Krieg. In: Internationale Rundschau 1, Zürich 1915, S. 516–527.
Das Problem der Väterlichkeit. In: Festschrift für Wilhelm Jerusalem zu seinem 60. Geburtstag von Freunden, Verehrern und Schülern. Wien 1915, S. 174–189.
Die Frau und der Internationalismus. In: Neues Frauenleben 28, Wien 1916, S. 25–32.
Kriegsphrasen. In: Internationale Rundschau 2, Zürich 1916, S. 585–590, S. 648–652.
Antwortschreiben österreichischer an die französischen Frauen. In: Neues Frauenleben 29, Wien 1917, S. 195–199. Mit Leopoldine Kulka und Olga Misar.
Sozialistische Betrachtungen zum Weltkrieg. Zwei Schriften Max Adlers. In: Internationale Rundschau 3, Zürich 1917, S. 638–640.
Auguste Fickert. In: Neues Frauenleben 30, Wien 1918, S. 60–65.
Der Weg der weiblichen Erotik. In: Die Neue Generation 15, Berlin 1919, S. 248–257, S. 306–319, S. 368–375.
Ein Symptom. In: Die Bereitschaft. Zeitschrift für Menschenökonomie, Wohlfahrtspflege und soziale Technik 1, Wien 1921, Nr. 4, S. 2.
Erinnerungen an Hugo Wolf. In: Heinrich Werner (Hrsg.): Hugo Wolf. Briefe an Rosa Mayreder. Wien/Berlin/Leipzig/München 1921.

Glosse zum chinesischen Krieg. In: Die Bereitschaft 5, Wien 1924, Nr. 4, S. 4–5.
Das Kind. In: Sozialistische Monatshefte 33, Berlin 1927, S. 644–647.
Kann man von einer Dekadenz der Frauenbewegung sprechen? In: Neue Freie Presse, Wien, 6. Jan. 1928, S. 14.
Gleichstellung und Ehe. In: Die Österreicherin. Zeitschrift für alle Interessen der Frau 1, Wien 1928, Nr. 2, S. 1–2.
Hugo Wolfs zweite Oper. Erinnerungen. In: Deutsche Musiker-Zeitung. Zeitschrift für die Interessen des Musikers und des musikalischen Verkehrs 59, Berlin 1928, S. 584–585, S. 604–606, S. 628–630.
Zur Kultur der Liebe. In: Die Frau 36, Berlin 1928, S. 103–104.
Marianne Hainisch zum 90. Geburtstag. In: Die Österreicherin 2, Wien 1929, Nr. 3, S. 4.
Wie ich zur Arbeit an der Frauenbewegung kam. In: Die Österreicherin 3, Wien 1930, Nr. 3, S. 3.
Rudolf Goldscheids Persönlichkeit und Stellung zur Frauenfrage. In: Die Friedenswarte 30, Berlin 1930, S. 195–196.
Liebe und Ehe. In: Die Bereitschaft 10, Wien 1930, S. 130–131.
Nachwort zur Frauenbewegung. In: Die Bereitschaft 10, Wien 1930, S. 157–159.
Aus den Erinnerungen. Das Winterbierhaus. In: Neue Freie Presse, Wien, 7. Dez. 1930, S. 38–39.
Ein Brief als Epilog. In: Die Bereitschaft 11, Wien 1931, S. 57–60.
Bürgerliches Vorurteil. In: Die Bereitschaft 12, Wien 1932, S. 27–29.
An die Geheimnisse. (Beitrag zu dem Thema »Wege mit Goethe«). In: Die Frau 39, Berlin 1932, S. 506–508.
Marie Lang. Ein Nachruf. In: Die Österreicherin 7, Wien 1934, Nr. 7, S. 3.
Alte Lebenskunst. Aus den Jugenderinnerungen. In: Volks-Zeitung, Wien, 1. April 1934, S. 12.
Zur Entstehung von Hugo Wolfs zweiter Oper »Manuel Venegas«. In: Die Glocke. Wiener Blätter für Kunst und geistiges Leben 1, Wien 1935, Nr. 5, S. 3–8.
Mensch und Natur. In: Die Glocke 1, Wien 1935, Nr. 18, S. 3–7.
Wiens große Malerin. Zu Tina Blaus zwanzigstem Todestag. In: Volks-Zeitung, Wien 2. November 1935, S. 3.
Von Wagner zu Nietzsche. Ein Jugenderlebnis. In: Die Glocke 2, Wien 1936, Nr. 23/24, S. 8–15.
Über die Operndichtung »Der Corregidor«. In: Die Glocke 2, Wien 1936, Nr. 29/30, S. 3–8.
Mein Landaufenthalt. In: Die Glocke 2, Wien 1936, Nr. 34/35, S. 7–10.
Mein Landaufenthalt. In: Die Glocke 3, Wien 1937, Nr. 36/37, S. 8–10.

Ungedruckte Quellen

Der umfangreiche Rosa-Mayreder-Nachlass befindet sich in der Handschriftensammlung der Wiener Stadt- und Landesbibliothek, Zuw. Prot. Nr. 264/51–53. Rosa Mayreders Tagebücher bilden einen wesentlichen Teil des Nachlasses. Zahlreiche Briefe von Rosa Mayreder befinden sich ebenfalls dort.

Teile von Rosa Mayreders Jugenderinnerungen (gedruckt als »Das Haus in der Landskrongasse« und »Mein Pantheon«) befinden sich in der Handschriften- und Inkunabelsammlung der Österreichischen Nationalbibliothek, Cod. Ser. Nr. 24.556.

Teile von Rosa Mayreders Tagebuch befinden sich ebenfalls dort, Cod. Ser. Nr. 24.559, wie auch einige Briefe und Entwürfe.

Rosa Mayreder: Lebensdaten

1858 am 30. November in Wien als Tochter und siebentes Kind Franz Obermayers, des wohl-situierten Besitzers des »Winterbierhauses«, und erstes Kind seiner zweiten Frau Marie Engel geboren.

1872 lt. Käthe Braun-Prager in *Frauenbilder in Österreich* bzw. 1873 erste Eintragungen in ihr Tagebuch. Hier klagt sie schon über ihre unzureichende Bildung als »höhere Tochter«.

1874 bis 1881 Beschäftigung mit Wagner, Schopenhauer und Nietzsche. Malunterricht.

1877 Verlobung mit dem Architekten Karl Mayreder (später Rektor der Technischen Hochschule in Wien).

1881 Verehelichung mit Karl Mayreder. Fortsetzung des Malunterrichts.

1883 Fehlgeburt Rosa Mayreders.

1887 bis 1889 erste außereheliche Liebesbeziehung.

1888 Kontakt zu dem Kreis um Marie Lang (Rudolf Steiner, Hugo Wolf, Friedrich Eckstein).

1889 bis 1905 kein Tagebuch.

1891 Ausstellung ihrer Bilder im Wiener Künstlerhaus. Sie wird 1. weibliches Mitglied des Wiener Aquarellistenklubs (Jahr nicht sicher eruiert).

1892 Mitbegründerin (u.a. mit Auguste Fickert und Marie Lang) des Allgemeinen österreichischen Frauenvereins.

1893 Vizepräsidentin des Allgemeinen österreichischen Frauenvereins gemeinsam mit Auguste Fickert. Ihre Bilder werden bei der Weltausstellung in Chicago ausgestellt (Tina Blau, ihre Freundin und Lehrerin, erhielt dort eine Medaille).

1894 erste öffentliche Rede (im alten Wiener Rathaus) zum Thema Prostitution, gegen den konventionellen Anstandsbegriff und gegen staatliche Reglementierung.

1895 Hugo Wolf komponiert die Oper *»Der Corregidor«, zu* dem Rosa Mayreder das Libretto verfasst hatte.

1896 erste Veröffentlichung außerhalb von Zeitschriften bzw. Sammelbänden: *Aus meiner Jugend* (Novellen).

1897 Mitbegründerin der Kunstschule für Frauen und Mädchen (u.a. gemeinsam mit Marianne Hainisch und Olga Prager). *Übergänge* (Novellen) veröffentlicht.

1899 Mitherausgeberin der *Dokumente der Frauen* (mit Auguste Fickert und Marie Lang). *Idole* (Roman) erscheint bei S. Fischer.

1902 Rückzug aus dem Vereinsleben des Allgemeinen österreichischen Frauenvereins.

1903 *Pipin* (Roman) erscheint. Offizieller Austritt aus dem Komitee des Allgemeinen österreichischen Frauenvereins (wird sich aber in Zukunft doch immer wieder mit den Belangen des Vereins beschäftigen).

1904 zweite außereheliche Liebesbeziehung (bis 1909). Sie ist mit einem ihrer Bilder bei der Weltausstellung in St. Louis vertreten.

1905 *Zur Kritik der Weiblichkeit* (Essays) erscheint bei Diederichs (Jena/Leipzig). Großer Erfolg. Anfang des regelmäßigen Tagebuchschreibens.

1907 Mitglied der Soziologischen Gesellschaft in Wien (Max Adler, Rudolf Goldscheid, Michael Hainisch, Wilhelm Jerusalem, Josef Redlich, Karl Renner u.a.), sie ist die einzige Frau im Ausschuß. Mitbegründerin des Vereins zur Bekämpfung der Prostitution.

1908 *Zwischen Himmel und Erde* (Sonette) veröffentlicht.

1910 veranstaltet der »Neue Frauenklub« eine Ausstellung von 24 Künstlerinnen, darunter Rosa Mayreder.

1912 Beginn der psychischen Erkrankung Karl Mayreders.

1915 Beginn des Engagements für die internationale Frauenfriedensbewegung. Mehrere Artikel und Vorträge zu diesem Thema. Behandlung Karl Mayreders durch Sigmund Freud.

1921 Der österreichische Zweig der internationalen Frauenliga für Frieden und Freiheit wird gegründet, Rosa Mayreder wird Vizepräsidentin. *Fabeleien über göttliche und menschliche Dinge* und *Die Frau und der Internationalismus* erscheinen.

1923 *Geschlecht und Kultur* (Essays) erscheint bei Diederichs.

1924 Innerhalb der Frauenliga für Frieden und Freiheit hatten sich junge Leute zu einer »politischen Gruppe Mayreder« zusammengefunden, die gemeinsam mit dem »Neuen Frauenclub« eine Ausstellung von antimilitaristischem Kinderspielzeug und entsprechender Literatur zusammenstellt.

1928 »Bürgerin der Stadt Wien«. Zahlreiche Ehrungen. Radiosendungen. Präsidentin der Mayreder-Gruppe für Frieden und Freiheit.

1933 *Der letzte Gott* erscheint bei Cotta (Stuttgart).

1934 *Anda Renata. Ein Mysterium in zwei Teilen und zwölf Bildern* (Drama) Teil 1 erscheint bei Krey (Wien).

1935 Tod Karl Mayreders am 9. September.
Gaben des Erlebens. Sprüche und Betrachtungen erscheint im Darmstädter Verlag.

1937 *Diana und Herodias. Ein mythisches Spiel* und *Aschmedais Sonette an den Menschen* erscheinen im Privatdruck. Ihre letzte Tagebucheintragung macht sie im Dezember.

1938 am 19. Januar stirbt Rosa Mayreder.

Kleines Glossar der Personen, die von Rosa Mayreder erwähnt werden

Abälard, Pierre, 1079–1142, franz. Philosoph
Adler, Max, 1873–1937, Soziologe und Theoretiker des Austromarxismus
Alarcón y Ariza, Pedro Antonio de, 1833–1891, span. Dichter und Politiker (Manuel Venegas)
Andreas-Salomé, Lou, 1861–1937, dt. Schriftstellerin und Psychologin
Ariosto, Ludovico, 1474–1533, ital. Dichter
Aristophanes, 445– um 385, griech. Komödiendichter
Arnim, Bettina von, 1785–1859, dt. Schriftstellerin
Arria, gest. 42 n. Chr., Selbstmord um der Hinrichtung zu entgehen
Augier, Emile, 1820–1889, franz. Dramatiker (Pelikan)
Augustinus Aurelis, 354–430, abendländ. Kirchenvater
Bachofen, Johann Jakob, 1815–1887, Schweizer Rechtshistoriker und Anthropologe
Balzac, Honoré de, 1799–1850, franz. Schriftsteller
Barrett-Browning, Elisabeth, geb. Barrett, 1806–1861, engl. Dichterin
Bartsch, Rudolf Hans, 1873–1952, öst. Schriftsteller
Baschkirtschew, Marie, 1860–1884, russ. Malerin
Bastian, Adolf, 1826–1905, dt. Völkerkundler
Bebel, August, 1840–1913, dt. sozialistischer Politiker und Schriftsteller
Beethoven, Ludwig van, 1770–1827, dt. Komponist
Binets, Alfred, 1857–1911, franz. Psychologe
Bismarck, Otto Eduard Leopold Fürst, Graf von Bismarck-Schönhausen, 1815–1898, dt. Staatsmann
Björnson, Björnstjerne, 1832–1910, norweg. Schriftsteller (Handschuh)
Blau, Tina, 1845–1916, Landschaftsmalerin, Lehrerin an der Wiener Kunstschule für Frauen und Mädchen
Bloch, Iwan, Autor, publizierte u.a. mit Magnus Hirschfeld zu Sexualwissenschaft [Lebensdaten unbek.]
Blüher, Hans, 1888–1955, dt. Philosoph und Schriftsteller (Die Rolle der Erotik in der männlichen Gesellschaft)
Boccaccio, Giovanni, 1313–1375, ital. Dichter
Boisserée, Sulpiz, 1783–1854, dt. Kunstsammler
Bojardo, Matteo Maria Graf von Scandiano, 1434–1494, ital. Dichter
Bölsche, Wilhelm, 1861–1939, dt. Schriftsteller (Liebesleben in der Natur)
Bourget, Paul, 1852–1935, franz. Schriftsteller (Physiologie der modernen Liebe)
Brandes, Edvard, 1847–1931, dän. Schriftsteller und Politiker
Braun-Prager, Käthe, 1888–1967, öst. Schriftsteller und Malerin, Herausgeberin von Werken Rosa Mayreders
Brentano, Lujo, 1844–1931, dt. Nationalökonom
Broca, Paul, 1824–1880, franz. Anthropologe
Browning, Robert, 1812–1898, engl. Dichter
Buckle, Henry Thomas, 1821–1862, engl. Historiker (Geschichte der Zivilisation in England)
Buddha, Siddharta Gautama, 560–480, Stifter des Buddhismus

Burckhardt, Jakob, 1818–1897, schweiz. Kulturhistoriker
Burdach, Konrad, 1859–1936, dt. Germanist
Bury, John Bagnell, 1861–1927, irischer klass. Philologe und Historiker
Butler, Josefine (Josephine), 1828–1906, engl. Sozialreformerin
Carpenter, Edward, 1844–1929, engl. Schriftsteller
Casanova, Giacomo Girolamo, 1725–1798, ital. Schriftsteller und Abenteurer
Chamberlain, Houston Stewart, 1855–1927, engl.-dt. Kulturschriftsteller
Champagne, Marie, Gräfin von, 1145–1198
Chateaubriand, François René Vicomte de, 1768–1848, franz. Schriftsteller
Claaßen, Ria, verh. Schmuljow, 1868–1952 (Das Frauenphantom des Mannes – Zürcher Diskussionen, Band IV)
Colonna, Vittoria, 1490–1547, ital. Dichterin
Corday, Charlotte, 1768–1793, ermordete Marat
Couperus, Louis, 1863–1923, holl. Autor
D'Annunzio, Gabriele, 1863–1938, ital. Dichter
Dante, Alighieri, 1265–1321, ital. Dichter
Darwin, Charles Robert, 1809–1882, engl. Naturwissenschafter
Daumer, Georg Friedrich, 1800–1875, dt. Religionsphilosoph (Religion des neuen Weltalters)
Dostojewski, Fjodor Michailowitsch, 1821–1881, russ. Dichter (Der Idiot)
Drews, Arthur, 1865–1935, dt. Philosoph
Driesmans, Heinrich, 1865–? (Wege zur Kultur 1909), dt. Schriftsteller
Duboc, Karl Julius (Pseud. Julius Lanz), 1829–1903, dt. Philosoph und Publizist
Eckermann, Johann Peter, 1792–1854, Goethes Sekretär
Eckstein, Friedrich, 1861–1939, Philosoph, Theosoph und lebenslanger Freund Rosa Mayreders
Egerton, George (Pseud. Mary Chavelita Dunne), 1859–1945, austral. Schriftsteller
Ehrenfels, Christian von, 1859–1932, Prager Philosoph und Gestaltpsychologe (Sexualethik)
Ehrlich, Eugen, 1862–1922, öst. Rechtsgelehrter
Einstein, Albert, 1879–1955, dt. Physiker
Eisler, Max, 1881–1937, öst. Kunsthistoriker (Kulturgeschichte)
Ellis, Henry Havelock, 1859–1939, engl. Schriftsteller
Emerson, Ralph Waldo, 1803–1882, amerik. Schriftsteller
Empedokles, 483 od. 482 bis 430 und 420, griech. Philosoph
Enfantin, Barthélemy Prosper, 1796–1864, franz. Sozialist
Engels, Friedrich, 1820–1895, dt. Sozialist und Publizist
Ferrero, Guglielmo, 1871–1942, ital. Soziologe und Historiker
Feuerbach, Ludwig, 1804–1872, dt. Philosoph
Feuillet (Die Psychologie der Geschlechter und ihre biologische Grundlage) [Lebensdaten unbek.]
Fichte, Johann Gottlieb, 1762–1814, dt. Philosoph
Fischer-Venturini, Auguste, Karoline, geb. um 1772–?, dt. Schriftstellerin
Flachsland, Karoline, 1750–1809, Ehefrau Herders
Flaubert, Gustave, 1821–1880, franz. Schriftsteller
Fließ, Wilhelm, 1858–1928, dt. Arzt und Biologe
Förster, Friedrich Wilhelm, 1869–1966, dt. Pädagoge und Pazifist
Fourier, Charles, 1772–1837, franz. Sozialphilosoph
Franz von Assisi, 1181 bzw. 1182–1226, ital. Ordensstifter
Freud, Sigmund, 1856–1939, öst. Neurologe und Psychiater
Galton, Sir Francis, 1822–1911, engl. Naturforscher
Garborg, Arne, 1851–1924, norweg. Dichter

Gentz, Friedrich von, 1764–1832, dt.-öst. Publizist
Gerhard, Adele geb. de Jonge, 1868–1956, dt. Schriftstellerin und Sozialwissenschafterin
Gichtl, Johann Georg, 1638–1710, dt. Spiritualist
Goethe, Johann Wolfgang von, 1749–1832, dt. Dichter
Goldmann, Emil, 1872–1942, öster. Jurist, Mitglied der Soziologischen Gesellschaft in Wien
Goldstein, Eugen, 1850–1930, dt. Physiker (Die Technik)
Goldscheid, Rudolf, 1870–1931, öst. Philosoph und Publizist
Goncourt, (die Brüder) Edmond Louis Antoine Huot de, 1822–1896, und Jules Alfred Huot de, 1830–1870, franz. Schriftsteller
Gontscharow, Iwan Alexandrowitsch, 1812–1891, russ. Schriftsteller (Der Absturz)
Grillparzer, Franz, 1791–1872, öst. Dichter
Guibert, Jacques Antoine Hyppolite Graf von, 1743–1790, franz. Schriftsteller
Gumplowicz, Ludwig, 1838–1909, öst. Jurist und Volkswirt
Haeckel, Ernst Heinrich, 1834–1919, dt. Zoologe und Philosoph (Natürliche Schöpfungsgeschichte)
Hainisch, Marianne geb. Berger, 1839–1936, öst. Frauenrechtlerin
Hainisch, Michael, 1858–1940, öst. lib.-demokrat. Politiker, Sohn von Marianne H., Präsident der Republik Österreich von 1920–1928
Hartland, Edwin Sidney, engl. Autor, (Primitive Paternity) [Lebensdaten unbek.]
Hartmann, Eduard von, Pseud. Karl Robert, 1842–1906, dt. Philosoph
Hebbel, Christian Friedrich, 1813–1863, dt. Dramatiker
Hegel, Georg Wilhelm Friedrich, 1770–1831, dt. Philosoph
Heine, Heinrich, 1797–1865, dt. Schriftsteller und Journalist
Helmholtz, Hermann Ludwig Ferdinand von, 1821–1894, dt. Physiologe und Physiker
Heloise, 1101–1164, Frankreich, Schülerin und Geliebte Abälards
Herder, Johann Gottfried, 1744–1803, dt. Schriftsteller
Hering, Ewald, 1866–1948, öst. Physiologe
Herz, Henriette Julie, geb. de Lemos, 1764–1847, dt. Literatin
Herzen, Alexander Iwanowitsch eigentl. Jakowlew, 1812–1870, russ. Schriftsteller
Hieronymus, Sophronius Eusebius, 347–420, hl., lat. Kirchenvater und -lehrer
Hippel, Theodor Gottlieb, 1741–1796, dt. Schriftsteller und Politiker
Hirschfeld, Magnus, 1868–1935, dt. Sexualforscher
Horn, von, [Lebensdaten unbek.]
Houdetot, Elisabeth Françoise Sophie de La Live, Gräfin von, um 1730–1813, franz. Dichterin
Huch, Ricarda, (Pseud. Richard Hugo) 1864–1947, dt. Schriftstellerin und Historikerin
Humboldt, Wilhelm Freiherr von, 1767–1835, dt. Gelehrter und Politiker
Iamblichos, um 250 bis um 330, griech. neuplatonischer Philosoph
Immermann, Karl Leberecht, 1796–1840, dt. Schriftsteller
Jacobsen, Jens Peter, 1847–1885, dän. Schriftsteller
Janke, Heinrich, 1823-1898. dt. Schriftsteller (Die willkürliche Hervorbringung des Geschlechtes)
Jentsch, Karl Maria, 1833–1917, dt. Publizist
Jerusalem, Wilhelm, 1854–1923, öst. Philosoph
Jesus, um 4 vor Chr.–30, Galiläa, jüdischer Rabbi, Urheber des Christentums
Joel, Karl 1864–1934, dt. Philosoph (Neue Weltkultur)
Justinus, um 165 Märtyrertod, Philosoph
Kant, Immanuel, 1724–1804, dt. Philosoph
Kayserling, Hermann Graf von, 1880–1946, dt. Philosoph und Schriftsteller
Keller, Gottfried, 1819–1890, schweiz. Schriftsteller
Kellermann, Bernhard, 1879–1951, dt. Schriftsteller

Kemmerich, Max Philipp Albert, 1876–1932, dt. Schriftsteller
Key, Ellen, 1849–1926, schwed. Frauenrechtlerin
Keyserling, Hermann Graf von, 1880–1946, dt. Philosoph und Schriftsteller
Kierkegaard, Sören Aabye, 1813–1855, dän. Philosoph
Kingsley, Charles, 1819–1875, engl. Schriftsteller und Sozialreformer
Kleist, Heinrich von, 1777–1811, dt. Schriftsteller
Kowalewska, Sonja=Sofia W., 1850–1891, russ. Mathematikerin und Schriftstellerin
Krafft-Ebing, Richard Freiherr von, 1840–1902, öst. Psychiater und Sexualforscher
Kunn, Carl (Karl), 1861–1912, Augenarzt und Dozent an der Wiener Universität I
L'Éspinasse, Julie de, 1732–1776, franz. Schriftstellerin
La Roche, Sophie, 1731–1807, dt. Schriftstellerin
Lafayette, Marie Madeleine Pioche de Lavergne Gräfin de, 1634–1693, franz. Schriftstellerin, (La Princesse de Clèves)
Laffitte, Pierre, 1823–1903, franz. Philosoph
Lambek, Carl, 1870–1947, dän. Philosoph
Lambert, Jean François Marquis de Saint-Lambert, 1716–1803, franz. Schriftsteller
Laura, 1307–1348, unerreichbare Geliebte Petrarcas
Lecky, William Edward Hartpole, 1838–1903, engl. Historiker
Leibniz, Gottfried Wilhelm, 1646–1716, dt. Philosoph
Lenau, Nikolaus, d.i. Nikolaus Franz Niembsch Edler von Strehlenau, 1802–1850, öst. Schriftsteller
Lenclos, Ninon de, 1620–1705, franz. Kurtisane, nicht gesichert: Verfasserin von Briefen und Memoiren
Lengefeld, Charlotte von, 1766–1826, Ehefrau Friedrich Schillers
Lengefeld, Karoline von, verehl. Freifrau von Wolzogen, dt. Schriftstellerin
Lensing, Elise, 1804–1854, Geliebte Friedrich Hebbels
Liguori, Alphonso Maria de, 1696–1787, ital. Theologe
Lippi, Fra Filippo, um 1406–1469, ital. Maler und Mönch
Lissauer, Ernst, 1882–1937, dt. Schrifssteller (Festlicher Werktag)
Lombroso, Cesare, 1836–1909, ital. Arzt und Anthropologe (Das Weib als Verbrecherin und Prostituierte s.a. Ferrero)
Lomer, Georg, 1877–1957, dt. Psychiater
Lotze, Rudolf Hermann, 1817–1881, dt. Philosoph und Physiologe
Lourbet, Jacques, 18..–19.., franz. Soziologe
Löwenthal, Sophie, Freifrau von, geb. von Kleyle, 1810–1889, öst. Schriftstellerin
Lucka, Emil, 1877–1941, öst. Schriftsteller
Ludwig, Otto, 1813–1865, dt. Schriftsteller
Luther, Martin, 1483–1546, dt. Reformator
Maeterlinck, Maurice Polydor Marie Bernard, 1862–1949, belg. Schriftsteller
Malthus, Thomas Robert, 1766–1834, engl. Nationalökonom und Sozialphilosoph
Mantegazza, Paolo, 1831–1910, ital. Physiologe und Anthropologe
Marholm, Laura (Pseud. Laura Mohr Hansson), 1854–1928, schwed. Schriftstellerin
Maria, hl., Mutter Jesu, gehörte nach dessen Tod mit seinen Brüdern zur ersten christlichen Gemeinde
Martha, hl., Anhängerin und Gastgeberin Jesu
Matthäus, Evangelist und Apostel
Maudsley, Henry, 1835–1918, engl. Psychologe
Maupassant, Guy de, 1850–1893, franz. Schriftsteller (Der Riegel)
Mendelssohn, Moses, 1729–1786, dt. Philosoph
Meyer-Benfey, Heinrich (eigentl. Heinrich Meyer), 1869–1945, dt. Germanist

Meysenbug, Malwida Freiin von, 1816–1903, dt. Frauenrechtlerin und Schriftstellerin
Michelangelo, (Michelangelo Buonarotti), 1475–1564, ital. Bildhauer, Maler, Baumeister und Dichter
Michelet, Jules, 1798–1874, franz. Schriftsteller
Michels, Robert, 1876–1936, dt. Soziologe
Mill, John Stuart, 1806–1873, engl. Volkswirt und Philosoph
Möbius, Paul Julius, 1853–1907, dt. Arzt und Schriftsteller
Moll, Albert, 1862–1939, dt. Psychotherapeut
Moltke, Helmuth Graf von, 1800–1891, preuß. Generalfeldmarschall
Montagu, Mary Wortley, 1689–1762, engl. Schriftstellerin und Reisende
Montaigne, Michel Eyquem Seigneur de, 1533–1592, franz. Schriftsteller (Essays)
Morgan, Lewis Henry, 1818–1881, amerik. Anthropologe und Mitbegründer der Ethnologie
Möricke, Eduard, 1804–1875, dt. Lyriker (Maler Nolten)
Moses, altes Testament, Führer und Prophet der Israeliten
Mozart, Wolfgang Amadeus, 1756–1791, öst. Komponist
Müller, Friedrich von, 1779–1849, weimar. Kanzler
Müller, Gustav, Lehrer am Gymnasium zu Schleusingen? um Mitte 18. Jh. (Mehr Licht in unsere Welt) [Lebensdaten unbek.]
Müller-Lyer, Franz Karl eigentl. Franz Xaver Hermann Müller, 1857–1916, dt. Soziologe und Psychologe
Napoleon I. Bonaparte, 1769–1821, Kaiser von Frankreich
Neufville, E. de, zitiert in Gisela von Streitberg „Das Weib am Ende des Jahrhundert" 1891 [Lebensdaten unbek.]
Nietzsche, Friedrich, 1844–1900, dt. Philosoph und Schriftsteller
Nordau, Max (eigentl. Südfeld), 1879–1923, öst. Arzt und Schriftsteller
Novalis (eigentl. Friedrich Leopold Freiherr von Hardenberg), 1772–1801, dt. Dichter
Nyssa, Gregor von, um 335 bis um 394, Bischof und Kirchenlehrer
Olberg-Lerda Oda, 1872–1955, dt. Journalistin und Politikerin
Otto, E., [weibl.] (Deutsches Frauenleben) –Ps. Louise Otto-Peters?
Ovid, Publius Ovidius Naso, 43–17, röm. Dichter, (Ars amandi)
Paracelsus, Philippus Aureolus Theophrastus Bombastus (eigentl. Theophrastus Bombastus von Hohenheim), 1493–1541, schwäb. Arzt, Naturforscher und Philosoph
Paulus, Apostel, Martertod 67 n. Chr.
Perkins-Stetson (später Perkins-Gilman), Charlotte, 1860–1935, amer. Feministin und Autorin
Petrarca, Francesco, 1304–1374, ital. Dichter
Plato(n), 427–347 v. Chr., griech. Philosoph, (Symposion)
Ploß, Hermann Heinrich, (1819–1885), dt. Ethnologe
Plotin, um 205–270, griech. Philosoph
Plutarch, Mestrius Plutarchus, um 46– um 125, griech. Philosoph und Schriftsteller
Poehl richtig Poel, W. E. de, Prof. der Medizin
Pope, Alexander, 1688–1744, engl. Dichter
Porcia, 1. Jh. v. Chr., Selbstmord
Prager, Olga, 1872–1930, Malerin, 1897 Initiatorin der Kunstschule für Frauen und Mädchen
Prybiszewski, Stanislaw, 1868–1927, poln.-dt. Schriftsteller und Journalist
Rahn, Johanna Maria, geb. Fichte ???*
Ranke, Leopold von, 1795–1886, dt. Historiker
Rau, Louise [Lebensdaten unbek.]
Redlich, Josef, 1869–1936, öst. Jurist und Politiker

Renner, Karl, 1870–1950, öst. soz.-demokratischer Politiker, Präsident der Republik Österreich von 1945 bis zu seinem Tod

Roland, Marie-Jeanne, 1754–1793, franz. Frauenrechtlerin

Rosenthal, Franz Anton, öst. Rechtsgelehrter und Publizist der Zeitschrift „Die goldene Mittelstraße" 1848

Rossetti, Dante Gabriel, 1828–1882, engl. Dichter und Maler ital. Herkunft

Rousseau, Jean-Jacques, 1712–1778, franz. Philosoph und Schriftsteller

Ruskin, John, 1819–1900, engl. Schriftsteller

Saint Simon, Claude Henri de Rouvroy, Graf von, 1760–1825, franz. Sozialphilosoph

Sand, George (eigentlich Amandine Lucie Aurore Dupin Baronin Dudevant) 1804–1876, franz. Schriftstellerin

Schelling, Friedrich Wilhelm Joseph, 1775–1854, dt. Philosoph

Schiller, Friedrich von, 1759–1805, dt. Dichter und Historiker

Schlegel, August Wilhelm von, 1767–1845, dt. Schriftsteller und Philologe

Schlegel, Friedrich von, 1772–1829, dt. Schriftsteller und Germanist

Schleiermacher, Friedrich Ernst, 1768–1834, dt. Archäologe und Philosoph

Schönkopf, Käthchen, 1746–1810, Wirtstochter in Leipzig

Schopenhauer, Arthur, 1788–1860, dt. Philosoph

Schumann, Robert, 1810–1856, dt. Komponist und Musikkritiker

Schurtz [nichts gefunden]

Semon, Richard Wolfgang, 1859–1918, dt. Zoologe und Evolutionsbiologe

Shakespeare, William, 1564–1616, engl. Dramatiker (Sommernachtstraum)

Simmel, Georg, 1858–1918, dt. Philosoph und Soziologe

Simon, Helene, auch Henriette, 1862–1947, dt. Soziologin

Soldan, Wilhelm Gottlieb, 1803–1869, dt. Gymnasiallehrer, Historiker und hessischer Parlamentarier

Spengler, Oswald, 1880–1936, dt. Kulturhistoriker und Philosoph

Spielhagen, Friedrich, 1829–1911, dt. Schriftsteller

Spitteler, Karl (Pseud. Carl Felix Tandem), 1845–1924, schweiz. Schriftsteller

Staël, Germaine Madame de Staël-Holstein, 1766–1817, franz. Schriftstellerin

Stein, Charlotte Freifrau von Weimar, 1742–1827

Steinach, Eugen, 1861–1944, öst. Physiologe und Hormonforscher

Steiner, Rudolf, 1861–1925, öst. Anthroposoph, Schriftsteller, Pädagoge und Philosoph, Gründer der Anthroposophischen Gesellschaft

Stendhal, d.i. Marie-Henri Beyle, franz. Schriftsteller

Stirner, Max, Pseudonym von Kaspar Schmidt, 1806–1856, dt. Philosoph und Schriftsteller

Strindberg, August, 1849–1912, schwed. Schriftsteller (An offener See)

Strindberg, August, 1849–1912, schwed. Schriftsteller

Swedenborg, Emanuel, 1688–1772, schwed. Theosoph

Swift, Jonathan, 1667–1745, irischer Schriftsteller

Swoboda, Hermann, 1873–1963, öst. Psychologe

Szombart, oder Szombat?, [nichts gefunden]

Tacitus, P. Cornelius, um 55 bis um 120, röm. Schriftsteller und Historiker

Taine, Hippolyte, 1828–1893, franz. Schriftsteller

Teichmüller, Gustav, 1832–1888, dt. Philosoph und Schriftsteller

Tertullian, Quintus Septimus Floreus, um 160–220, röm. Kirchenschriftsteller

Tolstoi(j), Leo Nikolajewitsch Graf, 1828–1910, russ. Schriftsteller

Tönnies, Ferdinand, 1855–1936, dt. Soziologe und Philosoph (Gemeinschaft und Gesellschaft)

Toumillon, Christine, 1878–1928, öst. Germanistin

Tschernyschewski, Nikolai Gawrilowitsch, 1828–1889, russ. Schriftsteller

Ulrichs, Karl Heinrich, 1825–1895, dt. Schriftsteller, engagiert für die Rechte der Homosexuellen

Unger, Josef, 1828–1913, öst. Rechtsgelehrter

Vaerting, Mathias, vermutlich Mathilde Vaertings ältere Schwester Marie, dt. Romanschriftstellerin und promovierte Mathematikerin [Lebensdaten unbek.]

Vaerting, Mathilde, 1884–1977, dt. Pädagogin und Soziologin

Varnhagen von Ense, Rahel geb. Levin, 1771–1833, dt. Schriftstellerin

Vierkandt, Alfred, 1867–1953, dt. Soziologe

Virchow, Rudolf Ludwig Karl, 1821–1902, dt. Mediziner und Politiker

Wagner, Richard, 1813–1883, dt. Komponist und Schriftsteller

Ward, Lester Frank, 1841–1913, amerik. Soziologe (Reine Soziologie)

Weber, Marianne, 1870–1954, dt. Schriftstellerin

Weininger, Otto, 1880–1903, öst. Philosoph

Weismann, August Friedrich Leopold, 1834–1914, dt. Arzt und Zoologe

Wesendonck, Mathilde, 1828–1902, dt. Schriftstellerin

Westermarck, Edvard, 1862–1939, finn. Soziologe und Anthropologe

Whitman, Walt, 1819–1892, amer. Schriftsteller

Wieck-Schumann, Clara, geb. Wieck, 1819–1896, dt. Komponistin und Musikerin

Wildgans, Anton, 1881–1932, öst. Schriftsteller

Willemer, Marianne von, geb. Jung, 1784–1860, Freundin Goethes, Tänzerin, Dichterin

Wilson, Andrew, 1831–1881, schott. Reisender und Schriftsteller

Winckler, Hugo, 1863–1913, dt. Assyriologe

Windscheid, Franz, 1862–1910, dt. Neurologe

Wolf, Hugo, 1860–1903, öst. Komponist

Wollstonecraft (Godwin), Mary, 1759–1797, engl. Schriftstellerin und Frauenrechtlerin

Zapp, Arthur, (Pseud. V. E. Farranus) 1852–1925, dt. Schriftsteller

Zola, Emile, 1840–1902, franz. Schriftsteller

Von Eva Geber erschien zuletzt

Eva Geber (Hg.)
»DER TYPUS DER KÄMPFENDEN FRAU«
Frauen schreiben über Frauen
in der Arbeiter-Zeitung von 1900–1933

19,90 Euro, 204 Seiten, ISBN 978385476-424-3
September 2013

Emma Adler
DIE BERÜHMTEN FRAUEN DER FRANZÖSISCHEN REVOLUTION
herausgegeben und mit einem Nachwort versehen
von Eva Geber

19,90 Euro, 216 Seiten, ISBN 978385476-638-4
Oktober 2014

Eva Geber
LOUISE MICHEL
DIE ANARCHISTIN UND DIE MENSCHENFRESSER
Mit einem Vorwort von Ruth Klüger

24,– Euro, 330 Seiten, bahoe books, ISBN 9783903022-74-4
Februar 2018

Gedruckt mit Unterstützung durch
Kulturabteilung der Stadt Wien, Wissenschafts- und Forschungsförderung

www.mandelbaum.at • www.mandelbaum.de

Lektorat: Laura Hörner
Satz und Umschlaggestaltung: Michael Baiculescu
Druck: Primerate, Budapest